企業活動と刑事規制の国際動向

企業活動と刑事規制の国際動向

International Trends of Corporate Activities and Criminal Regulations

甲斐克則・田口守一 編
Katsunori Kai／Morikazu Taguchi（Ed）

総合叢書 1

信 山 社

はしがき

　本書は，先に刊行した田口守一・甲斐克則・今井猛嘉・白石賢編『企業犯罪とコンプライアンス・プログラム』(商事法務・2007年)における問題意識を継受し，それを国際レベルで調査し，検討を加えたものである。その問題意識とは，「今日の企業犯罪は，もはや個人的な犯罪現象ではなく，企業組織あるいは企業社会という大きな経済構造との関係で理解される必要がある」こと，そして「21世紀のグローバル化社会における適正かつ高質な経済システムを構築するためには，企業犯罪の実態を理解したうえで新たな理論ないし枠組みを模索する必要があるのではないか」ということ，であった(同書「はしがき」参照)。その前提として，企業アンケートを実施したが，本書でもその分析の成果がベースとなっている。

　本書は2部構成になっており，第1部「企業活動と刑事規制の国際調査」は，2006年度に行われた内閣府と早稲田大学の共同研究「諸外国における高質な市場経済設計のための法的規制と企業コンプライアンスの状況に関する調査研究」の研究成果であり，各原稿は，内閣府に報告書として提出したものをさらに練って加筆・削除等の修正を加えたものである。この種の問題について主要先進国を対象にした国際動向の調査はこれまでなかっただけに，苦労も多かったが，参加メンバーの全面的協力を得て，調査対象国を「英国・米国調査グループ」，「ドイツ調査グループ」，「その他の先進諸国調査グループ」の3グループに分け，これにEUを加え，それぞれにおける企業活動と刑事規制の実態および枠組みを調査できた。本書で公表することにより，何とか当初の目的を果たすことができたが，もちろん，海外企業へのアンケート調査には踏み込んでいないし，まだ調査を試みていない国もあるなど，課題は残されていることを自覚せざるをえず，それを後日の共同研究で補いたい。

　第2部「企業犯罪国際シンポジウム」は，2005年11月に早稲田大学で開催された企業犯罪に関する国際シンポジウム「企業の法的責任とコンプライアンス・プログラム——コンプライアンスの国際規準と日本の企業法制——」の記録とそれに関連して特別寄稿をしていただいたドイツのマックス・プランク外

はしがき

国・国際刑法研究所所長ウルリッヒ・ズィーバー（Ulrich Sieber）教授の論文「企業犯罪防止のためのコンプライアンス・プログラム——経済犯罪の領域における刑法上の共同規制のための新たな試み——」を収めている。これらは，すでに季刊・企業と法創造2巻2＝3号（2006年・早稲田大学21世紀COE《企業法制と法創造》総合研究所）73頁以下，147頁以下に公表されているが，ズィーバー教授の論文の最後の1文に見られるような高い評価もあり，本書に収録することにした。このシンポジウムも，上述の企業アンケート分析を元にした内容であり，早稲田大学と内閣府経済社会総合研究所との共同開催であったが，実に有益かつ活発な国際シンポジウムであった。今でも当日の熱気と知的興奮の余韻がわれわれの脳裏に残り続けている。

以上の内容を収める本書は，企業活動と刑事規制に関わる国際動向の最新かつ最も詳細な議論を伝えるものであり，経済先進国といわれる日本が直面する企業活動に伴う不祥事に対する規制（刑事規制を含む）のあり方をめぐる今後の議論に大きく寄与するものであることを確信し，研究者や企業関係者等，多くの人々に本書が読まれることを期待したい。

最後に，本書の刊行にあたり，研究活動の源泉となった「企業社会の変容と法システムの創造」を研究課題とする早稲田大学21世紀COE《企業法制と法創造》総合研究所（所長・上村達男教授）および共同研究で支援を賜った内閣府経済社会総合研究所（所長・黒田昌裕氏）の関係者各位，また，第1部の共同研究で調査・執筆をしていただいた方々および第2部の国際シンポジウムに参加・協力していただいた方々，さらに，特別論文を寄稿していただいたドイツのマックス・プランク外国・国際刑法研究所所長ウルリッヒ・ズィーバー教授に，厚く御礼を申し上げたい。そして，本書のような学術書の出版を快諾していただいた信山社の袖山貴社長と編集作業を丹念にやっていただいた編集部の今井守氏に対して衷心より感謝申し上げたい。

2008年1月

行く年の残り日を数えつつ

甲斐克則・田口守一

【目　次】

〈第Ⅰ部〉
企業活動と刑事規制の国際調査

序　言……………………………………………………………甲斐克則… 3

第1章　アメリカ合衆国における企業犯罪の実態と
　　　　企業犯罪への刑法上の対応………………………………川崎友巳… 5
　　Ⅰ　序（5）
　　Ⅱ　企業犯罪の実態（5）
　　Ⅲ　法人の刑事責任（15）
　　Ⅵ　法人に対する刑事制裁（31）
　　Ⅴ　結　語（48）

第2章　生命・身体に危険を及ぼす企業活動の刑事的規制に関する一考察
　　　　――イギリスにおける1974年労働安全衛生法を中心として
　　　　……………………………………………………………澁谷洋平… 49
　　Ⅰ　序（49）
　　Ⅱ　1974年労働安全衛生法（51）
　　Ⅲ　安全衛生局（59）
　　Ⅳ　結　語（67）

第3章　イギリスにおける法人処罰――その概観………………今井猛嘉… 69
　　Ⅰ　法人の活動に伴う致傷事案に対する伝統的対応（69）
　　Ⅱ　近時の立法提案とその評価（71）
　　Ⅲ　展　望（77）

第4章　イギリスの金融・証券市場における犯罪の規制………田中利彦… 79
　　Ⅰ　序（79）
　　Ⅱ　金融・証券市場における犯罪とその捜査・訴追（81）
　　Ⅲ　「市場における逸脱行為」（market abuse）に対する制裁金（94）
　　Ⅳ　不正行為の防止における刑事法の役割（103）

第5章　ドイツにおける企業活動の適正ルール形成のための法制度
　　　　――特に制裁システムの現状……………………………神例康博…107
　　Ⅰ　序（107）
　　Ⅱ　法人等に対する制裁（117）
　　Ⅲ　自然人に対する制裁体系（132）

vii

目　次

　　　Ⅳ　結　語（144）

第6章　ドイツにおける企業犯罪と秩序違反法………………………田口守一…157
　　　Ⅰ　序（157）
　　　Ⅱ　ドイツ秩序違反法の概要（158）
　　　Ⅲ　秩序違反法の実体法（163）
　　　Ⅳ　秩序違反法の手続法（168）
　　　Ⅴ　過料手続と刑事手続（175）
　　　Ⅵ　結　語（178）

第7章　イタリアにおける企業コンプライアンスおよび
　　　　企業犯罪規制の状況………………………………………………吉中信人…181
　　　Ⅰ　企業犯罪事件──パルマラット（Parmalat）（181）
　　　Ⅱ　イタリア法における企業コンプライアンス・プログラム
　　　　　──2001年法の成立（184）
　　　Ⅲ　イタリア法における取締役の刑事責任──2002年法の射程（192）
　　　Ⅳ　課　題（195）

第8章　デンマークにおける企業犯罪……………………………………松澤　伸…197
　　　Ⅰ　総　説（197）
　　　Ⅱ　各　説（200）

第9章　オーストラリアの法人処罰………………………………………樋口亮介…225
　　　Ⅰ　序（225）
　　　Ⅱ　Fisseの議論の変遷過程（228）
　　　Ⅲ　1995年規定の基本枠組みの検討（237）
　　　Ⅳ　1995年規定が我が国にもたらす知見（242）
　　　Ⅴ　結　語（248）

第10章　オーストラリアにおける企業活動の規制システム………甲斐克則…255
　　　Ⅰ　序（255）
　　　Ⅱ　オーストラリアのコーポレート・ガバナンス改革の契機（256）
　　　Ⅲ　オーストラリアにおける改革内容および改革後の企業活動の
　　　　　規制システム（259）
　　　Ⅳ　オーストラリアにおけるコーポレート・ガバナンスと刑事規制（264）
　　　Ⅴ　結　語──企業倫理と法（267）

第11章　EU競争法における行政制裁金制度……………………………土田和博…271
　　　Ⅰ　法的枠組み（271）
　　　Ⅱ　行政制裁金の論点（その1：制裁金の性質と二重処罰
　　　　　〔二重の危険〕）（281）
　　　Ⅲ　行政制裁金の論点（その2：その他の論点）（287）
　　　Ⅳ　欧州委員会の運用（289）

Ⅴ　結　語（294）

第12章　EUにおける企業の不正行為に対する取組み……………日山恵美…297
　　　Ⅰ　序（297）
　　　Ⅱ　EUの法秩序と政策決定過程（297）
　　　Ⅲ　EUにおける企業の金融不正行為に対する政策（300）
　　　Ⅳ　EUにおける法人の刑事責任（314）
　　　Ⅴ　結　語（318）

終　章　企業活動と刑事規制の国際比較……………………………甲斐克則…321

〈第Ⅱ部〉

企業犯罪国際シンポジウム

企業の法的責任とコンプライアンス・プログラム
——コンプライアンスの国際規準と日本の企業法制——

開会宣言………………………………………………………………田口守一…331
開会挨拶………………………………………………………………上村達男…331
共催者挨拶……………………………………………………………黒田昌裕…332
〈基調報告〉
企業の法的責任とコンプライアンス・プログラム………………今井猛嘉…334
　　　はじめに（334）
　　　1　アンケートの概要（334）
　　　2　アンケート結果の概要（335）
　　　おわりに（341）
　　　コメント（342）

基調報告へのコメント・その1……………………ダニエル・プレイン…343
　　　はじめに（343）
　　　1　アメリカにおけるコンプライアンス・プログラムの現状（343）
　　　2　今井教授の基調報告について（344）
　　　3　アメリカにおけるCSRの現状（348）

基調報告へのコメント・その2………………アルプレヒト・シェーファー…349
　　　はじめに（349）
　　　1　コンプライアンス・リスク（350）
　　　2　シーメンスのコンプライアンス・プログラム（352）
　　　3　コンプライアンス・プログラムの背後にある根拠（355）

目　　次

基調報告へのコメント・その3 ………………………… ウルリッヒ・ズィーバー…357
　　はじめに（357）
　　　1　ドイツにおけるコンプライアンス・プログラム（357）
　　　2　ドイツにおける企業犯罪（360）
　　　3　企業犯罪防止とコンプライアンス・プログラム（362）

〈討論〉

第1部　パネルディスカッション……………………………………………………… 365
　　〈司会〉甲斐克則／〈パネリスト〉池辺吉博，笹本雄司郎，川崎友巳，
　　Prof. Dr. Ulrich Sieber, Mr. Daniel Plaine, Dr. Albrecht Schäfer, 今井猛嘉
　　　はじめに――趣旨説明（365）
　　　1　コンプライアンス・プログラムの位置づけと内容の相互比較（366）
　　　2　内部統制と外部統制のあり方（376）
　　　3　企業犯罪に対する法的責任と制裁のあり方（380）

第2部　全体討論………………………………………………………………………… 387

閉会挨拶……………………………………………………………… 白石　賢…406

〈特別寄稿〉

企業犯罪防止のためのコンプライアンス・プログラム
　　――経済犯罪の領域における刑法上の共同規制のための新たな試み
　　　………………………………………………… ウルリッヒ・ズィーバー…409
　　　Ⅰ　序　論（409）
　　　Ⅱ　コンプライアンス・プログラム（410）
　　　Ⅲ　経済犯罪と企業刑法（417）
　　　Ⅳ　企業犯罪と闘うための構想におけるコンプライアンス・プログラム（428）
　　　Ⅴ　結　論（433）

〈資料〉

　　資料1　企業アンケート概要（447）
　　資料2　企業の社会的責任・コンプライアンスに関するアンケート調査（453）

索　引（巻末）

●第Ⅰ部●

企業活動と刑事規制の国際調査

◇執筆者一覧◇
(執筆順)

甲斐　克則	（かい　かつのり）	早稲田大学大学院法務研究科教授
川崎　友巳	（かわさき　ともみ）	同志社大学法学部准教授
澁谷　洋平	（しぶや　ようへい）	熊本大学法学部講師
今井　猛嘉	（いまい　たけよし）	法政大学大学院法務研究科教授
田中　利彦	（たなか　としひこ）	早稲田大学大学院法務研究科客員教授
神例　康博	（かんれい　やすひろ）	岡山大学大学院法務研究科教授
田口　守一	（たぐち　もりかず）	早稲田大学大学院法務研究科教授
吉中　信人	（よしなか　のぶひと）	広島大学大学院社会科学研究科教授
松澤　伸	（まつざわ　しん）	早稲田大学法学学術院准教授
樋口　亮介	（ひぐち　りょうすけ）	東京大学大学院法学政治学研究科准教授
土田　和博	（つちだ　かずひろ）	早稲田大学法学学術院教授
日山　恵美	（ひやま　えみ）	海上保安大学校海上警察学講座専任講師

序　言

　1　本書第1部は，2006年度に行われた内閣府経済社会総合研究所と早稲田大学との共同研究「諸外国における高質な市場経済設計のための法的規制と企業コンプライアンスの状況に関する調査研究」の成果である。

　本調査研究の目的は，以下のようなものであった。今日，いわゆる規制緩和による企業活動の自由領域は拡大しており，従来のように国家の事前規制による秩序維持に代わり，事後規制の役割の充実が必要となっており，そこでは，サンクションの役割が大きくなる。わが国の経済社会を自由とサンクションのバランスの取れた高度な質を確保した市場としていくためには法制度の整備が不可欠であるところ，企業不祥事や企業犯罪の防止的規制としては，企業等による自主規制と法的規制（行政規制，民事規制および刑事規制）とがあるが，わが国の経済社会に適した制度設計を行うにあたっては，先進諸国におけるこれらの各種規制の機能分担の状況を解明するのみならず，その機能分担の基礎となる経済社会構造および各種規制の機能の達成状況に関する実態を調査することが不可欠である。

　2　本調査研究は，このような問題意識の下，内閣府経済社会総合研究所と早稲田大学との共同研究として，証券・金融分野および競争法分野等の経済犯罪を対象として，先進諸国における各種規制の制度面と運用面，さらにはそれらの制度を作り上げている経済社会構造の調査を行うことにより，わが国の経済社会にとって望ましい市場制度のあり方の検討に資することを目指している。

　本調査研究の内容は，調査対象各国の実情に応じ，企業活動の適正ルール形成のための法制度，特に制裁システムの現状調査，企業不祥事ないし企業犯罪防止のための各種ルール（例えば，監査制度ないしチェックシステム，あるいは内部統制と外部統制の機能・運用の現状分析），企業犯罪に関する重要判例ないし重要事例の分析，各国の制裁システムないしコンプライアンス・プログラム策定の背後に存する社会経済的事情の分析を実施するというものである。調査を行うに当たっては，調査対象となる国を，「英国・米国調査グループ」，「ドイツ調査グループ」，「その他の先進諸国調査グループ」の3グループに分け，グ

第Ⅰ部　企業活動と刑事規制の国際調査

ループを構成する各委員が分担して調査を行うこととした。

　3　なお，研究会は，第1回目を2006年10月7日（土）の14時〜18時まで早稲田大学8号館3階303会議室で行い，第2回目を2007年1月27日（土）の13時〜18時まで早稲田大学9号館5階505（比較法研究所）会議室で行った。特に第2回目は，実りある議論ができた。本書第Ⅰ部の原稿の骨子は，いずれもそこで報告され，それを敷衍して内閣府に報告書として提出されたものであり，また，本書に収録されたものは，その原稿をさらに練って加筆・削除等の修正を加えたものである。本調査研究が，頭書の目的の一端を果たすことになることを祈念したい。

研究代表者　甲 斐 克 則

第1章　アメリカ合衆国における企業犯罪の実態と企業犯罪への刑法上の対応

川 崎 友 巳

　Ⅰ　序　　　　　　　　Ⅳ　法人に対する刑事制裁
　Ⅱ　企業犯罪の実態　　　Ⅴ　結　語
　Ⅲ　法人の刑事責任

Ⅰ　序

　アメリカ合衆国は，企業の逸脱行動（企業犯罪）への対策として，刑事規制を積極的に活用している国の1つと位置づけることができよう。そうした刑事規制の積極的な活用を可能にするため，アメリカ合衆国では，個人による犯罪への対応とは異なるさまざまな仕組みが採用されている。そうした仕組みを中心に，アメリカ合衆国における企業犯罪への刑法上の対応を考察することは，わが国における同種の問題を検討するに当たって，きわめて有用と思われる[1]。

　そこで，以下では，まずアメリカ合衆国における代表的な10件の企業犯罪について，事件の概要と刑事司法による対応を整理するとともに，事件がもたらした社会へのインパクトについて確認し，その実態の正確な把握に努める。次に，企業等の法人に刑事責任を問うために，どのような帰責原理が採用されてきたのか，判例を中心に考察する。さらに，有罪を言い渡された法人に科すために，いかなる刑事制裁が用意されているのかを概観する。最後に，今後，アメリカ合衆国における企業犯罪の刑法上の対応がどのような方向にすすんでいくのか，若干の展望を試みたい。

Ⅱ　企業犯罪の実態

　経済大国であるアメリカ合衆国は，企業犯罪大国でもある。過去半世紀の間に，多数の重大な企業犯罪が発生してきた。その内容は，競争法違反行為，金融・証券犯罪，環境犯罪，欠陥品の製造・販売，贈賄・不正献金など多岐にわたっている。また，そうした事件のうちのいくつかは，企業犯罪対策が強化さ

れる契機にもなってきた。以下では，アメリカ合衆国における企業犯罪の刑事規制のあり方について検討を加える前提として，同国で発生した主要な企業犯罪について事件を概略するとともに，その事件が，アメリカ合衆国の企業犯罪対策にもたらした影響についても確認しておきたい。

■1　重電機メーカー反トラスト法違反事件

アメリカ合衆国において，大規模企業による経済犯罪の深刻化を印象付ける契機となったのが，1950年代後半から1960年代初頭にかけて行われた重電機メーカー反トラスト法違反事件である。本件は，アメリカ合衆国を代表するジェネラル・エレクトロニクス社（GE）など29社の重電機メーカーによって，長年にわたって価格協定と市場分割が実施されていたというもので，そうした反トラスト法違反の金額は，年間17億ドル以上に達すると見積もられたことから，社会的に大きな衝撃を与えた[2]。

このほか，本件には，次のような意義が認められる。①反トラスト法違反という犯罪の重大性を印象付けた。②大規模な反トラスト法違反事件であるにもかかわらず，法人に対する罰金額が，平均で16,550ドル程度にとどまったこ

1　アメリカ合衆国における法人の刑事責任の問題を論じた文献として，金澤文雄「英米における法人の刑事責任」刑法雑誌4巻4号（1954）49頁以下，町田幸雄「アメリカ合衆国における法人処罰の方法とその運用の実情（一）－（四）」警察学論集23巻2号（1980）132頁以下，同5号（1980）99頁以下，同7号（1980）111頁以下，同9号（1980）138頁以下，真鍋毅「英米における法人刑事責任の『確立過程』について」『井上正治博士還暦祝賀・刑事法学の諸相（下）』（1983）178頁以下，板倉宏・西山雅晴「アメリカ合衆国における法人組織及び個人の責任について―判例の動向を中心に―」日本法学49巻3号（1984）1頁以下，平沢修「アメリカ合衆国における法人犯罪対策について（一）」法研論集29号（1984）187頁以下，原田明夫「法人と刑事責任（一）―（四）」判例タイムズ520号（1984）37頁以下，527号（1984）64頁以下，534号（1984）62頁以下，541号（1985）44頁以下，佐藤雅美①「英米における法人処罰の法理（一）・（二）」阪大法学143号（1987）101頁以下・147号（1988）103頁以下，同②「合衆国における企業災害と刑法」犯罪と刑罰5号（1988）111頁以下，佐藤宏「米国反トラスト法違反事件における法人の刑事責任と反トラスト法コンプライアンス・プログラム」国際商事法務21巻11号（1993）1261頁以下，関哲夫「アメリカにおける法人処罰をめぐる議論」『鈴木義男先生古稀祝賀・アメリカ刑事法の諸相』（1996）81頁以下，青木紀博「アメリカにおける『法人責任』論の試み」産大法学30巻3・4号（1997）1頁以下，芝原邦爾『刑法の社会的機能』（1973）51頁以下がある。なお，拙著『企業の刑事責任』（成文堂，2004）156頁以下も参照。

2　重電機メーカー反トラスト法違反事件については，芝原邦爾『刑法の社会的機能』（有斐閣，1973）60頁以下，村上政博『アメリカ独占禁止法』（弘文堂，1999）266頁以下など参照。

第 1 章　アメリカ合衆国における企業犯罪の実態と企業犯罪への刑法上の対応

とで，刑事法による経済犯罪への対策が不十分であることを明確にした。③各企業に，反トラスト法のコンプライアンス・プログラムを導入すべきとの意識を植え付けた。

● 2　企業不正献金スキャンダル

　多数の企業の不明朗な会計処理の実態が明らかになり，社会問題化したのが，ウォーターゲート事件に端を発した企業不正献金スキャンダルである。1972年に共和党ニクソン大統領の再選委員会のメンバーを含む5人が，ワシントンDCのウォーターゲート・ビルにある民主党本部に盗聴器を設置するため侵入し，現場で逮捕された。その後，民主党本部侵入事件とその揉み消し工作にホワイトハウスやニクソン大統領自身が関与していた疑いが強まり，これを捜査するために特別検察官としてL・ジャウォルスキーが任命された。ジャウォルスキーの捜査の対象は，ウォーターゲート事件だけにとどまらず，ニクソン大統領の大統領選挙に関連した不正行為全般に及び，1973年には前年の大統領選挙において違法な献金を行ったとして企業数社と各企業の取締役らが起訴された[3]。

　このような事態の中で，証券取引委員会（Securities and Exchange Commission：SEC）は，企業による違法な献金について，1933年証券法と1934年証券取引所法に基づく委任状説明書や年次報告書において開示が必要とされる可能性があるとして調査を開始した。その結果，多数の企業が自社の財務諸表を粉飾し，あるいは架空の支出項目を作成することによって資金を捻出し，違法な政治献金や贈賄を行っており，そうした行為は慣行化していることが明らかになった。また，違法な政治献金や贈賄の対象は国内だけにとどまらず，海外の政治家や政治団体にまで及んでいた[4]。たとえば，わが国のロッキード事件が，その代表的な事例であったことは周知のとおりである。このほかにも，ガルフ石油社による贈賄が発覚し，ボリビアのR・バリエントス将軍の臨時政権が，ユナイテッド・ブランズ社による贈賄が発覚し，ホンジュラスのアレラノ大統領の政権が崩壊するなど，アメリカ合衆国の企業不正献金スキャンダル

　3　MARSHALL B. CLINARD & PETER C. YEAGER, CORPORATE CRIME 155−62 (1980).
　4　Karl A. Groskaufmanis, *Corporate Compliance Programs as a Mitigating Factor*, in CORPORATE SENTENCING GUIDELINES §5.02 [1] [b] (Jed S. Rakoff et al. eds., 1997)；John C. Coffee, Jr., *Beyond the Shut-Eyed Snntry*, 63 VA.L.REV. 1099, 1103 (1977).

は国際的にもきわめて大きな影響を及ぼす結果となった。

　企業不正献金スキャンダルは，企業犯罪への社会的関心を高めるきっかけの1つになったといわれているが，その他にも，次のような企業犯罪対策が実施される要因になった。①証券取引委員会による情報開示を用いた財務諸表への監視の強化。②1977年外国不正慣行防止法による国内外の政府関係者等への贈賄や献金の規制。

● 3　フォード・ピント事件

　1978年8月10日インディアナ州北部の国道33号線において3人の女性が乗るフォード社の小型乗用車ピントにトラックが衝突した。その直後にピントは炎上し，車内の3人が焼死した。これに対して，本件管轄のエルクハート郡の州検察は，ピントには後部からの軽い衝突によってエンジンが炎上する構造上の欠陥があり，フォード社はこの事実を認識しながら，なんらの改善措置も講じなかったとして，フォード社自身のみを故殺罪で起訴した。4日間の審理と25回にも及ぶ投票の結果，陪審はフォード社に非故意殺罪を適用する十分な証明がなされていないとして無罪評決に達し，10週にわたった裁判は企業の刑事責任を問えずに幕を閉じた。

　しかしながら，同様の事故によって1人の女性が死亡し，同乗していた子どもが重傷を負った事件につき，その遺族がフォード社を相手取り損害賠償請求を行ったグリムショー・ケース[5]では，6カ月に及ぶ陪審審理の結果，フォード社に対する原告の請求をすべて認める旨の評決がなされた。これにより，251万6,000ドルの損害賠償に加え，1億2,500万ドルの懲罰的損害賠償が認められた。フォード社は控訴したが，控訴審はこれを棄却した[6]。

　本件は，企業活動が，利潤追求に走るあまり，消費者の生命を危険にさらす危険性があることを浮き彫りにし，大企業に対する社会の信頼を失墜させた。

---

[5]　Grimshaw v. Ford Motor Co., (Court of Appeal, Fourth District, Division 2, 1981. 119 Cal App 3d 757, Cal Rptr 348.)

[6]　L. STROBEL, RECKLESS HOMICIDE ? (1980), FRANCIS T. CULLEN, CORPORATE CRIME UNDER ATTACK (1987); William J. Maakestad, *A Historical Survey of Corporate Homicide in the United States,* 69 ILLINOIS BAR J. 772, 776－779（1981）．また，佐藤雅美「合衆国における企業災害と刑法」犯罪と刑罰5号（1988）111頁以下，フランシス・T・カレンほか「フォード・ピント事件以降」エレン・ホクステッドラー編（板倉宏ほか訳）『企業・20世紀の犯罪者』（学陽書房，1990）113頁以下など参照。

また，企業等の法人の刑事責任が，殺人罪（故殺罪）についても問える可能性があることを広く知らしめたという意義も指摘されている。

●4　S＆L破綻事件

1980年代後半のアメリカ合衆国では，「アメリカ版住専事件」とも呼ばれる金融犯罪が全米を席巻した。S＆L事件である。S＆L（貯蓄貸付組合〔Savings & Loan〕）は，元来，個人向け住宅ローンのみを専門的に取り扱う金融機関であったが，1980年代に，資金調達と融資条件の法的な規制が緩和されたのをきっかけに，多角的な経営に乗り出していった。その中には，ジャンク・ボンドなど投機性の高い取引だけでなく，組織的な横領，不正・乱脈融資，当局への虚偽事実の報告など，違法性を帯びたものも少なくなかった（前大統領の関与がささやかれた「ホワイト・ウォーター・スキャンダル」も，S＆L事件の1つとして起こったものである）。このため1980年代後半には，多くのS＆Lが深刻な経営不振に陥り，破綻していった。また，そうした中で，預金者の保護と金融システムの安定を図るため，多額の公的資金が注入されることになった。その額は，少なく見積もっても，向こう40年で5,000億ドルにのぼるとされる。

S＆L事件をめぐっては，1992年3月までに，S＆Lの経営者を始めとする1,000名以上が，連邦検事および地方検事によって起訴され，そのうち580名に対して有罪判決が言い渡された。その中には，拘禁刑を科せられた451名が含まれている[7]。

このようにアメリカの金融システムにまで影響を及ぼしたことから，S＆L破綻事件は，「20世紀最悪の金融事故」あるいは「アメリカ史上，最大規模のホワイトカラー犯罪」などと評されている。また，同事件は，そのインパクトゆえに，企業犯罪が，一国の経済を，そして，ひいては世界の経済を混乱に陥れるだけの影響力を有することを多くの人々に知らしめることになった。

7　KITTY CALAVITA et al., BIG MONEY CRIME (1997). このほか，藤田弘「アメリカにおけるS＆L関係犯罪の大量摘発と日本の住専問題」国際商事法務25巻4号（1997）339頁以下，P・Z・ピルツァー（阿部四郎訳）『S＆Lの崩壊』（家の光協会，1996），アド・アイヒラー（柿崎映次ほか訳）『アメリカの貯蓄貸付組合（S＆L）』（お茶の水書房，1994）など参照。

● 5　BCCI 事件

　金融の国際化を象徴するマネーローンダリングなどの金融犯罪として記憶されているのが，BCCI 事件である。ルクセンブルクに本店を置く多国籍銀行 BCCI（Bank of Credit and Commerce International）はかねてよりマネーローンダリングを含む犯罪への関与がささやかれていたが，1988 年 10 月に，同行のタンパ支店で，コカインの密輸資金の洗浄が発覚した。BCCI は，当初，これを否定していたが，1990 年 1 月に事実を認め，1,400 万ドルの罰金を支払った。しかし，この事件を契機に進められた BCCI に対する捜査の中で，BCCI が，より大規模のマネーローンダリングを手がけているほか，「ネズミ講」式の利殖詐欺によって多くの投資家から財産を騙し取り，連邦法に違反してアメリカの銀行 3 行の株式を大量に保有し，経営を支配していた事実などが発覚した。このため，1991 年 7 月に，BCCI および経営者 2 名が起訴された。同月には，並行して進められていたイギリス当局の調査により，その粉飾，不正が判明したことから，BCCI は営業停止となった。連邦準備制度理事会は，アメリカの銀行の不正所有に対して，2 億ドルの非刑事制裁を命じ，同年 12 月には，5 億 5,000 万ドルの財産が差し押さえられた[8]。

　本件は，BCCI との取引関係があった多くの国において，個人，企業，国家のあらゆるレベルで甚大な被害を生じさせ，国際的な金融不安を招いたことから，史上最悪の国際金融犯罪とも評されている。企業犯罪とその被害の両方がボーダレス化しているという実態を象徴する事件であったとも評価できよう。

● 6　エクソン石油流出事件

　1980 年代末には，環境犯罪でも，歴史に残る企業犯罪が発生している。エクソン社バルディス号による原油海洋流出事故である。1989 年 3 月 24 日に，エクソン社が所有するバルディス号がアラスカのプリンス・ウィリアム湾で座礁し，満載していた原油のうち約 4 万トンが流出した。この原油の流出により 2,400 km にわたる海岸線が汚染され，アメリカ合衆国の沿岸では，史上最大

---

[8]　Mark Roodhouse, *Bank of Credit and Commerce International*, in ENCYCLOPEDIA OF WHITE-COLLAR & CORPORATE CRIME Vol.1 at 79-80（Lawrence M. Salinger ed., 2005）。このほか，ニック・ゴーチャンほか（石山鈴子訳）『犯罪銀行 BCCI の興亡』（徳間書店，1992），ロバート・E・パウイス（正慶孝監訳）『不正資金洗浄（上）・（下）』（西村書店，1993），J・ビーティーほか（澤田博ほか訳）『犯罪銀行 BCCI』（三田出版会，1996）395 頁以下など参照。

第 1 章　アメリカ合衆国における企業犯罪の実態と企業犯罪への刑法上の対応

規模の海洋汚染を引き起こした。周辺に生息する多くの海洋生物に甚大な被害をもたらしたことで，社会的に強い衝撃を与えた[9]。

エクソン社は，1991 年に，有罪の答弁をし，1 億ドルの罰金を支払った。また，1994 年には，アラスカ連邦地方裁判所が，エクソン社に対して，50 億ドルの懲罰的損害賠償の支払いを命じていたが，2006 年 12 月 22 日に，連邦第 9 巡回区控訴裁判所は，賠償額を 25 億ドルに減額する判決を下した。

本件は，環境犯罪の重大性を印象づける事件であった。1980 年代から強化されていた環境犯罪への刑事規制は，本事件以後，ますます厳しさを増していくことになった。

● 7　インサイダー取引事件

1980 年代半ばには，証券取引の刑事規制を強化するきっかけとなった I・ヴォイスキー・ケース，M・ミルケン・ケース，D・レヴィン・ケース，J・シーゲル・ケースなどウォール街を席巻した大規模なインサイダー取引事件が発覚した。これらのインサイダー取引の方法は，主に I・ヴォイスキーをはじめとした「サヤ取り業者」が，投資銀行の M＆A 担当者の J・シーゲルや D・レヴィン，証券会社のジャンク・ボンド部門で M＆A 用の資金の調達を行っていた M・ミルケンらから M＆A に関する未公開情報の提供を受け，M＆A の対象となっている企業の株式の売買を行ったというものであった。この事件では，前記 4 名のほかに，ミルケン，レヴィン，シーゲルが勤務していた投資銀行ドレックス・バーナム・ランバート社や証券会社キダー・ピーボディー社も起訴された。被告人らは司法取引に応じ，有罪の答弁を行ったり，同意判決を受け入れることによって起訴事実の一部について多額の罰金刑を言い渡された[10]。

史上最大のインサイダー取引事件への社会的関心は高く，この事件を契機として，一層厳格なインサイダー取引規制が求められるようになった。そこで，連邦議会は，1988 年内部者取引および証券詐欺規制法を制定し，より積極的なインサイダー取引規制に乗り出した。同法による規制の内容は法定刑の引上

9　Jason Davis, Exxon Valdez, in ENCYCLOPEDIA OF WHITE-COLLAR & CORPORATE CRIME Vol.1 at 304－305（Lawrence M. Salinger ed., 2005）.
10　このほか，森田章『投資者保護の法理』（日本評論社，1990）222 頁以下，ジェームズ・ステュアート（小木曽昭元訳）『ウォール街・悪の巣窟』（ダイヤモンド社，1992）など参照。

げなど多岐にわたるが，その1つとしてとくに注目されるのが，コンプライアンス・プログラムの整備を促す規定が設けられた点である。具体的には同法3条において，1934年証券取引所法15条(f)項および1940年投資顧問法204A条を追加し，証券会社等に対して，両法，関連規則またはレギュレーションに違反した重要な未公開情報の不正利用を防止するために，自社の事業の性質を考慮に入れ，合理的に書面によって作成された方針および手続を確立，実施，保持することが義務づけられたのである。

●8 大和銀行NY支店事件

アメリカ合衆国における金融機関の法的責任の重さを再認識させることになったのが，大和銀行NY支店事件である。本件は，同支店のバイス・プレジデントが，約12年にわたって，同行に無断かつ簿外で，アメリカ合衆国財務省証券の取引を行い，約11億ドルの損失を出したというものである。この点では，企業としての大和銀行は被害者というべき立場にあったが，バイス・プレジデントからの手紙を受け取り，事実を知った本社経営陣が，事実の確認後も，アメリカ合衆国の金融当局に報告せず，これを放置したことから，バイス・プレジデントが起訴されただけでなく，大和銀行および同NY支店支店長も，重罪隠匿罪，虚偽報告罪，検査妨害罪，共同謀議罪などで起訴された[11]。

大和銀行が司法取引に応じ，有罪を認め，当時の史上最高の罰金額である3億4,000万ドルを支払ったことから，事件は，わが国でも，大きく報道された。さらに，本件を契機に，日本国内で起こされた株主代表訴訟についても，第1審判決が，経営陣に重い責任を認めたことで社会的に大きな注目を集めた。結果的に，本件は，金融機関の公共性や金融犯罪の重大さに対する日米の認識の相違の大きさを象徴することとなった。

●9 タイソン・フーズ贈賄事件

政治家への賄賂が問題となった近時の事案として，1997年のタイソン・フーズ・ケースがある。本件は，タイソン・フーズ社が，前農務省長官マイ

---

[11] S. Martin, *Daiwa Bank*, in ENCYCLOPEDIA OF WHITE-COLLAR & CORPORATE CRIME Vol.1 at 242－43 (Lawrence M. Salinger ed., 2005). このほか，拙稿「アメリカ金融犯罪の一断面」商事法務1602号（2001）51頁以下，水野隆徳『ニューヨーク発大和銀行事件』（ダイヤモンド社，1996），井口俊英『告白』（文芸春秋，1997）など参照。

第 1 章　アメリカ合衆国における企業犯罪の実態と企業犯罪への刑法上の対応

ク・エスピーに賄賂を贈ったとして起訴され，1997 年 12 月に有罪を言い渡されたというもので，全米トップの精肉業者による汚職事件として，大きく報道された[12]。

　また，本件では，タイソン・フーズ社が，刑罰として，罰金 400 万ドルのほか，①連邦政府の被用者，公務員またはその候補者に対するあらゆる支出に関して，プロベイション・オフィスへ 4 半期ごとに報告書を提出すること，②企業行動憲章（corporate code of conduct）およびコンプライアンス政策ならびに合意したコンプライアンス・プログラムを履行するために具体的な計画を実施すること，③被告企業に対して開始されたあらゆる刑事訴追，民事訴訟および行政手続の情報を公開すること，④合理的な回数の範囲内でのプロベイション・オフィサーまたは裁判所に委託された専門家による定期または不定期の検査を受けること，⑤連邦法および州法を遵守すること（新たな連邦法，州法または地域法違反を犯さないこと）を遵守事項とするプロベイションを言い渡されたが，プロベイション期間満了前の 2002 年に，タイソン・フーズ社が，自社工場で雇用するため，外国人多数をメキシコから密入国させ，各地の工場に輸送していたことなどが発覚し，同社も起訴された。そこで，コンプライアンス・プログラムの実施や連邦法等の遵守という遵守事項に違反したとして新たに量刑をしなおす必用が検討された（その場合，より高額の罰金，プロベイション期間の延長，政府との取引からの排除などが命じられる）。しかし，この件では，2 人の管理責任者が有罪となったものの，タイソンフーズ社および同社の経営者の関与は立証されず，無罪となった。

● 10　エンロン事件

　エンロン事件とは，エネルギー関連事業を幅広く行い，1990 年代に急成長を遂げて全米七大企業に数えられていたエンロン社が，事業拡張などから生じた巨額の初期投資によるバランス・シートの悪化や企業格付けの低下を回避するため，特別目的会社にリスク資産を売却する「付け替え」や「とばし」によって，エンロン社自体の財務状態を粉飾し，合計 100 億ドル以上にのぼる架空の利益を計上し，負債を隠蔽する一方，そうした事実を公表し，株価が下落する前に，経営者らが，自らの保有する同社の株式を売り抜けるなどして，投

12　拙著・前掲注 1 ）458 頁。

資家，株主，監督官庁などを欺いたというものである[13]。

エンロン社は，結局，破綻に追い込まれ，最高経営責任者や最高財務責任者らが，刑事責任を問われるに至った。たとえば，事件当時最高経営責任者であったJ・スキリングは，2006年5月25日に，テキサス連邦地方裁判所において，インサイダー取引，共同謀議，株主等への虚偽情報の開示，証券詐欺等19の訴因につき有罪を宣告され同年10月23日に，24年4ヶ月の拘禁刑および4,500万ドルの罰金刑を言い渡された。同年12月12日には，第5巡回区連邦控訴裁判所において控訴が棄却され，前述の刑が確定した（もう1人の最高経営責任者K・レイについては，結審前に死亡したため起訴が取り下げられた）。

また，本件では，エンロン社の会計監査を担当していた監査法人アーサー・アンダーセンも違法行為に関与していたとして起訴され，エンロン社の担当会計士は，関係書類を破棄したことに対して，司法妨害罪で有罪判決を受けた。資格を剥奪され，監査業務の継続が困難になったアーサー・アンダーセンは翌年事実上破綻した（なお，アーサー・アンダーセン自身に対しては，2005年5月31日に，連邦最高裁判所において，司法妨害罪の成立を認めた第1審判決には陪審への説示に重大な誤りがあるとして，審理が原審に差し戻され，最終的には，犯罪の意図がなかったとして，アーサー・アンダーセンの無罪が確定した[14]）。

エンロン事件は，アメリカ合衆国において，コンプライアンス・プログラムが企業に浸透した後の大規模な企業犯罪であっただけに，社会に大きな衝撃を与えた。企業会計に関する法制の見直しは言うまでもないが，これとあわせて，コンプライアンス・プログラムの実施のインセンティブとして，高い評価を受けていた組織体に対する連邦量刑ガイドラインのコンプライアンス・プログラムに関する規定についても，全面的な見直しが図られたのである。その結果，アメリカ合衆国では，エンロン事件以後も，コンプライアンス・プログラムに対する信頼が低下することはなく，さらにレベルの高いコンプライアンス・プ

---

[13] Michael Siegfried, *Enron Corporation*, in ENCYCLOPEDIA OF WHITE-COLLAR & CORPORATE CRIME Vol.1 at 289−90（Lawrence M. Salinger ed., 2005）。このほか，大島春行・矢島敦視『アメリカがおかしくなっている』（NHK出版, 2002），ピーター・C・フサロほか（橋本硯也訳）『エンロン崩壊の真実』（税務経理協会, 2002），みずほ総合研究所『エンロンワールドコムショック』（東洋経済新報社, 2002），藤田正幸『エンロン崩壊』（日本経済新聞社, 2003），ブライアン・クルーパー（水野眞樹太ほか訳）『内部告発エンロン』（集英社, 2003），S・E・スクワイヤほか（平野皓正訳）『名門アーサーアンダーセン消滅の軌跡』〔シュプリンガー・フェアラーク東京, 2003〕など参照。

[14] United States v. Arthur Andersen, 544 U.S. 696, 125 S. Ct. 2129（2005）。

第1章　アメリカ合衆国における企業犯罪の実態と企業犯罪への刑法上の対応

ログラムの実施を目指して，各企業の取組みが，多くの企業によって続けられている。

Ⅲ　法人の刑事責任

　見過ごすことのできない多様で甚大な被害をもたらす企業犯罪への対策として，アメリカ合衆国では，個人行為者の責任とともに，企業等の法人の刑事責任が積極的に問われている。そうした姿勢は，企業犯罪への対策について，長年にわたって取り組み，多くの課題を克服してきたアメリカ刑事法史の1つの成果であるといえよう。アメリカ合衆国では，法人の刑事責任を問うに当たって，何を問題と考え，その問題を解消するために，どのような手立てが講じられてきたのであろうか。以下では，こうした観点から，アメリカ合衆国における法人の刑事責任論を概観してみたい。

1　史的展開
A　不作為犯から作為犯へ（19世紀中頃まで）

　(1)　不作為犯に対する法人の刑事責任　アメリカ合衆国では，法人の刑事責任は，道路や運河の補修等を怠ったという公的ニューサンスの枠内で，不作為犯に対して例外を承認するところから始められた。たとえば，法人が公的ニューサンスの不作為犯について有罪とされた代表的な事例として，アルバニー社ケース[15]がある。本件の概要は，ハドソン河の内湾の清掃義務を怠り，汚染を発生させたとしてアルバニー社自身が起訴されたというものである。これに対する判決は，従来から認められてきた不作為犯に対する法人の刑事責任を肯定した点，および法人の刑事責任の有無を判断するにあたり，公益性と救済の必要性に重点をおいた点で注目に値する[16]。

　(2)　作為犯に対する法人の刑事責任　このように法人の刑事責任を不作為犯に限定する姿勢は，1852年のモリス＆エセックス鉄道社ケース[17]で覆されることになった。本件の概要は，公道に建築物を建造し，鉄道車輌で道路を遮断したとしてモリス＆エセックス鉄道社が起訴されたというものである。判決で

15　People v. Corporation of Albany, 11 Wend. 539（N. Y. Sup. Ct. 1834）.

16　Kathleen F. Brickey, *Corporate Criminal Accountability : A Brief History and an Observation*, 60 WASH. U.L.Q., 393, 406（1982）.

17　State v. Morris and Essex Railroad Co.,（1852）23 N.J.L. 360.

は，以下の２点を根拠として，設立趣意書に記されていない行為についても，自然人ではなく，利益を得ている法人が責任を負うべきとされ，同社に有罪が言い渡された[18]。①不法行為における民事責任が法人に対して既に認められている点に鑑みて，刑事責任のみを否定する理由がない。②公的ニューサンスに対する訴追の主目的は，ニューサンスの除去を強制することにある。

この判決では，作為と不作為を厳格に区別することは不可能かつ非論理的であることを根拠として刑事責任の範囲の拡大が図られるとともに[19]，判旨において「法人は，その性質上，反逆罪，重罪，または実行に悪意（malus animus）をともなうその他の犯罪につき有罪とはされ得ない[20]」と言及され，新しい法人の刑事責任の限界として，犯罪成立要件としてメンズ・レアを要する犯罪を犯すことはできないとする基準が示された。

さらに，作為犯への適用範囲の拡大は，公的ニューサンスの枠を超えたさまざまな形態の犯罪類型にも肯定されていった[21]。この適用範囲の公的ニューサンス以外の犯罪類型への拡大についても，背景に法人処罰に対する強い社会的要請があったといえる。

B 厳格責任からメンズ・レアへ（20世紀初頭まで）

(1) NYセントラル＆ハドソン・リバー鉄道社ケース　法人の刑事責任の範囲が拡大していくなかでも，法人はメンズ・レアを成立要件とする犯罪を行うことはできないという基準は維持されていた。そこでは，法人は架空の存在であるとの観点から，メンズ・レアを形成できない法人にそのような犯罪類型に対する刑事責任を認めることはできないとする考えや，そのような犯罪は法人の目的および権限を超えており，法人に刑事責任を課すことは妥当でないとする考えがなお根強く反映していたといわれる[22]。しかし，19世紀末には，裁判

18　Id. at 367.

19　Id. at 371. See also Thomas J. Bernard, The Historical Development of Corporate Criminal Liability, 22 CRIMINOLOGY 3, 8（1984）.

20　23 N. J. L. 360, 362.

21　たとえば，日曜休業法違反（State v. Baltimore and O.R.R., 15 W. Va. 362（1879）.），共進会場での狩猟の許可（Commonwealth v. Pulaski County Agricultural and Mechanical Ass'n, 92 Ky. 197, 17 S.W.442（1891）.），高金利の代価請求（State v. First Nat'l Bank, 2 S.D.568, 51 N.W. 587（1892）.），未成年への酒類の供与（Southern Express Co. v. State, 1 Ga. App.700, 58 S.E. 67（1907）.），薬品の無免許業務（People v. John H. Woodbury Dermatological Inst., 192 N.Y. 454, 85 N.E. 697（1908）.）などがあげられる（Brickey, supra note 16, at 410.）。

22　Brickey, supra note 16, at 411.

第1章　アメリカ合衆国における企業犯罪の実態と企業犯罪への刑法上の対応

所は，メンズ・レアを成立要件とする犯罪のうち一定の範囲について法人の刑事責任を認める方向を示し始めた。つまり，裁判所は，特別な意図（specific intent）を要する犯罪と一般的な意図（general intent）のみを要する犯罪とを区別し，後者については法人にも責任を課すことが可能であるとの認識を示し始めたのである[23]。

このような方向性が明確に承認されたのが，1908年のニューヨーク・セントラル＆ハドソン・リバー鉄道社ケース[24]の連邦最高裁判所判決であった。本件の概要は，鉄道輸送に関するリベートの供与を禁止した1907年エルキンズ法（Elkins Act）1条に違反し，ニューヨーク・セントラル＆ハドソンリバー鉄道社の従業者が，製糖所への贈賄を行ったとして，同社自身が起訴されたというものである。これに対してニューヨーク・セントラル＆ハドソン・リバー鉄道社からは，従業者の行為につき法人の代位責任を認めたエルキンズ法1条は違憲であり，法人に罰金を科すことは無関係な株主を罰することに他ならず，法の適正手続にも反するとの主張がなされた[25]。しかし，判決では，法または公共政策の見地からは，議会がそのような責任を輸送会社に課せないと考える根拠は見出せないとして有罪が言い渡された。

この判決においても，それ以前と同様に法人処罰の必要性の観点に比重をおいた現実的な判断を見て取ることができる。すなわち，判決理由として以下の4点が示されたのである。①営利取引の大部分が法人により行われている事実を看過するわけにはいかない[26]。②法人は犯罪をなし得ないという古い観念によって，立法者は法人の違法行為をコントロールするための唯一の効果的手段を失うことになる[27]。③法人が権限を付与した代理人の意図および目的から，法人自身を有責とすることによって，取引をコントロールできないとすれば，法人への対応としては後退を意味する[28]。④法人が行い得ない犯罪が存在する

23　*Id.*
24　New York Central & Hudson River Railroad Co. v. United States　212 U.S. 481（1909）. また，本件の裁判所は歴史的に規制法規の法人への適用を認めてきたという典型的な「起訴を方向付けた解釈」として位置づけるものとして，Leonard Orland, *Reflections on Corporate Crime : Law in Search of Theory and Scholarship,* 17 AM. CRIM. L. REV, 501, 502（1980）.
25　Brickey, *supra* note 16, at 413.
26　212 U.S. 481, 495.
27　*Id.* at 496.
28　*Id.*

ことは認めるとしても，本件で問題とする犯罪は，制定法によって一定の目的のために禁止された犯罪に属しており，この類型の犯罪は，権限の範囲内で行為した代理人の犯罪行為に対する法人への責任の賦課を理論的および政策的に命じている[29]。これ以後，一般的な意図を成立要件とする犯罪について法人への刑事責任を認める判例の多くが，本件判旨を引用するようになった[30]。

(2) 法人メンズ・レア　ひとたびメンズ・レアを成立要件とする犯罪について法人の刑事責任を認める方向が示されると，その方向性は，急速に強まっていった。その対象は，もはや一般的な意図を成立要件とする犯罪にとどまらず，裁判所侮辱[31]，連邦および州の反トラスト法違反の共同謀議[32]などの特別の意図を要件とする犯罪についても，次第に法人の責任が認められるようになった。その結果，法人の刑事責任の適用範囲は飛躍的な拡大をみせた[33]。そして，その際，このようにメンズ・レアを成立要件とする犯罪にまで，法人の刑事責任を問うにあたっては，法人の代理人や従業者らの違法行為者が，メンズ・レアを有することで足りると考えられたのである。こうした法人に刑事責任を課す要件としてのメンズ・レアは，「法人メンズ・レア（corporate mens rea）」と呼ばれ，それ以後，法人への帰責原理の発展とともに，変容を遂げてきた[34]。

つまり，1908年以降のアメリカ合衆国では，代位責任の法理を広範に採用し，ニューヨーク・セントラル＆ハドソン・リバー鉄道社ケースが示した次の要件に該当すれば，法人に刑事責任を帰すことが認められてきたのである。①自然人行為者が代理人または従業者である。②違法行為が当該行為者の職務ま

29　Id. at 494. ただし，本件では，法人がなし得ない犯罪について，その根拠および具体的な犯罪の種類は示されなかった。

30　他方において，本判決は，代理人の意図のほかに法人の意図の証明を不要とする立法目的を認めたものにすぎず，代位責任の法理を刑法上の一般原則として広く認めたものではないとの指摘も存在する（Note, *Corporate Criminal Liability for Acts in Violation of Company Policy*, 50 GEO. L. J. 547, 551（1962）.）。

31　Telegram Newspaper Co. v. Commonwealth, 172 Mass, 294, 52 N.E. 445（1899）.

32　United States v. MacAndrews and Forbes Co., 149 F. 823（C.C.S.D.N.Y.1906）；Chicago, Wilmington and Vermilion Coal Co. v. People, 214 Ⅲ. 421, 73 N.E. 770（1905）.

33　このほかにも事情を知りつつ故意になされた交通妨害（State v. White, 96 Mo. App. 34, 69 S.W. 684（1902）.），わいせつ物の郵送（United States v. New York Herald Co., 159 F. 296（C.C.S.D.N.Y.1907））, 破産財産の隠匿の共謀（United States v. Young and Holland Co., 170 F. 110（C.C.R.I.1909））, スパイ活動防止法違反（United States v. American Socialist Society, 260 F. 885（S.D.N.Y.1919））, 故殺（United States v. Van Schaick, 134 F. 592（C.C.S.D.N.Y.1904））などの犯罪について法人をその主体として認めた（Brickey, *supra* note 16, at 415.）。

たは権限の範囲内である。③犯罪行為は，法人のために行われたものである。さらに，法人の代理人や従業者がメンズ・レアを充足する場合には，メンズ・レアを成立要件とする犯罪についても，代位責任の法理に基づき法人自身の刑事責任を問うことが可能とされた。このように，法人メンズ・レアという新しい概念を生み出してまで，メンズ・レアを成立要件とする犯罪類型について，本来メンズ・レアを形成できない法人の刑事責任を問おうとした背景には，裁判所が，そうした類型の犯罪について，法人の刑事責任を問えないことに強い危機感を抱いていたという事情があったと指摘される[35]。

C 代位責任から直接責任へ（20世紀中頃以降）

(1) 代位責任の限界　このように代位責任の法理を原則とした法人の刑事責任は，連邦レベルの判例において現在まで踏襲されており，広範な犯罪類型に対して，その適用が認められている。しかし他方では，代位責任の法理を刑法の領域で広く適用することについて，刑法の基本原則である責任主義の観点から容認できないとする厳しい批判が常に示されてきた。それまで，こうしたアメリカ合衆国の動向とほぼ同様の道を歩んできたイギリスでは1940年代以降，判例が同一視原理を採用することによって，法人の直接的な刑事責任（行為責任）を認める方向を示し，法人への刑事責任の賦課の必要性と刑法の基本原則との調和を図った[36]。このような代位責任の法理への批判やイギリスの動きを契機として，アメリカ合衆国でも，1962年にアメリカ法律協会（American Law Institute）によって提唱された模範刑法典（Model Penal Code）において同一視原理が採用されることとなった。

(2) 模範刑法典の法人処罰規定　模範刑法典は，法人の刑事責任について，次の4つの異なるアプローチを採用した。①コモン・ロー上の犯罪に対する同一視原理に基づく責任。②メンズ・レアを成立要件とする犯罪に対する代位責

34　Peter French, Collective and Corporate Responsibility 31−47 (1984)；Richard S. Gruner, Corporate Crime and Sentencing §3. 4. 2 and §4. 1−2 (1994)；Pamela Bucy, *Corporate Ethos : A Standard for Imposing Corporate Criminal Liability*, 75 Minn.L.Rev.1095, 1121−48 (1991)；Brent Fisse, *Reconstructing Corporate Criminal Law : Deterrence, Retribution, Fault, and Sanctions*, 56 S. Cal L. Rev. 1141, 1197−1201 (1983)；V. S. Khanna, *Is the Notion of Corporate Fault a Faulty Notion？: The Case of Corporate Mens Rea*, 79 B.U.L.Rev. 355, 362 (1999).

35　Khanna, *supra* note 34, at 360−377.

36　John C. Coffee, Jr., *Corporate Criminal Responsibility*, in Encyclopedia of Crime and Justice 255 (Sanford H. Kadish ed. 1983).

任[37]。③厳格責任の犯罪に対する代位責任[38]。④制定法上の作為義務の違反に対する責任。その具体的な文言は，以下の通りである[39]。

第2.07条　法人，人格なき社団およびそれらのために行為し，または行為する義務を有する者の責任

(1) 次の各号に定めるとき，法人は実行した犯罪につき起訴され得る。

　(a) その犯罪が，秩序違反行為であるとき，または，その犯罪が，本法典以外の制定法に規定され，法人に刑事責任を課す立法趣旨が明確で，行為が，法人の代理人によって，法人のために，職務の範囲または雇用契約の範囲内でなされたとき。ただし，その犯罪を定めた法律が，法人を有責とする代表者の行為の範囲または事情を規定している場合は，この規定を適用する。

　(b) 積極的履行（affirmative performance）を内容とする特別な義務が法律によって，法人に課され，その不履行という不作為が犯罪とされるとき。

　(c) 取締役会が，その犯罪の遂行を裁可し，要求し，命令し，遂行し，もしくは軽率に容認したとき。または，法人のために行為する上級管理職員（high managerial agent）が，その職務権限または雇用契約の範囲内で，これらの行為をしたとき。

(2) 犯罪の実行に対して，絶対的責任（absolute liability）を課されているとき，反対の趣旨が明確な場合を除き，法人に刑事責任を課すのが立法趣旨であるものとする。

(3) 次の各号に定める場合は，法人格なき社団は実行した犯罪につき起訴され得る。

　(a) 当該犯罪が，本法典以外の制定法に規定され，法人格なき社団に刑事責任を課す趣旨が明確で，行為が，団体の代理人によって，法人のために，

37　このアプローチは，反トラスト法違反や証券法違反などの法人に刑事制裁を科す立法意思が明確で，メンズ・レアを成立要件とする犯罪類型を対象とする。これらの犯罪類型に対しては，明確に代位責任の法理を適用し，職務の範囲内で法人の利益を意図して行為した場合に，法人を有責とした（Model Penal Code, §2.07(1)(a).）。しかし，それまでの連邦判例とは異なり，犯罪事実について監視責任を負う上級の経営代理人が相当の注意を尽くしていたことを証明する「相当の注意の抗弁（due diligence defense）」による免責を認める規定をおいた（Id. §2.07(5).）。このように，相当の注意の抗弁を積極的に取り入れた背景には，模範刑法典が，違法行為の発生の抑止や発生した犯罪に対して刑事制裁を科すよりも，法人が法令を遵守するように監視体制の強化の促進を基本目的として重視していたことが指摘されている（Coffee, Jr., supra note 36, at 415.）。

38　このアプローチは，メンズ・レアの不要な厳格責任の犯罪の場合に用いられる。このような犯罪類型の場合，反対の立法意思が明確でないときは，代位責任の法理によって法人に刑事責任を課すことが意図されているとされた（Model Penal Code, §2.07(2)）。

39　模範刑法典の法人の刑事責任に関する条文訳出にあたっては，藤木英雄『アメリカ法律協会模範刑法典（1962）・刑事基本法改正資料8号』(1964) 27頁以下を参考にした。

第1章　アメリカ合衆国における企業犯罪の実態と企業犯罪への刑法上の対応

　　　職務の範囲または雇用契約の範囲内でなされたとき。
　　(b)　積極的履行を内容とする特別な義務が法律によって，団体に課され，その不履行という不作為が犯罪とされるとき。
(4)　本条で用いる用語の意義は，次の号に定めるとおりである。
　　(a)　「法人 (corporation)」には，政府の施策の実施のため，政府機関によって，または政府機関として構成された組織を含まない。
　　(b)　「代理人 (agent)」とは，取締役 (director)，役員 (officer)，使用人 (servant)，従業者 (employee) またはその他の法人または団体のために行為する権限を付与された者を意味する。法人格なき団体においては，その構成員を含む。
　　(c)　「上級管理職員」とは，法人または法人格なき団体の役員，パートナーシップのパートナー，または，行為が，法人または団体の方針を代表する者とみなすのを相当とする程度の重要な職務権限を有する法人または団体のその他の代理人を意味する。
(5)　絶対的責任が課せられる犯罪を除いて，第1項(a)または第3項(a)にあたる犯罪の実行について，法人または法人格のない団体が起訴されたとき，その犯罪の内容となる事項につき監督責任を有する上級管理職員によって犯罪の実行を防止するための相当の注意が尽くされていた旨を被告人が証拠の優越によって証明したときは，これを抗弁と認める。ただし，その犯罪を定めた立法趣旨と明確に反する場合は，この規定を適用しない。
(6)　(a)何人も，法人または法人格のない団体として，または法人または法人格のない団体のために実行し，または実行させた行為については，自己として，または自己のために行為をした場合と同じ法的責任を負う。
　　(b)　法律が，法人または法人格のない団体に対して，作為義務を課している場合において，その義務の履行につき，一次的責任を負う法人または団体の代理人は，無謀 (reckless) によって，作為義務を怠ったとき，その義務を法律が自己に課していた場合と同じ法的責任を負う。
　　(d)　法人または法人格なき団体の行為に関する法的責任を根拠に，有罪を認定された者に対しては，自然人が当該等級の犯罪につき有罪を言い渡された場合に科される刑を言い渡す。

　模範刑法典では，代位責任の法理が採用される範囲を①法人に刑事責任を問うという立法目的が明確な犯罪または②法人に課せられた義務の不履行を内容とする犯罪に限定する一方で，法人に刑事責任を問うという立法上の目的が明確ではなくメンズ・レアを成立要件とする犯罪，すなわちコモン・ロー上の犯罪については，同一視原理が採用された。そこでは，犯罪が取締役会 (board of directors) または上級管理職員 (high managerial agent) によって実行，委任

または無謀に黙認されたときに，法人に刑事責任を課すことができると規定されたのである。つまり，模範刑法典は，これらの類型の犯罪につき，同一視原理を採用し，法人を起訴するために高い地位にある者の直接的な関与の証明を要求することによって，法人の刑事責任の範囲を限定したのである[40]。

こうして模範刑法典には，連邦レベルでの法人への帰責原理への対案ともいうべき内容が盛り込まれたが，実際の判例の方向性を改めるには至らなかった。他方，模範刑法典は，当時，州レベルで推進されていた刑法典編纂作業に強い影響を与えたといわれる。州レベルにおける法人の刑事責任の問題への対応は，規制の対象となる犯罪類型にコモン・ロー上の犯罪が含まれることから，連邦レベル以上に，責任主義を始めとした刑法上の原則への配慮が要求されるはずであった。ところが，現実には，法人に対して故殺罪の適用がいくつかみられるように[41]，その姿勢は，州レベルでもおおむね積極的であるといえる。また，このような積極的姿勢は，法人の刑事責任を判断する際に用いられる基準からも窺い知ることができる。各州では，同一視原理を含めて，さまざまな基準を取り入れてきたが，そこでも法人の刑事責任を積極的に認めるために成立要件を緩和するなど，史的な経緯からの延長線上で，法人に刑事責任を課す必要性を前面に押し出した対応がみられるのである。

● 2　連邦レベルの代位責任の現代的展開

A　代位責任の法理への批判

これまでの考察からも明らかなように，結局，18世紀以降のアメリカ合衆国では，法人の刑事責任を積極的に肯定していく姿勢が維持されてきたと評価することができよう。そして，そうした姿勢は，1950年代以降の連邦レベルでは，ニューヨーク・セントラル＆ハドソン・リバー鉄道社ケースにおいて示された代位責任の成立要件を一層緩和するというかたちで展開されてきた。ただし，このように積極的に推し進められてきた法人の刑事責任を問う方向での取組みは，1970年代以降，いくつかの強い批判にもさらされてきた。そして，そうした批判に応えるため，判例もいくつかの対応を試みてきた。

このうち，1つ目の批判は，はたして，ますます緩やかになる代位責任の法

40　Model Penal Code, §2.07 (1)(c).
41　アメリカ合衆国では，法人を故殺罪で有罪とした事例が少なからず存在する。この点についての詳細は，拙著・前掲注1）322頁以下を参照。

第 1 章　アメリカ合衆国における企業犯罪の実態と企業犯罪への刑法上の対応

理の要件が，刑事責任の課すための合理的な根拠となり得るのかという点である。とくに，相当の注意の抗弁を認めず，代位責任の法理を適用して法人の刑事責任を問うことは，結果責任を問うに等しく，責任主義の観点から問題があるのみならず，企業法人の犯罪予防に向けた取り組みへの意欲を削ぐことになるとの主張は，比較的古くから根強く唱えられてきた。そこで，1970年代以降，代位責任の法理を適用するための緩やかな要件に制限を加えることを目指した裁判例が散見されるようになってきた。

他方，このように緩やかな要件のもとで，積極的に法人の刑事責任を問うてきたアメリカ合衆国ですら，実際の企業犯罪に適正に対応できていないことが強く認識されるようになっている。すなわち，企業組織が大規模化し，その活動が複雑化するにつれ，違法行為者を特定することが困難なケースの存在することが明らかになったのである。こうしたケースに対して，現行の代位責任の法理では，法人に刑事責任を問えない可能性が残る。しかし，このようなケースについて，法人の刑事責任を問えないのでは，刑事規制の必要性が最も高い大企業の違法活動に対して刑事法を適用できないことになり妥当でない。これが，代位責任の法理に基づく連邦レベルの法人処罰に対する 2 つ目の批判である。

そこで，連邦レベルの判例では，代位責任の法理を前提としながらも，違法行為者の特定が困難なケースについて，一定程度，法人に刑事責任を問うアプローチが模索されるようになった。以下では，このような代位責任の法理の現代的な動向を検証し，アメリカ合衆国の連邦レベルでの法人に対する刑事責任の現状を把握したい。

B　適用範囲の拡大とその限定

(1)　「職務の範囲」の拡大　ニューヨーク・セントラル＆ハドソン・リバー鉄道社ケースの代位責任の法理のもとで，法人の刑事責任を認定するためには，まず従業者の違法行為が職務の範囲内で実行されたことを証明する必要がある。不法行為の領域での伝統的な定義では，職務の範囲は，「本人が明示または黙示に委任した行為，またはその行為に類似もしくは付随した行為」に制限されていた[42]。しかし，下級審判決の中には，1970年頃から職務の範囲をそれより

42　Developments in the Law, *Corporate Crime : Regulating Corporate Behavior through Criminal Sanctions*, 92 HARV. L. REV. 1227, 1249（1979）.

広く解し，実質的には，従業者が，業務に関連する活動を実施していた間に犯罪を実行したことを指すと解するものが出てきた[43]。したがって，このような判決では，たとえ上位者によって違法行為が明確に禁じられており，犯罪の予防に法人側が誠実に努めていたとしても，従業者によって犯罪が行われれば，その行為は職務の範囲内と考えられる可能性が生じる。

このような方向性が明確に示された判例として，1972 年のヒルトン・ホテル社ケース[44]の控訴審判決をあげることができる。本件の事実の概要は次の通りである。オレゴン州ポートランドのホテル，レストランおよびその納入業者は，コンベンション誘致のための団体を設立した。その際，ホテル側は，納入業者に対して活動資金の寄付を求め，その諾否によって，その後の取引で差別的な取扱を行うことを取り決めた。この行為が共同ボイコットにあたり，シャーマン法 1 条に反するとして，取り決めに参加していたヒルトン・ホテル社が起訴された。

同社は，以下の 2 点を根拠として，取り決めに参加したマネージャーの行為が職務の範囲を逸脱しており，同社の代位責任は認められないと主張した。①同社の方針では，価格，品質およびサービスだけを考慮して購入業者を選定することが定められていた。②支配人らが，購入を担当するマネージャーに対して，ボイコットへの参加を禁じたが，購入を担当するマネージャーは，これを無視した。

これに対して，第 9 巡回区連邦控訴裁判所は，「一般的基準として，たとえ法人の方針および明示の命令に反したとしても，シャーマン法のもとでは職務の範囲内での代理人の行為に対して法人は有責となる[45]」と述べ，代位責任の法理の適用を認めた。こうした判決に従えば，法人は，従業者がひとたび犯罪を行えば結果責任を負うに等しいことになる。このため，学説上は，相当の注意の抗弁を認めなければ法人の犯罪防止活動は促進されないとの批判もなされてきた[46]。

(2) 「法人の利益」の要件の緩和　また，ニューヨーク・セントラル＆ハド

43　Id.

44　United States v. Hilton Hotels Corp., 467 F. 2d 1000（9th Cir. 1972）, *cert. denied*, 409 U. S. 1125（1973）. さらに，United States v. American Radiator and Standard Sanitary Corp., 433 F. 2d 174（3rd Cir. 1970）. を参照。

45　United States v. Hilton Hotels Corp., 467 F. 2d 1000, 1007（9th Cir. 1972）.

第 1 章　アメリカ合衆国における企業犯罪の実態と企業犯罪への刑法上の対応

ソン・リバー鉄道社ケースが示した代位責任の成立要件は，従業者が法人に利益をもたらす意図で犯罪を実行したことを要求している。しかし，今日では，実際に法人が利益を得ていない場合にも，法人を有責と認めることがある。したがって，その場合，法人には自らが実際に利益を得ていないことを根拠とした抗弁は認められない[47]。

(3)　要件緩和の限定の試み　近年，この職務の範囲と法人の利益の意図という 2 つの要件の緩和に歯止めをかける方策として，法人の「コンプライアンス・プログラム（compliance program）」の存否や運用の状況を刑事責任の認定に際して考慮する動きが注目されている。

コンプライアンス・プログラムとは，「企業ごとに実施される法を遵守するためのシステマティックな自主的取り組み」をいう[48]。つまり，企業法人が，組織内部での違法行為を予防・発見するために厳格な措置を講じていたにもかかわらず，従業者がこれに反して違法行為を行ったときには，「職務の範囲内」あるいは「法人の利益の意図」という成立要件を満たしておらず，法人に刑事責任を課すことはできないと考えるのである。

たとえば，1979 年のビューシュ・ケース[49]において，第 9 巡回区連邦控訴裁判所は，法人が実施していたコンプライアンス・プログラムおよび従業者への指示の考慮を認めた第 1 審の陪審への説示を支持した[50]。また，1983 年のベー

46　Developments in the Law, *supra* note 42, at 1257−1258 ; Michael E. Tigar, *It Does the Crime But Not the Time ; Corporate Criminal Liability in Federal Law*, 17 AM. J. CRIM. LAW 211, 227−229（1990）.

47　United States v. Carter, 311 F. 2d 934, 942（6th Cir.）1963, *cert. denied*, 373 U.S. 915（1963）; United States v. Empire Packing Co., 174 F. 2d 16, 20（7th Cir. 1949）, *cert. denied*, 373 U. S. 959（1949）; Old Monastry v. United States, 147 F. 2d 905, 908（4th Cir. 1945）, *cert. denied*, 326 U. S. 734（1945）. Developments in the Law, *supra* note 42, at 1257 ; Eliezer Lederman, *Criminal Law, Perpetrator and Corporation : Rethinking a Complex Triangle*, 76 J. CRIM. L. & CRIMINOLOGY, 285, 290（1985）.

　　ただし，この点については法人のために行う意図は必要であるとの指摘がある（Tigar, *supra* note 46, at 227−28 ; Barbara A. Belbot, *Corporate Criminal Liability*, in UNDERSTANDING CORPORATE CRIMINALITY 211, 223−225（Michael B. Blankenship ed. 1993）。判例のなかにも，従業員が自己の利益のために犯行に及んだ場合に，法人の刑事責任を問わなかったものがある（Standard Oil Company of Texas v. United States, 307 F. 2d 120（5th Cir. 1962）. Tigar, *supra* note 46, at 227 ; Belbot, *supra* note 47, at, 223−225）。

48　GRUNER, *supra* note 34, at § 14.1−14.5.

49　United States v. Beusch 596 F. 2d 878（9th Cir. 1979）.

50　*Id.*

シック建設社ケース[51]では，第4巡回区連邦控訴裁判所によって，法人の反トラスト法に対するコンプライアンス・プログラムを証拠として採用することを認めた第1審の判断が支持された。ここでは，そのような証拠が法人の利益の意図の認定に有益であると明確に述べられた。しかし，これまでのところ，コンプライアンス・プログラムを積極的に考慮しようという見解は，控訴裁判所の判例において多数を占めるには至っていない[52]。その背景には，いくつかの要因が重複的に存在するが，とくに以下の3点が重要と思われる。

第1に，法人の利益の意図とコンプライアンス・プログラムとの理論的な関係が，不明確であり，コンプライアンス・プログラムの実施が法人にとって不利に働くことも考えられる。たとえば，法人がコンプライアンス・プログラムを作成していたという事実は，法人にとって従業者の違反行為が予見可能であったことを意味するとの理解も可能である点が指摘される[53]。第2に，弁護側が，コンプライアンス・プログラムを法人の犯罪意図を否定する根拠として用いたことが影響している。つまり，このような抗弁を認めることは，従来，従業者の犯罪の無過失転嫁を認めるものと理解されてきた代位責任の法理を根底から覆すことにつながるのである[54]。第3に，コンプライアンス・プログラムの存在を考慮することを認めてしまうと，法人の刑事責任を問うことが難しくなることへの配慮も窺える[55]。法人の刑事責任を積極的に問う姿勢は，アメリカ合衆国における企業犯罪対策の支柱の1つに数えられる。その支柱を細く削り，弱めてしまうことには，刑事政策上，マイナスの効果が大きいと考えられているのである。

従来，アメリカ合衆国は，法人の刑事責任を処罰の必要性の観点から積極的に認めてきており，その方向性が，ここでも貫かれているといえよう。このため，法人がコンプライアンス・プログラムを実行していたという事実は，今のところ起訴や量刑の時点において考慮されるにとどまっている[56]。ただ，量刑においては，コンプライアンス・プログラムの存在を罰金刑の軽減事由として取り入れることが，1991年に制定された組織体に対する連邦量刑ガイドライ

---

51 United States v. Basic Construction Co. 711 F. 2d 570 (4th Cir. 1983).
52 Robert E. Bloch, *Compliance Programs and Criminal Antitrust Litigation : A Prosecutor's Perspective*, 57 ANTITRUST L. J. 223, 223 (1988).
53 Charles J. Walsh and Alissa Pyrich, *Corporate Compliance Programs as a Defense to Criminal Liability : Can a Corporation Save Its Soul ?*, 47 RUTGERS L. REV. 605, 665-666 (1995).

ン（Federal Sentencing Guidelines for Organizations）において明確に打ち出されたことから，これを契機として，学説上は，コンプライアンス・プログラムを適正に運用していた場合に，法人に相当の注意の抗弁を認めるべきとする見解が有力化している[57]。こうした動向をふまえれば，コンプライアンス・プログラムと法人処罰をめぐる今後の成りゆきが注目されるところである。

C　行為者特定の要件の弛緩

（1）　アクトゥス・レウスの弛緩　他方，代位責任の法理が，法人に刑事責任を課す要件として求める自然人行為者である法人の代理人または従業員の特定について，判例上，これを緩める傾向が散見される。すなわち，違法行為者の特定が困難なケースについて，法人の刑事責任を認めるための連邦裁判例の試みの1つとして，同一の犯罪について代理人が不起訴または無罪とされた場合にも，法人を有罪とすることができるとした判決が存在するのである[58]。また，法人の刑事責任を認定するためには，代理人のうちの「誰か」が犯罪行為を実行したことを証明すれば足りるとした判例もみられる[59]。さらに，複数の代理人の行為の異なる犯罪成立要件を結合させることによって1つの犯罪を成立さ

54　コンプライアンス・プログラムを「法人の意図」の認定に際して考慮するべきであるという主張がなされる契機となったのは，1978年のジプサム社ケースにおける連邦最高裁判所判決である（United States v. Gypsum Co. 438 U. S. 422（1978））。本件は，ジプサム社が，同業他社と価格に関する情報交換協定を結んだ事実がカルテルにあたり，シャーマン法1条に違反するとして起訴されたものである。本件判決に際して，連邦最高裁判所は，シャーマン法第1条違反は，厳格責任の犯罪ではなく，被告人のメンズ・レアの証明を要する旨の判示を行った（Id. 435）。ここから，法人の起訴に際しても，法人の意図を証明する必要があるとの主張がいくつかの訴訟においてなされ，その存否を客観的に判断する資料としてコンプライアンス・プログラムが注目されることとなったのである。実際に，いくつかの連邦地方裁判所では，陪審への説示の中で，法人の意図を判断する材料として，コンプライアンス・プログラムを考慮することが認められた（Bloch, *supra* note 52, at 228）。しかし，このような動きは，前述したベーシック建設社ケース（711 F. 2d 570（4th Cir. 1983）.）において明確に否定された。つまり，本件をジプサム社ケースと照らし合わせてみた場合，意図の証明が要求されるのは，自然人行為者に対してであり，法人自体の主観の証明は必要ではないと判断されたのである。したがって，連邦レベルで，法人の刑事責任を問う際には，法人自身の意図を考慮することなく従業者の行為と意図を無過失に転嫁するアプローチがなお堅持されている。ただし，コンプライアンス・プログラムを「職務の範囲」または「法人の利益の意図」を検討する際の要素とする可能性については，本文で述べたとおりである。

55　Richard J. Favretto, *A Prosecutor's Perspective on the Gypsum Opinion*, 49 ANTITRUST L. J. 1127, 1131（1980）.

56　Walsh & Pyrich, *supra* note 53, at 665−66. 詳細については，拙著・前掲注1）265頁以下。

57　詳細については，拙著・前掲注1）183頁。

せ，法人を有罪とするアプローチもこの傾向を示す端的な例とされる[60]。ここでは，法人は従業者である自然人の集合体として捉えられているといえよう。これらの判例によって，代位責任の法理のもとで要件とされてきた自然人行為者の特定が不要とされ，法人の刑事責任の認定が簡易化されてきたのである[61]。

(2) 法人メンズ・レアの弛緩　さらに，いくつかの連邦裁判例は，メンズ・レアを成立要件とする犯罪につき，法人の刑事責任を問うために要求される法人の取締役，代理人または従業者のメンズ・レア（法人メンズ・レア）は，それらの自然人行為者の犯罪意図が証明されない場合にも充足され得るとしている[62]。つまり，たとえ犯罪意図を形成する十分な情報を1人の従業者が認識していなくても，複数の従業者の断片的な情報を集めることによって全体として1個の犯罪意図を形成するに足る認識（集合的認識〔collective knowledge〕）の存在を認め，法人メンズ・レアを肯定することによって，メンズ・レアを成立要件とする犯罪について法人に刑事責任を課すことが可能とされるのである[63]。

当初，こうした集合的認識の理論は，州際通商法（Interstate Commerce Act）322条違反に限定して用いられていたといわれる[64]。しかし，大規模で，複雑な組織構造からなる今日の法人組織に対して，適正な刑事責任を問うために，こうした理論を広く採用する必要性が認められるようになり，メンズ・レアを成立要件とするさまざまな犯罪について，集合的認識の存在を根拠に法人の刑事責任が課されるようになっていった。

58　Magnoliia Motor and Logging Co. v. United States, 264 F. 2d 950, 953（9th Cir. 1959），cert. denied, 361 U.S. 815（1959）; American Medical Ass'n v. United States, 130 F. 2d 233, 253（D. C. Cir. 1942），aff'd, 317 U. S. 519（1943）; United States v. General Motors Corp., 121 F. 2d 376, 411（7th Cir. 1941），*cert. denied.* 314 U.S. 613（1941）. Developments in the Law, *supra* note 42, at 1250 ; Lederman, *supra* note 47, at 290. ただし，自然人である代理人と法人の両方が起訴された場合に，どのような理論から法人のみを有罪とするのかは，必ずしも明らかではない。判例の中にも，「陪審が，いかにしてすべての自然人の被告人を無罪としているのか理解できない」といった裁判官の見解がみられる（United States v. General Motors Corp., 121 F. 2d 411（7th Cir. 1941））。

59　United States v. American Stevedores, Inc., 310 F. 2d 47, 48（2d Cir. 1962）.

60　Developments in the Law, *supra* note 42, at 1248 ; Lederman, *supra* note 47, at 305.

61　Developments in the Law, *supra* note 42, at 1248.

62　GRUNER, *supra* note 34, at §4.1−4.7 ; Khanna, *supra* note 34, at 360−77.

63　同様の問題関心は，イギリスでもみられる。この点については，拙著・前掲注1）134頁以下参照。

64　Anthony Ragozino, *Replacing the Collective knowledge Doctrine with a Better Theory for Establishing Corporate Mens Rea : The Duty Stratification Approach*, 24 SW. U. L. REV. 423, 429（1995）.

第1章　アメリカ合衆国における企業犯罪の実態と企業犯罪への刑法上の対応

　集合的認識が肯定された代表的な事例として，1974年のTIME－DC社ケース[65]をあげることができる。本件の概要は以下の通りである。連邦高速道路管理規則は，ドライバーの運転能力が低下している場合の自動車の運転を禁止していた。このため運送業を営む被告法人のTIME－DC社は，従業者であるドライバーが病気の場合，医師の診断を受け疾病が確認されれば休暇をとることを認めるとするルールを採用していた。しかし，このルールを従業者に周知していなかったことから，病気のため運転能力が低下していた従業者が，一度は病気のため欠勤を申し出ながら，不利益な取り扱いを受けることをおそれて勤務当番表にエントリーし，運送用トラックで高速道路を走行した。このためTIME－DC社は，連邦高速道路規則違反の軽罪で起訴された。TIME－DC社は，同社にはドライバーが病気でありながら運転を行ったという認識がなく，したがって連邦高速道路管理規則を認識をもって違反することもできないとして無罪を主張した。これに対して，ワシントン特別区連邦地方裁判所は，TIME－DC社内に，病気による欠勤の連絡を受けた者と勤務表へのエントリーを受けた者がいる限り，たとえ両者が別人であったとしても，法人には，連邦規則違反の認識があったといえると判示し，TIME－DC社に有罪を言い渡した。

　同様の判断は，重罪の成否が争点となった1987年のニューイングランド銀行ケース[66]においても下された。本件では，被告法人であるニューイングランド銀行が，それぞれは少額の複数の小切手を使用した顧客による総額1万ドル以上の取引を報告しなかったために，1万ドル以上の取引について報告を義務づけた通貨取扱報告法（Currency Transaction Reporting Act）に違反したとして重罪で起訴された。これに対して，ニューイングランド銀行は，同銀行には，当該取引のすべてを把握していた者がおらず，犯罪の認識を有していなかったとして無罪を主張した。第1審のマサチューセッツ連邦地方裁判所は，陪審への説示において，「銀行を1つのシステムとみることができ，従業者全員の総体が銀行の認識である」と述べ，この説示に基づき同銀行に有罪の評決が下された。この説示の適否を判断するにあたり，控訴審である第1巡回区連邦控訴裁判所は，法人の刑事責任の認定にあたっては，集合的認識の適用を認めた説示は適切であるとして次のように述べた。「法人は，実際には，より小さな構

65　United States v. T. I. M. E.- D. C., Inc., 381 F. Supp. 730, 738（W. D. Va. 1974）.
66　United States v. Bank of New England, N.A, 821 F. 2d 844（1st Cir. 1987）*cert. denied*, 484 U. S. 943, 108 S. Ct. 328, 98 L. Ed. 2d 356（1987）.

成単位によって運営されるため，法人全体としての認識は分割され，具体的な義務も細分化されることになる[67]」。したがって，1つの部署や一個人は，法人の他の単位の活動を把握していないことがあり得る。「銀行は，他の全ての大企業と同様に構造上細分化されており，その刑事責任を認定するにあたっては，集合的認識の説示は，適切なだけでなく必要である[68]」。

(3) 連邦裁判例の限界　このような犯罪の実行行為者を特定せずに企業に刑事責任を帰属するアプローチには多くの批判がある。まず，代理人を不起訴または無罪としながら法人にのみ刑事責任を負担させる点について，このような方法は安易な司法取引を招くとの指摘がなされている[69]。また，異なる行為者の犯罪構成要素の結合についても，アクトゥス・レウスの一部としての行為とメンズ・レアの同時存在を要求する刑事責任の原理に反するとされる[70]。さらに，集合的認識の理論は，「メンズ・レアの原則に反し，刑法に法人の過度な擬人化傾向を持ち込むものである[71]」，「すでに代位責任の法理から乖離している[72]」などといった批判が存在する。しかし，連邦裁判例は，従来の代位責任の法理が前提としていた違法行為者の特定という要件を緩和することによって，それまで以上に積極的に，法人の刑事責任を問う道を開いた点を重視しており，集合的認識の理論を控える兆しは見られない[73]。

これに対して，近時の学説においては，こうした行為者特定の要件の弛緩によっても解決しない問題点の存在が指摘され，こうした指摘が契機となり，新しい法人の刑事責任の帰責原理を模索する動きが活発化しており，注目に値す

67　*Id.,* 856. *See also,* ELLEN S. PODGOR, WHITE COLLAR CRIME IN A NUTSHELL 45-46 (1993).

68　821 F. 2d 844, 855（1st Cir. 1987）．また，集合的認識には，ある者の認識と認識のない他者の行為とを結合するだけでなく，ある代理人が他の代理人の行為および認識について気づいていない状況も含まれる。191 F. 2d 313, 315 ; United States v. Sawyer Transport Inc., 337 F. Supp. 29, 30（D. Minn. 1971）; People v. American Medical Centers of Michigan, Ltd., 110 Mich. App. 135, 324 N.W. 2d 782, *cert. denied,* 104 S.Ct. 529 (1982). Lederman, *supra* note 47, at 305.

69　Lederman, *supra* note 47, at 317.

70　*Id.* at 307.

71　*Id.* at 306.

72　Janis M. Berry, *Defense of Business, Individual Officers and Employees in Corporate Criminal Investigations,* PUB. CONTRACT L. J. 648, 657 (1990).

73　R・レダーマンは，アメリカ連邦裁判例は，このアプローチを支持しているとする（Lederman, *supra* note 47, at 305-06.）。逆に，このアプローチは未だ例外的なものにすぎないとする見解として，佐藤雅美①前掲注1）105頁参照。

第1章 アメリカ合衆国における企業犯罪の実態と企業犯罪への刑法上の対応

る。すなわち，集合的認識の理論などの違法行為者の特定を必要としないアプローチを採用したとしても，代位責任の法理を前提とする限り，法人の刑事責任を認定するためには，法人内の違法行為者の存在が前提とされている。集合的認識の理論は，この要件を最大限緩和したものに過ぎない。しかし，自然人を媒介とする前提を維持しながら，違法行為者の特定を必要としないというアプローチは，責任主義に反する疑いが強いと指摘されている。また，法人の活動に関連して法益侵害が生じた場合，その原因が代理人や従業者の違法行為ではなく，法人の安全管理システムの不備や組織構造上の欠陥に求められるケースがあり得るが，こうしたケースに対して，現行の代位責任の法理では，たとえ集合的認識の理論を採用したとしても，法人に刑事責任を問えない可能性が残り妥当でないとされるのである。さらに，現行の法理では，法人は，安全管理システムを整備しても，ひとたび従業者の違法行為が行われれば，刑事責任を問われる点にも，法人の犯罪予防の意欲をそぐことになると批判されている。従来の法人の刑事責任論は，自然人を対象に構築されてきた刑法上の諸原則を法人にあてはめようとするあまり，自然人と法人の共通点にばかり関心が集まり，法人の実態が反映されていないと指摘するのである。

Ⅵ 法人に対する刑事制裁

● 1 現行企業処罰システムの改善点

　企業犯罪に対する刑事法の適切な対応のあり方を検討するにあたっては，法人の刑事責任と並んで，法人への刑事制裁のあり方についても検討が必要となろう。なぜなら，従来，法人に対する中心的な刑事制裁の手段であった罰金刑には多くの問題が指摘されており，その改善が必要不可欠であるし，そうした改善によっても克服しがたい罰金刑の本質的な問題が存在することから，罰金刑のみを前提にしたのでは，いくら法人の刑事責任を問うとしても，その効果に大きな期待をかけられないからである。

　では，一体，法人に刑事制裁を科す意義を何に求め，その意義を実際に具体化するため，どのような種類の刑事制裁をどれだけの量で科すべきなのか。きわめて重要で，根本的な課題であるにもかかわらず，こうした問題に関する議論は活発とは言い難い状況にあった。

　ところが，アメリカ合衆国の連邦レベルでは，1980年代半ば以降，刑罰観の主流が犯罪者の改善更生を重視する社会復帰（rehabilitation）の立場から適

正な応報（just desert）を求める立場へと移行し，犯罪者処遇モデルが，医療モデル（medical model）から正義モデル（justice model）に転換したことを背景に，量刑上の公平化を主たる目的とした量刑ガイドラインが導入された。こうした動きは企業に対する量刑にも及び，1991年の11月には企業を含む組織体に対する連邦量刑ガイドラインが施行された[74]。この組織体に対する連邦量刑ガイドラインは，単に企業等の組織体に対する量刑の統一化を目指すにとどまらず，それまでの議論をふまえ，企業に対する刑事制裁の目的を明確化するとともに，いくつかの新しい刑事制裁の方法を採用した。

こうしたアメリカ合衆国の状況は，わが国の企業に対する刑事制裁のあり方を検討するうえで，参考になる点が少なくないものと思われる。そこで，以下では，法人に対する刑事制裁として，今日のアメリカ合衆国において整備されている罰金刑，プロベイション，被害弁償等について，個別に考察を加えたい。

● 2　罰金刑

A　連邦量刑ガイドラインの企業に対する罰金刑の概要

(1) 連邦量刑ガイドラインにおける企業に対する罰金刑の特徴　わが国と同様，アメリカ合衆国でも，罰金刑が，企業に対する刑罰の中心である。従来より改革の必要性が指摘されてきた企業に対する罰金刑は，1991年に施行された連邦量刑ガイドライン第8章のもとで，企業の適正な処罰を可能にすべく，その内容を刷新した[75]。

第1に，企業に対する罰金刑の法定多額が引き上げられ，高額の支払いを命じられる可能性が明確にされた。前述したとおり，1980年代を迎えてから，アメリカ合衆国では，企業に対する罰金額を自然人に対する場合と切り離して引き上げる方向で，改善が進められてきた。組織体に対する連邦量刑ガイドラインは，こうした方向性をさらに推し進め，犯罪の重さに応じて，企業に対し自然人より高額の罰金刑を言い渡す量刑基準を設定したのである。

第2に，罰金刑の算定にあたって，考慮される加重事由と軽減事由を明確化

---

[74] 組織体に対する連邦量刑ガイドラインの導入までの経緯の詳細については，拙著・前掲注1) 386頁以下を参照。

[75] Richard S. Gruner, *Just Punishment and Adequate Deterrence for Organizational Misconduct : Scaling Economic Penalties under the New Corporate Sentencing Guidelines*, 66 S. CAL. L. REV. 225, 231 (1992).

した。とりわけ，コンプライアンス・プログラムを適正に実施し，犯罪発見後，刑事司法機関などによる捜査に積極的に協力した場合，罰金額が大幅に軽減されることをあらかじめ明示することによって，企業によるこうした取組みにつき積極的に後押しする姿勢を明確にした。

第3に，高額の罰金を一括して支払えない企業に対して分納を認め，その期間，企業に対してプロベイションを実施し，罰金刑の執行の強化を図った。後述するように，罰金刑の定期的な支払いを遵守事項とするプロベイションは，1980年代から活用されてきたが，これを法制化し，裁判所に対して，その適用を必要的に求めることで，安定した運用が目指されたのである。

(2) 組織体に対する連邦量刑ガイドラインの適用範囲　連邦裁判所が，企業等の組織体に対して量刑を行う場合，原則として，組織体に対する連邦量刑ガイドラインを適用しなければならない。ただし，連邦裁判所は，連邦量刑ガイドラインが予測し得なかった事由を根拠としてガイドラインによって示された量刑範囲外の刑の量定を行うことができる。その際は，ガイドラインの量刑範囲を外れる理由だけでなく，具体的に決定した量刑の理由も示されねばならない[76]。また，罰金刑に加えて損害賠償の支払いや犯罪による収益の没収を併せて命じることも可能である[77]。

また，一定の領域の犯罪については，連邦量刑ガイドラインが定めた罰金刑の算定プロセスの適用を除外される。たとえば，反トラスト法に違反した価格カルテル等の損失額の正確な算出の困難な領域については，影響を受けた取引額の20パーセントを損失額とみなす[78]。さらに，食品および薬品に関する犯罪のうち消費者の健康および安全に対する侵害については，損失の金銭化が困難なことから罰金刑の適用は認められていない[79]。ただし，詐欺罪についてはこの犯罪類型についても罰金刑の適用は認められる[80]。さらに環境法違反についてもガイドラインの算定手続は適用されない。ここでも環境犯罪による利益と損失の金銭的な数値への変換の困難さが根拠とされている[81]。

---

[76]　18 U. S. C. §3553(b)（2006）.
[77]　U. S. SENTENCING COMMISSION, FEDERAL SENTENCING GUIDELINES MANUAL [hereinafter U. S. S. G.], §8C 2.9（2006）.
[78]　Id. §2R 1.1(d).
[79]　Id. §8C 2.1（comment. n. 2.）.
[80]　Id. §8C 2.1（comment. n. 1.）.

B　企業に対する罰金刑の算定プロセス

(1)　量罰金額の算定プロセスの4段階　組織体に対する連邦量刑ガイドラインの罰金刑では，犯罪の重さと犯罪者の有責性に焦点をあてた次のような4段階の算定プロセスを経て罰金額が決定される[82]。①犯罪の重さに従って，「基礎罰金額（based-fine）」を決定する。②組織体の有責性の程度を「『有責性のスコア』に関する基準（the form of a "culpability score"）」に従って決定する。③基礎罰金額に有責性のスコアに対応した上限値と下限値を乗じ，適用可能な罰金額の範囲を計算する。④適用可能な範囲内で適切な罰金額を決定する。

このうち，基礎罰金額の決定にあたっては，合衆国量刑委員会が定めた自然人に対する連邦量刑ガイドラインを参考に，犯罪を43のレベルの数値のなかで評価し，これを各レベルごとの基礎罰金額を記した表にあてはめて当該犯罪の基礎罰金額を決定する方法が用いられる（表1参照）[83]。ただし，表から導かれた基礎罰金額よりも，当該犯罪における違法収益や被害者の金銭的損害が上回る場合には，こちらの金額が，その後の算定プロセスに用いられる[84]。ここでいう違法収益とは，犯罪に関連する行為によってもたらされた納税前の利益の増加分を意味する。利益は，収入の増加または支出の削減のいずれによってももたらされる[85]。他方，金銭上の損害とは，意図的に（intentionally），認識をもって（knowingly）または無謀に（recklessly）もたらされた損害に限られる[86]。

また，企業の有責性のスコアについても，基礎罰金額と乗じて，適用可能な罰金額の範囲が確定するために上限値と下限値が，組織体に対する連邦量刑ガイドラインに定められている。スコアは0から10までの11段階から構成され

---

[81]　Id. §8C 2.1（comment. n. 2.）. 詳細については，Gruner, *supra* note 75, at 266-88. 参照。

[82]　Lisa Ryan-Boyle, Jason Simon and Julie Uebler, Sentencing, 29 AM. CRIM. L. REV. 739, 764-67（1992）. また，組織体に対する連邦量刑ガイドラインの罰金刑の概要を紹介した邦文文献として，鈴木義男「法人に対する罰金額の算定――アメリカにおける1つの試み」法律のひろば47巻10号（1994）74頁以下，同「アメリカ合衆国量刑基準と法人に対する罰金額の算定」『変動期の刑事政策――森下忠先生古稀祝賀』（成文堂，1995）689頁以下，小坂重吉「連邦量刑ガイドラインの概要とコンプライアンス効果（上）」商事法務1537号（1999）28頁以下がある。

[83]　U. S. S. G., *supra* note 77, §8C 2.4 (d).

[84]　Id. §8C 2.4 (a)(2) and (3).

[85]　Id. §8A 1.2（comment. n. 3 (h)）.

[86]　Id. §8C 2.4 (a)(3).

第 1 章　アメリカ合衆国における企業犯罪の実態と企業犯罪への刑法上の対応

【表 1】犯罪のレヴェルと罰金額の関係

犯罪のレヴェル	罰金額	犯罪のレヴェル	罰金額
6 以下	5,000	22	1,200,000
7	7,500	23	1,600,000
8	10,000	24	2,100,000
9	15,000	25	2,800,000
10	20,000	26	3,700,000
11	30,000	27	4,800,000
12	40,000	28	6,300,000
13	60,000	29	8,100,000
14	85,000	30	10,500,000
15	125,000	31	13,500,000
16	175,000	32	17,500,000
17	250,000	33	22,000,000
18	350,000	34	28,500,000
19	500,000	35	36,000,000
20	650,000	36	45,500,000
21	910,000	37	57,500,000
		38 以上	72,500,000

注　U. S. S. C, Federal Sentencing Guidelines Manual §8C 2.4 (d) (2006) による。

ている（表 2 参照）。設定作業は，スコア 5 を起点にし，加重事由があればスコアに加点され，軽減事由があればスコアは減点される[87]。加重事由としては，次の 4 点がガイドラインに規定されている。①犯罪行為への管理者の関与または容認（プラス 5 ポイント）[88]。②同種の犯罪歴（プラス 2 ポイント）[89]。③裁判所の命令または禁止に対する違反行為（プラス 3 ポイント）[90]。④犯罪調査における企業経営者による裁判の妨害（プラス 3 ポイント）[91]。これに対して，軽減事由としては次の 5 点が規定されている。①犯罪の防止と発見のために効果的なコンプライアンス・プログラムの事前適用（マイナス 3 ポイント）[92]。②同種の犯罪の発見。③公的機関への犯罪の自己申告。④犯罪捜査への協力。⑤単なる

---

[87]　Id. §8C 2.5 (a).
[88]　Id, §8C 2.5 (b). 詳細については，拙著・前掲注 1) 422 頁以下を参照。
[89]　Id. §8C 2.5 (c). 詳細については，拙著・前掲注 1) 423 頁を参照。
[90]　Id. §8C 2.5 (d).
[91]　Id. §8C 2.5 (e).
[92]　Id. §8C 2.5 (f). 例外につき，拙著・前掲注 1) 423 頁を参照。

有罪の答弁を超えた犯罪に対する責任の承認および肯定的な受認の表明（②から⑤の合計でマイナス5ポイント以内）[93]。スコアが10のときは上限値.40から下限値2.0，0のときは上限値2.0から下限値0.5に基礎罰金額を乗じて，適用可能な罰金額を求める（表2参照）[94]。

【表2】有責性のスコア表

	最小乗数	最大乗数
10 以上	2.00	4.00
9	1.80	3.60
8	1.60	3.20
7	1.40	2.80
6	1.20	2.40
5	1.00	2.00
4	0.80	1.60
3	0.60	1.20
2	0.40	0.80
1	0.20	0.40
0 以下	0.05	0.20

注　U. S. S. C, FEDERAL SENTENCING GUIDELINES MANUAL §8C 2.7.（2006）による。

C　連邦量刑ガイドラインの企業に対する罰金刑への批判

　組織体に対する連邦量刑ガイドラインが定めた罰金刑に対しては，導入当初より，次のような批判が加えられてきた。第1に，新しい罰金制度では，犯罪による収益と被害者の損失が罰金額決定の重要な要素とされるが，その算定はきわめて困難である[95]。新しいガイドラインでも，両者の計算が過度に複雑で訴訟の遅延をもたらす場合には，これを考慮することなく罰金額を算定することが認められている。このため，多くの事例において両者の算定が放棄され，新しい罰金制度の有効性が半減するとの危惧が示されてきた。

　第2に，新しい罰金制度では，企業に対する刑事制裁としていまだ不十分であり，犯罪の抑止は期待できない[96]。今回導入された新しい罰金制度は，合衆国量刑委員会により当初提案され，企業等の激しい反対によって廃止された量

93　Id.　§8C 2.5 (g).
94　Id.　§8C 2.5 (g).
95　Gruner, *supra* note 75, at 288.

第1章　アメリカ合衆国における企業犯罪の実態と企業犯罪への刑法上の対応

刑ガイドライン草案の「最適罰金」制度よりも相対的に軽く設定されている。「最適罰金」とは，犯罪の被害額に検挙率に相当する倍数を乗じ，これに刑の執行にかかるコストを加えることによって算出される「最適刑（optimal penalty）」ないし「最適抑止（optimal deterrence）」の理論に基づく罰金刑であった[97]。新しいこの罰金刑は，「法と経済学」的なアプローチを支持する立場から強い支持を受けたものの，企業サイドのロビー活動などの強い抵抗を受け，最終案には盛り込まれなかった。このため，当初の制度を支持する論者から，現行の罰金刑では，適正な刑罰とはなり得ないと主張された。

第3に，複雑かつ不明確な規定のために企業がその内容を十分に理解できず，犯罪抑止の動機づけが保障されない[98]。とくに，コンプライアンス・プログラムの実施と責任の軽減の関係について，説明が不明確であり，企業に犯罪予防を働きかけることができていないと指摘された。

■ 4　被害弁償命令

A　企業に対する2つの被害弁償命令

1991年に制定された組織体に対する連邦量刑ガイドラインは，従来の制度を踏襲し，企業などの組織体に対する被害弁償命令として2種類の方法を規定している。第1に，連邦量刑ガイドラインは，合衆国法律集（United States Code）第18編2248条，2259条，2327条，3663条および3664条が認めた犯罪に対して，主刑としての被害弁償を命じることができる[99]。第2に，第18編3663条(a)項(1)号に基づいて，主刑としての被害弁償命令が認められている以外の犯罪に対しては，プロベイションの遵守事項として被害弁償を命じることができる[100]。

2つの被害弁償の執行方法として，裁判所は，一括払い，分割払い，物品による弁償または分割払いと物品による弁償の両方のいずれかを命じることがで

96　Michael K. Block and John R. Lott, Jr., *Is Curbing Crime Worth the Cost ?*, N. Y. TIMES, 5 May , 1991, sec. 3, at 13.
97　Jennifer Moore, *Corporate Culpability under the Federal Sentencing Guidelines*, 34 ARIZ. L. REV. 743, 780−81（1992）．なお，「最適罰金」について紹介した邦語文献として，関哲夫前掲注1）91頁以下，青木紀博前掲注1）32頁。
98　Gruner, *supra* note 75, at 288.
99　U. S. S. G., *supra* note 77, §8B 1.1 (a)(1).
100　*Id.* §8B 1.1 (a)(2).

きる[101]。連邦量刑ガイドラインは，1991年の施行当初，消費者や株主など犯罪と直接関係のない第三者への影響を防ぐため，企業の支払い能力によって被害弁償額を制限する規定をおいていた[102]。しかし，1997年のガイドラインの改正によって，第三者への影響は，分割払いや履行状況の報告を遵守事項とするプロベイションの採用など執行方法の工夫によって回避することにし，被害弁償額は，被害者がこうむった損害の全額とすることが明記された[103]。この改正によって，被害弁償命令が，特定可能な被害者の損害の回復を主目的とする制度であることが一層明確になったといえよう[104]。

B 企業に対する被害弁償の制限

罰金刑と被害弁償の併科が企業資産の健全化を損なうおそれがあるときは，弁償を優先し，罰金額が引き下げられる[105]。プロベイションの遵守事項として被害弁償を課す場合には，連邦量刑ガイドラインにおいて認められているプロベイションの長期を超過することが許される。

また，裁判所は，すでに企業が被害の弁償を完全に終えているときは，被害弁償を命じることができない[106]。また，同条A(c)(1)(A)(ii)が定める財産犯について，第18編3663条に基づき主刑として被害弁償を命じるケースおよびプロベイションの遵守事項として被害弁償を命じるケースにおいて，被害者数が多すぎて被害弁償の実施が実際的でないと裁判所が判断したとき，または被害弁償命令に求められる量刑手続の複雑化や長期化が，刑事手続を通じて被害者への被害弁償を提供する必要性よりも大きいと裁判所が判断したときにも，被害弁償命令を適用しないことが認められている[107]。被害弁償の執行は，罰金刑または民事上の判決と同様の方法で行われる[108]。

---

101 *Id.* §8B 1.1 (d).
102 *Id.* §8C 3.3.
103 *Id.* §8B 1.1 (a)(1) and (2). *See* Cynthia E. Carrasco & Michael K. Dupee, *Corporate Criminal Liability*, 36 AM. CRIM. L. REV. 445, 461（1999）.
104 *Id.* §8B（intro. comment.）.
105 U. S. S. G., *supra* note 77, §81.1 (c). また，ガイドラインは，財産刑の優先順位を①被害弁償，②罰金，③その他の財産刑上の義務としている。*Id.* §8D 1.4 (b)(4).
106 *Id.* §8B 1.1 (b)(1).
107 *Id.* §8B 1.1 (b)(2).
108 18 U. S. C. §§ 3661－3665（2006）. ただし，連邦量刑ガイドラインはプロベイションの遵守事項として被害弁償を義務づける権限を裁判所に与えたので，企業はこれに違反した場合，再量刑を含めてプロベイションを違反した際の制裁を科される可能性がある（U. S. S. G., *supra* note 77 §8D 1.1 (a)(1) and §8D 1.5.）.

5　プロベイション
A　2種類の企業プロベイション

(1)　2種類の企業プロベイション　組織体に対する連邦量刑ガイドラインは，一定の条件のもとで企業に対して次の2の形態のプロベイションを適用できる旨を規定した[109]。①罰金，被害弁償，社会奉仕命令，被害者への告知などプロベイション以外の刑事制裁の実効性を確保するため，その履行を遵守事項とするプロベイション（従来型プロベイション）。②コンプライアンス・プログラムの実施を遵守事項とすることによって，企業の組織構造を改善し，将来の犯罪防止を図るプロベイション（予防型プロベイション）。これらのプロベイションの実施期間については，重罪の場合で1年以上5年以下，その他の罪の場合で，5年以下と定められている。

(2)　企業プロベイションの適用条件　企業に対するプロベイションはその適用を禁じる規定がない限り，すべての連邦犯罪に対して適用することができる[110]。とりわけ，次のような状況のいずれかにあてはまるときには，従来型プロベイションが必要的に言い渡される。①被害弁償の確保，救済命令の実施，または社会奉仕命令の遂行のために必要な場合[111]。②企業に対して罰金等の財産刑が言い渡されたが，直ちに完納できず，分納による支払いを確保するために一定の監視が要求される場合[112]。

これに対して，次の要件のいずれかに当てはまるときには，予防型プロベイションが必要的に言い渡される。①50名以上の従業者を有する企業がコンプライアンス・プログラムを量刑の時点までに実施できていない場合[113]。②企業の刑事責任が問われた量刑の過去5年以内に企業の従業者または代理人によって同種の違法行為が行われていた場合[114]。③企業内の自然人の刑事責任が問われた量刑の過去5年以内に，企業または企業内の一部署の上級者によって同種の違法行為が行われていた場合[115]。④諸条件が，将来の犯罪の可能性

109　Richard S. Gruner, *Beyond Fines : Innovative Corporate Sentences under Federal Sentencing Guidelines,* 71 WASH U. L. Q.261, 303－304（1993）.
110　18 U. S. C. §3561 (a)（2006）.
111　U. S. S. G., *supra* note 77, §8D 1.1 (a)(1).
112　*Id.* §8D 1.1 (a)(2).
113　*Id.* §8D 1.1 (a)(3).
114　*Id.* §8D 1.1 (a)(4).
115　*Id.* §8D 1.1 (a)(5).

を減少させるために企業内において変化を確保するプロベイションの必要性を示している場合[116]。

さらに，企業に対する宣告刑に罰金が含まれていなかった場合[117]や1984年量刑改正法が設定した4つの量刑目的のいずれかを確保するために必要な場合[118]にも，裁判所は，2種類のプロベイションのいずれかを言い渡すことができる。

（3）企業プロベイションの遵守事項　プロベイションの遵守事項[119]は，裁判所がプロベイション・オフィサーに命じて実施される判決前調査を参考に決定される[120]。具体的な内容をみていくと，連邦量刑ガイドラインは，一般遵守事項として，以下の内容を規定している。①犯罪を行わないこと[121]。②罰金もしくは被害弁償の履行または社会奉仕を実行すること[122]。③その他，合理的に当該犯罪と関連があり，自由または財産の不必要な剥奪の賦課をともなわない遵守事項を実施すること[123]。

これに対して，特別遵守事項としては，以下の内容を規定している。①犯罪者の負担によって犯罪，有罪判決，量刑および採用された救済措置を詳細に公表すること[124]。②経営状態に関して，裁判所へ定期的に報告すること[125]。③裁判所またはプロベイション・オフィサーに対して，定期または不定期に，業務記録記載事項に関して説明すること[126]。④経営状態の悪化または訴訟が予想される場合，その旨を裁判所へ通知すること[127]。⑤財産刑を定期的に履行すること[128]。⑥被告企業や裁判所によって作成されたコンプライアンス・プ

---

[116] Id. §8D 1.1 (a)(6).
[117] Id. §8D 1.1 (a)(7).
[118] Id. §8D 1.1 (a)(8).
[119] Id. §8D 1.4. see also William S. Lofquist, *Legislating Organizational Probation: State Capacity, Business Power, and Corporate Crime Control*, 27 L. & SOC' Y REV. 741, 743（1993）.
[120] 18 U. S. C. §3552 (b)（2006）. さらに，判決前調査は，①企業の犯罪の性質および②プロベイションの条件を含む刑の種類を決定する。この調査の結果は，被告人に公開されねばならず，検察・弁護の双方から異議を申し立てることが認められている。
[121] U. S. S. G., *supra* note 77, §8D 1.3 (a).
[122] Id. §8D 1.3 (b).
[123] Id. §8D 1.3 (c).
[124] Id. §8D 1.4 (a).
[125] Id., §8D 1.4 (b)(1).
[126] Id. §8D 1.4 (b)(2).
[127] Id. §8D 1.4 (b)(3).

第1章　アメリカ合衆国における企業犯罪の実態と企業犯罪への刑法上の対応

ログラムを実施すること[129]。⑦犯罪事実およびコンプライアンス・プログラムの詳細について，従業者や株主に知らせること[130]。⑧コンプライアンス・プログラムを実施し，犯罪の発生または被告企業に関する調査の経過に関して裁判所へ定期的に報告すること[131]。⑨コンプライアンス・プログラムの履行を監視するため，裁判所が，設備および記録の定期的な調査や従業者へのインタビューを行うこと[132]。

企業がこれらの遵守事項に違反した場合は，裁判所はプロベイション期間の延長，より制限的な遵守事項の採用または再度の量刑を行うことができる[133]。

B　従来型プロベイション

(1)　被害者救済のためのプロベイション　組織体に対する連邦量刑ガイドラインは，従来型プロベイションの遵守事項として，罰金刑のほか，被害弁償命令（restitution order），救済命令（remedial order），社会奉仕命令（community service order）および被害者への告知（notices to crime victims）の4つの命令の履行を規定している。これらの制裁方法の共通点としては，被害者の救済を主要な目的の1つとしている点にある。刑事制裁の目的として，被害者の救済が重視されている要因としては，①近時のアメリカ合衆国における被害者の権利運動の台頭[134]，②正義モデルの有力化による刑罰観における応報思想への傾斜[135]，さらに③企業犯罪における被害の甚大さへの認識の高まり[136]などをあげることができよう。

プロベイションの遵守事項という形態をとっているが，これらの被害者救済を目的とした方策は，事実上，わが国では，目新しい刑事制裁であるといえる。

128　Id. §8D 1.4 (b)(4).
129　Id. §8D 1.4 (c)(1).
130　Id. §8D 1.4 (c)(2).
131　Id. §8D 1.4 (c)(3).
132　Id. §8D 1.4 (c)(4).
133　Id. §8D 1.5.
134　アメリカ合衆国における近時の被害者運動および被害者救済政策の動きを扱ったものとして，河合幹雄「アメリカにおける被害者の権利運動（一）・（二・完）」法学論叢125巻5号（1989）62頁以下・126巻3号（1989）66頁以下，藤本哲也・朴元奎「アメリカ合衆国における被害者の権利運動と被害者救済政策―最近の動向を中心として―」被害者学研究4号（1994）35頁以下。
135　LARRY J. SIEGEL, CRIMINOLOGY 138 (7th ed. 2000).
136　企業犯罪の被害の実体については，拙稿「企業犯罪論の現状と展望（二・完）」同志社法学47巻5号（1996）371頁以下。

企業に対する刑事制裁の多様化を模索するにあたっては，興味深い存在といえよう。そこで，以下では，組織体に対する連邦量刑ガイドラインの中で，プロベイションの遵守事項として定められた4つの刑事制裁のうち，すでに考察を加えた被害弁償命令を除く3つの刑事制裁が，どのような内容で，いかなる役割を果たそうとしているのかを個別にみていきたい。

(2) 救済命令　組織体に対する連邦量刑ガイドラインのもとで，救済命令は，被害弁償命令との選択的な手段として命じられる[137]。この救済命令は，企業に対して，犯罪によって惹起した被害の回復と犯罪がもたらし得る将来の被害の危険性の排除または軽減を求めるものであり，プロベイションの遵守事項として執行される[138]。救済命令には，被害者を賠償するために必要な信託基金の創設を命じるものも含まれる[139]。連邦量刑ガイドラインでは，被害弁償が被害者の侵害を処理するには不十分なときにのみ課される代替処分であると規定されている[140]。被害弁償が不十分と認められるのは，次のような場合である。①被害者およびその経済的損害の範囲を特定することが困難な場合。②被害が，多数の被害者にわたり，小規模であるため，個々人の損害回復を図る手続的な有効性が少ないと思われる場合。③精神的または非金銭的被害が認められる場合[141]。

しかしながら，実際には，組織体に対する連邦量刑ガイドラインのもとでは，極めて広範な救済活動を裁判所の権限で命じることが可能である。なかでも，食品および薬品関連法令違反の犯罪と環境犯罪において救済命令が重要な役割を担うとされる。たとえば，企業が違法な薬品を販売して有罪となった場合には，救済活動として，①薬品の販売店からの回収，②顧客に対する勧告および③薬品による被害の発生を確認するための医療的な検診の機会の提供が命じられ得る。また，環境犯罪では，石油流出事故における浄化の命令がその典型といえる[142]。ただし，同様の救済命令の権限は，行政機関も有しているため，裁判所は両者の調整に配慮しなければならない[143]。

137　U. S. S. G., *supra* note 77, §8B 1.2 (a).
138　*Id.*
139　*Id.* §8B 1.2 (b).
140　*Id.* §8B 1.2 (a).
141　Gruner, *supra* note 109, at 289.
142　*Id.* at 290.
143　U. S. S. G., *supra* note 77, §8B 1.2（comment.）.

第1章　アメリカ合衆国における企業犯罪の実態と企業犯罪への刑法上の対応

組織体に対する連邦量刑ガイドラインのもとでの救済命令の問題点としては，そこで認められている救済命令の程度の基準が不明確である点が指摘される。この点に関して，組織体に対する連邦量刑ガイドラインには明示の制限は設けられておらず，ただ，企業の資力と救済の効果が実質的な歯止めとして裁判所によって考慮されるに止まる。しかし，救済命令の効果を高めるためには，対象となる企業だけでなく，量刑にあたる裁判官やプロベイション・オフィサーなどの執行担当者に対しても明確な基準を示し，適正な運用を図る必要があろう[144]。

(3)　社会奉仕命令　組織体に対する連邦量刑ガイドラインには，社会奉仕命令が規定され，被害者の救済を目指した刑事制裁の一形態として有罪判決を受けた企業に言い渡される[145]。社会奉仕命令の導入によって，裁判所は，犯罪により惹起された被害の修復を目的とした社会奉仕を企業に対して求めることが可能となった。一方，企業に間接的な財政上の負担を課すために社会奉仕命令を用いることは認められない。そのような目的は，直接的に罰金刑を科す方が効果を見込めるはずであり，社会奉仕命令は，企業が犯罪によって惹起した被害の修復をなすための技術，能力および知識を有する場合に限定すべきことが規定されている[146]。ただし，企業に罰金刑の支払い能力が欠如する場合には，そのような目的を含めた社会奉仕命令の適用が認められる。ここからも明らかなように，社会奉仕命令は，高額の罰金刑が犯罪に無関係な第三者に転嫁されることを防ぎながら，重い制裁を科すことが可能であるという利点を備えていると考えられている[147]。

組織体に対する連邦量刑ガイドラインは，社会奉仕の目的を犯罪によって惹

---

[144] アトランティック・リッチフィールド社ケース（United States v. Atlantic Richfield Co.）においても，プロベイションの遵守事項が漠然としているために，いつ遵守事項を満たしているのかを対象者が理解できないとして，プロベイション遵守事項が無効とされた。

[145] 従来より，企業に対する刑事制裁の方法として社会奉仕命令の導入を提案する動きはみられた。たとえば，B・フィシーは，社会奉仕命令が抑止，応報および矯正を促すとする（Brent Fisse, *Community Service as a Sanction against Corporations*, 5 WIS. L. REV 978−89 and 1001−1008（1981）.）。また，わが国において，企業に対する刑事制裁として，社会奉仕命令を検討すべきとするものとして，瀬川晃『犯罪者の社会内処遇』（成文堂，1991）37頁。

[146] U. S. S. G., *supra* note 77, §8B 1.3（comment.）.

[147] *See* United States v. Danilow Pastry Co., 563 F. Supp. 1159, 1166−67（S. D. N. Y. 1983）.

起された被害の修復に求める。この点に関連した問題点として，連邦量刑ガイドラインが，社会奉仕の方法の1つとして，被害の修復に適した他の団体や組織への資金援助を規定していない点が指摘される[148]。資金援助は，被害の修復という観点からは，企業自らの社会奉仕と同様の価値を有しており，新しいガイドラインのもとでも認められるべきとの主張がある[149]。

また，別の問題点として，救済命令との差異が不明確である点が上げられる。これは，両者が共に，企業に対し，犯罪によって惹起された被害の修復を求める性質を有していることに起因する[150]。このため，用いられるラベル以外には，両者にほとんど差異はないとの見解さえみられる[151]。しかし，社会奉仕命令の固有の目的として認められている次のような点を軽視することはできず，救済命令とは異なる有益な企業への制裁方法として大きな期待が掛けられているといえよう。①負担となる活動を企業に要求することで，企業に「痛手」を与え，企業の再犯防止を図る。②特定の役員に社会奉仕を負担させることによって，役員に「痛手」を与え，企業の再犯防止を図る。③犯罪の被害とは無関係の慈善的な貢献と公的な奉仕によって犯罪被害を相殺する。

他方において，連邦量刑ガイドラインは，従来企業に対して適用されてきた社会奉仕命令のもう1つの形態である社会弁償（community restitution）には，消極的な姿勢をとる。社会弁償とは，慈善的な貢献や他の社会プログラムへの金銭的な援助によって社会全体に利益をもたらすことを目的とし，いくつかの裁判所によって企業に対して命ぜられていた。しかし，この形態の社会奉仕に対しては，次の6つの問題点が指摘されてきた。①犯罪の重さに応じた不利益が賦課できない。②単に罰金刑に相当する金額を他の制裁方法に転嫁しているにすぎない。③適切な貢献の程度を示す基準が存在しない。④多くの慈善事業の中から当該企業に最も適切なものを選択することは裁判所の制度的に困難である。⑤裁判所に貢献の選択における公平性の欠如に対する批判が浴びせられる可能性がある。⑥慈善団体等が裁判所に貢献を求めた場合に，利益の衝突が生じる可能性がある[152]。

---

148 Gruner, *supra* note 109, at 293.
149 *Id.*
150 U. S. S. G., *supra* note 77, §8B 1.2 (a) and §8B 1.3.
151 Gruner, *supra* note 109, at 293.
152 Gruner, *supra* note 75, at 22−23.

第 1 章　アメリカ合衆国における企業犯罪の実態と企業犯罪への刑法上の対応

　具体的な運用方法として，社会弁償は，プロベイションの遵守事項として考えられていた。しかし，これまで判例は，先にあげた問題点を考慮して，そのようなプロベイションの遵守事項の妥当性を否定し続けてきたのである[153]。近年では，企業犯罪の重大性を考慮し，プロベイションの遵守事項として，慈善的貢献を支持する方向に傾きつつあるともいわれる[154]。しかし，連邦量刑ガイドラインでは，先にあげた問題点を重視し，社会弁償の導入を認めなかった[155]。

　(4)　犯罪被害者への告知　連邦量刑ガイドラインは，プロベイションの遵守事項として定める他の 3 つの制裁手段と並んで犯罪被害者への告知を救済的な刑事制裁の一種と捉える。しかし，被害者への告知は，犯罪被害者に直接賠償することを目的としたものではなく，被害者の損害回復手続を促進することを目的としている[156]。具体的には，詐欺（fraud）およびその他の意図的欺瞞行為（other intentionally deceptive practices）をともなう犯罪を犯した企業に対して，裁判所が，被害者への「合理的な有罪判決の告知および説明」を行うように命ずる[157]。その際に，どのような手段を用いるかは，裁判所が決定する[158]。これと同様の制裁は 1987 年に制定された自然人に対する連邦量刑ガイドラインにも規定されており，企業に特有の刑事制裁ではない[159]。

　告知方法としては，被害者が特定可能な少人数にとどまるときは郵便による告知が予定されている。これに対して，大規模に相当の期間にわたって犯罪行為が行われた場合のように，被害者を特定できないときは，テレビや新聞のような広範囲に伝達能力をもつメディアを通じた広告が適切とされる[160]。ただし，裁判所は告知方法として，各犯罪につき 2 万ドル以上を要する形態を命じることはできない[161]。また，被害者への告知が，犯罪による損害との均衡を著しく失することは許されない[162]。

153　United States v. Wright Contracting Co., 728 F. 2d 648, 653（4th Cir. 1984）; United states v. Prescon Corp., 695 F. 2d 1236, 1238−40, 1242−44（10th Cir. 1982）.
154　Gruner, *supra* note 75, at 37−38.
155　U. S. S. G., *supra* note 77, §8B 1.3（comment.）.
156　Gruner, *supra* note 109, at 295.
157　18 U. S. C. §3555（2006）.
158　*Id.*
159　U. S. S. G., *supra* note 77, §5F 1.4.
160　*Id. See also* Gruner, *supra* note 109, at. 297.
161　18 U. S. C. §3555（2006）.

第Ⅰ部　企業活動と刑事規制の国際調査

多くの行政犯の場合，要件とされる意図的欺瞞行為が欠如するために，犯罪被害者への告知が適用されることは稀である。また，これに加えて，行政犯では，犯罪被害者への告知の費用を正当化するだけの損害を必然的にともなうわけでもない。しかし，価格協定によって適正な市場価格を上回る全額を商品の購入に割いた被害者が自らの立場に気づかない犯罪類型の場合には，被害者への告知は十分に効果を発揮すると思われる。そのため，このような観点から，さらに踏み込んだ適用の可能性が探られるべきであると指摘される[163]。

犯罪被害者への告知は，被害者の民事上の損害賠償請求を促すにとどまらず，犯罪を犯した企業の社会的評価の低下をもたらすという意味で，それ自体十分制裁としてのインパクトを有している[164]。また，行政機関に企業犯罪の重要性を喚起する点も指摘されており[165]，有効な制裁として機能することが期待されている[166]。

C　予防型プロベイション

(1)　コンプライアンス・プログラムの内容　前述した組織体に対する連邦量刑ガイドラインに定められた遵守事項の内容からも明らかなように，企業に対する刑事制裁の中で，コンプライアンス・プログラムの適正な運用を求める予防型プロベイションには大きな期待がかけられている。連邦量刑ガイドラインに規定されているコンプライアンス・プログラムは，裁判所が，プロベイション・オフィサーや外部の専門家に企業犯罪をとりまく環境についての判決前調査を指示し，その結果に基づき作成される。

連邦量刑ガイドラインは，コンプライアンス・プログラムの具体的な内容について次のように規定している[167]。①従業者および代理人が従う，犯罪の可能性を合理的に減少させることが可能な基準および手続。②上級構成員への法遵守についての監督責任の分配。③違法活動を行う性向のある者に管理権限を与えないための相当の注意。④訓練プログラムの作成と公表による全ての従業者および代理人への法遵守基準および手続の伝達努力。⑤法を遵守するための監督および監査システムの使用。⑥犯罪の実行およびそれを発見できなかった

162　*Id.*
163　Gruner, *supra* note 109, at 297.
164　*Id.*
165　Gruner, *supra* note 75, at 43.
166　Gruner, *supra* note 109, at 296.
167　U. S. S. G., *supra* note 77, §8A 1.2（comment.（n. 3 (k)））.

第1章　アメリカ合衆国における企業犯罪の実態と企業犯罪への刑法上の対応

過失の責任についての従業者の懲戒。⑦コンプライアンス・プログラムの修正を含めた犯罪への対応および将来の犯罪の防止のための合理的な措置。これらは，罰金刑の軽減事由として定められているコンプライアンス・プログラムと同一である。

(2)　予防型プロベイションの手続　裁判所は，このような内容のプロベイションを企業に対して言い渡す前に，まず経営者が自ら新しいコンプライアンス・プログラムとその実施スケジュールを提案することを許さねばならない。また，実際の企業に対する刑事手続では，被告企業が，検察側と司法取引に応じ，有罪の答弁を行う代わりに，両者間で合意に達した量刑を裁判官に報告し，承認を得るケースが圧倒的多数にのぼるが，こうしたケースでは，プロベイションの遵守事項は，両者間の交渉によって決定される[168]。したがって，裁判所が，プロベイションの遵守事項としてのコンプライアンス・プログラムについて，詳細な内容まで決定する機会は，実際には，それほど多くない[169]。また，いずれの場合においても，証券取引委員会や司法省反トラスト局などの関係監督官庁が，コンプライアンス・プログラムのモデル案を呈示し，遵守事項を決定する際のベースとされることがあるとされる[170]。

プロベイション・オフィサーは，予防型プロベイションの場合においても，自然人に対するのと同様に，監視の中心的な役割を担う。このため，必要に応じて，プロベイションを受ける企業やその従業者に対して，裁判所やプロベイション・オフィスへの定期レポートや関係書類の提出を求めることができる[171]。コンプライアンス・プログラムを遵守事項とした予防型プロベイションでは，活動の適正化を図るのは，あくまでも企業自身であり，プロベイション・オフィサーは，その監視役に止まる。その意味で，組織体に対する連邦量

---

[168]　2003年7月に日本弁護士連合会および大阪弁護士会民事介入暴力対策委員会によって実施された訪米調査に随行した際のワシントンDCにおける企業犯罪専門の弁護士ハワード・グートマンへのインタビュー（現地時間7月24日）による。

[169]　2003年7月に日本弁護士連合会および大阪弁護士会民事介入暴力対策委員会によって実施された訪米調査に随行した際の連邦量刑委員会法律顧問チャールズ・テツラフ氏へのインタビュー（現地時間7月25日）およびワシントン特別区連邦地方裁判所判事リチャード・ロバーツ氏へのインタビュー（現地時間7月25日）による。

[170]　2003年7月に日本弁護士連合会および大阪弁護士会民事介入暴力対策委員会によって実施された訪米調査に随行した際の連邦量刑委員会法律顧問チャールズ・テツラフ氏へのインタビュー（現地時間7月25日）による。

[171]　U. S. S. G., *supra* note 77, §8D 1.4 (c)(3).

刑ガイドラインが定める予防型プロベイションは,「静的な監視」と評価できよう。

V 結 語

　これまでの考察で明らかなように,アメリカ合衆国において実際に発生している企業犯罪は,質・量とも極めて深刻な状況にあり,その対策として,効果的に企業等の法人の刑事責任を問い,刑事制裁を科すための仕組みが整備されてきた。とりわけ,1990年代以降は,コンプライアンス・プログラムと関連付けられた制度が次々と導入された。たとえば,組織体に対する連邦量刑ガイドラインには,罰金刑の軽減事由やプロベイションの遵守事項として,コンプライアンス・プログラムの実施が明記されている。また,近年では,コンプライアンス・プログラムの実施を法人の刑事責任を免責するための要件の1つとする見解が,学説上有力化しつつある。さらに,司法省では,法人を起訴するか否かの判断にあたって,コンプライアンス・プログラムを実施していたという事実が大きな意味をもつと明言されている。こうした点をふまえれば,アメリカ合衆国における企業犯罪対策のキーワードは,コンプライアンス・プログラムであるといえよう。おそらく,アメリカ合衆国では,企業犯罪の防止のための企業自身による取組みを促すために,効果的なコンプライアンス・プログラムの内容について議論が深められていくとともに,その実施に対して,より大きなインセンティブが付与されていくものと思われる。

　したがって,アメリカ合衆国における企業犯罪への刑事法上の対応を正確に把握するためには,以上のような制度の枠組みに加えて,コンプライアンス・プログラムについても,多面的に検討していく必要がある。今後,こうした観点からも,アメリカ合衆国における企業犯罪対策について注視していくことが必要であろう。

第2章　生命・身体に危険を及ぼす企業活動の刑事的規制に関する一考察
——イギリスにおける 1974 年労働安全衛生法を中心として

澁 谷 洋 平

Ⅰ　序　　　　　　　　　　　　　Ⅲ　安全衛生局
Ⅱ　1974 年労働安全衛生法　　　　Ⅳ　結　語

Ⅰ　序

　従来のイギリスでは，企業活動の規制という点に関して，各企業の自主的な取り組みが基調とされていた[1]が，1987 年に発生し，192 名の死者を出した P & O European Ferries 事件[2]をはじめ，1999 年に発生し，7 名の死者および 151 名の負傷者を出した Great Western Trains の Southall 列車事故[3]，1999 年に発生し，31 名の死者を出した Thames Trains の Paddington 列車事故[4]など，人身に重大な影響を及ぼす列車・船舶事故の多発を 1 つの大きな契機として，違法な企業活動に対する刑事的規制の必要性の意識が高まる状況にある。違法な企業活動は，人身犯罪から詐欺などの財産犯罪，金融・証券法違反，競争法違反まで多岐にわたるが，その中でも，とりわけ人の生命に重大な影響を及ぼす企

---

[1] R. Card, Cross and Jones, *Criminal Law* （16th ed. 2004：LexisNexis UK），at 867. もっとも，厳密には，19 世紀半ばまでは原則的に企業の刑事責任が否定されていたが，①不作為から作為犯へ，②厳格責任（strict liability）から代位責任（vicarious liability）へ，③代位責任から直接責任へと対象犯罪の拡大・帰責原理の明確化・多様化という形での展開を経て，現在のイギリスでは，あらゆる犯罪について法人の刑事責任が幅広く認められるようになっているとされている。この点をはじめとして，イギリスにおける企業・法人処罰の理論状況については，川崎友巳『企業の刑事責任』（2004・成文堂）121 頁以下，346 頁以下など参照。

[2] *R v P & O European Ferries* （*Dover*） *Ltd*, ［1991］93 Cr. App. R. 72. 本件では，7 名の関係者とともに P & O European Ferries 社が「重過失による故殺罪（gross negligence manslaughter）」で訴追されたが，被告人 5 名には無謀の存在がなかったこと，副甲板長と航海長 2 名には無謀が認められるが，公判維持が公共の利益につながらないことを理由として，公訴が取り下げられている。本件については，川崎・前掲註(1) 132 頁以下，351 頁以下など参照。

[3] *Attorney General's Reference* （*No 2 of 1999*），［2000］3 All. E.R. 182.

[4] *The Times*, March 30 2007.

第Ⅰ部　企業活動と刑事規制の国際調査

活動に対する刑事的規制という問題は，その活動の性質上，自然人の場合とは比較し得ない程度の被害が発生する場合が多いため，イギリスにおけるきわめて重要な関心事となっている。

こうした状況の中で，いくつかの重大な死亡事故について，企業に対する故殺罪（manslaughter）による刑事訴追が試みられてきたが，刑事責任を問うための帰責原理として判例上認められている「同一視理論（identification theory）」の限界[5]もあり，2007年3月現在で有罪判決が下された事案は7件と，その数は決して多いとは言えない[6]。そして，企業活動に伴う死亡事故への刑事的対応の不十分さを克服するためになされている「企業故殺罪（corporate manslaughter）」に関する一連の過程に見られるように，イギリスにおける議論は，大変注目すべき状況にある[7]。

また他方で，イギリスにおいては，故殺罪による訴追が困難な場合，企業に対する刑事責任を問うための異なる犯罪類型として，「規制犯（regulatory offence）」が活用されることがある。これらの犯罪は，主として企業の取締り目的という点を念頭に置き，客観的な義務違反のみを成立要件とする厳格責任（strict liability）の形で制定されることも多く[8]，企業活動に対する刑事的規制という面において，実質的に，あるいは事実上，故殺罪などの「刑事犯（criminal offence）」では対処し得ない事案をいわば補完的に捕捉する性質をも有するものである。

当然ながら，企業活動に対する刑事的規制という観点からは，企業故殺罪に関するイギリスの議論を理論的に検討することがきわめて重要であることは論

---

[5] 法人と同一視可能な管理者の範囲につき，大規模企業の場合には一定の権限者が下位に位置しており同一視が不可能であることや，複雑な組織構造上，同一視可能な自然人の特定が困難であること，管理者の行為を企業の直接責任の根拠とすることの説明が不十分であること，あるいは真の意味で法人独自の責任を根拠づけ得ないなど，様々な問題点が指摘されている。イギリスにおける同一視理論の展開については，川崎・前掲註(1)125頁以下，その理論的検討については，今井猛嘉「組織体の処罰——コンプライアンス・プログラムをめぐる議論を踏まえて」田口守一＝甲斐克則＝今井猛嘉＝白石賢編著『企業犯罪とコンプライアンス・プログラム』（2007・商事法務）159頁以下など参照。

[6] その状況の詳細については，労働安全衛生に関する企業活動の調査を行っているCentre for Corporate Accountabilityのウェブサイト（*http://www.corporateaccountability.org/index.htm*）を参照。

[7] 企業故殺罪に関するイギリスの状況については，川崎・前掲註(1)135頁以下，346頁以下参照。

[8] J. Gobert and M. Punch, *Rethinking Corporate Crime* (2003 : Butterworths Lexis Nexis), at 129.

を俟たないが，それと同時に，伝統的な刑事犯による企業の刑事責任の追及が困難である場合に，規制犯によっていかなる対応が行われているのか，そしてそこにはいかなる課題・問題点があるのかという点を把握しておくことも，イギリスの議論の背景を十分に理解するという意味において，なおその意義は少なくないものと思われる。

以上のような問題意識に基づき，本稿では，イギリスにおける規制犯による対応という点に着目し，その代表例とされる1974年労働安全衛生法（Health and Safety at Work Act 1974 ──以下，1974年法と略称する）の構造と基本的な問題点を示したうえで，その執行機関である安全衛生局（Health and Safety Executive）の組織構成や職務内容，執行状況などを検討することにより，同国における生命・身体に危険を及ぼす企業活動に対する刑事的規制の一制度とその現状を客観的に素描することにしたい。

Ⅱ　1974年労働安全衛生法

● 1　制定背景・目的

1974年法制定の背景としては，労働の安全・衛生に関する規制の現状を検討するため組織された「ローベンス委員会（Robens Committee）」の報告書[9]の中で指摘された当時の法制度の問題点，とりわけ①時として時代の要請に沿わないような多数の法律や規則が安全衛生の向上に結びついているか疑問である

---

[9] *Safety and Health at Work : Report of the Committee 1970−1972*（1972：HMSO）. 本報告書の和訳として，小木和孝＝藤野昭宏＝加地浩訳『労働における安全と保健：英国の産業安全保健制度改革』（1997・労働科学研究所出版部）がある。

　なお，ローベンス委員会報告書の骨子とその簡潔な評価については，D. Walters, *A Timely Critique of the British Regulatory System Regulating Health and Safety at Work : the Way Forward*, 13 European Trade Union Technical Bureau Newsletter（2000）7−10がある。これは，1974年法制度の枠組みと運用を全面的に検討するために組織されたプロジェクトの研究成果（P. James and D. Walters（ed.）, *Regulating Health and Safety at Work : the Way Forward*（1999：Institute of Employment Rights））の概要をその構成員であるウォルターズが簡潔に示したものである。これによれば，ローベンス委員会の基本的な提案・勧告は，①安全衛生に関する中央国家機関の設立，②雇用者等に対する「実施すべき安全基準の定立」をはじめとする「包括的義務」の導入，③命令的な規制要件（prescriptive regulatory requirement）への依存の軽減・目標を定めた要件や実施準則（code of practice）の活用，④自主規制により重点を置く法制度の構築，⑤執行通告（enforcement notice）の発出にかかる監督官の新たな権限の創設といった点にあり，1974年法の基盤形成の素地となったが，「それが一般的に承認されたとは言えない」とされている。

点，および②担当部局が過度に細分化されており（5つの関係省庁と7つの監督機関が存在した），複雑であるという点を改善するため，「企業の自主規制への移行」と「取締機関の一元化」を目標として制定されたという経緯があるとされている[10]。

2 雇用者等の義務・違反行為

こうして制定された1974年法[11]は，「職場における労働者の健康・安全・福祉（welfare）を確保すること，および労働者の様々な活動から発生し，またはそれと関係を有する健康・安全に対する危険からその他の人々を保護すること」を基本的な目的として（1条1項），2条以下において，次のような「雇用者等の一般的な義務」を規定している。

まず，1974年法2条は，「雇用者は，合理的に実行可能な範囲において，職場における被用者の健康・安全・福祉を確保する義務を負う」として，「被用者に対する雇用者の義務」を定めている。そして，同法3条1項は，「雇用者は，合理的に実行可能な範囲において，その事業の影響を受け得る雇用外の人の健康・安全が危険にさらされないように事業を遂行する義務を負う」として，「企業の事業遂行によって影響を受ける被用者以外の人に対する雇用者の義務」を定めている[12]。

これらの義務は，特定の職種に限定されず，「労働一般」に適用される包括的・基本的な義務であり，主として企業を念頭に置いたものである。そして，その義務を遵守する際の具体的な事項や内容については，多くの規則（regulation）や，業界団体や企業ごとに自由に策定可能な実施準則（code of practice），指針（guidance）などの下位規範に委ねられている。さらに，1974

---

[10] こうした目的の下，1974年法が制定され，その執行機関である安全衛生局，およびこれを統括する機関である安全衛生委員会が創設され，以後30年以上にわたり，労働の安全衛生に関する企業活動の監督・規制が行われている。これらの機関については，本稿Ⅲで検討する。なお，我が国やイギリスをはじめ，世界各国の労働安全衛生に関する情報については，国際安全衛生センターのウェブサイト（*http:// www.jicosh.gr.jp*）をも参照。

[11] 1974年法の解釈に関しては，19 *Halsbury's Statutes of England and Wales*（4th ed. 1990 : Butterworths）620以下参照。

[12] さらに，その他の一般的な義務として，「施設関係者の安全衛生義務」（4条），「職場での労働に使用される物品（articles and substances）に関する製造業者等の安全確保義務」（6条），「被用者の自分自身またはその他の者に対する安全配慮義務」（7条）などが規定されている。

年法2条3項では，安全衛生の一般方針に関する規則の準備や適宜改訂の義務が定められており，安全基準の内容の具体化と時代の状況に応じた柔軟化が目指されている[13]。なお，同法16条においては，所轄の国務大臣（Secretary of State）の認証を受けたうえで発行される「公認実施準則（approved code of practice）」というものが規定され，同法17条において「実施準則の記載事項の不遵守それ自体が民事責任・刑事責任の根拠となることはない」が，「当該要件・禁止事項に関係すると見られる場合，これを裁判の証拠として許容するものとする」とされており，後述する「合理的に実行可能な範囲」の判断との関連で，裁判結果に影響を与えるものとなっている。

次に，下記【表1】に掲げたように，1974年法33条は，雇用者等の安全衛生義務違反を基本として，監督官が発出する改善通告や禁止通告[14]の記載事項の違反，裁判所が1974年法違反の罪で有罪判決を下す際，罰金刑の代わりに宣告することのできる改善命令（remedial order）への違反といった重大な違反行為から，監督官の職務遂行を意図的に妨害するなどの比較的軽微な行為に至るまで，様々な違反行為に対して罰則を設けている[15]。

【表1】1974年法33条に規定される違反の類型および罰則

対象行為	条文	罰則	
		Magistrate's Court	Crown Court
雇用者等の安全衛生義務（2条から6条）違反	33条1項 (a)	£20,000	unlimited fine
改善・禁止通告（21条・22条）違反または裁判所の改善命令（42条）違反	33条1項 (g) (o)	6 months imprisonment and／or £20,000	2 years imprisonment and／or unlimited fine
その他の1974年法規定違反または同法関連規則の違反	33条1項 (b) (c) (i)〜(m)	£5,000	unlimited fine
監督官の職務執行（質問・調査・立入等）の意図的な妨害など	33条1項 (d) (e) (f) (h) (n)	£5,000（Magistrate's Court Only）	

---

13 さらに，1975年雇用者の安全衛生方針（例外）規則（Employer's Health and Safety Policy Statements (Exception) Regulations 1975）をも参照。
14 これらの通告の詳細については，本稿Ⅲ(2)参照。

● 3　解釈上の問題

　まず，1974年法2条から6条で課される雇用者等の義務の性質は，判例上，企業活動に起因する人々の安全衛生に対する危険を回避するため，「合理的な実行可能性（reasonable practicability）」という抗弁のみを条件として創設された絶対的禁止規定（absolute prohibition）であり，「上級管理職（senior management）」など一定の地位にある者に「代行させる（delegate）」ことはできず[16]，厳格責任の下，雇用者自身が遵守すべきものとされている[17]。

　また，例えば，1974年法3条に規定される「事業（undertaking）」は，「企業の業務活動が実際に行われている場合」のみを意味するのでなく，清掃や改築・補修，整備・点検などのために職場を一時閉鎖している場合も含まれると解されており，かなり幅広い概念となっている[18]。同様に，「危険にさらす（exposed to risk）」という文言も，事実的な危険（actual danger）でなく，その可能性（possible of danger）で足りるというように，緩やかに解釈されている[19]。その結果として，雇用者には，広範かつ厳格な安全義務が課されることになる。

　このように，雇用者等に課される義務は厳格なものであるが，1974年法2条や3条において「合理的に実行可能な範囲内の義務」という留保が付されて

15　さらに，1974年法33条4項では，免許要件の違反や爆発物の入手・所持・使用などについて，刑事法院で2年以下の拘禁刑若しくは上限のない罰金刑またはその併科が規定されている。

16　*R v British Steel plc*, [1995] 1 WLR 1356. 本件は，British Steel社のプラットフォーム移設工事を請け負った作業員（何れも同社の被用者ではない）の1名が不安定な状態にあるプラットフォーム上に載ったためこれが落下し，下にいた作業員が死亡した事故につき，同社が1974年法3条1項違反の罪で訴追されたものである。

　　被告企業は，セクション・エンジニアに作業員の指揮・監督を命じており，「セクション・エンジニアがその義務を十分に履行していたこと」，「事故の原因が作業員の異常かつ予見不可能な行動によるものであること」，および「たとえセクション・エンジニアに落ち度（fault）があったとしても，企業の頭脳ないし上級管理職レベルでは合理的な注意を払っていた」として，1974年法違反の責任を負わないと主張した。これに対して，控訴院刑事部は，「1974年法の義務は合理的な実行可能性という抗弁のみが可能な絶対的規定であり，被告の主張を認めれば同法の立法趣旨が没却される（drive a juggernaut through the legislative scheme）」とし，同一視理論を採用した1971年のTesco Supermarkets社事件貴族院判決（*Tesco Supermarkets Ltd v Nattrass*, [1972] AC 153）は「適切な注意（due diligence）」の抗弁を認める1968年商品表示法（Trade Description Act 1968）にかかる事件であり，本件とは事案を異にする（1968年法は消費者保護を目的としており，人の安全衛生に関わる1974年法の方が要保護性が高い）として上訴を退け，罰金£100の有罪判決を支持した。

　　Tesco Supermarkets社事件およびBritish Steel社事件については，川﨑・前掲註(1)127頁以下，138頁以下をも参照。

第 2 章　生命・身体に危険を及ぼす企業活動の刑事的規制に関する一考察

いる点で，完全に絶対的なものというわけではない[20]。この点につき，1974 年法 40 条は，「実行可能な範囲または合理的に実行可能な範囲における義務・要件，若しくは最善の手段を講じる義務・要件の不遵守によって構成される関連制定法上の犯罪に関する訴訟手続において，被告人は，（場合によっては）義

17　なお，企業に対する刑事責任の帰責原理としては，①代位責任（vicarious liability），②制定法上の義務違反に対する個人的責任，③同一視理論による個人的責任が存在するとされる（Card, Cross and Jones, *supra* note (1), at 867）が，この点に関しては，同一視理論の適用を否定した British Steel 社事件判決に加え，Associated Octel 社事件貴族院判決（*R v Associated Octel Co Ltd*, [1996] 4 All. E.R. 846）において，1974 年法の義務違反が②に該当するという点が明示されている。

　　後者の事件は，安全衛生局により「重要危険区域（major hazard site）」に指定された化学工場を操業する Associated Octel 社が，Resin Glass Products 社の従業員に工場タンク内の洗浄・補修作業を行わせていたところ，照明ランプが破損し，タンク内に充満していたアセトンに引火したため，作業員が重度の熱傷を負ったという事故につき，1974 年法 3 条 1 項違反の罪で訴追されたものである。

　　被告企業は，「作業員は独立した請負業者の被用者であり，タンク内の洗浄作業は彼らの業務であるうえ，自社はその業務遂行の方法を管理する権限を有していないため，本件事故は自社の業務遂行によって発生したものではない」として答弁不要の申し立てを行ったが，刑事法院において罰金£25,000 の有罪判決が下され，控訴院刑事部もこれを支持したため，上訴した。

　　これに対して，貴族院の Hoffmann 卿は，「1974 年法 3 条 1 項の義務と，他人の不法行為に対する雇用者の代位責任とを混同すべきでなく，……前者は雇用者の義務であり，当事者間の契約の性質や業務の管理という概念などとは無関係である」としたうえで，「決定的な問題は，雇用者が代位責任を負うかでなく，当該活動が雇用者の業務遂行の一部として適切に記述できるかという点にある」として，同法所定の義務が代位責任を基礎とするものでないことを示しつつ，タンク内の洗浄・修復作業は被告企業の業務であるとして，上訴を退けた。

18　もっとも，この点については，1996 年の Associated Octel 社事件貴族院判決（*R v Associated Octel Co Ltd*, *supra* note (17)）において，「清掃・補修・保守点検作業など，雇用者の事業にとって必要となる諸々の労働全てが 1974 年法所定の義務の対象になるとすると，例えば事務所のカーテンをクリーニングする場合や，車庫で営業部長の自動車を修理する場合，器機をメンテナンスするため製造元へ返却する場合なども原理的に義務の対象となりかねず，適切でな」く，それが雇用者の業務に該当するか否かは陪審員が判断すべき事実問題であるとして，一定の限界も示唆されている。

19　*R v Board of Trustees of the Science Museum*, [1993] 1 WLR 1171. 本件では，科学博物館内の空調システムに効果的な浄化措置を講じなかったことにより，館内の人々をレジオネラ感染の危険にさらしたとして 1974 年法 3 条 1 項で訴追された。そして，刑事法院における罰金£500 および訴訟費用£35,000 の支払命令の有罪判決を受け，被告である Board of Trustees は，「バクテリアが飛散し（escaped），危険な事態（dangerous state of affairs）が存在していたことが証明されていないため，人をレジオネラ感染の事実的な危険にさらしたことが証明されていない」として上訴したが，控訴院刑事部は，「被告の不作為によって……レジオネラ菌による汚染の危険が増加したことは明白である」としてこれを退けた。See also A. Pinto and M. Evans, *Corporate Criminal Liability* (2003 : Sweet & Maxwell), at 328.

務・要件を充足するために実際に行っていた以上のことを実行することが可能でなく，または合理的に実行可能でなかったこと，若しくはさらに良い手段が存在しなかったことを証明しなければならない」と規定している。この規定は，「合理的な実行可能性」に関する挙証責任（burden of proof）を被告側に転換したものと解されており[21]，訴追側によって客観的な安全義務違反が証明された場合に，被告側は「合理的に実行可能な範囲内で義務を履行していたこと」または「危険を回避するためのより良い手段がなかったこと」を証明すれば免責されることになる[22]。具体的には，実施準則を常に遵守していたという客観的事実のほか，例えば，①従業者が適切な技術指導を受けていること，②安全設備が整っていること，③十分な監督下に置かれていたことなどが証明内容になるとされている[23]。しかし，実際には，その証明が相当に困難であることもあり，有罪の答弁（guilty plea）が行われることも多い。

---

[20] さらに，この「合理的な実行可能な範囲での義務」は，1974年法以前に同様の文言で規定されたその他の制定法に関するものではあるが，判例上，「危険の量（quantum）とその回避措置に付随する金銭的・時間的問題またはその困難さといった代償とを衡量し……代償と比較して危険が僅少であるというように，著しい不均衡がある場合にはその義務を免れる」とされており（*Edwards v National Coal Board*, [1949] 1 All. E. R. 743など），単に「物理的に可能」というレベルよりも限定的なものとして理解されている。

[21] Pinto and Evans, *supra* note (19), at 328–331.

[22] なお，1974年法40条における「挙証責任の転換」規定の意義や，それが欧州人権条約（European Convention on Human Rights）6条2項に規定された「無罪推定の原則」に違反するか否かといった点も争われている。例えば，被告は企業でなく自然人であるが，2002年のDavies事件において，控訴院刑事部は，40条における挙証責任を「単なる証拠提出責任でなく……，法的証明責任である」としている。また，無罪推定原則との関係については，「欧州人権条約6条2項は，事実または法の推定（presumption）を原理的に禁止しているわけでなく……被告人の利益を維持し得る合理的な範囲内にその推定を限定することを要求している」とした1988年の Salabiaku v France 事件欧州人権裁判所判決（*Salabiaku v France*, (1991) 13 EHRR 379）を引用して「個人の基本権と共同体の一般的利益との間に公平な調和が図られているかを検討しなければならない」としつつ，「1974年法は安全衛生の規制を目的としており，英国における死傷者数や損害から見て社会的かつ経済的な目的を有するものであること，雇用者は規制された領域内での業務を選択したことにより，その規制を受忍しなければならないこと，証明対象は被告人の認識の範囲内であり，証明が困難であるとは言えないこと」などを指摘し，被告人の上訴を退け，第1審の有罪判決（罰金£15,000）を支持した。*R v Davies*, [2002] EWCA Crim. 2949. See also Pinto and Evans, *supra* note (19), at 177–189.

[23] *R v Nelson Group Services (Maintenance) Ltd*, [1999] 1 WLR 1526.

(4) 罰金額の状況

まず，1974年法違反に対して科し得る罰金額については，前記**表1**の罰則欄に示したように，治安判事裁判所（magistrate's court）の場合，違反類型ごとに£5,000 または£20,000 という上限があるのに対して，刑事法院（crown court）の場合にはそれがない[24]。

そして，1974年法違反に対する罰金額の量定については，判例上，「合理的に実行可能な基準からの逸脱の程度」や「当該違反によって創出された危険の程度（degree of risk and extent of danger）」，「被告の資力（resources）と罰金がその事業に与える影響」などが重要な要素として考慮されるとともに，加重事由（aggravating features）として「死亡結果の発生」，「様々な警告（warning）の不遵守」および「経費節減・利益促進のための意図的な違反であること」の3点が，そして減軽事由（mitigating features）として「速やかに罪（guilt）を認め，有罪答弁をすること」，「注意を喚起された諸々の欠陥を改善する措置をとること」および「良好な安全歴および／または過去に有罪判決や警告を受けたことがないこと」の3点がそれぞれ示されている[25]。

次に，次頁**表2**は，2000年以降の1974年法2条・3条違反の訴追数・有罪数および平均罰金額をまとめたものである。それ以前の統計に関する判例中の言及によれば，部分的なものではあるが，1992年から1993年の平均罰金額が£2,100 であり，1998年に£6,223 まで上昇後，再び£5,000 を下回る状況に

---

24 従って，何れの裁判所に訴追されるかが罰金額に大きな影響を及ぼすことになる。この点に関して，例えば，2003年から2004年の統計（Health and Safety Offences and Penalties 2004/2005（2005・Health and Safety Executive））によれば，1974年法違反に関する安全衛生局による1,720件の訴追のうち，刑事法院に訴追されたものは364件，その他1,356件は全て治安判事裁判所になされており，そこで科される平均罰金額にも大きな差（刑事法院の平均が£32,216 であるのに対して，治安判事裁判所は£4,052 である）がある。

25 *R v F Howe & Son (Engineers) Ltd*, [1999] 2 Cr. App. R.(S)37 ; 2 All. E. R. 249. 本件では，工場を閉鎖して清掃中，電気掃除機のケーブルが破損し，従業員が感電死したという事故に関して，雇用者であるF Howe & Son社が1974年法2条1項違反のほか，4つの同法関連規則違反で訴追された。

第1審における罰金£48,000（1974年法2条1項違反の罰金£40,000が中心）の有罪判決を受けて，罰金額が不当に高額であるとして被告側が上訴し，控訴院刑事部（Scott Baker判事）は，本文に掲げたような量刑事由を示しつつ，過去の良好な安全歴があること，3つの関連規則違反について有罪答弁をしていること，被告企業が従業員12名程度の小規模企業であること，経済的動機に基づく故意の違反でないことなどを指摘して，罰金額を£15,000 に減軽した。See also Pinto and Evans, *supra* note (19), at 135 -138.

あったとされており[26]，これと単純に比較すると，最近5年間の平均罰金額は，2条違反が£13,452，3条違反が£16,056となっており，全体的に高額化の傾向にあることが看取される。

【表2】1974年法2条・3条違反の訴追数・有罪数および平均罰金額

年		2条違反	3条違反
2000／2001	訴追数（有罪数）	335（296）	243（189）
	平均罰金額	£9,933	£13,354
2001／2002	訴追数（有罪数）	349（311）	251（202）
	平均罰金額	£15,466	£15,836
2002／2003	訴追数（有罪数）	312（278）	215（163）
	平均罰金額	£9,123	£12,640
2003／2004	訴追数（有罪数）	351（306）	253（201）
	平均罰金額	£14,555	£22,139
2004／2005 p	訴追数（有罪数）	262（239）	169（152）
	平均罰金額	£18,183	£16,312

(*Health and Safety Offences and Penalties 2004／2005*（2005・Health and Safety Executive）)

さらに，右記**表3**は，労働関係の死亡事故に関する訴追数・有罪数および平均罰金額をまとめたものである。従来，企業活動に起因する死亡事故に関しては，例えば「違反が技術的なもの（technical）である」として£100の罰金が科されるに止まった1995年のBritish Steel社事件に代表されるように，罰金額の著しい低さが問題点として指摘されてきたが[27]，2000年以降は£20,000を上回り，最新の統計（重大事件が何件か含まれている）では£43,795と最高額を示している[28]。さらに，2005年から2006年（暫定）にかけて，£100,000を超え

26　*R v F Howe & Son（Engineers）Ltd, supra* note ㉕．
27　*R v British Steel plc, supra* note ⑯．なお，£100という罰金額については，控訴院刑事部も相当でないとしている。
28　さらに近時は，故殺罪での有罪判決を受けた事件（2004年のNationalwide Heating Services社に科された罰金£90,000が最高額である）と比較して，1974年法違反に対してこれを遥かに上回る罰金が宣告された事案も少なくない。例えば，2000年に発生したHatfield列車事故につき，中央刑事裁判所は，1974年法3条違反について有罪答弁をしたBalfour Beattyに£1,000万の罰金を科した（なお，この罰金は，控訴院刑事部において£750万に減軽されている）。*R v Balfour Beatty Rail Infrastructure Services Ltd*, [2006] EWCA Crim. 1586．

た事件が13件存在しているという点も，1974年法違反に対する裁判所の態度を考えるにあたり，注目に値する事実である[29]。

しかし，その一方で，1974年法違反の罪は「安全義務違反」であるため，たとえ「死亡結果」を加重事由として量刑段階で考慮するとしても，危険な企業活動を抑止するため罰金額を高額化するという姿勢にも限界がある。1974年法違反に限られた問題ではないが，企業に対する適切な罰金額の量定という点は，実務的にも理論的にもなお重要な課題である。

【表3】労働関係の死亡事故の訴追数・有罪数および平均罰金額

年	訴追数（有罪数）	平均罰金額
1999／2000	103（91）	£24,896
2000／2001	149（125）	£21,030
2001／2002	85（76）	£37,727
2002／2003	68（55）	£31,410
2003／2004	22（18）	£43,795

(*Health and Safety Offences and Penalties 2004／2005*（2005・Health and Safety Executive）)

Ⅲ 安全衛生局

● 1　組織構成

安全衛生局は，企業活動に対する取締機関の一元化を目指し，1974年法10条以下に基づき，これを管轄する安全衛生委員会（Health and Safety Commission）とともに創設された機関である[30]。

安全衛生局は，法律家や科学者，専門の技師，医療関係者などを含む約4,000人の職員によって構成され，管轄の対象となる業種も鉱山，工場・農場，病院や学校から海底ガス・油田施設，その他のサービス業一般に至るまできわめて多岐に及んでおり，流通業や小売業，事務所，レジャー産業などを管轄する400以上の地方機関（local authorities）と緊密な連携を図りながら，イングラ

29　Health and Safety Commission, *Health and Safety Statistics 2005／2006*（2006）.
　　なお，2001／2002年以降のデータは訴訟結果などにより変化し得る。
30　安全衛生委員会・安全衛生局の詳細については，同局のウェブサイト（*http://www.hse.gov.uk*）のほか，Health and Safety Commission, *The Health and Safety System in Great Britain*（3rd ed. 2002・HMSO）参照。

ンド，ウェールズおよびスコットランドにおいて，企業活動の影響を受け得る人々の安全確保・促進を目標として，1974年法制定以降30年以上にわたり執行活動を続けている[31]。

●2　職務内容・権限

　安全義務の遵守・適切な安全基準の維持・促進のため，1974年法19条の規定に基づき安全衛生局により任命された監督官（inspector）は，①助言や各種通告の発出など，企業に対して適切なコンプライアンスを促すことを目的とした事前的な措置と，②安全義務違反に対する刑事訴追という事後的な措置の2つを基本的な職務としている[32]。

　そして，職務執行の基本方針に関しては，2002年に安全衛生委員会によって提示された「執行方針（Enforcement Policy Statement）」[33]において，①均衡性（proportionality）…執行機関の手段と安全衛生に対する危険性・違反の重大性との均衡を考慮すること（執行方針11～16項），②焦点化（targeting）…重大な危険を発生させる活動・その活動を最も管理し得る者に焦点を当てて対処すること（同17～20項），③一貫性（consistency）…類似事案に対して同等の対応をすること（同21～23項），④透明性（transparency）…執行機関・事業者間の相互期待を明確化すること（同24～26項），⑤説明責任（accountability）…執行活動に関する市民への説明を十分行うこと（同27～29項）という5つの点が示されている。

　こうした原則の下，執行活動を行う監督官には，具体的な権限として，まず，1974年法20条2項において，職場や施設への立ち入りや調査（examination and investigation），写真撮影，標本採集，文書の閲覧・複写などの権限が与え

31　Health and Safety Commission, *supra* note (30), at 36. なお，安全衛生委員会および安全衛生局は，日々変化し続ける国内の状況に対処するのみならず，国際的なレベルにおいても，EUによって定期的に出される様々な「指令（Directive）」に従う形で，国内法の整備を行っている。1999年労働安全衛生管理規則（Management of Health and Safety at Work Regulations 1999）3条における「企業の危険評価（risk assessment）」の義務化はその一例である。その場合の手続としては，官報（Official Journals）に公表された指令につき，まず，安全衛生局がその規則案を作成し，これを安全衛生委員会に送付する。次に，これを公開のうえ協議し，安全衛生委員会が修正案を作成する。そして，その修正案をもとに国務大臣が規則を作成し，議会における審議を経て成立することになる。

32　*Id.*, at 26.

33　Health and Safety Commission, *Enforcement Policy Statement*（2002）.

第 2 章　生命・身体に危険を及ぼす企業活動の刑事的規制に関する一考察

られている。そして,「企業との対話・相互協働」という観点から,関連法規上の要件や適切な実施について,口頭または書面で専門家としての「助言」や「警告」を与える。

　次に,監督官は,1974 年法 21 条・22 条の規定に基づき,各種通告 (notice) を発出することができる。この通告は,企業活動が「安全義務規定に違反しているか,違反が反復継続される可能性が高い状況下で,安全義務規定に違反したと思料される場合」に,一定の期間を設定してその改善を要求する「改善通告 (improvement notice)」(21 条) と,「人の身体への重大な危険を伴っているか,今後伴うことになると思料される場合」にその活動を禁止する「禁止通告 (prohibition notice)」(22 条) に大別される[34]。さらに,後者は,「重大な危険がすでに発生しているか,その発生が切迫していると判断される場合」に,それへの対処がなされるまで直ちに業務活動を禁止する「即時禁止通告 (immediate prohibition notice)」と,一定の期間後に業務活動を禁止する「期限付き禁止通告 (deferred prohibition notice)」とに区別される。そして,先に表 1 で見たように,監督官により発出された各種通告への違反に対しては,1974 年法 33 条 1 項(g)において,同法違反の中では最も厳しい罰則が予定されている。

　なお,これらの各種通告に対しては,1974 年法 24 条の規定により,所定の期間内に雇用審判所 (Employment Tribunals) に不服申し立てを行うことが可能である。申し立てを受けた雇用審判所は,通告の破棄・追認,内容の修正などを行うことが可能である。

　最後に,監督官は,1974 年法 38 条・39 条の規定に基づき,刑事訴追を行うことが可能である[35]。この場合,公訴局 (Crown Prosecution Service) の「公訴官規範 (Code for Crown Prosecutors)」における「証拠テスト (evidential test)」に則り,有罪判決の現実的展望および公共の利益 (public interest) の有無を考慮して訴追するか否かを判断するものとされている (執行方針 34・35 項)。そして,1974 年法違反による死亡事故や各種通告の違反といった重大な罪をはじめ,企業コンプライアンスに対する一般的な注意を喚起すべき場合や他の類似する違反を抑止すべき場合については,「原則的に刑事訴追を推奨する」と

34　各種通告には,業務の改善・禁止事項のみならず,監督官の意見,これに関連する規定,判断に至った理由の詳細を記載しなければならない。
35　監督官の権限については,Health and Safety Commission, *supra* note (30), at 26.

されている（同39・40項）。

　なお，労働関係の死亡事件については，故殺罪による訴追との限界が問題となり得ることと関連して，安全衛生局とその他の機関との連携・協力が定められている。これを具体化しているのが，1988年に安全衛生局・イギリス警察署長協会（Association of Chief Police Constable）・公訴局の間で締結された「連携協定（Work-related death : A Protocol for Liaison）」である[36]。そこでは，死亡事件の適切な捜査・刑事訴追を行うため，1974年法違反の点については安全衛生局および地方機関が調査し，その他の重大な刑事犯の成立が疑われる場合には警察も共同で捜査を行い，公訴局がこれを訴追するという基本的な協力・分担体制が示されている。

3　法執行の状況

　まず，1974年法に基づく執行機関の活動状況として，下記図1は，安全衛生局・地方機関が発出した各種通告の総数に関する1995年以降の推移を，表4は，執行機関別の各種通告発出数の内訳を示したものである。

【図1】全執行機関によって発出された各種通告の総数

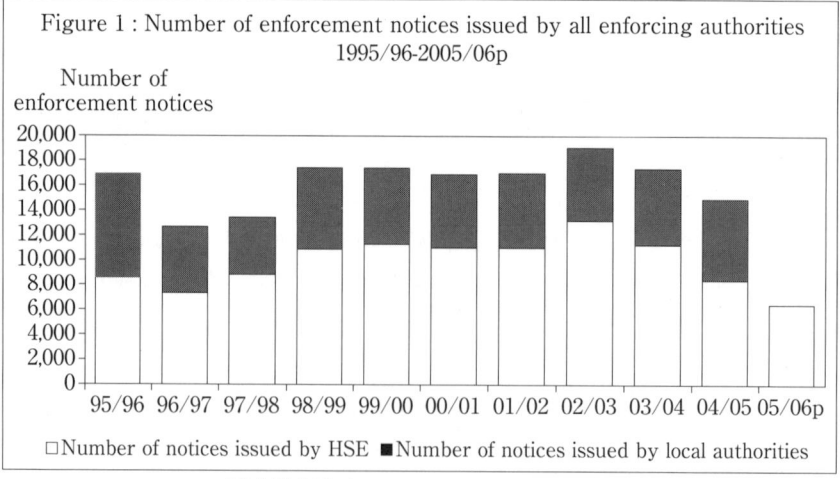

Figure 1 : Number of enforcement notices issued by all enforcing authorities 1995/96-2005/06p

Number of enforcement notices

年度	総数
95/96	約17,000
96/97	約13,000
97/98	約13,500
98/99	約17,500
99/00	約17,000
00/01	約16,500
01/02	約17,000
02/03	約19,000
03/04	約17,000
04/05	約15,000
05/06p	約6,000

□ Number of notices issued by HSE　■ Number of notices issued by local authorities

（安全衛生局（http://www.hse.gov.uk/statistics/enforce/index.htm））

---

[36] その後，英国鉄道警察（British Transport Police）と地方自治体協会（Local Government Association）もこの「連携協定」に加わっている。なお，本協定は，安全衛生局のウェブサイト（http://www.hse.gov.uk）上で入手可能である。

第 2 章　生命・身体に危険を及ぼす企業活動の刑事的規制に関する一考察

【表 4】最近 5 年間の執行機関別の通告発出数

年	執行機関名	改善通告	期限付禁止通告	即時禁止通告	計
2000／2001	HSE	6,671	147	4,238	11,056
	LA	4,720	60	1,030	5,810
	計	11,391	207	5,268	16,866
2001／2002	HSE	6,712	116	4,254	11,082
	LA	4,820	50	1,090	5,960
	計	11,532	166	5,344	17,042
2002／2003	HSE	8,140	113	5,071	13,324
	LA	4,560	50	1,170	5,780
	計	12,700	163	6,241	19,104
2003／2004	HSE	6,798	81	4,456	11,335
	LA	4,800	80	1,200	6,080
	計	11,598	161	5,656	17,415
2004／2005	HSE	5,186	49	3,236	8,471
	LA	5,110	50	1,260	6,420
	計	10,296	99	4,496	14,891

(*Health and Safety Statistics 2005／06*（2005・Health and Safety Commission），*Health and Safety Offences and Penalties 2004／2005*（2005・Health and Safety Executive）をもとに筆者作成）

　図 1 の執行機関全体における通告の発出数を見ると，1996 年から 1998 年の 2 年間のみ 15,000 件を下回った以外は，平均して 16,000 件から 17,000 件の間で安定的に推移しており，機関別の発出割合についても同様である。また，その内訳については，表 4 から読み取ることが可能なように，概ね改善通告 2 に対して禁止通告 1 という割合で発出されており，禁止通告では即時禁止通告がその大部分を占めていることなどが看取される。

　こうして発出される各種通告への違反が 1974 年法 33 条における厳しい罰則を背景としている点に鑑みると，非刑罰的な措置とはいえ，企業にとっても一定の影響力を有するものであることが推測されるとともに，1974 年法の制定目的や，監督官の本来の職責が「企業との対話・相互協働による安全基準達成の実現」という点にあることをも考慮すれば，各種通告の安定した発出状況には，執行機関の企業活動への取り組みの基本的な姿勢が現れているものと考え

第Ⅰ部　企業活動と刑事規制の国際調査

られる[37]。

次に，下記図2は，安全衛生局によって訴追された犯罪数および有罪判決数を示したものである。その推移を見ると，1996年（1490）から1999年（2115）まで少しずつ上昇した後，2001年までは概ね安定し，その後は緩やかな減少傾向にあり，有罪率は80％程度で安定している。

【図2】安全衛生局による訴追犯罪数と有罪判決数

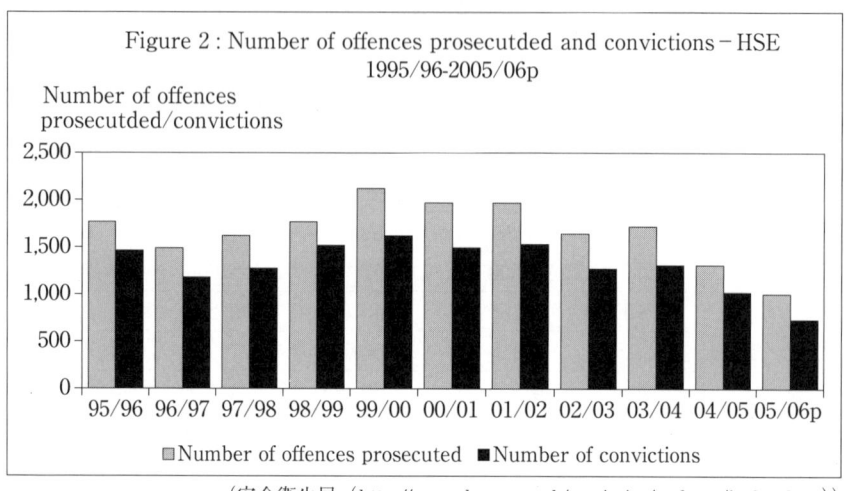

Figure 2: Number of offences prosecutded and convictions－HSE 1995/96-2005/06p

（安全衛生局（*http://www.hse.gov.uk/statistics/enforce/index.htm*））

刑事訴追に関しては，従来，1974年法の基本理念が「企業による自主規制」と「企業と執行機関との対話・相互協働」による安全基準の遵守という点に存することもあり，その割合がきわめて低調であり，危険な死傷事故の防止という面で期待されたほどの効果を上げていないとの指摘がなされてきた[38]が，近時の状況を見ると，これが適切な水準であるかはひとまず措くとしても，相対的に見れば，訴追数やその割合は増加・改善傾向にあることが窺われる。そして，こうした状況の1つの背景としては，先に見た「執行方針」において，刑

37　このような執行活動は，監督官の自己意識とも一致するであろう。Gobert and Punch, *supra* note (8), at 130.

38　*Id.*, at 130, 297－300. そこでは，労災の「非犯罪化（decriminalised）」現象，1995年以降数年間の「説得・協働による執行活動の加速化」が指摘され，その要因として，企業との資金面での格差や，1974年法の「象徴立法」としての理解，人員不足などが挙げられている。

事訴追の基本的な目的と遂行の可否に関する原則が示されるとともに，「連携協力」による各執行機関における協力・分担の基本的な枠組みが定められたこと，および危険な企業活動への厳しい姿勢が改めて認識されつつあることなどを挙げることができると思われる[39]。

最後に，下記図3は，1974年法制定以降，労災により死亡した労働者数と10万人中に占める死者の割合の推移を示したものであり，図4は，EU諸国における2003年の労働死亡事故の割合を比較したものである。

【図3】労災により死亡した労働者数の状況

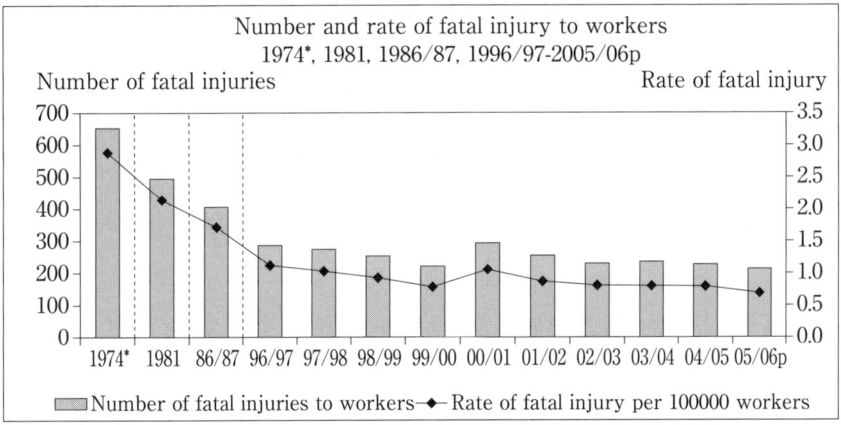
Number and rate of fatal injury to workers
1974*, 1981, 1986/87, 1996/97-2005/06p
Number of fatal injuries
Rate of fatal injury
700
600
500
400
300
200
100
0
3.5
3.0
2.5
2.0
1.5
1.0
0.5
0.0
1974*
1981
86/87
96/97
97/98
98/99
99/00
00/01
01/02
02/03
03/04
04/05
05/06p
Number of fatal injuries to workers
Rate of fatal injury per 100000 workers

（安全衛生局（*http://www.hse.gov.uk/statistics/history/fatal.htm*））

まず，図3によれば，1974年法制定・安全衛生局創設当初，死亡した労働者の数は651人（10万人中2.9人）と最も高い数値を示していたが，1981年には約500人（2.2人程度），1999年には220人（0.8人）と右肩下がりで大幅に減少し，その後は2004年の223人（0.8人），2006年現在の212人（0.7人）に至るまで，300人に満たない程度で安定している。単純に計算すれば，2006年現在の死者数は，1974年の死者数と比較して，76%近く減少していることにな

39　*Id.*, at 300－301.　論者も，2000年以降，「緩やかな変化」を認めることは可能であるとしているが，労災はなお「真の犯罪（real crime）」として取り扱われておらず，執行機関に本当に必要なのは，哲学・アプローチの変更，なかんずくコンプライアンス方策の役割の再検討であるとされている。困難な問題であるが，1974年法の目的をよりよく達成するために，現実的で実効性のある刑事訴追を背景とした対話・相互協働による安全基準の遵守というものが執行機関に望まれることになるであろう。

第Ⅰ部　企業活動と刑事規制の国際調査

【図4】EU 諸国における労働死亡事故の割合

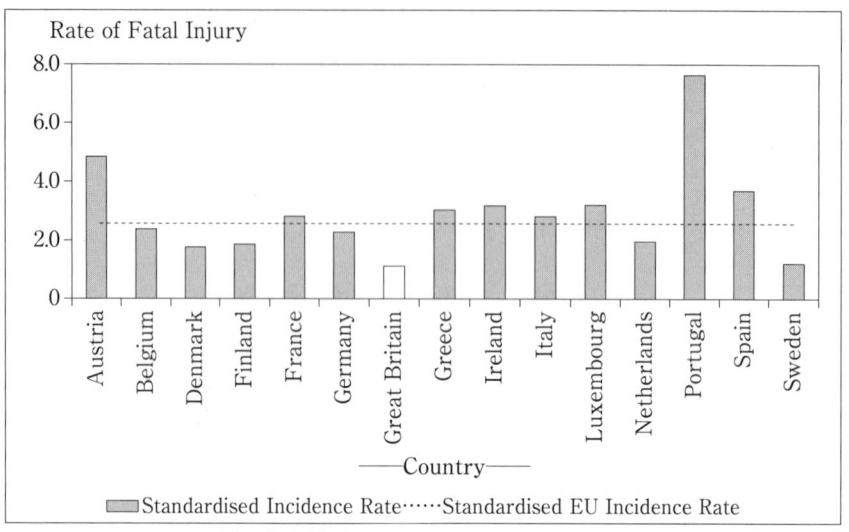

（安全衛生局（*http://www.hse.gov.uk/statistics/european/fatal.htm*））

る。

　また，図4におけるその他のEU諸国との比較によれば，イングランド，ウェールズおよびスコットランドの死者数は10万人中1.1人となっており，EU平均（破線部分）である2.5人という数値を大きく下回るのみならず，統計調査を行った各国中，最も低い数値を示している。

　確かに，各国の雇用情勢・産業構造の変化をはじめ，様々なものが想定可能であるうえ[40]，危険な労働活動により死亡した一般の人々の数はそれほど劇的に減少しておらず，むしろ増加傾向にあるとさえ言えること[41]などに鑑みれば，このようなイギリス国内外における比較から示唆される労働者の死者数・死亡事故の減少傾向の背景について，現時点で明確な評価を下すことは困難である。

---

[40] 1974年法制定以降，危険な業種の雇用もまた減少しており，死傷者の大幅な減少がそのような変化にかなり依存していることは，安全衛生局も自認するところであるとされる。Walters, *supra* note (9), at 7.

[41] この点について本稿では具体的なデータを示さなかったが，Centre for Corporate Accountability の統計（*http://www.corporateaccountability.org/ stats_deaths.htm*）によれば，一般人の死者数は，1995年から1996年の86人以降，1996年から1997年は115人，1997年から1998年は128人，1998年から1999年は122人，1999年から2000年には162人というように，次第に増加傾向にあることが認識される。また，その後も2006年に至るまで，ほぼ横ばいの状況である。Health and Safety Commission, *supra* note (29).

しかし，安全衛生局・地方機関の地道な取り組みも，無視し得ない1つの重要な要因であると思われる。

Ⅳ 結 語

以上，本稿では，人の生命・身体に重大な危険を及ぼす企業活動の規制という点につき，不十分ながら，イギリスにおける1974年安全衛生法とその執行機関である安全衛生局の活動状況を中心として概観してきた。

イギリスでは，企業の自主規制と取締機関の一元化を目的として1974年法が制定された後，企業との相互協力による安全基準の維持・促進が図られ，労働者の死亡事故やその死者数が大きく減少した反面，1980年代後半以降，続発する大規模な事故とそれに対する刑事的対応の必要性の意識が高まったことにより，危険な活動を行う企業に対する厳しい責任の追及という点から刑事訴追の低調さや企業に対する罰金額の低さが問題視されてきた。

他方で，執行機関の中心である安全衛生局も，執行方針の明確化や協力体制の強化をはじめ，30年以上にわたる活動実績に必ずしも満足することなく，安全衛生のさらなる活性化を目指し，様々な方策を検討・実施している[42]。そして，そのような執行機関の取り組みや裁判所によって宣告される罰金額の相対的な増加により，企業活動に対する規制が一定の成果を挙げていることが認識された。

もっとも，その一方で，1974年法の理念や執行機関の職務上の基本方針が依然として「企業との対話・相互協働」にあること，刑事訴追の大部分が治安判事裁判所になされるため，罰金額が増加傾向にあるとはいえ，それには上限があること，1974年法上の罪は「安全義務違反」であり，人の死という重大な結果は量刑事由として考慮されるに止まるため，故殺罪による訴追が困難な場合に企業の刑事責任の追及を補完するという機能にも限界があること[43]，労

---

42 Health and Safety Commission, *Revitalising Health and Safety Strategy Statement* (2000). その一環として，例えば，2010年までに重大事故の10％減少を目標としつつ，治安判事裁判所において£20,000の罰金を科し得る類型を拡大することなども検討されている。

43 確かに，1974年法をはじめとする様々な規制法（regulatory laws）は企業犯罪統制の一翼を担うものであるが，例えば，死傷者の減少という目的が企業との議論や教育，交渉などによって最も達成し得るのに対して，1974年法には刑事訴追による企業の責任追及という目的も同程度に存在しているというように，相互対立関係にある過多な要求がなされている点にも問題があるとされている。Gobert and Punch, *supra* note (8), at 131.

働者の死亡事故が減少する一方で，危険な事故に巻き込まれる一般の人々の数や，死亡事故に至らない致傷事故が相当数にのぼることなどの事情に鑑みれば，現行法制度においても，取り組むべき課題は少なくない[44]。

しかしながら，イギリスにおける規制犯による企業活動の規制，および伝統的な取締機関である安全衛生局・地方機関の活動内容は，その対象が労働における安全衛生に限定されるとはいえ，人々の日常生活と最も密接に関わる社会的・経済的性質を有するものであるがゆえに，企業活動に対する刑事的規制の1つの選択肢として，あるいは企業故殺罪に関わる議論の背景として，注目すべきものであると思われる。こうした状況をも視野に入れつつ，今後も企業故殺罪を中心としたイギリスの議論の展開を見守っていく必要がある。

---

44 Walters によれば，業種や雇用形態の変化に加え，1974年法制定以降20年間に，労働における安全衛生問題に対する社会的期待・認識が厳しいものへと変化していることなどを受けて，目標を定めた包括的義務が中小企業の雇用者にとって理解可能で有益なものか，あるいは安全衛生義務が現代の労働環境の危険に即したものであるか疑問であること，罰則の抑止効果や（雇用形態が劇的に変化する中での）自主規制の限界，安全管理を行う場合の雇用者の経済的・法的動機づけの不十分さなどが問題点として挙げられ，1974年法を廃止し，雇用者に明確かつ重い義務を課すことや法執行の実効性をより十分なものとすること，雇用者の拠出による補償制度を創設し，その運用面において雇用者に安全管理上の動機づけを付与することなどが必要であるというきわめて厳しい見解が提示されている。Walters, *supra* note (9), at 9 – 10.

なお，本稿でそれらを検討する準備はないが，彼らの研究プロジェクトの成果として，他にも以下のものがある。D. Walters and P. James, *Robens Revisited : the Case for a Review of Occupational Health and Safety Legislation*（1998 : Institute of Employment Rights）; D. Walters (ed.), *Regulating Health and Safety Management in the European Union : a Study of the Dynamics of Change*（2002 : PIE-Peter Lang）; P. James and D. Walters, *Regulating Health and Safety at Work : An Agenda for Change?*（2005 : Institute of Employment Rights）.

第3章　イギリスにおける法人処罰——その概観

今 井 猛 嘉

Ⅰ　法人の活動に伴う致傷事案に対する伝統的対応
Ⅱ　近時の立法提案とその評価
Ⅲ　展　望

Ⅰ　法人の活動に伴う致傷事案に対する伝統的対応

　イギリスにおいて，法人の活動に伴う致傷事案に対する刑法的対応に関心が高まったのは，この20年ほどのことである。それは，いくつもの悲惨な事故と，それへの刑事訴追の結果を踏まえたものであった。
　そうした事故の最初のものは，1987年の Herald of Free Enterprise にかかるフェリーの転覆事故であり，192人が死亡した。関係者は起訴されたが有罪に至らず，社会的な批判が高まったのである。その後も，同様の事案が続く一方[1]，（法人が提供する）職場における労災（被用者の致死傷の発生）も多発している。
　このような，いわゆる corporate manslaughter or killing が大きな問題となるにつれて，所定の犯罪[2]に基づく訴追も増加傾向にあり，2005年現在では，34件の起訴がなされた。しかし，有罪とされたのは，そのうちの7件にすぎない[3]。
　有罪の評決が少ないのは，同一視理論（Identification theory）の限界によるものだ，との評価も示されることがある。即ち，法人の（manslaughter にかかる）刑事責任を問うための理論として（公的に）承認されているのは，同一視理論だけであるが[4]，その下では，犯罪を犯した個人であって，当該法人の directing mind とみなされるだけの高い地位にある個人の発見（認定）が必要

1　例えば，1987年の King's Cross 駅構内の火災（31人が死亡）。Southall（7人死亡），Paddington（31人死亡），Hafield（4人死亡）等における列車の衝突事故も，記憶に新しい。
2　その具体的な罪名等については，後述する。

である[5]。しかし，現代の大企業では，意思決定に様々な階層に属するスタッフが関与するのが通常であるから，当該法人と同一視しうるだけの個人を特定することは，ほとんど不可能である[6]。そこで，小規模な法人は別として[7]，法人の刑事責任を問おうとする場合には，corporate manslaughter によってではなく，Health and Safety at Work Act 1974 が用いられる傾向にある[8]。もっとも，Health and Safety at Work Act 1974 の執行につき責任を負う Health and Safety Execute（HSE）は，同法違反をした法人に対する（法令遵守に関する）助言に重点を置いており，HSE の協力を得て訴追がなされるのは，職場で死亡が生じた事案の約 20 パーセント，あるいは，重大な傷害が報告された事案の約 1 パーセントにとどまっている[9]。しかも，これらの訴追は，通常，magistrates' court に対してなされ，法人に科される罰金の額も相対的に小さい。その結果，法人が処罰されても，同法違反の罪は相対的に軽微なものと評価されがちであり，corporate culpability の重大性が正当に評価されていない，との批判が高

3　OLL Ltd 事件判決（1994 年）／（Lyme Regis におけるカヌー遊びの最中に 4 人の学生が溺死した事案にかかるもの）。

　　Jackson Transport（Ossett）Ltd 事件判決（1996 年）／（化学物質を除去した際に残余物が出たが，予防措置が執られていなかった事案にかかるもの）。

　　English Brothers Ltd 事件判決（2001 年）／（砕けやすい屋根からの落下。適切な安全策がとられていなかったことが認定された）。

　　Dennis Clothier & Sons 事件判決（2002 年）／（危険な形で積荷された 20 トントレイラーが，トラクターに衝突した事案）。

　　Telgaard Hardwood（UK）Ltd 事件判決（2003 年）／（建築用資材の山が被害者の上に落下した事案）。

　　Nationwide Heating Services Ltd 事件判決（2004 年）／（極めて可燃性が高いアセトンでタンクを清掃していた際の爆発。適切な措置，指導等が執られていなかった）。

　　Keymark Services 事件判決（2004 年）／（超過勤務をしていたローリーの運転手による事故事案。当該運転手は，運転記録を偽造するように，会社から命ぜられていた）。

4　Tesco Supermarkets Ltd v Nattrass (1972) AC153.; Attorney-General's Reference No.2 of 1999 (2000) 2 Cr. App. R. 207.

5　そのような者の行為だけが，法人に帰属される（attributed）ことになるのである。

6　Cf. National Rivers Authorigy v Alfred McAlpine Homes East (1994) 4All ER 286 (Morland J's comment).

7　上述した，corporate culpability（法人にかかる manslaughter）につき，法人が有罪とされた 7 つの事案では，いずれの法人も，小規模なものであった。もっとも，イギリスの会社の約 45 パーセントは，小規模会社（small companies）である。

8　同法所定の犯罪との関係では，法人は，同一性理論ではなく代位責任論（vicarious liability theory）により有罪とされうる。

9　いずれも 2000 年現在のデータによる。Cf. D. Bergman, The Case for Corporate Responsibility (2000).

第3章 イギリスにおける法人処罰—その概観

まったのである。

II 近時の立法提案とその評価

1 三つの立法提案

そこで，近時，三つの重要な立法提案が示されてきた。その第一は，1996年の，the Law Commission による，corporate killing という犯罪の新設を求めるものである[10]。第二は，この提案に一定の修正を加えた政府（Government）による 2000 年の報告である（Involuntary Manslaughter に関する Consultation Paper）[11]。第三は，2005 年に政府によって提案された corporate manslaughter の新設であり[12]，（2006 年 5 月以降本稿執筆時）現在に至るまで，議会において審議に付されている。

いずれの提案も重要な指摘を含んでいるが，現在の法案（2005 年法案）について検討を加えることが，優先されるべき事項であろう[13]。

2 2005年法案の概要

2005 年法案は，コモン・ロー上の犯罪である，重大な過失による manslaughter（manslaughter by gross negligence）を，法人との関係では廃止し，法人に対しては，新設される corporate manslaughter を適用すべきことを提唱している[14]。

corporate manslaughter は，ある組織（organisation）において

「その（組織の中で）高い地位にある職員（senior manager）によって管理され（managed），あるいは組織化され（organised）ている当該組織の行為の，ある態様（the way）が，

(a) 人の死亡をもたらすか（causes a person's death）

(b) （当該組織が，死亡した者に対して負うべき）関連する注意義務の重大な違反となる場合」に成立する[15]。

---

10 Law Com. No.237（1996）, Legislating the Criminal Code:Involuntary Manslaughter.
11 Home Office, Reforming the Law on Involuntary Manslaughter : the Government's Proposals（2000）.
12 Home Office, Corporate Manslaughter : the Government's Draft Bill for Reform, Cm. 6497（2005）.
13 以下の検討に当たっては，Clarkson, Corporate Manslaughter : Yet More Government Proposals, Crim. L. R（2005）677 等を参照した。
14 Clause 13.（2005 年法案に示された条項を指す。以下，同じ）

第Ⅰ部　企業活動と刑事規制の国際調査

「その（組織の中で）高い地位にある職員（senior manager）」とは，「当該組織の行為の全体またはその重要な部分の，管理または組織の態様の決定において，あるいは，それらの実際の管理または組織化について重要な役割を果たす者」である[16]。

以上の要件は，manslaughter by gross negligence のそれとは異なるが，他の要件は，おおむね，manslaughter by gross negligence のそれと同じである。即ち，第一に，組織は，negligence の理解から導かれるところの注意義務を負う。第二に，その（組織の中で）高い地位にある職員（senior manager）が組織の行為を管理（manage）あるいは組織化（organise）する態様において当該義務の重大な違反がなければならない。第三に，この重大な義務違反が人の死亡の原因である（cause）必要がある，ということである。

そして，「問題とされている失敗（failure[17]）が，当該状況下において，当該組織に対して合理的に期待できる行為を遙かに下回っている（far below）」場合に，重大な義務違反が認められる[18]。このような「重大な義務違反」の有無を判断するに当たって，陪審員は以下の点を考慮しなければならない。

「当該組織が，関連する，健康と安全に関する法令あるいはガイダンス（legislation or guidance）に従っていなかったか[19]，もしも従っていなかったのであれば，

(a) 法令あるいはガイダンスに従わなかったことがどの程度重大であったか，
(b) 当該組織の高い地位にある職員（senior manager）が
　(i) 当該法人が法令あるいはガイダンスに従っていないことを知っていたか，知っているべきであったか，
　(ii) そのような法令あるいはガイダンスを遵守しないことにより死亡または重大な害が生じる危険が生じたことを，知っていたか，知っているべきであったか，

---

[15] Clause 1 (1).
[16] Clause 2.
[17] 組織が，組織として負う（人を死亡ないし傷害してはならないという）注意義務を履行できなかったことを言う。
[18] Clause 3 (1).
[19] ここでいう「ガイダンス」とは「健康と安全に関連する基準（Code），ガイダンス，マニュアル，または単純な刊行物であって，法令の執行に責任を負う部局（当局）によって作成されるか，発せられたもの」を言う（Clause 3 (3)(b)）。ここには，例えば，HSE によって発せられたガイダンスが含まれる。

(iii) 当該組織をして，この不遵守から利益を上げさせようとしたか」
である。[20]

以上のように構想されたcorporate manslaughterは，すべての会社（Companies），他のタイプの組織体，公的領域における組織体[21]にも適用される[22]。他方で，この犯罪は，法人化されていない組織体には適用されないが，将来的には，警察にも適用することが意図されている[23]。

このcorporate manslaughterは，個人（取締役や管理者等）には適用されない。個人は，corporate manslaughterの幇助（aiding），教唆（abetting），協議（counselling），斡旋ないし招来（procuring）によっては有罪となりえないことは，法案中で明記されている[24]。

制裁について，同法案は，「適切な制裁[25]」は，上限無制限の罰金であるとするが，同時に，他の選択肢にも言及している。即ち，2005年法案は，刑事裁判所が，「矯正命令（remedial orders）」を，「特別な手段」として[26]，課すことができるようになろう，とも規定しているところである。

■3　2005年法案の評価

①法人処罰が問題となる事案については，法人の外部に存在する人に対する致傷類型と，法人の内部の者に対する致傷類型の区別が可能である。前者は，例えば，工場の操業に起因する水質汚濁等による致死傷であり，後者は，例えば，工場内部で従業員が傷害ないし死亡するに至った場合である。後者に関する法令が，（前述した）Health and Safety at Work Act 1974であるが，同法違反の罪は，危険犯（endangerment offence）であるため，人の傷害ないし死亡という重大な結果が生じた場合には，これを評価することができないことになる。

20　Clause 3(2).
21　法令またはRoyal Charterの下で法人化されているもの。例えば，地方自治体，NHSトラスト，この法案の別表に規定されている特定のCrown bodies。ただし，これらが，中核的な公務を司っており，公共政策を伴う決定をしている場合には，対象から除かれる。
22　Clause 4(2).
23　*Introduction*（2005年法案の導入説明書），Para.44.
24　Clause 1(5).
25　Para.52.
26　生じた義務違反を矯正するため，あるいは，当該義務違反から生じたものと裁判所が認めた事態を矯正するため，という趣旨。例えば，会社は，特定の安全策を取り入れることを命令されうるであろう。

そこで,「健康と安全に関する法律違反による致死罪」という犯罪の創設も考えられる[27]。しかし, この発想に対しては,「危険な行為の結果, 人が死亡するか否かは, 医療の質によるのであって, 刑事責任のレベルをそのような事後の運に依存させてはならない。」との批判が加えられてきたところである[28]。

②このように, これら二つの対応には問題が指摘されてきたため, 2005年法案では, 人の死亡という結果が, actus reus 自体とされたと解することができる。そこでは, 人の死亡は単なる量刑加重事由ではなく, 犯罪の客観的成立要件であるから, これに対応した主観的要件として, (主体たる組織体には)健康と安全に関する法律違反の場合に比べて, より大きな fault が必要である。法案において, 注意義務の「重大な (gross)」違反の存在が要件とされているのは, こうした理解からは説明が可能となるである。

「重大な違反」か否かは,(上記の)第一および第二の法案と基本的には同様の基準によって判断される。即ち, 組織体の行為についての管理ないし組織化の態様が,「当該状況において, 当該組織体に対して合理的に期待できる行為を遙かに下回る (far below) 行為を構成する」こと[29]が, 必要である。同一視理論の下では, 法人内部の個人の作為または不作為が問題とされるのに対して, ここでは, 法人としての「失敗」が問題とされている。これは, いわゆる組織体処罰モデル (organisational liability model) に基づくものである。しかし, より重要な点は,「当該状況において, 当該組織体に対して合理的に期待できる行為」なるものを, 如何にして認定するか, である。

この点に関して, 第一および第二の法案は, management failure の存在だけを要件としていた[30]。これに対して, 2005年法案は, 組織体の行動が,「その高い地位にある職員 (senior manager)」によって管理され, 組織化されていることに焦点を当てている。その趣旨は,「この新しい犯罪は, 組織体の行動の戦略的な管理における失敗 (failings in the strategic management of an

---

27　Glazebrook, A Better way of convicting businesses of avoidable deaths and injuries, (2002) 61 L. Q. R. 405. なお, 傷害が考慮されていないのは,(死亡だけが量刑加重事由とされてきた)コモン・ローの伝統によるものである。

28　Ex. Gobert and Punch, Rethinking Corporate Crime (2003), pp.116-124.

29　Clause 3(1).

30　2000年の Law Commission による提案では,「management failure (経営上の失敗)」という法人自体の行為が問題とされ, それに関与した取締役 (managers) を特定する必要は無かったのである (「その行動が管理または組織されている態様」という文言の解釈による)。Cf. Corporate Killing, draft Bill 2000, cl4(2)(a).

organisation's activities) を対象とするのであって，相対的に低いレベルの失敗を問題とするのではない。」点にある[31]。この目的は理解できるが，法案化された要件は，同一視理論の反映と評価せざるを得ないであろう[32]。しかし，2005年法案は，同一視理論と集積理論（aggregation doctrine）は採用できないとし[33]，これらに代えて組織体処罰モデルを採ろうとしている[34]。これは，一貫した態度とはいえないであろう[35]。

このように，2005年法案には内部矛盾が認められるが，それは，第一および第二の法案に対する有力な批判[36]に答えようとしたためである。この批判は，結局，同一視理論の維持に帰着するから，問題は，同一視理論の発想を完全に捨て去ることが可能あるいは妥当か，ということになる。

③第一および第二の法案に対する他の批判としては，「当該状況において，当該組織に対して合理的に期待できる行為を遙かに下回っている（far below）行為」か否かという基準はあまりに漠然としている，というものがあった[37]。この批判に答えるべく，2005年法案では，（組織体の行為の違法性を判断するための）基準の具体化が試みられている。

即ち，（上述したように），そこでは，「当該組織が，関連する，健康と安全に関する法令あるいはガイダンス（legislation or guidance）に従っていなかったか否か，もしも従っていなかったのであれば，(a)法令あるいはガイダンスに従わなかったことがどの程度重大であったか，そして，(b)当該組織の高い地位にあ

31　Para.28.
32　むしろ，この要件は，同一視理論に基づき，法人内部において（違法な結果を惹起するに至った）個別の事業を管理している者を，当該法人と同一視してもよいとした，Meridian Global Funds Management Asia Ltd v Securities Commission（1995）2 AC 500を承認したものと評価されるべきであろう。
33　このことは，Para.27で明らかにされている。なお集積理論を否定した先例としては，R v HM Coroner for East Kent, ex p Spooner and others（1989）88 Cr.App.R 10がある。
34　Para.26.
35　「一人の senior directing mind を特定する（identifying）のではなく，複数の高い地位にある職員（senior managers）の行為と責任（culpability）を集積する」のは，集積理論（aggregation doctrines）の一類型に他ならない。
36　「法人とは法による創造物にすぎず，犯罪は自然人によってしか犯せないのであるから，真の問題は，これらの自然人の行為が法人に帰属されうるか否かの決定にある。」という指摘。Cf. Sullivan, The Attribution of Culpability to Limited Companies,（1996）55 Cam.L.J,（1996）515.; Meridian Global Funds Management Asia Ltd. v Securities Commission（1995）2 AC 500（Lord Hoffman's comment）.
37　P. Glazebrook, idem.

る職員（senior manager）が(i)当該法人が法令あるいはガイダンスに従っていないことを知っていたか，知っているべきであったか，(ii)そのような法令あるいはガイダンスを遵守しないことにより死亡または重大な害が生じる危険が生じたことを，知っていたか，知っているべきであったか」が検討されるべきものとされている。

しかし，この基準にも，以下の問題がある。

第一に，「高い地位にある職員（senior manager）」の不適切な行為（関係法令の不遵守）を問題とするのは，同一視理論の帰結であって，純粋な組織体処罰モデルとは相容れないものである。

第二に，法律違反が存在しない場合に，「ガイダンス」に違反したことだけで corporate manslaughter の成立を認めるのは，不当である[38]。

第三に，「当該組織が，関連する，健康と安全に関する法令（除，ガイダンス）に従っていなかった」か否かは，「当該状況において，当該組織に対して合理的に期待できる行為を遙かに下回っている（far below）行為」がなされたか否かを立証する際の有益な証拠であるが，そのこと（＝後者）によって，法令遵守の失敗（法令遵守の不履行＝前者）の重大性[39]を判断すれば，循環論法に陥ってしまうであろう。

④ Corporate manslaughter については，人が傷害を負うに至った場合が把握されない，という問題もある。Corporate manslaughter とは，その名前が示すとおり，人が殺害された場合にしか適用されないが，現実には，人が傷害を負うケースも非常に多い。2003―2004 年においては，勤務中に 235 人が死亡したが，30,666 人の労働者が重大な傷害を負い，129,143 人が仕事場で傷害を負っているのである[40]。これら傷害事案は，corporate manslaughter の下でも，Health and Safety at Work Act 1974 違反罪か，Offences against the Person Act 1861 違反の罪として処理されることになろうが，後者において法人を処罰するには，同一視理論の採用が前提となる。それが，2005 年法案の趣旨に反すると考えるのであれば，（少なくとも）重大な傷害が職場において生じた場合に法人を処罰する犯罪の新設も，別途，検討されるべきであろう。

---

38 罪刑法定主義に違反しよう。
39 Health and Safety at Work Act 1974 違反罪とは異なり，Corporate manslaughter は，重大な過失の立証が要求される結果犯（result crime）である。
40 Cf. Health and Safety Executives Statistics.

⑤ Corporate manslaughter では，個人（例えば，取締役＝director や経営者＝manager）の刑事責任が免除されている。このことは，これら個人の刑責が不問とされることを意味しない。これらの者は，Health and Safety at Work Act 1974 違反罪につき訴追されうるし，gross negligence manslaughter というコモン・ロー上の犯罪に基づいても訴追されうる。しかし，現実には，これら犯罪で個人が訴追されることは，非常に稀である[41]。この状態は，corporate manslaughter の新設により，より悪化する恐れがある[42]。刑罰の威嚇力に基づく犯罪抑止の効果は，個人よりも法人との関係で，より強く発揮されると仮定するのであれば，こうした（予想される）状態も許容されるであろう。しかし，刑罰による犯罪抑止力は，個人との関係においてこそ，効果的である[43]。そこで，個人の処罰範囲を適正化する途も検討される必要がある。その手段として，個人（会社取締役等）に特化した犯罪を新設することも，理論的には可能であるが，これら個人には，（corporate manslaughter で処罰される）法人との共犯を問う余地は残されているように思われる[44,45]。

Ⅲ　展　望

以上で，イギリスにおける法人処罰を巡る近時の動向を概観した。

イギリスでは，伝統的に，同一視理論により法人の処罰が目指されてきた。しかし，それでは小規模の会社等しか処罰できないことから，同一視理論とは異なる観点（特に，組織体処罰モデル）にもとづき，法人に固有の犯罪の新設が模索されており，現時点では，いわばその集大成として，corporate manslaughter が提案されるに至っている。もっとも，そこでも同一視理論の影

41　1999 年 4 月から 2003 年 1 月においては，16 人の会社取締役（その大部分は小さい会社の取締役）が，Health and Safety at Work Act 1974 違反で訴追されたに過ぎない。また，彼らが manslaughter で有罪とされたのは 13 人に止まる。

42　検察官は，corporate manslaughter に基づき，法人を，より容易な訴追の対象ととらえることが予想されるからである。

43　この点は，組織体処罰モデルを支持する学説においても，承認されているところである（ex. Clarkson, idem p687.）。これは，組織体処罰モデルの限界，および，同一視理論の適用ないし応用の必要性を傍証するものである。

44　法人と個人との共犯を認めるには，法人と同一視できる個人と，それ以外の個人との間の意思疎通等，因果的共犯論から導き出される要件の存在が確認される必要がある。この意味で，ここでも，同一視理論が前提とされることになる。

45　2005 年法案が，この方向に否定的であることは，上述したとおりであるが，これが政策的に妥当かには，疑問が残る。

響が認められる。また，組織体処罰モデルの観点から法人自体の行為と責任を問題にする学説においても，法人に対する刑罰の威嚇力は個人に対するものと比較して小さいこと（あるいは，違法な結果を回避するには個人を処罰することが最も効果的であること）は自覚されており，同一視理論の正当性は，否定できないものとなっている。この状況に鑑みると，corporate manslaughter に係る2005年法案は（個人の処罰範囲の確保という点を別にすれば）同一視理論の趣旨を踏まえた，現実的な組織体処罰モデルの一例として妥当な方向を示しているように思われる。

　2005年法案については，現在，国会において審議が継続中であり，その最新の状況については，継続的な確認が必要である。

[2007年3月脱稿]

第4章　イギリスの金融・証券市場における犯罪の規制

田中利彦

Ⅰ　序
Ⅱ　金融・証券市場における犯罪と
　　その捜査・訴追
Ⅲ　「市場における逸脱行為」(market abuse) に対する制裁金
Ⅳ　不正行為の防止における刑事法の役割

Ⅰ　序

　イギリスの金融・証券市場は，かつては，徹底した自己責任と自主規制を基調としていた。一方，イギリスの社会は，個人の安全や社会の秩序・安全を脅かす犯罪に対しては極めて敏感であるのに対し，ホワイトカラー犯罪あるいは経済犯罪といわれるものに対する社会全体としての感受性は，それほど強くなかったと言ってよい。また，その捜査訴追の仕組みや実務も効率的とは言い難い状況にあった。そのため，大がかりな背信的不正行為 (fraud) の訴追の実績は芳しくなかったとされている。

　金融・証券取引関係の犯罪の規制を目的とする法律としては，Prevention of Fraud (Investments) Act (Northern Ireland) 1940 及び Prevention of Fraud (Investments) Act 1958 が存した[1]。また，内部者取引については，1980年会社法 (Companies Act 1980) に禁止規定が設けられた[2]。しかし，金融・証券市場における不正行為は，上記の規制のあり方も相俟って，明白な詐欺的行為でさ

1　両法律とも，後述の1986年金融サービス法の発効に伴い廃止された。Prevention of Fraud (Investments) Act 1958 は，誤解を生じさせ若しくは虚偽である表明，約束若しくは予測であることを認識しつつ（又はその事情を意に介さずに）その表明等を行い，又は，重要な事実を不正に隠すことにより，投資を行うよう誘導すること等を禁止し，7年以下の拘禁刑に処する旨等を規定していた。

2　68条で内部者取引の禁止，69条で公職にある者の職務上知り得た内部情報の利用禁止を定め，72条でこれらの行為について，正式起訴状による裁判（conviction on indictment）の場合には2年以下の拘禁若しくは罰金に処し又はこれらを併科する旨，略式裁判（summary conviction）による場合には6月以下の拘禁若しくは罰金に処し又はこれらを併科する旨規定している。

え犯罪として構成し，これを立証することが極めて困難で，訴追されることが少なかったとされている。

しかし，1980年代後半に入り，こうした状況に変化を促す事情が生じた。1986年に実施されたイギリスの証券取引所の大変革はビッグ・バンと呼ばれる。これは，証券取引所の会員資格の自由化，証券の売買手数料の自由化，取引所集中義務の撤廃，ジョバー（もっぱら自己勘定取引を行う業者）とブローカーとの兼業禁止の撤廃などの自由化を内容とするものであった。この大変革の一つの結果が，ウィンブルドン現象と呼ばれる外国資本によるイギリスの金融・証券業界の制覇と伝統的なマーチャント・バンクの衰退であった。このエピソードが象徴するように，ビッグ・バンは，閉鎖的で安定的な社会を前提とする従来の自己責任と自主規制の考え方に根本から変更を迫る変革であった。

ビッグ・バンを受けて，新たな金融・証券市場における規制システムを定めた1986年金融サービス法（Financial Services Act 1986，以下「金融サービス法」）が制定され，監督規制機関として証券投資委員会（Securities and Investment Board, SIB）が設けられた。金融・証券市場における不正行為の包括的規制は同法に始まる。犯罪については，Prevention of Fraud（Investments）Act 1958の規定[3]を改め，投資物件の売買に関し，取引誘引等の目的等で，虚偽若しくは誤解を生じさせる表明であることを認識しつつその表明を行い，又は，重要な事実を不正に隠す行為等を犯罪として，7年以下の拘禁刑又は罰金に処する旨の規定が設けられている[4]。

2000年に，金融サービス法を全面的に改めた2000年金融サービス及び市場法（Financial Services and Markets Act 2000，以下「金融サービス及び市場法」）が制定された。金融サービス及び市場法は，金融犯罪の削減をその目的の一つとして掲げている（2条(2)項）。そして，同法では，金融サービス法の上記処罰規定が改められている。

内部者取引については，先に述べた1980年会社法の規定が1985年会社証券（内部者取引）法（Companies Securities（Insider Dealing）Act 1985）により改正された[5]が，その後，この規定は，1993年刑事司法法（Criminal Justice Act

---

3　注1参照。
4　金融サービス法47条以下。
5　同法では，1980年会社法で規定されていなかった関連事項についても規定するとともに，法定刑を引き上げた（正式起訴状による裁判の場合には7年以下の拘禁若しくは罰金又はその併科）。

1993）によって更に改められた。内部者取引は7年以下の拘禁刑や罰金刑に当たる罪とされている。

　以上の結果，金融・証券市場における犯罪に概ね刑事法の網がかかっている。

　しかし，金融・証券市場の規制においては，不正行為の取締りは二次的な手段とされ，予防的な措置に力点が置かれている。1997年にSIBが改組されて名称が変更され，金融サービス機構（Financial Services Authority, FSA）が発足した。FSAは，金融サービス及び市場法の監督規制を所管するが，FSAは，規制の手法として，risk-based approach[6]という手法を採用した上，事後的な取締りよりも予防に力点を置くとの態度を鮮明にしている。そして，不正行為の制裁についても，非刑事的な措置に重点が置かれている。金融サービス及び市場法は，同法上の犯罪及び内部者取引を含む一定の行為を「市場における逸脱行為」（market abuse）[7]と定義し，これについて，許認可取消し等の行政処分や差止命令（injunction），損害填補命令（restitution order）などの措置を定めたほか，制裁金（penalty）を賦課する権限を定めた（制裁金の上限の定めはない。）。この制裁金は，その形式において行政制裁とされ，行政的な手続で賦課されることとなっており，金融・証券市場における不正行為の取締手段として，その効率性故に望ましいとされてきた。

　このようなイギリスの実情は，刑事罰及び刑事手続を行政的な措置によって代替しようとする例として注目に値するが，本稿では，その点を中心に，金融・証券市場における不正行為の規制の実情を調査，検討した結果を紹介する。

II　金融・証券市場における犯罪とその捜査・訴追

1　金融・証券市場における犯罪

　金融・証券市場における犯罪に関する現行法上の処罰規定としては，一般法として，共謀罪の規定[8]やTheft Act 1968の規定する詐欺関係の規定[9]などがある。金融・証券市場における犯罪に着目した特別規定として，1993年刑事司

6　FSAの監督下にある個々の業者の規制違反のリスクを評価し，その評価に応じた重点的な監督活動を行うことによって，不正行為やその他の違反行為を防止しようとするもの。

7　Market abuseについて言及した邦語文献では，「市場阻害行為」，「市場不正行為」などの訳語が充てられているが，金融サービス及び市場法は，市場の利用者に公正な活動を求め，そのルールからの重大な逸脱をmarket abuseとしているところから，このような訳語を充てた。

法法の内部者取引の規定と金融サービス及び市場法の規定があるが，これら特別規定の内容は以下のとおりである。

(1) 1993年刑事司法法の規定

内部者取引罪について定めた1993年刑事司法法の規定は，日本の内部者取引関係の規定と同様，内部情報をいわゆる会社情報に一応限定しているように思われるが，文言上は，それ以外の市場情報も含むとの解釈の可能性も否定できない。そして，その定義規定は，全般的に緩やかな概括的規定となっている。

52条で内部者取引の定義とその禁止を定め，61条で法定刑が定められている。54ないし60条に用語の定義規定が置かれている。

内部者取引の禁止を定めた52条の規定は以下のとおりである。

(1) 内部者としての情報を有する個人が，(3)項に定める状況において，当該情報との関連で価格に影響を受ける証券の取引をしたときは，内部者取引の罪に問う。

(2) 内部者としての情報を有する個人が次の行為をしたときも，内部者取引の罪に問う。

(a) 当該情報との関連で価格に影響を受ける証券について，その取引が(3)項に定める状況下において行われることを知りながら又はこれが行われると信ずべき相当な理由がありながら，他の者をしてその取引を行うことを助長すること（当該証券が当該情報との関係で価格に影響を受けることを当該他の者が知っているか否かを問わない。）

(b) 自己の雇用，職務又は業務上の職責の遂行として行う場合を除き，当該情報を他の者に開示すること

(3) 上記にいう状況とは，当該証券の取得若しくは処分が規制市場で行われる場合，又は，取引を行う者が仲介業者に依頼し若しくは自ら仲介業者の業務を行う場合をいう。

(4) 本条は53条を条件として効力を有する。

上記行為について，61条は，略式裁判（summary conviction）の場合には，

---

8 Criminal Law Act 1977 は，犯罪の共謀一般を犯罪とし，コモン・ロー上の conspiracy to defraud も維持した。なお，defraud（背信的な不正を働くことと解すべきであろう。）は犯罪行為に限定されない。David Ormerod, Smith & Hogan Criminal Law 11th ed. (2005) 358～362頁参照。

9 同法では，詐欺のほか，17条で不正会計（false accounting）を，19条で会社取締役による不実の表明（false statement）などを犯罪としている。

第 4 章　イギリスの金融・証券市場における犯罪の規制

罰金[10]若しくは 6 月以下の拘禁に処し又はこれらを併科し，正式起訴状による裁判（conviction on indictment）の場合には，罰金[11]若しくは 7 年以下の拘禁に処し又はこれらを併科するとしている。なお，52 条(4)項で言及する 53 条は，一定の抗弁事由を規定したものである。

この規定の対象となる「証券」について，54 条は，附属書 2 に列挙された証券であって，財務省の規則で定める条件を満たすものとしているが，株式，債券など市場で取引される証券が網羅されている。

「内部情報」（inside information）及び「価格に影響を受ける証券」（price-affected securities）について，56 条は，以下のとおり定義している。

　(1)　本条及び 57 条において，「内部情報」とは以下のものをいう。
　　(a)　特定の証券若しくは特定の証券発行者に係るものであって，証券一般若しくは証券の発行者一般に係るものでなく，
　　(b)　特定していて正確であり，
　　(c)　公表されておらず，かつ，
　　(d)　公表されたとすればいかなる証券であってもその価格に重要な影響を及ぼす可能性のあるもの。
　(2)　本編において，内部情報が，公表されれば証券の価格に重要な影響を及ぼすものである場合に限り，証券を内部情報との関連で「価格に影響を受ける証券」とし，内部情報を「価格が反応する情報」とする。

また，57 条は，「内部者」（insider）として，証券の発行体の取締役，従業員及び株主，又は，雇用，職務若しくは業務上当該情報へのアクセスが可能な者，又は，これらの者からの情報受領者としている。

以上のような内部者取引の定義は，機械的に構成された日本の金融商品取引法の内部者取引の規定と比べると，不明確な部分が残る。しかし，機械的な規定にも自ずと一定の限度があり，金融商品取引法 166 条 2 項 4 号及び 8 号のような概括的規定を置かざるを得ないので，不明確さが残るといっても，情報を対象とする規定である以上，あるところまでは，程度の違いといってよいかもしれない。

なお，内部者取引の捜査，訴追の実績が最近になっても振るわない原因の一

10　略式裁判による罰金額の上限は，一般的には，5,000 ポンドとされている。
11　正式起訴状による裁判の場合の罰金額については，一般に，その上限は法定されていない。

つを刑事司法の上記規定の複雑な構成要件立証の困難さに帰する見解もある[12]。しかし，むしろ，このような概括的な規定の仕方からその外延が必ずしも明確ではないため，保守的な伝統を維持する捜査訴追機関にとっては，判例の集積がなく明確なガイドラインがない状態では，外延部の相当手前で自己抑制をせざるを得ない結果，逆に使いにくい規定になっている面もあるのではなかろうかと思われる。

(2) 金融サービス及び市場法の規定

金融サービス及び市場法は，「金融犯罪の削減」を目的の一つに掲げているが[13]，6条(3)項で，金融犯罪について，「背信的若しくは不誠実な不正行為」，「金融市場における非行又は金融市場に関係する情報の悪用」又は「犯罪の収益の取扱い」に関する犯罪を含むと規定している。この規定自体は処罰規定ではなく，同法の目的及び射程を明確にし，FSAの権限等を画するためのものである。先に見た内部者取引や本稿では触れないマネーロンダリングなど広範な犯罪を包含する。

そして，397条に，具体的な実質犯に関する一般的，包括的な定義，処罰規定が置かれている。そのほか，無認可で規制業務を営む行為，FSAに対する虚偽情報提供等の行政犯ないし形式犯に関する多数の規定[14]が設けられている。そして，400条で法人及びその役員の処罰について，401ないし403条で訴追の手続等について規定している。

397条の規定は，情報の正確性，完全性に着目し，一定の目的又は認識（他人を一定の投資行動に誘導する目的又はその結果についての未必的認識）をもって，一定の行為（①誤解を生じさせ若しくは虚偽である表明等，②重要な事実の隠匿，又は，③虚偽の若しくは誤解を生じさせる印象の付与）をすることを犯罪とする旨，極めて概括的かつ網羅的に規定している。その規定の内容は以下のとおりである。

12　D. N. Kirk and A. J. J. Woodcock, Serious Fraud : Investigation and Trial 3rd ed. (2003) 91～92頁。
13　2条(2)項。
14　23～25条，48条，56条，83条，85条，98条，177条，191条，203条，204条，333条，346条，352条，366条，398条，399条で，無認可で規制業務を営む行為，FSAに対する虚偽情報提供等の行政犯ないし形式犯について規定している。それらのうち，FSAによる情報要求や出頭要求への対応拒否等について規定した177条に関しては後述する。

(1) 本項は、以下の者に対して適用する。
  (a) 重要な事項について誤解を生じさせ若しくは虚偽であり又は他人を欺く表明、約束若しくは予測をその情を知りながら行った者
  (b) 自己若しくは他人の行う表明、約束若しくは予測に関し、重要な事実を不正に隠した者
  (c) 重要な事項について誤解を生じさせ若しくは虚偽であり又は他人を欺く表明、約束若しくは予測をその情を意に介さずに行った者（不正に行ったか否かは問わない）
(2) (1)項に該当する者が、他の者が以下のいずれかの行為を行うように誘導することを目的として又は他の者が以下のいずれかの行為を行うように誘導されるかどうかを意に介さずに、当該表明、約束若しくは予測を行い又は当該事実を隠したときは、これを罪に問う（当該他の者が、当該表明、約束若しくは予測がなされた相手方かどうかは問わない。）。
  (a) 関係合意をし若しくはその申込みをし又はこれを差し控えること
  (b) 関係投資物件によって与えられる権利を行使し又はこれを差し控えること
(3) 他の者が関係投資物件を取得し、処分し若しくは引き受け又はこれを行うことを差し控えるよう誘導し、又は、当該投資物件によって与えられる権利を行使し又はこれを行使することを差し控えるよう誘導することを目的として、当該投資物件の市場又は価格若しくは価値について虚偽の若しくは誤解を生じさせる印象を与える行為をし若しくはその行為の過程に関与した者は、罪に問う。
((4)～(7)項省略。)
(8) 本条の罪を犯した者は以下の刑に処する。
  (a) 略式裁判により6月以下の拘禁若しくは法定の上限を超えない罰金又はその併科
  (b) 正式起訴状による裁判により7年以下の拘禁若しくは罰金又はその併科
(9) 「関係合意」とは以下の合意をいう。
  (a) 一方当事者によるその締結若しくは履行が特定の種類の行為又は特定の部類に属する行為であるものであって、かつ、
  (b) 関係投資物件に関連するもの

⑽　「関係投資物件」とは特定の種類の投資物件又は定められた部類に属する投資物件をいう。

（⑾及び⑿項省略。）

⑬　「投資物件」とは，いかなる資産，権利又は権益をも含む。

⑭　「特定の」とは，財務省の命令で特定されることをいう。

　397条の規定は，このように，行為者が市場や投資家に発信する情報をキーワードとして misleading statements や market manipulation と呼ばれる犯罪の構成要件を定めている。日本の金融商品取引法上の有価証券報告書虚偽記載等の開示に関する不正行為，及び，風説の流布や相場操縦などの相場変動を目的とする不正行為に該当する犯罪を包含している。

　397条の規定については，概括的な規定の仕方から，その外延が必ずしも明確ではないのではないかという疑問もある。その結果，捜査訴追機関がアメリカ型のアグレッシブな路線を追求し，裁判所もこれを尊重する姿勢を示すならば，捜査機関にとって有力な武器として将来育つことも考えられる。しかし，内部者取引について述べたのと同様に，保守的な伝統を維持する捜査訴追機関にとっては，むしろ，外延部の相当手前で自己抑制を迫られる結果，逆に使いにくい規定であるかもしれない。

●2　法人処罰

　イギリスにおいても，古くは，身体を有しない法人は裁判に出頭し得ないということから，法人は訴追し得ないものとされていた。しかし，19世紀には，王座裁判所（King's Bench）においてサーシオレーライに基づき代理人の出頭が認められるようになって，その問題が解消されるようになり，さらに20世紀に入って，1925年刑事司法法（Criminal Justice Act 1925）が，代理人による出頭を規定して，この問題に決着がついた[15]。現在では，金融・証券市場における犯罪などの経済犯罪については，処罰規定が自然人のみを対象とするか法人をも含むのかについての解釈の問題があるのは別にして，法人処罰は大きな問題とはなっていない。むしろ，この問題は，死傷事故などの事案について現行法が適切に対応し得ていないのではないかという観点からの議論が中心となっている。しかし，金融・証券市場における犯罪についても，捜査訴追の動

15　注8 Ormerod 234頁以下参照。

きが活発化すれば，法人の集合的認識の問題[16]など，誰のどのような行為及び認識をもって法人の行為及び認識とするかの問題が争点として浮上することとなるだろう。

● 3　金融・証券市場における犯罪の捜査訴追の仕組みとその実情
（1）捜査訴追機関

　イギリスにおける捜査，訴追制度は今日でも分権的である。警察が一般的な捜査権限を持つが，そのほかに特定の分野の犯罪について管轄を有する捜査機関が並立している[17]。訴追機関も，1985年犯罪者訴追法（Prosecution of Offenders Act 1985）により，従前から存した公訴長官（Director of Public Prosecutions）の下に，イングランド及びウェールズを管轄する公訴局（Crown Prosecution Service）が設けられたものの，依然として並立状態が続いている。金融犯罪の取締りは，いくつもの法執行機関で混雑する領域になってきているという指摘もある[18]。FSAは，金融サービス及び市場法157条(1)項に定める一般的指針（general guidance）[19]として，2007年にEnforcement Guide（EGと略称される。）を公表しているが（同年8月28日施行）[20]，そのなかで，他の捜査訴追機関との間で合意したこれらとの調整に関するガイドラインを定めている[21]。

　内部者取引を含む会社関係の犯罪について，かつては通商産業省（Department of Trade and Industry, DTI）が重要な役割を果たした。DTIは，会社法上，会社に係る不正行為について，調査権限（具体的には調査官inspectorを

16　アメリカにおいては，集合的認識論を是認した判例として，連邦控訴裁判所の判決に，United States v. Bank of New England, N. A., 821 F. 2d 844（1st Cir. 1987）がある。
17　ただし，逮捕は警察官が行う。
18　Stephen Gentle, Formal FSA Investigations : Criminal Investigations, in A Practical Guide to FSA Investigations and Enforcement（A. Hayes and C. Burnett ed., 2007）159, 179.
19　金融サービス及び市場法2条(4)項は，FSAの一般的な役割として規則等の制定を掲げ，個別規定で，一般的規則制定（138条），市場における逸脱行為に関する規則制定（119条），政策表明（69条，93条，124条，210条）等のほか，一般的指針の表示（157条）について定めている。
20　FSAは，規則，政策表明，指針をFSA's Handbook of rules and guidanceにまとめて公表している。法執行に関しても，かつては，法執行マニュアルとしてHandbookに収められていたが，FSAはこれを削除し，規範に関する指針ではなく，規制上の一般的な指針として，新たに独立のEnforcement Guideを設けた。
21　Guidelines on investigation of cases of interest or concern to the Financial Services Authority and other prosecuting and investigating agencies, EG Annex 2.

任命して調査を行わせる権限）を有し，犯罪が行われたと認めるときは訴追する権限も有している。このようなDTIの調査は，事実関係の解明を目的とし，本来的には行政的な性格を有するものとされている。しかし，その結果によって，事実関係の公表やその他の行政的な措置に止まらず，刑事事件としての捜査訴追に発展することがあり，犯罪の捜査訴追機関として挙げることができる。

　DTIは，金融サービス法によって内部者取引の調査権限も与えられた。内部者取引の禁止規定が1980年会社法に設けられた（1985年会社証券（内部者取引）法によって改正）ことは先に述べたとおりであるが，実体法ができてもその運用の実が上らないことからDTIに調査を行わせることとなった[22]。金融サービス及び市場法でもDTIの調査権限を規定している（167，168，170～172条）。なお，内部者取引の起訴は，通商産業大臣若しくは公訴長官によるか又はいずれかの同意を要するとされている（1993年刑事司法法61条(2)項）。

　一方，重大な経済犯罪に対する効果的・効率的な対処を図ることを目的として，1987年刑事司法法（Criminal Justice Act 1987）により，重大不正取締局（Serious Fraud Office）が設けられたが，同局も，他の重大な背信的不正行為に加え，金融・証券市場における犯罪の捜査，訴追権限を有している。

　そして，金融サービス法や金融サービス及び市場法は，DTIよりも広いFSAの調査権限を定めた。FSAは，内部者取引や金融サービス及び市場法に規定する犯罪の主たる捜査訴追機関の一つとされている。同法401条は，同法に定める犯罪の起訴は，FSA，通商産業大臣若しくは公訴長官によるか又は公訴長官の同意がある場合に限定している。

　このようなFSAやDTIの調査ないし捜査活動は，その先にあるものとして，行政制裁を含む行政的な措置のほかに刑事訴追も含み，「捜査」ということが適切な場合もある。しかし，その活動が，一義的には，事実関係の解明を目的として，行政的な目的で行われるものであり，犯罪に該当する可能性のある行為に関する場合で，その嫌疑が濃厚であるときであっても，刑事事件の捜査を標榜して手続が開始されるということはない[23]。そのため，以下においては，主として「調査」という用語を用いる。

22　注12 Kirkほか91頁及びEdward J. Swan, Market Abuse Regulation（2006）4～6頁。
23　注18 Gentle 166頁。

第4章　イギリスの金融・証券市場における犯罪の規制

（2）捜査訴追手続

　金融・証券市場における犯罪の捜査訴追の手続は，訴追権限が一定の者に限定されているほかにも，調査手続において一般刑事事件の捜査手続と異なっているところがある。「情報収集及び調査」(Information Gathering and Investigations) と題する金融サービス及び市場法第11編は，認可業者 (authorized person)[24] に対する情報・文書の提出要求（165及び166条）のほかに，FSAや通商産業大臣による調査官 (investigator) の任命（167及び168条），調査官による事情聴取及び情報・文書の提出要求（97, 167, 168, 170～173及び284条），捜索差押え（176条）などについて規定しているが，後述のとおり，調査官が強制的権限行使ができるとされている点が特徴的である。

　FSAやDTIによる訴追についても，公訴長官が1985年犯罪者訴追法の10条の規定に基づいて発した Code for Crown Prosecutors の規定に準拠して行われる[25]。同 Code では，起訴の決定に関する基準として，Full Code Test と Threshold Test[26] について規定しているが，金融犯罪の場合に適用されるのは前者であろう。同 Code 5条で定めるこの Full Code Test では，まず，有罪の現実的見込み（その証拠）があること，すなわち，有罪とされる可能性の方がそうでない可能性よりも高いこと，次に，公共の利益のために起訴が必要であることの二つの関門をクリアする必要がある。そして，一般に，起訴については保守的な伝統が存するようである[27]。

　金融サービス及び市場法の体制の下で，刑事事件として取り上げられたのは，後述する2004年のAITグループ事件1件に止まり，大がかりな事件の捜査訴追がどのように行われるかは，今後の経過を見ないと分からない。他方，これまで金融・証券市場における犯罪の捜査訴追がどのように行われたかについては，金融サービス法施行前の事件ではあるが，捜査訴追の経過が判決で詳細に述べられている Saunders 事件[28] が参考となろう。

24　31条で，同法の規定に基づいて規制業務の許可を受けた者及びその他条約や法律の規定に基づいて認可を受けた者とされている。
25　EG 12.2 参照。
26　告発後なおも被疑者を拘束する必要があるが，Full Code Test の適用上必要な証拠が未だ入手できない場合に適用される。
27　注18 Gentle 178頁参照。
28　Saunders v. United Kingdom, (1996) 23 EHRR 313（欧州人権裁判所判決）; Regina v Lions and Others, [2002] UKHL 44（イギリス貴族院判決）。

第 I 部　企業活動と刑事規制の国際調査

　Saunders 事件は，1986 年に，黒ビールで有名なギネス社が，スコッチ・ウィスキーのジョニー・ウォーカーなどで知られるディスティラーズ社に対して仕掛けた公開買付けをめぐる事件である。この買収においては，ギネス社には競争相手がいた。株式交換を利用するため，ギネス社の競争相手との比較的な株価が買収成功の鍵となっていた。そこで，ギネス社の最高幹部であった Saunders らは，協力者を通じてギネス社の株式の買い上げ工作をして，価格を吊り上げることを画策した。そして，ギネス社は，ディスティラーズ社の買収に成功した。

　この買収の進行中から不正行為の噂が流れ，DTI が調査官を任命して，調査に当たらせた。調査官は，1986 年 12 月から，関係者の事情聴取を開始し，翌 87 年 1 月には，DTI に対して犯罪が行われた具体的な証拠がある旨の報告をした。同じ日，DTI は公訴長官に連絡し，できたばかりの公訴局がこの事案に関与することとなった。そして，1 月末には，調査官，DTI 担当者，公訴長官及び公訴局担当者らによる会議が開かれ，起訴を検討すべき対象者の特定について協議が行われた。その協議において，関係者は緊密に連携することを確認する一方，調査官は，調査の独立を維持する姿勢を明確にした。翌 2 月には，この事件の刑事問題を担当する公訴局のチームが任命された。また，調査官は，その後，2 月から 6 月までの間，9 回にわたり，Saunders ら被疑者の取調べをした。ただし，この取調べには各被疑者の弁護士も同席した。その過程の 5 月，公訴局は，警察に対し，公式に，本件の捜査を行うよう求めた。そして，Saunders らは，Prevention of Fraud (Investments) Act 1958 の 13 条(1)(a)(i)に規定する行為（誤解を生じさせ若しくは虚偽である表明，約束若しくは予測であることを認識しつつ（又はその事情を意に介さずに）その表明等を行い，又は，重要な事実を不正に隠すことにより，証券の取得，処分等に関する合意を行うよう誘導すること）の共謀のほか，Theft Act に定める不正会計などの罪で起訴された。

　1989 年 4 月に罪状認否手続が行われ，事実審理前手続を経て，1990 年に陪審による事実審理が行われた。事実審理は，証拠調べに 75 日を，弁論に 10 日を，裁判官による事件概要の説示（summing up）に 5 日を要したが，全員有罪となった。ただ，次に述べる事情からこの裁判は更に続く。

（3）FSA の調査手続と刑事手続における人権保障

　金融サービス及び市場法 167 及び 168 条で FSA や通商産業大臣による調査官の任命について規定し，170 ないし 173 条でその調査官による調査について規

定しているが，調査官は強制的権限を行使することができる。167条の一般的な調査に関する規定は，認可業者及びその関係者に関する規定であるが，168条が定める具体的な問題を理由とする調査の対象は，認可業者やその関係者に限定されない。168条の調査は，前述の内部者取引や397条に定める犯罪その他金融サービス及び市場法上の犯罪，市場における逸脱行為などの特定の問題について，認可業者及びその関係者に止まらず，それら行為への関与が疑われる者一般を対象に行われる。これら調査は，調査の対象者に文書による調査官任命の通告が行われた上で開始される。調査官は，調査対象者に対し，出頭して質問に応じること，及び，特定の情報を提供することを求めることができる。調査対象者がその求めに応じないときは，その要求をした調査官は，177条の規定に基づき，裁判所に対して，裁判所侮辱による制裁を求めることができる。このように，出頭要求，質問及び情報提供要求に対して応じるべきことが間接的に強制されている。

　このような規定は，DTIによる調査手続の先例を踏襲したものである。しかし，DTIの調査については，強制的な調査の結果得られた供述を刑事裁判で用いることが，自己負罪拒否特権（privilege against self-incrimination）など欧州人権保護条約（Convention for the Protection of Human Rights and Fundamental Freedoms）の定める刑事手続における保障に抵触するのではないかとの問題が指摘されていた。前述したSaunders事件では，この点が問題となった。

　DTIの任命した調査官がSaundersに対して行った事情聴取において，同人は不利益事実の承認を含む供述をした。事実審理前の手続で，Saundersは，自己負罪拒否特権の侵害等を理由として，この尋問調書の証拠排除を求めたが認められなかった。そして，その尋問調書は証拠として採用され，1990年に行われた事実審理において，陪審の面前で3日間にわたって読み上げられた。Saundersは，1988年の段階で，欧州人権保護条約違反を理由に欧州委員会に救済を求めていたところ，1994年，同委員会はその主張を認めた。そして，同事件は欧州人権裁判所に付託され，同裁判所は1996年に，Saundersの尋問調書の使用は欧州人権保護条約6条1項の規定に違反するとして，その主張を認めた。

　この事件で問題となった欧州人権保護条約6条1項の規定の関連部分は，「すべての者は，……自己に対する刑事上の訴追事実に係る決定について，法律によって設けられた独立で公平な裁判所の公正な……審理を受ける権利を有す

る。」というものである。この規定について，欧州人権裁判所は，「この規定に明示はされていないが，黙秘する権利及び自己負罪を拒否する権利は，一般的に認められた国際的な基準であって，6条の下での公正な手続の概念の中心に存する」，「自己負罪を拒否する権利は，6条1項に内在する公正な手続の原則の構成要素である」として[29]，6条1項違反があったと認定した[30]。

この判決を受けて，法務総裁（Attorney General）は，本件で問題となった質問に対する回答強制の根拠規定である1985年会社法434条(5)項の規定及び他の同種の規定について，強制的な手続で得られた供述は，通常の場合，事実審理で検察官の証拠として又は反対尋問において用いるべきではない旨の検察官に対する指示を発した[31]。

このような経緯から，金融サービス及び市場法の法案審議の過程において，FSAの調査手続と欧州人権保護条約の刑事手続に関する保障規定との整合性が問題とされていた[32]。そして，金融サービス及び市場法は，174条で次のように規定している。

(1) 情報提供の要求に従って調査官に対して行われた供述は，当該情況における証拠の許容性を決する要件を満たすものである限りにおいては，いかなる手続においても証拠として許容される。

(2) ただし，本項が適用される犯罪に係る当該供述人に対する刑事手続又は123条の下で当該供述人に対して取られる措置に関連する手続においては，検察官若しくは（事案に応じ）金融サービス機構により又はそれらのために

(a) 当該供述に関するいかなる証拠も提示されてはならず，

---

[29] このほか，傍論というべきであろうが，「自己負罪を拒否する権利は，特に，刑事事件において，検察が，被疑者の意思を無視した強制や抑圧という方法によって得られた証拠に依拠することなく，事件の証明をすることを前提としている。その意味で，当該権利は，6条2項に規定する無罪の推定と密接に結びついている。」とも述べている。

[30] 注28参照。なお，欧州人権裁判所の判決後の2002年に出たイギリスにおける本件の上告審である貴族院の判決（注28）は，個人は国内法化されていない条約の規定を援用できず，本件は事実審当時の国内法に照らして判断されるべきであり，欧州人権保護条約違反を理由に上訴は認められない旨判示した。

[31] 注28の貴族院の判決に言及されている。

[32] Joint Committee on Financial Services and Markets, First Report.
(http://www.publications.parliament.uk/pa/jt199899/jtselect/jtfinser/328/32802.htm)
同 Second Report.
(http://www.publications.parliament.uk/pa/jt199899/jtselect/jtfinser/465/46502.htm)

(b)　これに関するいかなる質問もしてはならない。

　　当該供述に関する証拠又は質問が，当該供述人により又はそのために提示され又は行われる場合は除く。

(3)　(2)項は以下を除くすべての犯罪に適用する。

　(a)　177条(4)項及び398条の犯罪

　((b)〜(d)号省略)

(4)　「調査官」とは，167条又は168条(3)項若しくは(5)項に基づいて任命された者をいう。

(5)　「情報の要求」とは，171条，172条，173条又は175条に基づいて調査官が課す要求をいう。

　なお，この規定は，当該供述の派生証拠の許容性には言及していないが，おそらく，派生証拠は特段の理由がない限り許容されるものと思われる[33]。

（4）捜査訴追の実情

　内部者取引の規定の歴史は必ずしも新しくないにもかかわらず，実際に訴追に至り，有罪となった例は極めて少なく[34]，2007年末の時点ではFSAによる起訴の例はない。量刑も軽い[35]。

　Prevention of Fraud (Investments) Act (Northern Ireland) 1940及びPrevention of Fraud (Investments) Act 1958やTheft Act 1968，さらには金融サービス法や金融サービス及び市場法上の犯罪についても，事情は同様である。

　刑事事件は，現在でも陪審裁判が行われ，立証のハードルが高いだけでなく，予測可能性の点でも難点があり，時間と費用もかかるというような状況がこうした実情の背景として存在するのだろうが，他方，刑事司法のシステム上の問題もあるかもしれない。そして，刑事罰よりも行政的措置に力点を置くという方向に流れていた[36]。

　そうしたなかで，2004年にFSAがAITグループ社幹部を金融サービス及び市場法397条違反で起訴し，有罪判決を得たこと[37]は注目に値する。SIBを改

33　Police and Criminal Evidence Act 1984, s 76 (4), s 78 参照。
34　Calum Burnett and Angela Hayes, Introduction and Overview, in A Practical Guide to FSA Investigations and Enforcement (A. Hayes and C. Burnett ed., 2007) 1, 9，注12 Kirkほか91頁及びEdward J. Swan, Market Abuse Regulation (2006) 3 〜 4。
35　2000年に有罪の答弁をしたRichard Philip Kingに対する刑は，1,000ポンドの罰金に過ぎなかった。ただ，同人はその後懲戒の処分を受けている（SFA Board Notice 589）。
36　注34 Swan 5 〜 6頁参照。

組してFSAが設立されたのは1997年であるが，同事件の起訴は，金融サービス法あるいは金融サービス及び市場法違反事件としては，FSA開設以来初めての起訴であり，2007年末までの時点では唯一の起訴事案である。

同事件は，コールセンターのソフトウェア開発を業とするAITグループ社がアメリカの企業に多額の資金を投じた結果蒙った多額の損失の存在を背景として，2005年3月期の利益は190万ポンドしかなかったのに，3件の架空の契約による利益を計上して合計480万ポンドの利益を水増しし，これを公表したという事案である。同社最高経営責任者Carl Rigby及び最高財務責任者Gareth Baileyが，2005年10月，一審でそれぞれ3年6月及び2年の拘禁刑に処せられ，同年12月，控訴審でそれぞれ1年6月及び9月に減刑されている。この事件の起訴は，FSAの法執行に対する基本的なスタンスの変化を示唆するものではないが，今後の動向が注目される。

Ⅲ 「市場における逸脱行為」(market abuse) に対する制裁金

市場における不正行為に対し，刑事的な措置はこれまで十分に機能し得ていなかったというのが，一般的な見方である。その理由としては，立証のハードルが高い，予測可能性の点で難点のある陪審裁判が行われている，時間と費用がかかるなどの問題が指摘されてきた。そうした認識を背景に，金融サービス及び市場法は，FSAに対し，市場における不正行為に対し，行政的な手続で制裁金を課す権限を与えた（123条）。

この制裁金は，同法上の認可業者に対する懲戒の措置（disciplinary measure）としても定められており（66条，206条），許認可の取消し等の処分と並んで重要な懲戒の手段となっているほか，上場規則違反について証券の発行体やこれに関与した者に対する制裁措置としても定められており（91条），市場における逸脱行為という具体的な不正のみを理由として課されるものではないことに留意する必要がある。

● 1 「市場における逸脱行為」

金融サービス及び市場法は，第8編118条ないし131条で，「市場における逸

37　FSA声明（http://www.fsa.gov.uk/pages/Library/Communication/Statements/2005/rigby_bailey.shtml 及び http://www.fsa.gov.uk/pages/Library/Communication/Statements/2006/rigby_bailey_update.shtml）参照。

第 4 章　イギリスの金融・証券市場における犯罪の規制

脱行為」の定義及びこれに対する制裁金について規定している。「市場における逸脱行為」の概念は，同法によって導入されたものである。同法は，その規制目的として，2 条(2)項（及びその内容を敷衍した規定として 3 ないし 5 条で）で，「市場への信頼確保」，「公衆の金融システム理解の向上」，「消費者 (consumer)[38] の保護」，「金融犯罪の削減」を掲げた。そして，市場の健全さを損ない，市場への信頼を失わせる結果となるような逸脱行為を抑止するため，市場における逸脱行為の禁止規定を置いた[39]。同法は，市場参加者に対して一定の行動基準に従い公正な活動をすることを求め，これからの重大な逸脱を市場における逸脱行為として禁止したものである。

　市場における逸脱行為には，内部者取引や金融サービス及び市場法 397 条の犯罪が含まれることはいうまでもないが，それら犯罪には該当しない不公正な行為も含まれる。118 条は，市場における逸脱行為を以下のとおり定義している。

(1)　この法律において，市場における逸脱行為とは，以下の行動をいう（単独で行われるか，複数の者によって共同し若しくは協力して行われるかを問わない。）。

(a)　以下の投資物件に関連して発生したものであって，

　(i)　定められた市場において取引されることが承認された適格投資物件

　(ii)　定められた市場において取引を行うことの承認申請が行われた適格投資物件，又は，

　(iii)　(2)項若しくは(3)項の行動の場合，上記の適格投資物件に関連する関連投資物件

　かつ，

(b)　(2)項ないし(8)項に定める行動類型のいずれかに該当するもの。

(2)　内部者が適格投資物件又は関連投資物件に関連する内部情報に基づいて当該投資物件の取引をすること又はしようとすることを第一類型の行動とする。

(3)　内部者が，その雇用，業務若しくは任務の遂行の適正な過程において行う場合を除き，内部情報を他の者に開示することを第二類型の行動と

38　同法 5 条(3)項で定義している。
39　注 34 Swan 21 頁参照。

する。
(4) 以下の行動（(2)項若しくは(3)項に該当するものを除く。）を第三類型の行動とする。
　(a) 市場利用者にとって一般的に入手し得るものではなく，通常の市場利用者にとって利用可能であれば，当該利用者が当該種類の投資物件の取引を行う条件を決定する際に重要であると考え又はそう考える可能性がある情報に基づくものであって，かつ，
　(b) 通常の市場利用者において，市場との関係において当該行動をした者と同様の立場にある者に対して期待することが相当である行動基準を遵守することを当該行動をした者が怠ったと考える可能性があるもの
(5) 以下の取引を実行し又はその注文をすること（正当な理由により，関係市場において受容されている市場慣行に従って行われるものを除く。）を第四類型の行動とする。
　(a) 一ないしそれ以上の適格投資物件の需給又は価格について虚偽であり若しくは誤解を生じさせる印象を与え又はこれを与える可能性があるもの，又は，
　(b) 一ないしそれ以上の適格投資物件の価格を異常若しくは人為的な水準に維持するもの
(6) 偽装の手段又はその他の形態の策略若しくは技巧を用いて取引を実行し又はその注文をすることを第五類型の行動とする。
(7) 方法の如何を問わず，当該情報が虚偽であり若しくは誤解を生じさせるものであることを知り又は知ることが相当である者において，適格投資物件に関して虚偽であり若しくは誤解を生じさせる印象を与え又はこれを与える可能性のある情報を流布することを第六類型の行動とする。
(8) 以下の行動（(5)項，(6)項及び(7)項に該当するものは除く。）を第7類型の行動とする。
　(a) 適格投資物件の需給又は価格若しくは価値について，通常の市場利用者に対して虚偽の若しくは誤解を生じさせる印象を与える可能性があり，又は，
　(b) 通常の市場利用者において，当該投資物件についての市場を阻害し又はその可能性のある行動であると考え又はそう考える可能性のある

第 4 章　イギリスの金融・証券市場における犯罪の規制

ものであって,

かつ, 通常の市場利用者において, 市場との関係において当該行動をした者と同様の立場にある者に対して期待することが相当である行動基準を遵守することを当該行動をした者が怠ったと考える可能性があるもの。
(9)　(4)項及び(8)項, 並びに, 130A 条(3)項中「通常の利用者」の定義は, 2008 年 6 月 30 日をもって効力を失い, (1)項(b)は, これら規定に関連付けられなくなるものとする。

　上記の規定は, 欧州連合 (European Union, EU) の Market Abuse Directive[40] を受けて 2005 年に改正されたものであるが[41], 改正によって規制の範囲も広がっている。(9)項で 2008 年 6 月 30 日限りで失効するとされている(4)及び(8)項の規定が 2005 年の改正前の規定に該当する。

　2005 年の改正前の規定は, 逸脱行為の認定基準を市場の通常の利用者 (regular user) の判断基準に求める regular user test にもっぱら依拠していたため, 客観的な行動基準によるのではなく, 市場の実情を追認する結果になりかねないとの指摘があった。

　(2)ないし(4)項の第一, 二及び三類型のものが本編でいう内部者取引であり, その他のものは market manipulation と総称されることもある。

　上記規定中の「定められた市場」(prescribed market) には, 同法の規制を受ける市場 (証券取引所に限らずロンドン金属取引所や国際石油取引所なども該当する。) はすべて含まれ, 「適格投資物件」(qualifying investment) には, これら市場で取引される投資物件がすべて含まれる[42]。

　2005 年の改正で, 「内部者」について 118B 条に, 「内部情報」については 118C 条にそれぞれ定義規定が設けられた。市場における逸脱行為規制における内部者取引規制は, 非公開情報についての格差を利用して利益を得ることを不公正と捉えるところから出発しており, アメリカの連邦法における, 郵便電信を用いた背信的不正行為 (郵便電信詐欺) (mail and wire fraud) の規定の援用[43]や情報窃用理論 (misappropriation theory)[44]による内部者取引規制以上に射程が広い。118B 条の規定は以下のとおりである。

40　Directive 2003 / 6 / EC of the European Parliament and of the Council of 28 January 2003 on insider dealing and market manipulation (market abuse), L 96 / 16 12. 4. 2003.
41　Financial Services and Markets Act 2000 (Market Abuse) Regulation 2005 (SI 2005 / 381).
42　SI 2005 / 381.

第Ⅰ部　企業活動と刑事規制の国際調査

　本編において，内部者とは以下の事由により内部情報を有している者をいう。
　　(a)　適格投資物件の発行者の運営，経営若しくは監督機関の構成員であること
　　(b)　適格投資物件の発行者の出資持分を保有していること
　　(c)　自己の雇用，業務又は任務の遂行を通じて当該情報を入手できること
　　(d)　犯罪行為，又は，
　　(e)　その他の手段による入手であって，これが内部情報であることを知り若しくは知り得べき場合。
そして，118C 条の規定は以下のとおりである。
　(1)　本条は，本編における「内部情報」の定義をする。
　(2)　商品デリバティブを除く適格投資物件若しくは関連投資物件に関しては，内部情報とは，正確な性質の以下のものをいう。
　　(a)　一般に入手可能でなく，
　　(b)　適格投資物件の一ないしそれ以上の発行者又は一ないしそれ以上の適格投資物件に直接若しくは間接的に関係するものであって，かつ，
　　(c)　一般に入手可能であるとすれば，適格投資物件若しくは関連投資物件の価格に重要な影響を及ぼす可能性があるもの。
　(3)　商品デリバティブである適格投資物件若しくは関連投資物件に関しては，内部情報とは，正確な性質の以下のものをいう。
　　(a)　一般に入手可能でなく，
　　(b)　一ないしそれ以上の当該デリバティブに直接若しくは間接的に関係するものであって，かつ，
　　(c)　当該デリバティブが取引される市場の利用者が当該市場において受容されている慣行に従い受け取ることを期待するもの。
　(4)　適格投資物件若しくは関連投資物件に関する注文の執行を行う者に関しては，内部情報には，顧客から伝達されるその注文に関連する情報であって，以下に該当するものを含む。

43　18 U. S. C. §§ 1341, 1343, 1346 及び Carpenter v. United States, 484 U. S. 19（1987）参照。
44　United States v. O'Hagan, 521 U. S. 642（1997）参照。

第 4 章　イギリスの金融・証券市場における犯罪の規制

(a)　正確な性質のもので,
(b)　一般的に入手可能でなく,
(c)　適格投資物件の一ないしそれ以上の発行者又は一ないしそれ以上の適格投資物件に直接若しくは間接的に関係するものであって，かつ,
(d)　一般に入手可能であるとすれば，適格投資物件若しくは関連投資物件の価格に重要な影響を及ぼす可能性があるもの。
(5)　情報は以下の場合に正確であるとする。
(a)　実在し若しくは将来生じると予想することが相当である状況又は実際に生じ若しくは将来生じると予想することが相当である出来事の存在を示すものであって，かつ,
(b)　当該状況又は出来事が適格投資物件若しくは関連投資物件の価格に与える可能性のある影響について，結論を下し得る程度に特定されたものである場合。
(6)　情報は，理性的な投資家がその投資判断の根拠の一部として利用する可能性があるものに限り，価格に重要な影響を与える可能性があるものとする。
(7)　(3)項(c)において，商品デリバティブに係る投資物件が取引される市場の利用者は，市場において受容されている慣行に従い，一ないしそれ以上の当該デリバティブに直接若しくは間接的に関連する以下の情報を受け取ることを期待するものとして取り扱う。
(a)　当該市場の利用者が普通に入手可能なもの，又は,
(b)　関係商品市場若しくは商品デリバティブ市場に関する又はこれにおける法律の規定，市場の規則又は契約若しくは慣習によって開示することを必要とされるもの。
(8)　本編においては，市場の利用者によって又はそのために行われる調査，分析によって得ることができる情報は，一般的に入手可能なものとみなす。

以上のとおり，市場における逸脱行為の規定は，およそ市場を利用するすべての者を対象として，これらに FSA による規制の網の目をかぶせている。

● 2　制裁金

市場における逸脱行為をした者一般に対する措置として，123 条で，制裁金

及びこれに代わる措置としての違反事実の公表の措置を規定している。

（1）制裁金の額

制裁金の額については，123条(1)項で，「FSAが適当と認める額の制裁金を課すことができる。」と規定し，法律上はその上限は定められていない。

制裁金の賦課及びその金額の決定について，124条(1)項で，FSAが方針の表明をすべきことを規定し，同条(2)項では，FSAがその方針を決定するについては，

① 当該行動が当該市場に有害な影響を与えたか，その影響はどの程度深刻か
② 当該行動がどの程度意図的（deliberate）又は違反であるかどうかを意に介さず（reckless）に行われたか
③ 制裁金の対象者が個人であるかどうか

を勘案すべきことを規定している。そして，FSAは，Decision Procedure and Penalties Manual（DEPPと略称される。）[45]で，制裁金を賦課するかどうかの決定についてFSAが考慮する要素として，抑止効果（事実の公表でその実を挙げることができるか等），当該行動による利得，当該行動の重大性・悪性，当該行動後の対象者の行動，前歴等を列挙している（DEPP 6.4.2）。また，その額の決定についても同様の事情を挙げている（DEPP 6.5.2）。

（2）制裁金賦課の手続

制裁金賦課の手続は，一般的には，まず，監督部門から法執行部門に違反行為の付託があって，法執行部門での調査を経て行われる。多くの調査は実際には何らの処分にも至らず終了するが，ある場合には，対象者に非公式の警告を発して終了することがある[46]。しかし，FSAが制裁金の賦課あるいはこれに代わる事実の公表を必要と認めるときは，対象者に警告を発する（126条）。制裁金の賦課をしようとするときは，その金額を警告において特定して警告を発する（同）。警告を受けた者は，FSAがその警告において定めた28日以上の一定期間内にFSAに対して陳述を行うことができる（387条）。FSAは，措置を取る場合には決定通知を対象者に告知するが，これに対し，対象者は，金融サービス及び市場審判所（Financial Services and Markets Tribunal）に事件を付託することができる（127条）。

---

45 Handbook（注20参照。）に登載されている。
46 注34 Swan 105頁。

こうしたプロセスにおいて，FSAと対象者との間で一種の折衝を行い，その結果，和解（settlement）に至ることも想定されており（DEPP 5 "Settlement decision procedure"），FSAと対象者間の合意形成について，あっせん（mediation）の手続を利用することも可能である（DEPP 5.1.9）。これらの場合，責任を認めることなく制裁金の支払いに応じるということも可能であり，後に述べるロイヤル・ダッチ・シェル・グループの事件はその一例である。

（3）制裁金の性格と手続的保障

　この制裁金は，法律上の上限がなく，理論上は極めて多額に上り得る。また，FSAの監督下にある者のみでなく一般を対象としている。そして，制裁金の額が違反行為の重大性その他の個別事案の情状を考慮して定められ，その目的は，明らかに違反行為の一般予防と行為者に対する特別予防及び制裁にあると考えられる。このようなことから，金融サービス及び市場法上の制裁金は，その性質において刑事的制裁ではないかという疑義が存する。他方，1996年には，欧州人権裁判所が前記Saunders判決において，DTIの調査で得られた不利益供述は刑事事件の証拠して許容性がない旨の判断を示した。

　その結果，174条に，調査官の情報提供の要求に対して行われた供述は，刑事手続においてだけでなく，123条の制裁金に関する手続でも許容されない旨の規定が設けられた。また，134条以下に，金融サービス及び市場審判所における法的援助に関する規定も設けられている。

　しかし，金融サービス及び市場審判所は，証明の程度については，欧州人権保護条約6条の規定は何も述べておらず，市場における逸脱行為に対する制裁金が刑事的な性格としても，刑事事件における合理的な疑いを超える証明が要求されるということにはならず，民事事件における蓋然性の比較衡量で足りるとの判断を示しており[47]，これが支配的見解と思われる。ただし，同審判所は，重大事案において重い制裁金が賦課される場合には，その重大性に相当する高度な証明が求められるとしている[48]。

　市場における逸脱行為の定義の明確化については，金融サービス及び市場法

---

[47] Paul Davidson and Ashley Tatham (16 May 2006), Financial Services and Markets Tribunal, at paragraphs 174 ～ 200. なお，この事件では，同審判所は，市場における逸脱行為は認められないと判示している。http://www.financeandtaxtribunals.gov.uk/decisions/documents/Fin%20serv/CostdecisionforDavidsonTatham.pdf#search='paul davidson, 7 September 2006'.

[48] 同上。

は，FSA が解釈指針を明示した規則を定めるべき旨規定している（119 条）。そして，FSA は，Code of Market Conduct（MAR と略称されている。）[49]でその指針を示している。

●3　FSA の基本的スタンスと制裁金賦課の実情

　金融サービス及び市場法は，不正行為の規制について，制裁金の賦課を含め様々な措置を定めているが，初めに述べたように，FSAは，規制の手法として，risk-based approach という手法を採用した上，事後的な取締りよりも予防に重点を置いている[50]。事後的な取締りを担当する法執行部門の責任者も，刑事訴追を含む取締りよりも，そうでない措置を望ましいものと公言している[51]。制裁金の制度が行政機関である FSA の権限肥大を招来するのではないかとの危惧があるとしても，予防的な措置に重点を置き，強権的取締りを二次的な規制手段とするとの抑制的な姿勢を示すことにより，一定の回答を示しているということになろう。

　ただし，制裁金は，市場における逸脱行為に限られず，認可業者に対する懲戒の措置としても存在する。その結果，毎年の制裁金賦課の件数は相当数に上っている。FSA は，2002 年以降の制裁金の賦課について，ネット上でその内容を公表しているが[52]，それらの総件数及びそのうちの市場における逸脱行為を理由とするものの数は以下のとおりである。

年	総件数	うち，市場における逸脱行為
2002	9	0
2003	17	0
2004	32	10
2005	20	2
2006	25	3
2007	23	0

49　Handbook（注 20 参照。）の"Business Standards"の編に登載されている。
50　Enforcement Guide においても，取締り（enforcement）はFSAが利用可能な規制手段の一つに過ぎない旨明言している（EG 2.3）。
51　"The UK FSA : Nobody does it better?"（FSA の法執行部長マーガレット・コール氏がニューヨークのフォーダム・ロースクールで行ったスピーチ　http://www.fsa.gov.uk/pages/Library/Communication/Speeches/2006/1017_mc.shtml）
52　http://www.fsa.gov.uk/Pages/About/Media/Facts/fines/index.shtml

第4章　イギリスの金融・証券市場における犯罪の規制

　以上の制裁金の金額を見ると，市場における逸脱行為に対するものは，最低が1,000ポンドで最高は1,700万ポンドである。1万ポンド未満は1,000ポンドのもの1件で，1万ポンド以上2万ポンド以下のものが6件，6万5,000ポンド1件，7万5,000ポンド1件，29万ポンド1件，35万ポンド1件，50万ポンド1件，75万ポンド2件となっていて，100万ポンドを超えるのは1,700万ポンドのもの1件のみである。一方，市場における逸脱行為以外の理由で課されたものは，7,000ポンドから1,390万ポンドまでの間に分布しているが，100万ポンド以上のものは10件である。

　金融サービス及び市場法の下での不正行為に対する制裁金運用の実情は，アメリカの例と比べると微温的に映る。例えば，上記1,700万ポンドの最高額の制裁金は，ロイヤル・ダッチ・シェル・グループの三社に対し，石油等の確定埋蔵量を偽って公表したとして2004年8月に課されたものであった[53]。同様の事案について，アメリカにおいては，同グループの2社は，証券取引委員会（Securities and Exchange Commission, SEC）から，連邦の証券取引所法（Securities Exchange Act）違反を理由として，1億2,000万ドルの民事制裁金賦課[54]の申立てを受け，これを支払う旨の和解をし，同委員会の排除命令手続において，500万ドルを費やして内部のコンプライアンス体制の構築に務める旨の同意をしている[55]。

　FSAは，制裁金の額そのものよりも，制裁金の支払いを命じられることによる社会的評価の低下を違反行為の抑止力のポイントと見て，制裁金の額の引上げの可能性はあるとしつつも，社会的関心を集め，その結果，制裁金を受ける者の社会評価の低下を招くようなレベルに設定すべき旨の態度を非公式に表明しているようであるが[56]，その考え方を採用するなら，金融サービス及び市場法の制裁金に，刑事罰としての罰金に限りなく近い機能を求めることになるのかもしれない。

Ⅳ　不正行為の防止における刑事法の役割

　このようなイギリスの実情は，事後的な取締りよりも事前の予防に重点を置

53　http://www.fsa.gov.uk/pages/Library/Communication/PR/2004/074.shtml
54　15 U. S. C. §78u(d)(3).
55　http://www.sec.gov/litigation/litreleases/lr18844.htm
56　注34 Burnettほか7〜8頁参照。

第Ⅰ部　企業活動と刑事規制の国際調査

く例として，及び，事後的な取締りにおいても刑事罰ないし刑事手続を（人権保障の要請との調整の下に）行政的な措置によって代替する例として注目される。その実情は，ある一面では，過去の刑事司法の実績不振を背景とするものであろう。他方，より本質的には，希少な行政資源をいかに効率的に配置，利用して，金融商品に関する市場及び取引の適正を確保し，その健全な発展と消費者の保護に資するかという機能的な観点に関するビジョンに基づいたものと評価することができるだろう。日本においては，取締りや刑事法の役割に期待が向けられがちであるが，イギリスの考え方は，このような日本の現状について，再検討の材料を提供しているようにも思われる。

　経済犯罪に代表される表面に現れにくい犯罪（invisible offence）については，刑事司法は，いかに効率的に運営されようと，人員等の資源が限られ，手続的保障と裁判の儀式性を維持する限りにおいては，一罰百戒の宿命からは逃れられない。したがって，経済犯罪の捜査訴追においては，法の網を潜り抜ける巨悪が多数存在する（と想像される）一方で，小物あるいは逃げ遅れた者のみが捕らえられてマスコミの集中砲火と世間の糾弾を浴びているのではないかとの割り切れない思いを残してしまう場合が時としてあるのも仕方がない。そのため，刑事司法の運営の効率化を図る必要を強調する一方で，伝統的な刑事的手法によらないで，不正行為の捕捉，制裁を効率的に行おうという考え方にも説得力がある。

　加えて，金融・証券市場における犯罪についていえば，規制官庁あるいは自主規制機関の監督下にある者が何らかの形で関係していることが多い。その者に対する監督を怠らず，これにコンプライアンス体制の充実強化を図らせ，市場やその参加者への効果的な監視活動を行うことによって，不正行為防止の実を挙げることができればそれに越したことはない。規制官庁や自主規制機関の監督下にある者は，ある場合には，業務の停止や市場からの完全な退場を命じられるという，自然人の場合の拘禁刑や死刑に相当する処分を受ける。企業及びその関係者にとって，これらの処分は，実質的には刑事処分よりも重いことが多い。そうであれば，事後的規制よりも予防に重点を置いた上で，事後的な規制についても，非効率な刑事処分のみに頼らず，全体として，市場における不正行為防止の実を挙げようとする考え方にも合理性がある。

　しかし，不正行為が刑罰法規に触れる可能性がある場合，刑事司法の非効率やハードルの高さ故に，安易に行政的な措置が選択されるとすれば，むしろ，

強力な権力を背景として、曖昧なものまで違法としてしまうという不公正の危険性さえ生まれる[57]。

また、そもそも、市場における逸脱行為のような不正行為に制裁を加えることは二の次として、その予防に重点を置くという姿勢を鮮明にする結果、そもそも、通常の熱心さをもってすれば摘発できる不正を漫然と見逃すという（あるいは、その言い訳を許す）結果に陥らないかという危惧も存する。

そして、より本質的な問題として、制裁金で刑事罰の代用をすることにより、犯罪と非犯罪的行為、道徳的非難と単なるルール違反に対する応報との境界を曖昧にしてしまいかねないという問題を指摘することができる。実際、市場における逸脱行為には非犯罪的な行為も含まれ、金融サービス及び市場法の制裁金は、その他の純然たる行政的な規則違反についても制裁措置として課される[58]。また、刑事罰は、被告人が犯罪事実を行ったことの証明とその責任の存在を前提とするが、金融サービス及び市場法は、責任は認めないが諸般の事情により制裁金の支払いには応じるという対応を容認する。

金融・証券市場及び取引についてだけでなく独占規制や環境規制などその他の分野でも、そして、イギリスだけでなくその他の国でも、行政的な性格付けがされる制裁金の制度が多用されている。そうした状況下においては、法人に限っていえば、行政的な制裁金と刑罰としての罰金との違いは、道義的に不名誉な烙印であるかどうかであるという指摘[59]は含蓄に富んでいる。刑事罰の意義として、対象となる行為に道義的非難を加え、これが道徳的に否定されるべきであるということを社会に明示する意義があることを軽視すべきではない。有罪答弁制度のない場合には、公開の裁判で、被告人のプライバシーも含め事実関係の全貌が公にされた上でこれに応じた処罰がなされ、有罪答弁制度の下

---

57 金融サービス及び市場審判所は、注47の審判において、市場における逸脱行為は認められないとの判断を示したが、さらに、仮に問題とされている行為が市場における逸脱行為に該当するとしても事実の公表で十分として、FSAの行過ぎについて異例の批判をしている。

58 金融サービス及び市場法206条は、「認可業者が本法の課す条件（requirement）に違背した」とFSAが判断したときは、制裁金を課すことができると定めている。この条件（requirement）のもっとも基本的なものは、Handbook（注20参照。）の Principles for Business（PRIN と略称されている。）で定められている11項目の原則（Principle）である。その違反についても具体的作為・不作為や状況は特定される必要があるのは当然であるが、この原則自体は抽象的である。

59 Richard J. Lazarus, Meeting the Demands of Integration in the Evolution of Environmental Law : Reforming Environmental Law, 83 Geo. L. J. 2407, 2442（1995）.

においても，被告人の責任は公に明確にされる。自然人関係者に対しては，犯罪者と名指しされて身体的拘束を受け，さらには自由刑に服するリスクに直面する可能性の存在が，大きな威嚇効果を有することについては指摘するまでもない。このような刑事罰と同じ機能を行政的な制裁措置に求めるのは困難である。行政的な措置への過度の依存は，犯罪と非犯罪的行為との境界を曖昧にし，刑事罰の意義を空洞化させ，結果として不正行為をはびこらせる危険をもはらむ。

　イギリスの金融サービス及び市場法の取組みは大いに参考に値するだろう。しかし，同時に，以上の点についての十分な検証と日本の実情の再検討も必要である。

第5章　ドイツにおける企業活動の適正ルール形成のための法制度
——特に制裁システムの現状

神 例 康 博

　　Ⅰ　序　　　　　　　　Ⅲ　自然人に対する制裁体系
　　Ⅱ　法人等に対する制裁　Ⅳ　結　語

Ⅰ　序

● 1　マンネスマン訴訟とコーポレート・ガバナンス

　ドイツにおいては，従来，コーポレート・ガバナンスをめぐる議論は必ずしも活発ではなかったといわれる。その理由として，機関投資家の動きが活発ではなかったことなどとともに，業務執行を担う取締役会（Vorstand）と監督機能に特化した監査役会（Aufsichtsrat）との2層システムがうまく機能していたことがあげられてきた[1]。しかし，不動産投資の失敗により巨額の損失を発生させたシュナイダー社事件，架空の建設工事に伴う融資を受けて銀行等に巨額の損害を与えたバルザム社事件，子会社による石油先物取引の失敗で巨額の損失を発生させたメタルゲゼルシャフト社事件などに代表される1990年代の一連の企業不祥事を背景として，監査役会の監督機能に疑問が呈せられ，それとともに，コーポレート・ガバナンスの議論が高まることとなった[2]。このよう

1　ドイツにおけるコーポレート・ガバナンスの動向について，テオドール・バウム（丸山周平訳）「ドイツにおけるコーポレート・ガバナンス」商事法務1363号（1994）78頁，海道ノブチカ『ドイツの企業体制――ドイツのコーポレート・ガバナンス――』（森山書店・2005）23頁以下，末永敏和・藤川信夫「コーポレート・ガバナンスの世界的動向」経済経営研究（日本政策投資銀行設備投資研究所）25巻3号（2004）39頁以下（http://www.dbj.go.jp/japanese/download/pdf/economy/25_3all_1.pdf）など参照。
2　法制度面での整備という点では，1998年4月，コーポレート・ガバナンスの改善を目的として，「企業の監督及び透明性に関する法律（Gesetz zur Kontrolle und Transparenz im Unternehmensbereich［KonTraG］）」が制定された。さらに，2002年には，企業の業務遂行および監督の透明性を高めることを目的として，株式法および商法等の改正を内容とする「透明性及び情報開示に関する法律（Gesetz zur weiteren Reform des Aktien- und Bilanzrechts, zu Transparenz und Publizität［TransPuG］）」が制定された。

ななか，いわゆるマンネスマン（Mannesmann）事件は，企業経営の健全化が自らの制裁リスクを回避するという意味でも企業経営における重要な課題であることを印象づけた事件として注目されよう。

　この事件では，イギリスの携帯電話会社ボーダフォン社（Vodafone AirTouch Plc.）により行われたドイツ・マンネスマン社（Mannesmann AG）に対する敵対的買収（feindliche Übernahme）に際し，マンネスマン社の取締役らに支払われた高額の功労金ないし退職金について，マンネスマン社の監査役および取締役に対し，背任罪（刑法266条）およびその従犯の成否が問題とされた[3]。マンネスマン社社長であるエッサー（Klaus Esser）ら経営陣は，当初，ボーダフォン社の買収に対し，強硬に反対の立場を示していたが，その後，この敵対的買収に応じた。そして，ボーダフォン社による買収が成立した直後，マンネスマン社の「取締役の業務に関する監査役会委員会（Aufsichtsratsausschuss für Vorstandsangelegenheiten）」は，在職中の功労金（Anerkennungsprämien；appreciation awards）として，エッサーに対し1,600万ユーロ，その他4名の取締役に対し計500万ユーロを超える支払いを決定した。委員会のメンバーには，ドイツ銀行取締役で次期頭取のヨゼフ・アッカーマン（Josef Ackermann）や，金属産業労組・IGメタルの会長であるクラウス・ツヴィッケル（Klaus Zwickel）などが含まれていた。さらに，委員会は，マンネスマン社の前社長で監査役会会長のフンク（Joachim Funk）の申し出に応じて，フンクに対し300万ユーロを支払うことを決定した。これらは，在職中にマンネスマン社の企業価値を高めたことに鑑みて，通常の退職金（エッサーの場合は1,500万ユーロ）とは別に支払われた。主としてこれらの支払について，買収に反対した旧経営陣が不当に高い退職金で懐柔されたのではないか，つまり，旧経営陣に支払われた功労金・退職金は，敵対的買収に応じたことに対する報酬ではないか，ということが問題とされたのである。

　第一審のデュッセルドルフ地方裁判所（LG Düsseldorf）は，2004年7月22日，エッサーに支払われた約1,600万ユーロの特別報酬は，二重報酬であるほか，フンクへの報酬支払いでも株式法違反は認められるとしつつも，背任罪の成立要件としての重大な義務違反の不存在および禁止の錯誤を理由に，背任罪およ

---

[3] マンネスマン事件の詳細について，正井章筰「企業買収における経営者への功労金の支払い―マンネスマン訴訟に見るドイツのコーポレート・ガバナンスと刑事司法制度―」早稲田法学82巻3号（2007）59頁以下を参照。

第 5 章　ドイツにおける企業活動の適正ルール形成のための法制度

びその従犯の成立は認められないとして，被告人らに対していずれも無罪判決を言い渡した。

これに対し，検察側は，連邦最高裁判所（BGH）に控訴し，そして，連邦最高裁は，2005 年 12 月 21 日，第一審の無罪判決を破棄し，デュッセルドルフ地方裁判所に事件を差し戻した。しかし，2006 年 11 月 24 日，弁護側と検察側は，580 万ユーロの支払いと引き換えに，訴訟手続きを中止することで合意した（刑事訴訟法 153a 条）。そして，2006 年 11 月 29 日，デュッセルドルフ地方裁判所は，この和解を承認し，これにより，被告人の刑事責任は曖昧なままに，マンネスマン裁判は幕を閉じることとなったのである。

マンネスマン事件は，高額すぎるとまで言われる取締役の報酬をめぐる議論に，あらためて一石を投じるものとなったが，同時に，取締役ら経営陣に対し，企業の業務執行において生じる刑事責任のリスクをいかに回避するかという問題について，重要な警鐘を鳴らすものとなった。つまり，この事件は，企業経営の健全化と経営責任の明確化が，会社の社会的責任（CSR）を果たすうえで重要であるばかりでなく，自らの制裁リスクを回避するという意味でも企業経営における重要な課題であることを印象づけたといえよう。

本稿は，企業犯罪ないし企業不祥事に対するドイツの制裁システム，とりわけ法制度の枠組みについて，概略的な説明を行うことを目的とするものである。なお，引用条文の表記については，§（Paragraph）を「条」，Absatz を「項」，Nummer を「号」，Satz を「文」と，それぞれ訳している。

●2　ドイツの企業制度

ドイツの企業形態には，個人企業，人的会社（Personengesellschaft），資本会社（Kapitalgesellschaft）がある。企業形態としての人的会社[4]には，合名会社（offene Handelsgesellschaft：OHG）と合資会社（Kommanditgesellschaft：KG）とがあり，両者を総称して，人的商事会社（Personenhandelsgesellschaft：PHG）という。人的会社は法人格を有しない。資本会社には，株式会社（Aktiengesellschaft：AG）と有限会社（Gesellschaft mit beschränkter Haftung：GmbH），株式合資会社（Kommanditgesellschaft auf Aktien：KGaA）がある。また，人的会社と資本会社との混合形態として，有限合資会社（GmbH & Co. KG）がある。以下では，これらについて，簡単に整理しておきたい[5]。

第Ⅰ部　企業活動と刑事規制の国際調査

（1）人的会社

1．合名会社

合名会社（OHG）とは，2人以上の無限責任を有する社員（Gesellschafter）により構成される会社であり，社員は会社債権者に対し無限の直接責任を負う。法人格を有しない。

2．合資会社

合資会社（KG）とは，無限責任社員（persönlich haftender Gesellschafter）と有限責任社員（Kommanditist）から構成される会社である。無限責任社員は合名会社の社員と同じ責任を負うが，有限責任社員は会社債権者に対し出資金額を限度とする有限の直接責任のみを負担する。会社の代理権及び業務執行（経営）権を有するのは無限責任社員のみである。法人格を有さない。

（2）資本会社

1．株式会社

株式会社（AG）は，資本会社の典型であり，主要な会社形態である。ドイツの株式会社の特徴は，経営組織が業務執行機関である取締役会（Vorstand）

4　なお，人的商事会社としての合名会社，合資会社のほか，民法上の組合（Gesellschaft bürgerlichen Rechts：GbR），パートナーシップ共同体（Partnerschaftsgesellschaft：PartG），欧州経済利益団体（Europäische Wirtschaftliche Interessenvereinigung：EWIV）なども人的会社である。

民法上の組合（GbR）とは，民法705条以下により，2人以上の組合員（Gesellschafter）により組合契約（Gesellschaftsvertrag）によって構成される団体をいう。民法上の組合のうち，組合員が共同して対外的に代表する組合を外的組合（Außensegellschaft）という。これに対し，共同して対外的に代表しない組合を内的組合（Innengesellschaft）とよぶ。

パートナーシップ共同体（正確には，「自由業所属者のパートナーシップ共同体（Partnerschaftsgesellschaft für Angehörige Freier Berufe）」）とは，1994年7月25日の「自由業所属者のパートナーシップ共同体に関する法律（PartGG）」により構成される共同体であり，自由業従事者がその職業を遂行するために構成するものである。商行為（Handelsgewerbe）を行わず，2名以上の社員（Gesellschafter）により構成される。社員は自然人に限られ，社員は，共同体の債権者に対して無限責任を負う。

後にみるように，民法上の組合のうちの外部組合，パートナーシップ共同体は，秩序違反法30条の法人等に対する過料の名宛人である。

5　ドイツの企業制度，経営組織について，高橋俊夫・大西健夫編『ドイツの企業　経営組織と企業戦略』（早稲田大学出版部・1997），海道・前掲注(1)66頁以下，田沢五郎『独＝日＝英ビジネス経済法制辞典』（郁文堂・1999），荒木和夫『ドイツ有限会社法解説〔改訂版〕』（商事法務・2007）2頁以下などを参照。さらに，ドイツの企業形態をコンパクトにまとめたリーフレットとして，デュッセルドルフ日本商工会議所『ドイツにおける現地法人（GmbH）設立の手引き』（2001年6月）（http://www.jihk.de/jp/pdf/company.pdf）が有益である。以下の記述は，これらの文献に多くを依拠している。

第5章　ドイツにおける企業活動の適正ルール形成のための法制度

と統制機関である監査役会（Aufsichtsrat）の2つに分かれている点にある（いわゆる二層システム）[6]。

監査役は株主総会（Hauptversammelung）において選任される。そして，監査役会が取締役を選任する。取締役会を運営する議長（社長）も，監査役会において選任される。共同決定法[7]の適用のある会社（従業員2,000人以上の企業）では，監査役の半数は従業員・労働組合から選出される。

監査役会の議長つまり会長は，共同決定法により，資本側から選出されることになっている。副議長（副会長）は労働側から選出される。監査役の任期は4年であり，再任は可能である。監査役会の本来的任務は，取締役会の業務執行を監査・監督することにある。

2．有限会社

有限会社（GmbH）は，中小企業に対して株式会社を簡素化したかたちで有限責任の会社形態をとれるように，1892年の有限会社法により新たに作られたものである[8]。株式会社と同じく，法人格を持つ資本会社であり，出資者の責任も有限責任である。社員1名の有限会社の設立も可能である。

意思決定機関についてみると，有限会社を法律上代表するのが，取締役（Geschäftsführer）という機関である。取締役は，通常，定款（Gesellschaftsvertrag）または社員総会決議（Gesellschafterversammlung）によって出資者から任命されるが，出資者以外から任命されることもある。

株式会社には監査役会の設置が義務づけられているが，有限会社の場合には，従業員500人以下の場合には義務づけられていない[9]。監査役会を置くことを嫌って有限会社の形態が多用されているともいわれている[10]。ただし，有限会社でも，共同決定関係諸法の適用を受けるものは監査役会を設置せねばならず，

6　海道・前掲注(1) 69頁。
7　被用者の共同決定に関する法律（Gesetz über die Mitbestimmung der Arbeitnehmer [MitbestG]）。1976年に制定された。この法律により，モンタン共同決定法に服する企業などを除き，2,000人を超える被用者を雇用する企業については，原則として，監査役の半数は従業員・労働組合から選出しなければならないとされている。なお，近年の動向について，ヤン・フォン・ハイン（齊藤真紀訳）「ドイツ共同決定制度のジレンマ」ジュリスト1330号（2007）38頁以下を参照。
8　ドイツの有限会社制度について，荒木・前掲注(5)参照。
9　監査役会は，従業員500人以上の有限会社では，労働者1に対して雇用者2の割合で構成され，従業員2,000人以上場合には，1対1の割合で構成される。
10　ドイツにおいて有限会社が多用される理由について，デュッセルドルフ日本商工会議所・前掲注(5) 4頁，荒木・前掲注(5) 8頁以下を参照。

株式会社と同じ扱いを受ける[11]。

3．株式合資会社

株式合資会社（KGaA）は，株式会社と合資会社の双方の特徴を持つ法人であり，わが国には存在しない[12]。合資会社と同様，無限責任社員と有限責任社員とから構成され，取締役会は存在せず，無限責任社員が業務執行に当たる。有限責任社員の地位は，株式会社の株主と同様である。

総会（Hauptversammelung）の重要事項の決議には，無限責任社員の同意を必要とし，所有者に強い権限と責任を与えるかたちとなっており，そのため，大規模な同族企業やコンツェルンに，この企業形態が多いといわれる[13]。

4．有限合資会社

有限合資会社（GmbH & Co. KG）は，人的会社と資本会社との混合形態であり，法人である有限会社が合資会社の無限責任社員となる企業形態である。

無限責任社員は有限会社であるが，有限会社の責任は文字どおり有限であるので，結局，有限合資会社の責任は有限責任であるということになる[14]。他方，税法上，人的会社が計上する損失について，出資者の所得と相殺した残額が課税対象となるというメリットを有する[15]。

このように，有限合資会社とは，資本会社の帰責上のメリットと人的会社の税法上のメリットとが結びついた企業形態ということができる。

■3　企業犯罪に対する制裁体系──概観

個々の制裁システムについて見ていく前に，まず，企業の違法活動に対するドイツの制裁システムを大まかに整理しておくことにしたい。

企業の違法活動に向けられる制裁のいくつかは，刑法と秩序違反法[16]とにそれぞれ対応するかたちで見られる。そして，いずれにおいても，法人等の事業主を名宛人とする義務規定について，処罰を基礎づける人的要素（身分犯における身分など）を法人等のために行為する一定の自然人に帰属させる規定が設けられている。具体的には，刑法14条および秩序違反法9条の「他人のため

11　海道・前掲注(1) 71頁。
12　海道・前掲注(1) 70頁。
13　海道・前掲注(1) 70頁。
14　海道・前掲注(1) 68頁。
15　海道・前掲注(1) 69頁。
16　Gesetz über Ordnungswidrigkeiten : OWiG.

第5章　ドイツにおける企業活動の適正ルール形成のための法制度

にする行為（Handeln für einen anderen）」の規定である。これらは，法人等のために行為する一定の自然人について，当該自然人に対する制裁を基礎づけるのみならず，その行為を法人等に帰属し，法人等に対する制裁を基礎づける機能をも果たすものであり，企業犯罪に対する制裁システムを検討するうえで重要な意義を有する。

　刑法および秩序違反法に共通する制裁として，まず，犯罪または秩序違反行為によって生成された物件（生成物件〔producta sceleris〕），または，犯罪・秩序違反行為に使用された物件（使用物件〔instrumenta sceleris〕）を剥奪する処分として，刑法74条ないし74e条および秩序違反法22条ないし29条の没収（Einziehung）の制度がある。

　次に，犯罪または秩序違反行為から得られた不法な利益（scelere quasita）を行為者あるいは第三者から剥奪する制度として，刑法73条ないし73e条および秩序違反法29a条の利益剥奪（Verfall）[17]がある。

　これらに対し，秩序違反法に固有の制裁として，秩序違反法30条の法人およびその他の人的結合体に対する過料（Geldbuße）および秩序違反法130条の監督義務違反（Verletzung der Aufsichtspflicht）に基づく過料がある[18]。

　まず，法人等に対する過料は，法人の機関等の違反行為を基礎に法人等に過料を課すものであり，秩序違反法上の制裁ではあるが，秩序違反行為のみならず，犯罪行為についても課すことができる。なお，法人等に対する過料を基礎づける行為主体は，もともと制限列挙的に規定されていたが，2002年8月22日の「ECの財政的利益の保護に関する合意のための1997年6月19日の第2議定書，私企業における贈収賄に関する1998年12月22日の共同措置，および，

17　Verfallの訳語について「追徴」という訳語が充てられることもあるが，本稿では，わが国の「没収」の換刑処分としての「追徴」制度と区別するために，「利益収奪」と訳することにする。本文で述べるように，「利益剥奪」の要件としては，「違法な行為」が存在すれば足り，犯罪または秩序違反行為の成立を前提としない。

18　秩序違反法130条は，「経営および企業における監督義務の違反」と規定する。もっとも，刑法および秩序違反法の規定は，経営学の意味において，Betrieb（経営）とUnternehmen（企業）とを区別するものではない。なお，田沢五郎・前掲注(5)138頁に依れば，BetriebとUnternehmenとの関係について，①Unternehmenは幾つかのBetirebからなるとして，Unternehmenを上位概念，Betriebを下位概念と見る見解，②Betriebのうち，市場経済制度のもとで典型的に現れるのがUnternehmenであるとして，Betriebを上位概念，Unternehmenを下位概念と見る見解，③Betir-bを給付過程の生産経済的側面を表現し，Unternehmenを経営過程の財務的・法的・組織的側面を表現するものと捉え，両者を対等の概念としてみる見解，があるという。

113

ユーロ導入に伴う通貨偽造に対する刑事制裁及びその他の制裁による保護に関する 2000 年 5 月 29 日の枠組み決定の導入のための法律」(以下,「2002 年 8 月 22 日法」と略する)[19] により,管理者的地位にある者に関する包括的な規定が置かれたことにより,法人等に対する過料を基礎づける関連行為の主体の範囲は,大幅に拡大された[20]。

次に,監督義務違反は,企業の管理者的地位にある者に対して,企業活動から生じる違反行為を防止するのに必要な監督義務を尽くさなかった場合に過料を課すものである[21]。もとより,管理者的地位にある者は,従業員の違反行為について,刑法 25 条ないし 29 条の正犯および共犯に関する規定や,秩序違反法 14 条の関与(Beteiligung)の規定,さらには,不真正不作為犯に関する刑法 13 条および秩序違反法 8 条の規定により,刑法または秩序違反法上の責任を問われる可能性があるが,監督義務違反は,これらから生じる責任を補完するとともに,秩序違反法 30 条の関連行為として,法人等に対する過料を基礎づける機能を果たしている。

わが国との比較という観点からドイツにおける企業の逸脱行動に対する制裁体系を見た場合,特徴的な点として指摘できるのは,法人等の人的団体に対する刑罰(Strafe)が存在しないという点である。

●4　制裁システムにおけるコーポレート・ガバナンス・コードの意義

2002 年 8 月,ドイツにおいて,コーポレート・ガバナンス・コード(Deutscher Corporate Governance Kodex。以下,DCGK と略す)が公表された[22]。これは,上場会社(börsennotierte Gesellschaft)に対し文字どおりコーポレー

19　Gesetz zur Ausführung des Zweiten Protokolls vom 19. Juni 1997 zum Übereinkommen über den Schutz der finaziellen Interessen der Europäischen Gemeinschaften, der Gemeinsamen Maßnahme betreffend die Bestechung im privaten Sektor vom 22. Dezember 1998 und des Rahmenbeschulisses vom 29. Mai 2000 über die Verstäkung des mit strafrechtlichen und anderen Sanktionen bewehrten Schutzes gegen Geldfälschung im Hinblick auf die Einführung des Euro (BGBl. I, 3387.).

20　なお,「EC の財政的利益の保護に関する合意のための 1997 年 6 月 19 日の第 2 議定書」,「私企業における贈収賄に関する 1998 年 12 月 22 日の共同措置」は,いずれも,加盟国に対し,法人の刑事責任の拡張を義務づけるものであった。Vgl. *Achenbach*, Ausweitung des Zugriffs bei den ahndenden Sanktionen gegen die Unternehmensdelinquenz, wistra 2002, S.442.

21　監督義務は,事業主を直接の名宛人とするものであるが,事業主が法人である場合には,もっぱら機関等管理者的地位にある者の帰責問題であるといえる。その意味で,本稿では,監督義務違反を自然人に対する制裁システムに位置づけている。

第 5 章　ドイツにおける企業活動の適正ルール形成のための法制度

ト・ガバナンスの在り方について指針を与えるものであり，企業犯罪の抑止においても重要な意義を有するものといえよう。そこで，DCGK の制裁システムにおける意義について，ここで若干触れておくことにしたい[23]。なお，DCGK は，毎年点検されるとともに，必要に応じて改正されることになっており，2007 年 9 月末現在，最新版は，2007 年 6 月 14 日改訂版である。

　DCGK は，取締役および監査役が果たすべき義務を具体化するものであるが，あくまでソフト・ローであって法律（Gesetz）ではない。もっとも，勧告（Empfehlung）に関しては，株式法 161 条との関係で，法律の性格を有している（勧告は，「すべきである（soll）」と規定されている）。株式法 161 条によれば，上場会社の取締役会は，監査役と共同で，毎年，DCGK の勧告に従っているかどうかを報告しなければならない。これを準拠表明（Entsprechungserklärung）という。準拠表明がなされない場合，このことは取締役の法令遵守義務違反となり，損害賠償責任の対象となりうる[24]。これに対し，提案（Anregung）については，そのような拘束力はない（提案は，「することが望ましい（sollte）」，「できる（kann）」と規定されている）。

　このように，DCGK は，株式法 161 条との関係で法律の性格を有しているものの，他方，それ自体法律ではないため，個々の刑罰法規の解釈においてDCGK を法源とすることは，法律主義の観点から疑問が生じうる。もっとも，主として実務家による論考ではあるが，DCGK の勧告や株式法 161 条に基づく

22　DCGK の制定過程について，関孝哉「ドイツのコーポレート・ガバナンス改革とその背景」商事法務 1675 号（2003）90 頁以下，海道・前掲注(1) 13 頁以下など参照。また，DCGK の邦訳について，関孝哉＝アンドレアス・メルケ訳「ドイツ・コーポレート・ガバナンス規範」商事法務 1675 号（2003）95 頁以下（2003 年 5 月 22 日改訂版の邦訳）。さらに，中川美佐子「ドイツにおけるコーポレート・ガバナンスに関する一考察―ドイツ企業統治規範を中心として―〔上〕〔下〕」国際商事法務 32 巻 6 号（2004）707 頁以下，32 巻 7 号（2004）873 頁以下，クラウス・J・ホプト（鎌田薫子訳）「ドイツ・コーポレート・ガバナンス規準」商事法務 1785 号（2006）4 頁以下を参照。

23　この問題について，ウルリッヒ・ズィーバー（田口守一ほか訳）「企業犯罪防止のためのコンプライアンス・プログラム―経済犯罪の領域における刑法上の共同規制のための新たな試み―」季刊企業と法創造 2 巻 2・3 号（2006）147 頁以下，岡部雅人「企業犯罪の抑止とコンプライアンス・プログラムに関する覚書―ドイツにおけるインタビュー調査の報告―」季刊企業と法創造 3 巻 3 号（2006）123 頁以下を併せて参照。

24　Vgl. *Schiller*, Der Deutsche Corporate Governance Kodex, 2005, S.95ff.; *Ringleb / Kremer / Lutter / v. Werder*, Deutscher Corporate Governance Kodex Kommentar, 2005, Rn. 1620ff. さらに，vgl. *Ettinger / Grützedick*, Haftungsrisiken im Zusammenhang mit der Abgabe der Corporate Governance Entsprechenserklärung gemäß §161 AKtG, AG 2003, 353f.

準拠表明を刑罰法規の解釈において考慮しようとする見解も主張されはじめている[25]。具体的には、株式法161条に基づく準拠表明において、虚偽の準拠表明がなされ、それが与信者の信用判断等に影響を与える場合には、信用詐欺罪（刑法265b条）の成立可能性が認められるし、他方、DCGKの勧告は企業運営の原則を示すものであることから、刑法266条の背任罪における義務違反の内容を具体化するに際しこれを考慮することができるという[26]。

刑罰法規の解釈においてDCGKを考慮する可能性については、DCGKの勧告に従うことにより取締役や監査役の処罰リスクを軽減させる方向で考慮していくことと、DCGK違反を背任罪における義務違反と捉えることにより処罰を基礎づける方向で考慮していくこと[27]の2方向において問題となり得よう[28]。いずれにせよ、刑法解釈論におけるDCGKの意義については、議論が緒についたばかりともいえ、それゆえこの問題については今後の議論の展開をみていく必要があるといえよう。

---

25 Vgl. *Schlitt*, Die strafrechtliche Relevanz des Corporate Governance Kodexes, DB 2007, S. 326ff.; *Schlösser / Dörfler*, Strafrechtliche Folgen eines Verstoßes gegen den Deutschen Corporate Goverrnance Kodex, wistra 2007, 326ff. さらに、*Bachmann / Prüfer*, Korruptionsprävention und Corporate Governance, ZRP 2005, 109.

26 *Schlitt*（Anm. 25）, S.330. さらに、*Becker*, Die Haftung für den deutschen Corporate Governance Kodex, 2005, S.116ff.

27 このような解釈論の可能性を示唆するものとして、*Schlösser / Dörfler*（Anm. 25）, S.326ff.

28 2006年11月の調査で筆者が話をうかがったマンハイム大学法経学部ローター・クーレン教授によると、DCGKの刑法解釈論における意義ないし機能について、法律主義の観点から懐疑的（skeptisch）であるとされつつも、禁止の錯誤（Verbotsirrtum）の領域でDCGKが意味をもちうることはあるであろうし、さらに、取締役会の報酬に関する4.2.2, 4.2.3, 4.2.4, 4.2.5, 5.5.1などは背任罪（刑法266条）の解釈において、利益相反（Interessenkonflikte）に関する4.3.の諸規定を営業上の取引における賄賂罪（Bestechlichkeit und Bestechung im geschäftlichen Verkehr〔刑法299条〕）の解釈において、透明性に関する6.1, 利益相反に関する4.3.3は証券取引法（WpHG）33条の解釈において、監査役会会長の任務および権限に関する5.2.の諸規定を、秩序違反法130条の解釈や刑事製造物責任の領域において、それぞれ規範の具体化のために用いるということはありうる考えではないか、とのことであった。

第 5 章　ドイツにおける企業活動の適正ルール形成のための法制度

II　法人等に対する制裁

●1　過　料
（1）総　説

　法人等に対する過料[29]は，秩序違反法上の制裁であるが，秩序違反行為のみならず，犯罪行為についても課すことができる。法人等に対する過料の要件は，法人の機関等によって法人等に帰属可能な行為―これを，関連行為（Anküpfungstat）という―がなされ，それにより，法人等に課された義務が侵害され，または，法人等が利得し，もしくは利得し得たであろうことである（秩序違反法30条1項）。

　秩序違反法30条の規定は，1968年，それまで個々の連邦法および州法で規定されていた法人等に対する過料規定を一本化する形で導入されたものである（旧26条。1969年1月1日より施行）。その主たる立法動機となったのが，違反行為の処理について法人等の人的団体が個人事業主に比べ法的に有利な立場にある，という点である。つまり，事業主に課せられた義務の侵害が問題となる場合，事業主が自然人の場合には，当該自然人事業主の犯罪行為・秩序違反行為が問題とされることにより，当該事業主の経済的価値とそれが得たまたは得ようとした利得とを考慮して過料が課せられるのに対し，事業主が法人である場合には，事業活動に伴う違反行為は法人の機関による犯罪行為・秩序違反行為と評価されることにより，法人の機関である行為者自身の経済的関係のみが考慮されて過料が課せられることになる。その結果，法人の経済的価値にくらべ著しく低い額の過料しか課すことができない事態が生じる。秩序違反法30条は，このような不合理性を解決することを目的としたものであった[30]。

　なお，法人等に対する過料の主たる目的の一つは，犯罪行為または秩序違反行為により得られた違法な利益の剥奪であると解されており，そして，この違法な利益の剥奪という法目的は，刑法および秩序違反法がそれぞれ規定する利

29　Geldbuße を過料と訳すことについて，ミスリィーディングであるとの指摘もあり得る。しかし，わが国の改正前民法84条の3が法人の役員等の一定の違反行為について「罰則」として「過料」を規定していたことに鑑みれば，過料に替わる適当な訳語がないことに鑑みても，少なくともドイツ秩序違反法の解釈については，あえて別の訳語を充てる必要があるとは思われないので，本稿でも「過料」と訳することにする。

30　BT-Dr V /1269, S.59.; *Göhler*, Ordnungswidrigkeitengesetz, 14. Aufl., 2006, Vor §29a Rn.9.

益剝奪の目的とも一致する。それゆえ，秩序違反法30条により法人等に対して過料が課される場合には，刑法または秩序違反法に基づく利益剝奪（刑法73条，73a条，秩序違反法29a条）は課されない（秩序違反法30条5項）。もっとも，法人等に対する過料の目的は，違法利益の剝奪に尽きるのではなく，非難という色彩を備えた制裁としての性質をも有しており，それゆえ，法人等に対する過料を基礎付ける関連行為は，犯罪構成要件または秩序違反行為構成要件に該当し，違法で有責な（秩序違反法では，非難可能な〔vorwerfbar〕）行為でなければならないと解されている[31]。この点，構成要件に該当する違法な行為で足りるとされる利益剝奪の関連行為の要件とは異なっている。

（2）過料の対象となる団体

1．概観

秩序違反法30条が列挙する法人等に対する過料の名宛人は，法人（juristische Person），権利能力なき社団（Nicht-rechtsfähiger Verein），権利能力を有する人的会社（rechtsfähige Personengesellschaft）である。過料の対象となる団体の範囲は，2002年8月22日法によって，従来よりも拡大されている[32]。

2002年8月22日法による改正前は，過料の対象となる人的団体は，法人，権利能力なき社団，人的商事会社（Personenhandelsgesellschaft）とされていた。しかし，2002年8月22日法により，刑法14条1項2号，同75条1文3号，秩序違反法9条1項2号，同29条1項3号の改正に対応して，「人的商事会社」の文言は，「権利能力を有する人的会社」と改められた[33]。これにより，民法上の組合についても，外的組合については，法人等に対する過料の名宛人となった。自由業所属者のパートナーシップ共同体も，商事会社ではないが，権利能力を有する人的会社である。

2．法人

法人等に対する過料の名宛人として，まず第一に，法人があげられる（30条1項1号）。具体的には，株式会社，株式合資会社，有限会社のほか，協同組合（Genossenschaft），登記済協同組合（eingetragene Genossenschaft），登記済社団（eingetragene Verein）などである[34]。

---

31 *Göhrer*（Anm. 30），§30 Rn.15.
32 Vgl. *Achenbach*（Anm. 20），S.441.
33 *Achenbach*（Anm. 20），S.442. なお，民法14条2項は，「権利を有し，義務を引き受ける能力を備えた人的会社は，権利能力を有する人的会社である」と規定している。
34 *Göhrer*（Anm. 30），§30 Rn.2.

第5章　ドイツにおける企業活動の適正ルール形成のための法制度

3．権利能力なき社団

法人等に対する過料は，30条1項2号によれば，権利能力なき社団に対しても向けられ得る。権利能力なき社団は，経済活動に従事することをその主たる目的とするものではない。しかし，権利能力なき社団もその目的財産を自由に処分しうるのであり，そしてその本来的活動に付随して経済活動を行うことがあり，それに伴う利益はほとんどが社団財産に帰属されることから，権利能力なき社団を秩序違反法30条による過料の対象とすることは，30条の法目的と矛盾するものではないとされている[35]。

4．権利能力を有する人的会社

30条1項3号は，権利能力を有する人的会社を名宛人として挙げている。権利能力を有する人的会社として，合名会社，合資会社，有限合資会社のほか，外的組合，自由業所属者のパートナーシップ共同体，欧州経済利益団体などがあげられる。

5．公企業

なお，秩序違反法130条が，公企業を明文で私企業と同様に規制の対象としているのに対し，秩序違反法30条は，明確には，公企業（公法上の法人）を法人等に対する過料の対象とはしていない。しかし，公企業（公法上の法人）に対しても過料を課すことは可能とするのが，有力な見解といえよう[36]。ただし，肯定説も，国家に過料を課すということは認めていないといえる。例えば，ロガルは，これを事物の本性（Natur der Sache）から導かれる制限だとしている[37]。

（3）関連行為の要件

1．概観

法人等に対する過料を課すためには，秩序違反法30条が規定する行為主体によって法人等に帰属可能な行為（関連行為）が行われ，これにより，「法人または人的団体に課せられた義務（Pflichten, welche die juristische Person oder die Personenvereinigung treffen)」——以下では，一般的な用語に倣い，「企業関係

---

[35] *Göhrer*（Anm. 30), §30 Rn.6.
[36] Vgl. *Achenbach*, Diskrepanzen im Recht der ahndenden Sanktionen gegen Unternehmen, FS Stree / Wessels, 1993, S.545, 553f., *Müller*, Die Stellung der juristischen Person im Ordnungswidrigkeitenrecht, 1985, S.51f.; *Göhrer*（Anm. 30), §30 Rn.2.
[37] *Rogall*, in : Senge(Hrsg.), Karlsruher Kommentar zum Gesetz über Ordnungswidrigkeiten, 3. Aufl., 2006, §30 Rn.32ff.

的義務（betriebsbezogene Pflicht）」と呼ぶ[38]——が侵害され，または，法人等が利得し，もしくは利得し得たであろうことが必要である（秩序違反法30条1項）。既述のように，関連行為は，犯罪構成要件または秩序違反行為構成要件に該当し，違法で有責な（秩序違反法では，非難可能な）行為でなければならないと解されている。

２．行為主体

法人等に対する過料を課すためには，関連行為としての犯罪行為または秩序違反行為が法人の機関等管理者的地位にある者によって行われることが必要である。秩序違反法30条1項は，行為主体を以下のように類型化している。

1．法人の代理権を有する機関またはそのような機関の構成員（1号）[39]
2．権利能力なき社団の役員（Vorstand）またはその構成員（2号）
3．権利能力を有する人的会社の代理権を有する社員（3号）
4．法人もしくは2号，3号にあげた団体の包括的代理人（Generalbevollmächtiger），もしくは，業務を執行する地位における支配人（Prokurist）または商事代理人（Handlungsbevollmächtiger）（4号）
5．その他，法人もしくは2号，3号にあげた団体の事業の遂行に対して，業務遂行の監督またはその他管理者地位における統制権の行使について責任を負う者（5号）

このうち，第5号は，管理者的地位にあるものの，代理権や業務執行権がなく，もっぱら統制権（Kontrollbefugniss）のみを付与された者を関連行為の主体とすることを目的として，2002年8月22日法により導入されたものである[40]。これにより，株式会社，株式合資会社，有限会社の監査役会の構成員により犯罪行為または秩序違反行為が行われた場合でも，法人等に対する過料を課すことが可能となった。有限合資会社について，無限責任社員としての有限会社の

---

[38] *Göhrer*（Anm. 30），§30 Rn.18.; Mitsch, Recht der Ordnungswidrigkeiten, 2. Aufl., 2005, §16 Rn.13.

[39] 30条1項第1号は，代理権を有する機関であることを要件としている。この点について，機関の任命等に瑕疵がある場合，「代理権を有する」の要件を満たすかどうかが問題となる。学説では，事実的考察方法に基づき，取締役の任命に私法上の瑕疵がある場合でも1号の要件を満たすとする見解（*Göhrer*（Anm. 30），§30 Rn.14.）と，類推解釈禁止の観点から事実的考察方法を否定し，法的に有効に任命された機関に限るとする見解（Vgl. *Göhrer*（Anm. 30），§30 Rn.2.）とが主張されている。

[40] BT-Drucks. 14 / 8998, S.10. *Krekeler / Werner*, Unternehmer und Strafrecht, 2006, Rn.93.

第 5 章　ドイツにおける企業活動の適正ルール形成のための法制度

取締役も，これに含まれる[41]。これらの者については，改正前の秩序違反法 30 条の関連行為の主体には含まれず，また，事業主がこれらの者について注意深い選任・監督等を行っている場合には，秩序違反法 30 条の関連行為である秩序違反法 130 条の監督義務違反も認められないことから，処罰の間隙が生じるとの指摘がなされていたところ，これに対する立法措置を講じたものである[42]。

３．企業関係的義務の侵害

法人等に対する過料を課すためには，管理者的地位にある者により犯罪行為または秩序違反行為（関連行為）が行われ，これにより，企業関係的義務が侵害されることが必要である。企業関係的義務としては，以下のようなものが挙げられる。

［１］法人等を直接の名宛人とする義務

まず，事業主である法人等を直接の名宛人とする義務があげられる。事業主を名宛人とする義務規定について，管理者的地位にある者は義務の直接の名宛人ではないが，「他人のためにする行為」について定める刑法 14 条または秩序違反法 9 条により義務の名宛人となり，そして，その違反行為が法人等に対する過料を基礎づけることになる[43]。

［２］一般的義務

義務の名宛人を限定しない一般的義務についても，その違反が法人等の業務の遂行と関連して生じる場合には，企業関係的義務となりうる[44]。それゆえ，過失傷害罪（刑法 229 条）や過失致死罪（刑法 222 条）を構成する注意義務も，法人等に対する過料を基礎づける関連行為となりうる[45]。例えば，労働者を危険から守る義務などがこれにあたる[46]。

［３］秩序違反法 130 条に基づく監督義務

秩序違反法 130 条の監督義務（Aufsichtspflicht）の違反も，法人等に課された義務の違反となる。企業において必要な監督措置を講じる義務は，まず第一に，秩序違反法 130 条 1 項に基づき，事業主である法人ないし人的団体に課される。

41　*Achenbach,* in : Achenbach / Ransiek（Hrsg.）, Handbuch Wirtschaftsstrafrecht, 2004, Kapitel I / 2, Rn.8.
42　BT-Drucks. 14 / 8998, S.10.
43　Vgl. *Göhrer*（Anm. 30）, §30 Rn.19.
44　Vgl. *Göhrer*（Anm. 30）, §30 Rn.20.
45　BT-Drucks. V / 1269, S.60.
46　*Achenbach*（Anm. 41）, Kapitel I / 2, Rn.7.

121

そして，法人等の管理者的地位にある者は，この義務を法人等のために履行する義務を負い，その懈怠は秩序違反行為となり，法人等に対する過料を基礎づけることになる。

4．法人等の利得

秩序違反法30条1項によれば，企業関係的義務の侵害がない場合でも，関連行為により法人等が利益を得た場合，もしくは，利益を得たであろう場合には，法人等に対する過料を課すことができる[47]。これは，違法利益の剥奪という本条の立法趣旨に照らしたものである[48]。

関連行為に制限はなく，原則として，刑法及び秩序違反法上のすべての違反行為が関連行為となる。財産犯か非財産犯かを問わない[49]。また，法人等が行為により違法な財産的利益を得たのであれば，利得が追及されたものかどうかは問わない。結果として利益が生じたことで足りる[50]。もっとも，法人の機関等の行為と法人等の活動との間には，機能的に見て，機関または役員等「として」なされたという関係がなければならない[51]。

秩序違反法30条1項は，法人等が利益を得た場合だけでなく，利益を得たであろう場合にも，法人等に対し過料を課すことを可能にしている。この場合，法人の機関等が利得を追求した場合には，「利益を得たであろう」という要件は充たされる[52]。利得の追求が行為の主たる目的である必要はない[53]。

なお，利益剥奪という目的は，刑法および秩序違反法がそれぞれ規定する利益剥奪の処分によって達成可能であるが，追求された利益が得られなかった場合には，利益剥奪は問題とはならない。その意味で，利益を得たであろうことを要件として法人等に対し過料を課すことは，違法利益獲得のいわば未遂犯に対し過料を課すという実践的意義を有することになる[54]。

---

[47] *Rogall*（Anm. 37），§30 Rn.78. BT-Dr V / 1269, S.61.

[48] Vgl. BT-Dr V / 1269, S.60. *Demuth / Schneider*, Die besondere Bedeutung des Gesetzes über Ordnungswidrigkeiten für Betrieb und Unternehmen, BB 1970, 642, 650f ; *Müller*（Anm. 36），S.74.; *Eidam*, Die Verbandsgeldbuße des §30 Abs. 4 OWiG-eine Bestandsaufnahme, wistra 2003, 447, 454.

[49] *Rogall*（Anm. 37），§30 Rn.79.

[50] *Göhrer*（Anm. 30），§30 Rn.22.

[51] *Göhrer*（Anm. 30），§30 Rn.22.

[52] *Eidam*（Anm. 48），454.

[53] Vgl. *Göhrer*（Anm. 30），§30 Rn.22.; *Rogall*（Anm. 37），§30 Rn.88.

[54] Vgl. *Rogall*（Anm. 37），§30 Rn.80, 87.

第5章　ドイツにおける企業活動の適正ルール形成のための法制度

5．法人の機関等「としての」行為

機関等の行為とその地位との間には，内的連関ないし機能的連関が必要である[55]。すなわち，法人等に対する過料の賦課は，法人の機関等が，機関，代理人その他の管理者的地位にある者「として」行為した場合にのみ基礎づけられる。

例えば，管理者的地位にある者が，法人等の業務に関して，賄賂を供与することにより契約を締結しようとする場合には，内的連関は肯定される。これに対し，行為者が自己の利益を図り行為した場合には，通常，この要件を欠くことになる。例えば，行為者が，法人等の業務の機会に契約の相手方から盗みを働くような場合には，内的連関は否定される[56]。なぜなら，この場合は，行為者が機関として行為したのではなく，単に業務の機会を利用したにすぎないからである[57]。もっとも，機関等が，自己の利益を図ると同時に，法人等のためにも行為した場合は，この要件を満たしうる。

管理者的地位にある者の行為は，その者の管轄領域に属するものである必要ではない。法文が要求しているのは，法人の機関等が法人等に課された義務に違反することのみであり，それゆえ，法人の機関等の行為が法人等の業務の範囲内にあることで足りる[58]。

（4）過料の賦課

1．法的性質

既に述べたように，法人等に対する過料は，もともと，違反行為の処理において個人企業と法人企業との間に生じる不均衡を是正することを目的として立法されたものである。そして，現在，法人等に対する過料の目的としては，違法な利益を剥奪するという目的のほかに，過料を課すことにより将来の違反行為を防止するという抑止目的ないし一般予防目的があると解するのが一般的な理解である[59]。いずれにせよ，過料を課す前提となる関連行為の要件は，利益

55　*Göhrer*（Anm. 30），§30 Rn.25.; *Rogall*（Anm. 37），§30 Rn.91. BGH NStZ 1997, 30.
56　さらに，出張中の事故の場合も，内的連関は否定される。Vgl. *Rogall*（Anm. 37），§30 Rn.91.
57　*Göhrer*（Anm. 30），§30 Rn.25.
58　*Göhrer*（Anm. 30），§30 Rn.26.
59　Vgl. *Göhrer*（Anm. 30），Vor §29a Rn.28.; *Rogall*（Anm. 37），§ 30 Rn.16ff.; *Eidam*（Anm. 48），S.448. なお，ミッチュは，利益剥奪の目的は劣位するとしている。*Mitsch*, in : Senge（Hrsg.），Karlsruher Kommentar zum Gesetz über Ordnungswidrigkeiten, 3. Aufl., 2006, §17 Rn.4.

剥奪とは異なり，犯罪構成要件または秩序違反行為構成要件に該当し，違法で有責な（秩序違反法では，非難可能な）行為でなければならず，それゆえ，過料は，刑罰とは異なるものの，非難（Vorwurf）を基礎とする制裁という性質を有するものである[60]。

ところで，法人等に対する過料は，もともと，機関の違反行為の「付随効果として（als Nebenfolge）」課されるという位置づけであった。しかし，1986年の第2次経済犯罪対策法[61]によりこの文言が削除されたことによって，今日では，法人等に対する真正な制裁として理解されている[62]。

なお，秩序違反法30条は，過料を課すことが「できる（kann）」と規定しており，法人等に対する過料を課すかどうかは訴追官庁の裁量に委ねられている。

2．過料額の基準

法人等に対して課される過料の額は，関連行為の性質に応じて異なる。

関連行為が犯罪行為の場合には，法人等に対する過料の額は，故意犯の場合には100万ユーロ，過失犯の場合には50万ユーロを上限とする（秩序違反法30条2項1文）。

関連行為が秩序違反行為の場合には，当該関連行為に対して課される額が法人等に対する過料としても妥当する（秩序違反法30条2項2文）。その際，過失による秩序違反行為については，過料額に特に定めのない限り，秩序違反法17条2項により，法定額の2分の1となる。

60　秩序違反法17条3項1文は，「過料の量定の基礎は，秩序違反行為の意義（Bedeutung）と行為者に向けられる非難（Vorwurf）である。」と規定する。

61　Zweites Gesetz zur Bekämpfung der Wirtschaftskriminalität vom 15. 5. 1986（BGBl. I 721）．

62　この点について，クラウス・ティーデマン（西原・宮澤監訳）『ドイツおよびECにおける経済犯罪と経済刑法』（成文堂・1990）96頁参照。なお，法人等に対する過料が「付随効果」とは別に位置づけられることは，1994年6月27日の第2次環境犯罪対策法（Zweites Gesetz zur Bekämpfung der Umweltkriminalität vom 27. 6. 1994（BGBl. I 1440).）により，秩序違反法33条1項2文が「付随効果の命令または法人もしくは人的団体に対する過料の賦課（...wegen der Anordnung einer Nebenfolge oder der Festsetzung einer Geldbuße gegen eine juristische person oder Personenvereinigung...)」と改正されたことにより，法文上も確認された。さらに，2002年8月22日法により，秩序違反法第2編第8章の見出しが「付随効果の命令手続（Verfahren bei Anordnung von Nebenfolgen）」から「付随効果の命令または法人もしくは人的団体に対する過料の確定の手続（Verfahren bei Anordnung von Nebenfolgen oder der Festsetzung einer Geldbuße gegen eine juristische person oder Personenvereinigung）」と変更されるに至った。Vgl. *Göhrer* (Anm. 30), Vor §29a Rn.14.

第5章　ドイツにおける企業活動の適正ルール形成のための法制度

関連行為が犯罪であり同時に秩序違反行為でもあるときは，秩序違反法30条2項3文により，秩序違反行為に対して課される過料の額が第1文（関連行為が犯罪の場合）の額を超える場合には，秩序違反行為に対して課される額が上限となる。

ところで，30条2項3文は，1997年の汚職対策法[63]により，当時刑法298条に新たに設けられた入札談合罪を考慮して新たに加えられた規定である[64]。入札談合が犯罪行為とされることにより，秩序違反法21条に基づき入札談合罪の構成要件がカルテル秩序違反行為（競争制限禁止法81条1項1号）を排除することになるが[65]，この規定を置くことにより，秩序違反法30条2項1文を超える過料を，競争制限禁止法81条2項1文による超過利得の3倍まで（過失の場合には，秩序違反法17条2項により1.5倍まで）課すことができることとしたものである。もっとも，2005年の競争制限禁止法第7次改正により，超過利益の3倍額を上限とするのではなく，EUと同様に，前年度の総売上高の10%を上限とすることとされた（競争制限禁止法81条4項）。

3．経済的利得の剥奪

秩序違反法17条4項は，秩序違反行為により得られた経済的利得を剥奪するのに不十分な場合には，法定の過料額を超えて利得を剥奪することを認めている。そして，このことは，法人等に対する過料の賦課の際も同様である（秩序違反法30条3項）。

(5) 手続き上の諸問題

1．併合手続

法人等に対する過料は，原則として[66]，関連行為を行った機関等に対する刑事手続き・過料手続において確定される。この点については，法人等に対する過料がもはや機関等の関連行為の「付随効果として（als Nebenfolge）」課されるものではないことから，批判もあるが[67]，機関の関連行為による処罰も

63　Gesetz zur Bekämpfung der Korruption vom 13. 8. 1997（BGBl. I 2038）.
64　BT-Drucks. 13 / 8079, S.16. なお，ドイツの入札談合罪について，神山敏雄『独禁法犯罪の研究』（成文堂・2002）252頁以下を参照。
65　秩序違反法21条は，「行為が犯罪行為であると同時に秩序違反行為である場合には，刑法のみが適用される」と規定する。
66　後に見る「独立手続」は，一定の要件がある場合にのみ可能である。
67　*Schroth*, Der Regelungsgehalt des 2. Gesetzes zur Bekämpfung der Wirtschaftskriminalität im Bereich des Ordnungswidrigkeitenrechts, wistra 1986, 158, 163f.

法人等に対する過料も，いずれにせよ，機関の関連行為を基礎とするものであるため，訴訟経済の観点からも，併合して審理するのが原則とされている[68]。

2．独立手続

秩序違反法30条4項は，法人等に対する独立の過料手続（独立手続）を可能にしている。独立手続は，関連行為に基づく機関等に対する刑事手続きないし過料手続が開始されず，すでに開始された手続が中止され，もしくは，刑が免除されることを要件とする。併合審理が可能であるかどうかは問わない。もっとも，独立手続は，関連行為が法的理由から起訴され得ない場合には，排除される（秩序違反法30条4項3文）。

なお，秩序違反法30条4項に基づく独立手続において，法人等に対する過料を関連行為の処罰から解放することは，具体的な関連行為の行為者が確認されない場合でも，団体に対しては過料を課すという可能性をもたらすことになる。具体的には，以下の場合に過料の賦課が可能になるとされている。

まず第一に，秩序違反法30条1項が規定する人定範囲に属する誰かが違反行為を行った可能性があるが，具体的な個人を特定できない場合に，法人等に対して過料を課すことが可能になる。具体的には，管理者的地位にあるA，BまたはCの誰が違反行為を行ったのかが不明であっても，確実性と境を接する蓋然性をもって，少なくてもそのうちの誰かが行為者として非難可能に行為を行ったと考えられる場合には，法人等に対し過料を課すことが許される[69]。その場合には，管理者的地位にある者が違反行為を行ったものと確定されるからである。

第二に，秩序違反法130条の監督義務違反について，組織的欠陥（Organisationsmangel）のため，監督措置について管理者的地位にある者のうち誰が管轄を有するのかが明らかでない場合には，そのような組織的欠陥そのものが監督義務違反と捉えられることにより，原則として，個々の機関構成員が監督義務違反の責任を負うことになる[70]。

3．管轄

法人等に対する過料の確定に関する管轄については，違反行為が秩序違反行

68　*Göhrer*（Anm. 30），§30 Rn.30.
69　*Göhrer*（Anm. 30），§30 Rn.40. 講学上，このような過料を「匿名過料（anonyme Verbandsgeldbuße）」と呼ぶことがある。
70　*Göhrer*（Anm. 30），§30 Rn.40.; *Rogall*（Anm. 37），§30 Rn.165.

第5章　ドイツにおける企業活動の適正ルール形成のための法制度

為の場合，併合手続による場合であれ，独立手続による場合であれ，秩序違反行為の処罰について管轄を有する行政官庁が，法人等に対する過料の確定についても管轄を有する（秩序違反法 88 条 1 項）。

違反行為が犯罪行為の場合には，法人等に対する過料の確定は，併合手続においては，一般に，関連行為つまり犯罪行為の訴追について管轄を有する裁判所が決定する（刑事訴訟法 444 条）。これに対し，独立手続の場合には，法人等に対する過料の関連行為となる犯罪行為を行った企業の管理者的地位にある者の訴追に権限を有することになる裁判所が決定する（刑事訴訟法 444 条 2 項，441 条 1 項 1 文）[71]。

4．時効

法人等に対する過料の確定についての時効は，関連行為の訴追の時効に従属する。法人の機関等について時効の中断を生じさせる行為は，法人等に対しても時効を中断させる効果を有する。

● 2　没収，利益剥奪，超過利得剥奪
（1）はじめに

刑法 74 条ないし 74e 条および秩序違反法 22 条ないし 29 条は，犯罪行為または秩序違反行為により生じた物件（生成物件），または，犯罪の遂行またはその予備のために用いられ，もしくは用いることが予定されていた物件（使用物件）の没収（Einziehung）を規定する[72]。これに対し，不法に得られた財産的利益の剥奪を目的とするのが，刑法 73 条ないし 73e 条および秩序違反法 29a 条の利益剥奪（Verfall）である。

さらに，1954 年の「経済刑法のさらなる簡素化のための法律」[73]は，利益剥

71　もっとも，競争制限禁止法 82 条，秩序違反法 30 条 4 項 2 文—1997 年 8 月 31 日の汚職対策法（Gesetz zur Bekämpfung der Korruption）により導入—により，競争制限禁止法 81 条 1 項，2 項 1 号，3 項に該当する犯罪行為（特に刑法 298 条）の成立が認められる場合，または，秩序違反法 130 条の監督義務違反について，刑罰の対象となる違反行為が競争制限禁止法 81 条 1 項，2 項 1 号，3 項の構成要件にも該当する場合には，カルテル官庁が排他的に管轄を有することになる。Vgl. *Rogall*（Anm. 37），§30 Rn.154.

72　ドイツにおける没収，利益剥奪について詳しくは，町野朔・林幹人編『現代社会における没収・追徴』（信山社・1996）199 頁以下（大越義久「ドイツ刑法の没収—その沿革と改正—」，西田典之「ドイツにおける利益剥奪制度の改正」，伊東研祐「ドイツにおける不法利益剥奪（Verfall）法の新展開」）を参照。

73　Gesetz zur weiteren Vereinfachung des Wirtschaftsstrafrechts（WiStG 1954）.

奪の特別類型として，超過利得剥奪（Mehrerlösabführung）を規定している。
(2) 没　収
1．趣　旨
　刑法74条および秩序違反法22条は，それぞれ，没収の規定を置いている。

　刑法74条1項は，「故意の犯罪行為が行われたときは，行為によって生じた物件もしくは行為を犯すためまたは予備のために用いられもしくは予定されていた物件は，これを没収することができる。」とし，故意の犯罪行為であることを要件としている。他方，秩序違反法22条1項は，「法律が明確に許容する場合に限り」という要件を付したうえで，没収を秩序違反行為の付随効果（Nebenfolge）と位置づけている。

2．没収の要件
　いかなる場合に没収が認められるのかについては，刑法と秩序違反法はほぼ同様の要件を課している。すなわち，刑法においては，①物件が，裁判のときに，正犯者または共犯者に属しもしくは帰属している場合，または，②物件が，その性質および事情により，公共に危険を及ぼしまたは違法な行為を犯すことに役立つ危険がある場合であり，秩序違反法においては，①物件が，裁判のときに，犯人に属しもしくは帰属している場合，または，②物件が，その性質および事情により，公共に危険を及ぼしもしくは刑罰もしくは過料の対象となる行為を犯すことに役立つ危険がある場合である。原則として犯罪行為・秩序違反行為の成立を要件とし，それゆえ，違法で有責な（秩序違反法においては「非難可能な」）行為を要件とするが，いずれも②の場合には，行為者に有責性・非難可能性が認められない場合でも，没収は許容される。

　さらに，刑法74b条2項1号，74d条，秩序違反法24条1項1号は，没収の代わりに，もしくは，没収と並んで，使用不能処分（Unbrauchbarmachung）を規定している。

3．法人等に対する賦課
　刑法75条および秩序違反法29条は，没収が，これらの条項が規定する法人等の人的団体に対しても向けられることを規定している。この場合，条文に列挙された管理者的地位にある者の行為が法人等に帰属されることになる。なお，法人等に帰属される行為の人的範囲は，2002年8月22日法により，秩序違反法30条と同様に拡張されている。

（3）利益剥奪

1．趣　旨

　刑法73条以下および秩序違反法29a条は，利益剥奪として，違法行為もしくは過料の対象となる行為から得られた利益の剥奪を規定している。利益剥奪の趣旨は，違法な行為について，もしくは，違法な行為から得られた利益を保持させるのではなく，それを剥奪することにより，法侵犯が利益になることを妨げようとするものである。刑法における利益剥奪が命じられたときは，物に対する所有権または追徴された権利は，国家に帰属する（刑法73e条）。秩序違反法においては，得られた物の価値に対応する価額を上限とした金額の追徴のみが可能である。

　利益剥奪は，行為者以外の第三者（他人）に対しても向けられる（第三者剥奪）。その要件は，行為者が当該第三者のために行為し，当該第三者がそれにより「何らかのもの（etwas）」を獲得したことである（刑法73条2項，秩序違反法29a条2項）。

　なお，剥奪の対象については，1992年の「外国貿易法，刑法及びその他の法律を改正するための法律」[74]により，それまでの純益主義（Nettoprinzip）から総体主義（Bruttoprinzip）へと移行した。つまり，剥奪の対象は，従来のように「財産的利益（Vermögensvorteil）」，つまり，行為に対しまたは行為から得たものからその獲得に要した費用を控除した純益ではなく，それらを含めた総体とされることになった（「財産的利益（Vermögensvorteil）」を「何らかのもの（etwas）」に代えることにより，法文上このことを明らかにした）[75]。

2．秩序違反法における利益剥奪と過料との関係

　制裁体系における利益剥奪の位置づけについては，刑法と秩序違反法との間に重要な相違がある。

　すなわち，刑法においては，刑法40条による日数罰金制（Tagessatzsystem）が，罰金を通しての利益の剥奪を認めていないために，違法な利益を剥奪するという課題は，もっぱら刑法73条以下の利益剥奪が担うことになる[76]。これに対し，秩序違反法においては，違法な利益を剥奪するという機能は，秩序違

---

[74] Gesetz zur Änderung des AWG, des StGB und anderer Gesetze vom 28. 2. 1992（BGBl. I 372）.

[75] BT-Drucks. 12／1134, S.12. この点について，西田典之・前掲注(72) 211頁を参照。

[76] Vgl. *Schroth*（Anm. 67）, S.159.; *Achenbach*（Anm. 41）, Kapitel I／2, Rn.28.

反法17条4項により，まず第一に，過料に属することになる。それゆえ，法人等に向けられる処分についても，利益剥奪は法人等に対する過料（秩序違反法30条）に対して補充的であり，法人等に対する過料の確定は，秩序違反法30条5項により，秩序違反法29a条および刑法73条以下による利益剥奪の規定を排除することになる。

このような秩序違反法における利益剥奪の補完性に鑑みて，刑法における利益剥奪が必要的処分であるのに対し，秩序違反法のそれは任意的処分となっている。もっとも，犯罪行為に基づいて法人等に対する過料（秩序違反法30条）が課されるときは，利益剥奪の機能は過料により実現されることになるので，刑法73条による利益剥奪は排除される[77]。

3．利益剥奪の対象としての収益

利益剥奪の対象は，刑法においては，利益剥奪の名宛人が関連行為について，もしくは，関連行為から得た全てである。賃貸報酬のような派生利益，売却により取得された代償物（Surrogat）なども含まれる（刑法73条1項，2項）。また，一定の要件のもとで，代価（Wertersatz）の剥奪も認められる（刑法73a条）。

これに対し，秩序違反法においては，得られた物の価値に対応する金額の剥奪のみが問題となる。この規定の形式は，1992年の「外国貿易法，刑法及びその他の法律を改正するための法律」により設けられた。派生利益や代償物に関する規定はなく，直接的な利益のみが剥奪の対象となる。

4．関連行為の要件の相違

関連行為は，刑法73条においては，「違法な行為（rechtswidrige Tat）」とされ，秩序違反法29a条では，「過料の対象となる行為（mit Geldbuße bedrohte Handlung）」と記述されている。つまり，行為者が行為を有責に（非難可能に）行ったということは，要件とはされていない。この点は，法人等に対する過料の要件が行為の有責性（非難可能性）を要件としているのとは異なっている。

もっとも，純益主義から総体主義への移行後も，このような枠組みを維持しうるかについては，議論のあるところである[78]。というのも，純益主義によれば，利益剥奪を通してもっぱら行為に対しまたは行為から得た財産的利益のみを除去し，違法な状態を除去することが目的とされるのであるから[79]，行為の

---

[77] Vgl. *Tröndle / Fischer*, Strafgesetzbuch und Nebengesetze, 52. Aufl., 2004, §73 Rn.15.
[78] *Achenbach*（Anm. 41），Kapitel I / 2, Rn.31.
[79] *Göhrer*（Anm. 30），§29a Rn.1.

第 5 章　ドイツにおける企業活動の適正ルール形成のための法制度

有責性（秩序違反法では，非難可能性〔Vorwerfbarkeit〕）までは必要ではなく，「違法な行為」もしくは「過料の対象となる行為」を関連行為とすることで足りると解することも可能である。しかし，総体主義によれば，犯罪行為による利得の除去だけではなく，その獲得に向けた費用も剥奪の対象となるため，違法状態の除去を超えて，刑事制裁的な色彩を帯びることになるからである[80]。

5．第三者（他人）からの剥奪

刑法 73 条 3 項および秩序違反法 29a 条 2 項は，ともに，行為者（または共犯者）が「他人のために（für einen anderen）」行為し，他人がこれにより「何らかのもの（etwas）」を得たことを要件としている。他人には法人も含まれる。行為者は，刑法 14 条や秩序違反法 9 条に規定された者である必要はなく，それゆえ，秩序違反法 30 条による法人等に対する過料が課されない場合に，これらの条項は実務的に重要な意義を有することになる[81]。なお，他人は，「これにより（dadurch）」，すなわち，直接「何らかのもの（etwas）」を得ることが必要である[82]。

また，刑法 73 条 4 項は，剥奪の客体が第三者の財産に属し，または帰属する場合であっても，第三者がそれを行為に対し，もしくは，その他行為の事情を認識して提供した場合には，その剥奪を命じる，と規定する。これは，行為に関与しない第三者が行為者に対し剥奪の対象となる客体を提供したが，譲渡契約が無効となるために行為者に所有権が移転せず（民法 134 条，138 条），それゆえ刑法 73 条 1 項 1 文による利益剥奪が排除される場合を捕捉するものである[83]。

法人等に対する過料の場合とは異なり，処分の名宛人に制限はない。また，行為者の範囲にも制限はなく，法人の機関等，企業の管理者的地位にある者が行為したのか，中間管理層の誰かが行為したのか，その他の従業員が行為したのか，あるいは，企業とは無関係の者が行為したのかは，一切問わない[84]。

80　Vgl. *Tröndle / Fischer*（Anm. 77），§73 Rn.3. この点について，イェシェック＝ヴァイゲント（西原春夫監訳）『ドイツ刑法総論第 5 版』（成文堂・1999）629 頁。
81　Vgl. *Tröndle / Fischer,* StGB，§73 Rn.21.
82　BGHSt 45, 235, 244.
83　Vgl. *Tröndle / Fischer*（Anm. 77），§73 Rn.26.
84　*Achenbach*（Anm. 41），Kapitel I / 2, Rn.29. Vgl. *Göhrer*（Anm. 30），§29a Rn.7.; *Lackner / Kühl*, Strafgesetzbuch mit Erläuterungen, 24. Aufl., 2001, §73 Rn.9.

6．被害者の請求権

刑法73条1項2文によれば，行為の被害者に対して，正犯者または共犯者から行為により得たものの価値を奪う請求権が生じる場合には，利益剥奪の命令はなされない。租税犯罪の場合についても，国庫が刑法73条1項2文の意味での被害者となるので，利益剥奪は排除される[85]。このことは，第三者からの剥奪の場合にも妥当する。

判例及び通説的理解によれば，請求権は，損害賠償請求権や不当利得返還請求権が法的に存在することで足り，それが行使されることは必要ないと解されている[86]。それゆえ，この条項は，利益剥奪を広範に排除する機能を持つことになるので，「利益剥奪の墓堀人（Totengräber des Verfalls）」とも呼ばれている[87]。

他方，秩序違反法には，これに対応する条項はないが，99条2項において，金額の追徴（29a条）に関して，過料の対象となる行為により被害を受けた者について請求権を認める確定判決があったときは，利益剥奪の執行をしない旨の規定が置かれている。

（3）超過利得剥奪

1954年の「経済刑法のさらなる簡素化のための法律」は，利益剥奪の特別類型として，超過利得剥奪を規定している。それによると，違反行為により許容される価格以上の価格を獲得した場合には，行為者は超過利得を州（ラント）に支払うことを命じられる（8条1項1号）。

III　自然人に対する制裁体系

■1　総説

企業活動に際して，個々の従業員により犯罪行為・秩序違反行為が行われた場合，具体的な行為者が責任を負うのは当然である。また，企業活動が個々の自然人により担われるものである点に鑑みれば，企業それ自体を規範の名宛人とする場合でも，具体的な規範違反行為は，企業活動を担う個々の自然人について考えるほかない。ドイツの法制においても，企業それ自体を名宛人とする規定については，一定の自然人の行為を関連行為（Anküpfungstat）として位置

---

[85] Vgl. *Krekeler / Werner*（Anm. 40），Rn.140.
[86] Vgl. *Tröndle / Fischer*（Anm. 77），§73 Rn.11.
[87] *Eberbach*, Zwischen Sanktion und Prävention, NStZ 1987, 486, 491.

第5章　ドイツにおける企業活動の適正ルール形成のための法制度

づけ，それを法人等に帰属させるという体系をとっている。このように，自然人の行為は，自らの処罰を基礎づけるとともに，関連行為として，法人等に対する制裁を根拠づけるのである。

本章では，自然人自身に対する制裁システムを構成する規定について概観した後に，法人等に対する制裁を基礎づける関連行為に関する規定である，刑法14条および秩序違反法9条の「他人のためにする行為」の問題と，秩序違反法130条の監督義務違反の問題について詳しく見ることにしたい。

(1) 正犯・共犯

犯罪行為のうち，犯罪主体に限定のない犯罪（非身分犯）については，犯罪に関与した者は，正犯と共犯に関する刑法25条以下の規定により，その刑事責任を負うことになる。

秩序違反法については，刑法とは異なり，正犯と共犯との区別はなく（統一的正犯概念），各関与者が秩序違反構成要件の実現にどのように関与したかに関係なく，各自が秩序違反行為を行った者とされる（秩序違反法14条1項1文）。

なお，企業において個々の取締役に管轄の分配がなされている場合には，個々の取締役は自己の管轄領域にのみ責任を負担し，他の管轄領域の事項については責任を負わないかが問題となるが，最高裁は，皮革スプレー事件判決[88]において，危機的・例外的状況においては，取締役は，個々の管轄領域を超えて，業務遂行の全般について管轄と責任を負うとして，「一般的責任・全面的管轄（Generalverantwortung und Allzuständigkeit）の原則」を承認している[89]。

(2) 身分犯

問題となるのは，企業主体を直接の名宛人とする身分犯の場合である。これ

88　BGHSt 37, 106. なお，本判決は，個々人の刑事責任を論じるに際し，まず企業それ自体について義務違反があるかどうかを論じ，次に個々の従業員の行為について判断するという判断方法をとっており，いわゆる企業組織体責任論と同様の考え方を採用している点が注目される。これについて，vgl. *Kuhlen,* Grundfragen der strafrechtlichen Produkthaftung, JZ 1994, 1142, 1144f.; *ders,* strafrechtliche Produkthaftung, in : Roxin / Widmaier（Hrsg.), 50 Jahre Bundesgerichtshof, Festgabe aus Wissenschaft, 2000, S.647.

89　企業における組織的意思決定と個人的帰責をめぐるドイツの議論について，前嶋匠「企業・組織犯罪における合議決定と帰属関係(1)(2・完)」関西大学法学論集54巻4号（2004）90頁以下，54巻5号（2005）114頁以下を参照。さらに，クヌート・アメルング編著（山中敬一監訳）『組織内犯罪と個人の刑事責任』（成文堂・2002）。また，企業における安全確保義務という観点から，取締役の個人責任を包括的に論じたものとして，甲斐克則監訳，岡部雅人・新谷一朗訳「ハロー・オットー『企業における安全確保義務違反の刑事責任』」早稲田法学83巻1号（2007）117頁以下参照。

は，刑法と秩序違反法のそれぞれについて問題となる。企業を名宛人とする身分犯といっても，企業それ自体が違反行為を行うわけではなく，企業のために活動する個々の自然人により行われることになる。そこで，刑法および秩序違反法は，刑法14条および秩序違反法9条にそれぞれ「他人のためにする行為（Handeln für einen anderen）」に関する規定を設けている。すなわち，ある者が法人の機関等として活動する場合，機関自身に処罰を基礎づける身分等が存在しない場合であっても，法人にその身分が存する場合には，法人を名宛人とする身分犯の規定は法人の機関等に適用される，というわけである。

この規定は，単に機関等の処罰・制裁を基礎づけるだけでなく，秩序違反法30条（法人に対する過料）の解釈においても重要な意味をもつ。なぜなら，法人等に対する過料は，法人等に課された義務の違反を要件としているが，刑法14条・秩序違反法9条による行為は，秩序違反法30条の典型的な関連行為となるからである。

（3）不作為犯

いわゆる不真正不作為犯については，総則規定をもたないわが国とは異なり，刑法13条および秩序違反法8条が，それぞれ総則規定を設けている。もっとも，いかなる場合に企業の経営陣が従業員の違反行為を回避しなかったことについて不真正不作為犯として処罰されうるかについては議論がある。

学説では，企業活動に典型的な危険が生じる場合に従業員の違反行為を防止すべき保障人的地位を認める見解も有力であるが，有力説は，企業活動に典型的な危険でなくても，企業活動に関係する行為であれば保障人的地位を肯定している[90]。もっとも，いずれにせよ，不真正不作為犯が認められるためには，判例の公式によれば，「確実性と境を接する蓋然性（an Sicherheit grenzender Wahrscheinlichkeit）」により，従業員の違反行為を阻止できたはずでなければならない。この点に疑問が残る場合には，不作為正犯は否定される。さらに，具体的な違反行為の認識もしくは予見可能性が必要である。それゆえ，従業員の違反行為に対する管理者的地位にある者の責任については，むしろ，後に検討する秩序違反法130条の監督義務違反が，実務的に大きな意義を有することになる。

---

90 Vgl. *Achenbach*（Anm. 41), 2004, Kapitel I / 3, Rn.32.

●2 他人のためにする行為
（1）はじめに
　刑法14条および秩序違反法9条は、「特殊な人的要素（besondere persönliche Merkmale）」が可罰性を基礎づける身分犯について、そのような人的要素が法人の機関等には存しないが法人等には存する場合、当該身分犯規定は法人の機関等にも適用される旨を定めている（刑法14条と秩序違反法9条は、文言はほとんど同じである。）。「他人のためにする行為」の規定は、法人等を名宛人とする義務規定について、法人の機関等に名宛人を拡張する機能を有するものであり、企業犯罪の規制において重要な意義を有する。そして、法人の機関等による、法人等を直接の名宛人とする義務規定に対する違反は、行為者である法人の機関等の処罰ないし制裁を基礎づけるのみならず、法人等に対する過料（秩序違反法30条）を基礎づける関連行為を構成することになる。

（2）人的要素が帰属される名宛人
1．法人の機関等
　刑法14条および秩序違反法9条のそれぞれ第1項は、人的要素が帰属される名宛人として、①法人の代理権を有する機関もしくはそのような機関の構成員、②権利能力を有する人的会社の代理権ある社員、③他人の法定代理人、をそれぞれ掲げている。

　なお、2002年8月22日法は、管理者的地位にある者について、秩序違反法30条1項5号に包括的な規定を置いたが、このような手当ては、刑法14条および秩序違反法9条では行われていない。そのため、刑法14条または秩序違反法9条により「特殊な人的要素」が帰属される名宛人の範囲は、2002年8月22日法以降、秩序違反法30条における関連行為の行為者の範囲とは異なっている。

　①　法人の代理権を有する機関もしくはそのような機関の構成員

　刑法14条および秩序違反法9条のそれぞれ1項1号は、人的要素が帰属される名宛人として、代理権を有する法人の機関もしくはそのような機関の構成員を挙げている。具体的には、株式会社の取締役、有限会社の取締役、株式合資会社の無限責任社員などがこれに該当する。代理権を有する機関であることが必要であり、それゆえ、監査役会とその構成員、顧問会（Beirat）とその構成員などは含まれない[91]。個々の機関について、個別的に具体的な代理権が存在するかどうかは問わない[92]。

なお，判例によれば，いわゆる「事実上の機関（faktische Organe）」，「事実上の取締役（faktischer Geschäftsführer）」も，刑法14条および秩序違反法9条の人的範囲に含まれる[93]。

② 権利能力を有する人的会社の代理権ある社員

刑法14条および秩序違反法9条のそれぞれ1項2号は，権利能力を有する人的会社の代理権を有する社員を，人的要素が帰属される名宛人として挙げている。

ところで，合名会社や合資会社などの人的会社は法人格を有しないことから，個々の社員が自ら特殊な人的要素を充足することになり，「他人のためにする行為」に関する規定は本来必要ないのではないかということが問題となるが，規定を置かないことにより人的会社については会社自体が名宛人と評価されるという誤解が生じることを回避するため[94]，規定を置くことにしたとされている[95]。この点に関し，1項2号の規定は何ら意義のない規定であるとする見解もあるが[96]，代理権を有する社員のみを人的要素の帰属主体とすることにより帰責を制限する機能があると解するのが有力な理解であるといえよう[97]。

合資会社については，有限責任社員ではなく，無限責任社員のみが代理権を有する。有限合資会社については，特殊な人的要素は，無限責任社員である有限会社の取締役に帰属される（まず2号が適用され，次に1号が適用される）[98]。合名会社については，組合契約（Gesellschaftsvertrag）において特に定めのないかぎり，個々の社員がそれぞれ会社を代表することになる。

なお，2002年8月22日法による改正により，民法上の外的組合およびパートナーシップ共同体の代理権を有する社員も規範の名宛人に含まれる。

③ 他人の法定代理人

刑法14条および秩序違反法9条のそれぞれ1項3号は，他人の法定代理人

---

[91]　Vgl. *Rogall*（Anm. 37），§9 Rn.43.
[92]　Vgl. *Göhrer*（Anm. 30），§9 Rn.9.
[93]　Vgl. *Göhrer*（Anm. 30），§9 Rn.9a.
[94]　この点について，vgl. *Demuth / Schneider*（Anm. 48），S.643.
[95]　BT-Drucks. V / 1319, S.63.
[96]　Vgl. *Perron*, in : Schönke / Schröder（Hrsg.），Strafgesetzbuch, 26. Aufl., 2001，§14 Rn.21.
[97]　Vgl. *Tiedemann*, Die strafrechtliche Vertreter-und Unternehmenshaftung, NJW 1986, 1842, 1844.; *Achenbach*（Anm. 41），Kapitel I / 3, Rn.11.; *Rogall*（Anm. 37），§9 Rn.50.
[98]　Vgl. *Göhrer*（Anm. 30），§9 Rn.10.

を，人的要素が帰属される名宛人として挙げている。具体的には，破産管財人などがこれに該当する[99]。

  2．任意代理人

　刑法14条および秩序違反法9条のそれぞれ2項1文1号は，「特殊な人的要素」の帰属を，事業主（事業主が自然人でない場合には，その代理権を有する機関または社員）から経営もしくは企業の全部またはその一部を管理することを委任された者にまで拡大している。これは任意代理人（gewillkürter Vertreter）を対象とするものである。現代の企業活動において，企業組織のトップに位置する者が事業主に課された義務をすべて1人で履行することは不可能であり，他人に義務の履行を委任することは不可欠である。本項は，管理を委任された者に「特殊な人的要素」の帰属を認めることにより，管理の委任に伴い生じ得る処罰の間隙を塞ぐことを目的とするものである。

（3）代理関係・委任関係の有効性

　刑法14条および秩序違反法9条のそれぞれ3項によれば，1項および2項は，代理権や委任関係の法的有効性を基礎づける法的行為が無効である場合にも適用される。それゆえ，たとえば，機関の任命についての方式規定が守られていなかったり，あるいは，委任を与える事業主に法律行為能力がなかったりした場合であっても，このことは，「特殊な人的要素」をこれらの者に帰属することの障害にはならない。事実上の任命行為があったことで足りる[100]。

（4）代理人「としての」行為，委任「に基づく」行為

　刑法14条および秩序違反法9条は，「特殊な人的要素」を一定の者に帰属する要件として，行為者が代理人「として」，もしくは，委任「に基づいて」行為したことを要求している。

　いかなる場合にこれらの要件を充たすかについて，学説は，代理人もしくは受任者が，その代理人としての地位もしくは受任者としての地位から生じた行為の可能性を投入し，利用した場合に，代理人としての行為もしくは委任に基づく行為が認められるとする見解が有力であるといえよう[101]。このような考

99　Vgl. *Göhrer*（Anm. 30），§9 Rn.10.
100　Vgl. *Göhrer*（Anm. 30），§9 Rn.46f.
101　*Arloth*, Zur Abgrenzung von Untreue und Bankrott bei der GmbH, NStZ 1990, 570, 574 ; *Labsch*, Die Strafbarkeit des GmbH-Geschäftsführers im Konkurs der GmbH, wistra 1985, 59, 60. さらに，*Tiedemann*（Anm. 97），1844f.

え方を機能説（Funktionstheorie）と呼ぶ。これに対し，判例は，代理人もしくは受任者が少なくとも本人等の利益のために行為した場合にはこの要件を充足するが，純粋に利己的動機から行為した場合には充足しないとし，本人の利益か否かは，経済的観点から評価されるとの考え方を採っている[102, 103]。このような考え方を利益説（Interessentheorie）と呼ぶ。

利益説に対しては，本人等の利益を図ったか否かという利益説の基準は過失犯や不作為犯の場合に妥当しないとの批判があり[104]，さらに，労働刑法の領域のおいて，雇用主のために行為する者がもっぱら自身の利益のために法侵犯を行った場合に当該行為者を処罰できなくなるといった批判がなされている[105]。

（5）本人もしくは委託者に対する制裁との競合

刑法14条および秩序違反法9条により，「特殊な人的要素」が代理人等に帰属される場合には，法人等を名宛人とする義務規定について，当該代理人等も規範の名宛人となる。もっとも，これにより代理人等の責任が問われることは，事業主など本来の名宛人に対する処罰ないし制裁とは基本的に無関係である。つまり，本人および委託者は，代理人および受任者とともに，なお規範の名宛人としての地位を失わない[106]。

それゆえ，本人自らが違反行為をした場合にそれについて責任を負うのみならず，代理人等が義務を履行していないことを本人が認識しているにもかかわらず，それを放置した場合には，保障人的地位に基づく責任を負う。

● 3　監督義務違反

（1）はじめに

秩序違反法130条は，「経営および企業における監督義務の違反（Verletzung der Aufsichtspflicht in Betrieben und Unternehmen）」として，企業の管理者的地位にある者に対して，企業に属する者の一定の違反行為（場合によっては，外部

102　BGHSt 30, 127.
103　もっとも，破産と背任との限界について論じられてきた利益説の公式がどの程度一般化可能なのか，さらに，この公式が2項の委任に基づく行為にも転用しうるのかについては明らかではないとの指摘もある。Achenbach（Anm. 41), Kapitel I / 3, Rn.19.
104　Vgl. *Rogall*（Anm. 37), §9 Rn.60.
105　*Tiedemann*（Anm. 97), 1844.
106　Vgl. *Göhrer*（Anm. 30), §9 Rn.37.

第5章　ドイツにおける企業活動の適正ルール形成のための法制度

者のそれも含む）を防止するのに必要な監督義務を尽くさなかった場合に過料を課す旨を規定している。これは，事業主に対し，その事業活動から生じる違反行為の危険を未然に防止すべき義務を課すことを目的とするものであり[107]，企業犯罪対策の観点から重要な意義を有する規定である。もっとも，事業主が法人である場合には，刑法14条または秩序違反法9条により，同条に列挙された機関および機関の構成員，代理人など，事業主のための行為する者に本条の名宛人は拡張される。そして，監督義務違反は，秩序違反法30条の法人等に対する過料を基礎づける重要な関連行為となる。

監督義務違反は，監督措置を講じることにより違反行為（Zuwiderhandlung）を回避できたこと，または，違反行為が本質的に困難となったであろうことを要件とする。もっとも，具体的な違反行為について管理者的地位にある者の関与を証明しうる場合には，管理者的地位にある者は，それ自体，正犯ないし共犯としての責任を問われる。それゆえ監督義務違反は，構成員の行為に対する管理者的地位にある者の関与を証明できない場合に備えた「受け皿構成要件（Anfangtatbestand）」であると位置づけられている[108]。

監督義務違反の保護法益については，制裁が過料であることと，具体的な違反行為はそれ自体不法を基礎づけないことから，これを国家的利益としての「経営における秩序」と捉える見解もあるが[109]，違反行為により侵害される刑法および秩序違反法の個別規定の保護法益を監督義務違反の保護法益と解する見解が有力であるといえる[110]。なお，監督義務違反に対する制裁は，問題となる違反行為が秩序違反行為の構成要件を充足するものか，それとも，犯罪構成要件を充足するものかに関係なく，過料（Geldbuße）である。この点について，立法論的には，監督義務に服する者により犯罪構成要件が実現された場合について，それに対する制裁も刑罰とすべきであるとの主張もなされている[111]。

107　事業主にこのような義務を課す正当化根拠について，立法理由として，事業主は分業による組織活動により行為の可能性を広げるとともにそこから生じる利益を得ている，という点があげられている。Vgl. BT-Drucks. V / 1269, S.68.
108　Vgl. *Göhrer*（Anm. 30），§130 Rn.25f.; *Achenbach*（Anm. 41），Kapitel I / 3, Rn.41.
109　詳細について，*Hsü*, Garantenstellung des Betriebsinhabers zur Verhinderung strafbarer Handlungen seiner Angestellten ?, S.53.
110　Vgl. *Rogall*（Anm. 37），§130 Rn.14.
111　*Kohlmann / Ostermann*, Die Verletzung der Aufsichtspflicht in Betrieben und Unternehmen-Pläne für eine verfassungwidrige Reform, wistra 1990, 121, 122.

（2）行為者の範囲

秩序違反法130条は，事業主を主体とする身分犯であり，それゆえ本条の主たる名宛人は，事業主である。事業主は，自然人であるか法人等の人的団体であるかを問わない。

もっとも，刑法14条または秩序違反法9条により，同条に列挙された機関および機関の構成員，代理人など，事業主のための行為する者も本条の名宛人となる。

（3）必要な監督措置の懈怠（不作為）

監督義務違反の構成要件的行為は，事業主自身に課せられた義務で，かつ，その違反が刑罰または過料に処せられる義務に反する違反行為を阻止するのに必要な監督措置を講じなかったことである。それゆえ，秩序違反法130条は，いわゆる真正不作為犯を内容とするものである[112]。

1. 事業主自身に課された義務

監督義務違反が認められるためには，「事業主自身に課された義務（Pflichten..., die den Inhaber als solchen treffen）」に反する違反行為がなければならない。

事業主自身に課された義務としてまず問題となるのが，事業主を名宛人とする身分犯から導かれる義務である。さらに，経営または企業の遂行との関連で生じる限り，身分犯以外の一般犯罪についても，事業主自身に課せられた義務とその違反が肯定される。例えば，過失致死罪（刑法222条），過失傷害罪（刑法229条），背任罪（刑法266条）などがその例である[113]。

2. 刑罰または過料の対象となる違反行為

監督義務の対象となる行為は，事業主に課された義務に反した違反行為であり，かつ，「その違反が刑罰または過料の対象となる」ような違反行為でなければならない[114]。

もっとも，違反行為は，行為者自身にとって「違法な行為（rechtswidrige Tat）」（刑法11条1項5号）であることや，「過料の対象となる行為（mit Geldbuße bedrohte Handlung）」（秩序違反法1条2項）である必要はない。それゆえ，事業主を名宛人とする身分犯について，行為者が，それ自体事業主という

---

[112] *Göhrer*（Anm. 30），§130 Rn.9.
[113] Vgl. *Göhrer*（Anm. 30），§130 Rn.18.
[114] Vgl. *Göhrer*（Anm. 30），§130 Rn.21.

第5章　ドイツにおける企業活動の適正ルール形成のための法制度

身分を有さず，また，刑法14条または秩序違反法9条により「特殊な人的要素」の帰属が認められない者であってもよい。つまり，事業主にとって「その違反が刑罰または過料の対象となる」かどうかが重要なのであって，違反行為者自身に制裁の要件が備わっているかどうかは重要ではない。

さらに，通説的理解によれば，違反行為者の特定も必要ないとされている[115]。それゆえ，然るべき監督（gehörige Aufsicht）がなされていれば，違反行為が阻止され，もしくは，本質的に困難となったであろうということがいえるのであれば，誰が違反行為を行ったかの特定は不要である。

3．監督されるべき人の範囲

違反行為の行為者としてまず問題となるのが，企業の従業員である。もっとも，「経営または企業において（in dem Betrieb oder Unternehmen）」という要件は，場所的な限界を規定するものではなく，企業のための活動との事実的関連性を記述するものであることは，広く承認されている。それゆえ，企業の従業員以外の者の行為であっても，それが当該企業の活動に関して行われたものであれば，「事業または企業において」の要件を満たしうると解されている[116]。

4．必要な監督措置の内容

①　開かれた構成要件としての監督義務違反

既に述べたように，秩序違反法130条1項1文は，監督義務違反の構成要件的行為を，事業において義務に違反した違反行為を阻止するのに必要な監督措置の不作為として規定している。それゆえ，秩序違反法130条は，いわゆる真正不作為犯である。そして，法文は，監督措置の不作為と，監督措置により阻止または本質的に実現が困難にされるべき違反行為とを明確に区別し，違反行為それ自体については，刑法における客観的処罰条件と同様の位置づけを与えている[117]。なお，秩序違反法130条1項1文によれば，必要な監督措置の不作為は，故意である場合と過失である場合とを問わない。

もっとも，必要な監督とは何かという観点からみれば，秩序違反法130条の構成要件は，開かれた構成要件である。秩序違反法130条1項2文によれば，

115　Vgl. *Göhrer*（Anm. 30），§130 Rn.20.
116　Vgl. *Göhrer*（Anm. 30），§130 Rn.19.
117　Vgl. *Göhrer*（Anm. 30），§130 Rn.17. もっとも，監督義務違反に基づく過料の量定に際しては，具体的な違反行為の重さが本質的な評価要素とされている。Vgl. *Göhrer*（Anm. 30），§130 Rn.9, 28a.

141

監督者（Aufsichtspersonen）の任命（Bestellung），注意深い選任（Auswahl），監視（Überbachung）も，必要な監督措置に含まれるものの，何が必要な監督措置かについては，130条はそれ以上に何も述べていない。また，違反行為が客観的処罰条件と位置づけられることから，違反行為を構成要件的行為の具体化において考慮することもできないため，結果として，監督義務違反を基礎づける構成要件的行為はきわめて不明確なものとなりうる[118]。しかし，明確性の原則は，秩序違反法においても妥当することから（基本法103条2項，秩序違反法3条），秩序違反法130条の解釈において明確性の原則との調和をいかにして図っていくかが，行為時判断の視点に立った態度規範の具体化という観点から重要な課題となる。

② 監督措置の具体化

具体的な措置としては，例えば，アーヘンバッハは，従業員の選任・監督，企業の規模に応じた監督体制の確立，従業員の指導の徹底，抜き打ち検査等による従業員の監督といった点をあげ，さらに，違反の行為の具体的な兆候が見られる場合には問題となる従業員を解雇するなどの措置を執ることをあげている[119]。そして，その際，違反行為が以前に生じていたり，あるいは，事業主に課せられた義務の遵守について特別な対応が必要な場合には，それに応じてより強度の措置が求められることになるとする[120]。もっとも，このようにして講じるべき措置を具体化するとしても，あらゆる違反行為についてそれを防止すべき措置を講じることが命じられるとすれば，なお，処罰範囲の限定という観点から不十分である。

そこで，学説では，必要な措置は企業の規模や組織の実情に応じてケース・バイ・ケースで判断するほかないとしながらも[121]，企業活動に典型的な具体的違反行為の阻止ないし除去という観点から，構成要件的行為の具体化を図ろうとする見解が有力であるといえる[122]。つまり，秩序違反法130条1項の「然

---

118 Vgl. *Rogall*（Anm. 37），§130 Rn.16.
119 *Achenbach*（Anm. 41），Kapitel I / 3, Rn.54f.
120 この点について，さらに，vgl. *Rogall*（Anm. 37），§130 Rn. 64ff.; *Adam*, Die Begrenzung der Aufsichtspflichten in der Vorschrift des §130 OWiG, wistra 2003, 290.
121 Vgl. *Göhrer*（Anm. 30），§130 Rn.10.; *Otto*, Die Haftung für kriminelle Handlung in Unternehmen, Jura 1998, 409, 414. 判例も，監督義務の具体化に際しては，企業の種類，規模，組織，および問題となる義務規定の性質や違反行為に対する企業の抵抗力といった観点が重要であるとしている。Vgl. OLG Düsseldorf wistra 1999, 115, 116.
122 Vgl. *Rogall*（Anm. 37），§130 Rn.36.

るべき監督（gehörige Aufsicht）」を，個々の企業活動に典型的な違反行為を阻止するために必要な措置に限定することにより，明確性の要請との調和を図ろうとするのである。

　このような観点から見た場合，例えば，建築業者にとっては，入札談合のような違法な取引の危険は，事業に典型的な危険と認められることになり，日用品を扱う業者にとっては，日用品法違反の危険は企業に典型的な危険ということになる。さらに，運送業者にとっては，積載貨物，速度制限，運転時間などに関する法規に対する違反が企業に典型的な危険と捉えられることになる[123]。いずれにせよ，要求される監督措置は，客観的に必要かつ要求可能なものでなくてはならない[124]。

　5．企業管理における業務分担

　企業管理において，内部的な業務分担がなされている場合には，管理者的地位にある者は，基本的には，それぞれの管轄領域について責任を負担する。もっとも，管轄の分担が管理者的地位にある者の免責事由とはならないとしても，業務分担により管理者的地位にある者の間で具体的な事項につき責任の重さが異なるということはありうる[125]。

　監督義務の引き受けについて，管轄の明確な分配がなされていない場合など，組織の在り方そのものに瑕疵が認められる場合には，企業全体について統一的な監督義務違反があると判断されることになる[126]。

（5）因果関係

　1．処罰条件としての違反行為

　秩序違反法130条によれば，監督措置の不作為は，違反行為が然るべき監督により阻止されたか，または本質的に困難となったであろう場合に，秩序違反行為となる[127]。

　ところで，既に述べたように，従業員により違反行為が行われることは，監督義務違反の構成要件的行為ではなく，客観的処罰条件である。それゆえ，監督義務者の故意もしくは過失は，従業員の違反行為それ自体に向けられる必要

123　Vgl. *Achenbach*（Anm. 41），Kapitel I / 3, Rn.57.
124　Vgl. OLG Düsseldorf wistra 1999, 115, 116.
125　Vgl. *Otto*（Anm. 121），S. 414.; *Rogall*（Anm. 37），§130 Rn.68.
126　Vgl. *Göhrer*（Anm. 30），§130 Rn.16.
127　Vgl. *Göhrer*（Anm. 30），§130 Rn.22.

はない。つまり，監督義務者は，従業員による具体的な違反行為を認識する必要もないし，それが認識可能であったことも必要ない。

2．危険増加論

もっとも，違反行為は，それが然るべき監督措置により「阻止されたか，本質的に困難にされたであろう（verhindert oder wesentlich erschwert worden wäre）」ことが必要である。違反行為がそのようなものでない限り，監督義務違反の要件を充足しない。

「本質的に困難にされたであろう」という要件は，1994年の第31次刑法変更法―第2次環境犯罪対策法により，従前の「阻止され得たであろう（hätte verhindert werden können）」という規定を修正するかたちで導入されたものである。旧規定が，行為阻止の「確実性と境を接する程度の蓋然性（eine an Sicherheit grenzende Wahrscheinlichkeit）」の意味で解釈されていたのに対し，新規定は，いわゆる危険増加論（Risikoerhöhungstheorie）の考え方を導入することにより，因果関係の要件を緩和したものと解されている[128]。

（6）過料の範囲

課せられる過料の額は，違反行為の種類と監督義務違反の行為態様により異なる。

違反行為に刑罰が科される場合には，過料の上限は，故意の監督義務違反については100万ユーロ（秩序違反法130条3項1文），過失の監督義務違反の場合には，秩序違反法17条2項により，50万ユーロである。

これに対し，違反行為に過料が課される場合には，監督義務違反に基づく過料の上限は，違反行為に課される過料の上限により定まる（秩序違反法130条3項2文）。過失の監督義務違反の場合には，この額は，秩序違反法17条2項により，半額となる。

さらに，刑罰の対象となるとともに，過料の対象ともなる違反行為の場合には，過料の額が130条1項1文の額を超える場合には，当該過料の額が標準となる（秩序違反法130条3項3文）。

IV 結　語

これまで見てきたように，ドイツの制裁システムは，法人等に対する制裁に

---

128 Vgl. *Rogall*（Anm. 37），§130 Rn.97.

第5章　ドイツにおける企業活動の適正ルール形成のための法制度

ついても，一定の自然人の行為を帰属させるという体系を採っているという意味では，基本的には，自然人に向けられた制裁システムであるといえよう。そして，法人等に帰属される行為者の範囲の拡張という意味では，2002年の法改正により管理者的地位にある者についての包括的規定がおかれたことにより，一つの完成を見たといえると思われる。このようにみると，ドイツにおける企業犯罪に対する制裁システムの今後の課題として挙げられるのは，秩序違反法を超える制裁を法人に対して科すことの可能性，すなわち法人に対する刑罰の導入ということになろうかと思われる。そこで，最後に，この問題に若干触れることにより，本章のまとめとしたい。

　周知のように，ドイツでは，「団体は犯罪を為し得ない（Societas delinquere non potest）」との法格言が，今日なお妥当していると理解されている[129]。もっとも，果たして本当にそうなのかは，法人等に対する過料をめぐって争いのあるのも事実である。制裁が刑罰（Strafe）ではなく過料（Geldbuße）であるという点に特殊性が存するに過ぎないとの見方もある。しかし，問題は，法的・社会的答責性に基づくものであれ，法人が過料責任を負担する根拠であろう。法人の過料責任には責任原理（Schuldprinzip）が妥当しない，あるいは，法人の刑事責任の領域では自然人の刑事責任とは異なる「責任」概念が妥当する[130]と解するのであれば話は別であるが，過料責任にも刑法の責任原理と同様の原理が妥当すると解するのであれば，法人制裁との調和を如何に図るかは重要な課題となるはずである。

　この点に関し，責任主義との整合性を意識しつつ，法人の過料責任を法人固有の責任として捉えようとする近時の見解として，大きく分けて，2つの考え方を挙げることが出来ようかと思われる。一つは，いわゆる組織体責任

129　1998年1月に当時の連邦司法大臣Schmidt-Jortzigにより設置された「刑事制裁システムの改革についての委員会（Kommission zur Reform des strafrechtlichen Sanktionssystems）」は，1999年11月29日・30日の会合において，古典的な刑事刑法に領域における企業処罰の導入を多数決で否定している。Vgl. *Hettinger* (Hrsg.), Reform des Sanktionsrecht, Band 3 : Verbandstrafe, 2002, S.355.

130　*Heine*, Die strafrechtliche Verantwortlichkeit von Unternehmen, 1995, S.201ffは，基本的にこのような考え方であるといってよいであろう。また，ズィーバー・前掲注(23) 162頁も，「人の集合体に対して刑事罰を科すことは『ドイツ法において発展した社会倫理的責任概念および刑罰概念』と適合しない」との論証が可能であるのは，「自然人の可罰性において問題となる責任や刑罰といった概念が，そのまま法人の可罰性におけるそれへと転用される，と考える場合に限られる」とする。

(Organisationsverschulden) を根拠とするもので，帰責の根拠を具体的な違反行為に求めるのではなく，規範遵守行為のために必要な注意を尽くさなかったという先行責任（Vorverschulden）に求める考え方である[131]。しかし，このような考え方に対しては，法適合的な組織体であるという抗弁を認めていない現行30条と整合しないとする批判とともに[132]，団体は自ら組織化することはできず，機関を通してのみ組織化しうるにすぎないとするシューネマンによる正当な批判がある[133]。もう一つは，具体的な違反行為を法人責任の核に据えながら，他人の行為を団体に帰属させることではなくて，機関または代表者の規範違反行為を団体に対し団体自身の違法で有責な行為として帰属させる見解であ

---

[131] *Tiedemann*, Die "Bebußung" von Unternehmen nach dem 2. Gesetz zur Bekämpfung der Wirtschaftskriminalität, NJW 1988, 1169, 1171ff. さらに，*Brender*, Die Neuregelung der Verbandstäterschaft im Ordnungswidrigkeitenrecht, 1989, S. 93ff ; *Dannecker*, Zur Notwendigkeit der Einführung kriminalrechtlicher Sanktionen gegen Verbände. Überlegungen zu den Anforderungen und zur Ausgestaltung eines Verbandsstrafrechts, GA 2001, 101, 115ff. など。なお，オットーは，組織体責任の考え方を承認しつつも，法人の可罰性自体は否定し，経済監督法上の措置（wirtschaftsaufsichtsrechtliche Maßnahmen）としての団体制裁を主張する。*Otto*, Die Strafbarkeit von Unternehmen und Verbänden, 1993, S.28f.

[132] なお，ECカルテル法の領域において，コンプライアンス・プログラムの実施がどの程度過料額に反映するかについて，*Moosmayer*, Die neuen Leitlinien der Europäischen Kommission zur Festsetzung von Kartellgeldbußen, wistra 2007, 94. これによると，2006年6月28日の欧州委員会のガイドラインでは，従業員の違反行為をコンプライアンス・プログラムにより防止しようとする企業の取り組みを明確に過料の減額事由として考慮することすることはしていない。

[133] *Schünemann*, Die Strafbarkeit der juristischen Personen aus deutscher und europäischer Sicht, in : Schünemann / Gonzàles (Hrsg.), Bausteine des europäischen Wirtschaftsstrafrechts, Madrid-Symposium für Klaus Tiedemann, 1994, S.265, 284. さらに，*Roxin*, Strafrecht AT, Band Ⅰ, 3. Aufl., 1997, §8 Rn.62.;*Rogall* (Anm. 37), §30 Rn.6. 私見では，この批判は，わが国においてコンプライアンス体制の構築を法人自身の義務として捉えようとする見解に対しても，そのまま当てはまると思われる。この点について，神例康博「法人処罰における過失責任法理の限界（2・完）」松山大学論集13巻3号（2001）105頁．さらに，vgl. *Jakobs*, Strafbarkeit juristischer Personen, Festschrift für Klaus Lüderssen, 2002, S. 559, 564ff. なお，シューネマンの批判に対し，ティーデマンは，破産犯罪などにおいて法人自身に直接義務が向けられていることを看過するものだと反論している。*Tiedemann*, Strafbarkeit von juristischen Personen ? -Eine rechtsvergleichende Bestandsaufnahme mit Ausblicken für das deutsche Recht-, in : Schoch / Stoll / Tiedemann (Hrsg.), Freiburger Begegnung, 1996, S.30, 47. しかし，彼自身指摘するように，また，本稿においてみてきたように，法人を名宛人とする義務規定については義務の名宛人は法人の機関等に拡張されるのであり，このことは，法人それ自体は義務を履行できず，それゆえ，法人を名宛人とする義務の履行は法人の機関等に対し命じられる，ということを意味するものといえよう。

第 5 章　ドイツにおける企業活動の適正ルール形成のための法制度

る。このような見解を支えているのが，いわゆるシステム論の知見であり，組織をそれ自体を自己組織化する存在，オートポイエシス的システムとして捉えるという発想である[134]。

　語弊を恐れずに言えば，ドイツにおいて（も？），法人処罰をめぐる問題は，法人の刑事責任否定論を維持することが困難な環境・状況の中で解決を迫られる政策的課題としての色合いが濃いように思われる[135]。企業におけるコンプライアンス・システムの構築は，ドイツにおいても，企業経営における重要な課題である。そして，コンプライアンス体制を確立すべき義務の主体は，ほかならぬ取締役である。それゆえ，ドイツにおいても，企業犯罪ないし企業不祥事の対策としてコンプライアンス体制の構築を強調することは，裏を返せば，企業犯罪ないし企業不祥事をめぐる帰責問題も，結局は取締役等を中心とした企業の管理者的地位にある者の帰責問題なのだということを意味し得るように思われる。このような点も踏まえ，ドイツにおける法人処罰「論」の動向を見ていく必要があろう。

134　Vgl. *Rogall*（Anm. 37），§30 Rn.6ff. 私見では，組織体それ自体を自律的な存在として捉えることにより組織体の正犯性（Verbandstäterschaft）および組織体の責任を認めることは，ありうる考え方だと思われるが，ただし，その代償として，組織体犯罪においては組織体の責任しか問わない，機関を含め一切の個人責任を問わないということが条件になると思われる。言い換えれば，組織体それ自体の責任とともに，機関等の個人責任をあわせて問うことはできないと思われる。

135　なお，2005 年 9 月 13 日，欧州司法裁判所（EuGH）は，環境刑法の領域において，環境保護規定の実効化のために刑罰が必要である場合には，欧州共同体の立法機関は加盟国に対し各加盟国の刑法に関する措置を講じることができるとする旨の判決を下した。EuGH JZ 2006, 307. 本判決について，*Hefendehl*, Europäischer Umweltschutz : Demokratiespritze für Europa oder Brüsseler Putsch?, ZIS 2006, 161.; *Diehm*, Die „safe-harbor"-Verordnung und das Urteil des EuGH zum Rahmenbeschluss ber den Schutz der Umwelt durch das Strafrecht, wistra 2006, 366.

第Ⅰ部　企業活動と刑事規制の国際調査

【関連条文】

＊以下の訳出に際しては，法務大臣官房司法法制調査部編『ドイツ刑法典』（法曹会・1982）のほか，町野朔・林幹人編『現代社会における没収・追徴』（信山社・1996）所掲の本文注⑺の諸論文を参考にした。なお，法文は，2007年1月1日現在のものである。

■1　他人のためにする行為
● 刑法14条（他人のための行為）

(1)ある者が，
　①法人の代理権を有する機関もしくはそのような機関の構成員として，
　②権利能力を有する人的会社の代理権ある社員として，または
　③他人の法定代理人として

行為した場合には，特別の人的性質，関係または事情（besondere persönliche Eigenshaften, Verhältnisse oder Umstände）（特殊な人的要素〔besondere persönliche Merkmale〕）が可罰性を基礎づける法律は，それらの要素が代理人には存在しない場合でも，本人に存在する場合には，代理人に対しても当該法律を適用する。

(2)ある者が，経営主またはその他その経営について権限を有する者から，
　①経営の全部もしくは一部を経営することを委任され，または
　②経営主に課された任務を自己の責任において負うことを明示的に委任され，

よって，この委任に基づいて行為した場合には，特殊な人的要素が可罰性を基礎づける法律は，それらの要素が受任者には存在しない場合でも，経営主に存在する場合には，受任者に対しても当該法律を適用する。企業（Unternehmen）は，第1文における経営（Betrieb）と同様である。ある者が，公の行政の任務を行うにつき，それ相応の委任に基づき行為するときには，第1文はこれを準用する。

(3)第1項および第2項は，代理権または委託関係を根拠づける法的行為が無効の場合であっても適用される。

● 秩序違反法9条（他人のための行為）

(1)ある者が，

第5章　ドイツにおける企業活動の適正ルール形成のための法制度

①法人の代理権を有する機関もしくはそのような機関の構成員として，
②権利能力を有する人的会社の代理権ある社員として，または
③他人の法定代理人として

行為した場合には，特別の人的性質，関係または事情（besondere persönliche Eigenshaften, Verhältnisse oder Umstände）（特殊な人的要素〔besondere persönliche Merkmale〕）が処罰の可能性（die Moglichkeit der Ahndung）を基礎づける法律は，それらの要素が代理人には存在しない場合でも，本人に存在する場合には，代理人に対して当該法律を適用する。

(2)ある者が，経営主またはその他その経営について権限を有する者から，
　①経営の全部もしくは一部を経営することを委任され，または
　②経営主に課された任務を自己の責任において負うことを明示的に委任され，

よって，この委任に基づいて行為した場合には，特殊な人的要素が可罰性を基礎づける法律は，それらの要素が受任者（Beauftragten）には存在しない場合でも，経営主に存在する場合には，受任者に対し当該法律を適用する。企業（Unternehmen）は，第1文における経営（Betrieb）と同様である。ある者が，公の行政の任務を行うにつき，それ相応の委任に基づき行為するときには，第1文はこれを準用する。

(3)第1項および第2項は，代理権または委託関係を根拠づける法的行為が無効の場合であっても適用される。

● 2　没　収
● 刑法74条（没収の要件）

(1)故意の犯罪行為が行われたときは，行為によって生じた物件もしくは行為を犯すためまたは予備のために用いられもしくは予定されていた物件は，これを没収することができる。

(2)没収が許容されるのは，次の各号の場合に限る。
　①物件が，裁判のときに，正犯者または共犯者に属しもしくは帰属しているとき，または，
　②物件が，その性質および事情により，公共に危険を及ぼしまたは違法な行為を犯すことに役立つ危険があるとき。

(3)第2項第2号の要件のある場合，犯人（Täter）が責任なく（ohne Schuld）

行為した場合にも，物件の没収は許される。
(4)物件が，特別の規定により，第1項を超えて規定されまたは許されるときは，第2項および第3項を準用する。

● **刑法 75 条（機関及び代理人に対する特別規定）**
ある者が，
　①法人の代理権を有する機関またはそのような機関の構成員として，
　②権利能力なき社団の役員（Vorstand）またはそのような役員会の構成員として，
　③権利能力を有する人的会社の代理権を有する社員として，
　④法人もしくは②③にあげた団体の包括的代理人（Generalbevollmächtiger）として，もしくは，支配人（Prokurist）あるいは商事代理人（Handlungsbevollmächtiger）として管理者的地位において，または，
　⑤その他，法人もしくは②③にあげた団体の経営もしくは企業の管理について，業務遂行の監督またはその他管理者地位における統制権の遂行に対し責任を負う者として，
第74条ないし第74条cおよび74条fの要件のもとで，その者に対して物件または物件に代わる代価の没収を許容しまたは補償が排除されるような行為を行った場合には，行為者の行為は，上記の規定を適用するに当たって，本人に帰属される。第14条3項は，これを準用する。

● **秩序違反法 22 条（没収の要件）**
(1)法律が明確に許容する場合に限り，秩序違反行為の付随効果（Nebenfolge）として，物件を没収することができる。
(2)没収が許容されるのは，次の各号の場合に限る。
　①物件が，裁判のときに，犯人に属しもしくは帰属しているとき，または，
　②物件が，その性質および事情により，公共に危険を及ぼしもしくは刑罰もしくは過料の対象となる行為を犯すことに役立つ危険があるとき。
(3)第2項第2号の要件のある場合，犯人（Täter）が非難可能性なく（nicht vorwerfbar）行為した場合にも，物件の没収は許される。

● **秩序違反法 29 条（機関及び代理人に対する特別規定）**
(1)ある者が，
　①法人の代理権を有する機関またはそのような機関の構成員として，
　②権利能力なき社団の役員またはそのような役員会の構成員として，

第5章　ドイツにおける企業活動の適正ルール形成のための法制度

③権利能力を有する人的会社の代理権を有する社員として，

④法人もしくは②③にあげた団体の包括的代理人として，もしくは，支配人あるいは商事代理人として管理者的地位において，または，

⑤その他，法人もしくは②③にあげた団体の経営もしくは企業の管理について，業務遂行の監督またはその他管理者地位における統制権の遂行に対し責任を負う者として，

第22条ないし第25条および28条の要件のもとで，その者に対して物件または物件に代わる代価の没収を許容しまたは補償を排除するような行為を行った場合には，行為者の行為は，上記の規定を適用するに当たって，本人に帰属される。

(2)第9条3項はこれを準用する。

●3　利益剥奪
●刑法73条（利益剥奪の要件）

(1)違法な行為が行われ，正犯者または共犯者が，その行為に対し（für die Tat）またはその行為によって何らかのもの（etwas）を得たときは，裁判所は，その剥奪を命ずる。ただし，被害者に行為から請求権が生じ，その履行が行為から得られた財産的利益を除去しまたはそれを減殺する場合には，この限りではない。

(2)剥奪の命令は，派生利益（gezogene Nutzungen）におよぶ。剥奪の命令は，正犯者または共犯者が獲得された客体の譲渡により，または，この客体の破壊，損壊，または奪取の代価として，または，獲得された権利に基づいて取得した客体にも及ぶ。

(3)正犯者または共犯者が，他人のために行為し，そしてそれによって，その他人が何らかのものを得たときは，第1項，第2項による違法利益剥奪の命令は，その他人に及ぶ。

(4)剥奪の対象が第三者に属し，または帰属する場合であっても，その第三者がこれを行為に対しまたはその他情を知って提供した場合には，その剥奪を命じる。

●刑法73a条（代価〔Wertersatz〕の剥奪）

獲得されたものの形状（Beschaffenheit），その他の理由から，特定の客体の剥奪ができない場合，または，73条2項2文により代償物（Ersatzgegen-

151

stand）の剥奪がなされない場合には，裁判所は，獲得されたものの価値に相当する金額（Geldbetrag, der dem Wert des Erlamgten entspricht）の剥奪を命じる。裁判所は，剥奪の客体の価値が最初に獲得されたものの価値より低い場合であっても，同様の命令をするものとする。

● 刑法 73b 条（評価）
　獲得されたものの範囲および価値，並びに，その実現が正犯者または共犯者から得られらものを回収することになる請求権の額は，評価により決定することができる。

● 刑法 73c 条（苛酷条項）
(1)剥奪は，それが対象者にとって不当に苛酷である場合には，命じられない。命令の時点で獲得されたものの価値が対象者の財産のなかにはもはや残っていない場合，または，獲得されたものがわずかの価値しか有していない場合には，命令を出さないことができる。
(2)支払の容易化については，42 条を準用する。

● 刑法 73d 条（拡大剥奪〔Erweiterter Verfall〕）
(1)本条を指示する法規により違法とされる行為が行われた場合には，違法行為に対しまたは違法行為から得られたと認めることを正当化する事情が存する客体についても，裁判所は，正犯者または共犯者に対し，その客体の剥奪を命じる。正犯者または共犯者が違法行為に対しまたは違法行為から客体を得たことのゆえにのみ，当該客体が正犯者または共犯者に属さずまたは帰属しない場合も同様である。73 条 1 項 2 文は，73b 条および 73 条 2 項との関係でも，これを準用する。
(2)行為の後に，ある特定の客体の剥奪の全部または一部が不可能となった場合には，73a 条および 73b 条を，その趣旨に応じて（sinngemäß）適用する。
(3)第 1 項による剥奪命令の後に，正犯者または共犯者が行った他の違法行為により，あらたにこの正犯者または共犯者に属する客体の剥奪を決定する場合には，裁判所は，すでに発せられた命令を考慮するものとする。
(4) 73c 条は，これを準用する。

● 刑法 73e 条（利益剥奪の効果）
(1)客体の剥奪が命ぜられた場合，物の所有権または剥奪された権利は，それが命令の対象者にその時点で属する場合，判決の確定とともに国家に移転する。この客体に関する第三者の権利は存続する。

第 5 章　ドイツにおける企業活動の適正ルール形成のための法制度

(2)命令は，判決確定前において，民法136条の意味における譲渡禁止の効力を有する。この禁止は，譲渡以外の処分にも及ぶものとする。

● **秩序違反法 29a 条（利益剥奪）**
(1)行為者が，過料に処せられる行為に対しまたはその行為によって何らかのもの（etwas）を得，そして当該行為について行為者に対し過料が課されないときは，行為者に対し，獲得されたものの価値に相当する金額の剥奪を命じることができる。
(2)行為者が，他人のために過料に処せられる行為を行い，そしてその他人がそれによって何らかのものを得たときは，当該他人に対し，第1項に対応する金額の剥奪を命じることができる。
(3)獲得されたものの範囲および価値は，これを評価することができる。第18条は，これを準用する。
(4)行為者に対し過料手続が開始されず，またはこの手続きが打ち切られた場合には，剥奪は，これを独立して課すことができる。

● **秩序違反法 99 条（金銭支払いの義務を負う付随効果の執行）**
(1)《略》
(2)金額の剥奪（29a条）が確定判決により命ぜられた場合で，剥奪の対象者もしくは剥奪に関わる者に対し，過料の対象となる行為により被害者に生じた請求権を認める確定判決がある場合は，執行官庁は，追徴の執行はそのかぎりにおいてもはや行われないことを命じる。《以下略》

● 4　**法人等に対する過料**
● **秩序違反法 30 条（法人及び人的結合体に対する過料）**
(1)ある者が，
　①法人の代理権を有する機関またはそのような機関の構成員として，
　②権利能力なき社団の役員またはそのような役員会の構成員として，
　③権利能力を有する人的会社の代理権を有する社員として，
　④法人もしくは②③にあげた団体の包括的代理人として，もしくは，支配人あるいは商事代理人として管理者的地位において，または，
　⑤その他，法人もしくは②③にあげた団体の経営もしくは企業の管理について，業務遂行の監督またはその他管理者地位における統制権の遂行に対し責任を負う者として，

犯罪行為または秩序違反行為を行い，当該行為により，法人もしくは人的結合体に課せられている義務が侵害され，または，法人もしくは人的結合体が利得しもしくは利得しえた場合には，当該法人または人的結合体に対し，過料を課すことができる。

(2)過料の額は，
　１．故意の犯罪行為の場合，100万ユーロ以下，
　２．過失の犯罪行為の場合，50万ユーロ以下とする。

秩序違反行為については，過料の最高額は当該秩序違反行為について定められている過料の最高額とする。行為が犯罪行為であるとともに秩序違反行為でもある場合において，秩序違反行為に対して課される過料の額が第1文による多額を上回る場合には，第2文による。

(3)第17条4項および第18条は，これを準用する。

(4)犯罪行為もしくは秩序違反行為に基づく刑事手続きまたは過料手続きが開始されず若しくはこの手続きが打ち切られ，または刑が免除される場合でも，過料はこれを独立して課すことができる。法律により，これ以外の場合でも，独立して過料を課されうることを規定することができる。ただし，犯罪行為または秩序違反行為が法的理由により訴追できない場合にはこの限りではないが，第33条1項第2文は，なおこれを準用する。

(5)法人または人的結合体に対する過料の確定は，同一の行為に基づいてこれらに対し刑法第73条，第73条aまたは本法第29a条による違法利益剥奪（Verfall）を課すことを排除する。

■5　監督義務の違反
● 秩序違反法130条（経営および企業における監督義務の違反）

(1)経営または企業において，経営主または企業主自身に課され，かつ，その違反が刑罰または過料の対象となる義務に違反する行為の防止に必要な監督措置を，経営主または企業主として，故意または過失により講じなかった者は，然るべき監督（gehörige Aufsicht）をしていれば阻止されたか，本質的に困難にされたであろうような違反行為が行われたときは，秩序違反行為を行ったものとする。要求される監督措置には，監督者の任命（Bestellung），注意深い選任および監督（solgfältige Auswahl und Überwachung）も含まれる。

(2)公企業も，第1項および第2項の意味での経営または企業である

第 5 章　ドイツにおける企業活動の適正ルール形成のための法制度

(3)義務違反について刑罰が定められている場合における秩序違反には，100万ユーロ以下の過料を課すことができる。義務違反について過料が定められている場合には，監督義務違反に対する過料の多額は，当該義務違反について定められている過料の多額に従う。刑罰と過料とがともに定められている義務違反の場合には，義務違反について定められている過料の多額が第1文による多額を上回る場合には，第2文による。

第6章　ドイツにおける企業犯罪と秩序違反法

田口守一

Ⅰ　序
Ⅱ　ドイツ秩序違反法の概要
Ⅲ　秩序違反法の実体法
Ⅳ　秩序違反法の手続法
Ⅴ　過料手続と刑事手続
Ⅵ　結　語

Ⅰ　序

ドイツにおける企業犯罪[1]に対する主な制裁制度としては，刑法による「刑罰（Strafe）」と秩序違反法による「過料（Geldbuße）」の二種類がある。過料は，刑罰とは異なり，行政制裁金の一種である。刑罰が科せられる場合の実体法は刑法であり，手続法は刑事訴訟法である。特別法として経済刑法がある。過料が科せられる場合の実体法は，秩序違反法（Gesetz über Ordnungswidrigkeiten（OWiG））及び多くの特別法であり，手続法は同じく秩序違反法である。つまり秩序違反法には実体法と手続法の双方が含まれている。その他の企業に対する制裁制度としては，没収（Verfall）・追徴（Einziehung），不当利得の支払命令，営業禁止などがある。

以上の制裁制度を，自然人と法人とで区別して概観すれば以下の通りである。自然人に対する制裁は，刑法による刑罰と秩序違反法による過料等である。法人に対する制裁については，まず，法人に対する刑罰は認められていない（通説・判例）。その理由は，①刑罰には行為が必要であるが，法人には，固有の行為はないこと，②刑罰は道義的非難であり，意思を前提とするが，法人にはそれがない，とされている。したがって，「法人は犯罪を犯し得ない（Societas delinquere non potest）」という立場が伝統的である。したがって，法人に対す

---

[1] 企業の犯罪行為は，ドイツでは「経済犯罪（Wirtschaftkriminalität）」と呼ばれているが，企業の違法行為は「犯罪行為」と評価される場合と「秩序違反行為」と評価される場合とがあり，厳密にいえば秩序違反は「犯罪行為」ではない。そこで，以下では，企業の違法行為が犯罪と評価される場合と秩序違反と評価される場合の双方を含む意味で「企業の違法行為」という表現を使うことがある。

る制裁としては，刑罰ではない過料が中心となる。過料は，刑罰と異なり，社会倫理的非難を前提としない，とされているからである。

以上のドイツ法における企業犯罪に対する制裁制度の中で，特に注目すべきは，企業の違法行為に対して刑法による刑罰ではなく，秩序違反法による過料の制度が活用されていることである[2]。そこで，以下では，ドイツ法における秩序違反法を中心として，その実体要件と手続要件を紹介しておくこととする[3]。

II　ドイツ秩序違反法の概要

● 1　秩序違反法の歴史

(a)　秩序違反法が成立したのは戦後のことであるが，その考え方は戦前からあった。1871年のドイツ帝国刑法は，その各則第29章において，重罪 (Verbrechen)，軽罪 (Vergehen) と並んで「違警罪 (Übertretung)」（第360条～第370条）を定めていた。その内容は国家の規則に対する不服従であったが，他の犯罪類型と区別されて，その未遂は不可罰であったり，手続的にも行政官庁による叱責で手続が終了する場合がある等とされていた。その他，警察による略式科料 (Strafverfühgung) や行政官庁による通告処分 (Strafbescheide) などで手続が終了することも認められていた。これらは，あくまで行政的制裁であったが，裁判と同様の機能を果たしていた。当事者は，これを受容するか，裁判所の裁判を申し立てるかを判断することができた。

(b)　第二次大戦の後，特別刑法 (Nebenstrafrecht) が増大し，それに伴って行政官庁の権限も拡大するに従って，刑罰を科するにはふさわしくない違法行為を犯罪から区別し，より簡易な手続でこれを処理する必要が生じてきた。

---

[2] 日本にはドイツ秩序違反法に相当する法律はない。日本の「軽犯罪法」と対比させられる場合もあるが，秩序違反法は過料を定めた膨大な特別法に対する一般法であり，両者を単純に対比することはできない。また，「独占禁止法」（私的独占の禁止及び公正取引の確保に関する法律）等には「課徴金」制度が設けられているが，あくまで特定の法領域に関する個別法であって，やはり秩序違反法と対比することはできない。

[3] 以下の論述については，主に Walfang Mitsch, Recht der Ordnungswidrigkeiten, zuweite, überarbeitete und akutualisierte Aufgabe, 2005 ; Hellmann / Beckkemper, Wirtschaftsstrafrecht, 2004 ; Joachim Bohnet, Ordnungswidrigkeitenrehts, Grundriss für Praxis und Ausbildung, 2. Auflage, 2004 ; Joachim Bohnet, Grundriß des Ordnungswidrigkeitenrehts, 1996 を参照した。なお，神山敏雄「経済犯罪行為と秩序違反行為との限界(1)――ドイツの法制度・学説・判例を中心に――」刑法雑誌24巻2号（1984年）149頁以下参照。

第6章　ドイツにおける企業犯罪と秩序違反法

　かくして，刑法から行政刑法を区別するという経済刑法理論に基づき，経済違反行為を，経済犯罪行為と秩序違反行為とに峻別し，前者には刑罰を，後者には過料を科すという法制度が採用された。これが，1949年7月26日の「経済刑法の簡素化に関する法律（Gesetz zur Vereinfachung des Wirtschaftsstrafrechts, WiStG 1949)」（いわゆる経済刑法 Wirtschaftsstrafgesetz）であり，ここにおいて狭義の犯罪と秩序違反行為とが区別されることになった。1949年経済刑法第6条は，区分原理を定めたが，それは個々の場合に構成要件該当行為を犯罪行為とするか秩序違反行為とするかを法執行者に委ねるものであった。

　(c)　1949年経済刑法をより一般化し，全ての秩序違反行為に対する実体法と手続法の枠組みを定立したのが，1952年3月25日の「秩序違反法（Gesetz über Ordnungswidrigkeiten, OwiG 1952)」であった[4]。これにより，単に行政的秩序に反するにすぎない行為（例：経済統制法規違反）を，犯罪とは区別して処理することとなった。ただし，この法律には具体的な秩序違反行為の構成要件は含まれていなかった。それは個々の行政法規に委ねられたのである。注意すべきことは，この当時はまだ刑法に重罪，軽罪及び違警罪という犯罪の3分類が残っていたのであり，秩序違反法はこの区別を変更するものではなかったことである。ただ，秩序違反法の成立により，以後，違警罪を立法することはなくなり，それと同時に秩序違反行為は，その数においてもまたその重要性についても，増大の一途をたどることになった。

　(d)　60年代の刑法改正の流れと道路交通法における非犯罪化の動きの中で，1968年5月24日に新たな「秩序違反法（Gesetz über Ordnungswidrigkeiten, OwiG 1968)」が制定された。この法律では，より簡明でより実際的な手続法が整備され，これまでの厳格な刑事手続と過料手続の区別が緩められ，両手続相互の互換性と両手続の組み合わせの可能性が認められた。また，1968年秩序違反法も，各則という形での秩序違反行為の構成要件は定めていない。しかし，秩序違反法の外部で，すなわち従来の道路交通法上の違警罪及び若干の道路交通法上の軽罪が秩序違反行為へと変更されることになった[5]。

　(e)　1969年7月4日の「第二次刑法改正法（Zweite Gesetz zur Reform des

4　1952年の秩序違反法については，安西温校閲・富田豊訳『ハンス・エーベルハルト・ロートベルク秩序違反法解説』（昭和40年，法務資料389号）がある。

5　Vgl., Art.3 Nr.6 EGOWiG.

159

Strafrechts)」によって違警罪の犯罪形式が廃止されることになった。その結果，違警罪の構成要件は，秩序違反行為とされるか，軽罪に格上げされるか，さもなければ消滅するかということになった。1974年3月2日の「刑法施行法（Einführungsgesetz zum Strafgesetzbuch, EGStGB）」が，刑法の違警罪の多くを秩序違反行為へと転換させた。

(f) 刑法典の再編成に伴って，秩序違反法も再編成する必要が生じ，1975年に秩序違反法も改正された[6]。

● 2　秩序違反法の法体系と秩序違反の意義

(a) 秩序違反法の法体系

秩序違反法の法体系の特色は，実体規範と手続規範が同一の法律に規定されていることである。現行秩序違反法は，1968年から，3部に分かれている。第1部（1～34条）は，一般的な制裁と法効果の条件を規定し，秩序違反法総論に当たる。第2部（35条～110条）は，過料手続規定である。第3部（111～130条）は，個々の構成要件規定であり，秩序違反法各論に相当する。ただし，各論の多くは，それぞれの法律に含まれていることになる[7]。

秩序違反法第3部（第111条以下）に規定された秩序違反行為の構成要件は，以前の刑法典の違警罪の構成要件であり，それらはいずれの行政法規にも規定されず，また軽罪に昇格もせずかつ廃止もされなかったものである。例えば，秩序違反法第117条〔許されない騒音〕及び同第118条〔公共への迷惑行為〕は，廃止された刑法第360条第1項第11号の違警罪を移行させたものである[8]。

(b) 秩序違反の意義

「秩序違反」の定義については，秩序違反法第1条が，「秩序違反（Ordnungswidrigkeit）とは，過料（Geldbuße）を定めた法律の構成要件に該当

---

[6] その後の部分改正として，Gesetz zur Bekämpfung der Korruption vom 13. 8. 1997, Gesetz zur Änderung des Gesetz über Ordnungswidrigkeiten und anderer Gesetz vom 26. 1. 1998, Gesetz zur Änderung des Ordnungswidrigkeitenverfahrensrechts vom 26. 7. 2002 がある。

[7] 例えば，道路交通法（Straßenverkehrsgesetz（StVG）），税法（Abgabenordnung（AO）），連邦狩猟法（Bundesjagdgesetz（BjagdG）），営業法（Gewerbeordnung（GewO）），食品及び生活必需品法（Lebensmittel-und Bedarfsgegenständegesetz（LMBG）），水管理法（Wasserhaushaltsgesetz（WHG））等多数。

[8] この部分が，ほぼ日本の軽犯罪法に相当するが，ここには第130条「営業及び企業における監督義務違反」（後述）といった重要な新規定も含まれている。

する，違法かつ非難可能な行為である。」としている。その実質的意義については，犯罪行為との区別に関して後述する。秩序違反法は，公法の一部であり，国家と従属関係に立つ市民との法律関係を規律する。それは，私法上の関係に見られるような対等関係という性質ではなく，支配服従関係を前提としている。また，秩序違反法は，広義の刑法に属し，人の違法かつ有責な落ち度のある態度に対して，これを非難して，これに対して抑止的な（repressiv）制裁を科するものである。その対象は，人間の規範違反であり，法益保護のための法的な禁止または命令に対する違反行為であって，制裁に値するものである。狭義の刑法はこの行為を「犯罪行為（Straftat）」と呼び，秩序違反法はこの行為を「秩序違反行為（Ordnungswidrigkeit）」と呼ぶ。

　問題となるのは，秩序違反行為と犯罪行為との区別である。比較的古い理論は，質的相違説であり，秩序違反法は，行政刑法であるとする。秩序違反法の成立の基礎となった考え方であり，以後は，この考え方の修正の歴史といえよう。

　質的相違説（Qualitative Thorie）によれば，犯罪行為が法益侵害であるのに対して，秩序違反行為は行政的不法または不服従である。秩序違反行為は，社会に有害というのではなく，単に行政上不都合というにすぎない。秩序違反行為の不法内容は，国家の行政活動の侵害とみなされたのである。秩序違反法という新たな法領域の形成期にあっては，この質的相違説も説得力があった。しかし，その後，秩序違反法は著しく拡大され，市民生活に関するものも多く含まれるようになった。法益侵害を内容とする秩序違反行為も否定できず，もはや質的相違説は維持できなくなった。

　これに対して，量的相違説（Quantitative Theorie）からすれば，違法も責任も程度の違いということになる。侵害法益についても，秩序違反法の保護する法益は軽い価値ものであり，刑法上保護されている法益（例えば，健康，身体の安全）を侵害する場合も，その侵害の程度は軽いものである（例えば，具体的危険ではなく，抽象的危険であったり，未遂ではなく予備であったりする等）。

　しかし，注意すべきことは，このような量的な段階構造は，抽象的な構成要件のレベルの話であるということである。すなわち，具体的な場合には，秩序違反行為が犯罪行為よりもはるかに重大な侵害をもたらすことは大いにありうることなのである。重い秩序違反行為は，軽い犯罪行為よりも著しく重大だということもある。したがって，現行法の区別の基準は，純粋に質的相違とか量

的相違とかいうのではなく，質的と量的との混合というべきである。

かくして，今日では，量的＝質的相違説（Quantitativ-qualitative Theorie）が多数説・判例とされている。すなわち，量的相違の程度が大きくなると質的相違となる。核心領域（Kernbereich）については（例えば，謀殺，強姦，暴行，放火など），社会倫理的な無価値判断がなされるから，過料を以てする非難では足らない。刑罰も過料も，過去の行為に対する非難であるが，刑罰は社会倫理的非難であるのに対して，過料は義務履行を促すためのものであって，社会倫理的非難を伴わない。ただし，境界領域では，その区別は量的なものでしかなく，ある違反行為を犯罪とするか秩序違反とするかは，立法政策の問題である，とされている。

なお，このような理解の背後には訴訟法的考慮も働いている。すなわち，基本法（GG）第92条は，刑罰は独立した裁判官によってのみ科されうるとすることから，刑罰を行政官が科することはできない。したがって，行政官が過料を科することができるためには，実体法上の非難のレベルにおいて，過料が刑罰を基礎づける非難とは異なることを基礎付けておく必要があるからである。

もっとも，上述のように，具体的な秩序違反行為は，莫大な損害を惹起し，高額の過料で非難されることも多い。過料は，平均的な罰金額をはるかに凌駕することもある[9]。また，州の文化財保護法で極めて高額の過料を規定しているものもある[10]。

いずれにせよ，秩序違反行為ということになれば，その法効果は過料である。過料と刑罰の違いとしては，過料ということであれば，前科にはならないので，「連邦中央登録簿」に登録されない。過料の不納付の場合に自由刑に替えることはできない。ただし，後述するように，過料を払わない場合には裁判所は強制のための拘禁を命ずることができる（秩序違反法第96条）。また，過料の決定には，理由を付する必要はない（秩序違反法第66条3項）。また，区裁判所に

---

[9] 有価証券法（§39 Abs.1 Nr.1, 2, Abs.2 Nr.2a, Nr.3, Abs.4 Gesetz über den Wertpapierhandel (WpHG)）では，150万ユーロ（約2億5千万円）の過料が定められ，競争制限禁止法（§§130 Abs. 4 S. 1 OwiG, 81 Abs.2 S.1 Gesetz gegen Wettbewerbsbeschräukungen (GWB)）では，100万ユーロ（約1億7千万円）の過料が法定されている。

[10] 例えば，ブランデンブルグ州の文化財保護法では最高50万ユーロ（約8千万円）の過料が定められている（Vgl., § 31 Abs.4 Brandenburgiusches Denkmalschutzgesetz (BbgDSchG)（現在は，Gesetz zur Neuregelung des Denkmalschutzrecht im Land Brandenburug vom 24. Mai 2004 §26 Abs.4））。

対する異議申立により取り消されることがある（秩序違反法第67条）。過料は，社会倫理的に中立的な，すなわち狭義の責任とは無関係なサンクションとして，法人や個人会社に科することもできる（秩序違反法第30条）。いわば社会的な答責性が全面に出ることになる。

(c) 犯罪行為と秩序違反行為との競合

犯罪行為と秩序違反行為との競合関係ついては，秩序違反法第21条（犯罪行為と秩序違反との競合）が次のように規定する。

「① 同一の行為が，犯罪行為であると同時に秩序違反行為でもある場合には，刑法のみが適用される。他の法律で定められた付随効果は，これを課することができる。

② 第1項の場合において，刑罰が科されない場合には，その行為につき秩序違反行為として制裁を課することができる。」

これによれば，犯罪行為と秩序違反行為とが競合する場合には，刑法が優先適用されることとなるが（第1項），犯罪行為としての訴追がない場合には（犯罪行為に関する起訴便宜主義的運用については後述），秩序違反としての手続を取ることができることになる（第2項）。

III 秩序違反法の実体法

■1 実体法の構成

秩序違反法の実体法では，非難すべき態度とその法効果が規律されている。刑法と同じく総則と各則がある。総則（第1部で7章からなり，第1条〜第34条まで）には，一般原則として，構成要件，正当化事由，不作為，未遂，共犯及び行為競合の規定が含まれる。各則（第3部で5章からなり，第111条から第131条まで）は，秩序違反行為の特別な行為類型を定めている。しかし，それはわずかであり，秩序違反行為の構成要件の全体に比べれば無視しうるほどの数である。秩序違反法の各則の大部分はそれぞれの特別秩序違反法（Nebenordnungswidrigkeitenrecht）に含まれている。これらの法律は，その最後に秩序違反行為又は過料規定を設けている。

秩序違反の実体的成立要件は，犯罪成立要件とほぼ同じである。それは，秩序違反行為とは，過料を定めた構成要件に該当する，違法で非難可能性のある行為であるとする秩序違反の定義から導かれる（秩序違反法第1条1項）。したがって，不法構成要件，故意過失，正当化事由・免責事由も刑法と同じである。

なお，秩序違反法では，正当化事由としての明文は，秩序違反法第15条の正当防衛，同第16条の緊急避難だけである。秩序違反行為の場合，とくに「官庁の認可」が問題となりうるが，この場合には，構成要件該当性が問題となるとされている。さらに，答責性，錯誤，未遂，不作為なども刑法に準じて考えられている。

秩序違反の法効果は，過料である。過料の目的としては，①犯罪者という烙印を押すことなく，不法行為を止めなければならないという自覚を持たせること（制裁目的），②一般予防目的，③不当利得の収奪目的，にある。

●2 企業の違法行為と秩序違反法

(a) 総則規定

法人ないし人的結合体に対する過料については，責任主義のために，過料法においても，自然人のみが秩序違反の行為をなしうるものとされている。法人および人的結合体は行為をなしえない。しかし，法人および人的結合体は，秩序違反を理由とする過料の支払いをなすことができる。すなわちいわゆる受刑能力はあることになる。第30条が一定の範囲でそれを可能としている。第30条は，第9条および第130条と密接に関連する。その目的は，不当利得の収奪である。第30条は，また，秩序違反行為の抑止と予防を目的とする，とされている。通常の名宛人は，私法上の法人（株式会社（AG），有限会社（GmbH），登記社団（eV），共同組合（Genossenschaft），財団（Stiftung）），公法上の法人，権利能力なき社団，人的会社（合名会社（OHG），合資会社（KG））である。

企業の違法行為にとって重要な意味を持つのは，秩序違反法第9条〔他人のための行為〕および第30条〔法人（juristische Personen）および人的結合体（Personenvereinigungen）に対する過料〕の規定である。第9条は，

「①何人も，

1　法人の代理権限のある機関としてまたはその機関の構成員として，

2　権利能力ある人的会社の代理権限のある社員として，または，

3　他人の法的代理人として

行為をした場合には，特別な人的特性，関係又は事情（特別な人的要素）が非難可能性を基礎づけている法律は，そのような要素がその代理人に備わっていなくても，本人に備わっている場合には，代理人にも適用される。」

と規定している。また，第30条は，

第6章　ドイツにおける企業犯罪と秩序違反法

「①何人も，
1　法人の代理権限のある機関としてまたはその機関の構成員として，
2　権利能力なき社団の理事会としてまたはそのような理事会の構成員として，
3　権利能力ある人的会社の代理権限ある社員として，
4　法人または第2号もしくは第3号に掲げた人的結合体の包括的代理人または業務代理人もしくは任意代理人として指導的地位にある者として，または，
5　その他，法人または第2号もしくは第3号に掲げた人的結合体の営業もしくは事業の遂行について責任ある行為を行う者として――この場合，業務実施の監視もしくはその他の統制権限の実行も指導的地位に含まれる――，

法人もしくは人的結合体に関する義務が侵害されまたは法人もしくは人的結合体に利得をもたらしもしくはもたらすおそれがあったことにより，犯罪行為または秩序違反を行った場合には，法人もしくは人的結合体に対して過料を課することができる。

②　過料の額は，以下とする。
1　故意の犯罪行為の場合は，100万ユーロ以下。
2　過失の犯罪行為の場合は，50万ユーロ以下。

秩序違反の場合には，過料の最高額は，秩序違反について法定された過料の最高額に従う。犯罪行為と秩序違反とが同時に存在する場合には，秩序違反につき法定された過料最高額が，第1文の最高額を超える場合には，第2文を適用する。

③④⑤（略）」

と規定している。これによれば，①法人の代表権限のある機関若しくはその機関の構成員（第1項第1号），又は，法人の包括的代理権者及びその経営において管理（指導）的地位にある支配人（業務代理人）若しくは商事代理人（同第4号）が，②犯罪又は秩序違反を行い，③それによって，法人の義務に違反するか，又は法人が利益を獲得し若しくは獲得しようとした場合に秩序違反が認められ，法人に対して過料が科せられることになる。

(b)　**各則規定**

各則に置かれた「監督義務」に関する第130条〔会社および企業の監督義務

の侵害〕の規定は，企業の違法行為にとって極めて重要な意義を持っている。以下のように規定する。

「①　事業または企業の営業主（Inhaber）は，事業または企業において義務違反行為を防止するに必要な監督措置を，故意または過失により，執らなかった場合，それが営業主自身に関係しかつその侵害に対して刑罰もしくは過料が法定されており，当該違反行為が実行されかつその違反行為がしかるべき監督があれば防止されまたは基本的に〔その実行を〕困難とするものであった場合には，秩序違反の行為を行ったものである。必要な監督措置には，監督員の任命，注意深い選任および監視も含まれる。

②　第1項の事業または企業には，公的企業も含まれる。

③　義務違反に対して刑罰が定められている場合には，秩序違反行為は，100万ユーロ以下の過料とする。義務違反に対して過料が定められている場合には，監督義務違反に対する過料の上限は，義務違反に対して定められた過料の上限に従う。第2文は，義務違反に対して刑罰と過料が同時に定められている場合に，義務違反に対して定められた過料の上限が第1文の上限を超える場合にも，これを適用する。」

　この規定により，他人の，すなわち彼の会社の従業員の行う制裁されるべき行為を回避する措置を取らなかった者は，制裁されうる。第130条は，第9条に対応している。両規定は，組織（Organisation）に生じうる隙間，すなわち制裁の対象としての名宛人と行為をする者とが異なる場合に生じうる隙間を埋めるものである。これによれば，法人および人的結合体の代表権者が，犯罪行為ないし秩序違反行為（例えば，秩序違反法第130条の監督義務違反）を犯し，これにより団体の義務にも違反することになるか，または団体が利得し，もしくは利得する可能性があった場合には，法人および人的結合体に対する過料の賦課が可能となる。第130条はこれに対して独立した構成要件であり，営業または企業の所有者が義務の委任により任せきることを防止しようとするものである。なお，第130条は，捕捉構成要件（Auffangtatbestand）であり，関係者が行為者とはいえない場合に適用される。

　解釈論上の重要な問題として，企業の代表権者の行動が，犯罪成立要件を充足することが問題であって，具体的な行為を為した行為者の特定は要求されないという点に注意する必要がある。この点，当初は厳格に考えられ，関連行為が処罰される場合に伴う付随効果としてのみ適用されるというものであった。

第6章　ドイツにおける企業犯罪と秩序違反法

1986年になってはじめて，関連行為の処罰から独立した制裁が可能となった。換言すれば，犯罪行為または秩序違反行為を理由とする刑事手続または秩序違反手続が不開始とされ，または手続打切りとされ，あるいは刑の免除とされる場合でも，これとは独立して過料を課しうることとなる。これを違法行為の証明という点から言うと，「機関や重要な職にある社員の直接的な行為が，企業犯罪の根拠となっているのではなく，関連行為として秩序違反法第130条の監督義務違反として問題となるのは，下位の者の行為が監督義務違反の結果かどうか，またはそれを容易にしたかどうか，そのような因果関係が必要かどうか，である。ドイツにおける秩序違反法第130条の下では，しかるべき監督が行われていたならば，義務違反は困難であったろう，という事情だけで十分であるとされている。つまり，しっかりとした監督が行われていたならば，義務違反は起こらなかったであろうという証明までは要求されないのである。」ということになる[11]。

以上の指摘からも明らかなように，この秩序違反法第130条は，ドイツ法における企業犯罪の制裁制度において，極めて大きな意義をもっている。この規定によれば，営業主は，①監督員を任命しなかった場合，②軽率な任命をした場合，③適切な監督員を任命したが，その者に対する監視をしなかった場合，④監視をしていたが必要な措置を執らなかった場合，⑤必要な措置を執っておれば防止できた場合のみならず，行為を困難にしえた場合，などが含まれることになる。その制裁の範囲は非常に広いことに注意する必要がある。そうなると「営業主個人の問題」というより，「企業組織の問題」に限りなく近づくことになるように思われる。組織的な不備があれば，営業主の故意過失は関係なく秩序違反行為があった，すなわち「組織自体の違法行為」があった，という結論に限りなく近づくこととなるからである。確かに，法人処罰といっても，第30条の限度での受刑能力の肯定でしかないが，第30条で法人を処罰できる前提としての秩序違反行為には，（第30条のように企業の指導者が実際に違法行為を行った場合（いわば作為犯）だけでなく）第130条のように企業の指導者の

11　ウルリヒ・ズィーバー「企業犯罪防止のためのコンプライアンス・プログラム——経済犯罪の領域における刑法上の共同規制のための新たな試み——」早稲田大学21世紀COE企業法制と法創造総合研究所『季刊企業と法創造』第2号第2／3合併号（2006年3月）147頁以下，163頁以下参照。なお，ヴォルフガング・ハインツ＝戸浦雄史訳「刑法による経済犯罪の予防——ドイツ刑法，特に制裁法における新展開——」『神山敏雄先生古稀祝賀論文集第二巻経済刑法』（2006年，成文堂）433頁以下もほぼ同旨。

167

秩序違反行為が不作為の場合も含まれるとなると[12]，第30条による企業に対する過料制裁は，ほとんど「企業自体の秩序違反行為」を承認したのに近いことになるように思われる。

Ⅳ　秩序違反法の手続法

● 1　総　説

(a)　全体構成　秩序違反法の手続法（第2部で11章からなり，第35条から第110条まで）は，刑事訴訟法と同様に時間的な構成となっている。事実認定手続（Erkenntnisverfahren）では，管轄機関による秩序違反行為の認定が規定されている。それが肯定された場合には，制裁を科すべきかどうかが判断され，制裁が科される場合には，その種類と量が決定される。執行手続（Vollstreckungsverfahren）では，制裁の実施手続と手続に要した費用を定めている。手続法には3種類の規定があり，第一は刑事訴訟法の手続規定を受け継いでいるものであり，第二は秩序違反法の独自性を示す刑事訴訟法とは異なる規定であり，第三は秩序違反行為と犯罪行為が手続的に組み合わされる場合があり，それに対応するための規定（例えば，1つの手続で秩序違反行為と犯罪行為の双方を審理する等）がある。

秩序違反法の手続法は，刑訴法のように体系的ではないが，その全体を概観すると，以下のようである。

①　過料手続　　　1）捜査手続（第35条～）
　　　　　　　　　2）戒告手続（第56条～第58条）
　　　　　　　　　3）過料裁定手続（第65条～）
②　異議申立手続　1）中間手続（69条）
　　　　　　　　　2）公判手続　2)-1　区裁判所の手続（第71条～）
　　　　　　　　　　　　　　　　2)-2　抗告裁判所の手続（第79条～）

すなわち，過料手続の仕組みとしては，2つの部分からなっている。第1は，過料裁定（Bußgeldbescheid）までの手続であり，第2は，異議申立後の手続である。前者は，最初の嫌疑の段階から過料裁定の判断までであり，これはさらに2つの部分からなり，まず前手続の前提としての戒告手続（第56～第58条）

---

[12] Joachim Bohnert, Ordnungswidrigkeitengesetz Kommentar, 2. Auflage, 2007, S.600 は，第130条は，抽象的危険犯としての真正不作為犯であって，故意又は過失による監督措置の不作為を非難するものである，とする。

があり，次に秩序違反の嫌疑に関する前手続において，犯罪行為の嫌疑へと変化する捜査手続がある。すなわち，前手続は刑事訴訟上の捜査手続に移行する（41条以下）。警察の手続（第53条）と行政官庁の手続との間の移行関係はいくらか流動的である。以上に対して，過料裁定に対する異議申立後の手続は，中間手続（第69条）と公判手続とに分かれる。後者は，裁判所の手続であり，区裁判所の手続とその裁判に対する抗告手続とに分かれる。

(b) 手続管轄

原則として，警察が関与しないかぎり，前手続（Vorverfahren）は，行政官庁の管轄である。秩序違反法第35条1項〔行政官庁による訴追と制裁〕は，「秩序違反の訴追は，行政官庁の管轄とする。ただし，この法律により，検事局またはそれに代わって個々の訴追行為につき裁判官が担当する場合を除く。」と規定する。犯罪行為と秩序違反行為とが競合する場合については，上述したように，刑法が優先適用されるが，検察官がこれを訴追しない場合には，秩序違反法（第21条）により，行政官庁が手続を進めることができるのである。

中間手続の管轄は，過料裁定に対する異議が申し立てられる行政官庁と裁判所の手続に接続する検事局に分かれる。裁判所の手続は，第一審は区裁判所（第68条）であり，抗告手続は高等裁判所で行われる。

(c) 刑事訴訟との関係

嫌疑の解明は，刑事訴訟の捜査手続と類似して，最初の手続段階で行われるが，その判断は行政官庁で行われる。第69条の中間手続は，刑訴法第199条〔公判開始決定〕と同じである。ただし，刑訴法のような公判開始決定それ自体はない。裁判所の公判手続は，ほぼ刑訴法と同じである。

(d) 手続関与者

① 原則として，秩序違反法には手続関与者に関する規定はない。
② 行政官庁は，訴追機関であり制裁機関である（第35条）。
③ 検事局は，過料裁定に対する異議申立の後の中間手続で登場する。事件を裁判所に提起するかどうかを判断する（第69条第4項）。そして，公判における有罪立証を行う。検事局は，犯罪行為の嫌疑を持った事件を引き継ぐ（第42条），または，犯罪行為の嫌疑が欠けるときは事件を行政官庁に回付し，これは拘束的である（第43条）。
④ 裁判所としては，区裁判所と抗告審としての高等裁判所が関与する。
⑤ 警察およびその他の官庁。秩序違反法第53条〔警察の任務〕は，犯罪

行為の訴追の場合と同じ権限を持つことを規定している。

⑥ 弁護人・補佐人。弁護権は，刑事訴訟法を基準とする（第46条1項で準用される刑訴法第137条以下）。秩序違反法第60条〔弁護〕は，行政官庁の手続にも弁護人の援助が命ぜられることを規定している。また，第88条〔法人または人的結合体に対する過料の手続〕は，法人の場合でも弁護人の手続関与がある旨を規定する。

原則として，関係者が自己の弁護人を選任する。補佐人（Beistand）として，行政官庁は，配偶者または関係者の法定代理人の申立により，これを承認することができる（第46条1項で準用される刑訴法第149条第1項，第2項）。事件が関係者にとって極めて複雑であるときは，関係者に，行政官庁は，(必要的)弁護人を付さなければならない（第60条第1文で準用される刑訴法第140条第2項）。弁護人の地位に関しては，弁護人は，訴訟における独立の司法機関（selbständiges Organ der Rechtspflege）として，関係者を代理し，関係者の利益となる事情を主張する。

(e) **基本原則**

① 便宜主義。刑事訴訟法では法定主義（Legalitätsprinzip）（刑訴法第152条第2項）が妥当するが，過料法では，便宜主義（Opportunitätsprinzip）となっている。便宜主義では，「することができる」という形をとる（Kann-Formulierung）。便宜主義の下では，何時でも手続を中止することができるし，何時でも（手続の確定前であれば）手続を再開できることになるので，手続の反復も可能となる。

② 任意性。過料手続は「義務的裁量（pflichtmäßiges Ermessen）」とされている。すなわち，秩序違反法第47条〔秩序違反の訴追〕は，「①秩序違反の訴追は，訴追官庁の義務的裁量である。手続が訴追官庁に係属する限り，訴追官庁は手続を中止することができる。」と規定している。したがって，この「義務」は，「任意（Willkür）」と変わりはないとされている。要するに，判断は「自由」である。もっとも，「義務的」であるから，「許されない判断」という限界はある（例えば，私益を基準とするとか，意味のない考慮（unsachliche Erwägung）をすることはできない）。しかし，これとて一定の基準があるわけではない。したがって，「過料制裁をしないこと」が可罰的となったり，それ自体が秩序違反となったりすることはない。むろん，理由のない訴追や過料制裁は，犯罪行為（刑法344条2項1号（無実の者の訴追））となる。

③　法定原則。秩序違反法でも，刑法と同じく，「法律なければ制裁なし（Keine Ahndung ohne Gesetz）」の原則が妥当する。すなわち，刑法第1条は，法律がなければ刑罰はないとの原則を定めているが，秩序違反についても，行為は，それが行われる以前にその可罰性が法律により定められていたときに限り，これを制裁することができる。

2　行政官庁による過料賦課手続

(a)　一般法と特別法

刑事訴訟法が，秩序違反手続法に対して「一般法」である場合は，刑事訴訟法が秩序違反法の総則となる（第46条1項）。刑事手続との重要な相違は，自由剥奪処分の禁止である（第46条3項）。とくに，未決勾留の禁止である。

すなわち，秩序違反法第46条〔刑事手続に関する規定の適用〕は「①過料手続につき，この法律に別の定めがない限り，刑事手続に関する一般法，すなわち刑事訴訟法，裁判所構成法および少年裁判所法の規定を準用する。②訴追官庁は，この法律に別の定めがない限り，過料手続において，犯罪行為を訴追する検事局と同一の権利と義務を有する。」と規定する。これにより，刑事訴訟法が一般法としての効力を持つことになる。

(b)　過料手続の諸原則

①　既に述べたように，便宜主義は，秩序違反手続において最も重要な原則である。この効果は，すでに秩序違反構成要件において，「できる」という立法形式で表されているから，それは過料実体法にも属すことになる。

②　職権主義（Offizialprinzip）。さらに，職権探知主義（Instruktionsprinzip）も妥当する。国家の訴追機関は職権で犯罪を探究する。その際，不利な事情も有利な事情も調査し，客観的に評価しなければならない（第46条1項で準用される刑訴法第160条第2項参照）。嫌疑の捜査に当たって，関係者は認定手段であって当事者ではない。関係者は，自白し，その自白は他人に対する証拠方法となる。それは何らかの非難に対して拘束的効力は有しない。

③　無罪の推定原則（ヨーロッパ人権条約第6条第2項）が妥当する。ただし，過料裁定では，無罪推定は制約的である。それはより簡略化された手続であり，それは何程か暫定的（etwas vorläufiges）であって，関係者に対し，制裁を課することの申し出としてなされる。包括的な調査は，事実審裁判官に委ねられる。

④　弾劾主義（Akkusationsprinzip）が修正されて妥当する。裁判所は，自ら

活動することはできない。訴訟条件として，行政官庁の過料裁定の存在と異議申立の存在が必要である（第69条第4項）。

⑤　聴聞権。関係者の聴聞権という憲法上の権利は保障されるが（基本法第103条第1項），行政手続では参加の程度は弱いものとなっている（第55条）。

⑥　一事不再理効（ne bis in idem）の原則も，秩序違反手続では制約されている。警告（Verwarnung）は，限定された既判力の効果しか有しない（第56条第4項）。過料裁定は確かに再度の過料制裁を妨げるが，同一の事象を犯罪行為として訴追することは妨げられない（第84条第1項）。その先は，判決の既判力の効果が及ぶことになる（第84条第2項）。

⑦　司法保障（基本法第19条第4項）は，行政による侵害に対する裁判所の権利擁護を保障している。それは，区裁判所による過料裁定の再審理によってなされることになる。

⑧　刑事訴訟法上の，直接主義，公開主義，口頭主義という諸原則は，過料手続では，公判手続においてのみ有効である。

(c)　行政官庁の手続

①　行政官庁による調査に基づく「戒告」と「過料告知」手続。過料告知までの手続は，刑事事件における捜査手続と類似している。特別規定がない限り，刑事訴訟法の規定が準用される。管轄行政官庁は，原則として，検察官が刑事訴訟法上有すると同様の権限を持つ。対象者にも，原則として，刑事手続上の権利と同様の権利が保障される。

②　管轄。前手続は行政官庁によってなされる。その際，行政官庁は，刑事訴訟の捜査手続における検事局の法的地位を受け継ぐ（第46条第2項）。制裁権限を行政官庁に認めることは，基本法第92条に違反しない。刑罰は裁判官によってのみ科されうるが，過料は刑罰ではないからである。その論拠としては，既述のように，刑罰に典型的な不名誉な無価値判断が欠けており，ただ不法（Unrecht）があるのみだからである。

③　手続の開始。官庁が，秩序違反が行われたという根拠を持てば，秩序違反手続を開始することができる。その場合に，犯罪行為に関する何らかの具体的蓋然性が欠ければ，手続開始は許されない。その場合，嫌疑が，具体的な人物または具体化されうる可能性のある人物に向けられるかどうかは，基準とならない。最初の嫌疑は，手続を開始することが許されるというのみであって，これを強制するものではない。官庁は，手続に公益があるかどうか，そして制

第6章　ドイツにおける企業犯罪と秩序違反法

裁が可能かどうかを考慮する義務がある（第47条第1項）。手続の及ぶ範囲は，固定されていない。犯罪の重さによる。

④　警察の手続。警察の手続は，暫定的な措置である。警察の義務は，その結果を「遅滞なく」行政官庁に送付することにある（第53条第1項第2文）。

⑤　証拠収集。外部的侵害を伴う権力行使は，裁判官に申立て，裁判官により（第46条第1項が準用する刑訴法第162条），命令される。秩序違反法では，刑事手続の特別な処分は排除される。禁止されるのは，拘禁処分である（刑訴法第112条以下の施設収容，拘禁，第127条の仮逮捕）。もっとも，軽度の身体捜索は許容される。また，1）身元確認のため，2）採血のための，短時間の自由剥奪は許容されるが，3）捜査処分を行うための場所に連行することは禁止される。そこでは，比例原則が妥当する。また，証拠禁止も妥当する。

(d)　終結判断

秩序違反手続の終局判断は，官庁が手続の終了を決定する場合と，手続の継続を決定する場合とがある。すなわち，①行為者に責任がない場合や立証できない場合に，制裁を行わないで手続を終了させる場合がある。つぎに，②公益が欠けるために，手続を終了させる場合がある。これは便宜主義からする判断である。最後に，③手続が中止されない場合は，戒告か，または，④通常の場合として，過料裁定を行う。

(e)　行政官庁による制裁決定

①　戒告。行政官庁は，2つの形式を取り得る。すなわち，戒告と過料裁定である。戒告は，単なる注意（Ermahnung）または戒告金（Verwarnungsgeld）を伴う警告である。戒告は，犯罪が軽微な場合である。軽微事犯か否かの基準は，違法行為の頻繁性，法益侵害の程度，違反の期間，利得，将来の合規範的な態度の可能性，および，非難の程度による。戒告手続として，戒告の権限は当該官庁にある（第56条第1項）。戒告手続は，事実認定の部分と制裁の部分の2つに分かれる。戒告は，通常は口頭でなされるが，文書による場合もある。

②　過料裁定。過料裁定は秩序違反法の中心となる判断形式である。過料裁定は要式行為であり，文書で行われる。内容は，第66条第1項，第2項が定める。1）関係者の厳密な表示（第66条第1項第1号）及び2）制裁の対象となる事実が記載される。行為の場所と時，および適用される過料規定の法律上の構成要件要素（第3号）。3）必要となる証拠方法の表示（第4号）。4）法効果，過料および付随的効果（第5号）および根拠規定が記載される。

● 3　裁判所による賦課手続

(a)　行政官庁による過料裁定に対して，対象者による異議申立があると，事件は中間手続に進み，区裁判所に送致され，通常公判が開かれることになる。この場合，裁判所での事件の審理は，行政官庁による過料告知の当否を審査するのではなく，裁判所により，秩序違反の成立の有無，及び，成立する場合の過料額につき，はじめから審理が行われる。手続は，原則として，処罰命令に対して異議が申し立てられた場合の刑事訴訟法の規定が準用される（直接主義の緩和，証明基準は同様）。

なお，行政官庁は，事実が犯罪行為である疑いがある場合には，事件を検事局に送付しなければならない（第41条）。

(b)　**異議手続**

秩序違反法第67条〔異議申立〕は，行政官庁の過料裁定に対して，2週間以内に行政官庁に異議申立をすることができる旨を規定する。過料裁定に対する異議申立は，当該行政官庁の管轄区域内の区裁判所が取り扱い，区裁判所の裁判官は単独で裁判する（第68条）。

(c)　**公判手続**

区裁判所の手続は，刑事訴訟法上の処罰命令（Strafbefehl）に対する異議に関する刑事訴訟法の規定に従うこととなっている（第71条）。

(d)　**上　訴**

上訴としての抗告（Rechtsbeschwerde）（第79条以下）は，高等裁判所の管轄となる。

(e)　**刑罰と行政処分**

刑罰と行政処分との「二重処罰」については，基本法第103条第3項が，「何人も，同一の行為を理由に，一般刑法（allgemeines Strafrecht）に基づき重ねて処罰されることはない。」と規定しているので，刑罰と行政処分との「二重制裁」が問題となる。基本法にいう「一般刑法」の概念は，判例によれば，懲戒処分，秩序違反法に基づく過料，裁判所による秩序維持のための処分，予防目的の処分は含まれない。したがって，これらの処分と刑罰との併科は基本法103条3項に反しないことになる。ただし，法治国原則の一内容である比例原則による規制はかかるとされている。

上述したように，同一の行為が，同時に犯罪行為と秩序違反行為の双方に該当する場合には，刑法のみが適用される。ただし，刑罰が科されない場合には，

秩序違反として制裁を課することができる（秩序違反法第21条）。また，刑罰ないし過料の賦課が確定した場合には，それが相互に一事不再理効を生じる。秩序違反法第84条〔既判力〕は，「①過料裁定が確定したときまたは裁判所が事実につき秩序違反もしくは犯罪行為として裁判し，この裁判が確定したとき，もはや同一事実が秩序違反として訴追されることはない。②秩序違反としての事実に関する確定判決があるときは，これを犯罪行為として訴追することはできない。」と規定している。

(f) 強制留置

過料は罰金と異なり，その不納付に対して自由剥奪処分はできないこととなっている。しかし，この点に関して，秩序違反法第96条1項は，「強制留置（Erzwingungshaft）の命令」を規定し，「第95条1項の期間の経過後（過料の支払いがない場合），裁判所は，執行官庁の申立によりまたは，裁判所自身に執行の責任がある場合は，職権で，強制留置を命ずることができる。」としている。この強制留置の期間は6週間，数個の行為の場合は3か月までとされている。この強制留置については，刑事訴訟法第451条第1項，第2項（執行官庁）が準用される（97条）。

V 過料手続と刑事手続

■1 経済犯罪に対する刑事手続

(a) ドイツ法における企業犯罪に対する制裁制度は，大きく秩序違反法による制裁に依拠していることは以上に概観した通りである。しかし，ドイツ法では，一般の刑事訴訟法による企業犯罪の処理についても，種々の工夫がなされている。例えば，裁判所構成法第74条cは，大規模経済犯罪についての専門的な管轄を創設し，地方裁判所に特別の経済刑事部（Wirtschaftsstrafkammer）を設置した。これに対応して，検事局にも重点検事局（Schwerpunktstaatsanwaltschaft）を設けている。この重点検事局では，特別の訓練を受けた検察官と並んで常勤の経済学者や経営学者（経済担当官（Wirtschaftsreferent））が協力しているので，外部に鑑定を依頼することはないとされている。

(b) 他方で，大型経済事件に対応するために，これ以外にも，種々の対策が取られている。例えば，①起訴強制（法定主義）の制限，②公判前手続における検事局の権限強化，③公判手続の停止や公訴時効期間の延長，④直接主義の

制限〔書証朗読の制限〕などである。ここでは，ドイツ法における起訴法定主義の修正について触れておくと，刑訴法第152条第2項は，「検察官は，法律に別段の定めのある場合を除き，訴追可能なすべての犯罪に対して，事実に関する十分な根拠が存在する限り，手続をとらなければならない。」と規定し，いわゆる起訴法定主義の大原則を採用しており，これはドイツ刑事訴訟法の大きな特色とされてきた。ところが，この原則を緩和する規定が次々と設けられてきた。すなわち刑訴法第153条〔軽微な犯罪〕が存在し，さらに，第153条a〔賦課事項又は遵守事項の履行〕，第153条b〔刑の免除ができる場合〕ないし第153条e〔積極的な悔悟〕などの例外規定が設けられ，さらに，第154条〔重要でない余罪〕，第154条a〔訴追の限定〕も設けられている。また，第155条a〔和解の可能性〕の規定も重要である。

これらのうち，とりわけ企業犯罪にとって大きな意味を持ちうるのは第153条aであるので，以下に引用しておこう[13]。

「① 検察官は，軽罪の事件につき，所定の賦課事項又は遵守事項が刑事訴追による公の利益を消滅させるのに適しており，かつ責任の程度がこれを妨げないと認めるときは，公判の開始に関し管轄を有する裁判所及び被疑者の同意の下に，公訴の提起を暫定的に猶予し，被疑者に対して賦課事項又は遵守事項を課する事ができる。賦課事項又は遵守事項としては，特に以下のものが考慮される。

  1 犯罪行為によって生じた損害を回復するために，特定の給付を行うこと。
  2 公共の施設又は国庫のために金員を支払うこと。
  3 その他公共に役立つ給付を行うこと。
  4 一定額の扶養義務を履行すること。
  5 被害者との和解に真剣に努力し（行為者と被害者との和解 Täter-Opfer-Ausgleich），その際，自己の犯罪による損害の全部若しくは大部分を回復すること，又は損害回復（Wiedergutmachung）のための努力をすること。
  6 道路交通法第2条b第2項2文又は第4条第8項第4文に基づく講習に参加すること。

検察官は，賦課事項又は遵守事項の履行のため，第2文第1号から第3号まで，及び第5号，第6号については6月以下，第2文第4号については1年以

---

13 条文引用は，松尾浩也監修『ドイツ刑事訴訟法典』（2001年，法曹会）による。

下の期限を付する。検察官は，賦課事項又は遵守事項を事後的に取り消すこと，又は1回に限り履行期限を3月間延長することができる。被疑者の同意があるときは，賦課事項又は遵守事項を事後的に課すること及びこれを取り消すこともできる。被疑者が賦課事項又は遵守事項を履行したときは，その犯罪行為を軽罪として訴追することはできない。被疑者が賦課事項又は遵守事項を履行しないときは，履行のために既に行った給付は，返還しない。第153条第1項第2文は，第2文第1号から第5号までの場合に準用する。

②　公訴が提起された後は，裁判所は，事実の確定を最終的に審査できる公判段階の終結に至るまで，検察官及び被告人の同意を得て，手続を暫定的に中止し，同時に前項第1文及び第2文に定める賦課事項又は遵守事項を被告人に課すことができる。この場合には，前項第3文から第6文までの規定を準用する。第1文に定める裁判は，決定により行う。この決定に対しては，不服を申し立てることができない。第1文により課した賦課事項又は遵守事項が履行された旨の認定についても同じである。

③　賦課事項又は遵守事項の履行のために付された期間の進行中は，時効は，停止する。」

　この規定によれば，企業犯罪を犯した者も，例えば一定の金額を国庫に納付すれば，刑事手続が中止される可能性があることになる。このような起訴法定主義の修正は，企業犯罪の訴追において，大きな意味を持つことになる。すなわち，起訴法定主義にもかかわらず，秩序違反法による制裁（過料）で処理できることの制度的根拠として，以上の刑事司法制度は意味がある。つまり，刑事制裁（刑罰）を大前提としつつ，起訴便宜主義的運用により，刑事手続外制裁（賦課事項又は遵守事項）による事件処理を可能としつつ，それが行われない場合には行政制裁（過料）を科することができる，という連動がある。もっとも，この場合の刑事手続外の金員納付などの「賦課事項又は遵守事項」と過料制裁手続との事実上の接近は否定できないように思われる。

■2　刑事手続の課題

　企業犯罪に対するこのような多様な制裁制度は，その反面で刑事司法に大きな課題をもたらすこととなる。ティーデマンは，すでに，「最近では，まさに大規模で困難な事件において，被告人から意外な自白が得られることも稀ではない。もちろん，こういった自白は，弁護人，訴追側，裁判官が，量刑につい

て協約する (Verständigung) ことによりなされることもある。その種の『協約』は，ドイツ流の理解によれば，ドイツ刑事訴訟法の基本構造に鑑みて制限的にしか許されない。したがって，アメリカ合衆国の刑事手続における答弁取引 (plea bargaining) は，職権探知主義および実体的真実主義を認めるドイツ刑事訴訟にとっては，とくに刑事裁判所の絶えざる加重負担から生ずる諸問題の解決策とみなすことはできないのである。ただし，事前手続について，立法者は，1974年の刑法施行法 (EGStGB) で，刑事訴訟法第153条aという――きわめて批判を受けている――規定を導入した。この規定は，例えば，公的組織のために一定の金額を支払うことを命じ，それと引き替えに刑事手続を打ち切ることを許している。こうした方策は，犯状のあまり重くない場合に（経済犯罪においては）しばしば利用されている。」と論じていたが，最近になって重大な企業犯罪を刑事手続外で処理するという事件も発生し，今後の大きな課題となっている[14]。

VI 結 語

以上，ドイツにおける企業の違法行為に対する制裁制度として，主に秩序違反法の過料制度を中心にみてきたが，最後に，確かに，企業の違法行為に対する過料制度が大きな機能を果たしてはいるが，「秩序違反法の補完性」[15]すなわち過料では不足する場合の刑罰制裁の必要性もやはり問題とならざるをえないという点に触れておくこととしよう。

憲法的に言えば，国家権力は，必要性，相当性，比例性の原則で規制される。刑罰は最終手段 (ultima ratio) であり，他の国家的手段に対して補完的 (subsidiär) であるべきである。過料で有効に抑止することができ（必要性の原則），刑法を適用することのデメリットがこれによって達成されるメリットと不均衡である場合には（比例性の原則），刑罰をもって規制されるべきではない。このようにして，これまでは，犯罪行為の秩序違反行為への移行が問題であっ

---

14 クラウス・ティーデマン／西原春夫＝宮澤浩一監訳『ドイツおよびECにおける経済犯罪と経済刑法』(1990年，成文堂) 397頁。いわゆるマンネスマン事件 (2006年) では，重大な企業犯罪が刑事訴訟法第153条aの「国庫納付金」をもって手続中止とされた。その是非をめぐって論争がなされているが，企業犯罪に対する刑事制裁のあり方という根本が問われている。なお，正井章筰「企業買収における経営者への功労金の支払い――マンネスマン訴訟に見るドイツのコーポレート・ガバナンスと刑事司法制度――」早稲田法学82巻3号 (2007年) 59頁以下参照。

15 Mitsch, oben Anm (3), S.21.

第6章　ドイツにおける企業犯罪と秩序違反法

た。しかし，その逆も決してタブーではない。カルテル法上の入札談合は，もともと刑法と親和性を持っていた。連邦裁判所は，詐欺罪での処罰に前向きであったが[16]，そこでは秩序違反法による非難では十分ではないとされたのである。このようにして，今日では，ドイツ刑法第298条が，これを犯罪として処罰することとしているのである[17]。

　このように，非犯罪化の流れに対するいわば犯罪化の課題も問題であるからこそ，今日，「企業の違法行為に対する刑事制裁のあり方」が問題となっているといえよう。2007年5月17日から20日にかけてオスナブリュックで開催されたドイツ刑法学者会議（Strafrechtslehrertagung）は，統一テーマとして「刑法─経済の規制装置？(Strafrecht-Regelungsinstrument der Wirtschaft ?)」という刺激的テーマを掲げ，「経済統制の手段としての刑法」，「経済犯罪の抑制のための刑法外および刑法上の装置」，「刑事訴追と危険防止の間のグレーゾーンにおける監督権に基づく事前調査」及び「経済犯罪としての背任」といった問題について議論されたが，企業犯罪の中には社会に与える影響が極めて大きいものもあり，刑事制裁の問題を避けることができないということであろう。もっとも，企業の違法行為の犯罪化がどこまで進むことになるかは今度の課題である。

　要するに，ドイツにおける企業犯罪に対する現在の制裁制度及びその運用状況は非常に多様である。企業犯罪といっても多様であるから，制裁制度とその運用も多様であって然るべきである。このようなドイツにおける制裁制度の実体法的及び手続法的な多様性については，われわれとしても参考とすべき点が多いように思われる。

16　Vgl., BGH St 38, 186ff.
17　刑法第298条〔入札における競争を制限する談合〕第1項は，「物品又は営業上の供給に関する入札の際に，発注者に特定の落札を行わせることを目的とする違法な談合に基づく入札を行った者は，5年以下の自由刑又は罰金に処する。」とする。また，刑法第299条〔取引交渉における贈収賄〕第1項は，「営業体の従業員又は代理人として，取引交渉において，競争に係る物品又は営業上の供給の発注の際に，不正な方法で他の者に便宜を図ることに対する反対給付として，自己又は第三者のために利益を要求し，約束させ又は収受した者は，3年以下の自由刑又は罰金に処する。」とする。なお，第300条は，その犯情の特に重い事案につき，3年以上5年以下の自由刑に処するとしている。なお，第299条は原則として親告罪とされている（第301条）。また，一定の場合には，刑法第73条dの資産刑及び拡大収奪が適用される（第302条）。条文引用は，宮澤浩一監修・翻訳『ドイツ刑法典』（法曹会，2007年）による。

第7章　イタリアにおける企業コンプライアンスおよび企業犯罪規制の状況[1]

吉 中 信 人

Ⅰ　企業犯罪事件
　　——パルマラット（Parmalat）
Ⅱ　イタリア法における企業コンプライアンス・プログラム——2001年法の成立
Ⅲ　イタリア法における取締役の刑事責任——2002年法の射程
Ⅳ　課　題

Ⅰ　企業犯罪事件——パルマラット（Parmalat）

　イタリアにおける近年の企業犯罪とそれへの対処方策を語る上で，このパルマラット事件の発生は，後述する，イタリアにおける新企業刑法（D.Lgs.8-6-2001 n.231）との関係で，重要な意義を有する。

　パルマは，もともと紀元前2世紀の終わり頃にローマ帝国の植民地として建設され，16世紀に入ると，フランス領，教皇領等の間を行き来し，1545年ファルネーゼ家出身のパウルス3世が息子に領地としてこのパルマを与え，以後パルマ公国となる。その後スペイン系ブルボン家の支配を受けるなどし，1860年サルディーニャ王国に併合，イタリア王国へ統合された。フランスやオーストリアとの支配関係から，現在でもパルマは「食の都」として，生ハムやパルメジャーノ・レッジャーノ・チーズの発祥地として有名な街である。

　そして，このパルマに本拠を置く，イタリア最大級の乳製品会社パルマラット社（総売上75億ユーロ，従業員数30ヵ国に3万6千人）は，こうした歴史の中で，パルマの人々の誇りでもあった。なお，パルマラット（Parmalat）とは，イタリア語で，パルマの牛乳という意味の造語である。創業者カリスト・タンツィは，22歳で小さな食肉工場に経営参画した後，テトラパックのイタリア

1　現地調査および多数の論文，報告書，法典等を参照しつつ構成したが，F. C. ベヴィラクア氏及びG. B. ブルーニ氏の論考は特に参照させて頂いた。現地調査では，A. カドッピィ教授，S. マッフェイ博士，S. プティナーティ弁護士等，パルマ大学法学部のスタッフ及びボッコーニ大学のE. モンターニ氏等比較法研究所のスタッフからは有益なガイダンスを受けた。記して感謝申し上げる。

第Ⅰ部　企業活動と刑事規制の国際調査

のライセンス工場を経て，ミルク製造で70年代から既に乳製品業界で圧倒的な地位を築いていた。

　このタンツィをめぐるパルマラットの詐欺事件は，不正経理問題で破綻した米エネルギー商社，エンロンのイタリア版ともいわれているが，その経緯は以下のようである。2003年末，カリブ海ケイマン諸島の子会社ボンラットは，取引銀行であるバンク・オブ・アメリカに約40億ユーロの現金や証券を預けているという財務書類を，会計監査を行っていた会計事務所に提出し，この事務所が確認をとったところ，バンク・オブ・アメリカ側の指摘によってこれが粉飾であることが判明した。これには，財務担当重役のファウスト・トンナの偽の預金証書使用が関係しているといわれている。同年12月19日，パルマラット社はこの件を発表したところ，イタリア政府は23日の閣議で救済策を協議し，破産法適用を一時停止して債務返済猶予などを認定する緊急政令を公布，パルマラット社は24日パルマ地裁に政令の適用を申請したが，27日，パルマ地裁は，粉飾による欠損金を100億ユーロに上るとし，「支払い能力がない」として事実上の破産宣告を行った。これにより負債を軽減し，事業継続が可能になるとして，経営再建に向けた方策がとられることになった。一方で，旧経営陣の刑事責任追及が始まり，同日，創業者タンツィは，5億ユーロの脱税及び資本逃避罪で逮捕されたが，組織的な不正工作の全容解明に向けてなお裁判は継続中である。

　続いて，翌2004年10月8日，パルマラットの最大の債権者である米シティグループが，イタリア政府によるパルマラット破たんの取り扱いを不服として，同国政府をローマの裁判所に提訴した。イタリア政府が策定にかかわったパルマラット再建計画は，シティの貸し手としての権利を侵害したとしたものである。これに対し，パルマラットのエンリコ・ボンディ会長は債務の支払いを拒否した。むしろ，取引銀行が同社の元幹部らと共謀し，実際の財務状況を隠ぺいしたとして，複数の訴えを起こしたのである。同会長はシティに対し200万ユーロ（約2億7,300万円）を除いた残り全ての債務支払いを拒否しており，7月には米国の裁判所にシティを提訴していた。シティの欧州・中東・アフリカ部門国際企業・投資銀行業担当のウィリアム・ミルズ最高経営責任者（CEO）は発表資料で，「パルマラット最大の債権者でありこの詐欺事件の犠牲者として，シティグループは損失に対する適切な償いを得るためあらゆる機会を模索していく」と述べた。

第 7 章　イタリアにおける企業コンプライアンスおよび企業犯罪規制の状況

　2005 年 6 月 28 日ミラノ裁判所は，司法取引に合意した旧経営陣 11 人に対して，市場操作や規制妨害の罪で有罪判決を言い渡した。判決によると，被告人は禁固 10 月から 2 年 6 月となり，うち 9 人は執行猶予付きとなった。この 11 人には，ファウスト・トンナを含む，巨額の詐欺が発覚した 2003 年当時の 3 人の CFO（最高財務責任者）が含まれていた。同裁判所は 25 日に，カリスト・タンツィ，バンク・オブ・アメリカと会計事務所大手のデロイト＆トウシュのイタリア支店の幹部など 16 人に対しても，9 月に裁判を開始する決定を言い渡しているが，なお予審係属中である。

　パルマラットは，これまでにも，取引銀行や当時の監査役などを相手取り，賠償請求などを行っているが，2006 年 7 月 6 日には，スイスの地方銀行 GKB に対し，同社の破たんを助長したとして，51 億 7,000 万ユーロ（約 7,600 億円）の損害賠償と，1,079 万ドル（約 12 億円）の返還を求める訴えを起こした。パルマ地裁に提出された訴状によると，GKB とその元行員が，アメリカ銀行やパルマラットの元幹部と共謀し，2001 年以降に複雑な金融取引を行わせ，損害を追わせたとしている。これに対し，GKB は不正な行為はなかったとしている。この件に関するスイス当局による調査結果はまだ明らかになっていない。

　このように，パルマラット事件は，世界の銀行や株式市場を巻き込んだ大きな混乱をもたらしたが，時間の掛かりすぎるイタリアの司法事情もあって，なお全容解明には至っていない。しかし，イタリア経済界には，もともと粉飾を行いやすい事情があると指摘されている。この点，コーポレート・ガヴァナンスの実質化という面において，パルマラットのような大きな事件を起こしていないフランスとの対比が興味深いと思われるが，ここでは，2 点ほど指摘する。一つ目は，イタリアには，同族企業が多く，大企業であっても同族会社であれば中小企業と同じレベルの監査しかなされていないという点であり，ベルルスコーニ首相は，イタリア経済を活性化させるために企業不正に対する緩和政策をとったといわれている。二つめは，よりイタリア人の国民性に関わる問題であるが，形式的な法制度は法制度として一応作るが，実際にはあまりこれらに縛られないで行動したいという土壌である。法文化の問題は一概に断定するにはたいへん難しいテーマであり慎重を期することが求められるが，現地調査でのインタヴューにおいても何人かの学者から同様の発言が得られたことは興味深いものであった。

第Ⅰ部　企業活動と刑事規制の国際調査

Ⅱ　イタリア法における企業コンプライアンス・プログラム
――2001年法の成立

● 1　概　要

　アメリカの企業量刑ガイドラインをモデルにした，イタリア2001年企業刑法の通過によって，コンプライアンス・プログラムは，イタリアの裁判例でもますます注目されるようになってきているが，同時にこれは，イタリア企業のいっそう重要な特徴となってきている。アメリカでは，約1世紀にわたって，企業の刑事責任を承認してきているが，イタリア法では，従業員による犯罪に対して企業の責任が認められるようになったのは，ようやく2001年のことである。こうした遅い展開の主な理由は，イタリア憲法が「刑事責任は個人的なものである」と規定し，処罰は犯人の再教育のために科されるものだとしているため，刑事責任に要求される故意を企業が有するとすることは困難だからだとされている。しかしながら，2001年231号法規命令（以下2001年法という）によって，イタリアにおいても企業の責任は法となった[2]。これは，企業の組織的責任に焦点を合わせることによって憲法とのあらゆる衝突を回避しようとするものであった。この法規命令は，ある程度，様々な条約の要求に適うものであった。例えば，欧州共同体財政的利益保護条約（ブリュッセル，1995），欧州共同体又は欧州連合加盟国の公務員における汚職対策条約（ブリュッセル，1997），さらには，国際経済取引における外交官の賄賂行為防止に関する経済協力開発機構条約（パリ，1997）などである。

　この2001法によって，従業員だけでなく，幹部や取締役の犯罪に対して，企業やその他の団体の責任が問えるようになった。しかし，企業は，その犯罪

2　D.LGS.8 GIUGNO 2001, N.231. *Disciplina della responsabilità amministrativa delle persone giuriciche, delle società e delle associazioni anche prive di personalità, a norma dell'articolo 11 della legge 29 settembre 2000, n.300*. ここでは，帰責される法団体及び対象外の組織が規定され（1条），法人犯罪の帰責原理が明らかにされている。すなわち，①犯罪が法人の利益のために行われたこと（5条1項），②法人に組織上の過失において非難すべき点があること（6条），③犯罪遂行に向けられた事業政策が存在すること（16条3項），である。最後の点は，いわゆる法人の故意（*dolo dell'ente*）を問題にするものである。適用犯罪については列挙主義を採り，企業犯罪，市場操作犯罪の他，重大な国越組織犯罪やテロリズム又は破壊行為の目的で行われた重軽罪（*delitto*）等を含む。また刑事制裁としては，金銭刑の他，営業活動等の一時的又は終局的禁止制裁や有罪判決の公示等が規定されている。

第 7 章　イタリアにおける企業コンプライアンスおよび企業犯罪規制の状況

遂行を防ぎモニターする適切な手順を踏んでいたならば，その責任を回避することができる。犯罪が，低い階級の従業員によって行われた場合は，経営者や取締役によって行われたときより責任回避が容易である。立法者は，こうした経営者や取締役を，企業の政策や精神を代表し，体現するものと考えているからである。しかしながら，彼等のような幹部が不正手段によって管理を混乱させまたは回避させてその企業に対し犯罪を遂行したときは，その犯罪について，なお企業は責任を回避できるというのが法の立場である。この場合企業は，適切なコンプライアンス・プログラムの存在を示すだけでなく，監査機関のコンプライアンス関連作業が適切であったにも拘わらずこの幹部が不正にこれを逃れたということを示さなければならないので，企業の無実を立証するのはなかなか難しい。もっと詳しくいえば，こうした場合企業は，以下の3つの点を示さなければならない。

(1)　経営主体は，（例えばコンプライアンス・プログラムのような）犯罪を防止するための組織と管理のモデルを採用・設立していること。
(2)　コンプライアンス・プログラムの機能や遵守を監督する責務が，適切な「監査機関」に与えられていること。
(3)　犯罪者が不正手段を使ってコンプライアンス・プログラムを逃れたこと，及び上記「監査機関」が有効にその責務を果たしたこと。

2001年法は，更に，コンプライアンス・プログラムは次のものを含んでいなければならないとしている[3]。

(1)　犯罪が遂行された場合を想定した活動を明らかにすること（リスク・アセスメント等）。
(2)　犯罪遂行防止のための特別手続を規定すること。
(3)　犯罪遂行を避けうる財源管理の手段を明らかにしていること（企業のお金を使用することは微妙な活動であり，例えば，誰かに賄賂を供与する目的で資金を取っておくといったような，企業資金が不適切に使われないような手段を置いておく必要がある）。
(4)　監査機関への報告を規定していること。

3　6条2項がコンプライアンス・プログラムを組織モデル（modelli di oganizzazione）として規定しており，これは，組織の模範や手本となるべきものという意味であるが，日本語では，同一視理論との対比で用いられる組織モデルと紛らわしいので，本文中では「組織模範例」とした（Cf., G. Marinucci, E. Dolcini, *Manuale di Diritto Penale*, Giuffrè, p.130）。

(5) 組織模範例（コンプライアンス・プログラム）が規定する手段が遵守されなかった場合に，制裁を適用する懲戒制度が実施されること。

低い階級の従業員における犯罪遂行の場合には，企業との一体性はより明らかでないため，立法者は挙証責任の転換を図っている。つまり，検察官は，企業の犯罪リスクからの予防と保護において一般的且つ構造的な組織的責任の存在を示さなければならない。例えば，コンプライアンス・プログラムに欠陥があったなどである。加えて，2001年法は，例えば組織の性質，大きさ，そして行われる活動の種類といった，その会社の特別なビジネス慣行に合わせたコンプライアンス・プログラムでなければならないとしている。また，会社は，重大な違反が明らかになったときはいつでも，あるいは組織の性質やその活動が変更されたときはいつでも，そのコンプライアンス・プログラムを再検討し修正しなければならない，としている。コンプライアンス・プログラムを監査し最新のものにする作業は，開始と管理について独立した権限を持つ機関に委ねられなければならない。この機関の構成や特質については，2001年法は，何が求められるか多くを語っていないため，議論がある。支配的な見解によれば，この機能は外部監査になじまない。しかし逆に，この機関は監査役員会（collegio sindacale）であってもならないと考えられている。それは，真に有効な監査を行うについて必要となる活動の継続性を持っていないからである。そこで，最も適切な選択は内部監査機能を採用することであろうと複数の学者は考えている。代わりになるべきものとして，法務部，人事部，あるいは監査役及び独立理事あるいは内部監査役のメンバー達からなる混成機関の創設を示唆する者もいる。

なお，コンプライアンス・プログラムは，同業者団体によって作り上げられる綱領の中で求められていることを元に構成されうる。こうした綱領は，個々の企業が独自のモデルを作るのを助けることを企図して，一般的ガイドラインを提供している。しかしながら，これらのプログラムは，常に，個別の組織に適応されねばならず，それゆえ，他の綱領の単なる焼き直しであってはならないであろう。

● 2　裁判例の動向

2001年法の施行から5年が経過し，おそらく，まだ完全で明確な判例法を語るには早すぎるものの，幾つかの興味深い司法判断が示されてきている。

第7章　イタリアにおける企業コンプライアンスおよび企業犯罪規制の状況

2001年法の新しい司法的ツールを採用するに際し，検察官や裁判官は当初懐疑的であったが，現在ではそれは変わり始めている。コンプライアンス・プログラムという2001年法の中心課題に関して，初期の裁判例は会社のニーズに対応した効果的なプログラムを創ることの重要性を強調していたようである。同業者団体が作ったガイドラインをそのまま流用し，個々の会社に適合させるために特段の努力を行わないような，いわば，「やっつけ」モデルともいうべきプログラムは，裁判官から積極的な評価を得られないようである。

たとえば，2004年におけるミラノ裁判所判決（Trib. Milano, Uff GIP, ord 9-20-2004, Guide Secchi, IVRI Holding e COGEFI）では，コンプライアンス・プログラムに関して，「企業生命を支える道具として，具体的で効果的，且つダイナミズムを有するものでなくてはならず，決まっているから形式的に用意しておけばいいというようなものではなく，ビジネス活動の現実的で経済的ヴィジョンに基づいて策定されなければならない」と述べられている。さらに，コンプライアンス・プログラムは，企業に関しての深い分析に基づいて，幾つかの重要な特徴を有する必要があるとされた。つまり，その会社が過去に受けた司法判断や，同じ分野で操業する他の会社の特徴を考慮しながら，犯罪の様々な形態に対するリスク領域を画定し，違法行為を阻止する方策を見つけ出すことであるとする。その企業体にとってどのような犯罪リスクの傾向があるかを決定し，そうした傾向のもとで効果的な管理を行える個別の手続を考究し，予防的な管理を行い，その会社の意思決定を策定するための特別の計画案を採用しなければならないという。さらに，プログラムに関して，以下の諸点を指摘している。監査機関の自律性，独立性，そして専門職業性を確保しなければならないこと，責任を明らかにするための手段を採用すること，経営者と従業員がプログラムを知り，理解し，適用することを確保すること，違反行為に対して制裁可能な懲戒制度を創設すること，リスク構造が進化すれば，プログラムを最新のものにする企業の変化に対応すること，等である。

また，やはり2004年における別のミラノ裁判所における判決（Trib. Milano, sez. XI Giud. Riesame, Pres. Rel. Mannocci, ord. 10-28-2004, Siemens AG）では，「有効性，特別性及びダイナミズムは，コンプライアンス・プログラムの構造的特徴である。その有効性は，判断を行うメカニズムの具体的妥当性にかかっている。つまりそのメカニズムは，リスキーな領域を除去するか少なくとも相当減らしうるような，そして犯罪を処罰するだけでなく，リスク領域および良くな

いことを行う領域を明らかにしうるようなものでなくてはならない。貸借対照表の全面的な透明性はもちろん必要であり，これがなくては，プログラムは効果的でないだろうし，行動の倫理綱領を顧慮した単なる伝統的な勧告になってしまうだろう」と判示している。この事件では，以下の理由によってこの企業のプログラムは妥当でないとした。第一に「留保された（隠し）」会計が存在していたこと，第二に，この企業が支払いの出所や周期を隠すために外国の仲介者を使っていたこと，そして第三に，この企業が従業員と協同せず，管理せず，さらに制裁も課していないこと，である。

　既に，2003年におけるローマ裁判所の判決（Trib. Roma, Uff. GIP, ord. 4-14-2003, Giud. Finiti, Soc. Finspa）では，コンプライアンスに関する組織模範例の必要条件がいくつか示されていた。「コンプライアンス・プログラムは，以下の場合には犯罪を防止するものとはみなされない。①その企業が現在訴追されている犯罪が行われた領域に対して特別の配慮がなされていなかった場合，②監査機関の効果的な自律性と独立性が確保されていなかった場合，そして，③単に理事会の有効多数によってその修正が可能であることが謳われていない場合，である」。また，コンプライアンス・プログラムの策定に関するその他の問題点として，監査機関の構造と構成があるが，これについて同判決は，「監督機関は経営機能を担ってはならない。そうでなければ，意思決定過程に関与することとなり，効果的な監督を遂行するのに必要な中立性を失うこととなろう。またそれは企業の他の機関のメンバーによって構成されないのが良く，外部顧問に委ねることも可能である。そしてもし企業が大きな規模であれば，組織化されていなければならない。活動の継続性を確保し，コンプライアンス・プログラムの具体的執行の監視にのみ焦点を合わせることが求められる」と述べている。

　そして，2004年における別のミラノ裁判所判決（Trib. Milano, Uff. GIP. ord. 4-27-2004, n.950, Est. Salvini, Siemens AG）では，学者の批判を受けているものの，外国企業への適用を承認し，「2001年法は，イタリアで活動する外国法人にも適用される。その外国が同様の企業責任の制度を有するか否かは問題ではない」と判示したが，先のミラノ判決（Trib. Milano, sez. XI Giud. Riesame, Pres. Rel. Mannocci, ord. 10-28-2004, Siemens AG）でもこの判断は踏襲されており，「イタリアで仕事をする者は，それが個人であれ，企業体であれ，イタリア法を尊重するべきである。イタリアで行われた犯罪に関与する外国企業は，ここ

第7章　イタリアにおける企業コンプライアンスおよび企業犯罪規制の状況

イタリアでは，行政犯の責任を帰せられる。たとえその企業が外国におけるコンプライアンス・プログラムを採用していても，管轄権はイタリアにある。コンプライアンス・プログラムを採用していないことは，それ自体違法ではないが，企業に対して非難がなされる問題である」としている。

● 3　2001年法の影響とコンプライアンス・プログラム実施の現状

a）2004年調査

2001年法の影響を理解するために実態をみてみよう。2001年法によって規制される組織模範例，すなわちコンプライアンス・プログラムのイタリア企業による採用と実現に関する最初の調査は，イタリア内部監査協会の「231（＝2001年法）領域委員会」と共同で，ピサ大学の「内部監査・監督」部長によって行われた。2004年末に，インタヴュウを受けて記入用紙を提出した97の企業が対象となった。この調査によると，97企業のうち59％がコンプライアンス・プログラムを採用しており，25％が目下採用しようとしている。16％のみがプログラムを持たず，且つ目下採用予定もない。金融部門や公益事業に従事する会社の大部分がこれを採用していた。全ての企業が，同業者団体のガイドラインに従ったと回答しているのは注目に値する。プログラムの最もありがちな要素は，最も犯罪遂行に晒される領域のリスク分析である。実に95％の会社が以下のような手順を踏んでいる。

(1)　231（2001年法における）リスクに潜在的に晒されるビジネス活動を明らかにすること。
(2)　その領域に関して現存する管理態勢を調査し分析すること。
(3)　可能性のある懸隔を明らかにすること。
(4)　明らかにされた懸隔を埋める必要な活動を明らかにすること。

また，コンプライアンス・プログラムのその他の特徴に倫理綱領がある。2001年法の準則に適応させるために，多くの会社は自社の倫理綱領や行動規範を再検討し，しばしば行政機関との関係についての特別準則を追加している。これは，すなわち，汚職防止規定である。70％の企業は監督機関に対する特別通報と報告経路を規定している。研修制度などで，従業員に対して2001年法の準則や企業コンプライアンス・プログラムについて説明するための特別な啓蒙活動を行っているのは約半数の企業にすぎない。また，その重要性に鑑みれば驚くべきことだが，特別の懲戒制度を創設した企業は，わずか38％にすぎ

ない。監査機関の形態や構成に関しては，68％の企業が組織体制を採用していた。また，32％が，ただ一つの役割を果たす代表者達で構成される監査機関を有していた。組織体制の具体的状況は，75％の会社が内部監査としており，これが典型的な構成となっている。内部管理委員会のメンバーによるものが40％，監査役員会によるものが18％となっている。

法務部や人事部のメンバーが関与することは，それぞれ，19％と7％となっており，少ないようである。外部顧問は組織体制をとっている機関にのみ存在するが，そのうちのわずか12％となっている。通常こうした顧問は法律の専門家であったり，その会社で制度的な役割を担う，または担っていた者であったりする。

コンプライアンス・プログラムを起草するには，多くの専門分野にわたる知識や技術が必要となることは明らかである。内部監査部が69％，法務部が56％，人事部が37％，とそれぞれ関与している。しかし，最も普通なのは，外部顧問を使うことであり，57％となっている。内部機構では必要な能力を欠くこともあるし，プログラムとその採用過程の独立且つ専門化した評価がしばしば必要となるからである。

b) 2006年調査

2006年4月12日に，再びイタリア内部監査協会231領域委員会は，他の興味深い最新調査を発表した。ここでは，様々な経済部門から，72社が対象となった。25社が融資機関又は金融仲介機関，11社が保険会社，16社が産業会社，その他の16社が公益企業，4社がメディア又は電信電話会社であった。82％の企業がコンプライアンス・プログラムを採用しており，そのうち91％が特に2001年法で規定された監督活動プログラムを持っていたか作成中であった。監督機関の構成に関しては，前回の調査結果が実質的に確認され，大部分の組織体制において内部監査の高い構成比がみられた。今回の調査におけるおそらく最も興味深い結果は，諸企業が，主に，典型的には汚職犯罪といった，行政機関と関わる犯罪を防止するためにコンプライアンス・プログラムを採用したという事実である。「企業犯罪」に対してプログラムを拡大したのは，その後に過ぎないという企業もかなりあった。これはおそらく，汚職による訴追がビジネス活動の完全な停止をもたらしうるという事実によるものであろう。「企業犯罪」を例とする他の犯罪形態では，最高刑は1,500万ユーロであり，これは主要な企業にとって大した額ではないのである。

第 7 章　イタリアにおける企業コンプライアンスおよび企業犯罪規制の状況

諸企業が，2001 年法によるコンプライアンス・プログラムの要求に関してどう捉えているかは依然明確ではない。一方で，こうした潜在的責務は，潜在的制裁の重大性と企業の名声に対する損害を考えると，企業にとって不安をもたらす。従って，コンプライアンス・プログラムは有罪を避け，又は減軽を可能にするもので，有用なツールと考えられている。他方では，このようなプログラムは組織の自由に対する侵害であり，刑法システムによる侵犯ともみられている。イタリア憲法 41 条は，私的経済活動の自由を保護しているのである。そしてまた，最近の企業スキャンダルから発生した倫理に対する動向は，企業を，倫理綱領，コンプライアンス・プログラム，そして企業の社会的責任 (CSR) 事業へと駆りたてるが，これは時に，公衆や投資家にとって，単なる企業宣伝と捉えられているのである。この見方からすれば，このような宣伝では，倫理やコンプライアンスに対する真面目な取り組みを反映していないことになる。

こうしたアメリカ的な「飴と鞭」アプローチが，ビジネス犯罪の効果的な抑止を証明するか否かを語ることは時期尚早であろう。ただ，今日，イタリア企業は犯罪遂行に関与するリスクについてより自覚的であり，このことが，最近の企業スキャンダルからもたらされた副産物と相まって，ビジネスにおける倫理の重要性に新たな光を投げかけるものと期待される。

● 4　2001年法のイタリア的特徴

2001 年法は，イタリア版サーベンス・オクスリー法ともいい得るものであるが，制裁機能においてアメリカ法より弱い一方で，倫理的側面を重視しているとも評価できる。この性格は，形式は整えるが，実際には，形式は形式として，ともすればこれを潜脱するイタリア社会の一側面を反映しているともいえ，学者や実務家から，制裁機能をもっと強化すべきだとの批判も加えられている。この点，汚職犯罪に対する規制は厳しく，イタリアの汚職犯罪の深刻な実情を反映している。

また，イタリア法の特徴は，常に憲法との関係が重要な要素となる。上述した経済活動の自由を規定した 41 条が制裁機能を抑制する方向に働いていることもさることながら，27 条 1 項が，「刑事責任は個人的である（La responsabilità penale è personale）」と規定していることから，ドイツ，スイス，スペイン等と同様に，法人に対して直接は刑事責任が問えないと考えるのが伝

191

統的解釈であった[4]。この立場から2001年法は，憲法との抵触を避けて法人の行政的責任を問うこととした。しかし，この行政的責任を問う手続はまぎれもなく刑事手続であり，刑事訴訟法が適用されることになり，学者や実務家を困惑させている。一方，学説の中には，27条1項の解釈を，他の行為者によって行われた犯罪についてまで責任を負わないとした規定と捉え，自然人であれ法人であれ，問擬されている犯罪についての行為者であることの同定が求められるとするにすぎないとするものもある[5]。

III　イタリア法における取締役の刑事責任——2002年法の射程

● 1　一般的原理

イタリアにおいて，取締役の刑事責任に関する準則は，伝統的に，刑法典ではなく民法典（2621条から2642条）に規定されている。過去20年以上にもわたって，企業犯罪を規制する準則に関して最も議論されたのは，会社の貸借対照表ともっと一般的には会計について虚偽の報告を行うことであった。イタリアの会社法によれば，会計の誠実性は，内部構造においても，また第三者との関係においても，企業関係の正確性に対する安全装置の基本的な要素である。しかしながら，過去数年間，企業刑法によって保護される利益は，公衆の利益や，諸企業に関する正確な情報をある程度得るための市場の一般的利益といった，かなり抽象的な問題までカバーする裁判所によって拡大されてきた。それゆえ，いっそう巧妙な金融ツールに対して進歩的に開かれたイタリアの株式市場は，刑事罰を適用可能にするより広い幅の行為や事情を規定する民法2621条以下の司法的介入と衝突することになった。そこで，企業犯罪に関する準則の急進的な改正の必要性が認識され，2002年4月11日法規命令61号の中に体現された。この新法の基本は，伝統的な訴追の数を制限する一方，特に金融取引に関して一層改善されたテクニックによって可能となってきた新しい「ホワ

---

[4] 但し，2001年に可決成立したスイス刑法は，その102条で法人の刑事責任を承認した。そこでは，法人が関与する重罪及び軽罪について，自然人に帰責できない場合，法人に帰責される。法人の直接的な独自の責任を承認するも，1次的責任ではなく2次的，補充的責任としている。但し，マネロン等の組織犯罪に関しては，犯罪を防止するために合理的で必要なあらゆる措置をとらなかった非難が加えられるとして，自然人の可罰性とは独立して法人に1次的な独立の刑事責任があるとしている（Cf., *Commentaire sur le Code Pénal Suisse*, L. Paul, art. 102, Delachaux, 2003.）

[5] Cf., G. Marinucci, E. Dolcini, *Manuale di Diritto Penale*, Giuffrè, p.128.

イトカラー犯罪」をカバーする目的で，新しい訴追の形態を導入することであった。そしてこの手続の中心は，刑法が企業部門で保護すべき現在の関連利益を同定することと，刑法犯を構成する行為の特徴を明らかにすることであった。一般的にいえば，この改正では，経営における詐欺的慣行を防止し，コーポレート・ガヴァナンス管理を強化することが企図されているのである。大まかにいえば，この新法の主要な特徴は以下のとおり。

(1) これまで形式的に犯罪とされてきたいくつかの不法な行為を，脅威となる基準を下げることで軽微な犯行とみなし，もはや検察官が訴追を開始することはできず，むしろ損害を受けた当事者に刑事告訴を行うことを委ねる。
(2) 企業従業員による義務違反を訴えうる損害当事者の範囲を減らす。
(3) 損害当事者による刑事告訴の要件として，現実に生じた損害を証明することの必要性。
(4) 処罰可能となる基準を上げる。
(5) 刑罰を軽減する。
(6) 形式的権利侵害に対する行政的制裁の適用。

2　虚偽企業報告

民法2423条によれば，「取締役は，利益及び損失計算書と説明書とともに，貸借対照表を作成しなければならない。これらは明確に作成されねばならず，会社の経済的財政的状況と会計年度ごとの経済的成績を真実に，正しく表したものでなければならない…」と規定されている。民法2428条は，貸借対照表は，会社の状況と経営に関する取締役の報告書によって，全般的に，またその会社が操業するすべての個別部門に関して完成されなければならないとしている。企業報告書の不正は取締役の刑事責任を招来する可能性がある。実際，この犯罪的行為は，企業の従業員が以下のことをした場合成立する。

(1) 故意に貸借対照表若しくは企業報告書に嘘の実体的事実を表示し，又はその中で，会社の経済的若しくは財政的状況に関して開示すべき情報に言及しなかった場合。
(2) 株主と公衆を欺く故意を有していた場合。
(3) 不法な利益を領得しようとした場合。
(4) 用途を現に欺くような方法において行った場合。

しかし，前述したように，この行為は検挙されるものの，もはや施設収容で処罰されない。違いは，単なる検挙の場合は，罰金で済まされうるということである。さらにいえば，虚偽報告や不作為が経済状況の表示を実体的に変化させていなければ，企業従業員は処罰されない。また，納税前の当該年の決算に対する変化が5％を超えないときも刑罰は科せられない。いずれの場合も，貸借対照表上における各々の品目に対する見積もり評価が，正確な価値の10％を超えないときは，従業員は処罰されないのである。保護される利益は，貸借対照表の真実性である。この形態のいわば危険犯は，それゆえ，欺罔によって故意に行われたときに限り処罰される。他方で，株主又は債権者の損害に対する，虚偽の企業による情報伝達に関して規定する民法2622条に依れば，「民法2621条に規定された犯罪が株主又は債権者に対して資産的損害を与えた場合，企業従業員は，損害当事者の告訴をもとに6月以上3年以下の拘禁刑で処罰される。そのような犯罪が証券取引所に上場されている会社の株主又は債権者に対して損害を与えた場合，企業従業員は検察官の率先によって訴追されうる。」しかしながら，この場合も，民法2621条に規定される除外規定が適用可能であり，それぞれ5％及び10％の範囲を超えていなければ処罰されない。この場合，危険犯なのであり，刑罰のより大きな重力は，「会社財産の完全性の保持が保護法益であるという事実に依っている」ということになる。

● 3　他の詐欺的取引

イタリア法において「詐欺的な」とは，事実の虚偽表示によって第三者を欺く目的を持ったいかなる行為をも指す（Corte di Cassazione 17-3-1966）。詐欺を行った取締役は，会社に対する忠誠と誠実の義務に違反している。この形態の犯罪的行為は，犯行者の詐欺目的の悪意ある認識，当該行為によって利益を得る意図，更には会社に損害を与える意識によって特徴づけられる。以下列挙する。

　(1)　投資家に対する事業計画書における虚偽報告（民法2623条）
　(2)　会社に関する取締役の妨害行為（民法2625条）
　(3)　有価証券に関する詐欺的取引（民法2628条）
　(4)　債権者に対する損害的取引（民法2629条）
　(5)　資本の虚偽編成（民法2632条）
　(6)　会社財産の横領（民法2634条）

第 7 章　イタリアにおける企業コンプライアンスおよび企業犯罪規制の状況

(7)　見返りのための会社財産の横領（民法 2635 条）
(8)　市場操作（民法 2637 条）
(9)　監督当局の機能に対する妨害行為（民法 2638 条）

　最後に付言すると，民法 2641 条は没収を規定し，企業犯罪に対するいかなる有罪判決も，犯罪に由来する産出物件若しくは利益又は犯罪に供された財産の必要的没収を伴う。これらの物件が特定できない場合は，その価額たる金員又は財産を追徴する。

　以上の企業犯罪は，2001 年法に従い，企業の「行政責任」を招来する。

Ⅳ　課　題

　以上，誠に簡単且つ不十分ではあったが，イタリアにおける企業コンプライアンスおよび企業犯罪規制の状況について記述してみた。イタリアの政治状況および経済状況が，自由な市場経済を志向していることから，パルマラット事件の教訓にもかかわらず，企業の経済活動に対する規制や制裁はアメリカに比して緩やかであり，憲法上の制約という理由に藉口して，企業犯罪の規制が自由な経済活動を萎縮させてしまうことを恐れているようにも思える。また，現地でのインタヴュウからも，アメリカに倣った法規制の整備が，かえって，イタリア人にとってのエクスキュースとなって，脱法的企業犯罪を増加させるのではないかとの懸念をも抱いた。ここには，イタリア及びイタリア人の法文化や歴史等の背景事情が関係しているのではないかと想像している。

　こうした事情からか，企業の不法行為と犯罪をめぐる法律的規制・制裁制度は極めて複雑であり，「民法上」も規定されている「行政上」の責任が，「刑事上」取り扱われる状況は，附帯私訴や私人訴追を認めるイタリアの制度を前提としてもなお，理論的に整理困難であると同時に，今後の研究にいっそうの興味を呼び起こすものである[6]。

6　刑事責任を承認しないことに対する行政制裁以外の処方箋としては，民事責任の承認による罰金刑の執行確保がある。刑罰の一身専属性や応報的意義から批判があるものの，法人が構成員に対して科された金銭を保証してくれるので，国庫にとっては都合が良い。イタリア刑法 197 条は，（罰金及び科料の納付における法人の民事責任）として，「　国，州，県及び市町村を除く法人格を有する法人は，その代表権若しくは管理権を有する者又はこれらの者と従属関係にある者が犯罪によって刑の言渡しを受け，且つ犯人の有する身分に関わる義務の違反を構成する犯罪に関与しあるいは法人の利益のために犯罪を行った場合において，刑の言渡しを受けた者が支払い不能であるときは，科せられた罰金及び科料の総額に等しい金額を納付する義務を負う。」と規定している。

第8章　デンマークにおける企業犯罪

松　澤　　伸

Ⅰ　総　説　　　Ⅱ　各　説

Ⅰ　総　説

●1　序

　本稿は，北欧デンマークの企業犯罪の現状を刑事法の観点から紹介するものである[1]。

　北欧は，デンマーク，ノルウェー，スウェーデン，フィンランド，アイスランドの五カ国からなり，そのうち，前三者をスカンジナヴィア諸国と呼ぶ。これは，前三者が，スカンジナヴィア人という北方ゲルマン人の一系統の民族からなる国家であることに由来する。これに対し，フィンランドは，元来アジア系であるフィン人による国家であり，アイスランドは，スカンジナヴィア人による国家ではあるが，かなり古い時代，すなわち，ヴァイキング時代に系統が分かれており，民族や文化の同質性がスカンジナヴィア諸国からある程度離れている。

　本稿では，これらのうち，デンマークを対象とする。その理由は，主として，以下の点にある。

　① 第1に，デンマークはスウェーデンと並び北欧諸国の中では国家規模が大きく，ヨーロッパ諸国に対するのはもちろん，同じ北欧諸国の間でも影響力があり，北欧の代表国家のひとつと見るにふさわしい。

　② 第2に，法発展の歴史的経緯がある[2]。ノルウェーは18世紀までデンマーク領に属し，19世紀はスウェーデン領に属していたため，また，フィン

　1　デンマークにおける刑事法一般に関する文献として，松澤『機能主義刑法学の理論──デンマーク刑法学の思想』（信山社，2001年）。

　2　北欧における19世紀以降の法発展の経緯について，松澤・前掲注(1)『機能主義刑法学の理論』63頁以下参照。

ランドは，18世紀までロシア領に属しており，19世紀はスウェーデン領に属していたため，法発展という意味では，独自の意義が少ない（なお，アイスランドは，20世紀中盤までデンマーク領に属していた）。北欧法は，中世以降，デンマーク法とスウェーデン法の二つに分かれて発展してきており，このうちのひとつであるデンマーク法をとりあげるのは，スカンジナヴィア法の発展の経緯から見て適切である[3]。

③ 第3に，EUへの加盟の有無がある。EUに加盟していないノルウェーやアイスランドは，おそらく，企業犯罪の点でもEUの影響を受けにくいため，興味深い点も多いはずであるが，それだけにヨーロッパ法の発展から見た場合の一般性が低く，ここで取り上げにくい。

デンマークを中心とする北欧およびそれを支配する北欧法は，我が国にあまり知られておらず，その研究の意義ついて，疑問をさしはさまれる余地もある。そこで，以下では，国家の情報と刑事法の特色を説明する。それによって，この両国の企業犯罪を研究することの意義，我が国の企業犯罪研究に資する点がどこにあるのかを明らかにする。

● 2　国家の特色

デンマークの特色としては，以下の点が上げられる。

① 国家規模は小さいが，福祉国家としての独自性をもっており，社会民主主義的な傾向の強いヨーロッパにおいて，その方面の先端を進んできた（現在，デンマークは，スウェーデンともに右派政権を持っているが，右派とはいっても，社会保障への配慮は非常に強く，他国の右派政権とはかなり趣を異にする）。また，瀆職罪・賄賂罪の発生については世界最低レベル，情報公開については世界最高レベルにある。そのため，企業の情報公開が進んでおり，大規模な企業犯罪・経済犯罪が極めて少ない。

② EU内の小国としての立場から，過度のヨーロッパ統合推進主義に対して，良識あるストッパーの役割を果たしている。たとえば，デンマークは，アムス

---

[3] 本稿のもととなった報告原稿では，スウェーデンの企業犯罪についても略説したが，筆者の専門的能力と時間的な猶予の関係から，本稿ではこれを割愛し，関連する限度で，注において言及することとする。なお，スウェーデン法に関しては，刑事法に特化したものではないが，萩原金美『スウェーデンの司法』（弘文堂，1986年）が最もまとまった文献である。また，萩原金美編著『スウェーデン法律用語辞典』（中央大学出版部，2007年）も参考になる。

テルダム条約を否決し（後に承認），さらに，ユーロには参加せず，EU憲法否決への動きなどもある。

③　人口は少ないが，地理的には，北欧諸国はヨーロッパ最大の領域を占めており（デンマーク自体は小さいけれども），それなりの存在感を持っている。

3　刑事法の特色

　刑事法に限らず，北欧法の特色は，大陸法をベースにしつつ，英米法（特にイギリス法）の影響を強く受けている点にある。すなわち，法典における条文の構成や学問上の理論構成は大陸法（ドイツ法，フランス法）に学んだものをベースにしつつ，高度にプラグマティックな手法で問題解決を行うという，北欧法独自の性格が認められるのである。このような北欧法独自の性格が生まれた背景には，様々な事情が影響している[4]。

　もともと，北欧法は，その民族的背景（北方ゲルマン人）から，ゲルマン慣習法に基づいていた。その後，ゲルマン慣習法に基づく法を持った諸国（典型的にはドイツ）では，神聖ローマ帝国時代に，いわゆるローマ法の継受が起こったが，北欧は，ヨーロッパの最北端にあるという地理的条件から，ローマ法の影響が最小限にとどまった。神聖ローマ帝国においてローマ法の継受が進行・完了したのは14，15世紀頃であるが，ローマ法が北欧に伝わった16世紀には，デンマークとスウェーデンはすでに王国としての体制を完成させ，まがりなりにも全国統一法典をもつに至っていた。この法典が，ローマ法の継受を阻む大きな防波堤となったのである。北欧における統一法典は，ゲルマン慣習法を成文法化したものであり，その内容は，慣習法の法典化という性格上，極めてカズィスティックなものであった。そのため，19世紀に至ると，フランスやドイツの影響の下，より大陸法的な法典編纂が行われることになる。この段階に至って，北欧では，初めて大陸法の伝統に基づいた法的思考が導入されるのであるが，それまでの北欧は，慣習法的なプラグマティックな考え方が支配していたのである。このような伝統は，北欧においては近代に至るまでいわゆる法曹階級が生まれなかったこと，北欧リアリズム法学と呼ばれる法哲学の学派が，19世紀末から20世紀中盤まで北欧全体を強力に支配したこと，北欧の南に位置する軍事大国ドイツからの圧迫を常に受け続けることによってドイ

4　この間の事情について，詳細は，松澤・前掲注(1)『機能主義刑法学の理論』19頁以下。

ツに対する反発心が生じたこと等から，さらに強化され，同様にプラグマティズムの法思考を持つ英米法に強く影響されるに至ったのである。

刑事法においても，その特色が反映している。刑事訴訟法は，大陸法をベースに，英米の当事者主義を導入した中間的な性格を有している[5]。刑法は，近代学派の影響を受けて制定された刑法典[6]をもっており，刑罰論はさらに新派的な色彩が強く，制裁体系にもそれがあらわれている。いずれも，わが国に類似した点も多く（いうまでもなく，わが国の刑事訴訟法は大陸法と英米法の折衷的なものであるし，刑法も当時最先端であったドイツの近代学派の影響の強いものである），極めて興味深い立法例といえよう[7]。

II 各　説

●1　序

本章では，デンマークにおける企業犯罪について，まず，本書で紹介される各国に共通する知識として，①制裁体系を説明し，②著名な経済犯罪を紹介する。続いて，③法人処罰についての最近の刑法改正について，④デンマークで経済犯罪としてとらえられている犯罪の略説，⑤コンプライアンス・プ

---

[5] デンマーク刑事訴訟法の邦訳として，松澤伸編訳『デンマーク司法運営法──刑事訴訟関連規定──』（早稲田大学比較法研究所叢書35巻，近刊）。

[6] 参照しやすい言語によるものとしては，英語版として，The Danish criminal code : English version / by Gitte Høyer, Martin Spencer & Vagn Greve, Jurist og Økonomforbundets Forlag, 1999，ドイツ語版として，Das Dänische Strafgesetz : von Karin Cornils und Vagn Greve, Sammlung ausländischer Strafgesetsbücher in deutscher Übersetzung 107, Max-Planc-Institut, Freiburg, 1997.

[7] なお，スウェーデン刑法典は，制裁一元主義を採用する。スウェーデン刑法は，1965年の刑法典の制定の際に，「刑事責任」の概念を放棄している。すなわち，責任の概念そのものが存在しないのである。このこと自体は，必ずしも経済刑法における制裁と直結しないかもしれないが（あるいは，デンマークのように，法人に対する厳格責任を導入するのであれば関係するが，スウェーデンでは，法人に対する一般的な処罰規定が存在しない），刑事制裁一般の前提としては重要である。責任の概念が存在しない，ということは，原則として，あらゆる者が犯罪を犯すことができるのであって，刑事未成年者や精神障害者も免責されない，ということである。しかしながら，15歳以下の少年は処罰されず，社会施設によって処遇されない。また，精神障害者は自由刑には処されない。もし，拘禁しなければならない場合には，精神病院でなければならない。罰金刑を科されたり，保護観察付きの執行猶予判決を受ける場合もある。また，検察官が，もし行為者が自らの精神病を治療するために病院に入院することを受け入れるならば，不起訴とすることもある（このような場合は，実際には，検察官がその者を有罪と考えている場合である）。See, Knut Sveri, Criminal Law and Penal Sanctions, Ulla V. Bondeson ed., Crime and Justice in Scandinavia, 2005.

ログラムが刑法理論に及ぼす影響，⑥米国SOX法のデンマークへの影響について，それぞれ説明する。

基本的には，文献による研究が中心となるが，筆者がデンマークに調査に行って際に入手した様々な情報を適宜取り入れつつ，デンマークの企業犯罪の現状を浮かびあがらせることとしたい。

2　制裁体系

（1）序

ここでは，デンマークの制裁体系について，刑法に限らず，行政法，民事法も含めて説明する[8,9]。

デンマーク法におけるいわゆる「刑事制裁」は，実質的に考察した場合，以下の三つに分かれる。すなわち，①刑罰（straffe），②「その他の刑法上の効果」（andre strafferetlige retsfølger）と呼びならわされているもの，③「その他の刑法上の効果」には含まれていないが，実質的にそれにあたるもの，の三つである。①はわが国における刑罰であり，②は保安処分（やそれに類似した処分）にあたるものである。③には，行政法，民法，民刑限界領域のそれぞれの領域の制裁が含まれる。

なお，ここでは，企業犯罪に関連するものを中心に論述するが，制裁体系全体の理解も必要と思われるので，企業犯罪に関連が薄いものについても，最小限の説明は付することとする。

（2）刑法における刑罰概念

デンマーク刑法では，その北欧リアリズム的な性格から，「犯罪」と「刑罰」について，実質的な定義付けが行われていない。ただ，犯罪は法規違反とされ，刑罰は自由刑と罰金[10]，と定義するのみである[11]。さらに，刑法9章では，「その他の可罰的行為に対する効果」（Andre retsfølger af den strafbare handling）が規定されている（その内容は，下記（3）にて詳述する）。

デンマークの制裁体系には，ここ数年，法学的な視点から見て，かなり重要

8　これについては，以下の文献が詳しい。本稿の記述も，この文献に多くをよっている。Vagn Greve : Fra Indgreberet til strafferet ?──Udviklingen af de strafferetlige sanktioner i Danmark, Nordisk Tidsskrift for Kriminalvidenskab 2004, s.273－301.

9　なお，スウェーデンの制裁体系については，坂田仁「スウェーデンの制裁制度」犯罪と非行141号（2004年）123頁以下。

な変更が加えられつつある。かつて，自由刑は，短期自由刑（hæfte）と通常の自由刑（fængsel）が分かれていたが，2001年に短期自由刑が廃止された。また，日数罰金制度，量刑規則のあり方についても，継続して議論がなされている。

なお，デンマークでは，電子機器による監視は行われていない。また，刑事法上の和解については，実験的に行われたことがあり，その結果は良好であったが，右派の政治勢力[12]からの反対が強く，一般的には導入されるに至っていない。

（3）「その他の可罰的行為に対する効果」について

これには，精神障害者に対する「対応」（reaktion），保安処分（forvaring），少年に対する制裁（ungdomssanktion），没収（konfiskation），民事法上の諸権利の剥奪等（rettighedsfortabelse）が含まれる。以下，これらについて説明するが，企業犯罪と無関係と思われる刑法69条に基づく処分と，刑法70条による保安処分については割愛する。

まず，原則として，刑法16条（責任能力に関する規定）に該当する者は，刑罰を科されることはない。しかし，刑法68条により，その他の制裁を科される場合がある。たとえば，病院への送致などである。ここでは，その性格上，現代刑法の要請である，犯罪と制裁の均衡は必要とされないが，実際には，裁判所はその点を考慮することが多い。なお，2000年に，重大な個人に対する犯罪を行った者について，長期の施設収容を認める規定が導入された（刑法68条a）。この規定は，責任無能力者の行為について，罪刑の均衡を求めるもので，

10　なお，スウェーデンには，「企業罰金」という興味深い制度がある。これは，これは，会社経営や企業業務に関する中で犯した犯罪に対して適用される，特別な刑罰であり，通常の罰金とは異なる。スウェーデン刑法36章7条〜10条に規定されており（スウェーデン刑法の条文は，法典を通じた通し番号を持たない），会社経営に際し重い過失を犯した場合や，犯罪を犯した場合，最低1万クローネ，最高300万クローネの罰金を科せられるとするものである（なお，1スウェーデンクローネは約14円）。立案当局によれば，意図的な犯罪の場合の罰金額は横領（またはその他の犯罪行為）に成功した，または成功した場合の金額の半額が適当とし，意図的ではなく不注意による場合は，金額の10〜30％が望ましいとされている。

11　デンマーク刑法（以下，本章では，単に刑法と表記する）31条は，「刑罰は自由刑と罰金とする」と規定する。

12　特に，自由党（Venstre）党首であるアナス・フォー・ラスムセン（Anders Fogh Rasmussen）首相（自由党）による現内閣（自由党と保守党による連立政権）の閣外協力政党であるデンマーク国民党（Dansk Folkeparti）による反対が強い。

逆に，問題の多い規定であると考えられている。

次に，少年に対しては，刑法74条aにより，「少年に対する制裁」が科される。これは，2年間の社会教育的な措置で，そのうち，2ヶ月から18ヶ月，施設に収容される。当然，罪刑の均衡原則に抵触することになる。なお，これについては，国連こどもの権利条約の原則に反するのではないかとの指摘もある。

次に，没収についてであるが，これは，原則として，故意既遂犯に対するものである。しかし，これはあくまで原則であって，未遂犯として処罰されるにいたっていない場合も，予防的な観点から，没収が行われることがある（刑法77条。「それを調達した理由が他に存在する状況から見て犯罪行為に用いられうるおそれのある物件」について）。その例として，経済犯罪に関連するものとしては，偽造紙幣などがあげられる。さらに，2002年には，同条2項により，適用範囲が拡大された。すなわち，「同一の要件のもとで，金銭を含むその他財産も没収できる」とされたのである。検察官は，77条のケースについては，犯罪の実行にいたっていない事件についても，没収事件として起訴することが可能であるが，これにより，他に存在する状況から見て犯罪に用いられる危険性がある場合には，金銭を没収することが可能となった。この限りで，刑事責任は犯罪を実行（未遂を含む）したことを前提とするという，刑法上の基本原則が妥当しなくなっていることは，問題である。

最後に，民事法上の諸権利の剥奪である。民事法上の諸権利の剥奪については，それが科される当然の前提として，犯罪が有責に行われていなければならない。これについては，刑法78条（経済活動の制限）と79条（諸権利の剥奪）が規定している。これらの規定は，特別法によってかなりの部分が補われているので，詳細は後述する。

（4）犯罪行為の実行を前提とする「その他の法的効果」，警察刑法の「法効果」

全法体系を見ると，伝統的には刑罰とは呼べないが，刑罰としての効果を有し，実際に犯罪が行われた場合にのみ，その効果が生じるようなものが，いくつかの箇所に存在する。たとえば，被相続者を殺害した場合には遺産相続が認められないといったものがそれである。これについては，企業犯罪・経済犯罪と関連するものは少ない。

警察刑法にも同様なものがあるが，これについても，やはり，企業犯罪・経済犯罪と関連するものは少ない（たとえば，警察は，通行禁止など，特定の状況

下において一定の禁止・命令を下す権限があるが，その場合の禁止・命令に違反した者がこれに含まれる。そのほか，ロッカー法（暴走族取締法）にもとづく暴走族の建造物の使用禁止命令，ハッシュクラブが行われていると思われる箇所への立ち入り禁止命令など）。

(5) 行政法上の法効果

デンマーク法においても，伝統的に，行政法上の制裁は，刑法上の制裁とは区別されるものである。その実際的な相違は，刑法が事後的な解決に向いているのに対し，行政法は事前的な解決を目指している点，また，刑法が非難の契機を有するのに対し，行政法は価値中立的なものである点に求められよう。しかし，これは，あくまで理論的なものである。現実的には，実際上，行政法上の制裁でも，非難の契機を有するものは多い。ここでは，企業犯罪・経済犯罪に関わりうるものを紹介する。

第1に，一連の領域に適用される，「懲戒」という制裁がある。デンマーク語では，これを「懲戒刑」（disciplinærstraffe）と呼ぶことにあらわれているように，刑罰的な要素は非常に強い（以下，デンマーク法の表現に従い，これを懲戒刑と表記する）。対象となる者は，公務員，オンブズマン，弁護士，会計士（税理士），兵士等である。たとえば，経済犯罪・企業犯罪と密接な関係があると思われる弁護士については，司法運営法[13]（訴訟法）15章bにおいて，特別な懲戒刑が定められている。すなわち，本法または本法によって準用される法律による義務を懈怠した場合（司法運営法147条b），警告，訓戒，または20万クローネ以下の罰金および弁護士資格の剥奪を科すことができる（司法運営法147条c）。また，会計士（税理士）についても，警告または30万クローネ以下の罰金を科す類似の規定がある。

第2に，「経済活動停止」（erhvervsfratagende indgreb）がある。刑法では，有罪になった者について，将来の濫用を防止するため，経済活動の停止を命じる一般的な規定がある。弁護士や会計士についても，上述の懲戒刑を受けることで，間接的に資格等を失いうる。行政機関は，さらに，多様な法律にしたがって，市民の経済活動を遂行する権利を剥奪する場合がある。このような制裁の

---

[13] 刑事訴訟法，民事訴訟法，裁判所法等を含む法典である。Retsplejelov，すなわち，「法を運用する法律」と呼ばれる。筆者は，実質的な内容から，「訴訟法」と訳してきたが，わが国では，司法運営法と訳されることが多いので，ここでは，司法運営法としておく。なお，刑事訴訟法部分についての翻訳は，注(5)の文献を参照。

うち，最も一般的なのは，商行為法に存在する規定である。商行為法13条は，「本法に違反する行為は禁止する。これに関して，現在またはそれ以後，本法に基づき禁止を維持するため，違法行為が行われる前の状況を維持するため，命令することができる」と規定する。また，漁業法17条に基づき，行政機関は，一定の場合に漁業活動の遂行を禁止できるとする。さらに，販売禁止法11条に基づき，商店においてアルコール濃度2.8パーセント以上の飲料の販売を禁止することができる（類似の規定は，レストラン，警備会社，宅急便会社等についての規定についても見出しうる）。

第3に，税法関係の規定がある。たとえば，税金の自己申告について虚偽の申告をした者は5,000クローネ以下の追加税が科される。他にも，証券取引所は，必要事項を記載しないで有価証券を発行した者に，100万クローネ以下の税を課することができる。

なお，そのほかにも，食糧省が，衛生検査項目に違反したレストランの名称を公開する規定を設けるなどしている。

(6) 民事法上その他の効果

民事法の領域でも，一連の制裁的な規定が見られる（civilretlige retsfølger）。たとえば，婚姻の無効，賃貸物件からの追い出し等であるが，最も制裁的な効果をもつのは損害賠償である。これらの共通の効果は原状回復であって，その点で，刑法上の制裁とは大きく異なることになる。その他，労働刑法による制裁も存在する。

(7) 量刑判断

最後に，デンマーク刑法における量刑[14]について説明する。デンマークにおける量刑（straffastsættelse）の解説を見ると，まず，刑罰の選択から始まる。続いて，刑の減刑・加重事由が論じられ，さらに，執行猶予を付するかどうかが問題とされる。そののち，法定刑の枠の中での量刑（straffeudmåling）が論じられることになる。

前者の意味での量刑は，デンマーク語を直訳すると「刑の確定」であり，制裁の選択を含む広い概念である。後者の意味での量刑は，「刑の量定」である。ただし，後者の語は，「刑の確定」とほぼ同じ意味でも用いられ，一般に，「刑

14　松澤「海外における量刑への市民参与——デンマークの参審制度」季刊刑事弁護44号（2005年）60頁以下。

の確定」と「刑の量定」の区別はそれほど厳密ではない。あわせて「量刑」と呼んでよいと考えられる。

　ところで，実際の裁判において，有罪とされた者にとって，ほとんどすべての事件において中心的な問題となるのは，法定刑の枠内でどの程度の刑が量定されるのかということである。そこで，以下では，法定刑の枠内での刑の量定の原則（デンマーク刑法 80 条）を中心にみてゆくこととする。

　量刑の一般基準は，デンマーク刑法 80 条において定められている。

80 条
　① 刑罰の量定にあたっては，法適用の統一性を意識しつつ，法律違反の重大性及び犯人に関する事情に重点を置かなければならない。
　② 法律違反の重大性を評価するについては，法律違反と結びついた損害，危険，及び侵害，ならびにそれについて犯人が知っていた又は知っていたはずの事柄を考慮に入れなければならない。犯人に関する事情を評価するについては，その一般的な人格及び社会関係，犯行前及び犯行後の態度，並びに犯行の動機について考慮に入れなければならない。

　この規定は，1973 年と 2004 年に修正が加えられているが，基本的には，制定時の内容を維持している。すなわち，量刑においては，二つ要素，①法律違反の重大性（lovovertædelsens grovhed）と②犯人に関する事情（oplysninger om gerningsmanden）を考慮しなければならないということである。

　デンマークの規定は，日本の改正刑法草案の規定（48 条）や，よく比較されるドイツ刑法の規定（46 条）よりも古い規定である（2004 年の改正は，微調整に終わっている）。そして，改正刑法草案やドイツ刑法の規定と比較して特徴的なのは，「責任」による限定がなされていない点である。実は，デンマーク刑法でも，現行刑法の制定過程の第一草案において，「責任」（strafskylden）が量刑判断の中心にすえられていた。しかし，その後，第二草案以降ではこれが失われた。このことは，責任による量刑の限定という日本法やドイツ法の発想から見ると，問題を含むものといえよう。ここには，第二草案において大幅に近代学派的な考え方が導入されたことが関連しているが，近代学派の発想によれば，ありうる思考ともいえようか。ただし，デンマークでも，実際の犯行と釣り合わない量刑が行われることはない。この問題は，「均衡原則」（proportionalitetprincip）と呼ばれる原則で処理されており，問題は少ないと考えられている[15]。なお，既述のように，2004 年の改正では，量刑における法適

用の統一性という内容が加えられ，先の2要件の内容の説明も詳細になった。この点で，改正は，量刑の統一的適用を担保しようとする趣旨のものと見られる。

なお，企業犯罪における量刑については，様々な考慮が必要であり，特に，本書の問題意識との関連では，コンプライアンス・プログラムを遵守していた場合に，どのような影響があるのかが興味深いところである。これについては，5．において取り扱うこととしたい。

●3　著名な経済犯罪
（1）序
デンマークの場合，アメリカ合衆国におけるエンロン事件におけるような，巨大な企業犯罪というものが発生していない。デンマークの実務家・研究者に尋ねても，そのような事件はない，と言われる。当然，そのような事件を契機とした新たな立法というのも行われていない。そこで，ここでは，本研究の趣旨とは若干離れざるを得ないが，経済犯罪事件の中で，史上最大といわれたツヴィンド事件を紹介する[16]。ただ，それだけでは若干情報量として不十分なので，さらに，隣国スウェーデンにおける著名な経済犯罪事件として，トルスター事件も併せて紹介したい。

（2）ツヴィンド事件
ツヴィンド事件とは，ユトランド半島のツヴィンド（Tvind）という町にあるツヴィンド学校（フォルケホイスコーレと呼ばれる種類の学校で，成人向けの教養を教授する学校。日本語では，国民高等学校と訳される）で起こった事件である。被告人は，ツヴィンドのリーダーであるモーンス・アムディ・モーテンセンほか7名である。

問題となったのはツヴィンド学校が1986年に設立した基金である。この基金は，研究の振興および自然環境の保護の支援という人道目的のものであった。

15　なお，同じスカンジナヴィア諸国でも，ノルウェーはデンマークと軌を一にしているが，スウェーデンでは，責任に対応する「当罰性」（straffvärde）という概念が用いられ，日本法・ドイツ法的な思考に近い。Se, Knud Waaben：Strafferettens Almindelige Del 2 Sanktionslæren, 5. udg., Thomson Gadjura, 2001, s.100.

16　デンマークの実務家・研究者に，本研究の趣旨を説明してアドバイスを求めると，この事件を紹介すべきだという者が多かった。その他，クルト・トアセン事件も著名である（注(48)参照）。

検察の主張によれば，ツヴィンド関係者はこの基金から7千万クローネ[17]を横領した。すなわち，すべての金銭がツヴィンド関係者あるいはツヴィンド関係者が管理する諸機関に流れ，その結果，基金の規則が示す本来の目的に用いられなかったというのである。ツヴィンド関係者の主張によれば，間違いなく規則に示された本来の目的に使用されており，受領者がツヴィンド学校と偶然関係していたということは重要ではないというものであった。ツヴィンド学校に勤務している者は，給与の15パーセントを基金に拠出し，その分，税金の免除を受けていた。検察は，脱税および基金の規則との関係で詐欺にあたるとし，基金全体が巨大な脱税機構であったと主張した。

被告人のモーテンセンら7名は，2003年3月に起訴されたが，2006年8月に全員に無罪判決が出された。この結果は，非常な驚きを持って市民に受け取られた。現在，この事件は，検察側から控訴されている。

(3) トルスター事件

続いて，スウェーデンにおける史上最大の経済犯罪として著名なトルスター (Trustor) 事件を紹介する[18]。

まず，事件の概要から説明する。1997年5月，イギリス人ビジネスマンであるジョナサン・ギネス（モイン卿）が，スウェーデンの投資会社トルスターABの株券の過半数を買収することになり，まもなく，トルスターの資本金7億クローネが，イギリスの銀行に移された。しかし，同年7月，トルスターから，7億クローネが横領されたことが発覚した。すなわち，資本金の一部が，トルスターの株券買収ために用いられ，残りも，横領されていたのである。それ以来，主犯とされるスウェーデン人ヨアキム・ポセナーは逃亡し，行方が分からなくなっている。共犯者であるトーマス・イセンダーと，ペーター・マトソンは，その後，起訴された。

裁判は，現在も継続中である。2001年6月，ポセナーの共犯者イセンダーとマトソンは（ともにスウェーデン人），地裁で，それぞれ重背任罪 (Trolöshet mot huvudman) およびその共犯として，懲役5年，3年の判決を下された。モイン卿は無罪であった。

17　1クローネは，当時のレートでおよそ20円。
18　この事件の詳細を知るについては，ストックホルム大学法学部修士課程にて研究を行っている小出裕美氏に大変お世話になった。以下の記述は，基本的に，氏の情報提供によるものである。

第 8 章　デンマークにおける企業犯罪

　その後，被告人イセンダーとマトソンは控訴したが，2002 年 4 月，イセンダー，マトソンともに，控訴裁判所（スヴェア高等裁判所）で無罪とされた。この無罪判決には，主犯であるポセナーがいまだに逃亡中で，事件の詳細が明らかになっておらず，証拠不十分であることが大きな理由のようである。

　トロスター事件に関与した破産管財人は，主犯格のポセナーが逃亡中で，事情聴取が全く出来ていないことから，犯罪の客観面（brottets Objektiva sida）については証拠があるものの，犯罪の主観面であるイセンダー，マトソンの故意について，十分に立証することが出来なかった為，2 人とも無罪となった，とコメントしている[19]。

　トルスター事件が，スウェーデン社会に及ぼした影響について，上記の破産管財人の話によると，以下のような点が挙げられるとのことである。

　①客観的に見て，明らかに犯罪行為が行われたにも関わらず，今回の事件では誰も有罪判決を受けた者がいない。従って，世間の法律制度，特に裁判所に対する信頼が下がった。

　②トルスター事件が起こるまでは，このような手法の経済犯罪が可能であると思われていなかったため，この事件をきっかけに似たような手口での経済犯罪のリスクに，より注目されるようになった。

　③トルスター事件のみが原因ではないが，コーポレートガバナンスに関する論議が盛んに行われるようになった。スウェーデンでは今ではコーポレートガバナンスに関しては様々な規定があり，これはトルスター事件が原因で大幅に規定されるようになったのではないが，トルスター事件も規定にあたり少なからず影響を及ぼした[20]。

19　前掲注(18)の小出氏のインタビューによる。
20　また，一般論であるが，小出氏によると，スウェーデンでは svensk avundsjuka という言葉があり，平均的なスウェーデン人は周りの人の成功（社会的成功）を良く思わない風潮があるという。昔はもっと顕著だったそうだが，今でもこの風潮はかなり強く残っているのが感じられるとのことである。例えば，宝くじなどで大金が当たった人に対しては快くお祝い出来るのに対し，例えばビジネスで成功してお金持ちになった人に対してのバッシングはかなりのものがある。スウェーデン人の大衆は，お金を稼ぐことは醜いことだと（先ほどの宝くじや，スポーツ選手などなら大丈夫だが，ビジネスを通しての場合は醜い）いう考えが浸透しており，そのため，経済犯罪や特に大企業の重役による犯罪やその疑いをかけられた場合など，世間の目は大変厳しいというのが実情である。努力して成功した人がバッシングされ，宝くじなどで大金を当てた人は暖かく迎えられるというのは，やや理不尽であるが，スウェーデンではその風潮がいまだにあるという。

第Ⅰ部　企業活動と刑事規制の国際調査

● 4　法人処罰について

(1) 序

デンマークでは，長く法人処罰についての一般規定が存在しなかったが，1996 年 12 月 6 日，法 474 号により，法人処罰規定（法人に対する刑事責任，strafansvar for juridiske personer）が刑法典に規定された。具体的には，刑法 25 条から 27 条までの規定がこれにあたる。この規定の制定は，デンマーク刑法史上，ひとつのエポックを画するものであった[21]。

なお，2000 年には，法 228 号により，法人についての特別の規定（særlige bestemmelser om juridiske personer）として，306 条が制定された。

以下では，その規定の内容と，制定の経緯について説明する。

(2) 条　文

以下，関係条文の翻訳を掲げる。

25 条

　　法人には，法律の規定がある場合，または法律の規定を準用する場合，罰金を科することができる。

26 条

　　①会社等の刑事責任についての規定は，他に定めのない限り，株式会社，共同会社，パートナーシップ，協会，基金，コムーネ，および国家機関を含む個々の法人に適用される。

　　②同様の規定は，特にその規模および組織に鑑みて，第一項に掲げた会社に比することのできる場合には，一人会社にも適用される。

27 条

　　①法人に対する刑事責任は，その活動の内部で，一人または複数人の法人と結びついた者によると為し得る，または法人そのものによると為し得る違反が行われたことを要件とする。未遂処罰規定がある場合は，21 条 3 項を準用する。

　　②国家機関およびコムーネは，私的団体が遂行する活動と同様なまたは比することのできる活動の遂行に際して違反が行われた場合にのみ処罰できる。

21　この規定に関する一般的な解説として，Hanne Schmidt : Ny lovgivning om strafansvar for juridiske personer, Juristen 1996, 334ff.

306条

　第5章[22]の規定に基づき，本法の違反について，団体等（法人）に刑事責任を科することができる。

（3）制定の経緯[23]

　法人処罰の規定が制定されるに至った経緯を説明するには，不法行為法（損害賠償法）の歴史から始めるのが便宜であろう。デンマークの最初の統一法典である「クリスチャン5世のデンマーク法」は，17世紀に制定されたが，その中に，以下のような趣旨の規定がある。すなわち，雇用者は，彼の被用者が過失によって第三者に損害を与えた場合は，その損害賠償の責任を負う，というのである（「クリスチャン5世のデンマーク法」3-19-2）。この規定は，現在でもその趣旨を保っており，また，他国にも同様な規定は多く見られるところである。この規定は，雇用者は，会社を経営して利益を得ているのであるから，その損害をも負わねばならないという発想，また，雇用者は，経営の組織を作ることができるのであるから，危険の少ない組織を作る責任をも負っているという発想に，主として基づくものである。また，多くの場合，末端で損害を発生させた者は，損害賠償の能力がないが，雇用者は，損害賠償の能力を持っていることも関係するであろう。

　この損害賠償の能力というのは，刑事法の領域でも意味を持ってくる。実際に，民事法上，雇用者が責任を負うのならば，刑事法上も雇用者が責任を負ってもよいのではないか，という考えが生じてきた。会社は，その雇用者も被用者も，世間からすれば，一体として見られるものである。こうして，雇用者の責任が考えられるようになったのである。

　ただ，刑法の視点から見ると，刑法上，行為者が処罰されるためには，故意（または過失）が必要である。行為者が無過失であるのに処罰するというのは，一般には，受け入れがたい結論である。このような場合を処罰するのは，いわゆる厳格責任と呼ばれるものである（この問題については，後に論じる）。

　現代社会は，非常に高度に工業化・情報化された経済社会であり，それを規

22　デンマーク刑法第5章は，「法人に対する刑事責任」と題し，先に掲げる25条～27条を規定している。

23　本文の記述は，主として以下の文献によっている。Gorm Toftegaard Nielsen : Ansvaret I, s.245ff. Christian Ejers Forlag, 2004., Vagn Greve, Asbjørn Jensen og Gorm Toftegaard Nielsen : Kommentaret Straffelov Almindelig del, 8. udg., 233ff., Jurist-og Økonomforbundets Forlag, 2005.

第Ⅰ部　企業活動と刑事規制の国際調査

制する立法は，多くの場合，刑事罰を伴っている。このような経済規制立法は，合理的に，プラクティカルに，刑事責任についての解決を示さなければならない。そして，雇用者が実際の違反に関わっていないこと，責任を逃れる手段や方法に一般の犯罪者よりも長けていることが予想できること，被用者にも雇用者の責任であることを説明することは期待できないこと，等の問題は，法人それ自体を処罰することで回避することが可能になる。このようなプラグマティックな理由から，デンマークでは，法人の刑事責任が導入されたと考えることができる（デンマーク刑法において，プラグマティズム的思考が顕著であることは，すでに説明したとおりである）。

　もちろん，最初から，一般的な規定が置かれたわけではない。最初の規定は，バター法（smørlov）におけるものであった。これは，ルアメアケ（lurmærke）という品質保証マークの導入がきっかけであった。ルアメアケとは，デンマーク国外に輸出する商品に表示されるマークで，一定の品質を保証することを意味する。あるバター製造会社が，基準を下回る商品にそのマークをつけた場合，ルアメアケ自体の信用が落ちることになる。そこで，違反行為に対する罰則が有効に機能するように，期待されたのである。

　バター法4条は，次のように定めていた。「所有者または使用者が有限または株式会社で，違反が罰金刑のみで処罰される場合，会社の執行部の長だけが責任を負う」。この規定の趣旨は，バター製造会社が処罰されるのであって，会社の長は団体の代表者であるにすぎない，という意味であった。しかし，その趣旨を理解するのは困難であった。それゆえ，当時の刑法学者ステファン・フルヴィッツ（Stephan Hurwitz）は，大臣も国会議員も自らが企業処罰についての提案を議決したのだということを知らないのであって，彼らは，会社の長に対する刑事責任についての規定だと思っていたのだ，と喝破したのである[24]。

　その後，類似の規定は他の多くの法律にも導入されたが，それらは，実務的にも理論的にもやや背後におかれた存在であった。しかし，1982年に検事総長ペア・リンデゴー（Per Lindegaard）が，法人の刑事責任一般について，無過失責任なのか，過失責任なのかが明らかではないと問題提起したことを契機として議論が高まり，その後，シュセッテ・ヴィンディング＝クルーセ

24　Jf. Stephan Hurwitz : Bidrag til læren om kollektive enheders pønale ansvar, 1933, Gads forlag, 60ff.

(Sysette Vinding Kruse) の浩瀚な学位論文[25]が登場するなど，デンマーク刑法上の一大トピックとなっていった。そして，1995年に刑法委員会（刑法審議会）が法人に対する罰金責任を答申し[26]，1996年には刑法典に法人の処罰規定がおかれることになったのである。

なお，刑法委員会は，法人の責任を補足的なものと考えており，個人の責任は排除していない。委員会は，法人の責任によって，個々人の責任を排除できる可能性を考えているのである。経済犯罪における共犯の現実について考えてみれば了解できることであるが，末端の，ごく普通人である個々人を処罰することについては，しばしば問題がある。法人に対して刑事責任を問う必要が生じる所以である。

刑法委員会は，答申に際して，特別法において問われている法人の刑事責任についての規定を調査したが，そこには，200以上の規定が存在した。委員会は，法人の刑事責任を規定するに当たって，三つの方法を考えた。第一は，法人も自然人による違反と同じ規定で処罰されるというもの，第二は，特別法による処罰だけを認めるというもの，第三は，法人は個別の法律がある場合にのみ処罰されることとし，刑法典による規定は，法人の責任一般について細部を明らかにするというもの，の三つである。刑法委員会は，第三の方法を選択したことになる。

(4) 25条

具体的な条文を見ていこう。まず，25条である。デンマーク最高裁判所は，1884年の段階で，すでに，法人は処罰の権原（hjemmel）がある場合のみ処罰されうる，としていたのであって[27]，本条は，確認規定ともいえる。さらに，2000年に，後述する306条が規定されたことにより，この規定そのものが誤って（misvisende）規定されたようにも見えるようになった[28]。しかし，刑罰について，罰金を科すると定めていることから，十分に意味のある規定である。

---

25 Sysette Vinding Kruse : Erhvervslivets kriminalitet——Studier i det objektive strafansvar, 1983, GADs Forlag.
26 Straffelovrådets betænkning om juridisk personers bødeansvar, Betænkning nr.1289, 1995. ちなみに，委員長はクヌド・ヴォーベン（Knud Waaben）であり，これが30年以上にわたって委員長を勤めてきた彼の委員長としての最後の答申案となった。
27 U1884. 1129H.
28 前掲注⑳ Greve, Jensen, Toftegaard Nielsen : Kommenteret A.d.s.235.（Toftegaard Nielsen）

たとえば，法人に対する没収等は，行うことができない。

　この規定の制定に当たって，刑法委員会は，一般的に法人の刑事責任を規定するのではなく，特別な規定に任せることとしていたが，後に306条が制定されたことで，刑法の規定についても，一般的に法人の刑事責任が問われることとなった。ただし，特別刑法については，依然として，特別な規定を必要とするわけである。

　この規定の解釈として問題となる点のひとつとして，法人の同一性の問題がある。たとえば，現在存続している法人が，違反行為を行った法人と同一といえるのか，あるいは，以前刑罰を受けた法人が，違反行為を行った法人と同一といえるのか，といった問題である。この問題について，デンマークの実務は，前者については比較的厳格に解し，後者については比較的緩やかに解しているとされている[29]。

　権利能力なき社団等，民事法上，法人格を取得していない団体は，ここでいう法人には含まれない。設立途上で違反行為を行い，違反行為が発覚した段階では法人格を取得しているような例がしばしば見られるが，このような場合には，遡及処罰禁止の観点から，法人の刑事責任は問うことができないことになる。ただし，このような場合であっても，26条1項にいうパートナーシップに該当するような場合は，処罰が可能である（この条項は，そのような場合を捕捉するために規定されたものである）。

（5）26条

　26条1項は，刑事責任の主体となる法人の種類（株式会社等）を列挙しているが，法人（juridisk person）が例示されている以上，すべての種類の法人が含まれるのであって，この列挙は，例示列挙ということになる。注目すべきなのは，最後に，「コムーネ（kommune）[30]および国家機関（statslige myndigheder）」があげられていることである。この場合，訴追は，コムーネ自体に対して行われる。なお，このような組織の末端で違反行為が行われた場合，どこまで刑事責任が問われるかという問題があるが，立案当局は，これにつき，一般的に，刑事責任は，具体的な領域について決定権限を有する機関において生ずる，と

---

[29] 前掲注(21) Greve, Jensen, Toftegaard Nielsen : Kommenteret A.d.s.235. (Toftegaard Nielsen) s.236. なお，法人の融合，分裂，破産等においても，法人の同一性は問題となる。

[30] わが国における「県」にほぼ該当する。

している。たとえば，国立美術館の職員に違反行為があった場合，所轄官庁である文部科学省ではなく，国立美術館そのものに責任が生じる，というようなことである。

2項は，一人会社に対しても，法人に刑事責任が負わされることを定めている。これは，一人会社が，特にその規模および組織について，法人と呼べる実質を備えていないのではないかという疑問が提起されるような場合があるため，その規模および組織に鑑みて，第一項に掲げた会社に比することのできる場合には，適用を認めてもよいとしたのである。これは，小さな規模の会社にも該当するとされている。

(6) 27条

27条1項前段は，法人の刑事責任の内部構造を規定したものである。すなわち，「その活動の内部で，一人または複数人の法人と結びついた者によると為し得る，または法人そのものによると為し得る違反が行われたこと」が要件となる。この規定は，従来の実務を条文化したもので，この規定により，新たな処罰状況を作り出すものではない。法文の表現とは必ずしも一致しないが，一人会社に適用されることは認められている。

「結びついた者」という表現は，まずもって，法人で勤務している者を予定している。そこで議論になるのが，法人の代表者等の立場にある者に限られるのか，それ以外の従業員等も含まれるのか，ということである。デンマークにおいては，この条文の制定以前から，どちらの者でもよいとするのが実務であった。法人の代表者等に限るということも考えられるが，その場合は，立証および事実認定に困難が予想されるというのがその理由である。

しかし，このように考えると，逆に，具体的な事案との関係で処理が困難になる場合もある。たとえば，法人に勤務していない者が，法人の事業との関係で犯罪を犯した場合である。この場合は，事業が法人に属する限り，法人の刑事責任を問うことができる，というのがデンマークの実務である。

法人処罰の際の主観的要件については，対象となる法律が定めるところによることになる。たとえば，法人が刑法に違反する場合を考えてみよう（後述する360条を参照）。自然人に刑事責任を問う場合に，故意・過失が必要となるのは，デンマーク刑法においても当然のことである（デンマーク刑法19条）。したがって，刑法の違反については，法人についても，原則として，故意・過失が必要であるとされることになる。しかし，特別法には，いわゆる厳格責任

（objektivt ansvar）を負わせるものも存在し，この場合には，法人の刑事責任を問うにあたって故意・過失は必要ないということになる。この意味で，この条文は，刑法典として，厳格責任を容認した規定と考えられる[31]。

厳格責任は，個人に対する厳格責任と，法人に対する厳格責任に分けられる。個人に対する厳格責任は，いくつかの特別法が規定しているが（およそ25程度といわれる），デンマークでも問題視されている[32]。これに対し，法人に対する厳格責任は，かなり広く認められている（およそ200程度といわれる）。

27条1項後段は，2002年に新たに規定されたものである。未遂犯についても刑法に従った処罰を認めるべきかどうか議論があったため，これを解決するために設けられた。

27条2項は，国家機関およびコムーネの責任を，「私的団体が遂行する活動と同様なまたは比することのできる活動の遂行に際して違反が行われた場合」に限定するものである。これは，国家機関やコムーネの活動には様々な種類の活動が含まれることから，これを一般の企業に類似した活動に限定しようとした趣旨である。

（7）306条

306条は，2000年に新たに規定された。刑法上の犯罪についても法人の刑事責任が認められることを規定する。最初は，犯罪は限定されていたが，最近の改正で，刑法上のすべての犯罪に拡大されている。規定の性格上，殺人，傷害等の犯罪には適用されないことはほぼ疑いないが，財産犯等には広く適用されるとされている。

● 5　経済犯罪とされる犯罪類型

デンマークにおいて経済犯罪として取り扱われる犯罪類型には，以下のようなものがある。デンマークにおける経済犯罪のおおまかな分類は，生活関係別に整理されており，下記のようになっている[33]。① 契約関係における犯罪（詐

31　前掲注(1)『機能主義刑法学の理論』194頁では，「刑法典において初めて厳格責任を導入した規定」として紹介したが，厳密には，本文のような意味で厳格責任を「容認」したものとする方がより正確である。

32　代表的なものとして，航空法149条2項（前掲注(1)『機能主義刑法学の理論』192頁参照）。自然人に対する厳格責任を科する場合の問題性について，同書193頁。

33　Vagn Greve og Lars Bo Langsted : Hovedlinjer i Erhvervsstrafferetten, 6. udg., Jurist-og Økonomforbundets Forlag, 2005 の分類による。本書は，デンマークにおける経済刑法の教科書として，最も定評のあるものである。以下の記述は，本書に多くによっている。

欺，データ詐欺，商行為法における罪，インサイダー取引等）②信用に対する犯罪（物件横領，金銭横領，担保権に対する侵害，破産犯罪等），③会社に対する犯罪（労働契約違反，バリケード封鎖，守秘義務違反，勤務先における窃盗・横領，会社における指導的地位の濫用等），④労働環境等における被用者に対する犯罪（労働環境についての犯罪，休暇についての犯罪），⑤社会に対する罪（環境犯罪），⑥国家及び国家経済に対する罪（税法違反，関税法違反，手数料支払い違反，為替に対する罪，公共機関による助成金に対する詐欺，会計違反，資金洗浄），⑦EUに対する罪，である。以下，順に説明してゆく[34]。

① 契約関係における犯罪（forbrydelser i kontraktsforhold）

これには，詐欺，データ詐欺，商行為法における罪，インサイダー取引や相場操縦罪等が含まれる。

この中で，最も重大な罪は詐欺（bedrageri）である（刑法279条）[35]。法定刑は，8年以下の有期自由刑または罰金である。これは，一般生活でも問題となる犯罪であるが，経済犯罪に関する規定の多くは，特定の財を保護するために設けられている。そして，詐欺における特別規定が，データ詐欺（databedrageri）である（刑法279条a）。データ詐欺の特徴としては，データやプログラムを消去したり，改変したりすることにより，詐欺を行うことがあげられる。人間を相手にするのではないので，欺罔行為によって錯誤に陥れることが不要とされるかわりに，情報やプログラムの改変，追加，消去行為が実行行為となる。

続いて，商行為法（markedsføringslov）における罪がある。このうち重要なものは，商行為法2条の規定であるが，これは，「商品，不動産，その他の財産の購買または提供意欲に影響を与えるため，誤った，偏った，または不合理に欠落部分のある情報を与えてはならない」とする。このような行為が，会社あるいは類似のものによって行われた場合，会社に対して[36]，罰金刑が科せられる（同法22条3項および6項）。商標法や，デザイン法に，これに類似した規

---

34 なお，この中には，各種の偽造罪が含まれていないが，スウェーデンの検察官であるクリスティーネ・アンダーソン氏（Christine Andersson）にインタビューしたとき，スウェーデンでは，偽造罪は経済犯罪とはとらえられていない，ということを聞いた。このことは，デンマークにも妥当するものと思われる。

35 詐欺罪においては，我が国と同じように，欺罔行為の意義，錯誤の意義，作為による詐欺と不作為による詐欺，損害の発生等が問題となる。

36 後に示す法人処罰の一例である。

第Ⅰ部　企業活動と刑事規制の国際調査

定がおかれている。

　さらに，インサイダー取引の罪がある。これは，有価証券法35条1項に規定されており[37]，法定刑は，6月以下の自由刑または罰金である（同法94条）。特に重い場合（特に金額が大きい場合または回数が多い場合）には，4年以下の自由刑となる。さらに，法人に対して罰金刑も科すことができる。

　また，相場操縦罪は，有価証券法39条1項に規定されている[38]。法定刑は，インサイダー取引の罪と同じである（同法94条）。

　② 債権者に対する犯罪（forbrydelser mod kreditorer）

　これには，物件横領，金銭横領，担保権に対する侵害，破産犯罪等が含まれる。まず，物件横領罪（tingsunderslæb）である（刑法278条1項）。これは，手に触れることのできる「物」を横領した場合である（デンマーク刑法では，金銭横領罪と分けて規定されている）。物件に対する占有が必要なこと，自らに所有権がないこと，等が論じられるのは，我が国の場合と同じである。法定刑は，8年以下の自由刑または罰金である。

　次に，金銭横領罪（pengeunderslæb）である（刑法278条3項）。金銭横領罪が物件横領罪と別に規定されているのは，金銭については，民法上「他人の物」とは言えないので，それ場合でも横領罪が成立することを明確にするためである。法定刑は，物件横領罪と同じである。なお，両横領罪について，不法領得の意思を必要とするのがデンマークの実務である。

　続いて，担保権に対する侵害の罪がある。これは，保証詐欺（skyldnersvig）と呼ばれる（刑法283条1項1号）[39]。我が国にない犯罪類型である[40]。

　以上のほか，破産法（konkurslov）にいくつかの破産犯罪が規定されている。

　③ 会社に対する犯罪（forbrydelser mod virksomheden）

　これには，労働契約違反，バリケード封鎖，守秘義務違反，勤務先における

37　インサイダー取引における「内部情報」の定義は，有価証券法34条2項及び5項に定義されている。

38　「相場操縦」の定義は，有価証券法38条1項に規定されている。

39　保証詐欺という訳語は必ずしも適切ではないかもしれないが，直訳する限りはこのような訳語になるので，ここでは，そのまま保証詐欺としておく。限定的な側面からではあるが，刑法上の専門家責任の問題と関連させてこの犯罪類型を取り扱った文献として，松澤「刑法と損害賠償法」季刊企業と法創造1巻4号162頁以下。

40　条文は次のとおりである。「283条1項　以下の者は，保証詐欺として罰する。1号第三者が権利を有する自己所有の財物を手放し，担保を設定し，又はその他の方法で調整し，自ら利益を得，又は他人に利益を得させた者」。

窃盗・横領，会社における指導的地位の濫用（背任罪）等が含まれる。

まず，労働契約違反は，前述した詐欺罪により処罰される。これは，雇用者・被用者両者に共通するものである。

次に，バリケード封鎖等の労働争議にかかわる行為である。この種の行為は，我が国では，経済犯罪と呼ばれないように思われるが，デンマークでは，経済関係にかかわる犯罪ということで，ここに取り扱われている。基本的には，労働法にかかわるものであるが，違法な労働争議行為により，会社の建物から立ち去ることを拒否して，会社の建物の平穏を侵害すれば，住居平穏侵害罪（刑法264条）が成立が考えられるし，他の労働者を建物から出られなくすれば，自由侵害罪（刑法261条）の成立も考えられる[41]。

続いて，守秘義務違反である。商行為法は，労働者の会社に対する義務を定めているが，その中に，様々な類型の守秘義務違反の罪がある（商行為法10条）。これにより，企業秘密が保護されることになる（また，会社法160条，有価証券法36条等にも，守秘義務違反の罪が既定されている）。

さらに，勤務先における窃盗・横領である。これについては，単純に，刑法276条の窃盗罪，同法278条の横領罪が成立する。

重要なのは，会社における指導的地位を濫用して犯罪を行った場合である。このような犯罪として，背任罪（mandatsvig，刑法280条）がある。これは，横領に当たらない場合であることが前提となっており，他人の事務を管理する者が，自己または他人の利益のため，その者の利益に反して財産に損害を与えた場合，成立する。なお，背任罪は，個別の会社の形態により，様々な形で特別規定が置かれている。

④　労働環境等における被用者に対する犯罪（forbrydelser mod ansatte）

被用者に与えられる労働環境が不十分な場合，労働環境についての犯罪や，休暇についての犯罪が問題となる。この種の犯罪も，我が国では経済犯罪とは呼ばれないことが多いが，デンマークでは，代表的な経済犯罪のひとつとして位置づけられている。労働環境法（arbejdsmiljølov）に規定がおかれている。

⑤　社会に対する罪，環境犯罪（forbrydelser mod samfundet, det fysiske miljø）

デンマークでは，環境犯罪も経済犯罪のひとつとしてとらえられている。主

41　ただし，デンマークでは，労働争議行為に関する正当化の一般規定がないため（松澤・前掲注(1)『機能主義刑法学の理論』174頁参照），この解釈は，これらの法規の解釈にゆだねられている。

な処罰規定は，1991年の環境保護法（miljøbeskyttelseslov）に規定されている。

⑥　国家及び国家経済に対する罪（forbrydelser mod staten og nationaløkonomi）

国家に対する犯罪として重要なものは，税法違反，関税法違反，手数料支払い違反，為替に対する罪，公共機関による助成金に対する詐欺，会計違反，資金洗浄などがある。

まず，税法違反である。税法違反の罪については，租税統制法（skattekontrollov）第3章に規定されている。支払い懈怠は犯罪とはされないが（通常の債務不履行が犯罪とされないのと同様である），税金算出の基礎をなす情報についての虚偽申告が犯罪とされている。この犯罪は，故意犯だけでなく，重過失による場合も処罰される。法定刑は，1年6月以下の自由刑または罰金であり，特に重い場合は，最高8年までの自由刑となる（刑法289条参照）。なお，税法違反の罪は，「租税詐欺」（skattesvig）とも呼ばれる。

次に，関税法違反である。関税法違反の罪は，関税法（toldlov）に規定されている。関税に関する規定は，EU共通になっているが，刑罰に関しては各国によって異なる。関税法違反は，税法違反同じく，基本的に，故意または重過失による虚偽申告，申告懈怠が処罰される（関税法73条1項）。刑罰は罰金であるが，重大な違反については，2年以下の自由刑まで刑が加重されうる（同条2項）。なお，共犯については，デンマーク刑法23条により，他の犯罪類型と同様，それに関与した者すべてが共犯として処罰されるが[42]，関税法違反については，事後の関与についても処罰規定が置かれている（同条3項）。

次に，手数料（afgift）支払い違反である。手数料という概念は，税，関税以外の国家による徴収金を指す。たとえば，その代表が消費税（moms）である。デンマークは，福祉国家であることから消費税額も高く，25パーセントであり，この違反は大きな意味を持つ。処罰規定は，消費税法（momslov）81条1項におかれており，故意および重過失による行為が処罰される。

⑦　EUに対する罪（forbryder mod EU）

EUに対する罪は，EUが徴収すべき金銭に対する罪等が含まれるが，EU諸国全体に共通するものであえるので，ここでは省略する。

42　デンマークの共犯規定は，包括的正犯概念をとり，正犯者に対する関与はすべて正犯者と同様に処罰されることを規定する。松澤・前掲(1)『機能主義刑法学の理論』195頁以下参照。

第 8 章　デンマークにおける企業犯罪

● 6　コンプライアンス・プログラムと刑法理論

　企業が，いわゆるコンプライアンス・プログラムを実施していた場合，企業の犯罪の成立にどのような影響があるか。この問題は，コンプライアンス・プログラムの刑法上の意義として，近時，盛んに議論されるようになったものである。すなわち，コンプライアンス・プログラムには，「理論的には，法的に正当化ないし違法性阻却のような機能を果たすもの，免責ないし責任阻却のような機能を果たすもの，そしてもうひとつ，刑の免除的機能ないし訴追免除機能の 3 つの機能がある，と考えられる」[43]との見解が提出されているのである。

　また，コンプライアンス・プログラムの量刑上の意義も問題となる。コンプライアンス・プログラムの実施を，量刑段階で考慮し，犯罪の成立には影響はないが，量刑事由として考慮する[44]ことも考えられうる。

　デンマークでは，前者の議論は，現在のところ存在しない。もともと，エンロン事件のような巨大な企業犯罪を経験していないことから，コンプライアンス・プログラムの導入自体がそれほど急ではないことも関係しているであろう。

　後者の議論については，最近，独占禁止法との関連で，コンプライアンス・プログラムの実施が量刑事由として考慮されるといわれている。デンマークの独占禁止法（konkurrencelov）[45]は，2002 年に大きな改正があったが（その後，2007 年にはリーニエンシーが導入されている。これについては後述），その際に競争管理庁（konkurrencestyrelsen）[46]が公表した改正法の解説では，このことが示されている。この解説によると，2002 年の改正では，独占禁止法違反の罪について，重大でない違反行為について，1 万クローネ以上 40 万クローネ以下，重大な違反行為について 40 万クローネ以上 1,500 万クローネ以下，非常に重大な違反行為について 1,500 万クローネからそれ以上の課徴金が課せられることとなっているが，その判断について，基本的には裁判所の判断に待つとしつつも，その量刑事情として，被疑者・被告人がカルテルにおいて特に活動的な役割を演じたかどうかを問題とし，「さらに，課徴金の量定を厳格にし，あるいはゆるやかにするのに意味を持ちうる事情もある。一例としては，企業がいわ

43　甲斐克則「コンプライアンス・プログラムと企業の刑事責任」田口守一＝甲斐克則＝今井猛嘉＝白石賢編『企業犯罪とコンプライアンス・プログラム』（商事法務，2007 年）112 頁。
44　米国の連邦量刑ガイドライン等に見られる。
45　直訳は，「競争法」である。
46　公正取引委員会に該当する。

ゆるコンプライアンス・プログラムを実施し，継続して重要な構成員全員に法律を遵守させるように積極的な努力をしているか，ということがある」[47]としている。

なお，前述したように，2007年の独占禁止法の改正では，いわゆるリーニエンシー制度（straflempelsesprogram）が導入された。リーニエンシーは，すでに他のEU諸国では導入されていたが，デンマークもそれに歩調を合わせた形となったのである[48]。競争管理庁は，これについて以下のように説明している[49]。すなわち，カルテルに参加した企業（あるいは個人）が，カルテル参加企業のうち，最初に，競争管理庁または経済犯罪特任州検事（SØK, Statsadvokaten for særlig Økonomisk Kriminalitet）に，カルテルに関する情報を申告した場合，その企業（あるいは個人）は，課徴金を全額免れることができる（実際には不起訴処分となる）。さらに，申告者が提供した情報は，当局が，カルテル参加企業について調査・検査が可能な程度のものでなければならない。あるいは，企業に対する告発が可能な程度のものでなければならない。企業について調査・検査が行われた時点で，課徴金を免れるためには，当局が独占禁止法違反行為が行われたことを確定しうる程度の情報を提供しなければならない。また，最初に申告しなくても，課徴金減額を受けることも可能である。この場合は，すでに提供されている情報よりも有益な情報を提供することが必要である。課徴金の免除または減額を受けるためには，申告者は，カルテルの実態解明について当局に対して忠実でなければならないのであって，他者をカルテルに入れたり，カルテルに残ったりすることは許されない。課徴金減免を申請する場合に最も望ましいのは，直接，競争管理庁に赴き，会合を持って必要な情報を提供することである。この場合，競争管理庁は，申告を行ったことの証明書を交付することになる。

● 7　米国SOX法の影響

米国SOX法は，デンマークにも影響を与えている。以下，デンマークのコンサルタント会社であるドキュメント・ソシオロジー・システム（Document

---

47　Konkurrence Nyt nr.6 september 2002 af Konkurrencestyrelsen.
48　ただ，その制定過程には委員会の構成や議論の過程について，批判もある。たとえば，
　　Lars Bo Langsted : Strafbortfald for hjælp til opklaring, Jyllands-posten 13 november 2006.
49　Konkurrence Nyt nr.3 juli 2007 af Konkurrencestyrelsen.

Sociology Systems）による SOX 法に関するデンマークの状況紹介[50]を参考に，その概略を示そう。

　SOX 法は，EU における新たな規制の多くに先例として影響を与えている。したがって，EU の一員であるデンマークもそれから無関係ではありえない。具体的に，アメリカが圧力を加えているのは，すでに存在している EU の立法を，SOX 法に類似した内容に変更させようというものである。しかしながら，当然，EU の規定に違反した場合を，SOX 法における法定刑（会社の取締役に対する最高25年の自由刑）で処断することになるとは想像できないであろう。デンマークにおける最大級の経済事犯でさえ（クルト・トアセン事件[51]），6年を超える自由刑とはならなかったのである。

　SOX 法の直接の適用を受けるデンマーク企業は非常に少ない。しかし，間接的な影響は否定できないし，いずれにしても，将来的には，デンマークおよびヨーロッパの企業における会計管理等は，SOX 法の大きな影響を受けることになるであろう。

　デンマークの企業で，実際に SOX 法によって直接に規制を受ける企業は，まず，アメリカの証券市場に上場している3つのデンマーク企業，すなわち，ノヴォ，D／S トーム，ユーロツーリストの三社である。次に，アメリカで上場している企業の子会社，たとえば，マイクロソフト・アンド・ヨークなど，170社がある。さらに，たとえば，IBM，ダマキサ，エコラブなど，アメリカの親会社に間接的に所有されている会社がある。最近では，DT グループ（以前の名称はダンスケ・トレラスト）も，この中に含まれることになった。DT グループは，世界最大の建築資材供給会社のひとつであるイギリスのウォルセリーに買収されたが，ウォルセリーはアメリカに上場しているので，DT グループもその関係で SOX 法の適用受けなければならないのである。そのような企業を数えると，デンマーク国内で，400以上の企業が SOX 法の適用受けることになる。

50　http://www.doctech.dk/Sarbanes_Oxley_Act.html による。
51　多数の不動産を所有し，「不動産王」と呼ばれたクルト・トアセン（Kurt Thorsen）による経済事犯である。トアセンは，2000年に詐欺罪および文書偽造罪で，6年の自由刑を受けている。トアセン事件が注目を集めた理由は，法律的な問題よりも，トアセン自身のキャラクターにある。すなわち，裁判中からメディア露出を続け，タレントと討論したり，自分の無罪を主張し続けたりしたのである。有罪判決後，トアセンは服役したが，2006年の出所の際には，大掛かりな出所パーティを開いて多くのゲストを招待し，再びメディアの注目を集めた。

第Ⅰ部　企業活動と刑事規制の国際調査

　このような状況で，デンマークの関係企業，機関は，SOX法について様々なコメントを寄せている。それをいくつか紹介する。

　デンマーク銀行（デンマーク最大の銀行）によるコメントは以下のようなものである。「デンマーク銀行グループは，アメリカで証券取引を行っていないので，SOX法の適用は受けない。しかし，SOX法は，コーポレートガバナンスのグローバルスタンダートに影響を与えている。それゆえ，SOX法は国際投資を行っているすべての企業にとって重要な者である」。

　弁護士のセレン・リンドストレームは，次のように述べている。「たとえ仮にデンマーク企業やヨーロッパ企業がアメリカで証券を発行してはならないということになったとしても，SOX法は，ヨーロッパ及びデンマークの将来の証券法の規定に重要な影響を与えることになるだろうし，ヨーロッパ及びデンマークの上場企業は，遅かれ早かれ，それに相当する規定を承認せざるを得ないだろう。さらに，SOX法は，ヨーロッパにおける企業情報公開・企業内容公開の慣習に事実上影響を与えることになるだろう」。

　コンサルティング会社ベアリング・ポストのイェスパー・ストレーマンは，「もし，ヨーロッパの会社がアメリカの上場会社へ商品を供給したい，あるいは，共同で仕事を行うオパートナーとなりたいと考えるのであれば，SOX法の考え方に強制的に組み入れられるだろう」。

　いずれの見解も，デンマークおよびヨーロッパは，SOX法から無関係ではいられず，むしろ，SOX法の直接・間接の影響を受け，考え方においてもそれを導入することを迫られるであろうことを示唆している。

第 9 章　オーストラリアの法人処罰

樋 口 亮 介

Ⅰ　序	Ⅳ　1995 年規定が我が国にもたらす知見
Ⅱ　Fisse の議論の変遷過程	Ⅴ　結　語
Ⅲ　1995 年規定の基本枠組みの検討	

Ⅰ　序

　オーストラリアにおいては，連邦法として，1995 年刑法典（Criminal Code Act 1995）が制定され，2001 年から完全施行されている。本稿の末尾に訳文を掲げたが，この新法典は，12 条で法人処罰について規定（以下，1995 年規定）している。本稿はこの 1995 年規定を検討し，我が国への理論的知見を確認するものである[1]。

　このように 1995 年規定の検討を課題とするとしても，その検討方法が問題となるが，本稿は，1995 年規定を成立させた背景を解明した上で 1995 年規定に理論的検討を加えることにする。我が国において外国の立法を参照するに際しては，当該規定の文言を越えて立法の背景にまで踏み込んだ理解を行うことが望ましいことは明らかであろう。1995 年規定の条文紹介と検討はすでに今井猛嘉によってなされている[2]が，1995 年規定の成立の背景にまで立ち入る点で今井による先行研究と異なる存在意義が本稿に認められよう。

　ただ，オーストラリアはイングランド法を継受しているため，1995 年規定の成立背景を全面的に検討するとイングランド法自体の検討が要請されることになり，本稿の紙幅の限界を超える[3]。そこで，イングランド法については別稿に委ねる[4]こととし，本稿では，オーストラリア法固有の議論に検討の射程を限定する。具体的には，1995 年規定の立法時に大きな影響を与えた Brent Fisse の議論に注目するというアプローチを採用する。

　Fisse は，企業犯罪に関するオピニオンリーダーの一人であると同時に，アデレード大学，シドニー大学を歴任したオーストラリアの刑法学者である[5]。

第Ⅰ部　企業活動と刑事規制の国際調査

その彼が，オーストラリアにおける法人処罰立法に対して影響力を有するのは当然といえるし，実際，オーストラリアの法典化作業の最終報告書は，彼の論文を引用している[6]。

　もっとも，Fisse の研究はすでに我が国でも紹介されており[7]，本稿が改めて

1　もっとも，連邦制度を採用するオーストラリアにおいては，基本的には刑法は州の管轄であって，連邦法の管轄は限定されたものである（M. Bagaric et al, Criminal Laws in Australia, 16-18（2004））。しかも，1995 年規定は一般法であって，連邦法に特別法が存在する場合は，特別法が優先されるため，さらに適用領域は限定されることになる（Attorney-Geral's Department, The Commonwealth Criminal Code, A Guide for Practitioners, 295（2002））。

　　このように，適用領域が限定されるにもかかわらず，本稿が 1995 年規定を検討対象とするのは，三・四で詳論するように，法人処罰を理論的に考察するという観点からは，1995 年規定が極めて有益な示唆をもたらすからである。

　　また，オーストラリアでは，刑法典の統一化の試みがなされており，オーストラリア首都特別地域（Australian Capital Territory : ACT）においては，2002 年刑法典（Criminal Code 2002）によって，1995 年規定とほぼ同様の規定が導入されている（法人処罰については，Part 2.5（49～55 条））し，北部準州（Northern Terriotry）においては，2005 年の刑法改正によって 1995 年規定とほぼ同様の規定が導入されている（法人処罰については，PartⅡAA Division5（43BK～43BP 条））。また，ヴィクトリア州においては，法的手続に関する証拠文書の破壊に限ってではあるが，1995 年規定 12.3 条に類似する規定が導入されている（1958 年刑法典（Crimes Act 1958）255 条）。さらに，ニューサウスウェールズ州においては，2003 年に 1995 年規定の導入を考慮することが提言されている（The New South Wales Law Reform Commission, Report 102, Sentencing : corporate offenders, 2 Corporate criminal liability（2003））し，タスマニア州においては，2007 年に 1995 年規定とほぼ同様の規定を導入することが提言されている（Tasmania Law Reform Instuitute, Criminal Liability of Organizations, Final Report No.9, Recommendation 5, 6（2007））。したがって，今後，1995 年規定と同内容の規定の適用領域が拡大することも予想されるところである。

　　なお，オーストラリアの連邦・州双方の現行法，近年の法案，近年の判例について，http://www.austlii.edu.au/ における便利なデータベース検索が利用可能である。

2　今井猛嘉「組織体の処罰」田口守一＝甲斐克則他編『企業犯罪とコンプライアンスプログラム』150 頁以下（2007）。

3　オーストラリアの法人処罰を概観する教科書として，P. Gillies, Criminal Law, Ch.6（4th. 1997），R. Tomasic et al., Corporations Law in Australia, Ch.11（2002）。また，1995 年以前ではあるものの，理論的に優れ，引用文献の網羅性も高い教科書として，B. Fisse, Howard's Criminal law, Ch.7（5th. 1990）。

　　法人処罰を基礎づける理論モデルを詳論する文献として，J. Clough & C. Mulhern, The Prosecution of Corporations, Ch.3,4（2002）（本書の第 3 章，第 4 章は，理論モデルごとの具体的な処罰要件を精密に検討する点で優れる。本書の書評である S. Bottomley, Book Review, 27 Melb. U.L.R.627（2003）は，本書に高い評価を与えてはいないようであるが，評者は，法人処罰の具体的要件という問題に関心を払っておらず，評者と著者の問題関心の相違とみるべきであろう。）。

4　樋口亮介「法人処罰と刑法理論（三）」法学協会雑誌 125 巻 10 号（2008）。

5　Fisse のホームページとして，http://www.brentfisse.com/index.html。

第9章　オーストラリアの法人処罰

検討を加える意味があるかはなお問題となる。しかし，Fisse が 1960 年代から法人処罰の研究を開始し，その主張の内容が大きく変遷してきたことはあまり知られていない。そして，1995 年規定は，三で紹介するように，Fisse の議論の内容そのものの採用は拒否したものの，Fisse の考察の基本的視点を採用したものなのである。Fisse の議論をその初期から追いかけ，その基本的視点を解明することが，1995 年規定の成立背景を理解することを可能にする。

以上の理由から，本稿は Fisse の議論に詳細な分析を加えた上で，1995 年規定の検討を行うこととする。

なお，本稿の本文で言及する Fisse による著作の一覧を予め掲げておく。

① The Distinction Between Primary and Vicarious Corporate Criminal Liability, 41 Australian L. J. 203（1967）
② Consumer Protection and Corporate Criminal Responsibility, 4 Adelaide L. R. 113（1971）
③ The Social Policy of Corporate Criminal Responsibility, 6 Adelaide L. R. 361（1978）
④ Criminal Law and Consumer Protection, In A. Duggan & L. Darvall（eds.）, Consumer Protection Law and Theory, 182（1980）
⑤ Reconstructing Corporate Criminal Law : Deterrence, Retribution, Fault, and Sanctions, 56 S. Cal. L. R. 1141（1983）
⑥ Corporate Criminal Liability, 15 Crim. L. J. 166（1991）

6　Criminal Law Officers Committee of the Standing Committee of Attorneys-General, Final Report, Model Criminal Code Chapter 1 and 2 General Principles of Criminal Responsibility（1992）（以下，最終報告書）は，後掲する⑥⑦論文を引用している（111，113 頁）。

また，最終報告書の前に提出された中間報告書によると，Fisse は，委員会に対して自らの意見を提出している（Review of Commonwealth Criminal Law, Interim Report, Principles of Criminal Responsibility and Other Matters, Parliamentary Paper No.195 of 1991, 291, 304（以下，中間報告書））。

7　原田明夫「法人と刑事責任（一）−（四・完）」判例タイムズ 520 号 37 頁，527 号 64 頁，534 号 62 頁（1984），541 号 44 頁（1985）に包括的な紹介がある。他にも，我が国における代表的な英米の法人処罰の紹介の中では必ず言及されている（佐藤雅美「英米における法人処罰の法理（二・完）」阪大法学 147 巻 123 頁（1988），青木紀博「アメリカにおける「法人責任」論の試み」産大法学 30 巻 3・4 号 573 頁（1997）（なお，同論文 577, 578 頁には，簡易ながら 1995 年規定の紹介がある。），菅原正幸「故殺罪に対する法人の刑事責任（一）」関大法学 50 巻 2 号 313 頁（2000），川崎友巳『法人の刑事責任』187 頁（2004）など）。

第Ⅰ部　企業活動と刑事規制の国際調査

⑦　The Attribution of Criminal Liability to Corporations: A Statutory Model, 13 Sydney L. R. 277（1991）

Ⅱ　Fisseの議論の変遷過程

● 1　初　　期

Fisseの法人処罰をめぐる最初の論稿は①論文である。[8]

Fisseは，この論文で，自然人に妥当する刑法理論のアナロジーによって法人処罰は行われるべきであるとの基本態度を宣言する（①論文207頁）。

Fisseは，自然人が代位責任で処罰される例外的な犯罪類型については，法人も代位責任で処罰してよい（同203頁）ものの，法人をあらゆる犯罪類型について代位責任で処罰することを拒否し，法人に自己責任を認めるべきと主張する（同206頁）。この主張は，仮に，法人処罰を代位責任で一元的に説明するならば，自然人にも広範に代位責任が成立することになり不当であることから

---

[8]　この論文の主眼は，例外的な犯罪類型において自然人と法人の双方に妥当する代位責任と，一般的な犯罪において法人にのみ妥当する同一視理論の区別をオーストラリアにおいて確立することにある。Fisseは，自然人・法人を問わず業務主に代位責任を認める法令であるとの解釈によって法人処罰を肯定したことが明確なR. v. Australian Films Ltd.（1921）29 C.L.R.195（アメリカ支社の責任者による脱税）と，必ずしも理論構成が明確ではないMorgan v. Babcock and Wilcox Ltd.（1929）43 C.L.R.163（代表者による贈賄。なお，代表者の贈賄という事実を否定したStarke判事は，傍論で代位責任に言及している。）を対比する。

1921年判例同様，代位責任が理論的に明確な判例として，Stephens v. Robert Reid and Co. Ltd.（1902）28 V.L.R.82（州際取引における取引内容の誤表示），Fraser v. Dryden's Carrying Co.［1941］V.L.R.103（車両による荷物の運搬条件違反），Charlesworth v. Penfolds Wines Pty. Ltd.［1943］V.R.76（免許施設内における違法な飲酒の容認について，飲酒防止責任者の不知を理由に代位責任を否定），Schenker & Co.（Aust）Ltd. v. Sheen（Collector of Customs）（1983）48 A.L.R.693（明細書への虚偽記入），Tiger Nominees Pty Ltd. v. State Pollution Control Commission,（1991）25 NSWLR 715（河川汚染），Director-General of the Department of Land & Water Conservation v. Greentree and another［2003］NSWCCA 31（原生林の破壊）。

1929年事件同様，代位責任の理論構成が自然人・法人に共通するものであるのかが不明確な判例として，Christie v. Foster Brewing Co. Ltd.（1892）18 V.L.R.292（商品の偽装表示），Alford v. Riley Newman Ltd.（1934）34 S.R.261, 271（鳥獣保護法違反），Ex. P. Colonial Petroleum Oil Pty. Ltd.（1944）44 S.R.（NSW）306（違法な灯油販売。ただし，販売行為が権限の範囲内といえるかについて裁判官の意見は分かれている。），Australian Stevedoring Industry Authority v. Oversea and General Stevedoring Co. Pty Ltd.［1959］1 F.L.R.298（イギリスの同一視理論のリーディングケースであるR. v. I.C.R. Haulage Ltd.［1944］1All E.R.691を引用しているが，法令自体は監督義務について絶対責任を負担させていた事案。会社内部のあらゆる自然人が監督義務を履行しなかったことが認定されているのでいかなる理論構成でも処罰可能な事案である。）。

第9章　オーストラリアの法人処罰

基礎付けられている（同207頁）。

つまり，Fisse は，自然人にも，法人にも，同じ刑法理論が妥当するという立場を理論的な前提とした上で，刑罰は，原則として自己責任を基礎とする以上，法人の自己責任を確立しなければならないと主張しているのである。

そうすると，いかにして法人の自己責任を基礎付けるかが次に問題となるが，Fisse は，特定の自然人の犯罪を法人の犯罪と同一視する同一視理論によれば，法人の自己責任を確保できるとの立場を自明視しているようであり，同一視理論自体の理論的基礎付けは特に行っていない。

そして，同一視理論を採用した場合に問題となる，同一視の基準の明確化を①論文は課題として検討を進めて（同207頁以下），同一視主体を株主総会，取締役会，代表取締役に限定するという結論に至る（同209頁）[9]。

同一視理論に依拠する判例は，Fisse の①論文が登場する1960年代以前から存在した[10]が，1970年代以降，イギリスにおいてリーディングケースとなる判例（Tesco Supermarkets Ltd. v. Nattrass ［1972］A. C. 153）が現れ，それは，オーストラリアの判例でも繰り返し引用され，同一視理論は完全に確立されるにいたる[11,12]。オーストラリアの判例が採用した同一視主体の範囲は，Fisse

---

9　代表取締役でさえ不明確であるとして，取締役会による権限委譲後は干渉を受けない場合という条件付きで代表取締役を同一視主体とすることも視野に収めている。(at 209 fn.64)

10　Freeman v. C. T. Warne Pty. Ltd. ［1947］V.L.R.279（店舗責任者の不知のミスによる販売価格の誤表示について同一視を肯定。なお，監督義務の代表者による履行によって免責を肯定している。), Grain Sorghum Marketing Board v. Supastok Pty. Ltd. ［1964］QD. R.98（店舗責任者による食品の違法購入。多数意見は，店舗責任者と会社の同一視を否定したが，日常業務の責任者も同一視主体足りうるとの少数意見がある (at 104)), Lamb v. Toledo-Berkel Pty. Ltd. ［1969］V.R.343（表示された性能のない計量器の販売について工場の責任者と会社の同一視を否定 (at 347))。

11　代位責任からも同一視理論からも説明ができるため，両者の関係が不明確な裁判例として，R. v. Panton, Exparte Farmers' Produce Co. Ltd. (1888) 14 V.L.R.836（不良食品の販売。販売した従業員を特定できないことと，責任者の認識がないことの両方に言及して法人処罰が否定された事案。代位責任の一般理論が述べられているものの，同一視理論類似の口吻も看取しうる。)。

なお，同一視理論の確立後も，同一視理論からも代位責任からも法人処罰が肯定でき，裁判官によって理論構成が分かれた裁判例（Woolworths Ltd. v. Luff (1988) 88 F.L.R. 224（未成年への酒の提供について，未成年でないとの合理的誤認について免責を定める規定の適用が否定された事案））や，同一視理論からも代位責任からも法人処罰が否定でき，理論構成が不分明な裁判例（Burnett v. L. F. Jeffries Nominees Pty. Ltd. (1983) 33 S.A.S.R.124（トラックの過剰積載。トラック運転を行っていた代表取締役に過剰積載の認識がなかった事案））がある。

第Ⅰ部　企業活動と刑事規制の国際調査

の主張ほど限定されていないが，自然人に対する刑法理論のアナロジーで法人処罰を説明するという Fisse の基本態度は，判例上，実現されたといえる。

● 2　中間期

ところが，リーディングケースとなる判例（Tesco Supermarkets Ltd. v. Nattrass［1972］A. C. 153）が同一視理論を確立した直後に，Fisse はこの判例を批判して同一視理論を放棄し，法人処罰の機能的意義が発揮される場面で法人処罰を認めるという②論文を発表した。[13]

Fisse の②論文は，消費者保護という観点から，同一視理論を厳しく批判する。具体的には，同一視理論によって法人処罰を基礎付けると，その処罰範囲は極めて限られるため，個人の特定が困難な場合に制裁を確保するなど一般に議論される法人処罰が果たしうる機能を説明できないとの批判（同 116 ～ 119 頁）[14]，及び，①論文で苦心した同一視主体を画する基準について，法人の

---

[12]　Kehoe v. Dacol Motors Pty. Ltd.［1972］QD. R.59（車両販売における虚偽説明について同一視主体である代表取締役の不知を理由に会社を無罪とする），Brambles Holding Ltd. v. Carey（1976）15 S.A.S.R.270（運送の過剰積載。積荷の監督義務者及び監督義務者不在時の運営責任者と会社の同一視を肯定。理由のある錯誤について免責を認める抗弁規定が存在したものの，複数の同一視主体のうち一名が過剰積載を知っているか，理由無く過剰積載が生じていないと錯誤していれば，法人は処罰されるとする），Universal Telecasters（QLD）Ltd. v. Guthrie（1978）18 A.L.R.531（テレビでの虚偽広告について販売責任者と会社の同一視を否定（肯定する少数意見付き）），Linehan v. The Australian Public Service Association（1983）67 F.L.R.412（組合による組合員に対する違法な懲戒処分。州支部の運営委員会を連邦組合と同一視することを認める），G. J. Coles & Coy Ltd. v. Goldsworthy（1985）57 LGRA 122（異物が混入した食品の販売。店舗責任者，食品管理者と法人の同一視を否定。ただし，仮に同一視が可能であるとしても，免責事由である理由のある錯誤がないとの認定も行われている），Collins v. State Rail Authority of New South Wales（1986）5 NSWLR 209（労働安全確保義務違反が問題になった事案で，安全確保作業を行う従業員と会社の同一視を否定）。

　法人処罰が自己責任として成立することを前提に，代表者個人は法人に対する共犯として処罰できるとするものとして，R. v. Goodall（1975）11 S.A.S.R.94（代表者による信託物の横領），Hamilton v. Whitehead（1988）166 C.L.R.121（代表者による違法な信託広告）。この問題については，Fisse・前掲注 3・611 ～ 614 頁。

[13]　同時期に同じく，Tesco 事件の示した基準では法人の処罰範囲が狭きに失することを批判する論文が発表されている（I. A. Muir, Tesco Supermarkets, Corporate Liability and Fault, 5 N.Z.U.L.R.357（1973），A. J. Duggan, The Criminal Liability of Corporations for Contraventions of Part V of the Trade Practices Act, 5 ABLR, 221（1977），Id., Misleading Advertising and The Publisher's Defence-A Critique of Universal Telecasters（QLD）Ltd. v. Guthrie, 6 ABLR, 309（1978），A. G. Hartnell, Consumer Protection Provisions of the Trade Practices Act, 53 A.L.J.544（1979））のは，企業の違法行為抑止に関心が集まっていた証左かもしれない。

第 9 章　オーストラリアの法人処罰

「運営機能（management function）」を担っているかという観点を基礎におく同一視理論は，現代的な複雑化した組織に妥当しないとして，組織社会学的知見に基づいた批判を投げかける（同 119 ～ 123 頁）。[15]

そして，Fisse は，法人処罰の存在意義という観点から法人の刑事責任の範囲を確定する機能的アプローチ（functional approach）を主張する[16]。具体的な一例を挙げると，外国法人のために外国で自然人が犯罪を犯した場合，自然人を起訴することは困難なので法人を処罰すればよいといった主張を行っている。（②論文 127 頁）[17]

以上のように，法人処罰を考察するために，Fisse が設定した基本的視点は，初期と中間期では別人かと思われるほどの対照性をなしている。自然人に対する刑法理論の法人への適用可能性を探る初期の議論は，我が国でも見受けられる問題意識である一方，刑事罰が役に立つ場合に刑事罰を使用するという中間期の主張は，あまりに機能的であり，刑事罰の正当性を要求する我が国の刑法学者の一般的な感覚に反するであろうし，自然人に対する刑法理論と法人処罰の調和を図るオーストラリアの判例にも合致しない。

ここまで検討してきた，初期と中間期の大きな溝を乗り越え，両極にある考察視点の統合を図るのが後期の議論である。

● 3　後　期

後期の Fisse は，自然人に対する刑法理論を法人にも適用する初期のアプ

14　②論文 116 ～ 119 頁は，法人処罰の機能に，①個人特定の困難性②従業員の変更③組織に対する忠誠心の存在④個人処罰の苛烈さの回避⑤法人自体の更生⑥外国法人の処罰⑦法人の違法行為の公表⑧不法利益の剥奪を掲げた上で，①については，同一視主体の特定が要求されるため妥当しないし，②～⑧は，末端従業員による犯罪にも妥当することを指摘する。

15　なお，Fisse は，代位責任の拡張を行うと，自然人業務主を不当に処罰することになるとして代位責任を広範に採用することも否定している（（②論文 126 ～ 127 頁）が，これは，①論文初期の発想が残存したものといえる。②論文のような，機能的考察を徹底すれば，法人にのみ代位責任を広範に認めることも選択肢としてありえるはずであろう。

16　②論文の出発点でも，法人処罰を行うのであれば，法人を処罰する意義が反映されなければならないと述べる（115 頁）。

17　同時期に発表された法人に対する制裁制度を検討する論文においても，②論文と同じ立場が採用されている（The Use of Publicity as a Criminal Sanction aginst Buisiness Corporations, 8 Melb. U.L.R.107（1971）（法人処罰の機能的基礎付けについて 120 頁），Responsibility, Prevention, and Corporate Crime, 5 N.Z.U.L.R.250（1973）（同一視理論批判について 253 ～ 255 頁，法人処罰の機能的基礎付けについて 265，266 頁）。）。

ローチと，法人処罰の機能的意義を確保するという中間期のアプローチの統合を図る。その議論は，まず過失犯において登場し，その次に，故意犯にまで拡張されることになる。

（1）組織過失と対応的責任

過失処罰の理論構成について，後期 Fisse のアプローチが現れるのが③④論文である。

③論文では，個々の自然人に過失がなくとも，集合的には組織の落ち度が存在する場合が認められるという認識を前提に，その集合的な落ち度を主観的な精神状態の観点からではなく，過失（negligence）の観点から法人の犯罪として構成できるとの議論が提示されている（同374, 375頁）。

Fisse は，犯罪社会学的知見を導入した組織モデルによって法人処罰の機能的意義を基礎付けている点[18]では，法人処罰の機能的意義を確保するという中間期のアプローチを維持しながらも，自然人に共通する過失概念を法人に適用することで，自然人に対する刑法理論を法人にも適用する初期のアプローチへの回帰をも行ったといえる。

自然人に対する刑法理論を法人に適用するという基本態度を採るオーストラリアの判例の中にも，注意義務違反の有無を法人のシステム自体に着目して判断したものがあり[19]，Fisse の議論は，オーストラリアの判例法と調和する方向へ変化したといえる。

このように，自然人に対する刑法理論を法人にも適用するというアプローチと，法人処罰の機能的意義を確保するというアプローチを同時に採用する場合，その両者の関係が次に問題となる。

---

18 Fisse は，法人処罰の機能的意義について，一般の組織モデル論者同様，組織は単なる自然人の集積を超える存在であるとの認識を提示する以外に，仮に自然人の行動が解明されても，多数の自然人を訴追対象とするエンフォースメントコストを法人処罰によって軽減できること（③論文372, 384頁，④論文185頁）や，どの自然人にも作為義務や過失が認められない場合であっても法人全体を処罰対象となしうること（③論文374, 376, 390, 408頁，④論文183頁），さらに，法人の評判の剥奪（③論文394, 408頁，④論文192頁。⑤論文1147～1154頁は，スティグマ機能を詳論する。）をも提示している。

組織の行動の解明が進んだ場合であっても，法人組織の処罰の必要性が認められる場合があることを指摘する点で，組織社会学的知見のみを根拠とする組織モデルと一線を画する主張といえる。これは，Fisse が，②論文において，法人処罰に存在意義が認められる場合を個別的に考察するという思考枠組みを採用し，組織モデルに束縛されきらなかったことに由来するのかもしれない。

第9章　オーストラリアの法人処罰

　Fisse は，同一視理論に対して，処罰範囲が狭すぎるとの批判を加える中間期の議論を維持しつつ（③論文366頁），さらに，同一視理論は自己責任を確立しえるわけではないとして，自然人に対する刑法理論の法人への適用可能性の

19　Brown v. G. J. Coles & Co. Ltd.［1970］V.R.867（食品の販売における異物の混入。合理的予防による免責規定について，法人のシステムに注目した詳細な判断を行う。なお，②論文は本判例を繰り返し引用する（115頁注12，118頁注29，123頁注50）），Adams v. Eta Foods Ltd.（1987）78 A.L.R.611（食品の販売における異物の混入。合理的誤信および合理的予防による免責規定について法人の客観的状況に注目した判断を行う。）。
　　また，同一視理論を採用した Universal Telecasters（Qld.）Ltd. v. Guthrie（1978）18 A.L.R.531, Cook's Hotel Pty. Ltd. v. Pope（1983）34 S.A.S.R.292（未成年への酒の提供。ただし，本件は同一視主体の限界は争われず免責規定の適用の可否だけが争点となった事案である。），Collins v. State Rail Authority of New South Wales（1986）5 NSWLR 209 も，免責規定の適用の可否について，会社の違法行為防止システムに注目した判示を行っている。D. Brown et al, Criminal Laws Materials and Commentary on Criminal Law and Prrocess in New South Wales, 430（2006）は，免責規定の適用の可否の判断において，同一視主体ではなく法人自体に注目すべきとする。ただし，免責規定の適用の可否についても，同一視主体によって設定された政策とシステムに注目する裁判例（Coles Myer Ltd. v. Catt（1992）63 A. Crim. R.136, 144（食品の販売における異物の混入））も存在する。（なお，免責規定の適用を否定する判断において，法人のシステムの不十分さと，同一視主体の不注意双方に言及する裁判例として，Videon v. Barry Burroughs Pty Ltd.（1981）37 A.L.R.365（不動産販売における販売代理会社による虚偽表示について，委託会社を処罰）。法人のシステムの不十分さに注目したのか，同一視主体の不注意に注目したのか不明確な裁判例として，Walplan Pty Ltd. v. Wallace（1985）63 A. L. R.453（違法な誘因広告））。
　　こういった判例の原型は，肉体的挙動と主観的要素を捨象できる義務違反に基づいて法人処罰を認めた19世紀半ばのイギリスの判例であるが，オーストラリアにも法人が負担する義務違反に基づいて法人処罰を認めた判例が存在する（Boucher v. G. J. Coles & Co.（1974）9 SASR 495（不良品の食品販売），Majury v. Sunbeam Co. Ltd.［1974］1 N.S.W.L.R.659（河川汚染について，厳格責任を認めたイギリス判例（Alphacell Ltd. v. Woodward［1972］A.C.824）に依拠して法人処罰を認めると同時に，河川汚染防止措置の存在を理由に罰金額を軽減している。））。
　　なお，義務違反に基づく法人処罰という理論構想を前提に，法人内部の末端従業員の行動から義務違反が招致された場合でも法人を処罰できるとの判断が近年の裁判例で下されている（R. v. Commercial Industrial Construction Group Pty Ltd［2006］VSCA 181（工事現場責任者による労働安全衛生法（Occupational Health and Safety Act）違反），ABC Development Learning Centres Pty. Ltd. v. Joannne Wallas［2007］VSCA 138（末端従業員による児童の監督義務違反。原審（（2006）A. Crim. R.250）が末端従業員の行動の法人への帰属という理論構成を採用したのに対し，明示的に理論構成の相違を指摘している点に注意が必要である。））。したがって，義務違反の存否の判断は，システムに注目して行ってもよいし，法人内部の自然人に注目して行ってもよいということになる（保安措置の不十分さについて，下位従業員の関与と法人による保安措置不存在の双方に言及する判例として，TTS Pty. Ltd. v. Griffiths（1991）105 F.L.R.255）。
　　以上のような義務違反に基づく法人処罰という理論構想の有する複雑な構造については，イギリス法を素材に樋口・前掲注4で詳細に検討したので参照いただきたい。

233

観点からも批判を加えるに至る（④論文188頁）。

　つまり，Fisseは，自然人に対する刑法理論を法人に適用するという観点，及び，法人処罰の機能的意義を確保するという観点の両方から組織モデルの正当性を基礎付けているのであって，二つの観点の両方が備わった場合に法人処罰は正当化されると考えているといえる。

　ただし，Fisseは，自然人に対する刑法理論を法人に適用するという観点を貫徹することなく，法人処罰の機能的意義という観点からの修正を認めている。

　④論文は，責任判断について，犯罪に対する法人組織の事後的な態度を考慮することを提唱する（④論文189頁）。この主張は，対応的責任ないし応答的責任といった呼称（reactive corporate faultの訳語）で我が国でもよく知られている[20]議論である。[21]

　法人処罰の機能的意義を確保することのみを法人処罰の正当化根拠とした中間期と異なり，後期のFisseは，自然人に対する刑法理論を法人に適用するべく，法人について責任判断を行うものの，法人処罰の機能的意義を確保するという観点から，法人に対する責任判断の構造を修正したといえよう[22]。

（2）組織故意と対応的責任

　自然人に対する刑法理論を法人にも適用する初期のアプローチと，法人処罰の機能的意義を確保する中間期のアプローチの両方を採用しつつ，法人処罰の機能的意義を確保するために，自然人に対する刑法理論を法人に修正して適用するという（1）で紹介したFisseの議論は，⑤論文において，過失犯を越えて故意犯にまで及ぶことになる。

　⑤論文は著名な論文であって，我が国でもすでに詳しい紹介がなされてい

20　前掲注7に掲げた諸文献参照。ただし，日本でFisseを紹介する文献は⑤論文に注目している。

21　また，Fisseは，注意義務を極めて高度なものとする可能性にも言及している（③論文390頁）が，この主張は，中間期の②論文でも示唆されていた（自然人に要求される過失と異なり，法人には高度の注意義務を課し，しかも，注意義務違反はあらゆる従業員が招致しうるとの議論の可能性を提示している（②論文123, 124, 128頁））。

　この主張も，自然人に対する刑法理論を法人に適用しつつ，法人処罰の機能的意義の確保という観点から，法人処罰については自然人に対する刑法理論を修正することを認めるものといえる。

22　④論文190頁注44は，組織の客観的な落ち度から組織の過失（negligence）を認めるNote, Development in the Law, Corporate Crime : Regulating Corporate Behavior through Criminal Sanctions, 92 Harvard L.R.1227, 1243, 1257（1979）（以下，ハーバード論文）を回顧的であるとして自らの議論との相違を強調する。

る[23]。しかし、Fisse が1995年オーストラリア刑法典12条に与えた影響を知るには、法人処罰を自然人に対する刑法理論に基づいて説明するという初期の問題意識と、法人処罰に積極的な存在意義を与えるという中間期の問題意識の統合の試みという観点から⑤論文を位置づける作業が不可欠である。そこで、本稿では、後期 Fisse の思考枠組みを明らかにすることを目的として、⑤論文を検討する。

Fisse は、法人組織自体が責任非難の対象になりうるとの従来の立場を前提に（⑤論文1148, 1149頁）[24]、法人組織による過失犯だけでなく故意犯も認められることを主張する（⑤論文1185頁, 1190頁注232）[25]。

Fisse は、法人組織の故意を認めることで、自然人に適用される刑法理論のアナロジーによって法人処罰を構成するという初期のアプローチを、組織モデルにおいて完全に実現したのである。

精神をもたない法人にも義務履行は可能であるというイギリス法の伝統的判例の思考枠組みによれば、法人の注意義務違反に注目すれば法人組織の過失犯を認めることは可能[26]であるものの、法人組織の故意犯を認めることは困難になる[27]。Fisse の議論の決定的に重要なポイントは、自然人に適用される刑法理論の完全なアナロジーによって法人処罰を説明するべく、組織過失を認める従来の議論を超えて、組織故意を認めた点にあるといえよう。

もっとも、このように法人組織の故意を認めるとなると、その具体的内容が問題となるものの、Fisse 自身は、法人の明示ないし黙示の政策（policy）に注目すればよいと述べるにとどまり、立証困難の回避のため、④論文において主張した対応的責任を組織故意についても採用すべきことを主張する（⑤論文1185, 1191, 1192, 1195～1213頁）。

このように、Fisse は、自然人に対する刑法理論の完全なアナロジーと、法人処罰の機能的意義の確保という観点から、組織故意を構想しつつ、法人処罰

---

23 前掲注7に掲げた諸文献参照。
24 同一視理論の処罰範囲が狭すぎるとの批判（⑤論文1187頁）に加えて、同一視理論は自己責任を確立しえるわけではないとして、自然人に対する刑法理論の法人への適用可能性の観点からも批判を加えるに至っている（⑤論文1187頁）のも③④論文と同様である。
25 Fisse は、法人に精神がなくても適切な注意の履行は可能であるという見地に立つハーバード論文・前掲注22を法人の過失犯に妥当するものと位置づける（⑤論文1202頁, 1203頁）。

第Ⅰ部　企業活動と刑事規制の国際調査

の機能的意義の確保のために修正をほどこし，組織故意にも対応的責任を認めたのである。

　しかし，法人組織の故意という構想には，立証が困難であるという問題以前に，そもそも，組織故意の具体的内容が不明確であるという問題が含まれている。対応的責任によって，法人組織の故意を認める際に，犯罪の実行以後の組織の態度まで考慮の対象とすることを可能にしたところで，組織故意の具体的

26　NSW Sugar Milling Co-Operative Ltd. v. Environmental Protection Authority (1992) 59 A. Crim. R.6（産業廃棄物の流出。過失（negligence）が客観的に判断されることを前提に，法人内部の自然人の過失を媒介することなく，法人組織の過失を肯定できることを明示的に判示する。本件を先例として引用するものとして，Environment Protection Authority v. Shell Co.of Australia Ltd. [2000] NSWLEC 132（石油化合物の長期間の流出。ただし，流出の証明が不十分として無罪となっており，過失の認定は回避されている。））。Clough & Mulhern・前掲注 3 ・121, 181 頁は，法人処罰の初期の理論構想である義務違反に基づく法人処罰と現代的な組織過失を，同一の視点から捉えられることを的確に指摘する（同書 85 頁も参照）。さらに，D. Lanham, Criminal Laws in Australia, 421 (2006)，Brown・前掲注 19・493 頁も，過失犯において組織モデルが採用可能であることを的確に指摘する。この議論は，免責規定における注意義務の判断において，法人組織に注目する判例群（前掲注 19）と同一の思考枠組みを有する。

　　それにもかかわらず，イギリスの判例は，過失致死罪について同一視理論だけが適用可能であるとして組織モデルを拒否する判断を行った（R. v. H. M. Coroner for East Kent ex parte Spooner (1989) 88 Cr. App. R.10, 16, 17（船舶の沈没事故））。イギリスでは，この判例を受けて，法人組織を過失致死罪で処罰する立法案が検討されるに至ったが，その経緯については，樋口・前掲注 4 で詳細な検討をほどこしたので参照いただきたい。

　　一方，オーストラリアにおいては，ヴィクトリア州の判例において，いったん，過失致死罪について同一視理論のみ適用可能とする判断が下された（R. v. A. C. Hatrick Chemicals Pty. Ltd. (1995) 18, 19（ゴム樹脂タンクの爆発事故。本件は判例集未登載であるもののヴィクトリア州最高裁判所サイト内 http://vsc.sirsidynix.net.au/ において検索が可能である。）ものの，上級審（(1997) 96 A. Crim. R.513）においては，事故に関わった従業員にも会社のシステムにも過失はないとして法律判断が回避された。なお，ヴィクトリア州ではその後，ガス工場の爆発事故（Director of Public Prosecutions v. Esso Australia Pty LTd [2001] VSC 103。石油会社は労働安全衛生法（Occupational Health and Safety Act）違反で処罰された。）を受けて2001年に法人組織を処罰対象とする立法案（Crimes (Workplace Deaths and Serious Injuries) Bill 2001）が提出されたが，法案は成立しなかった。これに対して，北部準州の判例（Director of Public Prosecutions Reference No1 of 2000 (2001) 163 F.L.R.378）において，過失不作為による危険発生について法人処罰を認める際に，精神状態は無関係であるとの判示がなされており注目される（Clough & Mulhern・前掲注 3 ・121 頁注 358）。なお，過失不作為については，組織モデルが適用可能であると指摘するものとして，D. Neal, Corporate Manslaughter, 20 ⑽ Law Institute Journal 39, 40 (1996)，J. Clough, A Glaring Omission ? Corporate Liability for Negligent Manslaughter, 20 AJLL (2007)．

27　法人の故意犯は断念しつつも，過失犯を構想するものとして，ハーバード論文・前掲注 22・1243 頁。

内容が明らかとならない限り，立証対象の不明確さは免れ得ないはずであろう。もっとも，このような問題点は，組織故意の具体的内容をより明らかにすれば解決されるのであって，そもそも，自然人に対する刑法理論とのアナロジーを実現するべく，組織故意を構想しようとするFisseの基本構想そのものを揺るがすものではない。

以上の検討によって，Fisseの思考枠組みが明らかとなった。この論文以降もFisseは多数の著作を発表している[28]が，法人処罰の理論的基礎付けに関する基本的思考枠組みは維持されており，1995年規定を検討するという観点からは，Fisseの著作にこれ以上立ち入る必要はない。

そこで，以下では，ここまでの検討から明らかとなったFisseの思考枠組みから，1995年規定の基本枠組みを明らかにするという作業に移ることとしよう。

III 1995年規定の基本枠組みの検討

Fisseの思考枠組みから1995年規定の基本枠組みを明らかにするため，Fisseが提案した条文案（⑦論文）と1995年規定の比較検討を行う。訳文は一括して本稿の末尾に掲げたので適宜参照していただきたい。

● 1 基本的思考枠組みの共通性

一見したところ，目につくのは，1995年規定が，Fisse案(4)の提案する対応的責任を拒否した点である[29]。すでに批判されているように[30]，Fisseの対応的責任論は，法人処罰の理論的基礎付けと事後共犯・司法妨害に対する法人の責

---

28 前掲注3の教科書の他，The Duality of Corporate and Individual Criminal Liability, In E. Hochstedler (ed.), Corporations as Criminals, 69 (1984)（本論文の翻訳として，板倉宏＝沼野輝彦＝加藤直隆『企業20世紀の犯罪者』77頁（1990）），Laws of Australia, Title 9, Criminal Law-General Principles, Chapter 4（1993）。

P. Frenchとの共同執筆によるものとして，Overview : The Social Control of Corporate Behavior, Corporate Responses to Errant Behavior : Time's Arrow, Law's Target, In B. Fisse & P. French (eds.), Corrigible Corporation & Unruly Law, 3, 187 (1985)。

J. Braithwaiteとの共同執筆によるものとして，The Allocation of Responsibility for Corporate Crime : Individualism, Collectivism and Accountability, 11 Sydney L.R.468 (1988), On the Plausibility of Corporate Crime Theory, In W. S. Laufer & F. Adler (eds.), Adavances in Criminological Theory 15 (1990)（本論文の翻訳として，西村春夫＝加藤直隆「企業犯罪理論の虚像と実像」比較法制研究15号149頁（1992）），Corporations, Crime and Accountability (1993)。

任を混同するものである[31]。法人処罰の機能的意義を確保するという中間期の問題意識から、自然人に対する刑法理論を法人に修正適用することを認めた結果、行為と責任の同時存在の原則を破るに至ったFisseの議論を、オーストラリアの立法者が拒否したのも首肯できるところである。

しかし、そうすると、Fisseの対応的責任論を拒否したにもかかわらず、1995年の刑法典制定に関する最終報告書がFisseの⑥⑦論文を引用したという本稿の冒頭で紹介した事実をいかに理解するかが問題となる。

Fisseの論文と1995年規定の共通点という観点から、Fisseの提案と1995年規定を比較すると、Fisse案(3)(a)(5)と12.3条(2)(c)(d)の組織故意の共通性が注目される。この共通性は、1995年規定の12.3条が、Fisseの影響を受けたことに由来する。

最終報告書より以前に提出された中間報告書においては、組織過失のみを採用していた[32]が、Fisseは、組織故意が採用されていないことを批判し、(3)(a)(5)で組織故意の処罰を提案した（⑥論文168頁、173頁、⑦論文282頁）[33]。1995年規定の12.3条は、まさに、Fisseの組織故意の提案を受け入れた結果、生み出された条文なのである。

このように、1995年規定はFisseの組織故意の構想を受け入れたわけであるが、問題は、組織故意の構想を受け入れた理由である。

オーストラリアの従来の判例においては、代位責任、同一視理論いずれによって法人を処罰する場合であっても、初期のFisse同様、自然人に対する刑

29　J. Hill & R. Harmer, Criminal Liability of Corporations-Australia, In H. Doelder et al. (pre.), La Criminalisation du Comportement Collectif, 71, 89 (1996), T. Woolf, The Criminal Code Act 1995 (Cth)-Towards a Realist Vision of Corporate Criminal Liability, 21 Crim. L.J.257, 266 (1997)。

30　例えば、イギリス法の教科書としてA. Ashworth, Principles of Criminal Law, 87 (1991)。我が国でも、青木・前掲注7・574頁、川崎・前掲注7・180頁。

31　Fisse自身、対応的義務違反の処罰を独立規定として作れば、事後共犯と類似することを認めていた（⑤論文1204頁）。

32　中間報告書・前掲注6・4 BA(5)。

　　なお、中間報告書以前に出されたDiscussion Paper (Review of Commonwealth Criminal Law, Discussion Peper No.10, Secondary offences and offences by corporations (1988))では、同一視理論のみが検討対象であった（Discussion Paperの提案については、para 5.28～5.40)。

　　中間報告書は、組織モデルを、組織過失の限度で導入することを提言したのである（中間報告書・前掲注6・307、308頁）。

33　⑽で故意と過失で罰金額の区分も提案している。

第 9 章　オーストラリアの法人処罰

法理論を法人に適用することが基本態度とされてきた。1995 年規定もまた，その態度を継承し，12.1 条において，明確に自然人に対する刑法理論を法人に適用することを宣言している[34]。このような，自然人に対する刑法理論の法人へのアナロジーを完全に維持するには，法人処罰の機能的意義の確保という観点から組織モデルを採用する[35]際にも，組織過失だけでなく，組織故意も規定することが要請される。

1995 年規定が，法人文化（corporate culture）という概念によって組織故意を規定したのは，法人処罰の機能的意義を確保するために組織モデルを採用するとしても，自然人に対する刑法理論を法人に適用するという観点を貫徹するためであり，まさに，その観点において，Fisse の組織故意の構想が採取されたのである。つまり，1995 年規定は，Fisse の組織故意の構想を表層的に受け入れたのではなく，自然人に対する刑法理論を法人に適用するという基本態度の共通性ゆえに，Fisse の議論を採取したといえるのである。

このような理解によってこそ，Fisse の対応的責任論を拒否したにもかかわらず，刑法典改正の最終報告書が Fisse の論文を引用したことが理解可能となるのである。

● 2　同一視理論の存置

このように，自然人に対する刑法理論を法人に適用するという基本態度の下に組織モデルを構想する点において，1995 年規定と Fisse の議論が共通することを前提として，さらに Fisse 案と 1995 年規定を比較すると，12.3 条(2)(a)(b)で同一視理論が組織故意と併置されていることが注目される。Fisse は，⑥⑦論文において，同一視理論では法人の自己責任が確立できないとの批判（⑥論文 170 頁，⑦論文 277 頁注 3）と，同一視理論では法人処罰の機能的意義が発揮されないとの批判（⑥論文 169 頁，⑦論文 277 頁）を行った。この批判にもかかわらず，1995 年規定が同一視理論を残存させたことをいかに説明するかが問題となるのである。

（1）法人の自己責任

組織モデルの台頭以前，イギリスの判例，及び，オーストラリアの判例上，

---

[34]　最終報告書・前掲注 6・107 ～ 111 頁。A. Rose, 1995 Australian Criminal Code Act : Corporate Criminal Provisions, 6 Crim. L. F., 138（1995）.

[35]　最終報告書・前掲注 6・109 頁。

同一視理論によれば法人の自己責任を確立できるとの観念が成立していた。実際，二1で紹介したように，初期 Fisse も，同一視理論によれば法人の自己責任が確立できると自明視していたのである。

組織モデルの台頭後，学説上は，同一視理論によれば法人の自己責任を確立できるとの観念自体に疑問が向けられたものの，判例上は，確立された判例に従うのが当然であろうし，オーストラリアの立法者もまた，確立された判例に従ったのであろう。つまり，立法者は，同一視理論によれば法人の自己責任を確立できるという判例に定着した観念に従ったものの，何故，同一視理論によれば法人の自己責任がもたらされるかはよくわからず，その理由の解明は棚上げしたといえるのである。

このような立法者の決断の結果，1995年規定は，自然人に対する刑法理論を法人に適用するという観点の下に，同一視理論と組織モデルを併置するに至っている。1995年規定は，同一視理論と組織モデルを対立するものとしては捉えず，自然人に対する刑法理論を法人に適用するという基本態度を実現することはいずれの理論からでも可能であると考えているのである[36]。

（2）法人処罰の機能的意義

仮に，自然人に対する刑法理論の法人への適用という観点からは同一視理論と組織モデルの併置が可能であるとしても，同一視理論では法人処罰の機能的意義が発揮されないという観点からすれば，同一視理論を残存させることの意味がなお問題となるはずである。しかし，最終報告書においては，同一視理論の果たす法人処罰の機能的意義への言及はない。

オーストラリアの判例においては，同一視理論を確立する際に，自然人に対する刑法理論を法人に適用することに関心が注がれ，法人処罰の機能的意義は問題とされなかったことに鑑みれば，オーストラリアの立法者は，自然人に対する刑法理論を法人に適用することが実現されれば，法人処罰の機能的意義を検討しなくても，法人処罰は正当化されると考えたのかもしれない。その結果，同一視理論によった場合に，法人処罰にいかなる機能的意義が認められるかと

---

[36] 最終報告書・前掲注6・113頁は，組織モデルの採用は，イギリスの同一視理論のリーディングケース（Tesco Supermarkets Ltd. v. Nattrass [1972] A.C.153）のルールの拡張であると述べる。一般的に，組織モデル論者が，Tesco 事件を批判する際には，同一視理論を否定する趣旨であるのに対し，最終報告書は，自然人に対する刑法理論を法人に適用するというアプローチのレベルで Tesco 事件を捉えているのである。

いう問題もまた棚上げされることになったのである。

（3）残された課題

結局，オーストラリアの立法者は，同一視理論が，判例上，定着していることに鑑みて同一視理論を存置し，その問題点は棚上げしたといえる[37]。

そうすると，組織モデル論者は同一視理論の廃棄を主張する[38]ものの，1995年規定が同一視理論を実定法化したことに鑑みれば，同一視理論が何故自己責任を確立しうるか，同一視理論によって法人処罰にいかなる機能的意義が認められるか[39]という，棚上げされた問題点の検討を進めることが今後の課題とされるべきであろう。

■3　小　括

Fisseの議論には，その対応的責任論に注目した批判が多く，実際，オーストラリアの立法者もまた，対応的責任論は拒否した。しかし，Fisseの議論を，単に，対応的責任論を主張したものと理解する限り，1995年規定に与えた影響を理解することは不可能である。

Fisseの議論の基本的視点は，自然人に対する刑法理論を法人に適用することと，法人処罰の機能的意義を確保することの両方を法人処罰の正当化に要求するというものである。対応的責任論は，法人処罰の機能的意義を確保するという観点から，自然人に対する刑法理論を法人に修正適用することを認めるも

37　1995年規定をタスマニア州に導入することを提言するTasmania Law Reform Instuitute・前掲注1・40頁は，同一視理論の問題点を棚上げすることを明言している。
38　Fisseの他，Woolf・前掲注29・262頁は，同一視理論に基づく規定を，組織モデルに依拠する法典の理論的基礎を危機にさらすものとさえ評する。
39　家族経営の小規模企業が過失致死で処罰された事案（R. v. Denbo Pty. Ltd. and Thimothy Ian Nadenbousch（1994）unreported）においては，企業の有罪の答弁によって，実質的支配者に対する過失致死による訴追が取り下げられたそうである（S. Chesterman, The Corporate Veil, Crime and Punishment, 19 Melb. U.L.R.1064, 1067（1994））。
　同一視理論によって小規模企業を処罰する場合，法人処罰による抑止の対象となる自然人と，自然人処罰の対象者が完全に一致するため，法人処罰の機能的意義の存否という問題がより明白になる（Chesterman・1072頁は小規模企業の処罰に懐疑的である）。
　しかし，法人処罰は，刑事制裁の種類を増加させ，抑止方法を拡張する機能を有するという立場（樋口亮介「法人処罰と刑法理論」刑法雑誌46巻2号195頁（2007））からすれば，法人処罰と引き換えに自然人に対する訴追を取り下げるという処理を訴追機関が行った本件は，法人処罰がダイヴァージョン機能も果たすことを示す点で極めて興味深いものといえる。

のであり，正当な批判にさらされたが，対応的責任論は，Fisse の議論の基本的視点からすれば，いわば，最終調整に過ぎないといえる。その最終調整の失敗を除去すれば，Fisse は，結局，法人処罰の正当性を検討するには，自然人に対する刑法理論を法人に適用できるか，法人処罰にいかなる機能的意義が認められるかという二つの観点からのチェックが必要であるという極めて穏当であり，妥当と思われる主張をなしているのである。このような基本的視点から提案された組織故意の構想が，オーストラリアの立法者に受容されたのは，当然の結果とさえ評価できるかもしれない。

　もっとも，組織モデルについては，二つの観点をクリアできるとしても，オーストラリアの立法者が存置した同一視理論については，二つの観点がいかにしてクリアできるかはなお問題である。しかし，同一視理論は，自然人に対する刑法理論を法人に適用することを基本的視点としている点では Fisse の議論と共通することには留意されてよいであろう。

Ⅳ　1995 年規定が我が国にもたらす知見[40]

● 1　1995 年規定の基本枠組みからの知見

　以上の検討から明らかとなった Fisse の議論及び 1995 年規定の基本枠組みが我が国にもたらす知見として，まず，何より第一に挙げられるべきは，法人処罰を考察する際の基本的態度のあり方である。

　自然人に対する刑法理論の中に，法人処罰を包摂することで，法人処罰の正当性を確保すると同時に，法人処罰の積極的存在意義を考察するというアプローチは，我が国においても十分に妥当する議論である。

　このようなアプローチから判明する個々の知見は以下のとおりである。

（1）直接的知見

　我が国において直接的に参照しうる知見として以下の議論が挙げられる。

　①組織モデルの導入可能性，とりわけ，組織故意を認める可能性が挙げられる。我が国では，組織モデルに対する批判が有力[41]であるが，オーストラリアの立法が組織モデルを導入した過程の考察からは，組織モデルが，法人処罰の機能的意義を有するにとどまらず，刑法理論上，正当性をも有することが明ら

---

[40]　四の検討については，樋口亮介「法人処罰と刑法理論（一），（二）」法学協会雑誌 123 巻 3 号 489 頁，4 号 695 頁の分析枠組みに依拠するので，参照いただきたい。

[41]　樋口・前掲注 40・（一）514, 518 頁，（二）706 頁。

かとなったといえる。1995年規定は，我が国で組織モデルの正当性を論証する際に大きな一助たりえよう。

②同一視理論と組織モデルを統合する可能性も挙げられる。オーストラリアの立法者は，自然人に対する刑法理論を法人に適用するという統一的観点の下に，同一視理論と組織モデルを併置させた。これは，同一視理論と組織モデルの双方を同一の視点で基礎付けるものであり，同一視理論と組織モデル双方の関係が極めて不明確な我が国の現状[42]に鑑みれば大きな知見たりえよう。

(2) 間接的知見

このような直接的知見だけでなく，1995年規定においてなお未解決であって，我が国においても解決が要請される問題点を示すという形で間接的に参照しうる知見として以下の議論が挙げられる。

①同一視理論の検討が，自己責任の確立，及び，法人処罰の機能的意義という双方の観点において不十分なことは，すでに三2で詳論したとおりである。我が国では，同一視理論が有力に主張されているものの，組織モデルから，この双方の観点に基づいた批判がなされており，十分な反批判はなされていないのが現状である[43]。

同一視理論の理論的基礎付けは，オーストラリア法でも，我が国でも，解決されるべき課題なのである。

②組織モデルを採用しつつ，自然人に対する刑法理論の完全なアナロジーを実現するために導入された組織故意は，その基本構想は明確ではあるものの，具体的な内容が不明確なものにとどまっているという問題が存在する。

二3(2)で指摘したように，Fisseは，組織故意を構想するに際して，基本的視点を設定したにとどまり十分な具体化はしていなかった。1995年規定は，法人文化という概念を使用し，12.3条(6)で具体化を試みているし，また，最終報告書は，コンプライアンスを求める形式的文書が存在するものの，実際には，従業員は製造期日を順守するための法令違反（安全装置を外すなど）を行わなければ解雇されると認識している場合を具体例として挙げている[44]。しかし，その内容は十分に明確になったとはいえないとの評価がなされているのが現状である[45]。

42　樋口・前掲注40・(二) 715頁以下で整理を試みた。
43　樋口・前掲注40・(二) 697, 706頁。
44　最終報告書・前掲注6・113頁。

第Ⅰ部　企業活動と刑事規制の国際調査

　しかも，本稿では，ここまで組織故意という用語を使用し，組織過失と対比してきたが，英米法の主観的要素は，意図，認識，無謀，過失に分類される。12.4条は，このうち，法人の過失を定める規定であるのに対し，12.3条は，法人の意図，認識，無謀を包摂して定めを置いている。このような規定に対しては，組織の意図・認識・無謀の区分の必要性が指摘されている[46]。この指摘は極めて的確ではあるものの，具体的な検討は十分でなく，オーストラリアにおいて未解決の問題となっている。

　もっとも，この問題は，自然人処罰について意図・認識・無謀を区別するオーストラリア法下においては解決されるべきであるとしても，我が国は自然人処罰にこのような区分を行っていない以上，オーストラリアの議論が我が国にもたらす知見という観点からは意味をもたない議論のようにも，一見，思わ

45　B. McSherry & B. Naylor, Australian Criminal Laws, 149（2004）は，法人文化は，刑法上，興味深いが，通常でない（unusual）概念であると述べるにとどまる。さらに，Clough & Mulhern・前掲注3・146, 148頁，J. Hill, Corporate Criminal Liability in Australia: An Evolving Corporate Governance Technique?,（2003）Journal of Business Law, 1, 17, 18。

　最終報告書・前掲注6・113頁は，組織故意を明確化する試みとして，P. Bucy, Corporate Ethos : A Standard for Imposing Corporate Criminal Liability, 75 Minnesota L. R.1095（1991）を引用している。確かに，Bucyの論文は，組織故意の確立を目指す試みという点では，最終報告書が引用したことは理解できる。しかし，Bucyは，組織故意の判断資料を羅列するにすぎず，判断対象となる組織故意の内容についての理論的検討は乏しく，日常用語レベルの議論（樋口・前掲注40・（二）712頁）にとどまっている。

　なお，今井・前掲注2・153頁は，法人文化概念の不明確さを批判した上で，「組織体抑止モデルにおいても，個人抑止モデルとしての同一視理論の観点が必要」と述べる（さらに，159頁）。この今井の指摘は，1995年規定が組織モデルによる法人処罰の可否の判断にあたっても，自然人の行動を考慮対象とすることを認めているという限りにおいては，正当である。しかし，法人処罰の判断に際して法人内部の自然人の行動を考慮するといっても，組織モデルによる法人文化の判断の際には，自然人の行動は認定資料として利用されるにとどまる一方，同一視理論の処罰要件の充足の判断の際には，同一視主体による犯罪の認定が不可欠となるという考慮方法の相違が存在することに注意が必要である。

　同一視理論は，オーストラリア法下において，法人処罰を刑法理論的に基礎づけた上で，処罰要件を構築する議論として観念されていることを今井は見落とし，個人の行動を考慮することに同一視理論という呼称を与えることで法的用語の呼称のみ維持したまま内容的すり替えを行っており，比較法に基づいた分析としては適切ではない。

46　E. Colvin, Corporate Personality and Criminal Liability, 6 Crim. L. F., 38－41（1995）は，1995年規定を批判し，組織モデルによる主観的要素の区分の確立を試みるものの，その議論は，Bucy同様（前注参照），日常用語レベルの議論にとどまっている。

　さらに，Woolf・前掲注29・266, 267頁，Clough & Mulhern・前掲注3・145頁。

れる。

　しかし，我が国でも，目的犯など，故意と過失以外の主観的要素は多数存在するのであって，組織モデルを導入しつつ，自然人に対する刑法理論を法人に適用するのであれば，法人組織の故意の判断構造を明らかにするだけでなく，法人組織の目的などの判断構造も明らかにする必要があろう。組織の故意・過失の区分以外に，より詳細な組織の主観的要素の判断構造の検討を進める必要性という点で，オーストラリア法の課題は，我が国の課題でもあるといえるのである[47]。

　以上で示した組織の主観的要素の具体化という課題への取り組みは，理論的な検討によって進めることも必要ではあるが，実際の裁判例の積み重なりも期待できる。本法は施行後間もなく適切な資料の蓄積はないので，1995年規定の適用事例のケーススタディーは，現在のところ，困難ではあるものの，今後のオーストラリア判例の動向に注視していくことが必要である。

● 2　1995年規定の個別的問題点の理論的検討

　ここまでの検討は，Fisseの議論及び1995年規定の基本的な枠組みと，同一視理論及び組織モデルという法人処罰を基礎付ける二つの理論モデルの基本的な問題点を対象としてきた。オーストラリア法を検討し，我が国への理論的知見を確認するという観点からは，以上の検討で本稿を終えてもよいともいえる。しかし，1995年規定のより仔細な個別的問題点についても，我が国への知見という観点から，理論的分析を行うに値する点が存在するので，以下では，個別的に検討を行うことにする。[48]

---

[47]　オーストラリアでも，意図・認識・無謀・過失以外にも，主観的要素は存在し，それらをいかにして法人が充足しうるかが問題となる（Attorney-Geral's Department・前掲注1・307, 321, 323頁, S. Odgers, Principles of Federal Criminal Law, 188, 201 (2007)）。

　なお，Attorney-Geral's Department, at 309, 317, 321–325は，主観的要素の区分を自然人に注目して行う点で，補充説の発想に依拠しているといえるが，補充説が適切でないことは，樋口・前掲注40・（二）715頁以下で詳論したとおりである。

[48]　本稿では，我が国への知見に関連する問題点の検討にとどめ，オーストラリア法の個別的な問題点について網羅的に検討することはしない。オーストラリアにおいて，1995年規定を理論的に検討する文献として，Woolf・前掲注29, Clough & Mulhern・前掲注3・138～148頁。網羅的な解説としては，Odgers・前掲注47・181～213頁。1995年規定をタスマニア州に導入する際の個別的検討として，Tasmania Law Reform Instuitute・前掲注1・42～52頁。

第Ⅰ部　企業活動と刑事規制の国際調査

(1) 法人加害目的の不存在

中間報告書によると，法人加害目的の不存在が，代位責任および組織過失の成立要件としても，同一視要件としても，要求されている[49]。

しかし，この中間報告書の議論においては，代位責任の成立要件，同一視要件，組織モデルによる法人処罰の成立要件を区分した上で，各々の成立要件をいかに規律するかを個別的に検討するという観点がみられず，適切とはいえない[50]。

このような法人処罰の成立要件の混同という問題は，我が国でも，業務主処罰規定の解釈上，監督責任の成立要件と法人処罰の成立要件の混同という形で生じており[51]，オーストラリアの1995年規定と我が国の業務主処罰規定の解釈という直接的な相互影響関係が想定しがたい場面において，類似の混乱が生じているという事実が判明する。この事実は，法人処罰の成立要件を規定する際に，法人処罰を基礎付ける理論モデルごとに個別的に成立要件を検討することがなされないまま，各理論モデル間の成立要件が混同されるという事態が生じやすいことを示している。

このような事態を避けるためには，法人処罰を基礎付ける理論モデルごとに，法人処罰の成立要件を厳密に考察することが必要となることが示唆されるのである。1995年規定の条文自体には，法人加害目的が存在する場合の処罰の可否に関して明示の規定は存在しないので，今後の判例において，法人加害目的が存在する事案が問題になった場合，代位責任，同一視理論，組織モデルを区分して，法人処罰の可否を検討することが行われるかに注目していく必要がある[52]。

49　中間報告書・前掲注6は，代位責任を認める4BA(1)でも，同一視要件を定める4BA(3)(a)でも，組織過失を定める4BA(3)(b)(4)(5)でも，すべて，犯罪が職務の範囲内において実行されることを要求しているが，法人加害目的が存在する場合，職務の範囲内という要件が満たされないことを4BA(7)は定めている（B. Fisse, Recent Developments in Corporate Criminal Law and Corporate Liability to Monetary Penalties, 13(1) UNSW L. J. 22 (1990) も参照）。最終報告書・前掲注6・111頁も，法人図利目的を要求するアメリカ判例と対比を行っているが，中間報告書の立場を維持しているかは明確ではない。

50　極めて的確な区分を行うものとして，Clough & Mulhern・前掲注3・86, 106頁。同書115 fn.324は，同一視理論が代位責任の一種に過ぎないとすればこの区分が不要であることを適切にも示唆している。

51　樋口・前掲注40・(二) 705頁。

52　組織過失の成否の判断には，実行行為者の動機は無関係であることを指摘するものとして，E. Colvin・前掲注46・29頁。

（2）法人内の意思決定の分裂状況

12.3条(3)は，上級管理職員の犯罪については，法人が適切な注意を履行した場合，法人の故意犯[53]を認める12.3条(2)(b)は適用されないとする一方，取締役会の犯罪については，そのような抗弁が否定されている[54]。

この規定には，複数の解釈を行いうる。

同一視主体の故意行為によって，法人の故意犯を認めつつ，上位者の監督措置によって法人の故意犯を否定する点では，我が国の重畳説と同様の発想に基づく規定と解釈することができる。これが条文の文言上は素直な解釈であろう。

しかし，同一視理論と組織モデルを統合する1995年規定の基本的枠組みに忠実に，法人の故意も判断するとすれば，別の解釈もありえる。その解釈とは，12.3条(2)(b)と12.3条(3)は，同一視主体の意思と，上位者の監督義務の履行の程度を合わせて法人の故意の有無を判断する規定とする立場である[55]。この解釈は，条文上は，素直な解釈ではないが，1995年規定の基本枠組みを貫徹するのであればなお正当化できるかもしれない[56]。

いずれにしろ，法人の故意の判断構造の明確化という観点からすると，法人文化概念を洗練するだけでは十分ではないということが，以上の検討から明ら

53　より正確にいうと，（1）で述べたように，意図・認識・無謀である。
54　最終報告書・前掲注6・113頁は，上位者の承認が考えられない状況を想定していると指摘する。
55　Discussion Paper・前掲注32・para5.35は，取締役会が，指令違反が起きないように，適切な監督措置を採っている場合，上級管理職員には，法人の政策を決定する権限があると言えないとの指摘を行い，さらにpara5.36は，従業員間の意思が矛盾する場合についても，実行行為者が法人の政策を決定する権限を有しているかが問題であると指摘する。

　これは，同一視理論を採用し，かつ，重畳説を採用しない場合に問題となりうる過剰処罰の問題を，同一視理論の処罰要件の枠内で解決する試みといえる。

　この試みが，上位者の監督の存在を理由に直ちに法人を免責するという帰結を認めるのであれば，それは単に，同一視理論の処罰要件の中に，重畳説を密輸入するものにすぎない。それに対して，この試みが，実行行為者が法人の政策を担うといえるかという判断において，上位者の監督の存在を1つの判断要素とするものであれば，それは統合説によって基礎づけられる。

　英米における同一視理論と過剰処罰の関係の検討は，樋口・前掲注4及びそれ以降の連載で詳細に行う予定であるので，合わせて参照していただきたい。
56　Odgers・前掲注47・205頁は，法人組織の過失を判断するに当たって，不注意な振る舞いをした従業員の行動と，リスクの減少を試みた従業員の行動を総合考慮する必要があることを指摘する。

　この指摘は的確ではあるが，組織過失だけでなく，組織故意の判断にも同様の考慮を行うべきである。

かとなる。複数の同一視主体の意思，ないし，同一視主体の意思と組織の意思が分裂している場合に，いかなる範囲で，法人の故意を認めるかという問題は，オーストラリア法においてより理論的な分析が行われるべきであろう。しかも，12.3条(6)は，法人文化を，法人全体からだけではなく，犯罪行為を生じさせた関連部局に注目して判断することも認めているため，関連部局の意思と監督機関の意思が分裂する場合も想定される[57]ことになり，理論分析の必要性はより増幅されている。

我が国でも法人処罰を基礎付ける理論モデル間の関係は検討がなされていないのが現状であり[58]，各理論モデルによって規律される法人の故意・過失・無過失が，いかなる関係に立つのか，各理論モデル間による故意の有無の判断が相違する場合に，いかなる範囲で法人の故意が認められるのかという問題の解決は全くもって今後の課題となっている。この現状に鑑みれば，1995年規定は不明確なものであっても，我が国に知見をもたらす存在たりえよう。

（3）小 括

1995年規定は，その基本枠組みは明確ではあるものの，個別的規定に関しては不明確であったり，基本枠組みから考察すると，混乱が生じていると評価できたりする部分が存在する。1995年規定の不明確さや混乱は，我が国でも生じうる問題であって，このような問題を回避するには，十分な理論的分析を行う必要がある[59]。

V 結 語

1995年規定をめぐっては，オーストラリア本国においてさえ，組織モデルを採用したという点にセンセーショナルな注目[60]が集まりがちであり，1995年規定の基本態度を適切に把握することを妨げているように思われる。

我が国において，いかなる観点から1995年規定を参照するのであれ，1995

---

[57] Woolf・前掲注29・264頁は，取締役会がコンプライアンス措置を行っているのに，部局が違法行為を隠蔽して犯罪を行う場合が想定できることを的確にも指摘した上で，法人全体を処罰することの合理性に疑問を提示しているが，理論的な検討はなされていない。

[58] 樋口・前掲注40・（二）715頁。

[59] 統一的観点から同一視理論と組織モデルを統合するという構想の下，本稿で指摘した問題点（同一視理論の基礎付け，組織故意の構想，法人加害目的の不存在と法人処罰の具体的要件，法人内の意思の分裂状況）を解決することは，樋口・前掲注39で試みたので併せて参照願いたい。

年規定の背景に遡った理解を基礎にすえる作業は必要であろうし，そのような作業を行えば，1995年規定は，豊かな内容を有する条文であることが判明する。このような条文を，組織モデルの観点から参照するだけでは，いわば，「もったいない」といえるであろう。

【参照】

＊Fisse案（⑦論文）

(1)正式起訴状又は略式起訴状による犯罪に関連する連邦法の規定は，反対の意図がない限り，自然人同様，法人に言及しているとみなされるべきである。
(2)反対の意図がない限り，法人は以下の場合に犯罪に対して責任を負う。
  (a)犯罪で禁止された行為が，役員，従業員又は代理人によって，法人のために，実際又は外形的な権限の範囲内で行われ，かつ，
  (b)法人が，(3)又は(4)によって特定された方法で責任がある場合
(3)法人が(2)の意味で責任があるのは，犯罪で禁止された行為が，役員，従業員又は代理人によって法人のために実際又は外形的な権限の範囲内で行われた時点において，以下の事情のいずれかが認められる場合である。
  (a)犯罪で禁止された行為に関わった一名若しくはそれ以上の者が，行われた犯罪若しくは同種の犯罪の実行を法人が明示若しくは黙示に承認若しくは許可していることを認識又は信頼していたという条件の下，法人が法的正当化根拠又は合理的免責事由なく，行われた犯罪又は同種の犯罪の実行を明示又は黙示に承認又は許可していた
  (b)法人が法的正当化根拠又は合理的免責事由なく行われた犯罪若しくは同種の犯罪の実行を防止するための合理的な予防又は適切な注意をしなかった
  (c)犯罪が自然人である被告人に対して刑事過失が証明されることを要求してい

60　例えば，J. Catanzariti, Corporate liability for manslaughter firmly established, LSJ, 26 (1997), K. Wheelwright, Corporate Liability for Workplace Deaths and Injuries 7 Deakin L. R.295 (2002), R. Sarre, Criminal manslaughter in the workplace, LSJ, 58, 59 (2003)。
　　センセーショナルな議論の背景に，オーストラリアでは，1990年以降，企業災害対策への関心が高まっていることが挙げられよう（C. Corns, The Liability of Corporations for Homicide in Victoria, 15 Crim. L.J.351 (1991), M. Crabtree, Occupational Health and Safety, 22 ABLR, 376 (1994), R. Edwards, Corporate killers, 13 AJCL, 1 (2001), K. Wheelwright, Prosecuting corporations and officers for industrial manslaughter ? recent Australian developments, 32 ABLR 239 (2004), Id., Goodbye directing mind and will, hello management failure : A brief critique of some new models of corporate criminal liability, 19 AJCL, 287 (2006), R. Sarre et al, Responding to Culpable Corporate Behaviour ? Current Developments in the Industrial Manslaughter Debate, 8 Flinders J.L.R, 93 (2005))。

る場合，法人が正当化根拠ないし合理的免責事由なく
　　(i)行われた犯罪若しくは同種の犯罪の実行を防止するための合理的な予防又は適切な注意をせず，かつ
　　(ii)起訴された犯罪の時点で被告人が従事する活動又は業務と同種の活動又は業務に従事する法人に合理的に期待される注意基準からの大幅な逸脱を見せていた
(4)法人が(2)の意味で責任があるのは，犯罪で禁止された行為が，役員，従業員又は代理人によって法人のために実際又は外形的な権限の範囲内で行われたより後の時点において，法人が法的正当化根拠又は合理的免責事由なく犯罪で禁止された行為の法人のための実行に対応した行動を行う対応義務を遵守しなかった場合で，かつ，以下のいずれかが認められる場合である。
　(a)法人が対応義務の不遵守を明示又は黙示に承認又は許可していた
　(b)法人が対応義務を遵守するための合理的な予防又は適切な注意をしなかった
(5)法人が，(3)の意味における犯罪の実行若しくは(4)の意味における対応義務の不遵守を，承認又は許可していたと認められるのは，承認又は許可が取締役会又は組織内におけるいかなる階層であれ運営若しくは監督機能を担う者によって行われ，かつ，以下の事情の双方が備わった場合である。
　(a)組織内におけるいかなる階層であれ運営又は監督機能を担う者によって行われた承認又は許可が法人の承認又は許可となるのは，疑われる若しくは予期される法令不遵守の報告をするために組織で採用されている方法で承認若しくは許可を報告することが法令遵守につながる蓋然性がないか，又はその者に対して不当な報復若しくはその他の差別措置がなされる蓋然性があると，犯罪で禁止される行為に関わった一名又はそれ以上の者が信じる理由があった
　(b)法人が犯罪の実行を許可したとみなされるのは，犯罪で禁止された行為が法人のために実行された時点で，行われた犯罪若しくは同種の犯罪の疑われる若しくは予期される実行に対する通告が即座に取締役会，代表取締役若しくは取締役会若しくは代表取締役に直接そのような通告を報告する権限を有するコンプライアンス責任者若しくは部局に伝達されることを保証するシステム又は手続きを法人が置いていなかった
(6)省略　((3)(b)(c)(4)(b)の合理的予防の内容を定める規定)
(7)省略　((3)(b)(c)(4)(b)の適切な注意の内容を定める規定)
(8)(2)の趣旨として，法人の責任は法人の能力を参照して評価されるべきである。特に，
　(a)法人が犯罪で禁止された行為の意図，認識，無謀又は注意を向けた実行を要求する犯罪で起訴されており，(3)(5)の規定による当該犯罪若しくは同種の犯罪の実行を承認又は許可していた場合，法人は意図的に，知って，無謀に又は注意を向けたという要求される精神状態で行為したとみなされるべきである。

(b)省略（合理的予防と適切な注意について(a)と同趣旨の規定）
　(c)免責事由が主張される禁止又は義務を遵守する法人の能力を勘案すれば免責が不合理である場合，法人が合理的な免責事由を有するとは認められない。
　(d)犯罪で禁止された行為に関与した者が個人責任から免責又は免除されてもされなくても，法人は(2)により犯罪に対して責任を負う。しかし，本規定は法人の免責又は正当化を否定する趣旨と解釈されてはならない。
(9)省略（(4)の対応義務の内容を詳細に定める規定）
(10)法人が(2)に違反する犯罪で有罪となった場合，裁判所は以下の規定を超えない罰金を科す。
　(a)有罪に要求される責任が(3)(a)又は(4)(a)で規定されたものである場合，同じ犯罪で処罰される自然人に裁判所が科しうる罰金の上限の5倍
　(b)有罪に要求される責任が(3)(b)又は(4)(b)で規定されたものである場合，同じ犯罪で処罰される自然人に裁判所が科しうる罰金の上限の3倍
　(c)有罪に要求される責任が(3)(c)で規定されたものである場合，同じ犯罪で処罰される自然人に裁判所が科しうる罰金の上限の4倍

───────────

＊1995年オーストラリア刑法典12条

一般原則
12.1(1)本法典は，個人に対するのと同一の方法で（in the same way）法人にも適用される。本章で規定される修正，及び，個人ではなく法人に刑事責任が科されるという事実によって必要となるその他の修正とともにそのように適用される。
　(2)法人は自由刑によって処罰可能な犯罪を含めて，あらゆる犯罪で処罰されうる。
　注：1914年犯罪法4Bは，刑罰として自由刑のみを規定する犯罪について罰金を賦課できるとする。

客観的要素（Physical elements）
12.2　犯罪の客観的要素が職務の実際若しくは外観上の範囲，又は実際若しくは外観上の権限の範囲で行動する法人の従業員，代理人又は役員によって行われた場合，客観的要素は法人にも帰属される。

過失以外の主観的要素（Fault elements other than negligence）
12.3(1)意図，認識又は無謀が犯罪の客観的要素について主観的要素である場合，明示的，黙示的又は暗示的に，犯罪の実行を承認又は許可した法人に主観的要素は帰属される。
　(2)承認又は許可の認定には以下の手段のいずれもが可能である。
　　(a)法人の取締役会が，意図的に，認識しながら若しくは無謀に犯罪該当行為を行ったこと，又は，犯罪の実行を明示的，黙示的若しくは暗示的に

承認若しくは許可したことの証明
　　　(b)法人の上級管理職員（high managerial agent）が，意図的に，認識しながら若しくは無謀に犯罪該当行為を行ったこと，又は，犯罪の実行を明示的，黙示的若しくは暗示的に承認若しくは許可したことの証明
　　　(c)関連規定の不遵守を指示，促進，容認又は指揮する法人文化（corporate culture）が法人内に存在したことの証明
　　　(d)関連規定の順守を要求する法人文化の作出及び維持を法人が怠ったことの証明
　(3)法人が犯罪該当行為，承認又は許可を防止する適切な注意を履行したことを証明した場合，(2)(b)は適用されない。
　(4)(2)(c)又は(d)の適用に関連する要因には以下のものが含まれる。
　　　(a)同種又は類似の犯罪を犯す権限が法人の上級管理職員によって与えられていたか
　　　(b)法人の上級管理職員が犯罪の実行を承認又は許可するであろうと，犯罪を行った法人の従業員，代理人又は役員が合理的な理由に基づき信頼していたかどうか，又は合理的期待を抱いていたかどうか
　(5)無謀が犯罪の客観的要素について主観的要素でない場合，法人の取締役会又は上級管理職員が無謀に犯罪該当行為に関与し，又は無謀に犯罪の実行を承認若しくは許可したことの証明によって，主観的要素の証明がなされたことを(2)は認めない。
　(6)本条において：
　「取締役会」とは（いかなる名称であれ）法人の経営権限を行使する会議体を意味する。
　「法人文化」とは，法人全体，又は犯罪該当行為が生じた部局に存在する態度，政策，規則，行動経過又は実践を意味する。
　「上級管理職員」とは，その行為が法人の政策を代表すると正当に認められるような責任のある任務を負う法人の従業員，代理人又は役員を意味する。
　　過失（Negligence）
12.4(1)法人に対する過失の基準は5.5で定められている。
　　（筆者注：5.5は自然人の過失を定める規定）
　(2)仮に
　　　(a)過失が，犯罪の客観的要素について主観的要素であり，かつ，
　　　(b)法人のどの従業員，代理人又は役員も，主観的要素を充足しない場合でも，
　　　　全体として考察したときに（つまり，多数の従業員，代理人又は役員の行為を集積することで）法人の行為が過失である場合，法人に主観的要素が認められる。
　(3)禁止された行為が実質的に(a)又は(b)に由来するという事実によって過失は証明され得る。

第 9 章　オーストラリアの法人処罰

　(a) 一名若しくはそれ以上の従業員，代理人又は役員の行為に対する不十分な管理，統制又は監督
　(b) 法人内の関連人物への関連情報を伝達するための相当なシステムを構築することの懈怠
12.5 省略
12.6 省略

第10章　オーストラリアにおける企業活動の規制システム

甲　斐　克　則

Ⅰ　序
Ⅱ　オーストラリアのコーポレート・ガバナンス改革の契機
Ⅲ　オーストラリアにおける改革内容および改革後の企業活動の規制システム
Ⅳ　オーストラリアにおけるコーポレート・ガバナンスと刑事規制
Ⅴ　結　語

Ⅰ　序

1　歴史的に英国法域圏にあるオーストラリアは，近年，様々な法領域で独自の法文化を形成しつつあり，マルチカルチャー国家とも言われている。コーポレート・ガバナンスをめぐる法制度改革もそのひとつである。その動向を探るべく，2006年11月27日から12月4日にかけて，シドニーに現地調査に出かけた。順調に見えるオーストラリアのコーポレート・ガバナンスだが，現地で調査すると，実はアメリカがエンロン事件やワールドコム事件，さらにはアーサー・アンダーセン事件を契機に根本的にシステム改革を行ったのと同様，HIH事件という大スキャンダルを乗り越えて様々な改革を行ってきたことを学ぶことができた。

2　今回の調査にあたっては，新日本製鉄オーストラリア株式会社社長でありシドニー日本商工会議所会頭も兼ねている畏友の小林啓晃氏のお世話で，多くの方々に現地で協力していただいた。とりわけアタナスコヴィッチ・ハートネル（Atanaskovic Hartnell）法律事務所の所長であるアンソニー・G. ハートネル（Anthony G Hartnell）弁護士，ウィリアム・J. ビーアワース（William J Beerworth）法律事務所の所長であるウィリアム・J. ビーアワース弁護士，ブレイク・ドーソン（Blake Dawson）法律事務所の松浦華子弁護士，およびオーストラリア政府の企業および市場アドバイザリー委員会（Australia

第Ⅰ部　企業活動と刑事規制の国際調査

Government, Corporations and Markets Advisory Committee) の委員長であるジョン・クルーバー (Executive Director : John Kluver) 氏には、オーストラリアにおけるコーポレート・ガバナンスと（刑事）法規制のシステムについて詳細な話を伺うことができたほか、貴重な資料および文献を提供していただいた。また、聖ジェームズ倫理センター (St James Ethics Centre) の所長サイモン・ロングスタッフ (Executive Director : Simon Longstaff) 博士には、調査のアレンジをしていただいたほか、オーストラリアにおける企業倫理について貴重な話を賜った。さらに、前述の新日本製鉄オーストラリア株式会社社長兼シドニー日本商工会議所会頭の小林啓晃氏およびその秘書のナタリー・スティーブンス (Natalie Stevens) 氏、日本貿易振興機構 (JETRO) 所長の稲本昇氏、伊藤忠豪州会社社長の斎藤龍三氏ほか日系企業の方々とは、コンプライアンス・プログラムや企業の社会的責任 (CSR) について貴重な意見交換ができた。これらの方々に冒頭で謝意を表したい。

　3　オーストラリアのコーポレート・ガバナンスと刑事規制については、日本ではあまり知られていないが、貿易・経済取引の重要な国であるだけに、参考にすべき点は多いように思われる。本稿では、以上の調査および文献解読から判明した点をもとに、まず、オーストラリアのコーポレート・ガバナンス改革の契機について分析し、つぎに、オーストラリアにおける改革内容および改革後の企業活動の規制システムについて論じ、最後に、オーストラリアにおけるコーポレート・ガバナンスと刑事規制について論じることにする。

Ⅱ　オーストラリアのコーポレート・ガバナンス改革の契機

　1　オーストラリアでは、1998年の企業法において上場企業に取締役報告書で環境規制遵守状況の義務付けを行ったり、AS8003において企業の社会的責任 (CSR) の規格化を図ったりしていて、コーポレート・ガバナンスは、20世紀末までうまくいっていたように自他共に考えていた。ところが、2001年3月15日、オーストラリアを代表する大企業であるHIH保険 (Insurance) グループが暫定的に破産し、2001年8月27日には解散命令を受けることになり、何と負債総額は3.6 billionオーストラリア・ドル（以下、単にドルで表記する）から5.3 billionドルに達した。オーストラリア史上最大の「企業の倒産 (corporate failure)」となった。この衝撃は、相当なものであったという。一見

第 10 章　オーストラリアにおける企業活動の規制システム

順調に見えたシステムから何故にこのような重大な事態が発生したのであろうか。この原因解明とその克服過程は，実に興味深いものがある。

2　1990年代後半から21世紀初頭までのオーストラリアの企業規制システムは，危険な徴候を発見し，かつ企業体の財政上の健全さと寿命を促進するようデザインされたメカニズムで運用されていた。そして，企業法をはじめとする法律は，コーポレート・オフィサーに義務と責任を課していた。2001年のオーストラリア証券・投資委員会法（Australian Securities and Investments Commission = ASIC Act 2001）もその前後に整備されたところであった。ASICは，コーポレート・ガバナンスをコントロール・促進する機関である。これは，ある意味では，一見すると標準的なシステムであるといえる。ところが，HIHのコーポレート・オフィサー，会計監査役および取締役は，迫り来る同社の危機を予見できず，救済および報告を予見できなかった。すなわち，公共企業のガバナンスは財産管理に関して行われるべきであり，これをコントロールする者は，会社の最善の利益のために行動する義務があるが，HIHはリーダーシップが貧弱であったため，HIHの財産管理責任者は，警告的徴候および危機を無視したのである。

HIHは，オーストラリアの最大の住宅建設（home-building）マーケットの保険会社のひとつであったが，アメリカのエンロンやワールドコムと同様，急成長を遂げたこともあり，その成長にガバナンス・システムの内実が追い付いていかなかった。しかも，アメリカのエンロン事件およびワールドコム事件に関与していた会計監査法人アーサー・アンダーセンがHIHの会計監査を行っていたのである。いわゆる粉飾決算が引き金になったその破綻は，とりわけ建築業界に動揺をもたらした[1]。そして，後述のように，刑事事件にもなったのである。

3　HIHの破綻直後，2001年8月に，政府は，会計監査規制を検討するよう企業法の代表的専門家イアン・ラムゼイ（Ian Ramsay）教授に諮問し，2001年10月にラムゼイ教授は，『オーストラリア企業の会計監査役の独立：現在の

1　See The HIH Royal Commission（The Hon Justice Owen Commissioner）, The Failure of HIH Insurance, Vol. I, A corporate collapse and its lessons, 2003. See also Vol. II and Vol. III, Reasons, circumstances and responsibilities.

第Ⅰ部　企業活動と刑事規制の国際調査

オーストラリアの改革のための要求および提言のレビュー（Independence of Australian Requirements and Proposals for Reform）』という報告書を出した。その中で，企業法（the Corporations Act）の下で独立した会計監査役のための一般的要件を創出すること，および会計監査役の独立性を確保すべきこと等を柱とする勧告をした。そして，この報告書に呼応して，財務省出納局長ピーター・コステロ（Peter Costello）が，会計監査規制の重要性を確認し，2002年9月に後述の企業法経済改革プログラム（Corporate Law Economic Reform Program = CLERP 9）のディスカッション・ペーパー，およびそれに続く法案ができている[2]。

4　さらに，HIHの破綻の原因解明と今後の対策のための，専門委員会を立ち上げた。HIH王立委員会（HIH Royal Commission）がそれであり，西オーストラリア最高裁判所のネヴィル・オウエン判事（The Neville Hon Justice Owen）が委員長（Commissioner）となり，徹底した分析・検討を行い，2003年4月に提言を含む浩瀚な報告書3巻を公刊した。『HIH保険の倒産（The Failure of HIH Insurance）』がそれであり，第1巻が「企業の破綻とその教訓（A corporate collapse and its lessons）」，第2巻および第3巻が「理由，環境および責任（Reasons, circumstances and responsibilities）」という題目になっている。同報告書は，前述のような内容の，HIHの成立から成長，そして破綻に至るプロセスを克明に論じており，迫力がある。そして，オーストラリアにおけるコーポレート・ガバナンス体制の実質的根本的改革を61項目にわたり勧告した[3]。後述のように，これを受けて，一連の制度改革が行われることになる。

本稿で同報告書の全貌を示すことは困難であるが，目次を示すことにより，概略を把握することができる。第1巻は，3部に分かれ，第1部「滅亡後（POST-MORTEM）」では，1「本報告書の理解」，2「調査はいかにして行われたか」，第2部「HIHの誕生から破綻まで（THE LIFE AND TIMES OF HIH）」では，3「企業の歴史概略」，4「産業と規制のコンテキスト」，5「リスクに対する準備と再保険：一般原則」，第3部「将来の方向」では，6「コーポレー

2　See James McConvill, An Introduction to CLERP 9, 2004, p.11.
3　See The HIH Royal Commission, supra (1). 本来ならば，オウエン判事にお会いしたかったが，西オーストラリア在住ということで，残念ながら，日程の関係上，今回はそれを見合わせることにした。

第10章　オーストラリアにおける企業活動の規制システム

ト・ガバナンス」，7「財務報告と保証」，8「一般保険の規制」，9「州および準州の規制」，10「課税と一般保険」，11「保険契約者のサポートの枠組み」，という構成であり，付録（Appendix）がAからHまで付いている。

なお，第2巻は，12「ウィンタートゥール時代（The Winterthur years）」，13「無益な国際的事業」，14「FAI取得のインパクト」，15「請求に対する下準備」，16「全会計再保険の使用（Use of whole-of-account reinsurance）」，17「HIHの滅亡」，という構成であり，第3巻は，18「マネジメント情報の不十分さ」，19「規定上の支払い能力」，20「不正確な会計の結果」，21「会計監査機能」，22「Home Security International：ケーススタディ」，23「HIHのガバナンスのその他の側面」，24「規制者」，という構成である。

以上のように，HIH事件についての本報告書の徹底した調査態度が看取できる。これを出発点として，実のある制度改革が始まるのである。1人の裁判官が中心となってこのような優れた報告書をまとめるところに，オーストラリアの法曹の実力を垣間見る気がするのは，私だけであろうか。

Ⅲ　オーストラリアにおける改革内容および改革後の企業活動の規制システム

1　さて，オーストラリアにおいては，HIH事件前後，コーポレート・ガバナンスに関する様々な改革がなされた。そもそもコーポレート・ガバナンスの概念自体が必ずしも明確でなかったのであるが，そのような状況を打破すべく，2003年3月には，オーストラリア証券取引所（Australian Stock Exchange = ASX）が，コーポレート・ガバナンス評議会（Corporate Governance Council）を設立し，同評議会が，「良きコーポレート・ガバナンスと最善の実践の原則（Principles of Good Corporate Governance and Best Practice Recommendations）」（= Best Practice Recommendations）を公表した。これは，10の重要原則（key principle）とその実践のための28の勧告から成る。ここでは，10の重要原則を示しておこう[4]。

①マネジメントおよび監視のための堅固な基盤を設定する。
②価値を付加する委員会を構築する。

---

[4] See McConvill, supra (2), pp.15-16. なお，ASXが公刊しているASX Corporate Governance Council, Principles of Good Corporate Governance and Best Practice Recommendations, 2003にその詳細が記載されている。詳細は別途紹介したい。

③倫理的および責任あるディシジョン・メイキング（decision-making）を促進する。
④財務報告における廉潔性を防護する。
⑤時宜を得たバランスの取れた開示を行う。
⑥株主の権利を尊重する。
⑦リスクを認識し，かつ管理する。
⑧高質な仕事を促進する。
⑨公平にして責任をもって報酬を支払う。
⑩ステークホルダーの正当な利益を承認する。

　以上の 10 原則は，日本でも当然ながら承認しうる内容である。このコーポレート・ガバナンス評議会の勧告は，ASX の活動を念頭に置いたものである。ASX は，オーストラリアのコーポレート・ガバナンスの規制をする役割を担う機関であり，また監視機関でもあり，必要に応じて勧告も行う。しかし，強制的役割を有しておらず，後述のように，強制的権限を有するオーストラリア証券・投資委員会（Australian Securities and Investments Commission = ASIC）も存在するので，その役割の独自性が問われており，教育および強制という役割を担うべきだとの指摘もある[5]。

　2　そして，2004 年 7 月 1 日に，企業法経済改革プログラム法（The Corporate Law Economic Reform Program（Audit Reform and Corporate Disclosure）Act 2004（Cth）= CLERP 9 Act）が成立した。同法は，会計監査の役割に焦点を当てた，まさに改革の目玉であった。要するに，同法の骨子は，会計監査法人の独立と責任，財務報告，情報開示，幹部の報酬，ステークホルダーの関与，セキュリティー，利益衝突の管理を内容とするものである[6]。もちろん，アメリカのサーベンス・オクスリー法（Sarbanes-Oxley Act）の影響もあるが，オーストラリア独自のものもある。

　CLERP 9 Act によって，とりわけ ASIC の権限が強化された。ASIC（オーストラリア証券・投資委員会）は，オーストラリアにおける企業および投資のコーポレート・ガバナンスをコントロール・促進する第 1 次的機関であり，強

5　See McConvill, supra (2), p.26.
6　See McConvill, supra (2) は，まさに CLERP 9 をわかりやすく論じた好著である。

第10章　オーストラリアにおける企業活動の規制システム

制的権限を有する。ASICの役割は，コンプライアンス遵守とその監督，教育・提言，法改正を勧告することが主たる役割であるが，倒産企業の取締役および役員に対して企業法違反（特に取締役義務違反）でエンフォースメント・アクション（enforcement action）訴訟を提起することも含まれる。エンフォースメント・アクションは，2つの有益な目的があるといわれている。第1は，企業の取締役に対して強力なメッセージを送ることであり，第2は，取締役の義務およびコーポレート・ガバナンスの一般的ルールに関して法律の範囲および有効性を明確にし，拡張すらすることである[7]。なお，違反に対する制裁は，民事罰（civil penalty）である。

　3　ASXとASICは，コーポレート・ガバナンスの規制において競合する場面もあるので，両者の関係をどう理解すべきか，が課題となる。ジェームズ・マッコンヴィル（James McConvill）教授は，ASXは強制的権限を有しないので，教育的側面を強化し，ASICと協力関係を持って良きコーポレート・ガバナンスを共に達成すべきである，と指摘される[8]。そして，オーストラリアにおけるコーポレート・ガバナンスの法律群を次のように整理される[9]。

　まず，ハードロー（hard law）として，企業法（Corporations Act 2001）があり（CLERP 9を含む），さらに政策宣言およびこれらの規定をいかに適用すべきかに関するASICにより出されるガイドラインが加わる。また，企業法140条1項の下での制定法上の契約である，会社組織に含まれるコーポレート・ガバナンス規則，ならびにASICによるエンフォースメント・アクションから生じる判例法（case law）および取締役の義務を明確にし拡張する私的訴訟もここに入る。なお，サーベンス—オクスリー法（Sarbanes-Oxley Act of 2002（US））, 証券取引委員会（Securities Exchange Commission（SEC））の規則，ニューヨーク株式市場（NYSE）のコーポレート・ガバナンス基準も，一定の範囲でここに入る。つぎに，ソフト・ハードロー（soft hard law）として，前述のASXの良きコーポレート・ガバナンスの原則（ASX Principles of Good Corporate Governance）と最善の実践勧告（Best Practice Recommendations）があり，さらに，ソフトロー（soft law）として，様々な倫理および行動綱領，および様々なオーストラ

7　See McConvill, supra (2), pp.24−25.
8　McConvill, supra (2), p.29.
9　McConvill, supra (2), p.211のAPPENDIX TWO.

261

リア・コーポレート・ガバナンス基準がある。

　4　その他，関連の機関として，日本の金融監督庁にあたるオーストラリア財務規制庁（Australian Prudential Regulation Authority = APRA）がある。APRAは，財務基準を適宜公表している[10]。

　また，日本の独占禁止法にあたる取引慣行法（Trade Practices Act 1974 = TPA）があり，これを担う機関として，日本の公正取引委員会にあたるオーストラリア競争（促進）および消費者（保護）委員会（Australian Competition and Consumer Commission = ACCC）がある。TPAの目的は，①事業者間の競争を促進すること，②公正な取引を促進すること（①②の内容として，価格カルテル（price fixing）の禁止，市場分割カルテル（market sharing）の禁止，不当な取引拒絶（collective boycotts）の禁止，不当な排他条件付取引（exclusive dealing）の禁止，相手方と第三者との取引に関する拘束（third line forcing）の禁止，再販売価格維持行為（resale price maintenance）の禁止，市場支配力の濫用（misuse of market power）の禁止），③消費者を保護すること（誤解を招く行為（misleading conduct）の禁止，欺瞞的行為（deceptive conduct）の禁止，非良心的な行為（unconscionable conduct）の禁止，消費者との売買契約に対する黙示の保証（implied warranty）の含意），にある。日本の独占禁止法よりも広い内容である。

　また，それを担う　連邦機関ACCCの役割は，TPAの遵守を監督することにあり，具体的には，①情報提供命令，②取調べのための呼出し，③誓約させたうえでの証拠提出命令，④文書提出命令，⑤企業や従業員をTPA違反で起訴すること，である。特に⑤の点は，英国法の私人訴追主義の伝統に由来するものであろうか，日本の公正取引委員会より強い権限が付与されている。

　なお，TPAに違反すると，罰金が予定されており，(1)競争促進法違反では，法人で1,000万ドル以下，個人で50万ドル以下，(2)消費者保護法違反では，法人で110万ドル以下，個人で22万ドル以下である。その他の制裁として，損害賠償，是正命令等がある。

　TPA違反の具体的事件として，いくつかの判例を挙げておこう。① ACCC v Roche Vitamins Australia Pty Ltd and Ors（2001）では，被告の飼料用ビタミン

10　ブレイク・ドーソン（Blake Dawson）法律事務所の松浦華子弁護士よりいただいた同事務所の定期刊行冊子L AWYERSの2006年6月号には，2006年5月に公表されたNew APPRA governance standardsが掲載されている（pp.4－5）。

第 10 章　オーストラリアにおける企業活動の規制システム

の製造会社 3 社（Roche Vitamins Australia Pty Ltd, BASF Australia Ltd, および Aventis Animal Nutrition Pty Ltd）が，それぞれの親会社が国際的に価格協定を行ったことに関連し，オーストラリアで供給される製品に関して価格協定および市場分割協定を行い，電話や会議を通じ，ビタミンの価格や販売地域の分割について取決めを行った事案について，2001 年 2 月，連邦裁判所は，上記 3 社に対してそれぞれ 1,500 万ドル，750 万ドル，350 万ドルの罰金を科した。

② ACCC v Nissan Motor Co（Australia）Pty Ltd（1998）は，こうである。日産自動車は，広告代理店に Patrol RX Turbo を特別価格の 39,990 ドルで販売する旨の広告を製作させた。しかし，写真は，Patrol RX 4.2 litre のものであったうえ，別途代金を支払う必要のあるオプションが写っていた。また，割引価格も，実際にはすでに長期間適用されていた価格であった。なお，「写真はイメージです（pics for illustration purposes only）」といった表示がなされていたが，裁判では，虚偽の広告内容を正すものとしては不十分であるとされた。日産自動車は，1）自動車の購入者に，事実関係および購入者が民事賠償を求める権利があることを説明した手紙を出すこと，2）自動車の各購入者に 2,000 ドルを支払うこと，3）ディーラーに TPA を遵守するよう手紙を出すこと，4）役員および従業員に対し，TPA に関する研修を実施すること，に合意した。連邦裁判所は，日産自動車が事実関係を認めたことや，意図的に虚偽の広告を出した訳ではなかったことなどを斟酌し，日産自動車に 130,000 ドルの罰金を科した。

③ TPC v XXX（Australia）Pty Ltd（1990）では，某日系大手家電会社が，同社の家電製品の再販売価格を維持するため，一定の価格を「推奨価格」として設定し，当該価格を無視し続けて安売りした販売店に対し，在庫の不足などを理由として製品の供給を停止した事案について，連邦裁判所は，同社に対し 250,000 ドルの罰金を，またクイーンズランド州のセールス・マネージャーに対し 25,000 ドルの罰金を，さらにオーストラリア全体のセールス・マネージャーに対し 12,000 ドルの罰金をそれぞれ科した[11]。

11　以上の取引慣行法の構造ならびに ACCC の役割，さらには具体的事件についても，ブレイク・ドーソン法律事務所の松浦華子弁護士よりいただいた同事務所の定期刊行冊子 LAWYERS「TRADE PRACTICE ACT 1974（CTH）と ACCC ──知っておきたい基礎知識」による。

5 なお，規制機関ではないが，オーストラリアで特徴的な機関として，企業および市場アドバイザリー委員会（Corporations and Markets Advisory Committee）の役割に注目したい。これは，政府直属の諮問委員会である。今回の調査で，入念な意見交換ができたが，その独自の提言活動に関心を抱いた。正規のメンバーは，ジョン・クルーバー委員長（Executive Director : John Kluver）を含めて5名と小さいが，実は，それぞれのメンバーがプロジェクトを持ち，しかも外部の専門家メンバーを入れて各プロジェクト（それぞれ約12名）を動かしており，CSRのあり方や企業非行の法的責任（刑事責任を含む）のあり方について実に貴重な提言を次々と出している[12]。それは，国の予算にも反映されるとのことである。日本でも，導入に値する委員会である。

IV　オーストラリアにおけるコーポレート・ガバナンスと刑事規制

1　最後に，オーストラリアにおけるコーポレート・ガバナンスと刑事規制について述べてこう。

まず，刑事規制では，会社法（Corporations Act）が中心となる[13]。取締役，コーポレート・オフィサー，雇用主等については，一定の義務違反について同法184条で処罰されるし，他の者でも同法1311条で処罰される[14]。会社法に基づいて関連法規やガイドラインも整備されているが，本稿ではその全貌を論じる余裕はない。また，前述のように，公正取引および消費者保護に関しては取引慣行法（TPA）がACCCを中心に運用されており，違反した場合に重い処罰がある。

2　つぎに，刑法典である。本題目との関係でのオーストラリア刑法典の特徴は，何といっても連邦刑法典の12.3条2項cおよび同条6項の「企業文化（corporate culture）」条項であろう[15]。1995年オーストラリア刑法典12条は，

12　例えば，Corporations and Markets Advisory Committee, Corporate Social Responsibility, Discussion Paper, November 2005,; Corporate Duties Below Board Level, April, 2006 ; Personal Liability for Corporate Fault, September 2006,; The Social Responsibility of Corporations, December 2006 等がある。

13　オーストラリアの企業法については，see R P Austin / I M Ramsay, Ford's Principles of Corporations Law, 2005 ; CCH, Australian Corporations & Securities Legislation, Vol.1 2006.

14　Corporations and Markets Advisory Committee, supra ⑿, Personal Liability for Corporate Fault, pp.66−67には，一覧表が掲載されているが，本稿では割愛する。

第10章　オーストラリアにおける企業活動の規制システム

12.1条の「一般原則」において，本法典が個人に対するのと同一の方法で法人にも適用される旨，すなわち法人の刑事責任を認める旨を規定し（1項），12.2条において犯罪の客観的要素（Physical elements）の法人への帰属を規定し，12.3条において，過失以外の主観的要素（Fault elements other than negligence）の法人への帰属を規定する。とりわけ同条2項は，犯罪実行についての法人による承認ないし許可の認定の手段として，(a)法人の取締役会が，意図的に，それを認識しながら，もしくは無謀に犯罪該当行為を行ったこと，または犯罪の実行を明示的，黙示的もしくは暗示的に承認ないし許可したことの証明，(b)法人の上級管理職員が，意図的に，それを認識しながら，もしくは無謀に犯罪該当行為を行ったこと，または犯罪の実行を明示的，黙示的もしくは暗示的に承認ないし許可したことの証明，(c)関連規定の不遵守を指示，促進，容認もしくは指揮する企業文化（corporate culture）が当該法人内に存在したことの証明，(d)関連規定の遵守を要求する企業文化の創出と維持を法人が怠ったことの証明，を挙げている。そして，同条3項は，法人が，犯罪該当行為の承認ないし許可を防止する相当な注意（due diligence）を尽くしたことを証明した場合，2項bは適用されない，とも規定する。したがって，「企業文化」が何を意味するかが重要である。そこで，同条6項では，「企業文化（corporate culture）とは，法人の内部に一般的に存在するか，または当該犯罪行為が生じた法人の部署に存在する態度，政策，規則，行動経過もしくは実践を意味する」と定義する。やや抽象的である。そこで，同条4項では，2項cないしdの適用に関連する要素に以下のものが含まれることを規定してこれを補っている。すなわち，a）同一または類似の犯罪を犯す権限が法人の上級管理職員によって与えられていたかどうか，b）法人の上級管理職員が犯罪の実行を承認ないし許可するであろうことを，犯罪を実行した当該法人の従業員，代理人もしくは役員が，合理的な理由に基づいて信頼していたかどうか，もしくは合理的期待を抱いていたかどうか，という点がそれである。したがって，経験則からある程度は解釈可能なようにも思われるが，しかし，必ずしもこれだけでは

15　オーストラリア刑法典（Criminal Code Act 1995）は，全体をシドニーでウィリアム・J. ビーアワース弁護士からいただいた。また，Corporations and Markets Advisory Committee, supra ⑿, Personal Liability for Corporate Fault, Appendix 3 (pp.75–80) には，法人の刑事責任（corporate criminal liability）に関する規定が挙げられている。なお，その詳細については，本書第1部第9章の樋口亮介「オーストラリアの法人処罰」参照。

明確でないように思われる。それにもかかわらず、この規定は、今日まで維持されている。

なお、過失については、12.4条に規定されているが、法人に対する過失の基準は5.5条で規定されている（同条1項）。そして、同条2項は、「(a)過失が、犯罪の客観的要素に関連する責任要素（fault element）であり、かつ、(b)法人のいかなる従業員、代理人もしくは役員も責任要素を充足しない場合であっても、全体として考察した場合（すなわち、多数の従業員、代理人もしくは役員の行為を集積することにより）、法人の行為が過失であるならば、法人に責任要素が認められる」、と規定し、同条3項は、「過失は、禁止された行為が実質的に(a)または(b)に基づきえたという事実によって証拠となる。(a)従業員、代理人または役員の行為に対する不十分な管理、統制または監督。(b)法人内部において、関連人物への関連情報の伝達の適切なシステムが設けられていないこと」。

この規定がどのように運用されているかは、今回は十分に調査できなかったので、今後の課題としたい。ただ、法人処罰に固執するのではなく、やはり個人の責任を追及する傾向もなお強いように思われる[16]。

3 つぎに、HIH事件関係の刑事判例をみておこう。相当数の関連判例があるが、重要と思われるものを簡潔に取り上げることにする[17]。

R v Howard ［2003］NSWSC 1248 では、HIH の従業員（会計担当）であるウィリアム・ハーバート・ハワード（William Herbert Howard）が、2000年12月2日から2001年3月15日の間に、会社法（Corporations Act 2001）184条2項(b)に違反して、自己の地位を不正に利用して、Home Security International Incorporated（HIS）の代表取締役であるブラッドリー・デイビッド・クーパー（Bradley David Cooper）に便宜を図り、その見返りに124,000ドルの金銭を受け取った点（第1訴因）、および、2001年1月2日から2001年1月16日の間に、会社法184条2項(a)に違反して、自己の地位を不正に利用してブラッドリー・デイビッド・クーパーに便宜を図り、その見返りにクーパーの関連会社の

---

16 See Corporations and Markets Advisory Committee, supra ⑿, Personal Liability for Corporate Fault, pp.1−64.
17 HIH事件の一連の判例も、ブレイク・ドーソン法律事務所の松浦華子弁護士より送っていただいた。なお、松浦弁護士からは、不法行為のケースである British American Tobacco Australia Services Ltd v Cowell,（2002）7 VR 524 の判決文もいただいたが、今回は取り上げる余裕がなかった。

第10章　オーストラリアにおける企業活動の規制システム

The Goodwill Group Pty Ltd に HIH から 737,500 ドルの金銭を提供させた点（第2訴因）で有罪となった。量刑で諸事情が考慮され，第1訴因については，1年9月の拘禁刑，第2訴因については，2年の拘禁刑に処された。なお，R v Cooper [2006] NSWSC 609 では，クーパーも，「便宜供与罪 (the bribery offences)」等13の訴因につき有罪となった（煩雑につき量刑は略）。

R v Williams [2005] NSWSC 315 では，HIH の代表取締役であるレイモンド・レギナルド・ウィリアムズ (Raymond Reginald Williams) が，不当な再保険契約業務等に関し，会社法996条1項，同1308条2項，同184条1項違反等で，4年6月の拘禁刑（2年9月については仮釈放なし）に処された。

Adler v R [2006] NSWCCA 158（第1審は R v Rodney Stephen Adler [2005] NSWSC 274）では，Fire and All Risks Insurance Limited (FAI) の代表取締役であるロドニー・スティーブン・アドラー(Rodney Stephen Adler) が，会社法184条1項(b)，同997条，同999条違反等で拘禁刑4年6月（2年6月は仮釈放なし）に処されている。

なお，本件では多くの関係者が処罰されており，その他の関連判例として，R v Cassidy [2005] NSWSC 410 および R v Boulden [2006] NSWSC 1274 等がある。

以上のように，HIH 事件は，オーストラリア史上の大事件であったことが看取でき，それゆえに，前述の制度改革が余儀なくされたものと思われる。詳細は，さらに研究をする予定である。

4　最後に，最新の事件として，「小麦粉輸出事件」[18]があるが，現在，公判中である。本件は，サダム・フセイン政権時代にオーストラリアの業者が小麦粉をイラクに不正輸出したという事件である。本来，刑事事件については州法を適用するが，会社法は連邦法に管轄があるため，本件のような渉外取引に関わる刑事事件は，連邦刑法典が適用される。判決が出た後に，別途検討を加えたい。

V　結語──企業倫理と法

以上，オーストラリアにおける企業活動の規制システムについて述べてきた

18　本件については，ビーアワース弁護士（前出）から直接レクチャーを受けた。

第Ⅰ部　企業活動と刑事規制の国際調査

が，その工夫のあるシステムは，イギリスにも影響を及ぼしているといわれている。日本においても参考になる部分がありそうである。しかし，聖ジェームズ倫理センター（St James Ethics Centre）に所長サイモン・ロングスタッフ（Excutive Director : Simon Longstaff）博士を訪ねて意見交換をした際，ロングスタッフ博士が「法整備だけをしてもコーポレート・ガバナンスは良くならない。最後は企業倫理が重要である」，と力説されたことを最後に付け加えなければならない。これは，HIH事件についての報告書をまとめたオウエン判事の見解とも一致する。ロングスタッフ博士が法学者ではなく，倫理学者であるということもあろうが，議論をしてみると，納得のいくところが多かった。とりわけロングスタッフ博士の以下の6つの提言は，重要と思われた。

1　取締役会のメンバーが倫理観・価値観を深く理解していなければならない。そして，そのためのコミットメントが重要である。

2　会社のシステムとポリシーにその会社の原理・価値観が反映されることが重要である。それは給与にも反映されなければならない。例えば，生命保険会社であれば，顧客数の獲得が社員の給与査定の決め手になるのではなく，顧客の満足度こそが評価されるべきである。

3　特定の人物への権限集中を回避する必要がある。さもなくば，リスク回避のための軌道修正が困難になる。

4　株主等のステークホルダーや社員とのオープンなコミュニケーションを図ることが重要である。もし会社内部で対応に相違があれば，相互に確認しあうことにより，会社の価値観を共有できる。

5　価値観と原理について言語化をしておく必要がある。ある仕事をする際に，経営者が倫理について何も話さないで行動すると，社員に会社の価値観が伝わらない。

6　倫理の敵は，「考えないこと」である。企業では，「良い人」が「悪いこと」をすることがしばしばある。「皆がそうやっているから」という理由で，何も考えずに判断することがあり，それが企業非行に繋がることがある。「考えること」が重要である。

コーポレート・ガバナンスについて法システムのことを中心に考える傾向のあるわれわれ法学者にとっては，以上のロングスタッフ博士の見解は，重くのしかかる。確かに，形式的に法システムを作っても，その内実，すなわち企業倫理の確立と実践が伴わなければ「良きコーポレート・ガバナンス」の実現は

第 10 章　オーストラリアにおける企業活動の規制システム

困難である。ちなみに，ロングスタッフ博士は，「企業倫理ホットライン」の創設をし，それを運営しているという。これは，単に不祥事を通報するというレベルのものではなく，大局的観点から企業のあり方についての相談を受け付けるというものであり，会社の OB 等で企業倫理に造詣の深い人たちがボランティアで対応しているという。年間で 50 件程の相談が寄せられているとのことである。いずれにせよ，ロングスタッフ博士との意見交換により，企業倫理と法について，両者の連携の重要性を再認識した次第である。このような背景もあり，オーストラリアでは，環境問題対策の充実も含め，企業の CSR にも自然と力が注がれているものと思われる[19]。

19　オーストラリア企業の CSR の代表例として，次頁にウェストパック社（Westpac Banking Corporation）の CSR を挙げておく。シドニーで聞いたところ，2006 年の CSR 評価で世界 1 にランクされたという。〈参考資料〉「Corporate Responsibility」岡本享二『CSR 入門』（日経文庫）105 頁を元に作成した。

ウェストパック社の CSR

経営者のメッセージ	我々の目的はシンプルだ。持続可能な社会で持続可能なビジネスを行うことである。
CSR 行動範囲	オーストラリア、ニュージーランド、パシフィック・エリア、アジア、アメリカ、ヨーロッパ
CSR の拠りどころ	CSR 憲章「Social Charter」（2001 年 8 月公表）—— Our vision, Our Values, Our Strategy
CSR の特徴	オーストラリア発の CSR 情報が少ないなかで、CSR 経営を実践するグローバル企業 No.1 に挙げられる。"Sustainability" を根本的な経営理念としたうえで、CSR を広く社会に対する説明責任 "Social Accountability" ととらえる。社会、環境、持続的サプライチェーン、という切り分け方が特徴的。
CSR 報告書概要	「Social Impact Report 2004」 トップ・コミットメントの紹介と GRI への準拠、CSR 活動の概観を冒頭 10 ページで行い、続く本編は、Employees, Customers, Environment, Social, Suppliers の 5 部で構成する。各章ともケーススタディからはじまりデータと解説へと続く。各章の冒頭は全面写真を使用するスタイルとし、図表や本文中に手書き文字や落書き風のデザインをリアルな画像として挿入するなど、工夫の凝らされた誌面デザインとなっており、CSR は人としての営みであるという現実感を読者に与えることに成功している。2002 年の初版から同タイトルで発行、2003 年版では表紙に "Who Cares?" と筆記体で大書して読者の目を引きつけるデザインとなっている。
その他（CSR 組織）	Executive Office CSR business review（CEO 直轄機関）取締役会の Social Responsibility Committee およびビジネスユニットと連携して CSR 活動を推進する。他に Community Consultative Council と International Sustainability Council があり、それぞれ Executive Office CSR business review またはビジネスユニットと連携している。

第 11 章　EU 競争法における行政制裁金制度

土 田 和 博

　Ⅰ　法的枠組み
　Ⅱ　行政制裁金の論点
　　　（その 1：制裁金の性質と二重処罰〔二重の危険〕）
　Ⅲ　行政制裁金の論点
　　　（その 2：その他の論点）
　Ⅳ　欧州委員会の運用
　Ⅴ　結　語

Ⅰ　法的枠組み

● 1　総　説

（1）欧州連合（以下，EU という）の競争法とは，欧州共同体を設立する条約（以下，EC 条約という）81 条（競争制限的共同行為の禁止），82 条（市場支配的地位の濫用の禁止）とこれに関する欧州委員会の決定，欧州裁判所の判決から構成される法体系をいう。実体的禁止規定である 81 条，82 条は以下のとおりである。

EC 条約 81 条

　1 項：

　　「構成国間の通商に影響を及ぼすおそれがあり，かつ共同体市場における競争を妨げ，制限または歪曲する目的または効果を有する事業者間の協定，事業者団体の決定および協調的行為は，共同体市場と両立しないものとして禁止される。特に次の各号の一に該当するものは禁止される。

　　(a)　直接または間接に販売価格もしくは購入価格その他の取引条件を決定すること。

　　(b)　生産，販売，技術的発展もしくは投資を制限または統制すること。

　　(c)　市場または供給源を分割すること。

　　(d)　同等の取引を行う相手方に異なる条件を課し，相手方を競争上不利な立場におくこと。

　　(e)　商品の性質または商業上の用途に照らして契約の対象と関連のない付

加的義務を相手方が受諾することを契約締結の条件とすること。
2項：
　本条により禁止されるいかなる協定および決定も，これを自動的に無効とする。
3項：
　第1項の規定は次に掲げるものには適用されないと宣言することができる。
・事業者間の協定または一定の類型の協定
・事業者団体の決定または一定類型の決定
・協調的行為または一定類型の協調的行為

であって，商品の生産もしくは流通の改善または技術的もしくは経済的進歩の促進に貢献し，その結果生ずる便益を消費者に公正に分配するものであって，次の各号の一に該当しないもの。

(a) これらの目的を達成する上で不可欠でない制限を関係事業者に課すこと。
(b) 問題となる製品に関する競争の実質的部分を排除する可能性を関係事業者に与えること。」

同82条：
「1または複数の事業者による共同体市場またはその実質的部分における支配的地位の濫用行為は，加盟国間の通商に影響を及ぼすおそれがある限り，共同体市場と両立しないものとして禁止される。濫用行為には，特に次のものを含む。

(a) 直接または間接に不公正な購入価格もしくは販売価格その他の取引条件を課すこと。
(b) 生産，販売または技術的発展を制限して，消費者に不利益をもたらすこと。
(c) 同等の取引を行う相手方に異なる条件を課し，相手方を競争上不利な立場におくこと。
(d) 商品の性質または商業上の用途に照らして契約の対象と関連のない付加的義務を相手方が受諾することを契約締結の条件とすること。」

（2）EC条約83条1項は，閣僚理事会に81条および82条に定められた原則を実効あらしめるために必要な規則または指令を制定する権限を与えており，同条2項a号は，行政制裁金（fine）または履行強制金（periodic penalty

第 11 章　EU 競争法における行政制裁金制度

payments）に関する規定を設けることにより 81 条 1 項および 82 条の禁止を遵守させる規則または指令がこれに含まれるものとしている。

　この規定を根拠に制定されたのが 1962 年理事会規則 17 号であったが，これは廃止され，現在，2003 年理事会規則 1 号の 23 条 2 項が，委員会は，決定により，事業者または事業者団体が故意または過失により条約 81 条または 82 条に違反した場合，制裁金を課すことができ，当該制裁金は，各々の事業者または事業者団体について，前事業年度の総売上高（total turnover）の 10 パーセントを超えてはならない旨規定している。

　具体的な行政制裁金額の算定は，欧州委員会のガイドラインおよびカルテル事件に関してはリニエンシー告示によって行われており，2006 年にそれぞれの内容が一部改定された（それぞれ 2006 年算定ガイドライン，2006 年リニエンシー告示という）。欧州裁判所（第 1 審裁判所および欧州司法裁判所）は，欧州委員会が決定において賦課した制裁金を取消し，減額し，または増額することができる（2003 年理事会規則 1 号 31 条）。以下，このような法的枠組みを構成する上記の規則，ガイドライン，告示を概観する。

■2　2003 年閣僚理事会規則 1 号[1]

　2003 年理事会規則 1 号は，①事業者または事業者団体が，②故意または過失により，③EC 条約 81 条（競争制限的共同行為の禁止）または 82 条（市場支配的地位の濫用の禁止）に違反した場合，④欧州委員会は違反行為者の前事業年度における総売上高（total turnover）[2] の 10% を超えない範囲で，⑤違反の重大性（gravity）と違反期間（duration）を考慮して決定により賦課することができ

1　Council Regulation 1 / 2003 of 16 December 2002 on the implementation of the rules on competition laid down in Articles 81 and 82 of the Treaty,［2003］OJ L 1 / 1. 本稿は EC 競争法の実体的禁止に違反した場合に賦課されるペナルティとしての行政制裁金を対象とすることとし，手続規定の違反に対する履行強制金については省略する。なお，本稿は，拙稿「行政制裁金制度」日本経済法学会年報 26 号 65 頁以下（2005 年）をベースに，その後の展開を踏まえて加筆・修正したものであることをお断りしておく。

2　1962 年理事会規則 17 号は，単に「売上高」とのみ規定していたために，違反行為の対象となった商品，違反行為の行われた地理的範囲に係る売上高に限定されるのか明らかでなかった。判例はこれに限定されないことを明らかにしており，2003 年理事会規則 1 号は，このような趣旨で「総売上高」とした。ただし，次にみる 2006 年算定ガイドラインは，このような規定を踏まえつつ，国際カルテルのような場合を除いて，制裁金算定の基礎となる「売上高」を違反行為の対象商品，違反行為の行われた地理的範囲に係る売上高に限定している。

るが，⑥制裁金は刑事法の性格を有するものであってはならないと規定する（23条2項ないし5項）。

■3　2006年算定ガイドライン[3]

2006年算定ガイドラインは，行政制裁金が違反行為を行った事業者にサンクションを与えるだけでなく，他の事業者にもEC条約81条，82条違反を行うことを抑止する効果をもつものでなければならないと述べる。そのため，ガイドラインは違反に係る商品・サービスの額と違反の継続期間，すなわち事業者が違反を行っていた年数に委員会は注目する必要があるとする。具体的な制裁金額の決定は以下のように行われる。

（1）基本制裁金額（basic amount of the fine）の決定

まず基本制裁金額を決定する。基本制裁金額は，①違反が行われた年度の前年度の売上額に，②違反年数を乗じ，③これの一定割合（最高30％まで）とされる。①については違反行為の対象とされたEEA域内の関連地理的市場における違反が直接または間接に関係する商品またはサービス[4]の前年度の売上額である。この点が旧算定ガイドライン[5]の下での運用と異なる点の1つである。旧ガイドラインの下では，当該違反行為者の全世界における違反行為と関係のない商品・サービスをも含めた総売上額とされていたところである。ただし，本告示でも，国際カルテルのように違反行為の範囲がEEAを超える場合，委員会はEEAより広い関連地理的市場における違反行為に係る商品・サービスの売上額を用いることができるともしている。

また，事業者の売上額を決定する場合，委員会は当該事業者の利用可能な最良の数値（best available figures）を用いる。ただし，利用可能とされた数値が

3　Guidelines on the method of setting fines imposed pursuant to Article 23 (2)(a) of Regulation No 1 / 2003, [2006] OJ C 210 / 2 (1. 9. 2006). 以下に述べるように，2006年算定ガイドラインの旧ガイドラインとの主要な相違点は，①算定の基礎となる売上額を，違反が行われた地理的範囲における違反行為の対象となる商品・サービスに限定し，その30％までとした点，②「エントリーフィー」として，主としてカルテル違反について違反期間にかかわらず，15−25％を増額することができることとした点，③繰返し違反に関して，加盟国の競争法違反も対象に含めた上，制裁金の増額は100％までとした点に認められる。

4　違反が「間接に」関係する商品またはサービスとは，例えば違反行為がある製品の価格カルテルである場合，そのカルテル価格がより高品質または低品質の製品の価格を決定する標準となるような場合であるとされる。

5　後掲注8を参照。

不正確または信頼できない場合，委員会は，得ることのできた部分的数値および／または委員会が関係を有し重要であると考える他の情報によって売上額を決定することができる。事業者団体の違反の場合には，売上額は構成事業者の売上額の合計とされる。

②違反年数については，半年以下の期間は0.5として計算し，半年を超え1年に満たない場合は1として計算し，これを①の売上額に乗じる。

③は違反の性質，違反を行った事業者の合計シェア，違反の地理的範囲，違反が実施されたかどうか等の要素を考慮して，委員会が30％を上限として決定する。その場合，水平的価格協定，市場分割協定，生産量制限カルテルは最も有害なものであり，上の範囲内で最も高い割合を課されるであろうとされ，また，先に述べた「エントリーフィー」として，水平的価格協定，市場分割協定，生産量制限協定などを行った事業者はその継続期間にかかわらず，15－25％の範囲で基本制裁金額に含ませることができるとされる。

(2) 制裁金額の調整

上のようにして算定された基本制裁金額は，以下のような場合に増額または減額される。

A．増額される事情として，以下の場合が規定される。

①委員会または加盟国競争当局が条約81条または82条違反を行ったと認定した後においても同一のもしくは類似の違反を継続し，または繰り返した場合（違反行為ごとに上の基本制裁金額は100％まで増額される），

②委員会の調査に協力を拒否し，もしくは妨害した場合，

③違反の首謀者，扇動者である場合，他の事業者を違反行為に強制する何らかの手段をとった場合，または違反を構成する行為を実施する意図をもって他の事業者に報復的措置を講じた場合[6]。

B．減額される場合は，次のとおりである[7]。

④委員会が介入後速やかに違反を取りやめたという証拠を違反行為者が示した場合（カルテルのような秘密の協定・慣行を除く），

⑤過失によって違反を犯したという証拠を違反行為者が示した場合，

⑥違反行為者が違反への関与が限定的であるとの証拠，違反の当事者であっ

---

[6] どの程度増額されるかは規定されておらず，委員会の合理的裁量にゆだねる趣旨であると思われる。

[7] 減額の場合も，何％減額するかは明記されていない。

たが市場で競争的行動をとっていたとの証拠を示した場合，

⑦委員会の調査に協力した場合であってリニエンシー告示の規定する要件に該当しないとき，または義務がないにもかかわらず協力した場合，

⑧反競争的行為が規制当局（public authorities）もしくは法律によって認可され，または推奨されていた場合。

（3）抑止のための特別な増額

違反行為にかかる商品またはサービスの売上額を超えて違反事業者がはるかに大きな売上を有する場合には，委員会は，制裁金が十分な抑止力を有するように制裁金を増額することができるとされる。これはマイクロソフト事件のように，違反行為の対象となった商品の売上額をベースにして制裁金を算定するのでは，当該事業者の資金力から考えて抑止効果が不十分であると考えられる場合に，制裁金を特別に増額することを可能ならしめるものであるが，どの程度増額するかは規定されておらず，委員会の合理的裁量にゆだねる趣旨と考えられる。

●4　補論：旧算定ガイドラインによる制裁金の算定

旧ガイドラインの下では以下のように行政制裁金が決定されていた[8]。

（1）基本額の決定

これはA．違反の重大性とB．違反期間を考慮して決定される。

A．違反の重大性は，違反の性質，市場への現実の影響（計測できる場合），関連地理的市場の規模を考慮して，①軽微な違反，②重大な違反，③極めて重大な違反の3つのカテゴリーに分ける。①は通常，垂直的性格の取引制限であって共同体市場の実質的であるが相対的に限定的な部分にのみ影響を与えるものであって，起算制裁金額は1,000ないし100万エキュウとされる。②は水平的または垂直的制限であって，共同体市場のより広範な地域に影響を与えるもの，あるいは市場支配的地位の濫用（支配的地位を有する事業者が競争者を排除するために行う供給拒絶，差別，排他的行為，ロイヤリティの引下げ）などであって，起算制裁金額は100万から2,000万エキュウとされる。③は価格カルテル，市場シェアの割当て（market sharing quotas），国内市場の分割その他の

---

[8]　Guidelines on the method of setting fines imposed pursuant to Article 15 (2) of Regulation 17 and Articles 65 (5) of the ECSC Treaty（[1998] OJ C 9/3）.

単一市場の適正な機能を危殆ならしめる行為，事実上の独占的事業者による明白な濫用行為などであって起算額は 2,000 万エキュウ超とされる。この枠内で起算額を決定する場合，消費者など他の主体に顕著な損害を与えることのできる違反行為者の経済的能力を考慮にいれること，および十分な抑止効果をもつ水準に制裁金を設定することが必要であるとされていた。カルテルのような複数の事業者による違反であって，事業者の規模に相当な不均衡があり，各事業者の違反行為が市場に与える現実の影響が異なる場合，上の枠内で起算額にウエイトづけを行うことが必要かもしれないともされていた。

B．違反期間については，(i) 1 年未満の短期間の場合増額はなく，(ii) 1 年以上 5 年以下の中期間の場合，A．重大性に基づいて決定された起算額が 50% まで増額され，(iii) 5 年超の場合，1 年につき 10% の割合で増額されて，基本額が決定される。

（2）制裁金額の減免—加重事由と軽減事由の考慮

基本額は，次のような加重する事由（aggravating circumstances）があれば増額される。それは，a．同一事業者による同じタイプの違反行為の繰返し，b．調査協力の拒否または調査妨害の試み，c．違反の首謀者または煽動者であること，d．違反行為を実施する意図をもって行う他の事業者に対する報復的措置，e．客観的に推定できる場合に違反の結果不当にえた利得を超過するためにペナルティを増加させる必要性，f．その他である。

減額につながる軽減する事由（attenuating circumstances）は，g．専ら受動的，追随的役割しか果たさなかったこと，h．違反協定，行為を実施しなかったこと，i．委員会の介入後速やかに違反行為を取りやめたこと，j．その制限的行為が違反を構成するか否かについて合理的な疑いが事業者に存在したこと，k．過失によりまたは意図しないで違反を犯したこと，l．カルテル事件における制裁金減免告示の範囲外において委員会の手続に協力したこと，m．その他である。

（3）以上のような算定方法の 1 つの特徴は，欧州委員会に制裁金を課すか否かだけでなく，どのように賦課するかについても大幅な裁量が与えられていたことであった。例えば起算額の決定にあたって，算定ガイドラインはハードコアカルテルを「極めて重大な違反」とした上，2,000 万エキュウを下限とし，かつ違反行為者の経済的能力を考慮に入れ十分な抑止効果を持つ水準に設定することなどを示しているが，それ以上に明示的な制約は存在しない。82 条違

反についても，ある行為類型が 2,000 万エキュウ超とされる「極めて重大な違反」に分類されるか，100 万から 2,000 万エキュウとされる「重大な違反」に該当するかは，簡単な例示はあるものの，必ずしも明らかでなかった。さらに，算定ガイドラインは制裁金の加重，軽減事由についても規定しているが，上述の事由が存在した場合，どの程度増額，減額するかは委員会の裁量に委ねられていた。新ガイドラインは，これらの一部について合理的な範囲にリファインしたものと評価できよう。

● 5　2006 年リニエンシー告示[9]

本告示では，特に EC 条約 81 条違反のカルテル事件に関して，違反行為者が制裁金を免除され，または減額されるために必要な要件と手続が規定される。

（1）免除の要件

まず制裁金の免除については，Ａ．資格，Ｂ．証拠，Ｃ．調査協力に関して，それぞれ要件がある。制裁金免除のＡ．資格を有する事業者は，①申請後直ちにカルテルへの関与を取りやめていること，②申請を検討して以降，カルテルの証拠を破棄し，偽造し，または隠蔽していないこと，③カルテルに参加するよう他の事業者を強制し，またはカルテルに留まるよう強要したことがないこと，④欧州委員会に最初に証拠を提出した者であることである。

Ｂ．証拠に関しては，①欧州委員会が調査を開始することができるだけの十分な証拠を有していない場合に，カルテルの目標を絞った調査（targeted inspection）を可能ならしめる証拠を提出すること[10]，または②委員会が 81 条違反を認定することができるだけの十分な証拠を持っていない場合に，同条違反を認定することを可能ならしめる決定的な証拠を提出することである。①の証拠は以下のものを含まなければならない[11]。

9　Commission Notice on Immunity from fines and reduction of fines in cartel cases, [2006] OJ C 298 / 17 (8. 12. 2006). リニエンシー告示は，1996 年および 2002 年にも公示されており，これらの告示に見られた運用上の問題点に徐々に改良を加えて今日に至っている。

10　カルテルの目標を絞った調査とは，証拠について何処で何を探せばよいかを事前に承知した上でピンポイントで行う調査であるとされる（Competition : revised Leniency Notice-frequently asked questions, MEMO 06 / 469, 7 / 12 / 2006）。このような調査を可能ならしめる証拠であれば足り，その証拠によって実際に調査が行われるか否かは問わない。

(a) 会社の供述
・カルテルの目的，活動，機能を含むカルテル協定の詳細，対象となる商品またはサービス，地理的範囲，継続期間，影響のある取引量，カルテルの会合日時，場所，内容，参加者，その他証拠に関する説明。
・免除を申請する法人の名称と住所および当該カルテルの他の参加者すべての名称と住所。
・現在または過去にカルテルに関与したと申請者が考えるすべての個人の名前，地位，オフィスの住所，必要な場合にカルテルに関与した個人の住所。
・当該カルテルについて減免の申請をした，もしくは申請をする予定の他の競争当局に関する情報。
(b) 申請者が保有している，または提出時に利用可能であるその他の当該カルテルに関する証拠。
C．調査協力に関する要件としては，申請の時から行政手続の間を通して，誠実に[12]，完全に，継続して，かつ迅速に協力することである。これには次のようなものを含む。
・自己が保有し，または利用可能な当該カルテルに関するすべての関連する情報と証拠を迅速に委員会に提供すること。
・事実の立証に寄与しうる委員会のあらゆる要請に迅速に応え続けること。
・現在の（可能なら以前の）従業員，取締役に委員会とのインタビューに応じさせること。
・当該カルテルに関する情報または証拠を破壊し，偽造し，または隠蔽しないこと[13]。
・別に取り決めない限り，委員会が異議告知書を発出する前に申請した事実またはその内容を明かさないこと。

（2）免除の手続

免除の手続は，(I)マーカーとなることからはじめる場合，(II)直ちに免除申請する場合によって異なる。(II)はさらに，①仮定の条件で情報，証拠を提出する

---

11 免除申請者が何を証拠として提出すればよいか，いっそう詳細なリストを示すことが必要と判断されたため，新告示で新たに示された項目である（同上）。
12 誠実に協力するとは，特に正確で完全な，誤導的（misleading）でない情報を提供することをいう（同上）。
13 この要件は，申請を検討している時期以降にのみ求められる。したがって，その時期以前に証拠を破棄したとしても，この要件との関係では問題ないとされる（同上）。

場合，②現実の情報，証拠を直ちに提出する場合に分かれる。いずれの場合も，委員会は，同一のカルテルについて1の事業者が申請を行っている場合には，他の申請を検討しない（リニエンシー告示のパラグラフ21．以下も同様）。委員会は求めに応じて，申請者に証拠が提出された日時を記載した受取証を交付する（para.17）。

(I)の場合，申請者は，申請の順に，委員会が必要な情報と証拠を収集するために必要なものとして設定し，マーカーの地位を保障された一定期間内に，当該申請者の名称，住所，カルテルの参加者，対象となる商品および地理的範囲，継続期間，カルテル行為の性質，他の競争当局への過去または将来の減免申請について情報を提供しなければならない（para.15）。この間にマーカーの地位を保障された申請者がこれらの情報を完全に提供した場合，当該事業者はマーカーの地位が認められた日に当該情報と証拠を提出したものとみなされる。

(II)の場合，申請者は（2）で述べた現実の情報と証拠を提出するか（②），あるいはこれらに関する仮定の情報と証拠を提出する（①）。①の場合，申請者やカルテル参加者の名称は秘匿することができ，証拠の性質と内容を示すために，秘匿に必要な部分を除いて，文書のコピーを提出することによることも可能である。ただし，当該カルテルの対象とする商品またはサービス，地理的範囲，および継続期間は明確に特定されなければならない（para.16(b)）。上の結果，②の事業者が(1)で述べた要件を充足すると認められる場合には，委員会は条件付免除を与える（最終的な免除は，委員会の行政手続の最後に決定において与えられる）。また①の仮定の情報，証拠を提出した申請者については，委員会がこれを検証して（1）の要件を充たすと判断した場合，合意した日までに証拠を開示した上，委員会は条件付免除を与えることができる（para.19）。

（1）の要件を充足しないと判断する場合，委員会は文書でその旨を通知する。通知を受けた事業者は提出した証拠を取り下げ，または（3）で述べる減額の申請に用いることができる。ただし，この場合，委員会は，情報を得るため通常の調査権限を発動することを妨げられない（para.20）。

（3）減額の要件

上に述べた制裁金の免除の要件を充たさない事業者についても，以下の要件を充足する限り，制裁金の減額を受けることはできる。すなわち，制裁金の減額に関しても，D．資格，E．証拠，F．調査協力に関する要件が必要である。D．資格に関しては，①申請後直ちにカルテルへの関与を取りやめていること，

②申請を検討して以降，カルテルの証拠を破棄し，偽造し，または隠蔽していないことである（他の参加者を強制したことの要件がないことに注意）。

E．証拠に関する要件は，委員会が既に保有する証拠に顕著な付加価値を加えるものであることである。顕著な付加価値とは，証拠の性質と／または詳細さによって委員会のカルテル立証能力を向上させることをいう（特に裏づけの必要がない証拠をそうでない証拠より付加価値が高い証拠として扱うとされる）。

F．調査協力については，申請の時から行政手続の間を通して，誠実に，完全に，継続して，かつ迅速に協力することであり，上記のCで述べた協力の例示がここにも妥当する。

これらの要件を充たす場合，最初に顕著な付加価値のある証拠を提出した事業者は30－50％の減額，2番目に顕著な付加価値のある証拠を提出した事業者は20－30％の減額，その後に顕著な付加価値のある証拠を提出した事業者は20％までの減額を受けることができる。委員会はこの範囲内で，証拠が提出された時期および付加価値の程度を考慮して減額の水準を決定する。

（4）減額の手続

減額の申請をする者は，公式に委員会に（3）で述べた証拠を提出しなければならない。委員会は求めに応じて，申請者に証拠が提出された日時を記載した受取証を交付する（para.28）。提出された証拠および申請者が（3）の要件を充足すると判断する場合，委員会は，異議告知書が発出される日までに，文書で，上記の範囲内で制裁金を減額する仮決定を行った旨を通知し，または減額をしないとの仮決定を行った旨を通知しなければならない（最終的な減額は，委員会の行政手続の最後に決定において与えられる）。

Ⅱ 行政制裁金の論点
（その1：制裁金の性質と二重処罰〔二重の危険〕）

■1 行政制裁金の性格

Ⅰでみた法的枠組みの中で賦課されるEUの行政制裁金は，前述のように「刑事法の性格を有するものであってはならない（shall not be of a criminal law nature）[14]」（2003年理事会規則1号，23条5項）とされる以外には，その性質を積極的に定める規定はない。

これに対して，欧州裁判所の判決は，制裁金の一般的目的は欧州共同体の競争法の実効性を確保することであり，特にその目的を達成するために有害な行

281

為類型を抑止する効果をもたねばならないとするものがある[15]。このように行政制裁金とは，一定の義務に違反した者に制裁を加えるとともに，それによって同じ者または他の者による違反を一般的に抑止し，行政の実効性を確保することを目的とするものであると考えられる。そうすると，刑事罰（特に刑事罰金）との違いが曖昧となり，ここに二重処罰（二重の危険）や比例原則（罪刑均衡原則）との関係が問題なる余地が生じることになるわけである。

● 2　二重処罰（二重の危険），比例原則との関係

Ⅰでみた EU の制裁金とは別に，加盟国は，その競争法に違反した事業者に対して行政制裁金を賦課し，あるいは刑事処罰をする権限を有する[16]。したがって，事案によっては EC 競争法違反に対して賦課される行政制裁金と加盟国競争法違反に対して賦課される制裁金，刑事罰金とが併科される可能性が生じる。あるいは国際カルテルの場合など，同一の事業者に EU 域外の国の刑事罰や行政罰と EC 競争法上の行政制裁金が併科されることがあり，これが二重処罰（二重の危険）に当るのか，という問題が存在する。

（1）加盟国の制裁金とのダブルサンクションについて

これについての基本判例である Wilhelm 対連邦カルテル庁・欧州裁判所先決裁定は，加盟国競争当局も国内法に基づいて問題となる協定に対して措置をとることができるが，その結果，並行して制裁が課される場合には自然的正義の要請により，先に課された制裁が後の手続において考慮されねばならないとした[17]。本裁定に従って加盟国の課した制裁金を考慮したケースがいくつか存在するほか[18]，イギリス 1998 年競争法は，この立場を法律上明示している（38 条 9 項[19]）。ただし，これは法的可能性の問題であり（欧州共同体と加盟国がそれぞれ同一の事業者に制裁金を賦課することは，先の手続が後の手続において考慮される限り，可能である），これを前提としつつ，事件配分（case allocation）の観点から，欧州共同体と加盟国で担当する事件を調整することが行われる結果，ダブルサンクションが通常生じ難いこともまた事実である[20]。

14　これと全く同じ条文である 1962 年規則 17 号の旧 15 条 4 項は，元来，加盟国に留保される刑事処罰権限との関係で生ずる可能性のある法的，政治的議論を避けるために挿入されたものであろうという（C. S. Kerse & N. Kahn, EC Antitrust Procedure 367-8 (5th ed., 2005))。

15　Musique Diffusion Française SA v. Commission, [1983] ECR 1825, para.106.

第 11 章　EU 競争法における行政制裁金制度

（2）EU 域外での処罰の評価

　国際カルテル事件で EC 競争法違反に問われ，制裁金を課された事業者は，先述したように，しばしばアメリカやカナダの科した刑事罰金が考慮されねばならないと主張するが，裁判所はこれを斥けている[21]。この点に関する先例である Boehringer Mannheim v. Commission 判決[22]においては，第 3 国がある事

16　事業者は通常，法人であると考えられるが，法人に対する刑事処罰を含む加盟国の法制度は，D. Cahill & J. D. Cooke, The Modernisation of EU Competition Law Enforcement in the EU 21 頁以下（2004）によると，(i)法人処罰と個人処罰（財産刑のみ）が可能な制度がデンマーク（故意または重過失による反競争的契約の禁止違反，支配的地位の濫用禁止違反，EC 条約 81 条 1 項，82 条違反を行った法人と個人に罰金が科される），スロベニア（市場支配的地位濫用禁止法（PRCA）52 条から 56 条までに規定があり，共同行為や市場支配的地位の濫用を行った法人，個人，法人の代表者に罰金を科すことができる），(ii)法人処罰と個人処罰（自由刑および／または財産刑）の組合せがアイルランド（2002 年競争法により，国内または EC 域内において共同行為または市場支配的地位の濫用を行った事業者は売上高の 10％か 400 万ユーロのいずれか大きい額の罰金を科され，個人にも同様の罰金または 5 年以内の自由刑が科される）などにみられる。
　競争法違反に対するサンクションとして独自の行政制裁金を賦課する法制度は，イギリス，ドイツ，フランス，オランダ等，多くの加盟国にみられる。例えば，オランダでは，1998 年競争法は，競争庁長官が 45 万ユーロか前事業年度の総売上額の 10％のいずれか大きい額を上限とし，違反の重大性と違反期間を考慮して制裁金を課すことができると規定した上，制裁金ガイドラインにおいて透明性，抑止効果，比例性を原則として，次のような算定方式を採用している。すなわち，まず，違反期間全体にわたる違反行為の対象となった商品・サービスの売上額の 10％を基本額とし，これに違反の重大性に応じて，最大 3 までの係数を乗じる（極めて重大な違反は 1.5 から 3，重大な違反は 2 まで，軽微な違反は 1 までの係数）。さらに繰返し違反，首謀者，監視手段の採用，調査妨害などの事由がある場合に加重し，顕著な調査協力，自主的離脱，被害者への補償などがみられる場合に軽減する（M.T.P.J. van Oers & B. M. J. van Meulen, The Netherlands Competition Authority and Its Policy on Fines and Leniency, 26 World Competition 25 (2003).)。
　イギリスでも法律上規定されているのは，公正取引庁（OFT）が一定の共同行為と市場支配的地位の濫用を故意または過失により行った事業者に制裁金を国庫に支払うよう命ずることができること，その額が当該事業者の売上額（国務大臣の命令により定められるが，関連する地理的範囲における違反行為の対象となった商品・サービスの売上額に限らない）の 10％を超えてはならないことのみであり（1998 年競争法 36 条 1 項，2 項，3 項，8 項，9 項），他は公正取引庁長官のガイドラインによって定められている。このガイドラインにおいては，違反行為の対象となった商品・サービスの関連地理的市場における前会計年度の売上額に，違反の性質（重大性），商品の性質，市場構造，市場シェア，参入条件，消費者等に対する影響などに応じて最高 10％までの比率を乗じて起算額とし，これに違反期間を考慮した上（2 年違反が継続していれば 2 を乗じる），首謀者・煽動者，取締役・上級管理職の関与，報復措置，繰返し違反などによる増額と強制的圧力の下で違反を行わざるを得なかったこと，違反となるか否か全く不明であったことなどの事由による減額を行う（Director of General of Fair Trading's Guidance as to the Appropriate Amount of a Penalty）。
17　Walt Wilhelm v. Bundeskartellamt, [1969] ECR 1, para.11.

業者の違反行為に罰金を科した場合，①これと「同一（identical)」と認められる行為に対して欧州委員会が制裁金を課したこと，および②第３国の有罪判決が当該国の領域外における違反行為にも基づいてなされたことの立証がないとの理由で訴えを棄却したことから，そのような立証があれば調整がなされる可能性は排除されないとも解されていたが，②は通常ありえないことから，結局ＥＣ域外の第３国による制裁によってEC競争法上の制裁金が減免される可能性はないようである[23]。

（３）一事不再理との関係

これについては，Limburgse Vinyl Maatschappij v. Commission 判決[24]が，二重の危険の原則は，第１の決定が手続上の理由により取消され，実体的判断がなされていない場合には，同じ行為について委員会が再度手続を行うことを妨げるものではないとしている。

● 3　欧州人権裁判所の判決

（１）上のような二重処罰（二重の危険）の問題は，現在のところ，実際に二重に賦課される例があまりないようであり，欧州共同体法においては前述した加盟国の制裁金と併科される場合を除いて問題とされていないようである。た

18　Cast Iron and Steel Rolls, ［1983］OJ L 317 / 1, paras. 65, 71 ; Welded Steel Mesh, ［1989］OJ L 260 / 1, para.205. ただし，どのように考慮されたかは不明である。前者では加盟国の課した制裁金とほぼ同額の制裁金が，後者では 800 倍の制裁金が欧州委員会により賦課されており，後者の決定は第１審裁判所により是認されている（Trefileurope Sales v. Commission, ［1995］ECR Ⅱ－791）。違反行為の認定された領域的範囲の相違がこのような違いをもたらしたのではないかと推測される。

19　「罰金または制裁金が欧州委員会，他の加盟国の裁判所その他の機関により賦課された場合，公正取引庁，上訴審判所（appeal tribunal）または裁判所は本章により制裁金の額を決定する際，当該罰金または制裁金を考慮しなければならない」。

20　Commission Notice on co-operation within the Network of Competition Authorities, ［2004］OJ C 101 / 43 が両者の事件配分の原則を規定している。

21　Archer Daniels Midland v. Commission, ［2003］ECR Ⅱ－2597 において第１審裁判所は，後述する欧州人権条約第７議定書第４条も EU 基本権憲章第 50 条も域外の第３国には適用されないとした（para.93）。また，Tokai Carbon v. Commission, ［2004］5 CMLR 29 において第１審裁判所は，本文の以下に述べる①，②に加えて，第３国の裁判所が科した罰金と欧州委員会の制裁金の目的の相違（前者は第３国市場の競争秩序の維持であり，後者は EU 域内における歪曲されない競争の維持）をも二重処罰（二重の危険）の禁止に違反しない理由に挙げた（paras.130－148）。

22　［1972］ECR 1281.

23　Archer Daniels Midland v. Commission, ［2003］ECR Ⅱ－2597, paras.100－104.

24　［2002］ECRT Ⅰ－8375.

だ，欧州人権条約に関する欧州人権裁判所（European Court of Human Rights）の判決には，やや注意を要する点があるので簡単に触れておく[25]。

欧州人権条約（The Convention for the Protection of Human Rights and Fundamental Freedoms, 1950）第7議定書第4条は，「何人も同一国の管轄において当該国の法および刑事手続に従って既に確定的に無罪とされ，または有罪とされた違反について再度刑事手続において裁かれ，または処罰されてはならない。前項の規定は，当該事件の結果に影響し得る，新しい若しくは新しく発見された事実に関する証拠がある場合または先行する手続に根本的瑕疵が存在する場合に，当該国の法と刑事手続に従って審理を再開することを妨げるものではない。」と規定する。予め付言しておけば，欧州人権裁判所の判決は欧州共同体の裁判所を拘束するものではないが，人権条約に宣言された基本権の尊重は欧州共同体法の一般原則であるとともに，EU条約6条2項はEUが人権条約によって保護された基本権を尊重するものとすると宣言していることから，共同体裁判所も欧州委員会の決定がこの一般原則に反しないかを判断する際に，人権裁判所の判決に敬意を払ってきたとされる[26]。

（2）第7議定書第4条に関して1990年代以降，数件の判決が出されている。そのうちFisher事件[27]は，飲酒運転を含めたいくつかの道路交通法違反に対して合計22,010オーストリア・シリンクの制裁金および支払不能の制裁金部分にかえて20日の不払いによる拘禁処分（imprisonment in default）を受けた者が，後に刑法典の定める過失致死罪により6月の自由刑に処す旨の判決を受け，これに対して人権裁判所の判断を求めたものである。この制裁金と不払いによる

---

25 以上に述べた可能性としての欧州委員会の制裁金と加盟国の刑事罰（あるいは欧州委員会と加盟国による行政制裁金）の併科は，異なる管轄権間の二重処罰に関するEU基本権憲章（The Carter of Fundamental Rights of the European Union, 2000）50条（「何人も欧州連合内において法に従い既に確定的に無罪とされ，または有罪とされた違反について再度刑事手続において裁かれ，または処罰されてはならない。」）の問題である（W.P.J. Wils, Principles of European Antitrust Enforcement 97（2005））。この条文の本質的部分が欧州人権条約（1950年）に由来すること，行政制裁金（ないし課徴金）と刑事罰金の併科が憲法39条に違反しないかという日本法への示唆もここでの問題であることから，以下，同一の管轄権内の二重処罰（二重の危険）に関する欧州人権条約第7議定書第4条に関する欧州人権裁判所の判決を参照する。

26 C. Bellamy & G. Child, European Community Law of Competition 966-7（4th ed., 2001）. E. M. Ameye, The Interplay between Human Rights and Competition Law in the EU, [2004] ECLR 332, 334 も参照。

27 Franz Fisher v. Austria, 29 May 2001, Application No.37950 / 97.

第Ⅰ部 企業活動と刑事規制の国際調査

拘禁処分には飲酒運転による道交法違反に対する9,000シリンクの制裁金および支払不能部分につき9日の拘禁が含まれていた。欧州人権裁判所は，同一の行為が複数の違反を構成するかにみえる場合でも，1つの違反が他方の違反に含まれる悪性をすべて包含する場合には1つの違反でしかないものがある，本件は2つの違反とされたものに本質的要素の違いがなく，同一の違反を2度裁き，処罰することに該当すると判示した。なお，オーストリア政府は，大統領権限に基づき後に自由刑が1月減刑され，これが9,000シリンクに相当するから二重処罰の問題は解消されたと主張したが，人権裁判所は第7議定書第4条が2度裁かれること自体をも禁止することを理由に減刑による調整は二重処罰禁止違反を治癒しないとした。

他方，凍結した道路を車で走行中に対向車線にそれ，対向車と衝突して運転者に重大な障害を負わせた者が，道路交通法違反（道路状態に適合しないスピード違反）で200スイスフランの反則金を課された上，刑法典125条違反（過失傷害）により2,000フランの罰金を科されたケースにおいて，原告（車の運転者）は車両の制御ミスによる反則金と過失傷害による罰金の併科が第7議定書第4条に違反すると主張したが，裁判所は本件が1つの行為が複数の違反に当たる典型的な事件であり，複数の違反に対してそれぞれのペナルティが賦課されたものであって，二重処罰に当たらないとしたものがある[28]。

さらに，Fisher判決の後に示されたGöktan判決[29]は，フランス国内での供給を目的として麻薬の輸入，購入，所持，運搬などを行ったために5年の自由刑を科された外国人が，同時に麻薬の没収に代わる追徴107万フランおよび関税法違反による関税制裁金（customs fine）40万フランを賦課されたが，これを支払うことができなかったため，関税制裁金にかわって2年の不払いによる拘禁処分に服したという事案であった。欧州人権裁判所は，関税制裁金の支払不能による拘禁も第7議定書第4条との関係で刑罰に当たるとしたが，本件では1つの刑事裁判手続において，薬物取引という違反に対して自由刑が，また禁制品の輸入という違反に対して関税法上の制裁金（これにかえて不払いによる拘禁）がそれぞれ賦課されたものであるから，同一の違反に2つの刑事処罰がなされたわけではなく，二重処罰の禁止に違反しないとされた。

28　Oliveira v. Switzerland, 30 July 1998, 84 / 1997 / 868 / 1080.
29　Göktan v. France, 2 July 2002, Application No.33402 / 96.

以上のように第7議定書第4条をめぐる判決は「拡散的（sparse）[30]」状況にあって，一義的な結論を導くことは困難であるといわざるをえない[31]。

Ⅲ　行政制裁金の論点（その2：その他の論点）

このほか，EU の行政制裁金制度には，以下のように重要な論点がある。

1　故意または過失

行政制裁金は違反行為者に対する制裁を通じて一般的に違反の抑止を図るものであるから，制裁金の賦課には故意または過失が要件となる（2003年理事会規則1号，23条2項）。この場合の故意は，禁止に違反する行為を行っているとの認識がある必要はなく，EC 条約81条，82条に違反する行為を行っていることを認識していた場合だけでなく，競争制限的効果が生じることに気付かないことはありえない場合にも故意の要件は充足するとされている[32]。この点に関連して，コンプライアンス・プログラムの存在は，自己の行為が独禁法に違反することを知っていた証拠となりうることにも注意する必要がある[33]。

過失については，事業者または事業者団体が自らの行為が独禁法で禁止される反競争的効果をもつことを合理的に予測できたにもかかわらず，当該行為を行った場合には過失の要件を充足すると考えられる。過去に独禁法違反とされた類型と同様の行為を行った場合にも，少なくとも過失が認定される。過去に特定の行為類型が81条，82条違反とされていない場合でも，その行為の反競争的効果が予見できるときには過失がなかったことにはならないとされてい

30　Id. at para.44.
31　本文に述べた諸判決前後にも，欧州人権裁判所は若干の判決を下しているが，一義的な結論を導くことが困難な状況に変わりがない。Sailer v. Austria, 6 June 2002, Application No.38237／97 は，前出の Fisher 判決と同様の事案について同じ結論を導くものであり，また Nikitin v. Russia, 20 July 2004, Application No.50178／99 は，終局的に無罪とされた判決の見直しを許容するロシア刑事訴訟法の規定が欧州人権条約第7議定書第4条に違反するかが争われたもので，このような特別規定のない日本には直接には参考とならない（違反なし）。
32　Bellamy & Child, supra note 26, at 930－2；A. Jones & B. Sufrin, EC Competition Law 1112 (2nd ed., 2005).; C. S. Kerse & N. Kahn, EC Antitrust Procedure 378－9 (5th ed., 2005).
33　British Sugar, [1998] OJ L 76／1 では，同社のコンプライアンスプログラムに81条違反の行為も列挙されていたにもかかわらず，これに該当する行為を行った場合に，81条違反の故意が認定された（para.192）。

る[34]。

● 2 賦課される主体と裁量性

　行政制裁金は，違反行為者の制裁を通じて，一般的に違反を抑止しようとする制度であるから，違反行為による売上や利得の有無にかかわらず違反行為者に賦課されるべきは当然である。したがって，事業者団体が違反行為を行った場合も当該事業者団体に制裁金が賦課されるが，何らかの理由で事業者団体が支払うことができない場合，これに代えて当該事業者団体の意思決定機関を構成する事業者や事業者団体の決定に積極的に関与し，これを実施した事業者に支払を命ずることとされている[35]。他方，形式的には違反行為者であるが，例えば，違反行為への参加を強制された事業者など[36]，対象事業者としない場合が考えられないわけではない。

● 3 コンプライアンスプログラムの取扱い

　加重・軽減事由に関して指摘する必要があるのはコンプライアンス・プログラムの評価である。競争法に違反する行為を行った事業者が事後的にコンプライアンス・プログラムを作成することは，将来に向けて再発を防止する真摯な意思の表明であり，これが有効に実施されるとすれば，望ましいことである。しかし，事前にコンプライアンス・プログラムが存在したにもかかわらず，違反行為が行われた場合には，それが有効に機能していなかったこと，故意による違反であることを示すのみならず，悪質な隠蔽の一種として加重される事情

34　Bellamy & Child, supra note 26, n.72 at 933. ただし，①新規の行為類型であったが重い制裁金が課されたケース（Tetra Pak Ⅱ，[1992] OJ L 72/1；HOV-SVZ/MCN，[1994] OJ L 104/34），②穏当な制裁金が課されたケース（Chiquita，[1976] OJ L 95/1），③1,000 ユーロの名目的な制裁金が課された事例（Deutsche Post，[2001] OJ L 331/40），④制裁金が課されなかったケース（GVG/FS，[2004] OJ L 11/17）に分かれる。ある事件において複数の行為が82条違反とされた場合，先例により明確に同条違反とされた行為類型か否かなどにより，そのうちの1つだけが制裁金の対象とされたケースもある（Napier Brown-British Sugar，[1988] OJ L 284/41, paras.87－8）。

35　2003年理事会規則1号は，特にこのような規定を設けている。ただし，事業者団体の決定を実施しなかった事業者でその存在を知らなかった者もしくは委員会の調査開始前に積極的に違反決定から離脱した者には命ずることができないとされている（23条4項）。

36　欧州委員会は，垂直的協定の事件で自動車メーカーから強制されて81条違反を行い，積極的に違反に協力しなかったディーラーに対して制裁金を課さなかった例がある（Volkswagen/Audi，[1998] OJ L 124/60, para.208）。

ともなりうる。British Sugar 社は，1988 年の 82 条違反の決定[37]において，異議告知書を受けた後にコンプライアンス・プログラムを作定し，81 条，82 条の下で同社に求められる義務を詳細に定め，社内の各職層に対して，これらの義務に違反する行為のみならず，疑わしい行為をも行わないよう指導する約束を行い，制裁金の減額を受けた。81 条を含めて違反の防止を約束していたにもかかわらず，10 年後の事件で同社は，首謀者として「値上げに関する共同の戦略」を組織したため，基本額を 75％増額された[38]。このように古い事件ではコンプライアンス・プログラムの存在を軽減事由として考慮した例も全くないわけではないが，最近の欧州委員会の決定においては，それ自体では軽減する方向へ特段の効果を生み出すものと評価されているわけではなく，加重事由とされた例さえ存在する。以上のような文脈のなかで欧州委員会の 1998 年および 2006 年算定ガイドラインは，コンプライアンス・プログラムの採用について軽減事由として明示していないことに留意すべきである[39]。

Ⅳ 欧州委員会の運用

● 1 統計的概観[40]

欧州委員会は，1969 年のキニーネ・カルテル事件[41]以来，2007 年 2 月 21 日に公表されたエレベーター／エスカレーター・カルテル事件まで 159 件の決定

---

37 Napier Brown-British Sugar, [1988] OJ L 284 / 41. 本決定は，British Sugar 社の行動を「コンプライアンス・プログラムを作定し，模範的な行動をとっている」と評価していた (para.82)。
38 British Sugar, [1999] OJ L 76 / 1, para.210.
39 Jones & Sufrin, supra note 32, at 1133.
40 以下では，欧州委員会が制裁金を賦課した決定について概観を得ることを目的とすることから欧州委員会の決定をみることとしたい（欧州裁判所の判決における減額等の検討は他日を期したい）。したがって，欧州裁判所によって取消された決定も欧州委員会の決定の傾向を見るために，これを含めて数字を示す。ただし，手続上の理由から決定が取消された事件について，再度，制裁金を賦課する決定があっても（これが一事不再理にあたらないことは，上述の Limburgse Vinyl Maatschappij v. Commission 判決を参照），1 件と数える（2 件とは数えない）。なお，以下の算定には，一部を除き会社合併等による商号変更が考慮されていないから，現実に繰返し違反を行った事業者数はこれより多い可能性がある。違反を認定されたものの，制裁金を免除された事業者は，この件数に含まれていない。以下の件数は，C. Jones & M. Van Der Woude, EC Competition Law Handbook 2004 / 2005 Edition (2004) 79－101 頁の制裁金が課されたケースのリストおよびこれに掲載されていない最近の決定については欧州委員会競争総局のウエブサイトによった。
41 International Quinine Agreement [1969] OJ L 192 / 5.

において，のべ834違反行為者に総額10,146,495,664ユーロの制裁金を課してきた（1違反行為者当り約12,166,062ユーロ）。統計的概観から指摘しうることは以下のとおりである。

　第1は，制裁金を課されても違反を繰返し行う事業者が相当に多いという事実である。少なくとも46の事業者が繰返し違反を行っている。繰返しの回数は，少なくとも6回が1事業者[42]，5回が1事業者[43]，4回が3事業者[44]，3回が3事業者[45]，2回が38事業者[46]に上る。業界別では，とりわけ化学業界で繰返しカルテルが行われている（なお，Pioneer決定[47]（1979年）まで制裁金の額は相対的に低かったといわれるところから，一般的に制裁金が高額化したとされるそれ以後の時期に限ってみても，結果はほとんど変わらない）。2006年制裁金算定ガイドラインは，繰返し違反の場合に大幅に制裁金額を引き上げることができることとしたが，制裁金は消費者や株主が支払うものともいわれ，どれほどの効果を持つかは，なお予断を許さない。

---

[42] Solvay（Peroxygen Products，［1985］OJ L 35 / 1；Polypropylene，［1986］OJ L 230 / 1；PVC，［1989］OJ L 74 / 1；Soda Ash，［2003］OJ L 10 / 1；Soda Ash（Solvay），［2003］OJ L 10 / 10；Hydrogen Peroxide, 3 May 2006, COMP / F / 38. 620）。このほかに子会社による違反がある（Vitamins，［2003］OJ L 6 / 1）。

[43] BASF（Dyestuffs，［1969］OJ L 195 / 11；Polypropylene，［1986］OJ L 230 / 1；PVC Ⅱ，［1994］OJ L 239 / 14；Vitamins，［2003］OJ L 6 / 1；Choline Chloride, COMP / E-2 / 37. 533）（BASF / Accinauto，［1995］OJ L 272 / 16は子会社による違反）。

[44] ICI（Dyestuffs，［1969］OJ L 195 / 11；Polypropylene，［1986］OJ L 230 / 1；PVC Ⅱ，［1994］OJ L 239 / 14；Acrylic Glass, 31 May 2006, COMP / F /38. 645），Hoechst（Dyestuffs，［1969］OJ L 195 / 11；Polypropylene，［1986］OJ L 230 / 1；PVC Ⅱ，［1994］OJ L239 / 14, Monochloroacetic Acid, 19 January 2005, COMP / F / 37. 773），Shell（Polypropylene，［1986］OJ L 230 / 1；PVC Ⅱ，［1994］OJ L 239 / 14；Road Bitumen, 13 September 2006, COMP / F / 38. 456；Synthetic Rubber, 29 November 2006, COMP / F / 38. 638）。

[45] Hoffman-La Roche（Vitamins，［1976］OJ L 223 / 27；Vitamins，［2003］OJ L 6 / 1；Citric Acid，［2002］OJ L 239 / 18），Atochem（Peroxygen Products，［1985］OJ L 35 / 1；Polypropylene，［1986］OJ L 230 / 1；PVC Ⅱ，［1994］OJ L 239 / 14），Nedlloyd（French African Shipping，［1992］OJ L 134 / 1；CEWAL，［1993］OJ L 34 / 20；Far Eastern Freight，［1994］OJ L 378 / 17）。

[46] Rhône Poulenc（Aventis）（Polypropylene，［1986］OJ L 230 / 1；Vitamins，［2003］OJ L 6 / 1），（そのほかMethyglucamine，［2004］OJ L 38 / 18は子会社による違反），Degussa（Peroxygen Products，［1985］OJ L 35 / 1；Methionine，［2003］OJ L 255 / 1），（Organic Peroxides, COMP / E-2 / 37. 857は子会社による違反），DSM（Polypropylene，［1986］OJ L 230 / 1；PVC Ⅱ，［1994］OJ L 239 / 14），Orient Overseas Container Line（Far Eastern Freight Conference，［1994］OJ L 378 / 17；TACA，［1999］OJ L 95 / 1）など。

[47] Pioneer，［1980］OJ L 60 / 21.

第 11 章　EU 競争法における行政制裁金制度

　繰返し違反への対応を含めて制裁金の抑止力強化のために，どのような対策がありうるであろうか。まず，ECレベルで考えられる1つの対応策は制裁金の引上げである。例えば最適な (optimal) 制裁金額は，理論上，違反行為によって得た利得に摘発率の逆数を乗じて算定することができるとされるが[48]，違反行為の摘発率が相当低いとすると，「不可能なほど高い制裁金を課さない限り」最適な水準に達しない[49]。しかし，理事会規則上の上限は改正するにしても，例えば売上額の150%もの水準の制裁金は，通常会社の支払能力を超えており，会社が解散することになれば市場における競争単位が減少するだけでなく，経営者，株主，労働者，サプライヤー，顧客，債権者などステークホルダーにも重大な影響を及ぼすことから望ましい事態ではなく，さらに何よりペナルティの峻厳さは違反行為の重大性に比例しないものであってはならないとの比例性の原則（EU基本権憲章49条3項）に反することとなろう[50]。

　第2に，マイクロソフト決定[51]は，単独では最高額となる約5億ユーロの制裁金が課されたが，現金だけで500億ドルを保有するといわれる程に資金力の豊富な同社にとっては金銭的サンクションの抑止力には限界がある[52]。このよ

48　W.P.J. Wils, EC Competition Fines : To Deter or Not to Deter, 15 Yearbook of European Law 28-31 (1995) に経済学的アプローチが紹介されている。

49　W.P.J. Wils, Does the Effective Enforcement of Article 81 and 82 Require Not Only Fines on Undertakings, But Also Individual Penalties, and in Particular Imprisonment ?, in Competition Law Annual 2001 : Effective Private Enforcement of EC Antitrust Law 420-3 (2003). 違反から得られる利得が100，発見の可能性が20%であれば，理論値として500以上の制裁金を課さなければならない。Wilsは売上額の5%の利益が生じるカルテルが5年間継続し，違反の発見率が約16%（アメリカにおける同種の調査からの推定）であるという仮定に基づいて，その場合，制裁金は売上高の150%以上でなければ「最適な」水準とならないとの推計を示している (422頁)。

50　Id. at 423-7. いま1つのECレベルでの対応の可能性は，入札談合を含めた欧州共同体の財政的利益を侵害する犯罪について，「欧州検察官 (European Prosecutor)」が加盟国裁判所に刑事処罰を求めて提訴する制度を創設することである。欧州委員会は，この構想について既にグリーンペーパーを公表しているが (Green Paper on criminal-law protection of the financial interest of the Community and the establishment of a European Prosecutor, COM (2001) 715)，その後のフォローアップ報告書では賛成の加盟国が6国，有用性ないし実現可能性に懐疑的が3国，拒絶が6国であることが明らかにされており (Follow Up Report on the Green Paper on criminal-law protection of the financial interest of the Community and the establishment of a European Prosecutor, COM (2003) 128)，少なくとも短期的には加盟国から刑事処罰を行う権限が移譲される可能性はないであろう。

51　Microsoft / W2000, 24 March 2004, COMP / 37. 792.

52　Jones & Sufrin, supra note 32, at 1136.

うな場合には，排除措置命令の内容を工夫する方が抑止効果において勝っていると考えられるが，本稿のテーマとの関係上，問題の指摘にとどめる。

● 2 賦課対象行為

2003年理事会規則1号は81条，82条違反一般を制裁金を賦課することができる対象行為としつつ，具体的な対象行為は，違反の重大性，悪質性，影響を及ぼす地理的範囲の大きさ，違反期間，過去に違反とされた類型か否かなどを考慮して欧州委員会が決定しているようであるが，他方，必ず制裁金が課される行為類型があることも事実である。各国・地域の独禁法執行機関がどのように事件を選択し，何にプライオリティをおいて運用するかは，当該国や地域の置かれた背景的事情によって異なるから比較法学的検討には限界があるが，この点に留意しつつ，欧州委員会の運用をみてみる。

欧州委員会によって制裁金が課された決定159件のうち，81条違反が131件，82条違反が35件であり，両法条違反が7件である。行為類型別にみると，81条関係では，①価格カルテル[53]，②並行輸入の妨害[54]，③市場分割[55]，④数量制限[56]などが多いが，そのほかにも⑤情報交換[57]，⑥共同販売会社を通じて行う輸出制限[58]，⑦事業者団体による参入阻止と構成事業者の活動制限[59]，⑧再販売価格維持行為[60]，⑨選択的流通制[61]，⑩商標の使用制限[62]や特許ライセンス契約における制限条項[63]などに制裁金が課されている。

---

53 価格協定を含む事件は，Quinine Cartel，[1969] OJ L 192／5 以来，近年の Amino Acids，[2001] OJ L 152／24 ; Graphite Electrodes，[2002] OJ L 100／1 ; Vitamins，[2003] OJ L 6／1 ; Choline Chloride, 9 Dec. 2004, COMP／E-2／37.533 まで枚挙に暇がない。

54 Pittsburgh Corning，[1972] OJ L 272／35 から Souris-Topps, 26 May 2004, COMP／C-3／37.980 まで多数。

55 Peroxygen Products，[1985] OJ L 35／1 ; PO／Needles, 26 Oct. 2004, F-1／38.338 など相当数にのぼる。

56 Zinc Producer Group，[1984] OJ L 220／27 が典型。

57 Fatty Acids，[1987] OJ L 3／7（EECの3大脂肪酸メーカーが他の2社の競争行動をモニターし，容易に把握できるような形で定期的に各市場別の販売高等について情報交換したことが81条1項違反とされた）。情報交換だけで制裁金を課されたケースとしては初めてである。

58 Floral，[1980] OJ L 39／51（フランスの3大化学肥料メーカーがドイツ向け輸出を専ら共同販売子会社を通じて行うことにより輸出比率を固定したケース）。本件決定の名宛人である3つの化学肥料メーカーが関与した別の共同輸出会社について以前に決定があり，そこで共販機関による輸出制限が81条1項に違反し3項の適用免除を受けられない旨指摘されていたことが本件での制裁金賦課につながった。

82 条違反については、①取引拒絶[64]、②不当廉売[65]、③価格（マージン）圧搾[66]、④差別対価[67]、⑤抱合せ[68]、⑥忠誠リベート[69]、⑦排他的行為[70] などである。

81 条、82 条ともに問題となるのは、以前に違反とされた例のない新規の行

---

[59] Hudson's Bay-Dansk Pelsdyravlerforening, ［1988］OJ L 316 / 43（構成事業者が外国の毛皮生産者のためにエージェントとなることを禁止することによる国際的に重要なデンマーク毛皮取引市場への外国事業者の参入阻止と構成事業者が当該事業者団体と競争関係にあるオークション業者に毛皮を出荷することの禁止）；British Dental Association, ［1988］OJ L 235 / 15（歯科用品・設備の国際、国内展示会への外国事業者の参加の制限）。商談の場として重要な展示会への参加資格を国籍によって差別することが EC 条約 81 条に違反することは、これ以前のケースにおいて明らかであり（para.54）、そのような運用を踏まえて制裁金が課された。

[60] Volkswagen, ［2001］OJ L 262 / 14 など。ただし、本件は第 1 審裁判所で取消された（メーカーとディーラーの合意の証明なし）。

[61] BMW Belgium, ［1978］OJ L 46 / 33 など。

[62] Toltecs / Dorcet, ［1982］OJ L 379 / 19（ドイツ商標法による登録商標の存続期間が消滅した翌日に商標権不争条項を含む契約を締結して加盟国の競争者から輸入を妨げたケース）。商標権不争条項については本件以前に決定があったが、欧州委員会が制裁金の納付を命じたのは本件が最初である。ただし、欧州司法裁判所は実体法上の理由により決定を取消した。

[63] Windsurfing International, ［1983］OJ L 229 / 1（ドイツ特許庁によりウインドサーフィン用の帆について特許権を付与された者が、ライセンシーに対して、事前に承認したボードを使用してサーフボードを製造すべきこと、帆とボードを別個に供給してはならないこと、帆とサーフボードなどを合わせた価格を基礎としてロイヤリティを支払うべきこと、サーフボードにも特許権者からライセンスされた旨を示す証紙を貼付しなければならないこと、特許権の有効性を争わないことを定める条項が 81 条 1 項違反とされた）。特許権が帆についてのみ成立するとのドイツ特許庁の決定後も Windsurfing International 社は上のような契約条項に基づいてライセンシーに種々の要求をしたことから、欧州委員会は少なくとも重大な過失があると認定した。不争条項は本件以前の複数の決定において 81 条 1 項違反とされていた。

[64] Zoja / CSC-ICI, ［1972］OJ L 299 / 51（自ら合成抗結核薬の製造販売を開始するため、従来その原料のみを製造してきた支配的事業者が取引相手に対し原料の供給を拒絶した事例）；Hugin / Lipton, ［1978］OJ L 22 / 23（共同体市場で第 4 位のキャッシュレジスター製造業者が自己のレジスターの修理には同社の部品によらねばならないことから、保守部品における支配的地位を認定され、従来取引を行ってきた保守業者に対して部品の供給を拒絶したことが 82 条違反とされた事件。ただし、加盟国間の取引への効果の点で欧州裁判所は決定を取消した（Hugin v. Commission, ［1979］ECR 1869））。

[65] ESC / AKZO, ［1985］OJ L 374 / 1（過酸化ベンゾイルの支配的事業者が、その 1 つの用途における小規模の競争者が別の用途に参入しないよう威嚇し、拒否されると前者の用途市場から排除するために不当廉売を行った事例。ただし、不当廉売が 82 条違反となるか正確には判断されていなかった類型の濫用行為であることを理由に、共同体裁判所は制裁金を 25％ 減額した（AKZO Chemie v. Commission, ［1993］5 CMLR 215, para. 163）。Wanadoo Interactive, COMP / 38. 233（16 July 2003）. フランステレコムの子会社による DSL サービスのコスト割れ販売。

第Ⅰ部　企業活動と刑事規制の国際調査

為類型に制裁金を課すことができるかどうかである。条約81条，82条違反行為として確立された類型でないものであって当該違反行為を行うにつき過失があるとはいえない場合，最初の違反者には制裁金を課さず，その後に同じ類型の違反を行った者について，先例を参照しなかったことにつき少なくとも過失があるとして制裁金を課すこととしているようである。あるいは欧州委員会の実務では緊急停止命令を発し，その後にもなお当該行為を継続する場合には故意か少なくとも過失が認定される。

Ⅴ　結　語

以上にみてきたように，EU は競争法違反の抑止に行政制裁金を用いてきたが，これは事業者に対する刑事処罰の権限が加盟国に留保されているからである。このような現状は少なくとも短期的には変化がないものと考えられることから，EU は制裁金額を増大させることで抑止力の強化をはかってきた（特に2007年以降の日本企業に対するものを含め，制裁金は，その件数，金額ともに著し

66　Deutsche Telekom, [2003] OJ L 263 / 9（ドイツテレコムがエンドユーザーに請求する固定電話料金より，その市内電話網への競争事業者のアクセス料金を高く設定することにより競争者の排除を図った例）．本件では，価格（マージン）圧搾を認定するのに採った方法が過去の決定（Napier Brown-British Sugar）で問題となっていないことなどを理由に，基本額の認定において（極めて重大な違反ではなく）重大な違反にとどめるとした（para.206）．

67　Chiquita, [1976] OJ L 95 / 1（共同市場において45％の市場占拠率を有するバナナの供給者が加盟国内の販売業者に差別的対価で販売したものであるが，このような価格政策に対して82条との関係で検討した初めてのケースであることも制裁金を穏当な（moderate）ものとすべき理由とされている）．ただし，本件では他の販売業者への再販売の禁止，他のメーカーの広告キャンペーンに参加した販売業者との取引拒絶なども濫用行為として認定されており，これらを合わせて制裁金を課されたとみる方が適切かもしれない．

68　Hilti, [1988] OJ L 65 / 19（電動釘打ち機およびカートリッジと釘の抱合せ販売により，釘の独立メーカーが Hilti の釘打ち機で使用される釘を供給しないようにした）．Tetra Pak Ⅱ, [1992] OJ L 72 / 1（液体食品の充填機械とカートン容器の抱合せ）．

69　Michelin, [1981] OJ L 353 / 33（販売目標額を達成したか否かにより非客観的基準に基づいて支給される忠誠度リベート等によって，販売業者が他のタイヤメーカーと取引することを制限した）．

70　Vitamins, [1976] OJ L 223 / 27（英国条項（他のビタミン製造業者がロッシュより低価格を提示した場合には通知し，ロッシュがより低い価格を示せない場合に他のメーカーとの取引を許諾する条項）やリベートにより，重要な顧客がその販売量の全部または大部分をロッシュから購入させる契約により競争者を排除）；British Plaster Board [1989] OJ L 10 / 50（自社からのみ購入する顧客にリベートを提供し，あるいは品薄の際に優先的に供給して競争者を排除）．

第 11 章　EU 競争法における行政制裁金制度

く増大している）。ただ，行政制裁金は消費者や株主の負担において解消されるおそれもあり，2006 年算定ガイドラインの下で十分な抑止効果が確保されるかどうかは，なお速断を許さないものがあるといえよう。

第12章　EUにおける企業の不正行為に対する取組み

日 山 恵 美

Ⅰ　序
Ⅱ　EUの法秩序と政策決定過程
Ⅲ　EUにおける企業の金融不正行為に対する政策
Ⅳ　EUにおける法人の刑事責任
Ⅴ　結　語

Ⅰ　序

EUにおいても，米国やわが国と同様に，イタリアのパルマラット社の粉飾決算や，他の加盟国における，類似の粉飾決算に関連する企業の破綻が続き，資本市場に対する信頼が揺らいだ。

そのため，これら一連の企業の金融不祥事の防止のために，イタリアのパルマラット社，オランダのアホート社の破綻を契機として，EUでは，2004年9月にコミッションによりコミュニケーションが発表された[1]。本稿では，このコミュニケーションの概要を紹介することでEUの企業不祥事に対する諸政策を概観し，あわせて，このコミュニケーションで打ち出された諸政策のその後の動向について述べることとする。そして，このコミュニケーションでも触れられている，この問題に対する法人の刑事責任の導入についての傾向を，EUの他の諸政策における法人の刑事責任の動向にかんがみて検討することとする。

なお，本稿では，まず，上述のEUの諸政策をみていくにあたって必要と思われるかぎりで，EUの法秩序と政策決定過程について簡単に触れておく。

Ⅱ　EUの法秩序と政策決定過程[2]

EUは，1993年にEU（欧州連合）条約すなわちマーストリヒト条約により成立した欧州を代表する地域統合組織である。同条約は，ECs（欧州石炭鉄鋼共

1　Communication from the Commission to the Council and the European Parliament on Preventing and Combating Corporate and Financial Malpractice COM（2004）611 final.

同体：ECSC（2002年7月23日廃止），欧州共同体：EC，欧州原子力共同体：Euratom）を第一の柱，共通外交・安全保障政策を第二の柱，司法・内務協力を第三の柱とする三本柱構造となっている。その後，1997年10月3日，同条約を改正するアムステルダム条約が署名され，1999年5月1日に発効した。このアムステルダム条約により，第三の柱は警察・刑事司法協力となり，人の自由移動および警察協力を実施していたシェンゲン条約が編入された。さらに，2001年2月26日に，拡大に備えるための機構改革を目的とするニース条約が署名され，2003年2月1日に発効している。

EUの機関には，加盟国首脳で構成される欧州理事会（the European Council），加盟国を代表する権限を与えられた閣僚級により構成される理事会（the Council），EU市民により直接選挙された議員から構成される欧州議会（the European Parliament），一般的能力を基準として選定され，かつ，独立性に疑義のない構成員で構成されるコミッション（the Commission）がある。EUは，最高意思決定機関である欧州理事会の政治的指針のもと，EC諸機関（理事会，欧州議会，コミッション）が三本柱に共通の機関として，分野に応じて法的根拠をEC条約またはEU条約に置きながら行動する。EUの立法および政策決定を行なう中心的機関は理事会であるが，立法・政策提案をなし，政策執行および実施監督などの任務を担うのはコミッションである。コミッションの構成員には独立性を確保する法的義務があり，各国政府および団体からの政治的独立性が守られなければならない。各加盟国はこの原則を尊重し，コミッション構成員に対し，その職務の遂行にあたって影響力を行使しない旨約束する（EC条約213条2項）。理事会が加盟国の国益調整の場であるのに対して，コミッションの構成員には政治的な思惑から独立してヨーロッパ統合を進めることが期待されているのである[3]。

EC分野つまり第一の柱に関しては，コミッションに提案権が独占され，原則として理事会の特定多数決または全会一致により決定が成立する。欧州議会の立法への関与の態様としては，「意見」「同意」「共同決定」がある。「共同決定」の場合には，修正提案権を有する。

---

[2] 本章における記述は，庄司克宏『EU法 基礎篇』岩波書店，2003年および庄司『EU法 政策篇』岩波書店，2003年を参考にした。なお，脱稿後，2007年12月にリスボン条約が署名されている。

[3] 藤井俊彦『ヨーロッパのCSRと日本のCSR』日科技連出版社，2005年，62頁。

第12章　EUにおける企業の不正行為に対する取組み

　この分野においては，EC条約第249条に，派生法として「規則」(regulation)，「指令」(directive)，「決定」(decision)，「勧告」(recommendation)，「意見」(opinion) が列挙されている。

　「規則」は，一般的適用性を有する。規則はそのすべての要素について義務的であり，かつ，すべての加盟国において直接適用可能である（EC条約第249条2段，第110条2項1段）。つまり，「規則」を国内法に編入または置換するための国内立法を必要としない。

　「指令」は，達成すべき結果について名宛人たるすべての加盟国を拘束するが，「形式及び手段」についての権限は国内機関に委ねられる（EC条約第249条3段）。もっとも，「指令」を実施するための「形式および手段」に関して加盟国に任された選択の余地は，達成すべき結果すなわち目的に依存する。「指令」は「拘束的性格を有する規定」により置換されなければならない。

　「決定」は，それが指定する名宛人に対し，そのすべての要素について義務的である（EC条約第249条4段，第110条2項3段）。「決定」は特定の名宛人を有し，一般的適用性を有する「規則」とは異なり，個別的範囲の措置である。

　これらのEC法は，国内法秩序において直接効果を有し，憲法を含む国内法に優越する。

　これに対して，第三の柱では，コミッションの提案権は加盟国と共有であり，理事会が全会一致により決定する（EU条約第34条2項）。欧州議会の役割は，理事会からの諮問を受け，意見の表明にとどまる。（同39条1項）。なお，理事会に対して質疑または勧告を行うのは自由である（同39条2項）。

　この分野で採択される立法・政策の一つである「枠組決定」(framework decisions) は，加盟国の法令の調和を目的とするが，達成されるべき結果について加盟国を拘束し，「形式および手段」については国内機関の裁量に委ねられている。EC法上の「指令」とは異なり，直接効果は明文で排除されている（同34条2項(b)）。

　「決定」(decision) は，加盟国の法令の調和以外を目的とするが，それをEUレベルで実施するための措置は理事会の特定多数決により採択することができる（同34条2項(c)）。

　「協定」(convention) は，各国における批准を要し，半数以上の加盟国が批准すればその限りにおいて発効するが，「協定」実施措置は締約国たる加盟国の3分の2の多数決で採択される（34条2項(d)）。

第Ⅰ部　企業活動と刑事規制の国際調査

Ⅲ　EUにおける企業の金融不正行為に対する政策

● 1　2004年9月のコミュニケーション発表前のEUの政策

　EUでは、ユーロの導入による単一市場の実現、金融市場の統合を目指し、「金融サービス行動計画」（FSAP）[4]が1999年に出されており、このFSAPでは、①単一卸売市場の完成の他、②開放的で安全な小売市場、③最高レベルの健全基準および監督の確保が目標に掲げられていた。このFSAPに基づく各種措置は、2004年6月2日に、ほぼ完了したと報告されている[5]。また、1980年代から、EU内の会社法の調整という議論の一項目として、コーポレート・ガバナンスの方策についても検討されてきており[6]、2003年に、コミッションは、会社法およびコーポレート・ガバナンスの取り組みの方向付けを示すために「行動計画」を出している[7]。これらでは①透明性の強化、②株主のコントロール手段の強化により、投資家を企業の不正行為から保護することが目されている[8]。EUは、企業の不正行為に対して、①任意の行動規範を通して、②企業内での各機関の内部的役割を明確にする法的な基準の確立を通して、③透明で正確な財務報告に関する外部基準の法制化を通して防止することを方針としている[9]。EUは、米国のSOX法のような法律による規制ではなく、法律と非法律的な手法（規範）を組み合わせて用いている[10]。

　しかし、上述したように、金融市場の廉潔性、安全性やコーポレート・ガバ

---

[4] Financial Services : Implementing the framework for financial markets : Action Plan COM（1999）232.

[5] See Tenth Progress Report :
http://ec.europa.eu/internal_market/finances/docs/actionplan/index/progress10_en.pdf

[6] ジャクリーン・マクレナン、アンナ・ベズロウグロウ（三浦哲男監訳）「EUにおけるコーポレート・ガバナンスの新しい動き　コーポレート・ガバナンスの世界的展開とEUおよび同加盟国における試み」国際商事法務第32巻第9号（2004）1159頁。

[7] Communication from the Commission to the European Parliament Modernising Company Law and Enhancing Corporate Governance in the European Union-A Plan to Move Forward COM（2003）284 final.

[8] European Commission Press Releases（Speech / 03 / 298）, Speech by Frits Bolkestein Member of the European Commission in charge of the Internal Market and Taxation Modernising Company Law and Enhancing Corporate Governance in the EU the way forward Address at Roundtable on Corporate Governance and Company Law, European Policy Forum London, 13th June 2003.

[9] 前出注6・1159頁。

[10] 前出注6・1161頁。

第12章　EUにおける企業の不正行為に対する取組み

ナンスに関して早くから取り組まれていたにもかかわらず，パルマラット社などの企業の不正行為が発生したことにより，EUは，さらなる対応を執る必要に迫られたといえよう。EUでは，パルマラット事件を以下のように分析している。

　パルマラット社は，オフショア・センターにおける子会社や特定目的会社（SPV）などの複雑な企業構造の利用により法的，財務的，税制的環境の利を得ていた。同社における不正行為が防止できなかった原因としては，同社では，リーダーシップおよびガバナンスが欠落していたこと，幾人かの監査人が，自分自身のリスクを最小限にするべく他者にリスクを転嫁し，自らの利益を創出するために，同社の高リスクな資産状況の情報を利用したこと，同社が多国家に跨る企業であったことから監視が困難であり，司法権の協力体制も不十分であったこと，財務処理が不透明であったことが挙げられる[11]。

　そして，この分析に基づいて，コミッションが，2004年9月，「金融および企業の不正行為防止およびそれとの闘いについてのコミュニケーション」[12]を，企業の金融市場における不正行為を防止するための政策として発表した。このコミュニケーションは，上述のFSAPや行動計画における方針を変更するものではなく，これらにおいて提案されていた規制の適用の時宜を得た実践，厳格な監視および実効的なコントロールを推し進めることを目的とするものである。

　以下では，このコミュニケーションで提案された措置，および，それらの措置がその後どのように展開しているか，ということについて概観する。

● 2　2004年9月のコミュニケーションにおける諸政策およびそれらのその後の動向

　このコミュニケーションでは，企業の不正行為に対して，「透明性の強化，トレーサビリティの改善，法執行の調和」をキーワードに，4つの防衛ラインを強化することが早急の課題であるとして，金融サービス，司法および内務事項，税制政策の強化，と幅広く政策が提案されている。

　4つの防衛ラインとは，①内部統制，コーポレート・ガバナンス，②独立した第三者，③監督，④法執行である。

11　COM (2004) 611 final, p.3.
12　COM (2004) 611 final.

第Ⅰ部　企業活動と刑事規制の国際調査

　上述したように，一連の金融スキャンダル，とりわけパルマラット事件においては，これらの防衛ラインが適切に機能していなかったことが原因である，と指摘され，各防衛ラインにおける強化策が提案されている。以下，これら4つの防衛ラインごとに提案された措置を紹介し，コミュニケーション発表後のその動向について述べていく。

　① 内部統制，コーポレート・ガバナンス

　まず，第一の防衛ラインを担うのは取締役である。この防衛ラインにおける対策は以下のとおりである。

　短期[13]に執るべき措置として，以下のものが提案されている。

・財務報告書および主要な非財務情報に対する取締役構成員の集団責任の明確化
・企業グループ内および関連当事者（SPVを含む）との取引の透明性の強化
・すべての上場企業へのコーポレート・ガバナンス報告書公表の義務づけ

　次に，長期に執るべき措置として以下のものが提案されている。

・取締役の資格剥奪および不正取引の基準の策定

　ここで目指されているのは，企業内における財務の流れの透明性であり，この観点から，株式市場の透明性が重要視される。これについて，EUは，「金融商品市場指令」[14]（Directive on Markets in Financial Instruments ; MiFID）によりその実現を図っている。

　「金融商品市場指令」は，2006年4月5日に署名され，同月27日付で官報に公表された[15]。加盟国国内への導入期限は，提案当初は，同年4月30日であったが，2007年1月31日までに延期され，投資サービス業者（investment firm）がその要請に従う期限も2007年11月まで延期された。この指令では，投資家保護のため，投資サービス業者の基本的な行為規則等を定めている。また，加盟国は，本指令の実施措置において採択された規定が遵守されない場合，認可の取り消しの手続や，加盟国の刑罰権を侵害することなく，その国内法と一致して，責任を有する者に対して適切な行政的手段を執ること，もしくは行

13　短期とは2004年まで，中期とは2005年12月まで，長期とは2006年以降を指す。
14　Directive 2004 / 39 / EC of the European Parliament and of the Council of 21 April 2004 on markets in financial instruments, OJ L 145, 30. 4. 2004.
15　Directive 2006 / 31 / EC of the European Parliament and of the Council of 5 April 2006 amending directive 2004 / 39 / EC 21 on markets in financial instruments, as regards certain deadlines OJ L 114 / 60, 27. 4. 2006.

政的制裁を課さなければならない（指令51条），とされている。

② 独立した第三者

次に，独立した第三者による第二の防衛ラインとして，もっとも重要視されているのは会計監査人である。その他には，格付け機関，証券アナリスト，会計事務所，銀行，弁護士などが挙げられている。

ここで最も重要視されている監査人について，コミッションは，すでに「法定監査に関する指令（案）」[16]において，連結財務諸表の監査報告書におけるグループ監査人の全体責任，公共事業体における監査委員会の設立，監査役の交替，制裁体制の強化についての措置をとることを要求していた。この「法定監査に関する指令（案）」は，上述のFSAPにおいてコーポレート・ガバナンスと関連づけて提案されていた。

この提案は，その後，2006年6月9日に「法定監査に関する指令」として官報に公表された[17]。ほぼ提案どおりの内容となっているが，主要監査パートナーの交替制については，7年ごととする修正案が議会により可決されている（指令42条2項）。

同指令30条では，加盟国は，法定監査の不適切な実施を発見し，是正し，防止するために実効的な調査システム及び制裁（penalty）の措置を執らなければならず，法定監査がこの指令の実施において採択された規定に合致せずになされた場合，加盟国は，その民事責任制度を侵害することなく，法定監査人および監査事務所に対して実効的で（effective）均衡のとれた（proportionate）抑止効果のある（dissuasive）制裁を科さなければならない，と定められている。また，執られた措置および科された制裁は適切に公表されなければならず，この制裁には承認の取り消し（withdrawal）の可能性も含まなければならない。この指令は2008年6月29日までに国内法化されなければならないこととなっている（指令53条）。

そして，監査人の責任については，2007年1月までに，欧州資本市場にお

---

16 Proposal for a Directive of the European Parliament and of the Council on statutory audit of annual accounts and consolidated accounts and amending Council Directives 78 / 660 / EEC and 83 / 349 / EEC COM（2004）177 final.

17 Directive 2006 / 43 / EC of the European Parliament and of the Council of 17 May 2006 on statutory audit of annual accounts and consolidated accounts, amending Council Directives 78 / 660 / EEC and 83 / 349 / EEC and repealing Council Directive 84 / 253 / EEC, OJ L 157 / 87.

第Ⅰ部　企業活動と刑事規制の国際調査

ける法定監査実施のための現行国内法上の責任ルールの影響，金銭的責任の制限の客観的分析を含む，法定監査人および監査事務所のための保険の状況についての報告書を取りまとめることとなっていた（指令31条）。2007年1月18日，コミッションは，この加盟国における監査人に対する民事責任システム等の現状調査をもとに，EUにおける法定監査人の責任ルールの改正の可能性について諮問手続きを開始し，ステークホルダーに2007年3月15日までに意見を求めることとしている。コミッションは，改正の方向性として以下の4つの方法を提示している[18]。

・欧州レベルでの固定された上限額の導入
・市場資本総額による被監査会社の規模に基づく上限の導入
・監査人が顧客に請求した監査費用の倍額に基づく上限の導入
・加盟国による比例責任原則（the principle of proportionate liability）の導入
　———各当事者（監査人および被監査会社）がその責任の程度に応じた損失割合に応じてのみ負担

このように監査人の責任制限を検討する背景には，監査人に対する訴訟の増加と，保険によるカバーの不十分さ，という問題点がある。EUにおいては，必ずしも責任の厳格化を図る一方ではないことが示唆される[19]。

また，金銭の不正な流れの防止として，マネー・ロンダリング対策も挙げられている。コミッションは，関税分野における協力によるマネー・ロンダリング対策として，「共同体を出入りする現金のコントロールに関する規則（案）」において，15,000ユーロを超える取引の申告システムを提案していた。この提案は，その後，2005年10月26日に採択されているが，申告が義務付けられる取引額は10,000ユーロとなっている[20]。また，「第三次マネー・ロンダリング指令（案）」では，トラスト・アンド・カンパニー・サービスプロバイダーへの適用も可能にすることにより，共同体内における，とりわけビジネス・オ

---

[18] European Commission Press Releases（IP／07／60），Auditors' liability：Commission consults on possible reform of liability rules in the EU, 18. 1. 2007.

[19] 日米における監査人に対する法的規制を米国における「ゲートキーパー」論を中心として検討したものとして，高橋真弓「監査人に対する法的規制の再考察—ゲートキーパー論を参考に—」南山法学第29巻第4号（2006）29頁。

[20] Regulation（EC）No 1889／2005 of the European Parliament and of the Council of 26 October 2005 on controls of cash entering or leaving the Community, OJ L 309／9, 25. 11. 2005. 申告が義務づけられているのは自然人のみである。

第 12 章　EU における企業の不正行為に対する取組み

フショアを行なう企業内における不正な財務システムを防止することが提案されている。「第三次マネー・ロンダリング指令」[21] は 2005 年 11 月 25 日に官報に公表され，遅くとも 2007 年 12 月までに加盟国はこれを国内法化しなければならないこととなっている。この指令は，15,000 ユーロを超える現金支払いの場合，自然人および法人に適用される（指令 2 条 1 項(e)）。

同指令 39 条では，同指令が国内法化された場合，その違反について制裁措置をとらなければならないことが定められ，これは法人についても適用される。この制裁は実効的で均衡の取れた抑止効果のあるものでなければならず，加盟国は，加盟国の刑罰権を侵害することなく，国内法に一致する範囲で，適切な行政的手段や行政的制裁を科さなければならない，とされている。法人の場合，個人として，または，法人の代表権を持つ者，法人の名義で決定する権限を有する者，法人内部で監督権限をもつ者，といった当該法人の機関の一員として行動する者によって，法人の利益のために違反が犯された場合には法人が責任を負わなければならない。また，これらの者による監督もしくは管理が欠けていたために，法人の利益のためにその権限下にある者により違反行為がなされた場合にも法人は責任を負わなければならない。

第二の防衛ラインにおいて提案された措置として，最後に，格付機関に関する措置がある。格付け機関および証券アナリストについて，コミッションは，2004 年 7 月，内部情報へのアクセスが法的に不明瞭であること，信用度評価の方法，参入障壁，利益相反について精査することを欧州証券規制当局委員会（CESR）[22] に要請している。これは，2002 年 4 月，オビエドで開催された経済財政閣僚理事会（ECOFIN）の要請によるものである。格付け機関や証券アナリストの収入源は，発行体が支払う格付け手数料であり，格付け機関や証券アナリストらは格付け改善のためのアドバイス業務も行っていることから，利益相反を回避し，市場における投資者の保護を図る必要がある。

CESR は，2005 年 3 月にコミッションに助言を与え，コミッションは，これに基づき，新たな法的措置は不要である，と結論付けている[23]。その理由は，

21　Directive 2005 / 60 / EC of the European Parliament and of the Council of 26 October 2005 on the prevention of the use of the financial system for the purpose of money laundering and terrorist financing, OJ L 309 / 15, 25. 11. 2005.
22　欧州証券規制当局委員会については，平松那須加「欧州証券委員会（ESC）の創設」『資本市場クォータリー』野村資本市場研究所，2001 年秋号を参照。同誌は http://www.nicmr.com/nicmr/report/backno/2001 aut.html から入手可能。

305

格付け機関に影響を及ぼす EU の立法措置がコミッションの金融サービス行動計画（FSAP）においてすでに採択されている（「市場濫用指令」(Market Abuse Directive)，「資本金要件指令」(Capital Requirements Directive)，「金融商品市場指令」）ことに加えて，EU が証券監督者国際機構（IOSCO）[24] に加盟していることから，IOSCO の行動規範（2004年12月）の遵守が求められており，この行動規範の遵守状況のモニタリングを CESR に要請することで足りるものと考えられたからである。IOSCO 基本行動規範とは，米国エンロン事件等を契機として2003年9月に策定された「信用格付機関の活動に関する原則」を踏まえ，信用格付機関が遵守すべきより詳細な指針を定めたものである。

　その後，2006年12月，CESR はコミッションに対して，このモニタリングの報告を行っている[25]。CESR は，主な格付け機関は IOSCO 基本行動規範を遵守しており，結果としてより透明性が高まっている，と報告している。しかしながら，行動規範からの逸脱があることも指摘されており，行動規範の規定の改正も勧告されている。コミッションは，CESR の報告の結論から，格付け機関は行動規範のすべての規定を遵守する努力を続ける必要があり，欠点が判明した格付け機関の活動における改善を進めていくものとし，新たな法規制については検討していない。コミッションは，モニタリングを継続すること，とりわけ夏までに発効される米国の格付け機関改革法の影響をモニタリングすることとしている。自主規制に重きをおく方針に変更は認められない。

③　監　督

　第三の防衛ラインである監督とは，国家機関による監督である。

　加盟国は，EU 法を実行，執行しなければならないが，その際には，国家の監督機関が重要な役割を果たしており，国家レベル，EU レベル，国際レベルにおいて連携しなければならない。複数の監督機関の間における協力が求めら

23　European Commission Press Releases（IP / 06 / 8），Internal Market : Commission sets out its policy on credit agencies, 9. 1. 2006, Communication from the Commission on Credit Rating Agencies（2006 / C 59 / 02），OJ C 59 / 2, 11. 3. 2006.

24　IOSCO については，IOSCO のホームページ（http://www.iosco.org/），金融庁のホームページ（http://www.fsa.go.jp/inter/ios/ios_menu.html）も参照。

25　European Commission Press Releases（IP / 07 / 28），Internal Market : Commission Welcomes EU regulators' report on credit rating agencies, 10. 1. 2007. CESR の報告書については，CESR's Report to the European Commission on the compliance of Credit Rating Agencies with the IOSCO Code,
http://ec.europa.ru/internal_market/securities/agencies/index_en.htm.

第12章 EUにおける企業の不正行為に対する取組み

れている。

　まず、「法定監査に関する指令（案）」において、クロス・ボーダー取引における法定監査人および監査事務所の公的監視機関を設置すること、第三国との協力枠組みを設定することが提案されている[26]。

　加盟国間における市場に対する監督機関の協力の必要性とともに、ヨーロッパレベルでの協力として既に設けられている協力枠組みを強化する必要性がある、と指摘されている。この既設の協力枠組みには、インサイダー取引、市場操作、詐欺等のCESRの共同調査、責任分担の選択肢があり、EUでは、複数の監督機関が業務連携し、経験を交換できる会議を設けるなどしている。そのうえで、これらの監督機関間の協力をさらに強化する必要があるとし、加盟国の範囲を超えて管理される複雑な制度を有する企業のケースにおける共同調査の義務付け化や、リスク評価の利用、ピア・レビューのガイドラインの開発、最善慣行の評価を支えるための結果の公表を提案している。そして、一連の不祥事の背景ともなった財務取引や制度の複雑さの増強に伴い、証券分野、銀行分野および保険分野における監督機関の緊密な協力が必要とされている。

　また、税制システムの透明性の改善として、情報へのアクセスの促進、情報交換の促進の必要性が挙げられている。VATナンバーの経験をもとに、企業に対する単一の直接税納税者番号の利用の可能性を検討することが提案されている。もとより課税機関間では情報交換が推進されてきたのであるが、なお依然として残っている支障を取り除くため、以下の2つの問題が指摘されている。

　1つは、「相互援助指令」（Mutual Assistance Directive）が制限を設けていることである。相互援助指令第8条では、情報を要請された加盟国には、調査を行う、あるいは要請された情報を収集する権限を有する当該加盟国の機関にとって、その法規制や行政的慣行に反する場合には、調査を行う、もしくは情報を伝える義務は、義務づけられない、とされている。このことが、情報交換やパルマラット事件のような複雑な企業構造の不祥事の発覚を妨げているかどうかの検討、そしてそうであるならば、少なくとも法人税関係の範囲までは改正するのが望ましいかどうかの検討が必要とされている。

　2つ目は、課税目的のための銀行情報へのアクセスの改善を促進させるOECDでの作業を考慮すること、および、この発展がどのように共同体の現行

26　COM（2004）177 final, Article 32, 47.

制度に反映されうるかについて検討することである。

　税務分野における行政的協力の，短期，中期，長期それぞれにおける措置は以下のとおりである。

　短期
　・現行制度のより良い利用および最善慣行の交換
　・脱税，租税回避対策の具体的提案
　中期
　・加盟国間および国家間では省庁間における直接税事案における合同調査の範囲拡大
　長期
　・「貯蓄利子税制に関する指令」（Directive on taxation of savings income）における情報の自動交換の経験をもとにした，直接税の他の分野や他の種類の収入への拡大

　また，この税制システムの透明性および情報交換の努力を EU 内に限らず，第三国との連携においても行うことが，パルマラット事件でオフショア法域によって設けられた非透明な構造が利用されたことから要請されている。そのため，協力的および非協力的タックス・ヘイブンへの EU の政策を明確にする際の，さらなる一致が必要とされている。

　そして，EU のパートナーには，課税情報の交換と透明性の促進をサポートするため，技術的援助および経済的援助を提供することが提案され，OECD 加盟国との双務的な情報交換協定の迅速な締結も勧告されている。

④ 法執行

　第四の防衛ラインである法執行には，抑止的効果を有する刑事訴追も含まれている。

　EU では，金融犯罪対策として2000年のミレニアム戦略（Millennium Strategy）があり，この戦略において，組織犯罪集団の法人への浸透，会計詐欺（fiscal fraud）および経済犯罪の構成要件の最小スタンダードに関する立法の接近，犯罪収入の追跡，凍結および没収についての立法の見直しが進められていた。第四の防衛ラインでは，まず，このミレニアム戦略の進捗状況の再検討が提案されている。

　また，この他にすでに執られている法的措置としての現金支払い以外の支払い手段に関する詐欺・不正行為および偽造対策についての枠組決定（2001年）

第12章　EUにおける企業の不正行為に対する取組み

や，資金洗浄，手段の発見，追跡，凍結，押収及び没収並びに犯罪収益に関する枠組決定（2001年），加盟国間の金融情報機関（FIU）間の連携に関する決定（2000年），包括的なEUの対腐敗政策についてのコミュニケーション（2003年）についても，有効に活用していくことが必要とされている。

　この分野における今後の改善点として挙げられている措置は以下のとおりである。

　i　捜査および刑事訴追に関する連携および情報交換の強化として，ユーロポール，ユーロジャスト間の連携

　ii　規制当局と法執行機関との間の協力の推進として，一つの方法として，金融犯罪に対する闘いにおける協力一致のための覚書作成の検討

　iii　EU間での銀行口座および他の銀行関連情報の交換のための刑事分野における相互援助協定プロトコールに代わる欧州証拠令状の提案

　iv　財務および他の業務部門である私的機関と，法執行機関である公的機関との間の緊密な連携の推進

　v　財務調査の促進プログラムの作成。エンロン事件やパルマラット事件においても深刻な財務調査の障害となった意図的な文書破棄に対するEU全域での最低限の重罰化

　vi　金融の動きのトレーサビリティのためのオンライン取引についてのシステム的なトレーサビリティの必要性，電子的証拠収集管理プロジェクト（CTOSE）の利用

　vii　EU内効果を有する資格剥奪のための，刑事有罪判決および資格剥奪についての情報交換促進の提案

　viii　法人責任に関して，現行の規制に従えなかった場合の罰金およびその他の制裁の提案———この制裁の基準は，実効的であること，均衡のとれていること，抑止的であることである。

　ix　洗浄資金の効果的な確認，凍結，押収および没収についての，加盟国における特別な国家機関の設置，これら機関間での非公式なネットワークによる連携

　以下では，これらのうちiii，v，vi，vii，viiiについて，その後の動向等も含めて述べていく。

　　iii　欧州証拠令状（European Evidence Warrant；EEW）[27]

　欧州証拠令状の提案は，司法協力の礎石とされる1999年のタンペレ会議

(欧州理事会)によって確立された相互承認原則に基くものである。2001年10月16日の銀行情報に関する相互援助に関するプロトコールは,マネー・ロンダリングや金融犯罪との闘いを目的とするものであった。このプロトコールは2000年5月29日に採択された「刑事分野における相互承認協定」と一体となるものである。この協定は,8か国が批准した時点で発効するものであったが,当初,批准する国が少なかったため,同協定が発効する前の2003年に,コミッションは,刑事手続において利用するための一定のタイプの証拠の収集に相互承認の原則を適用する欧州証拠令状の創設を提案した。これは,EU内の国境を超えた証拠収集を規律する国際的およびEUの協定のモザイク状の現状を単一のEUの法体系によって代えようとするものである。もっとも,同協定は,その後批准国が増え,2005年8月23日に発効し,続く10月5日にプロトコールも発効している。欧州証拠令状の概要は次のとおりである[28]。

ある加盟国における司法機関によって発布された令状が,他の加盟国における司法機関によって直接的に承認され,執行される。従来の相互承認手続と比較して,より迅速な手続,令状の発布や執行についてのより明確なセーフガードが得られる,という利点がある。

この提案により適用される証拠のタイプは,提出命令や捜索押収令状などの国内法上の手段によって収集される物,文書およびデータである。刑事有罪記録のような警察もしくは司法記録に含まれる情報にも適用される。しかし,被疑者,被告人,目撃者もしくは被害者から供述を得ることには,どのような方法であれ適用されない。また,DNAのような人体由来資料の採取,通信傍受や銀行口座の監視のようなリアルタイムの証拠収集,鑑定報告の委託のようなさらなる取り調べを必要とするものも除外される。

欧州証拠令状は,欧州逮捕令状と同様に,発布国により執行国における公用語に翻訳された単一の文書で足りる。これにより,内国法の手続手段と同様の迅速な執行が可能となる。また,執行国が内国法に照らしてもっとも適切な証拠収集方法を決定することを認めている。そして,通常,より侵害的でない方法を利用する場合であるにもかかわらず,捜索令状を執行することを義務づけられてしまう,という相互承認に基づくシステムに発生する状況を避けること

---

27 Press Releases (IP / 03 / 1549), Criminal proceedings : Commission proposes European Evidence Warrant to facilitate the obtaining of across frontiers, 14. 11 .2003.

28 概要については,Id. および Council Meeting 1.-2. VI. 2006. JAI. を参照。

第12章　EUにおける企業の不正行為に対する取組み

ができる。

　欧州証拠令状は，発布国において，裁判官，調査判事，検察官によってのみ発布され得る。発布国が，自国においても，その物，文書もしくはデータが同様の状況の場合に収集できることが保証されなければならず，これによって，欧州証拠令状が，国内のセーフガードの抜け道として利用されることを妨げている。強制的な手段が証拠収集のために用いられた場合，執行国および発布国に実効的な法的補償が求められる。二重の危険の原則により欧州証拠令状の執行拒否の理由がある場合にはさらなるセーフガードが提供されることとなる。

　この欧州証拠令状は電子的に保存されている文書およびデータに関して，とりわけ有効である。他の加盟国に存在するサーバーに，ある加盟国の顧客についてのコンピューター・データがある場合，管轄の問題が生じるが，欧州証拠令状の提案では，サーバーの存する加盟国の同意を求めることなく，顧客がいる加盟国から証拠を収集することができるよう保証している。国境を越えた捜査の実効性を高め，法的明確性も高めることとなる。

　この提案は，欧州議会に諮問された後，理事会の一致により採択されなければならず，2006年6月の理事会においてほぼ提案どおりの合意に達している。理事会では，公的に利用可能な電子的コミュニケーション・サービスプロバイダーや公的コミュニケーション・ネットワークの保持するコミュニケーション・データの執行機関からの取得を，欧州証拠令状が適用されない証拠としてコミッションの提案に付け加えている。

　執行機関は承認もしくは執行の拒否理由による場合，あるいは延期の理由がある場合以外は，さらなる形式を要請することなく，欧州証拠令状を承認し，執行に必要な措置を執る。この承認しない，もしくは執行しない，という決定は，欧州証拠令状を受領した後30日間を超えない間に行わなければならない。延期の理由もなく，また，すでに執行機関が要請された物，文書もしくはデータを所有しているのでもなければ，原則として，欧州証拠令状は，受領した後60日間を超えないで遅滞なく執行される。

　承認しない，もしくは執行しない理由とは，①管轄権，②双方可罰性である。

　①の管轄権に関しては，コミッションの当初の提案には管轄条項はなかった。しかし，理事会は2005年2月の会議にて，この条項を挿入することを決定している。違反が，もっぱら，あるいは一部分が執行国の領域内で犯された場合に拒否理由の範囲は制限され，拒否の決定は例外的なものであり，事案ごとに

よるものとされている。権限を有する機関が欧州証拠令状の拒否理由として管轄権による場合には，決定の前にユーロジャストに諮問する。ユーロジャストの意見と一致しない場合，加盟国は，権限を有する機関がその決定を維持し，理事会に通知するようにしなければならない。

②双方可罰性については，ドイツが留保宣言を行う可能性がある。欧州証拠令状の執行に捜索押収の必要がある場合，テロリズム，コンピューター関連犯罪，民族主義，サボタージュ，脅迫，恐喝，詐欺のケースにおける双方可罰性の確認を条件に，執行する権利を留保する。

これら2つの問題に関する規定については，枠組み決定が発効した後5年以内に理事会が見直すこととされている。

v　意図的な文書破棄の重罰化による財務調査の強化

財務調査における意図的な文書破棄に対するEU全域での最低限の重罰化に関しては，2005年6月2日にコミッションが出した「組織犯罪への取組みに関する戦略構想の発展に関するコミュニケーション」[29]において，プライオリティ2で2007年までに措置を執るべきものとされている。

vi　電子的証拠収集管理プロジェクト (Cyber Tools On-Line Search for Evidence : CTOSE)[30]

このCTOSEプロジェクトは，フランスの通信機器大手のアルカテル社のほか，イギリス，ベルギー，ドイツなどの情報・セキュリティ企業，大学の研究所等が提携して行なわれ，2003年9月30日に完了している。

CTOSEプロジェクトの目的は，サイバースペースの利用者の権利保護と，インターネットによる購入の際の詐欺からの保護である。オンライン上で犯罪の電子的証拠を確認し，確保し，統合し，顕出することを援助するものである。このプロジェクトにおいて進展した新たなアプローチにより，捜査官は，ヨーロッパを通じて裁判手続きにおいて有効となる証拠を収集するためにコンピューターのフォレンジック・ツールを利用することができる。このため，EUの研究者は，ヨーロッパのコンピューターおよびセキュリティの専門家と協力して，新たな標準化された手続きを開発している。このプロジェクトは，サイバー犯罪との闘いにおいて有益なものである。同プロジェクトは，サイ

29　Communication from the Commission to the Council and the European Parliament "Developing a strategic concept on tackling organised crime", COM (2005) 232 final.
30　Press Release (IP / 03 / 1443), The EU becomes cyber Sherlock Holmes, 24. 10. 2003.

第12章　EUにおける企業の不正行為に対する取組み

バー犯罪助言ツール（C＊CAT）も開発しており，これは，捜査の各段階において，いかなる手続きを実施するのか，いかなる判断が要請されるのか，ということを捜査官に指摘してくれるものである。

vii　資格剥奪についての情報交換

刑事有罪判決および資格剥奪についての情報交換促進について，まず，2004年10月13日に，コミッションは，「刑事記録からの情報の交換に関する決定」の提案を行っている[31]。情報の移転の時間的制限を設ける（10日間）ことにより，加盟国間での情報交換の現存のメカニズムにおける迅速な改善を目指すものである。これは，2005年11月21日に理事会で採択され，2006年5月21日までに加盟国はこれを実施しなければならない（決定第7条）[32]。

2005年1月25日，コミッションは，刑事有罪の情報交換における主たる困難な事項を分析したホワイト・ペーパー[33]を出し，コンピューター化された情報交換システムを提案している。このホワイト・ペーパーについての議論の後，2005年4月14日に，司法・内務協力理事会は合意に達している。そして，これをもとに，コミッションは，2005年12月22日に現存の交換メカニズムの網羅的な改正を進める立法案（枠組み決定案）を上程した[34]。このような対応の速さは，2004年3月25日のテロリズムとの闘いに関する宣言（欧州理事会）において，この問題が優先課題とされたことによるものである[35]。

また，この問題に関して，コミッションは2006年2月21日，EU内における刑事有罪判決による資格剥奪に関するコミュニケーションを提案している[36]。このコミュニケーションは，資格剥奪の概念を明らかにし，現行のヨーロッパレベルの法規制を総括し，資格剥奪をより実効的なものとするためにとり得る

31　Proposal for a Council Decision on the exchange of information extracted from the criminal record, COM（2004）664.

32　Council Decision 2005 / 876 / JHA of 21 November 2005 on the exchange of information extracted from the criminal record, OJ L 322 / 33, 9. 12. 2005.

33　WHITE PAPER on Exchange of information on convictions and the effect of such convictions in the European Union, COM（2005）10 final, 25. 1. 2005.

34　Proposal for a Council Framework Decision on the organisation and content of the exchange of information extracted from criminal records between Member States, COM（2005）690 final, 22. 12. 2005.

35　COM（2004）664, p.7.

36　Communication from the Commission to the Council and the European Parliament Disqualifications arising from criminal convictions in the European Union, COM（2006）73 final.

313

措置の外郭を示しているが，ここで，資格剥奪の情報交換については，資格剥奪という制裁の性質自体に加盟国による相違があり，それゆえ国家の記録機関に関するルールにも相違があることにより困難なものとなっていることを指摘している。そのうえで，加盟国間ですでに一致のみられるものについては，少なくともいくつかの資格剥奪については国家の刑事記録もしくは他の記録にシステム的に記録することを要請する，というEUの最小限のルールを採択する必要があるとしている。

この資格剥奪は法人についても適用されることが認められている。もっとも，加盟国のなかには法人の刑事責任を認めていない国もあるため，コミッションはグリーン・ペーパーにおいてこの問題について諮問している[37]。

コミッションは，刑事有罪の情報交換については加盟国内での伝達の発展を進めているものの，資格剥奪の相互承認に関しては，「セクト的な」アプローチにとどめている。つまり，加盟国間で共通の基盤がある場合に限っているのである[38]。

viii 法人の刑事責任

このコミュニケーションでは，法人の刑事責任については，法人責任の分析にもとづき，その可能性は否定されない，とある。それゆえ，この法人の刑事責任の導入可能性については，次章で他のEUの政策における法人の刑事責任の動向をふまえて検討することとする。

IV　EUにおける法人の刑事責任

EUが直接，法人に対して刑事制裁を科すことはできない。しかし，加盟国に対して，ある事項に関して，法人の刑事責任を認める措置を執るよう義務づけたり，要請したりすることはできる。この章では，EUの政策における法人の刑事責任の動向について概観することとしたい。

まず，はじめて欧州間において法人の責任が肯定された条約の一つとして1957年のローマ条約がある。欧州経済共同体（EUの前身であるEEC）が，共通市場における反競争的な行為を禁止したものである（改正後（アムステルダム条約）81条，82条）[39]。もっとも，その制裁は行政的制裁である。

37　GREEN PAPER on the approximation, mutual recognition and enforcement of criminal sanctions in the European Union, COM（2004）334 final, 30. 4. 2004.

38　COM（2006）73 final, p.12.

第12章　EUにおける企業の不正行為に対する取組み

そして，1997年のEC共同体の財政的利益の保護についての協定の第二次プロトコールをはじめとして，とりわけEU条約第6編に基づいて，詐欺，汚職および資金洗浄に対して法人の責任を認めるための措置をとるよう加盟国に要請する法的措置が採択され，提案されてきている[40]。

これらの法的措置においては，法人責任は限定された特定の違反について認められ，それに対する制裁は実効的で均衡のとれた抑止的なものでなければならない，とされる。EUの加盟国の間では法人の刑事責任をめぐって賛否両論あり，すべての加盟国が法人の刑事責任の概念を承認しているわけではないため，加盟国に法人に対する刑事責任を導入することを義務づけるものではない。制裁の種類としても，罰金または刑罰以外の制裁金の他，優遇措置または公的補助の停止処分，商業活動の一時的または絶対的な停止処分，司法監視，解散命令，犯罪の実行に利用された施設の一時的または絶対的な閉鎖など多彩なものが挙げられる。

現在のところ，EUにおいて，法人に対して刑事制裁を科すことが考えられているものとして，環境犯罪，資金洗浄罪，汚職罪のほか，組織犯罪（不法入国・滞在の幇助，人身売買，児童の性的虐待・児童ポルノ等），テロ犯罪，薬物犯罪などが挙げられる[41]。

このうち，環境犯罪に関しては，2003年に理事会が採択した環境犯罪に関して刑事責任を導入する「枠組み決定」[42]で，法人の刑事責任を認めている。もっとも，この枠組み決定は刑事責任の賦課を勧めてはいるけれども義務づけるものではなく，加盟国は，刑罰以外の実効的で均衡のとれた抑止的な制裁を選択することもできるものであった。また，法人責任は，正犯，教唆犯，幇助犯である自然人の刑事責任を排斥するものでもない，とされていた。

この枠組み決定は，理事会がコミッションの指令案[43]を拒否して，その代わ

39　Sara Sun Beale and Adam G. Safwat, What Deveropments in Western Europe Tell Us about American Critiques of Corporate Criminal Liability, 8 Buffalo Criminal Law Review 89, 2004, p.130 at http://www.lexis.com.
40　Green Paper COM（2004）334 final, p.20.
41　末道康之「ヨーロッパ刑事法の現状―刑事実体法の調和の動向(1)」南山法学第28巻第1号（2004）76頁に列挙されている立法を参照。
42　Framework Decision 2003 / 80 / JHA on the protection of the environment through criminal law.
43　Proposal for a Directive of the European Parliament and of the Council on the Protection of the Environment through Criminal Law COM（2001）139 final, 13. 3. 2001.

りに採択したものである。拒否されたコミッションの指令案においても，法人責任が認められなければならないこと（指令案前文），その制裁には非刑事的なものも含まれることとされていた（指令案4条）。この点については指令案と枠組み決定に相違はないけれども，コミッションの提案が指令であることから，これが理事会によって採択された場合には，枠組み決定とは異なり，直接効果が認められることとなる。理事会が指令案を拒否しておきつつ枠組み決定を採択した背景には，2002年11月に発生したタンカー・プレステージ号の海難による油の排出事故に対する世論の高まりがあるとも指摘されている[44]。

コミッションは，2003年4月15日，この理事会による枠組み決定の無効を求めて司法裁判所へ提訴した。司法裁判所は，取消訴訟について，無権限，重大な手続的要件の違反，EU条約もしくはその適用に関する法規の違反または権限の濫用を理由として提起されるものについて，「枠組決定」および「決定」の適法性を審査する管轄権を有している（EU条約35条6項）。原告適格を有するのは加盟国およびコミッションのみである。

司法裁判所は，2005年9月13日，コミッションの訴えを認め，この枠組決定を無効である，と判断した[45]。

そして，2007年2月9日，再度，コミッションから指令案が提出されている[46]。この指令案においても，コミッションは，環境犯罪について法人責任を認めることと（指令案6条），その制裁に刑事制裁および非刑事的制裁を含むことを認めている（同7条1項）。また，この指令案は，法人に科される制裁金について3段階を設けており，いずれも制裁金の最高額の接近を図るものである。そして，加盟国は，この3段階の制裁金を採用する代わりに，売上高や，犯罪実行によって得られた，あるいは得られたと予想される利潤や，法人の財務状況を示すその他の評価に応じた制裁金システムを採用することもできることとなっている（同7条2項）。

また，2001年の共同体の財政的利益の刑法的保護に関する指令案[47]において，コミッションは，その前文で，共同体の財政的利益は，企業体の名のもと

44　Beale and Safwat, p.133.
45　Judgment of the Court 13 September 2005（C-176 / 03, Commission v Council）.
46　Proposal for a Directive of the European Parliament and of the Council on the Protection of the Environment through Criminal Law, COM（2007）51 final, 9. 2. 2007.
47　Proposal for a Directive of the European Parliament and of the Council on the criminal-law protection of the Community's financial interests, COM（2001）272 final, 23. 5. 2001.

第12章　EUにおける企業の不正行為に対する取組み

に行われた行為によって侵害され，脅かされ得る，と指摘し，企業体が共同体の財政的利益を脅かし，損失を与える詐欺，汚職および資金洗浄をその名において行ったことについて責任を負うような国内法の改正を行う必要がある，としている。企業体が責任を負う場合とは，個人として，または，企業体の代表権を持つ者，企業体の名義で決定する権限を有する者，法人内部で監督権限をもつ者といった，当該法人の機関の一員として行動する者によって法人の利益のために犯罪が行われた場合，およびこれらの者による監督もしくは管理が欠けていたために，法人の利益のためにその権限下にある者により犯罪が行われた場合である（指令案9条1項，2項）。そして，この指令案においても，EUは，加盟国が企業に対しては非刑事的制裁を採用することを認めている。罰金や刑罰以外の制裁金の他の制裁として，優遇措置または公的補助の停止処分，企業活動の一時的または絶対的な停止処分，司法監視，法人の解散命令が挙げられている（同11条）。なお，この指令案も個人責任を排斥するものでない，としている（同9条3項）。

このように，EUでは，EUレベルでの犯罪の構成要素が近接している一定の分野において，法人に科される制裁にも近接がある[48]。つまり，法人の刑事責任が導入される分野も限られた範囲のものである。

前章でみたように，EUは，パルマラット事件のような近時の企業の会計詐欺においては，刑事制裁よりもコーポレート・ガバナンスの根本的な再構築によって対処しようとしている[49]。このような事件の防止として，EUは，民事の規定を強化し，とりわけ会計や監査の厳格な基準，財務の透明性の増加，株主の権利の増強，取締役の責任および報酬の明確な基準を強めている[50]。上述したように，法定監査指令における法人の制裁には刑事制裁は導入されていない。また，マネー・ロンダリング対策の指令においても同様である。これは，EUが，加盟国間における国内刑法の相違，法人の刑事責任に対する肯否の相違を越えて，加盟国にこのような問題に対する刑事規制を義務づけたり，法人の刑事制裁を導入することを義務づけたりする，という政策を選択することが困難を伴うものであり，より迅速な，実効的な対応を採っていこうとしているからであると考えられる。

48　Green Paper COM（2004）334 final, p.20.
49　Beale and Safwat, p.135.
50　Id., p.152.

第 I 部　企業活動と刑事規制の国際調査

　しかし，パルマラット事件でもそうであったように，今日では企業活動はEUの加盟国あるいは域外に跨って行われており，その財産も各国に存在するものも多い。それゆえ，とりわけ企業活動に伴う不正行為においては，加盟国すべてにおいて利用できる措置でなければ，法人が制裁のリスクがもっとも低い，あるいは制裁がない加盟国に，その活動や財産を移転させるリスクがあることに留意しなければならない。今日では，企業活動が広く加盟国間にわたって行われており，健全な統一市場を目指すEUでは，加盟国間にループ・ホールをつくらないようにしなければならない，という要請がある。それゆえ，今後，この問題について各加盟国間において刑事規制，法人の刑事責任導入について近接がみられるようになるならば，EUが，積極的な刑事政策に乗り出していくことは十分に考えられる。

　また，EUの諸政策からは，企業の刑事責任を認めることは，個人行為者の責任にとってかわるものではなく，補完するものである，と考えられていることがうかがわれる。個人の刑事責任と組織の刑事責任との関係を考察するうえでは大変興味深いものである。

V　結　語

　2004年9月のコミュニケーションをはじめとして，EUは，企業の金融市場における不正行為の防止のため，企業の不正行為の「リスク」をいかにして減らすか，ということに重点を置いている。すなわち，不正行為が行われやすい，複雑かつ不透明な市場構造を変えていくことで対処を図っている。そして，法人の刑事責任の導入については，加盟国間の不一致の影響により，加盟国に選択の余地を残している。しかし，今後は法人の刑事責任導入の可能性は否定できず，その動向が加盟国各国の動向とともに注目される。

　企業の金融不正行為防止のために具体的に発表されている政策は，税制などの第一の柱，すなわちEC法分野および警察・刑事司法協力の第三の柱の分野に属するものである。第三の柱の分野で進められているのは，法執行面における実効性を確保するための制度の整備である。これらの措置の動向は，2001年のニューヨーク同時多発テロ事件，そして2004年のマドリード列車爆発事件，2005年のロンドン爆破事件などによりテロリズム対策が組織犯罪対策に結び付けられて活発に進められていることとあいまって，今後も加盟国間の協力体制がより強く進められていくものと推測される。

第12章　EUにおける企業の不正行為に対する取組み

　EUの立法・政策の動向の調査は，EUの立法・政策が各加盟国の様々な法制度を前提として望ましい制度を確立していこうとするものであり，また，それが各加盟国へ影響を及ぼすものであることからすると，国際的な市場におけるヨーロピアン・スタンダードを確認する，という点で重要である。EUの拡大とともにその動きが活発化している今日では，さらなる継続した調査が必要であろう。

　そして，EUにおいては，企業内部の改革から市場構造の改革，そしてそれを担保するための国家による法執行制度の改善に至るまでの諸政策を，コミッションが統一的に把握したうえで，それぞれの政策を進めている。このような俯瞰的な視点は，わが国における立法，政策を進めていくうえでも必要であり，参考となるものと思われる。

終　章　企業活動と刑事規制の国際比較

甲 斐 克 則

　1　最後に，本共同研究から得られた各成果を「英国・米国調査グループ」，「ドイツ調査グループ」，「その他の先進諸国調査グループ」の3グループについて簡潔に比較検討して総括してみよう。

　本調査研究の内容は，序言でも示したように，調査対象各国の実情に応じ，企業活動の適正ルール形成のための法制度，特に制裁システムの現状調査，企業不祥事ないし企業犯罪防止のための各種ルールの調査（例えば，監査制度ないしチェックシステム，あるいは内部統制と外部統制の機能・運用の現状調査），企業犯罪に関する重要判例ないし重要事例の分析，各国の制裁システムないしコンプライアンス・プログラム策定の背後に存する社会経済的事情の分析を実施するというものである。そして，証券・金融分野および競争法分野等の経済犯罪を対象として，先進諸国における各種規制の制度面と運用面，さらにはそれらの制度を作り上げている経済社会構造の調査を行うことにより，わが国の経済社会にとっての望ましい市場制度のあり方の検討に資することを目指している。もとより，それは，刑事法的研究のみでなしうるものではないことを十分に自覚しているが，その契機にはなりうるものと思われる。

　2　まず，英米のうち，アメリカ合衆国については，川崎友巳論文「アメリカ合衆国における企業犯罪の実態と企業犯罪への刑法上の対応」（本書第1部第1章）から明らかなように，経済大国＝「企業犯罪大国」らしく，エンロン事件を代表とする各種10件余りの大規模な企業犯罪を体験しただけに，それを克服すべく，刑事規制を含む制裁システムおよびコンプライアンス・プログラムを確立しており，世界的に影響力も大きいものがある。川崎論文によると，「アメリカ合衆国の連邦レベルでは，1980年代半ば以降，刑罰観の主流が犯罪者の改善更生を重視し，社会復帰（rehabilitation）の立場から適正な応報（just desert）を求める立場へと移行し，犯罪者処遇モデルが，医療モデル（medical model）から正義モデル（justice model）に転換したことを背景に，量刑上の公平化を主たる目的とした量刑ガイドラインが導入された」という。これは，

第Ⅰ部　企業活動と刑事規制の国際調査

1991 年の企業を含む「組織体に対する連邦量刑ガイドライン（Sentencing Guidelines for Organization）」に波及し，「単に企業等の組織体に対する量刑の統一化を目指すにとどまらず，それまでの議論を踏まえ，企業に対する刑事制裁の目的を明確化するとともに，いくつかの新しい刑事制裁の方法を採用している」という。罰金刑の高額化，被害弁償命令，企業プロベイションがその例である。この中で，コンプライアンス・プログラムの実施の有無がポイントになっているのである[1]。特に，アーサー・アンダーセン事件[2]を契機に，企業に対する監査機能にも重点が置かれていることに注目する必要がある。

アメリカのこれらのシステムは，サーベンス・オクスリー法（いわゆる SOX 法）とともに，先進国の企業統治（コーポレート・ガバナンス）体制に大きな影響を与えている。本書第 1 部の諸論文および第 2 部の国際シンポジウムの記録を合わせて読むと，理解が深まるであろう。

3 これに対して，イギリスでも，今井猛嘉論文「イギリスにおける法人処罰——その概観」（本書第 1 部第 2 章）によれば，1987 年の Herald of Free Enterprise にかかるフェリー転覆事故（192 名死亡）以来，企業故殺罪・殺人罪（corporate manslaughter or killing）が関心を集め，現在まで 34 件が起訴され，7 件が有罪とされるなど，企業活動に伴う犯罪に刑法が厳しい態度で臨んでいるようにも見えるが，有罪率の低さが示すように，いわゆる「同一視理論（identification theory）」に限界があることが指摘されている。小規模企業ならばともかく，「現代の大企業では，意思決定に様々な階層に属するスタッフが関与するのが通常であるから，当該法人と同一視しうるだけの個人を特定することは，ほとんど不可能である」というのが，その理由である。そこで，むしろ労働安全衛生法（Health and Safety at Work Act 1974）を用いる傾向にあるが，これも実際の訴追は死亡事案で約 20 パーセント，重傷害では 1 パーセントにすぎないとのことで，企業の責任の重大性が正当に評価されていないと批判され，1996 年の法律委員会（the Law Commission）による corporate killing の新設提案，2000 年の政府による involuntary manslaughter に関するコンサルテー

1　アメリカの議論の展開過程の詳細については，川崎友巳『企業の刑事責任』（2004・成文堂）参照。
2　アーサー・アンダーセン事件については，萩野貴史「証拠隠滅等説得罪の主観的要件 —— Arthur Andersen LLP v. United States, 544 U. S. 696（2005）」比較法学 40 巻 2 号（2007）339 頁以下参照。

終　章　企業活動と刑事規制の国際比較

ション・ペーパー，2005年の政府による corporate manslaughter の提案が出されるに至っている。今後の動向に注目する必要がある。

また，澁谷洋平論文「生命・身体に危険を及ぼす企業活動の刑事的規制に関する一考察——イギリスにおける1974年労働安全衛生法を中心として——」（本書第1部第3章）は，データも取り込んで上記の1974年労働安全衛生法の実態分析を行うものであり，とりわけ罰金刑の額がアメリカに比べるとそれほど高額ではない点で批判もされていることを指摘する。また，安全衛生局の取組みは，企業活動の規制システムとしては，限界があるとはいえ，労働現場での安全衛生の確保という観点からみると，再評価されてよいように思われる。

さらに，田中利彦論文「イギリスの金融・証券市場における犯罪の規制」（本書第1部第4章）は，徹底した自己責任と自主規制を基調としていたためか，「イギリスの社会は，個人の安全や社会の秩序・安全を脅かす犯罪に対しては極めて敏感であるのに対して，ホワイトカラー犯罪あるいは経済犯罪といわれるものに対する社会全体としての感受性は，それほど強くなかった」との興味深い問題意識から，金融・証券犯罪に焦点を当て，金融・証券市場における犯罪とその捜査・訴追，市場における逸脱行為（market abuse）に対する制裁金の実情分析を通して，不正行為の防止・制裁における刑事法の役割を検討する。特に金融サービス及び市場法（Financial Services and Markets Act 2000）が金融犯罪対策の中心的役割を果たす法律である。また，金融犯罪の取締り機関は捜査・訴追機関が並立している点でユニークであり，1985年犯罪者訴追法により公訴局が訴追権限を有しているが，金融サービス機構（Financial Services Authority ＝ FSA）が中心的役割を果たしている等，並立している。そのほか，通商産業省（DTI）も，インサイダー取引を含む会社犯罪については調査権限を有するし，重大詐欺局（Serious Fraud Office）も，重大な詐欺事犯のみならず，金融・証券犯罪の捜査・訴追権限を有する。ただし，刑事事件としては，2004年の AIT 事件1件のみのようであり，金融サービス法施行前の事件としては，Sounders 事件が挙げられている。制裁内容としては，制裁金と違反事実公表措置が活用されているのが特徴である。

かくして，事後的な取締りよりも監督官庁の活用による事前的な予防に重点を置き，希少な行政資源を効率的に配置・利用し，もって金融商品に関する市場および取引の適正を確保し，それによって消費者保護を図るのがイギリスの大きな特徴である。アメリカとの相違がここにあるように思われる。

第 I 部　企業活動と刑事規制の国際調査

　4　つぎに，ドイツでは，神例康博論文「ドイツにおける企業活動の適正ルール形成のための法制度——特に制裁システムの現状——」によれば，1990年代のシュナイダー社事件，バルザム社事件，メタルゲゼルシャフト社事件に代表される企業不祥事を背景に，監査役会の監査機能に疑問が呈せられ，近年，企業犯罪に対する制裁論議が盛んであり，企業買収に関するマンネスマン事件[3]がこれに輪をかけている。企業犯罪に対する制裁体系としては，刑法（関係者に対する背任罪等）と有価証券法等の特別刑法はあるが，法人に対して一般的に犯罪能力を認めないドイツでは，本来の刑罰とは異なる独自の過料（Geldbuße）という制裁を有する秩序違反法が中心となっている[4]。特に130条の監督義務違反の規定は興味深い。また，コーポレート・ガバナンスの中心は，2002年8月に公表されたコーポレート・ガバナンス・コード（Deutscher Corporate Governance Kodex）であり，このソフト・ローによって取締役および監査役が果たすべき義務が具体化されている。

　田口守一論文「ドイツにおける企業犯罪と秩序違反法」は，秩序違反法の実体法的側面のみならず，過料手続と刑事手続の関係にもメスを入れて企業犯罪ないし経済事犯の捜査を含む手続的側面をも見事に切開して入念に検討する。特に，起訴法定主義の国ドイツで，刑事制裁を前提としつつも，起訴便宜主義的運用により，刑事手続外制裁（賦課事項または遵守事項）による事件処理を可能としつつ，それが行われない場合には行政制裁（過料）を課することができるとしている点は，ドイツならではの工夫といえよう。EU諸国が法人犯罪を一般的に処罰する潮流にある中で，ぎりぎりのところでそれに抗して多様な制裁により対応すべく孤軍奮闘しているドイツの姿にむしろ改めて新鮮さを感じるのは，私だけであろうか。

　5　その他の先進諸国のうち，イタリアでは，吉中信人論文「イタリアにお

---

[3]　マンネスマン事件の詳細については，正井章筰「企業買収における経営者への功労金の支払い——マンネスマン訴訟に見るドイツのコーポレート・ガバナンスと刑事司法制度——」早稲田法学82巻3号（2007）59頁以下参照。

[4]　ドイツの状況については，ウルリッヒ・ズィーバー（田口守一ほか訳）「企業犯罪防止のためのコンプライアンス・プログラム——経済犯罪の領域における刑法上の共同規制のための新たな試み——」本書第2部所収，ハロー・オットー（甲斐克則監訳・岡部雅人・新谷一朗訳）「企業における安全確保義務違反の刑事責任」早稲田法学83巻1号（2007）1171頁以下参照。ドイツ語のモノグラフィーとしては，Thorsten Alexander, Die strafrechtliche Verantwortlichkeit für die Wahrung der Verkehrssicherungspflichten in Unternehmen, 2005 がある。

終　章　企業活動と刑事規制の国際比較

ける企業コンプライアンスおよび企業犯罪規制の状況」が示すように，イタリア憲法27条が「刑事責任は個人的なものである」と規定しているにもかかわらず，2001年に企業刑法（D. Lgs.8-6-2001 n.231）が成立した点を看過することはできない。しかし，企業刑法とはいえ，オランダ刑法51条やベルギー刑法5条のように法人の犯罪を一般的に認めて刑罰を科すというよりは，企業犯罪に対して主として行政制裁（金銭刑のほか，営業活動の禁止，許認可・免許の停止または撤回，公共行政機関との契約禁止等）を課すという「玉虫色」のものであり，制裁の多様性という点で興味深い反面，厳密な意味での刑法とは言い難い。おそらく，これによって憲法違反の懸念を払拭したかったのであろう。また，イタリア企業刑法は，アメリカ法の影響を多分に受けており，とりわけコンプライアンス・プログラム（modelli di organizzazione）の要件が規定されている点（6条2項）が興味深い。その要件として，①犯罪が遂行された場合を想定した活動を明らかにすること（リスク・アセスメント等），②犯罪遂行防止のための特別手続を規定すること，③犯罪遂行を避ける財源管理の手段を明らかにしていること，④監査機関への報告を規定していること，⑤コンプライアンス・プログラムが規定する手段が遵守されなかった場合に，制裁を適用する懲戒制度が実施されること，という内容は，コンプライアンス・プログラムを刑法典ないし企業刑法典に導入した場合のひとつの大陸法的モデルになるかもしれない。しかし，吉中論文が指摘するように，その監視機関をどのように設置するかが，実践的課題として残っている。また，大事件であるパルマラット事件やその他の判例も，そのことを示している。いずれにせよ，日本ではあまり紹介されていないイタリアの企業犯罪およびその対策の制度的枠組みは，現地調査（特に2006年度調査を含む）踏まえて理解すると，今後の議論の参考になる。

　また，松澤伸論文「デンマークにおける企業犯罪」によれば，北欧リアリズムを代表するデンマークでは，1996年に法人処罰規定が刑法典第5章「法人に対する刑事責任」に導入され（25条－27条），罰金刑で対応している。巨大な企業犯罪もなく（なお，隣国のスウェーデンでは1997年に株券買収に関わるトルスター事件が起きている），したがって，新たな立法もないし，コンプライアンス・プログラムに関する議論もないようだが，2007年に独占禁止法改正によりリーニエンシー制度が導入されている点で，アメリカ法の影響を受けている点に注目したい。なお，経済犯罪の類型としては，①契約関係における犯罪

(詐欺，データ詐欺，商行為法における罪，インサイダー取引等）②信用に対する犯罪（物件横領，金銭横領，担保権に対する侵害，破産犯罪等），③会社に対する犯罪（労働契約違反，バリケード封鎖，守秘義務違反，勤務先における窃盗・横領，会社における指導的地位の濫用等），④労働環境等における被用者に対する犯罪（労働環境についての犯罪，休暇についての犯罪），⑤社会に対する罪（環境犯罪），⑥国家及び国家経済に対する罪（税法違反，関税法違反，手数料支払い違反，為替に対する罪，公共機関による助成金に対する詐欺，会計違反，資金洗浄），⑦EUに対する罪，という具合に生活関係別に整理され，議論されているという。

さらに，オーストラリアに目をやると，樋口亮介論文「オーストラリアの法人処罰」が1995年刑法典（2001年施行）の法人処罰規定の導入過程を理論的観点から入念に分析しているように，オーストラリアでは，独自の法人（企業）文化（corporate culture）という概念とともに組織故意を認める法人処罰を正面から刑法典（特に12.3条）に取り込んでいる点で特徴がある。この規定が実際にどのように適用されるか，今後の運用に注目する必要がある。

また，甲斐克則論文「オーストラリアにおける企業活動の規制システム」は，アメリカのエンロン事件にも匹敵するHIH事件を契機に行われたコーポレート・ガバナンスの制度改革を現地調査に基づいてフォローしたものであるが，英国法域圏にありながら，ハードローとソフトローの組合せにより独自の規制システムを構築しつつあり，母国イギリスの制度改革を上回る工夫をしている点が注目される。特に証券取引所（ASX）および証券・投資委員会（ACIC）が中心となり機能的に活動している点，競争（促進）および消費者保護委員会（ACCC）がそれと連動して活動している点，さらに，企業および市場アドバイザリー委員会が有益な提言活動をしている点も参考になる。

6　最後に，EUという枠組みに目を転じると，土田和博論文「EUの行政制裁金制度について」が示すように，EC条約81条および82条を受けて行政制裁金の算定ガイドラインを2003年に公表している点が注目される。また，2006年にはカルテル事件に関してリーニエンシー制度も導入していることから，アメリカの影響がEUにも及んでいることが看取できる。

また，日山恵美論文「EUにおける企業の不正行為に対する取組み」では，特にユーロ貨幣の導入に伴い，企業の金融不正行為に対してEUがどのように取り組んでいるかが具体的に示されており，EUと各国の国内法との連携ないし関係が整備されつつあることが看取できる[5]。とりわけ刑事事件での有罪判

決および資格剥奪についての情報交換促進は，重要なものと思われる。金融市場においてユーロが安定し，強くなっている背景には，このような諸々の努力があるように思われる。

今後，EU が加盟国に対して法人犯罪について刑事制裁を義務づけることが強化される可能性があるが，そのような中で，刑法理論との葛藤がドイツなどでは増すかもしれない。EU の動向には，今後も目が離せない。

7　以上，本共同研究から得られた成果を比較法的観点から簡潔にまとめてみたが，フランス等，今回，調査を行えなかった国もある[6]。多くの国々で，企業活動に伴う不祥事ないし企業犯罪防止のための積極的な取組みないしコーポレート・ガバナンスの新たな枠組み作りをしていることが具体的に判明した[7]。とりわけ刑事規制ということになると，それぞれの刑法理論ないし刑事法制度の相違があることから，一律な枠組みを作ることは困難と思われるが，相互の共通点はあるように思われる。グローバル化社会を迎え，この問題に対する取組みは，ますます国際的視点を抜きにしては語れないであろう。同時に，われわれが先に行ったような日本国内の企業の活動の現実と課題の分析[8]にも留意しつつ，健全な市場形成に多少とも寄与すべく今後もこの研究を継続することを確約して，まとめの言葉としたい。

5　なお，ハロー・オットー（大嶋一泰・中空壽雅訳）「欧州連合の金融利益保護の為の刑法的規制の法規集の実体法部分の注釈」関東学園大学法学紀要 20 号（2000）185 頁以下参照。

6　法人処罰規定を有するフランスについては，ジャン＝ポール・セレ（岡上雅美訳）「フランスにおける法人の刑事責任の展開」季刊・企業と法創造 4 巻 1 号（2007・早稲田大学 21 世紀 COE《〈企業法制と法創造〉》総合研究所）35 頁以下参照。

7　重要な関連英語文献として，Ilias Bantekas（General Ed.）/ Gianis Keramidas（Ed.），International and European Financial Criminal Law, 2006 を挙げておく。なお，刑事法的観点ではないが，この点については，高橋俊夫『コーポレート・ガバナンスの国際比較——米，英，独，仏，日の企業と経営』（2006・中央経済社）をも参照。

8　田口守一・甲斐克則・今井猛嘉・白石賢編『企業犯罪とコンプライアンス・プログラム』（2007・商事法務）参照。

第Ⅱ部

企業犯罪国際シンポジウム

企業の法的責任とコンプライアンス・プログラム
―― コンプライアンスの国際規準と日本の企業法制 ――
International Symposium on Corporate Crimes

〈開会宣言〉　田口守一教授（早稲田大学）
〈開会挨拶〉　上村達男教授（早稲田21世紀COE《企業法制と法創造》総合研究所所長）
〈共催者挨拶〉　黒田昌裕氏（内閣府経済社会総合研究所所長）
〈基調報告〉　今井猛嘉教授（法政大学）
　「企業の法的責任とコンプライアンス・プログラム」
〈コメント〉　ウルリッヒ・ズィーバー教授（Prof. Dr. Ulrich Sieber）；ドイツ・マックス・プランク外国・国際刑法研究所所長（Director at the Max Planck Institute for Foreign and International Criminal Law, Germany）／ダニエル・プレイン氏（Mr. Daniel Plaine）；アメリカ合衆国弁護士（Attorney, United States）／アルブレヒト・シェーファー氏（Dr. Albrecht Schäfer）；ドイツ弁護士（Attorney, Germany）
〈討論〉
　第1部　パネル・ディスカッション
　司会：甲斐克則教授（早稲田大学）／パネリスト：池辺博氏（丸紅株式会社法務部）、笹本雄司郎氏（富士ゼロックス株式会社CSR部）、川崎友巳助教授（同志社大学）、ウルリッヒ・ズィーバー教授、ダニエル・プレイン氏、アルブレヒト・シェーファー氏、今井猛嘉教授
　第2部　全体討論
〈閉会挨拶〉　白石賢氏（内閣府経済社会総合研究所主任研究官）

《午前の部》

──────〈開会宣言〉──────

◇田口守一　企業犯罪国際シンポジウム「企業の法的責任とコンプライアンス・プログラム」を開会いたします。私は総合司会を務めさせていただきます、早稲田大学の田口守一と申します。お申し込みいただいた参加者ですが、研究者、大学院学生を含めた大学関係者が104名、企業の方が110名エントリーされております。官公庁、弁護士等の方々が18名、一般の方が6名となっておりまして、それに私どもを加えますとトータルで250名の参加が予定されております。

また、本日のシンポジウムは、日本語、英語の同時通訳方式で行います。

最初に、このシンポジウムのためにわざわざ外国から駆けつけてくださいました3先生をご紹介申し上げます。ドイツ・フライブルグからお越しのズィーバー教授です。ドイツ・ミュンヘンからお越しのシェーファー博士です。アメリカ・ワシントンDCからお越しのプレイン弁護士です。

それでは、主催者を代表いたしまして、早稲田大学21世紀COE《企業法制と法創造》総合研究所所長の上村達男本学法学部教授よりご挨拶を申し上げます。

──────〈開会挨拶〉──────

◇上村達男　COEの刑事法グループが

第Ⅱ部　企業犯罪国際シンポジウム

内閣府経済社会総合研究所の力強いご支援をいただきまして，共に推進してまいりました「企業の法的責任とコンプライアンス・プログラム」と題します一連の研究の成果が，本日，国際シンポジウムの形で結実したことは大変うれしいことです。このテーマだけを見ますと，刑事法なのかなと思われるかもしれませんが，これを刑事法の専門家がやるということは，おそらく日本でははじめてのことではないかと思います。

民事責任も，伝統的な民事責任，市民社会のルールは大事にしつつ，企業と市場というものに対応したときには，やはり新しい様相を呈してまいります。新しい課題が山積しております。刑事法も，もちろん伝統的な刑事法の論理は大切に守らなければいけませんが，対象が企業と市場ということになりますと，それにふさわしい対応をして，それによって社会的な要請に応えていくことがどうしても必要になってきます。

われわれ全体の共通目標は，会社法，証券取引法，民法，刑法，労働法，環境法，訴訟法，手続法，倒産処理法，そのほか憲法，行政法，法思想，法史学というさまざまな法分野において，企業と市場と市民社会という3つのキーワードを共通ワードで研究することです。これは従来なかったことで，相互にいろいろな組合わせで研究するということは，早稲田大学の中で日々ミニ学会が行われているということであり，それによって新しい学問，立法解釈というものを創造していこうということです。その意味で，企業法制と法創造ということに非常に力点を置いて研究しています。

われわれは平成15年度採択のCOEです。COEというのはセンター・オブ・エクセレンス（Center of Excellence）ということで，21世紀の世界レベルの拠点を形成しようという趣旨で認定されたものですが，最近，中間評価が出まして，われわれが4段階で最高ランクに位置づけられました。その中でも刑事法の活躍がその評価の大きな要因を占めております。先ほども黒田所長さんとお話ししたのですが，内閣府から大きな経済的支援を得ておりまして，COEとしてはあまりお金を使わないのに評価が上がるという，優等生中の優等生の刑事法グループです。

本日の実りある進歩を期待しまして，民法学，われわれ会社法学，証券取引法といった分野が真正面からその成果を受け止めて，新しい学問の創造に向けて張り切ってやっていきたいと思っているところです。その成果はわれわれとして真正面から受け止めていきたいという強い気持ちを持っております。

──〈共催者挨拶〉──

◇田口　続きまして，本シンポジウムの共催者として，内閣府経済社会総合研究所所長の黒田昌裕氏よりご挨拶いただきます。黒田所長は慶應義塾大学商学部教授を経て，2005年より内閣府経済社会総合研究所所長に就任しておられます。

◇黒田昌裕　本日の企業犯罪国際シンポジウムは，内閣府と早稲田大学のCOEプログラムによって創設された研究所との共同開催ということで開催させていただいております。

私どもの研究所は内閣府内に創設されている経済社会総合研究所というところですが，もともと経済企画庁という組織があり，その中に経済研究所というのがありました。それが行政改革の改編により内閣府という組織になったとき，「経済」という見出しに「社会」という見出しを加え，「経済社会総合研究所」という名前に変えて，新しくスタートした研究所です。

経済という主にGDP値統計等を中心にいろいろな経済指標を出し，経済政策に資するような施策を研究していくというのがひとつのテーマですが，わざわざ「社会」という名前をつけたのは，ご承知のように，近年，経済活動は，法との関係など，社会現象面で，いろいろな問題を引き起こしております。

そういった問題についても，政策的には欠かせない，いろいろな研究をやらなければいけないという状況になってきております。そして今回のシンポジウムの「企業の法的責任とコンプライアンス・プログラム」という問題についても，常々非常に関心を持って研究を進めているところです。

昨年より，先ほどご紹介のあった早稲田大学のCOEプログラムとの共同研究というか，もっぱら早稲田大学のCOEプログラムに参加されている先生方にいろいろな教えを被っております。そういった形で，私どもの研究所にもこういった問題についての知的アセットを蓄積していきたいというのが私どもの意図です。

企業犯罪とか企業の法的責任，コンプライアンスという問題についても，エビデンスをきちんと整えたいと考えております。今日もそのご報告が中心になろうかと思いますが，昨年来，アンケート調査をやらせていただきました。約3,000社について，企業の法的責任およびコンプライアンス・プログラムということでアンケートを採りましたが，その成果によって，エビデンスに基づいたいろいろな研究をこれから蓄積していきたいと思います。このかたちでの3,000社にのぼる規模のアンケートはおそらく日本ではじめてだと思われますので，大いにご利用いただきたいと考えております。

本日も，基調講演に引き続きまして，そのアンケートの結果をいろいろご報告いただくことになろうかと思いますが，実務家の方，研究者の方，外国のパネリストの先生方にいろいろなコメントをいただきまして，さらに充実した研究にしていきたいと思います。

このプログラムは，私どもの研究所としてはスタートしたばかりの大きなプログラムであり，これからまだまだ続く課題だと思います。この研究会，シンポジウムで活発なご意見をいただいた結果を，将来の成功に結び付けられるようなアセットの蓄積になりますことを願っております。

――――――〈基調報告〉――――――

◇田口　最初に，われわれの研究会に参加いただいております今井猛嘉教授から，「企業の法的責任とコンプライアンス・プログラム」と題する基調報告をお願いいたします。

今井教授は東京大学をご卒業後，北海道大学を経て，現在法政大学教授であり，法制審議会刑事法部会幹事等を務められ，立法作業に参画してご活躍中です。お手元の資料の中に私どものCOEの紀要である「企業と法創造」の抜刷が入っています。そこに企業アンケートの日本語の統計等の説明がありますので，参考にしていただければと思います[*]。

〔編者注〕本シンポジウムで出てくる「企業アンケート」の全体は，本書巻末に分析図とともに収録されているので，併せて参照されたい。本書では，分析図については，読者の便宜を図るため，間の必要な部分を分析図とセットで編者の責任において編集して掲載した。随時参照していただきたい。

第Ⅱ部　企業犯罪国際シンポジウム

> ● 基調報告
>
> ◇　今井猛嘉（法政大学大学院法務研究科教授）
> 「企業の法的責任とコンプライアンス・プログラム」
> (The Relationship between the Compliance Programs and Legal Responsibilities of Japanese Corporations)

◆　はじめに　◆

「企業の法的責任とコンプライアンス・プログラム」の関係につきまして基調報告をさせていただきます。

この基調報告は，昨年度内閣府のご協力を得て行ったアンケートについての分析です。それを基礎にして，その先にどのような理論展開があるかということは，本日のコメンテーターの皆さんのご意見を伺いながらさらに深めていくものですが，基調報告としては，昨年の経験を踏まえて，現在どのようなことがエビデンスに基づいてわかるかということについて報告させていただきたいと思います。

近時，わが国のみならず欧米諸国におきまして，企業の不祥事ないしは犯罪が多発しております。いうまでもありませんが，たとえば，アメリカにおけるエンロン事件や，わが国においても戦後あるいは戦前から非常に高い名声を得てきた大企業において，考えられないような不祥事が続発しています。これに対してどのような法的対応を取るべきか，とりわけ刑事的な対応をどのように取るべきか，ということについては，すでに理論的な検討もなされていますが，それを始めるに際しても，実際にどのような状況にあるのか，すなわち犯罪の実態や，企業においてそのような犯罪防止のためにどのような努力がなされてきたのかということを，しっかりとした統計データに基づいて把握することが今後の法体系を考える際の基礎になるだろうと，私たちは思いました。そこで，昨年度，ここにあるようなアンケートを実施したところです。

◆　1　アンケートの概要　◆

1.1　アンケートの対象

アンケートの対象，方法論ですが，国内のリーディング・カンパニー3,100社に対し，資料集の後ろに載っているクエスチョネア〔質問表〕を配布し，回答をお願いする，そして，それを分析するというやり方を取りました。実際に回答をいただいたのは942社ですが，その多くは日本のビジネス界を引っ張っていらっしゃるリーディング・カンパニーばかりです。詳細はそこに書いてあるとおりですが，諸般の事情により，外資系の金融機関はアンケート調査からはずれております。しかしながら，外資系の合弁会社や日本の多国籍企業等についてはアンケートを実施しておりますので，ここで得られた結果はかなりの確度を持ち，現在の状況，日本の企業の方々の意識を反映しているものであろうと考えております。

1.2　アンケートの設計

そのような対象設定と回答でありますが，それでは，どのような設問を設定したかについて申し上げます。最初に申しましたように，企業が広い意味で不祥事あるいは犯罪的な行動をした場合，最後の結末として法的な責任が発生しますが，中でもクリミナル・サンクション〔刑事制裁〕に関連するものとしてどういったイメージを持っておられて，それを反映してどのようなあるべき制度が考えられるかということについて検討を加えた

かったわけです。

　そこで，最終的には刑事責任に関連するような問を置いておりますが，ご存じのように，刑事制裁というのはどういった事例においても最後の手段です。ですから，企業が違反行為に関わった場合，まず被害の認識というものがどうであるのか。自分が加害者である場合はどのような趣旨の制裁を受けているか。それは，損害賠償に始まる民事責任もありますし，行政庁の処分を受けるという行政的な制裁もありますし，またマスコミによる報道等もあるわけですが，そういった他の法的ないしは社会的制裁を前提にしたうえで，最後に刑事的な制裁についてどのようにお考えであるか，あるいはどのような希望があるかということについて問を作ってみました。

　1点申し上げておきたいのは，ここでは法人の刑事責任ということではなく，企業の刑事責任というふうに，少し広めの問題を設定しています。法人といえ，企業といえ，企業のほうが広いわけですが，現在はどちらも社会的実体であるという認識は共通していると思います。ただ，法人の責任ということになると，はじめから法的な枠組みに縛られてしまい，お答えが自由でなくなる可能性もあったことから，エンタープライズという意味での企業に対する問を設定しました。

◆　2　アンケート結果の概要　◆

　それでは，その回収結果についてどのようなアウトラインが描けるかということですが，図1を含めてチャートが出てくると思いますし，抜刷としてお渡ししているものの中にもその図が挙がっていますので，両方ご参照いただければと思います。問については，時間の関係でここでは読み上げません。

　繰り返しますが，最終的には企業の刑事責任について，企業に関係する方々が，どういう感覚を持っておられるのか，どのようなご要望があるのかということを伺いたかったのですが，その前提として，企業の社会的責任というもの，あるいはそれに関して現在よくいわれているCSR〔corporate social responsibility：企業の社会的責任〕というものについて，企業の関係者の方がどのような対応を取っているかという問を置いております。それを見ますと，「CSRに関する社内規定を定めている」というご回答は約68パーセント，「定めていない」というのが31パーセントぐらいです。この結果は，個人的にはやや意外でした。企業の社会的責任というものは，公害が発生して以降，かなり強調されてきたところであり，CSRと呼ぶかどうかはともかくとして，十分認識されているのではないかと思っていましたが，大きな組織ですので，明文化し，社内規定を置くということになると，対応が難しいのかな，という感想を持った次第です。

　その内容をもう少し分析しますと，図4，図5に出ておりますが，企業規模が大きくなればなるほどCSRに関する規定を設けている企業が増えているという，「正の関連性」が認められると思われます。企業が大きくなればなるほど，個々の従業員の行動をトップマネジメントが把握することは困難ですので，あらかじめ規範を設定して，それに従った行動を命令するということは，当然考えられるところだと思います。

　同じく図5を見ていただくと，業界に応じた結果が出ております。商業，不動産，サービス等につきましては，かなりの頻度でこのようなCSRが設定されていますが，日常の業務において顧客と接する機会が多い業種においては必然的な結果なのかな，と感じております。

　つぎに，問2です。問1で一般的，抽象的にCSRについて聞きましたが，問

2は，CSRに関して具体的にどのような項目を設定しておられるかということです。その中で一番多かったのは，企業倫理あるいは法令遵守です。これは，今日これからずっと出てくると思いますが，まさにコンプライアンス論というものが念頭に置いている対象で，予想された答えです。それに引き続き，公正な競争の確保，労働環境の安全維持，顧客情報の管理といった，丁度，現在問題となっているような事項についてCSRとして規定が置かれているということは，非常に興味深いところです。

問3ですが，ではそのようなCSRに係わる規定がいつから定められているかということで，2000年以前からこれを定めている企業が全体の約30パーセント弱です。比較的少ないといいますか，やはり近時になって，日本だけではなく，欧米においても企業全体の行動のタガが緩んでいるということもあって，CSRの要請が高まり，それを反映して日本でも同様の対応が取られているのだろうと理解できるところです。特に日本に関しては，先ほど申しましたように，ほぼ2000年を契機として大規模な企業の不祥事が続発していることから，それに関連していない企業の方々も予防的措置としてこういった規定を置いているのではないか，ということが容易に想像できます。

ここまでの問が各企業内部のCSRに関する取組みであったのに対し，問4以降はもう少し対外的な問題について伺っております。問4は，国内の取引相手に対してCSRに関するレファレンスを行っているかということですが，これは昨年の段階では9.1パーセントにとどまっています。日本においてCSRに関する問題意識が高まってきたのが近時であるということから，取引をする際，相互にCSRを共通の土台としてビジネスを始めるというところまではまだ至っていないのかもしれません。

問5は，同じような問題を海外との取引について伺ったものです。日本から海外の企業に対してCSRに関する照会をしたうえでビジネスをしているかというと，「していない」という回答が約9割です。

これは先ほどの問4と同じような分析が可能ですが，問6は逆の問です。国内の企業が海外の企業から同種の照会を受けたことがあるかということになると，14.3パーセントと国内に比べて高い比率が出ています。CSRという言葉からもわかるように，これはもともとアメリカ合衆国で出てきた考えであり，それがヨーロッパ等をも通じて日本に影響を及ぼしていると考えられますので，海外との取引においては，CSRに規定されているようなことはビジネスのごくごく基本的な事項であり，それをきちんとやってはじめて対等の国際的な取引ができるという考え方が，少なくとも海外においては日本より高いのではないか，という分析が可能かと思います。

つぎに，問7以下の設問とその分析です。今度は，広い意味でCSRというときに設定されている設問の内容について問うています。特に企業倫理，法令遵守というものに関して，具体的にどのように取り組んでおられるかということを伺いました。

具体的に申しますと，まず問7では，コンプライアンスに関して，具体的にどういったアイテムについてこれを設定されているかということです。非常に興味深いのですが，まず第1が，「贈収賄等をしてはならない」ということ，続いて「公正な取引を維持するようにせよ」，あるいは「違法な行為を発見したとき，それを通報せよ」というようなことが書いてあります。

これは，従来の日本の慣行からすると

相当の変化ではないかと思われます。言い方を変えますと、「贈収賄をしてはいけない」、「公正な取引慣行を害してはいけない」、「違法な行為が発覚したら通報せよ」というのは、企業の方にとどまらず、一般市民において当然守るべきことでありましょう。しかし、こういったことがあえて明文化されているということは、はからずもそういったことが起こっているという過去の教訓があるのではないか。

そういうことが思われる一方で、たとえば、国際取引においてはコラプション（coruption）ということがよくいわれます。他国において公共工事に入札するようなとき、その国の政府高官に賄賂等を贈ってはいけないということが、徐々に国際的な慣行になっていますが、そういったことを日本の企業のメンバーにも認識させる意義があるようにも見受けられます。また戻りますが、公正取引、独占禁止法の尊重ということは、現在では日本においてもきわめて重要なものであることが十分認識されてきており、各企業におかれましてもそういった努力を続けておられることがわかります。

問8にまいります。今度はコンプライアンスに係る社内教育がどの程度進んでいるのかを伺いました。社内においてコンプライアンスについて教える制度が「存在する」と回答された企業は、約66パーセントです。図14までずっと見ていただければと思います。コンプライアンスないしはCSRに関する規定を企業のトップがお作りになり、それを実施しなければいけませんので、企業教育の一環としてかなり積極的に取り組んでおられることがよくわかるかと思います。

問9は、企業の活動による違法行為の発見ないしはその可能性が生じた場合、防止をするシステムがあるかということですが、これも67.3パーセントという高い率で「イエス」という回答が返ってきております。2000年あるいは2003年と、ごく近時においてそういう制度が設定されているところはありますが、企業全体として広い意味での不祥事防止にかなりの熱意を持って取り組んでおられることが窺えると思います。このあたりのことは、図14、15を見ていただければわかると思います。

つぎに、問10です。これは、いまのコンプライアンスに係る社内教育のあり方と連動していますが、ある企業にコンプライアンス・プログラムがあるというとき、それをどのようにして社内に周知徹底させるか、実施対応について伺ったものです。人事研修、新入社員の研修ですとか、イントラネット、メール等を使って周知徹底させるという企業がやはり多い。

他方で、コンプライアンス・プログラムの実施に係る専門家、トレーナー制度があるかどうかを伺ったところ、6パーセントの企業において「それがある」という回答にとどまっています。このへんの評価は難しいのですが、「うちの企業はそういうことをしなくてもコンプライアンスが守られているのでいらない」というところもあるかと思いますし、そうはいっても多くの社員がいますので、何かのために専門家を置いて徹底させているという考え方もあろうかと思います。また、あとで出てくるかもしれませんが、費用対効果ということもあり、コンプライアンスを作っても、その実施については多様な対応が取られていると思われます。

問10までが社内におけるコンプライアンス・プログラムの周知徹底ということでしたが、他方で「企業の社会的責任」というときには、株主を含めて、企業の存立基盤である市民社会における対外的な評価を維持し、高めていく必要が

第Ⅱ部　企業犯罪国際シンポジウム

あります。そこで，まず，株主との関係ではコンプライアンス・プログラムについての取組みをどのように示しているかについて，問11で伺っています。昨年段階で約31.5パーセントの企業が株主総会等においてこのようなプログラムの存在を紹介しているということです。

このあたりは非常に興味深く，理論的にも検討の余地があるところですが，一説によりますと，日本のみならず海外の企業においても，コンプライアンス・プログラムに積極的に動いているひとつの大きなモチベーションとしては，企業が違法な行動をすると株主から代表訴訟を受け，取締役等が非常に高額の民事の損害賠償責任を負わされてしまうので，こういうことを避けるために「自分として為すべきことをやったのだ」，あるいは，「会社としても積極的にそういうことをしている」ということを表示する必要があるといわれており，日本でもそういった傾向がうかがわれます。問11の結果については，図17等に表示されています。

問12も問11に関連するものですが，今度は株主ではなく，消費者への対応如何ということです。ここはまだやや低めの数値で，回答をくださった企業の17.2パーセントの方々が，消費者に対しても積極的に企業のコンプライアンスのあり方について公示しているというデータが出ています。

社内のあり方に戻りますが，問13においては，会社の中でコンプライアンスの体制を取っているところを客観的に評価するという意味合いもあって，第三者による監督，監査といったシステムが導入されているかということについて伺ったものです。現在では「導入していない」という企業が，昨年段階では80パーセントと非常に多かった。しかし，このあたりは，ご承知のように商法が会社法に変わり，さまざまなタイプの会社が存在できることになってくると，監査の実効性ということもあり，事情は変わってくるのではないか，と予想されます。

問14，15から，個別の社員が法令違反をしたとして，そのことに対し企業等が刑事責任を負うかというところに話が移ってきます。まず，問14，15において，「社員が法令違反の可能性がある」という報告を受けたとき，内部でどういう処理をされているか，内部的に処理をしたうえで，必要に応じて外部の関連機関に報告されているか，ということです。ここも，図20で表れているように，約半数が処理の手続を定めているということですが，まだあまり活発には活用されていないようです。おそらく，それは良いことだと思いますが，十分準備をしているにもかかわらず違法な行為等があまり報告されていないために，この活動があまり目立たないという結果が出ているのであろうと思います。しかし，先ほどのトレーナー制度とも関連しますが，万が一社員が違法な行為を行い，それが企業のコンプライアンス・プログラムに違反し，ひいてはさまざまなサンクションを受けるかもしれないというときの対応の仕方は，もう少し考えてもよいかもしれませんし，今後は変わってくる必要があるのかもしれません。

このような評価と関連するのが，問17以下です。企業が法令違反，ないしは広い意味でのコンプライアンス・プログラムに違反した場合，民事，行政，刑事という法的な制裁を負うわけですが，その際の対応を聞いています。

まず，問17では民事的な責任に関する問です。ある企業が他企業との取引において「損害を受けたことがある」と主観的に認識しておられるのは約26パーセントであり，加害企業と思われるのは

6割が国内のそれである,という回答です。いま,あるいは数年先にこのデータを取ったときには変わってくるかもしれませんが,昨年の段階ではまだ,国内企業の取引において公正な取引慣行に係る法規や,ビジネスの基礎となるような法規に違反することによって損害を被ったと思われることが多かったように思います。

問18,19も同じような設問です。問18では,「損害を受けたといわれるが,具体的にはどのような原因が考えられるか,被害を生ぜしめた原因については何があるか」ということを聞いたのですが,予想されましたように,特許権侵害,独占禁止法違反,不公正取引等が非常に多いという結果が出ています。

では,そのようにある会社,企業が損害を被ったと認識した場合,どのように対応するか。まず,民事における損害賠償の請求ということですが,問19はそれに対する感想を伺ったものです。回答企業の約20パーセントの企業は不満を持っておられますが,何が不満なのかというと,和解も含めて民事の処理,終結までに時間がかかるというところです。また,海外企業の取引等におきましては,日本の企業が加害者になることも被害者になることもありますが,まず,準拠法の決定からやらなければいけませんし,どこに法廷を持ってきて訴訟を起こすのか,いつ終結するのかという事項等について予測可能性がまだ高くないということもありまして,いったん被害に巻き込まれると大変だ,という印象を強くお持ちのようです。

問20は,企業が取引に際して犯罪と思われる行為に遭遇した場合,どのような対応をしているか,ということです。当局の対応に不満があると感じられたのは10.5パーセントです。この問で答えられた企業関係の方がお考えになっていたのは,犯罪といっても特許権侵害等は日常的に起こりうるものだと思いますが,たとえば,海外企業が違反行為をしていて,それが犯罪を構成する場合には,民事の場合以上に対応に時間がかかるという不満が出てくることは当然予想されます。このあたりについては,図24等をご覧ください。

問21以下が,最もセンシティブな質問に係ってきます。「いままでいろいろ聞いてきましたが,貴社は行政的あるいは刑事法的な制裁を受けたでしょうか,受けた場合,どのような対応をなさって,そこから得られる教訓はどのようなものか」,ということを伺っています。

問21では,法的処分を受けたというとき,それを自主的に公表されているか,ということを伺っておりますが,公表することにしている企業は約66.6パーセントとかなりの率になっています。図25に示されています。

このアンケートを実施したときには,いつからそのような体制を整備されているかということは聞いておりませんでしたので,以下は推測にとどめますが,他の自由記載欄等を見ると,このように企業に対する不利益処分のヒストリーを自主的に出すということは近時非常に増えているように思われます。リコールを受ける,あるいはさまざまな処分を受けたということは何時までも隠せるものではありませんので,先に公表し,そのことで株価の変動等も事前に織り込んでいただくということが,現在の企業の多くの対応かな,と推測しています。

問22は,企業が免許の取消しや営業停止等の行政処分を受けたことがあるか,ということですが,回答企業の約11.1パーセントが「それを受けたことがある」,といわれています。他方で,その回答を留保したいという企業の方が6.9パーセントありました。これが暗数であ

ると思うと，約20パーセント弱の企業の方が，さまざまな文脈において行政処分を受けているといえます。これは結構な数字ではないか，と思います。

つぎに，問23です。ここからが，まさに刑事責任それ自体を聞いているところです。2000年以降において，ある企業が刑事責任，典型的には罰金刑ですが，それを受けたことがあるか，という問には，回答された企業の約2.9パーセントが「ある」という回答でした。他方，ここでも回答を留保したいという数値が3.4パーセントありますので，これを暗数として見積もると，約7パーセントないし8パーセントの企業の方々が罰金刑等の刑事制裁を受けていることになります。日本においてはこの程度ですが，あとで伺うように，他の国々と比較した場合，これが予想される適切な水準かというところは議論のあるところです。

さて，いま申しあげたような刑事処分と行政処分を合わせて，どのような業態の企業がよくこれらの制裁を受けているのか，どういった特徴があるのか，ということを見たところ，建設業の方々の約39パーセントがこういった経歴があるという回答をされています。他方，金融業においては18パーセントという回答が出ておりまして，以下製造業の12パーセント，商業8パーセントが，こちらで換算したところ，行政ないしは刑事というかなり厳しいサンクションを受けていることが判明しています。図28です。

このへんの評価は非常に難しいところで，たとえば，金融業においては伝統的に監督官庁の指導等が非常にリジッドですから，それに違反するということも容易に認識されるのかもしれません。ですから，ある企業においてこの数字が高い，低いということが，直ちにその企業が属しているグループの性質，属性を示すものではないとは思いますが，とりあえずこういった数字が出ていることは認識可能かと思います。

問24までが，直近の経験等を踏まえて，ご関心の企業の方々に，そのヒストリーについて伺ってきたものです。それに対して，問25以降は，そういった経験を踏まえて今後どうすべきだと思われるか，かなり自由な形で考えを聞いています。

まず，問25は，「いわゆるリニエンシー・プログラムをご存じかどうか」，ということです。リニエンシー・プログラムというのは，来年〔2006年〕施行予定の独占禁止法に導入されるものですが，違反をした事業者に対して課徴金を課す際，その課徴金の額を高める事情，あるいは低くする事情等を勘案して，勘案できるところはリニエントな対応を取ろうという考え方を広く指すものです。こういう考えをご存じであるか，ということをお聞きしたところ，33.1パーセントの方が「知らない」という回答をされています。図29です。

この結果は，個人的には非常に意外でした。独占禁止法というのはビジネスをするうえで基礎となる法律ですから，その改正動向についてはもっとご存じなのではないか，と思っていたのですが，昨年度の段階ではこういった数字が出ています。ただ，現在では変わっている可能性があります。

つぎに，「リニエンシーを知っている」といわれたとき，その内容としてどういうものを連想されるか，あるいはどのような評価をされているか，ということですが，それが問26以下です。監督官庁あるいは公正取引委員会等がリニエントな対応をするという制度を全般にリニエンシーといいますが，そのような制度の運用はどこがやればよいのか，ということについては，官庁の裁量に委ねて，事

案に則した解決を望みたいと回答が10.4パーセントありました。しかし、それでは明確性の観点から問題が残るので、もう少しガイドラインないしは立法的な対応をしてほしいという考え方が50パーセント強を占めています。このあたりは図30に出ています。こういった意識は、今後の立法を考えるうえで非常に大事なファクターではないかと考えています。

問27、28はもっと先の、しかし重要な要素について聞いています。このリニエンシー・プログラムを履行する際、違反した企業が「今後は違反をしないようにいたします。法令遵守を徹底します」ということでコンプライアンス・プログラムというものを作り、その履行を当局に示すことが多いのですが、問27は、そのようなプログラムを実施していたけれど違反が起こってしまったという場合、その点を勘案してやる必要があるかどうか、ということについて問うたものです。「そうしてよい」という回答が13.1パーセントです。特に「刑事訴追を控える理由としてコンプライアンス・プログラムの策定と実施を考えてよい」と回答した企業の方々がそういった数値を示しています。詳細は図31～33に出ています。

いまの問と関連して、問28では、そのリニエンシー・プログラム、あるいはその具体化としてのコンプライアンス・プログラムを作るとき、モデル的なものを行政のほうで提示すべきか、あるいは業界団体の中で自主的にやればよいか、という点について聞いていますが、広い意味で基準を提示すべきだというのが半数を超えています。しかしながら、独自でやればよいというものも20パーセントですので、どちらかの数字が圧倒的に多いかということは、まだ断言できないと思います。

最後に、問29です。企業犯罪に係わる刑事法的制裁について、現在、企業が違反行為をしたときには、刑罰の主たるものとして罰金刑が予定されておりますが、他にそのバラエティを用意する必要があるか、ということについて伺っております。非常に興味深いのですが、たとえば、違反した企業名の公表はフランスで取られている制度、あるいは違反企業に対する保護観察を行うというのはアメリカ合衆国に存在する制度です。これらの制度の運用はあまり活発でないと聞いておりますが、これらに積極的な意見もございました。また、同様のものとして、企業に対して強制的にコンプライアンス・プログラムの策定を義務づけ、その履行をチェックする。これも、保護観察、プロベイションの一種だと思いますが、そういったことをすべきである、といったご意見も出ています。

◆ おわりに ◆

以上が、アンケートの結果についての簡単な確認と、あまり意見にわたらない範囲でのコメントでした。本日は、このアンケートを基にしてコメンテーターの方々にご意見をいただき、また、フロアの方々とディスカッションさせていただくわけですが、以下の海外の専門家の方々に話をつなげるところとして若干のことを申し上げて、私の報告を終わりにしたいと思います。つなぎの話ということでお聞きください。

いま述べてきたようなアンケートの結果をどう捉えるべきかということが、特に刑事法の観点からは重要ですが、そこで出ている基本的な問題としては、ふたつのものがあると思います。ひとつ目は、企業あるいは法人に対する刑事責任をどのようにして科すのかということ、ふたつ目は、もしもそれを前提にした場合、いわゆるコンプライアンス・プログラム、リニエンシー・プログラムというものをどういうふうに構築していくべきか、と

第Ⅱ部　企業犯罪国際シンポジウム

いうことです。

　前者の，広い意味での企業に対する刑事責任という考えは，イギリスでコモン・ローの発展とともに生じてきて，それがアメリカ合衆国において発展を見て，連邦の模範刑法典等にも規定され，現在もアメリカで使われているものです。このあたりについては，プレインさんのお話なども踏まえて検討を深めたいと思っております。

　後者の，コンプライアンス・プログラムというものも，同じくアメリカで量刑ガイドラインの中で示された重要なファクターですので，プレインさんのお話も伺いながら検討したい。シェーファーさんのご報告にもあろうかと思いますが，現在，多国籍企業においてはほぼ世界共通の相当似通ったコンプライアンス・プログラムが用いられています。その中には，当該企業が刑事訴追の危険にさらされた場合，どのようなディフェンスが可能か，ということも書かれていて，この点についてはヨーロッパとアメリカでは，あまり区別がなくなっているのではないか，というのが現状です。

　それが現状認識だとして，では理論的にどう対応すべきか。ご存じのように，日本の刑法学は従来からドイツの刑法学に多くのことを学ばせていただいておりますが，ドイツの刑法の理論によりますと，法人というのは社会的，倫理的非難の対象ではないので，法人を処罰するというのはナンセンスであるというのが，一貫して強い主張と聞いています。その一方で，ドイツでも秩序違反法というのがありまして，それによって非常に高額な行政制裁金というものを違反した企業に課しています。このことをもって，ドイツの政府や一部の学者の先生が海外でコメントされるときには，「ドイツでは法人を処罰しない。しかし，実際には処罰しているのと同じである。したがって，現状は，他国とそう変わりはないし，あとは調整の問題なのだ」，と言われることがありまして，私もそれはそうなのかな，という感じを持っています。

　このあたりにつきましては，ヨーロッパ刑法に大変造詣の深いズィーバー教授のお話を伺いたいところです。ヨーロッパには，ドイツ的なシビル・ローの国と，イギリス，あるいはシビル・ローだが法人処罰を入れたフランス等，さまざまなタイプの法制度が出てきておりますが，ヨーロッパ全体としては，法人処罰についてどのような方向に向かっているのか，またその評価についてもコメントをいただき，午後のセッション等につなげたいと思います。

　若干駆け足でしたが，本日のお話を確認いたしますと，昨年行ったアンケートの簡単な分析を踏まえて，現在の日本の刑法学の観点から少しコメントをいたしました。しかし，この問題は日本の刑法学だけで対応できるもの，対応してよいものではありません。その意味で，イギリス・アメリカ的な発想，ヨーロッパ的な発想，またヨーロッパの中でも変化している部分について最先端の話を聞いたうえで，また企業の方々のご意見を伺って議論を深めたいと思っています。ご清聴，どうもありがとうございました。

◆　コメント　◆

◇田口　それでは，ただいまの今井報告に対する外国からのコメントをいただきたいと思います。最初にプレイン弁護士，続いてシェーファー博士，最後にズィーバー教授という順序でコメントいただきたいと考えます。

　プレイン氏はイェール・ロー・スクールを修了後，反トラスト法や国際取引などを専門に活躍されていて，現在はギブソン・ダン・アンド・クラッチャー・ワシントンＤＣオフィスというところに所

企業の法的責任とコンプライアンス・プログラム

属し，幅広い分野でご活躍中を聞いております。それではプレイン弁護士，よろしくお願いいたします。

● 基調報告へのコメント・その1
◇ダニエル・プレイン（アメリカ合衆国弁護士）

◆ はじめに ◆

まず，今回の主催者の方々，こうやってお招きいただきましてありがとうございます。本当にすばらしい調査です。今井先生，早稲田大学が行われた調査ですが，このようなことはアメリカでは行われていないと思います。経験的な調査で非常に多くの企業が対象であり，多くの企業が回答されています。これからお話しする内容は，私の経験，直感に基づくものであり，間違っている場合も多いかもしれません。ですから，今井先生のほうでこういう経験的な研究を行われたのだと思います。私も，アメリカの観点からいろいろお話ししたいと思います。

いまの今井先生の研究のお話を聞いておりまして，社会における企業行動の要素がいろいろ発見されたと思います。先生は，日本の企業の内部的あるいは外部的なコンプライアンス・プログラムについていろいろな情報を引き出されました。また，CSRの要素にコンプライアンスが含まれているかということを分析されています。いつ，どれくらいコンプライアンス・プログラムが実施されているか，リニエンシーの対象になるべきか，それとも無実なのか，ということもお話しされました。こういったものは，企業の社会的責任のルールに関係しています。今井先生からもお話がありましたが，私のほうからはごく簡単にアメリカの経験についてお話をしたいと思います。

◆ 1 アメリカにおけるコンプライアンス・プログラムの現状 ◆

最近，このような法律，社会規範は非常に厳しく執行されています。企業内部のコンプライアンス・プログラムが非常に重視され，これによってコンプライアンスを促進します。そして，実際に違反があった場合には制裁を科します。

これは，基本的にアメリカの企業法から出てきたものです。まず，海外腐敗行為防止法（Foreign Corrupt Practices Act（FCPA））が30年くらい前に法制化されました。そのつぎが，サーベンス・オクスリー法〔Sarbanes-Oxley Act〕です。こういったものから非常に広範な，独立した，実際の要件といったものが出てきたわけです。厳しい，効果的な内部コンプライアンス・プログラムが各企業で使われ，それに加えて個人的な責任が問われています。このようなコンプライアンス・プログラムを役員や上級幹部が守らなければならない風土が生まれてきております。

ここでは，アメリカの法制度における企業のコンプライアンス・プログラムの役割について，ごく簡単にお話ししたいと思います。アメリカでは，政府の規制や刑事罰も厳しいものがあります。しかしながら，これが企業の社会的責任のすべてではありません。こういう広範な文脈を考えたうえで，アメリカのモデルを評価したいと思います。

第1に，法律または受け入れられている社会的規範にはどういうものがあるか。

343

基本的には日本と非常に似通っています。最も基本的なものは，企業の不正についての規則ですが，100年ないし200年前に州法に規定されました。しかし，いまでは，連邦の規則においても企業の不正を防止しています。株主あるいは関係者，顧客にも関係してきます。証券取引法に基づき，インサイダー取引が禁止されています。その他の不正行為も禁止されています。

第2に，競争関係の反トラスト法等があります。これには，連邦法も州法もあります。これもまた，別の側面ということで，アメリカにおいては，このような並行したシステムが存在しています。この中には，特に競争関係においては100年前から存在するような法律があります。遵守はされていないかもしれませんが，アメリカでは有名な法律です。

第3に，刑事処分，民事処分，行政処分も関係します。また，3倍賠償という形でも執行されています。労働を保護する法律もあり，これは強制的なものです。これらが，国外においても第三国における労働者の不合理な処遇があった場合に適用されます。国内においても対外的にも，強制的でない場合もありますが，非常に効果的なプレッシャーをNGOや市場が与えることもあります。

第4に，環境規制ですが，ここ30年くらいにわたり非常に重要性を増しています。環境規制は，刑事規制，行政規制，そして民事訴訟ということで差止命令を求めるもの，損害賠償を求めるものが出てきております。また，欠陥商品の販売も企業の社会的責任で，これも，行政規制，刑事規制，民事の差止命令，損害賠償といった訴訟によって守られております。それから，汚職防止や政府に対する財・サービスの販売に関係する法律もあります。この中には，不正というよりも会計に関係する違反のものもあります。

こういったものは非常に複雑で，省庁ごとにいろいろな規則があります。

第5に，最近動きのあるアメリカ独自の法律で，アメリカの国家安全保障や外交政策に影響を与えるようなもの，あるいは国境を越えた犯罪行為に関係するものがあります。このリストに入るものとしては，アメリカの外国処分，特に財務省が執行するものやアメリカにとって脅威だと見なされるような国に対するものがあります。アメリカの輸出規制，これはライセンシング〔認可〕に関係するもので，いろいろな商品の輸出や技術に関係するものです。また，アンチボイコット規則があり，これは，友好国に対するボイコットに関係するものです。それから非常に包括的な一連の法律として，アメリカのマネーロンダリングに関係する規制もあります。日本，ヨーロッパでも，マネー・ロンダリングに関する規制が存在しています。

それから第6に，アメリカの海外腐敗行為防止法。このコンセプトは，日本も含めた多くのOECD加盟国により採択されています。収賄禁止や，別のセクションにおいて正確な記録を維持することも要件になっています。そういう意味で，適切な企業管理，財務，会計，記録をアメリカの発行体のほうできちんと正確な形でとどめるということになっています。そして，それに対する違反は開示されます。もちろん，そこから内部のコーポレート・ガバナンスの問題に移っていくわけです。

◆ 2 今井教授の基調報告について ◆

2.1 今井先生のコメントについて，アメリカの観点からいくつか申し上げますと，アメリカとの類似点もあれば相違点もあります。質問4～6についてですが，国内あるいは外国のパートナーがコンプライアンス・プログラムを持っているか

どうかを聞く日本企業が少ないのは，非常におもしろいと思いました。最近，アメリカの企業では，相当こういったことをしなければいけない状況になってきています。また，より多くのアメリカの企業がこういう問合わせを行っています。特に外国企業について，海外腐敗行為防止法というのがありますが，それはパートナーを通じて行います。ですから，違反があった場合，パートナーを通じて制裁が科されることがあります。

また，最近重要性が増している点として，金融機関がますますマネーロンダリングの規制対象になりつつあります。それから，最近では，相当な注意（due deligence）がすべての新しい外国パートナーに課される要件となっています。多くの大企業が，内部組織に規則を設けて，あるいは外部の第三者の調査機関に頼んで，新しいパートナーを調べてもらう，あるいは新しいエージェントやディストリビューターを調べてもらう。アメリカの企業が外国で仕事をする場合には，そのようなことも行われています。

2.2　それから，第8問は，トレーニング・プログラムについての説明でした。アメリカの法執行機関や企業が理解しているのは，トレーニングなしではコンプライアンス・プログラムは実行できないということです。相当のパーセンテージの日本企業の回答者が，プログラムをeメールで伝えるとか，メモで社員に伝えるというお話でした。皆さんも，企業や政府，あるいは大学に勤めていらっしゃる人が多いと思いますが，毎日どれくらいのメモやメールを受け取っているでしょうか。皆さん，どれぐらい慎重に読んでいらっしゃるのでしょうか。そういうトレーニング・プログラムは，トレーナーと社員，職員の間のコミュニケーションがなければ役に立ちません。アメリカの企業において，コンプライアンス・プログラムの効果がどれくらいかあるかということを見るとき，最初に聞く設問のひとつが，このトレーニング・プログラムの詳細です。

2.3　9番目の設問です。どういうシステムをもって個々の職員の不正を防止しようとしているか。アメリカにおいては，社外監査というものがあります。企業自体が行う場合もあるし，企業が，たとえば，会計企業に頼んで監査を行ってもらう場合もあります。あるいは社員の報告もあります。いま，アメリカの企業では，コンプライアンス・プログラムの一環としてホットラインというものを設けています。指定された電話番号にかければ，もしかしたら法律違反があるかもしれないということを，警告者の名前を出すことなく問題提起できます。

2.4　10～12番目の設問ですが，これも非常に関心があります。日本においては，広範な従業員，株主，消費者に対してコンプライアンス・プログラムを知らせていないということですが，アメリカでは相当状況が違います。というのも，従業員のコミュニケーションは，研修を通じて行うからです。特に大企業においては，広範な形で防止のためのトレーニングが行われています。従業員は，これによって，ルールとはどういうものか，何ができるか，できないかということがわかります。

また，株主や市場の信任は，大きな問題です。市場，投資家の信任，企業のコンプライアンス・プログラムに対する信任が，非常に大きな問題になっています。ご存じのように，会社の誠実性について疑念が呈されると，1日や数時間の間に株価が下がることもよくあります。アメリカ，日本でもそうですし，ヨーロッパでもそうだと思いますが，コンプライアンス・プログラムの目的として，株主の保護という側面が非常に重視されてきて

います。したがいまして，消費者に対する通知も良いマーケティングの一環と捉えられています。多くの産業界において，消費者は，会社がこういう内部コンプライアンス・プログラムを持っていることを非常に評価します。

2.5 13問目，外部の監査人を使って基準の違反をチェックすること。これも，日米で相当違うと思いました。すべての監査人，特に外部の監査人は法律上，規則上，あるいは慣行上，監査人の責任を果たすために積極的に不正会計，CSRの分野の不正を探そうとします。多くの企業にとって非常に厳しい基準です。コンプライアンス・プログラムは，最近，日本でよく実施されています。ただ，効果的な実施というのはなかなか行われていないようです。たとえば，不正があった場合，第三者の監査や株主による評価があまり行われていない，と今井先生はおっしゃいましたが，こうしたことは，アメリカにおいて相当行われており，要件となっています。

2.6 21，22の質問です。一般に対してどの程度の通知を行うか，企業が行政処分，刑事処分を受ける場合，それを通知するか否かということですが，日米でずいぶん違いがあると思いました。昨夜シェーファー先生と少し話したのですが，その質問には2つの解釈があるということが指摘されました。たとえば，アメリカ以外での活動の場合，どういった形でそれを開示するか，通知するかという判断が必要です。残念ながら，それに関しては実証的なデータがありません。しかし，私どもは，実態というものを重視しますので，アメリカのほうがもっと通知するのではないかと思います。アメリカにおいては，刑事処分，刑事手続の対象となった，あるいは法廷で訴追されたということならば，その情報は遅かれ早かれマスコミが取り上げます。ですから，少なくとも企業自らが何らかの声明文を出していくのが一般的で，そのことによって企業が発する声明文があまり過大評価されないようにもっていくようにしています。

また，今井先生が提起された質問の中に，もし企業が違反したら，それに対してどの程度寛大な取扱いがなされるのか，その際，企業内にコンプライアンス・プログラムがあったならどうか，というものがありました。企業としては，あたかもコンプライアンス・プログラムを刑事訴追回避の手段と考えていますが，それだけで被疑者に対して寛大な取扱いがされるのではなく，あくまでもそこでの行為の性質，精神状態の分析によります。

たしかに，コンプライアンス・プログラムがあったら，一定程度効果的であり，検察官が裁量権を発揮する場合，一定程度それが考慮されますが，そのことは，先生がいわれている「寛大さ」ではないと思います。ただ，それは違反の性格によって異なるでしょうし，地域社会の政治的な見方，検察官の見方によって異なってきます。もし，それが連邦制度での訴追であったなら，今井先生が指摘されたように，連邦においてもガイドラインがあって，かなり詳細なものが設けられています。一般的なガイドラインとして，どういった違反の種類なのか，どんな状況なのか，縷々説明されている分厚いガイドラインです。そこで唯一考慮される要素，特にガイドラインにおいて刑罰を受けるか否かを判断する際，コンプライアンス・プログラムがあるかないかは，判断の対象となります。

しかし，これは氷山の一角だと思います。と申しますのも，ただ単に検察に送られるだけではなく，有罪の判決が下されることは，アメリカの企業全体としての違反の数から考えると，きわめて少数だからです。逆に，連邦のガイドライン

として，ある企業を訴追するか，責任を問うか否かということを設定したものはありませんし，何に対して責任を問うのかといったものはありません。ひとつの法律の下での違反なのか，別の法律の下での違反なのか。同じ違反をいろいろな法律が取り扱っているわけですから，どの法律に照らしてそれを考えるのか。個別の小さな犯罪を繰り返したということで合計50の違反なのか，ひとつの大きな違反なのか。また，いろいろな罰則が設けられているわけであり，その罰則が刑事制裁とは違ってもっと一般的に使われるものもあります。行政罰，民事罰，罰金などです。それは連邦レベルのものもあれば，州政府レベルで受けたものもあります。

同時に，政府機関が使うような場合，法の適正手続ではなく，排除（debarment）といった手段があります。たとえば，ある政府に対する調達に関して，自らの製品を売れなくなるということになるわけです。そのような場合，これらの省庁はコンプライアンス・プログラムを考慮していきます。そして，それがどの程度遵守されているかを判断して，ある企業から調達するか否かを決めていきます。

2.7 そのような意味において，アメリカの経験はかなり広いものであり，民事における訴訟，提訴などもあります。自ら損害を受けた，あるいは損害を受けそうだと思った原告が，民事において提訴することもあります。また，その他，企業のコンプライアンス・プログラムが個人の原告に与えられる救済を軽減するといった役割を果たすこともあります。実際，法廷に持ち込まれる件数は少ないのです。そこでそのような行為が行われたのか否かということであり，善意があったか否かということではないのです。そこでの企業の精神状態がどうだったかということが問われないこともあります。

同時に，市場からの罰もあります。こういうことは，多くのアメリカの企業にとってますます懸念となっています。というのも，これらのことをマスコミが報道すると同時に，株式市場のほうもいくつかの企業の製品，役務を調達するか否かということで，ある意味での罰を与えるわけです。

しかし，こういったものは会社の中にあるコンプライアンス・プログラムとかなり綿密に関係していて，企業投資の一般的なルールの対象となるわけです。それは，どこの州において法人化しているかによって違ってきます。また，連邦の証券取引所監督機関（SEC）のみならず，それぞれの株式市場のルールに基づかなければなりません。ニューヨーク証券取引所，あるいはナスダック，それぞれの取引所のルールの対象となっていくわけです。証券取引法の下でのルールというのは，実際的にも，法的にも重要となっています。実態としては，これらの規則がもっと厳密になると同時に，企業がどのような形で自らを統治しているのかが問われるようになり，取締役会の責任，トップ経営陣の責任といったものも問われます。

これらの新しい規則というのは，連邦の証券取引法に基づいて実施されるということで，ただ単にアメリカで法人化した企業だけではなく，上場されている全企業に適用されます。だからこそ，外国法人に対しても提供されることになっていくわけです。この会場に出席しておられる多くの方々企業も対象となります。

2.8 コーポレート・ガバナンスの新しい一面は，最近，企業不祥事が多く生じたことから見られるようになりました。最初の一連の不祥事としては，1970年代の終わり，アメリカの企業から日本，ベルギー，オランダの政府高官に対する防衛絡みの事件，たとえば，ロッキー

第Ⅱ部　企業犯罪国際シンポジウム

事件などの贈収賄事件があります。その結果，1970年代終わりに海外腐敗行為防止法が制定されました。先ほど申しましたように，これはただ単にアメリカの企業のみならず，アメリカの発行体にも適用されます。しかし，アメリカの企業の外国の子会社に適用されるわけではありません。セクション1は，外国の政府高官に対する贈収賄の禁止条項ですが，セクション2はまったく違うものを規定しています。

アメリカの発行体は，外国の企業で，たとえば，アメリカの証券取引所において株式を売買しているところにコントロールを設けることにより，企業の記録，帳簿をきちんと付けておかなければいけません。外国の子会社を含めてきちんと保管しなければなりません。関連会社が外国の政府高官に対して贈収賄をしたならば，それが問われるということです。SECとしては，実体法に関しての要件を改定していきました。そこでの実体要件に関する閾値が変わってきたのであり，それによってさまざまな違反をSECに対して報告しなければいけません。また，マスコミに対しても公開していなかければならないというふうに変わってきました。

この実体要件というのは，ただ単にある金額，収益，利益の一定パーセンテージ以上だということではなく，質的にも責任が問われていくことになりました。つまり，腐敗，不正に関する行為は，単に金額が大きかったから責任を問われるというのではなく，そこでの行為が株主へのリスクであり，一般市民に対して不正，腐敗の企業であり，きちんとしたコントロールがないということが責任を問われるのです。ですから，その情報を公開していかなければいけません。これは，やはりトップ経営陣の責任となっていきます。

コーポレート・ガバナンス，企業コンプライアンスのより広い要件は，25年後にさらに進展していきました。そこにおいては，たとえば，エンロン事件，アーサー・アンダーセン事件，ワールドコム事件といったような不祥事があったからです。これらは，いまや有名なサーベンス・オクスリー法において問われるようになりました。ここで，このサーベンス・オクスリー法，あるいはSECの規則について縷々説明することはいたしませんが，ヨーロッパや日本のモデルと合致するものではありません。アメリカの企業制度は，企業の義務，取締役会の義務を問うものであり，特に株主に対しての責任を問うているという意味で，ヨーロッパや日本のものとは違っていると思います。

サーベンス・オクスリー法においては，グッドプラクティス（Good Practice）に関するガイドラインといったものが重要であり，ビジネス・ラウンドテーブル（Business Roundtable）いうところが，コーポレート・ガバナンスに関する原則を打ち出し，11月に改定しています。この原則は，社外取締役の責任およびトップ経営陣の責任をきちんと規定しているものです。

◆ 3　アメリカにおけるCSRの現状 ◆

最後に，アメリカのモデルとして，どのような形でCSRが実施されているかをご紹介していきたいと思います。CSRといったものを実施するのは，連邦政府および関係省庁だけではなく，州政府も併せて行っています。たとえば，検事総長がきわめてアグレッシブにそれを訴追するということがあり，CSRを遵守せよということをそれぞれの刑事，民事，行政手続において問うことがあります。CSRの数多くのルールは，たとえば，民間人が訴追できるといった形で問われて

おり，特に民間の訴訟においては悪名高い3倍賠償の制度が設けられています。個人，民間人であっても，自分が損害を受けたということであれば，補償的損害賠償，懲罰的賠償金額といったものを要求することができます。

その中において，環境問題といったものもますます問われています。欠陥品を作り，リコールしたとか，経理上の不正などすべての諸問題は，その結果，損害賠償をもたらすということで，刑事訴追ではない形で責任が問われます。と申しますのも，その影響がきわめて大きいからです。そして，コーポレート・ガバナンス，企業のコンプライアンス・プログラムの役割はいったい何か，ということになってきます。

たしかに，企業のコンプライアンス・プログラムというのは，刑事訴追において，連邦でも州でもきわめて重要です。企業としてきちんとしたコンプライアンス・プログラムを設け，それをきちんと履行すれば，もっと寛大に扱われるということもあるでしょう。少なくとも企業に犯罪の意図があったことを立証するのがもっと難しくなってきます。なぜなら，会社において政策，カルチャーとしてコンプライアンスがきちんと遵守されるということであれば，立証しにくいからです。また，企業のコンプライアンス・プログラムがきちんとしていれば，連邦政府，州政府に対しても，行政的な処分に関する寛大さを要求することができます。

しかし，それではなく，民間での訴訟というものがあり，そこでは，企業のコンプライアンス・プログラムは直接的な役割を演じます。そこでは，懲罰的な賠償金額を要求するにあたり，犯罪の意図は，ほとんど関連性がないといわれます。これは，きわめてアメリカ的な状況かもしれませんが，そこでは私人が企業を相手取って損害賠償を要求していきます。だからこそ，効果的な形でのコンプライアンス・プログラムを設けることがきわめて重要です。それがなければ，アメリカにおいて，企業の社会的責任がもっともっと問われることになっていくと同時に，企業がコンプライアンスをきちんと遵守していないということで，自らの利益を守ることがより難しくなってくるからです。以上です。

◇田口　続いてシェーファー博士よりコメントをいただきたいと思います。シェーファー博士はエアランゲン・ニュルンベルグ大学，ハンブルグ大学を経由され，アメリカ合衆国のジョージア大学にて LLM を取得されたのち，シーメンスの法務部に弁護士として所属されました。現在はシーメンスの副社長，コンプライアンス・オフィサーのチーフをお務めになり，さらに企業内人事部の部長をされています。それではシェーファー先生，よろしくお願いいたします。

───● 基調報告へのコメント・その2 ──────
　◇アルプレヒト・シェーファー（二本栁誠訳）
　　（ドイツ連邦共和国シーメンス社副社長・弁護士）

◆ はじめに ◆

シーメンスは，190 を超える国々で事業を展開し，45 万人を超える従業員を擁しております。本日は，皆様方に，弊社がコンプライアンスという課題にどのように取り組んでいるかについて，述べたいと思います。

・「コンプライアンス」という用語

まず，コンプライアンスという用語についてですが，シーメンスのコンプライアンス・プログラムを参照いたしますと，コンプライアンスという概念は，次のように理解されております。ひとつは，その違反が，シーメンス本社（Siemens AG）や，シーメンスグループ各社，その役員や従業員への刑事制裁または行政制裁を招くような法律上の規定を遵守すること，もうひとつは，これらの規制に関わる社内規則を遵守することです。

◆ 1 コンプライアンス・リスク ◆

シーメンスのコンプライアンス・プログラムを紹介するのに先立って，いまわれわれが話し合おうとしている潜在的リスクとは何か，ということについて，簡単に触れたいと思います。シーメンスのような国際企業は，多種多様な法システムおよび法文化の中で事業を行っているため，近年，コンプライアンスの分野における法的問題を，山のように抱えることになりました。また，経済のグローバル化が進展しているのみならず，経済犯罪の訴追のグローバル化も進展しております。このことは，とりわけ腐敗との闘い（fight against corruption）および反トラスト法において顕著です。

1.1 腐敗との闘い

まず，腐敗との闘いについてお話したいと思います。OECD 外国公務員贈賄防止条約（OECD Anti-Corruption Convention）と，これを受けたドイツ国内法は，ともに，1999 年 2 月 15 日に発効しました。これによって，外国公務員に対する贈賄は，それが行われた国の法律のみならず，ドイツ法によっても処罰可能な犯罪行為となったのです。また，シーメンスのように，合衆国の証券取引所に上場している企業は，合衆国における，外国公務員に対する贈賄対策の規制（海外腐敗行為防止法（Foreign Corrupt Practices Act (FCPA)）にも服しております。この法律によって，合衆国司法省および証券取引委員会の両者には，贈賄が行われたとされる国の如何を問わずに，主導的な捜査を行う権限が与えられているのです。

○企業活動に対する公衆の関心

企業自身が捜査当局による捜査のスポットライトを浴びる，という事態が増加しております。このような捜査が行われる際には，公衆の関心もまた同様に，企業自身に向けられます。ここでは，企業自身に対する刑事訴追の可能性を，たとえば，アメリカのように肯定するか，それとも，たとえば，ドイツのように否定するかは，重要ではありません。企業に加えられる制裁は，事業に対して深刻な打撃を与えることがあります。たとえば，入札参加制限や，業務停止命令（a ban on conducting business）といった制裁はしばしば，多額の罰金刑よりも深刻な影響を及ぼすことがあります。

かといってまた，公衆の間でスティグマを押されること，つまり，市場や消費者の間で名声が失墜することも，重大な応報的・抑止的効果を伴う社会的制裁のひとつです。経済犯罪に際して，被告人の弁護士が証拠に接することを許容される時点に先立って，捜査の進展状況がメディアを通じて公表されるという事態を，捜査当局が容認ないし促進しているのは，偶然のことではありません。新聞報道およびテレビ報道の矢面に立たされる企業は，世論という公開法廷で，あらかじめ非難されるのです。

○企業の法的責任に関する傾向

以上のような実情があるにもかかわらず，近年，企業に対する制裁の導入は，増加傾向にあります。ヨーロッパでは，すでに 1899 年に企業の刑事責任に関する規定を置いたイギリスの先例を追う形で，オランダ，ベルギー，フランス，そ

して最近スイスが，自国の法システムにおいて企業に対する刑事制裁を採用しました。オーストリアでも，近いうちに，直接的な企業の刑事責任が導入される予定です。

ドイツやイタリアの行政法は，正式起訴に係る法律違反を経営陣が行った場合について，企業に対する多額の制裁金を規定しています。ここで，企業に対する直接的な刑事責任を導入すべきかという問題は，特にドイツにおいて繰り返し盛んに提起されるものですが，あまり重要ではないといえましょう。なぜなら，企業の経営陣が国内外で行った正式起訴に係る犯罪について，捜査当局は，企業にその弁明を求めることができる，という法状況があるからです。専門用語として，制定法上の責任が，イギリスやアメリカにおけるように企業に対する直接的な刑事責任という形態で追及されるのか，それとも，ドイツやイタリアのように行政法上の制裁という手段で追及されるのか，という問題は，そこから導かれる結論の点で，二次的な重要性しか有しないように思われます。

1.2　競争制限との闘い

以上で腐敗に関して述べましたことは，反トラスト法にもほぼあてはまります。反競争的合意との闘いについて特に責任を負っているアメリカおよびヨーロッパの当局，すなわち，合衆国司法省および合衆国連邦取引委員会ならびに欧州委員会は，近年，企業に対して記録的な罰金・制裁金を科しました。

ビタミン・カルテル事件における処分や，マイクロソフトに科された罰金を思い出してください。カルテルに加わっていたドイツのBASF社は，まず，1999年5月20日にアメリカで2億2,500万ドルの罰金の支払を命ぜられ，次いで，欧州委員会によって，2億5千万ユーロの制裁金を科されました。さらに，企業に対して提起された民事訴訟と，従業員に対する刑事訴訟とについて付言しなければなりません。アメリカにおける訴訟だけでも，カルテルに加わっていたBASF他2社は，賠償金12億ドルの支払を言い渡されました。ビタミンについて責任者の地位にあったBASFの経営者が，アメリカにおける数ヶ月の自由刑を科されたことは，それほど関心を集めませんでした。2004年，マイクロソフトに対して欧州委員会が科した制裁金は，4億9,700万ユーロに及びました。

○ 資本市場による制裁

企業またはその従業員が企業のために刑法上の犯罪を行った結果として，企業が直面する潜在的リスクには，資本市場による制裁も含まれます。ここでは，法律上の根拠を有する制裁（たとえば，サーベンス・オクスリー法）と，いわゆるソフトローに根拠を有する制裁（たとえば，ドイツ・コーポレート・ガバナンス・コーデックス（German Corporate Governance Code））との相違について述べたいと思います。

サーベンス・オクスリー法違反に対する制裁は，多岐にわたります。そこには，自由刑や罰金刑，アメリカにおいて発行者（issuer）の「オフィサー」ないし「ディレクター」として活動することの永久的・一時的禁止，資産凍結，損害賠償金の支払義務，受け取った褒賞の返還，上場廃止が定められています。

他方，コーポレート・ガバナンスの規定は，法律という形態で定められているわけではありませんが，これに対する違反がもたらす帰結もまた，非常に重大です。たとえば，シーメンスも外国民間発行者（foreign private issuer）として一定限度でそこに服している，ニューヨーク証券取引所のコーポレート・ガバナンスに関する上場基準には，ニューヨーク証券取引所からの一時的上場停止という制

裁や，公開の譴責（public reprimand）が定められています。ニューヨーク証券取引所は，資本市場の持つ力と，その制裁が持つ懲罰的な効果の高さとを十分に認識したうえで，譴責という手段を重要な手段のひとつとして，可能な制裁のひとつに加えているのです。取引関係がグローバル化して以来，過去に起きた不正事件を踏まえて，市場は，価値に基づく方針決定（value-based orientation）に関して非常に敏感になりました。そのため，自らが事業を営む社会のコミュニティにおいて，コーポレート・ガバナンスの規定に沿って行動し，かくして「良き企業市民（Good Corporate Citizen）」としての資質を示す企業は，特別な賞賛を博するのです。他方，そうでない企業は，市場において罰を受けることになります。大規模な投資を行う人々がしばしば公的資金を運用しているということを考えれば（たとえば，年金基金や慈善基金など），これは非常に理解しやすいことかと思います。

このような制裁の考え方は，ドイツのコーポレート・ガバナンスの規定の背後にも横たわっているものです。ドイツ・コーポレート・ガバナンス・コーデックスは，（ドイツの株式会社法（Germany's Stock Corporation Act）に定められていることですが）当該コーデックスにおける指令的規定から逸脱する企業に対して，年間の逸脱行動を開示するよう義務付けています。つまり，「遵守せよ，さもなければ説明せよ（comply or explain）」というわけです。

◆　2　シーメンスのコンプライアンス・プログラム　◆

それでは，シーメンスのような大企業は，以上で述べたリスクにどのように対応しているのでしょうか。不正行為を予防するために，何がなされているのでしょうか。

○ 業務遂行ガイドライン（Business Conduct Guidelines）

企業内部でのコンプライアンスにとって必須の条件は，経営陣から全従業員に対して，法律というものは遵守されるべきものであるということを明確に教示すること，および，違反が許されることはないと——同じく明確に——警告することです。シーメンスでは，このような教示が，業務遂行ガイドラインの中に書かれています。これは，世界中の全従業員を拘束するものであり，中心的な行動規範として，弊社のコンプライアンス・プログラムの中核をなしています。

業務遂行ガイドラインは，従業員に対して概括的な言葉で，合法的な行動をするよう諭すだけのものではありません。そこには，たとえば，競争立法や反腐敗立法を遵守する方法，寄付金の取扱い方法，義務を履行する際に利益相反を回避する方法，インサイダー取引の禁止を守る方法，会社の資産を守る方法が，詳しく記載されているのです。業務遂行ガイドラインは，インターネット上で公開されております（http://www.siemens.com/index.jsp?sdc_p=t4cz2s4uo1229196d1229141pn1229196 flmi1229198）。

弊社のコンプライアンス・プログラムは，業務遂行ガイドラインのみに留まるものではなく，これを補完する，さらに他の企業準則もそこに含まれています。その例を挙げれば，財務問題に関する倫理規程，口座開設に関する教示，支払い取引の処理に関する教示，ビジネス・コンサルタントに関するガイドラインなどがあります。

○ 財務問題に関する倫理規程

財務問題に関する倫理規定は，サーベンス・オクスリー法406条を受けて導入されたものです。これは，財務問題に適正に対処するためにシーメンスの中で適

用可能な，行動に関する諸々の要請を，ひとつの文書にまとめたものです。たとえば，「2人の目（twopairs-of-eyes）」の原則（すなわち，すべての決定に2名のサインを必要とする原則）がそこに含まれますが，これは，シーメンスの中で長年にわたって行われていたものです。財務問題に関する倫理規定は，CEOおよびCFOのみならず，商取引機能を担う全従業員に対しても適用されます。

財務問題に適正に対処するために，企業は，口座開設や支払い取引の処理の基準を示す必要があります。すべての支払い取引は，これらの規定に沿って文書化されなければならず，また，透明な形で行われなければなりません。信任に基づく説明（fiduciary accounts）が許容されるのは，不可避的・例外的状況下で，かつ，書面の証拠に服する適切な手続を経た後に限られます。

最後に，企業は，販売サイドのコンサルタントとの関係が正当なものかどうかについて，細心の注意を払います。コンサルタントとの協同は，それ自体正当な活動であり，商取引の観点から不可欠な場合さえ少なくありません。にもかかわらず，捜査当局は，コンサルタントの唯一の目的は賄賂の受渡しにあることが多いものだと疑ってかかります。そこで，販売に関わるコンサルタントと契約を締結する際には，入念な配慮に基づいてコンサルタントを選ぶとともに，法的に疑わしい合意を交わさないことが重要になってまいります。

シーメンスでは，業務遂行ガイドラインを然るべく定め，これをグループ全体に適用しております。契約を締結するのに先立って，すべてのコンサルタントに対しては，相当の注意（Due Diligence）を払って調査を行わなければなりません。これには，まともなコンサルタントかどうか，以前に法的な手続の主体となっていないか，といった調査が含まれます。コンサルタント契約のための，必要事項の記入欄を設けたテンプレート（mandatory text template）では，成功報酬の支払いが完全に排除されており，また，コンサルタントが行うサービスの内容を正確に記して書面に残すことが要求されております。

それではつぎに，効果的なコンプライアンス・プログラムの重要部分である，プログラムの実施という問題と，プログラムの継続的なモニタリングという問題とについて述べたいと思います。

2.1 コンプライアンス・プログラムの実施

まず，コンプライアンス・プログラムの実施についてですが，シーメンスは，チーフ・コンプライアンス・オフィサーを頂点とする，世界規模のコンプライアンス組織を立ち上げました。チーフ・コンプライアンス・オフィサーからの報告は，弊社の最高経営機関である企業執行委員会（Corporate Executive Committee）と，シーメンス本社スーパーバイザリー・ボードの監査委員会（Audit Committee of Siemens AG's Supervisory Board）とに対して行われます。

・コンプライアンス・オフィサー

コンプライアンス・オフィサーは，12の事業部門および64の地域企業のそれぞれに配置され，各自の責任の範囲内で，弊社のコンプライアンス・プログラムを実施する任務を遂行し，チーフ・コンプライアンス・オフィサーへの報告を行います。

コンプライアンス・オフィサーは，継続的に，弊社のコンプライアンス・プログラムが要求するところについて，従業員に対して教育を行うとともに，2年に1度，経営陣全員に対して，業務遂行ガイドラインを守っている旨の文書による誓約をさせます。また，業務遂行ガイド

ラインの違反が報告された際には、コンプライアンス違反の有無の調査にあたります。さらには、セールス・コンサルタントとの契約の調印や、先に申し上げた業務遂行ガイドラインの基準が守られているかどうかのチェックも行います。ここで重要なことは、内部告発者に対する仕返しが行われないようにすることです。

違反が確認された場合、コンプライアンス・オフィサーは、懲戒措置に関する決定の責任を負います。これは非常に重要なことです。というのも、違反に対して実際に処分が加えられるか否かによって、コンプライアンス・プログラムというものが、法律違反を予防する効果的な手段たりうるのか、それとも「張子の虎」にすぎないのか、を決することになるからです。

コンプライアンス・オフィサーのほかに、チーフ・コンプライアンス・オフィサーには、専門の弁護士を擁するコンプライアンス・オフィスが割り当てられています。コンプライアンス・オフィスは、シーメンス全体の、コンプライアンスに関係するすべての法的問題につき責任を負います。コンプライアンス・オフィスの弁護士は、企業に対する刑事上の捜査および行政上の調査のうち、重要なものにはすべて対応します。彼らの役割は、企業の利益を守ることにあるのです。

2.2 コンプライアンス・プログラムのモニタリング

つぎに、コンプライアンス・プログラムの遵守状況のモニタリングについてですが、弊社のモニタリング・システムには、4つの重要な要素があります。

○継続的な業務チェック

第1に、弊社の経営陣は、業務活動を行う傍ら、自らが責任を負う領域について継続的なチェックを行う義務を負っております。具体的には、特定のプロジェクトを無作為に抽出してチェックを行うことにより、反トラストおよび反腐敗に関する法律が遵守されているかどうかを検証いたします。

○監　査

第2に、弊社の監査人は、コンプライアンス・プログラムが事業部門および地域において正しく実施されているかどうか、そして、違反の証拠があるかどうかについて、定期的にチェックしております。

○財務諸表に関する不服

第3の要素は、シーメンス独特の手続です。これは、会計および監査の領域における不正行為を開示するための手続であり、サーベンス・オクスリー法に基づくものです。同法301条は、従業員および第三者が財務諸表に関する不服申立——これは匿名も可能です——を許す手続を策定するよう、企業の監査委員会に求めております。これにより、不服が適切に処理されることになるのです。シーメンス社内では、財務諸表に関する不服はすべて、チーフ・コンプライアンス・オフィサーに伝えられ、彼によって、監査人による調査が開始され、シーメンスの監査委員会への報告が行われます。チーフ・コンプライアンス・オフィサーはまた、財務問題に関する倫理規程の違反についても、報告があれば、それに対処すべき責任を負っております。

○報告義務

弊社のモニタリング・システムの第4の要素は、社内における報告義務です。チーフ・コンプライアンス・オフィサーは、経営役員会（Managing Board）と、スーパーバイザリー・ボードの監査委員会（Audit Committee of Supervisory Board）とに対して、定期的な報告を行うとともに、アド・ホックな報告も行っております。報告内容としては、コンプライアンスの分野における法的動向や、コンプライアンス・プログラムの実施状況、コン

プライアンスに関する社内の重要な手続を挙げることができます。

　さらに，チーフ・コンプライアンス・オフィサーは，サーベンス・オクスリー法の実施の一環として設立された，グループの情報開示委員会（Disclosure Committee）の一員でもあります。情報開示委員会は，合衆国の証券取引所の監督機関である SEC に提出されるすべての文書を審査し，その完全性と正確性を期す，という機能を担っております。こうした文書には，年次報告書および四半期報告書が含まれます。チーフ・コンプライアンス・オフィサーが情報開示委員会に出席することによって，コンプライアンス調査の結果として明らかになった財務諸表関連の問題が，適切に財務報告に反映されるのです。情報開示委員会からの報告は，CEO と CFO とに対して行われます。加えて，報告義務を負う業務部門の長も，CEO と CFO とに対して，財務報告の内容の完全性と正確性を保証しなければなりません。このシステムによって，CEO および CFO は，アメリカ合衆国のサーベンス・オクスリー法の要求通りに，やましいところなしに，企業が公表する財務報告の内容の完全性と正確性を宣言することができるのです。

　四半期ごとに，情報開示委員会は，企業資産に対して犯されたことが判明した犯罪を，CEO と CFO とに対して報告します。そのために，全社的な報告システムが，企業監査部門によって創設されました。信任に関わるケースが開示された場合，企業監査部門がその調査にあたります。この際，コンプライアンス・オフィスの弁護士によって，法律に関するアドバイスが与えられます。

◆　**3　コンプライアンス・プログラムの背後にある根拠**　◆

　弊社がなぜこうした組織的・経営的努力を惜しまないのかと問われれば，その答えは複雑です。ひとつには，私どもはできるかぎり企業を守りたいと考えております。

○**アメリカ合衆国の量刑ガイドライン**

　アメリカ合衆国の量刑ガイドライン（US Sentencing Guidelines）の下では，社内に効果的なコンプライアンスを確保しようと試みることで，企業には有利な立場が与えられます。というのも，企業が捜査対象となる場合，合衆国の連邦検察官や，アメリカ合衆国の証券取引所の監督機関である SEC は，その企業が効果的なコンプライアンス・プログラムを持っているかどうかを厳密に調べ，それが認められた場合，当該企業に対する刑事訴追がすべて取り下げられるか，あるいは少なくとも和解合意（settlement agreement）という形で企業に対する手続が終了する可能性があるからです。2001 年 6 月 8 日付けの，イタリアの法令 231 号（Decree-law no. 231）にも，同様の効果があります。企業経営に関して，ドイツの立法権限・法執行権限から生じる，組織としての義務あるいは監督上の義務もまた，企業のビジネス構造に照らした，テーラー・メイドのコンプライアンス・プログラムの策定を要求しており，これによって組織の過失行為に対する訴追を回避することができます。

○**内部統制——サーベンス・オクスリー法 404 条**

　サーベンス・オクスリー法 404 条が定める内部統制システムに関するルールもまた，コンプライアンス機能の完成を要求しております。なぜなら，「詐欺（fraud）」が行われ，かつそれが「発覚しないこと（non-detection）」から，虚偽の財務報告が，とりわけ，「詐欺的な財務報告（fraudulent financial reporting）」および「資産流用（misappropriation of assets）」がひき起こされることがあるか

355

らです。このため，公開会社会計監督委員会（Public Company Accounting Oversight Board（PCAOB））は，サーベンス・オクスリー法404条に関連して，効果的なコンプライアンス・プログラムの策定に加え，とりわけ，その効果的な履行を要求しております。具体的には，コンプライアンスに関する内部的報告義務の確立による統制や，財務諸表に関する不服のための手続による統制が必要となります。

さらにいえば，コンプライアンス・プログラムというのは，現在のシーメンスのビジネス戦略──「4つのことにより適合せよ（Fit 4 More）」──に不可欠なものです。この，Fit 4 More プログラムは，4つの活動領域に焦点をあてるものです。すなわち，パフォーマンスおよびポートフォリオ（Performance and Portfolio），経営の卓越性（Operational Excellence），人の卓越性（People Excellence），企業の責任（Corporate Responsibility）の4つです。

○ **企業の責任（Corporate Responsibility）**

コンプライアンスというものは，企業の責任の一部です。これはどういう意味かといえば，いわゆるステークホルダーに対する企業の責任，最終的には，弊社が業務を行っている社会に対する企業の責任のことです。責任ある企業経営は，成長戦略，革新，および人材開発と歩調を揃えるものです。責任ある企業経営はまた，社会に受容されるための基礎であり，さらには，長期的にみた企業の成功の基礎でもあります。このことは，私どもが焦点を合わせるコンプライアンス・リスクという観点からすると，特に重要です。コンプライアンス・リスクは，金銭的なペナルティという点に加え，公衆の間の名声を失うという点でも，企業の成功を脅かすものだからです。

このような状況が生じた原因は，とりわけ，弊社のグローバルな経済関係に照らしていえば，不正事件の多発によって，一部の一般公衆が非常に敏感になったことに求めることができます。価値に基づく説得的な企業経営を行うことによってのみ，顧客，株主，サプライヤー，そして社会全体との関係で，自社の誠実さと信頼性を示すことができ，かつ，自社のネガティブなイメージが公衆の意識に刻まれるリスクを回避することができるのです。

こうして，企業の責任という枠組みの中で，企業の行動原理の防護策となる点で，コンプライアンスというものは，とりわけ，法および制定法の執行に奉仕するのです。会計事務所「アーサー・アンダーセン（Arthur Andersen）」が絡んだ事件によって，効果的なコンプライアンス・プログラムによる予防がいかに重要であるかが例証されました。先ごろ，アメリカ合衆国連邦最高裁は，エンロン・スキャンダル（Enron scandal）に関連してこの会計事務所に下された有罪判決について，破棄を命じましたが，遅すぎました。この企業はすでに存在しません。これが，今を生きる企業の現実です。コンプライアンスを，企業の責任の一部として理解するのであれば，それは，価値に基づく企業哲学の構築を前提とします。弊社は，コンプライアンスの倫理的な側面を活用して，従業員を動機付け，株主との絆を強め，誠実さを公衆に示したいと考えております。私どもは，そうすることで，長期的な成功を収めることができるものと確信しています。

◇田口　シェーファー先生，大変有益なコメントをありがとうございました。最後にズィーバー教授のコメントをいただきます。

ズィーバー教授はフライブルグ大学において『コンピューター犯罪と刑法』で博士号を取得された後，バイロイト大学，

ヴュルツブルク大学，ミュンヘン大学を経て，2003年よりフライブルクにあるマックス・プランク外国・国際刑法研究所の所長です。世界的に活躍しておられる先生です。それではズィーバー先生，よろしくお願いいたします。

基調報告へのコメント・その3

◇ウルリッヒ・ズィーバー

（ドイツ連邦共和国マックス・プランク外国・国際刑法研究所所長・教授）

◆ はじめに ◆

ご列席の皆様，今回この会議に出席でき，心から名誉なことだと考えております。ご招待いただいたことに感謝する同時に，このシンポジウムに参加できることが私の喜びであることをお伝えしたいと思います。

今回ご招待いただいたのは，今井先生の基調講演に対してのコメントを行うようにということでした。その中で，特にドイツにおいて，コンプライアンス・プログラムがどうなっているのかということと，刑事法との関係を語ってほしいということを要請されましたので，まず第1部として，ドイツにおいてコンプライアンス・プログラムがどうなっているのかという話をさせていただきます。そして，第2部で，企業の犯罪，またそれに関してどんなコントロール政策がドイツにあるのかを説明し，第3部ではこの2つをひとつにまとめる試みをすると同時に，企業犯罪を防止するにあたり，コンプライアンス・プログラムを通じてそれができるのかという設問に答えてみたいと思います。

◆ 1 ドイツにおけるコンプライアンス・プログラム ◆

1.1 まず，ドイツにおけるコンプライアンス・プログラムをご紹介したいと思います。ここでは，用語に関して今井先生と同じような問題を抱えています。と申しますのも，この分野においては，異なった用語および考え方がさまざまに活用されているからです。それらは，必ずしも明確に定義されているわけではなく，一部重複しています。

たとえば，「コンプライアンス・プログラム」，「バリュー・マネジメント」，「リスク・マネジメント」，「コーポレート・ガバナンス」といった概念がありますが，これらは，いずれも，コンプライアンスの手続面に重点を置くものです。他方でまた，価値に重点を置く概念，たとえば，「企業倫理（Business Ethics）」，「廉潔性綱領（integrity codes）」，あるいは，より一般的なものとして，「企業の社会的責任」といった概念もあります。これらの概念は，必ずしも明確に定義されているわけではありませんが，そのエッセンスは何かと申しますと，価値およびそれを保護するための手続です。

これらの概念の中核を成すのは何かというと，企業のコンプライアンス・マニュアルの大部分が，法律の参照を指示しております。社内規則において，倫理的な問題が扱われることもあります。これらの価値が，手続──たとえば，責任者の任命や，犯罪を発見するための手続といった，組織を挙げての措置──によって保護されているわけです。

ドイツにおけるコンプライアンス・プログラムや企業の社会的責任に関するプログラム，あるいはほかの言葉で呼ばれるプログラムとしては，さまざまなもの

があります。たとえば，企業が作成するものや，業界団体が作成するものがあり，さらには，政府が関与している場合もあります。たとえば，ドイツ・コーポレート・ガバナンス・コーデックス（German Corporate Governance Code）は，ドイツ政府が設置した委員会が作成したもので，ドイツの上場企業に対して適用されます。

1.2　私は，今井先生のすばらしいアンケート調査に感銘し，それについての報告に感服いたしました。私も，この分野における統計について，多少ご紹介したいと思います。この分野で統計的な調査を実施する際には，設問の設定に困難が伴います。と申しますのも，さまざまな概念があって，それがさまざまに解釈されているからです。

ドイツで用いられるさまざまな概念のうち，最も具体的で，最も限定的な概念は，コーポレート・ガバナンスという概念です。2001年に，ドイツにおいて，コーポレート・ガバナンスに関するルールについての統計的な調査が実施されました。これは，DAXに採用されている大手企業と，MDAXに採用されている中規模の企業の，計72社を対象としたものです。

まず，調査対象の各企業が，コーポレート・ガバナンスという概念をどのような意味で理解しているかが問われています。その問に対して，85パーセントの企業が「企業の透明性（corporate transparency）」，73パーセントの企業が「企業統制（corporate control）」，63パーセントの企業が，「企業のマネジメント（corporate management）」という意味で理解している，と回答しています。ほかにも，コーポレート・ガバナンスのガイドラインについて，それに将来的に何を期待するか，それは容易に理解できるものでなければならないと思うか，全上場企業に対して一律に適用されるそれが必要か，それは最も重要なことだけを取り扱うべきであり，あまり詳しいことを取り上げるべきではないと思うか，といったことが問われております。

2005年，第2回調査が行われましたが，そのときはすでに，ドイツ・コーポレート・ガバナンス・コーデックスが制度化されていました。このアンケートに回答したDAX上場の大手企業のうち，96パーセントが，コーデックスにおける勧告について，すでに「社内ルールへの転換を図っている」，と回答し，また，提案についても，82パーセントが「社内ルールへの転換を図っている」と回答しています。他方，MDAX上場の中規模の企業においては，その89パーセントがコーデックスの勧告について，また，その67パーセントがコーデックスの提案について，「社内ルールへの転換を図っている」と回答しています。

こういうことを見ていただくと，コンプライアンスのレベルはかなり高いといえます。ヨーロッパにおいては，イギリスおよびスイスの企業がドイツより高いレベルで，このようなコーポレート・ガバナンスに関するルールに従っております。

1.3　ドイツでは，コンプライアンス・プログラムに付される名前はさまざまですが，それらが対象とする分野もまた，さまざまです。各社のマニュアルをインターネットで調べますと，法律によって，特に刑法によって規制されている分野が，その主たる対象となっていることがわかります。たとえば，腐敗，不正会計，税金関係の不正，環境保護などです。また，企業の資産や有価証券の保護に関するものもあります。さらには，企業倫理を扱うものや，児童労働や強制労働の防止といった人権を扱うもの，製造物責任を扱うものもあります。このように，対象分

企業の法的責任とコンプライアンス・プログラム

野もさまざまでありまして，コンプライアンス規程の作成を命じることは，簡単なことではありません。

このような状況は，どこの国でも同じようです。しかし，ドイツにおいて特徴的なこともあります。ドイツ企業の取締役会は，二層制となっており，エグゼクティブ・ボード（executive board）とスーパーバイザリー・ボード（supervisory board）が，別々に設けられているのです。コーポレート・ガバナンス・コーデックスは，このふたつのボードの役割分担を強調するとともに，役割分担の透明性をも強調しております。ドイツにおいて特徴的なこととしては，ほかにまた，共同経営（co-management）というものもございまして，従業員の代表が取締役会に参加しております。こうした特徴が反映されて，ドイツのコーポレート・ガバナンスに関するルールは，その他の諸国のものと若干違うものになっているのです。

つぎに，これらのコンプライアンス・マニュアルによって，誰のどういった利益が守られているのかということですが，まず，会社の利益です。それをもっと詳細に分析しますと，その中においては異なった利益があり，異なったプレーヤーがあり，ときには一致するが，ときには相反するものだということです。そこでは，プレーヤーとして株主，経営陣，従業員などを挙げることができます。

さらに，入手可能なコンプライアンス・プログラムを分析すると，第三者の利益を保護しようとするものがあります。たとえば，ビジネス・パートナーや，消費者，環境等の社会的利益，人権といったものが，保護の対象とされることがあります。このことからも，コンプライアンス・プログラムというのは多様であることがご理解いただけると思います。

興味深いのは，これらのコンプライアンス・プログラムをそもそも誰が作るか，ということです。個別の企業が作る場合や，業界団体が作る場合，会社がいくつか一緒になって作る場合があります。また，ドイツのコーポレート・ガバナンス・コーデックスのように，政府が任命した民間人によって構成されるグループが作る場合もあります。官民一緒になって作成された企業倫理もあります。また，マルチ・メディアの分野では，民間のグループが作成した後に政府の承認を受ける，という形態もあります。

1.4　コンプライアンス・プログラムというものを，企業自身がビジネスをコントロールするための手段ということを超えて，国家が企業の活動を規制するための手段として理解した場合，そこには，行政当局が作成するものも含まれてまいります。たとえば，連邦レベルで金融機関を監督する機関である連邦金融監督庁（BaFin）のガイドラインがあります。これは，金融サービスの分野において，企業がどのように行動すべきかを，かなり詳細に規定しています。また，議会が作成したものもあります。たとえば，ドイツ銀行法（German Banking Act）25a 条ですが，ここでは，ビジネス界のコンプライアンス・プログラムと同じようなルールが設定されております。これは，金融業界特有の問題を扱ったコンプライアンス・プログラムといえます。

これらのさまざまなコンプライアンス・プログラムを整理するという問題は，それが拘束力を有するか，という法的な観点からは非常に興味深い問題とつながっております。法律に言及するコンプライアンス・プログラムであれば，そこに含まれるルールは拘束力を有するということになります。とりわけ刑法に言及するコンプライアンス・プログラムであれば，そこに含まれるルールは，刑事制裁または行政制裁によって保護されるこ

とになります。

これ以外の方法でルールに拘束力を与える技術を，ドイツ・コーポレート・ガバナンス・コーデックスに見いだすことができます。このコーデックスは，すでに申し上げたように，大手企業内部の組織について規制するものであり，勧告および提案を提示するものです。ただ，会社は，必ずしもそれを社内ルールに転換しなければならないということではありません。もしこれらの勧告および提案に従わないということであれば，その旨を開示しなければなりません。「遵守せよ，さもなければ開示せよ（comply or disclose）」というこの方式が，ルールを実施するための効果的な手段だといえることは，先ほどの統計から読み取ることができます。

先ほど，倫理的な価値観を扱う社内規則もある，ということを申し上げました。このような社内規則は，直接的な拘束力を持つものではありませんが，ある種の間接的な拘束力を持つものといえます。たとえば，社内規則の参照を指示する労働法を通じて，社内規則が拘束力を持つといえるのです。また，社内規則は，刑法を通じて拘束力を持つこともあります。刑法上，過失の基準は，必ずしも十分に定義されておりません。過失に関する相当な注意（due care）という基準は，刑法の外にある基準，それどころかおよそ法律の外にある基準──つまり，コミュニティの基準──によって定まるのです。このように，過失に関する一般条項を通じて，あるいはその他の一般条項を通じて，社内規則が間接的に拘束力を持つという可能性が出てきます。

◆ 2　ドイツにおける企業犯罪 ◆

2.1　つぎに，第2部に入りまして，ドイツにおける企業犯罪について述べたいと思います。今井先生は，日本において企業犯罪がきわめて深刻な問題だと言われましたが，ドイツにおいても事情は同じです。ドイツの警察犯罪統計を見ると，警察が認知した犯罪行為全体のうち，経済犯罪が占める割合は，1.3パーセントにすぎません。それにもかかわらず，経済犯罪は，犯罪被害総額の57パーセントにあたる68億ユーロに相当する損害を発生させたのです。これは，その他すべての犯罪から生じた損害額をはるかに超える額です。詳しく言えば，とりわけ，詐欺，破産犯罪，投資に関する不正から，多額の損害が発生しております。

最近，日本同様，ドイツにおいても，16億ユーロという巨額の損害をもたらした大規模な不祥事がありました。いわゆるフローテックス（Flowtex）事件です。イタリアで起きた，有名なパルマラット（Parmalat）事件の損害額は，200億ユーロを超えました。こうした事件が示すように，経済犯罪に対して効果的なコントロールを及ぼすということは，重要な社会的関心事といえるのです。

2.2　そのようなコントロールを及ぼすに際しては，ふたつのアプローチがあります。ひとつは，非刑法的・構造的予防アプローチです。これは，たとえば，犯罪が行われる機会を創りだしているような経済法を改正することを通じて行われるもので，刑法以上の抑止効果を見込むことができます。たとえば，腐敗の分野で言えば，公共委託における入札を原則化することや，国家がビジネスに過度に関与しないことで，犯罪の機会を奪うことができるのです。また，補助金詐欺の分野──これは，欧州共同体と関連して悪名高いものですが──では，補助金に関する法律を変更することで，状況が改善します。このことは，欧州委員会の委託を受けて私が行った調査から明らかになったのですが，補助金に関連する法律が定めるルールが，犯罪を誘発すること

があるのです。その他の非刑法的アプローチとしては，投資詐欺の分野で，潜在的な被害者に対して教育を行うことや，自己防衛の方法を説くといったことが考えられます。

経済犯罪対策としては，以上のような非刑法的予防アプローチを一層発展させるべきです。そうはいっても，これによってすべてが解決されるわけではありませんので，刑事訴追の方法を改善していくことも必要です。

ドイツでは，経済犯罪と関連して，その訴追を行う特別の機関や，その裁判を行う特別の機関が設置されており，そこに経済犯罪に精通したスペシャリストを配置することで，見るべき成果をあげています。また，ドイツの特色として，危険犯の導入ということを挙げることができます。つまり，悪しき結果のみならず，社会的法益を潜在的に脅かすような行為をも，犯罪として捕捉するのです。さらには，経済に関連する超個人的法益——たとえば，一定の情報の正確性——の保護が行われておりますし，刑法を拡張して，現実の損害の証明が不要とされる場合もあります。以上のような方策は，サーベンス・オクスリー法との関連で，アメリカにおいても見いだすことができると思います。他にも，特に経済犯罪の分野では，新しい金融捜査手法が重要です。

ここで，コンプライアンス・プログラムにも関わってくる重要な問題の検討に移りたいと思います。すなわち，企業の刑事責任という問題です。

2.3　経済犯罪の分野における制裁の名宛人には，ふたつあります。ひとつは個人，もうひとつは企業です。ドイツや大陸法諸国において伝統的に用いられているのは，個人の責任を主に問うというアプローチです。他方，アメリカおよびイギリスにおいては，個人の責任を問うのに加えて，企業の責任も強く問うというアプローチが用いられています。現在，このふたつのシステムが互いに接近してきているという，非常に興味深い現象があります。大陸法諸国において，企業の責任が問われることも多くなってきました。他方，アメリカにおいて，サーベンス・オクスリー法を受けて，個人の責任もより強く問われるようになりました。これは，世界が一層緊密なものとなりつつあることを示す好例です。私たちは，同じ解決方法を展開しているのです。

ドイツにおいては，個人の責任を主に問うアプローチが用いられているため，マネージャーや従業員は，個々の作為を理由として処罰されます。また，不作為を理由として処罰される場合もあります。従業員を選任監督する義務や，刑法上の一般的義務というものが存在するのです。さらに，ドイツには，行政刑法上の犯罪があります。マネジメントが選任監督義務の履行を怠ったために犯罪が起きてしまった場合，当該不履行は，犯罪として捕捉されるのです。このことは，秩序違反法130条に定められています。ドイツにおける，個人への制裁の選好は，ドイツの制度上，企業の責任を問う場合にも，見いだすことができます。というのも，ドイツの制度上，企業の責任は，個人の責任に強く従属しているからです。秩序違反法30条は，企業の重要な職にあるマネージャーが犯罪行為または秩序違反行為を行った場合，企業に対して過料を課すことができる，と定めています。したがいまして，重要な職にあるマネージャーが犯罪を犯したという場合であれば，その者が個人として処罰されるほか，企業が秩序違反法上の制裁を受けることもあるのです。

この点は，先に述べました130条とも関連してまいります。130条は，企業の所有者または重要な職にあるマネー

ジャーが故意または過失によって選任監督義務を怠った結果，犯罪行為または秩序違反行為が行われてしまった場合，当該義務違反は秩序違反行為である，と定めています。また，同条は，選任監督義務に，監督者の任命，入念な選定，および監督が含まれることを明示しています。

ご理解いただけたでしょうか。〔たとえば，下位の従業員が犯罪を犯したという場合でも〕130条を用いることで，重要な職にあるマネージャーが秩序違反行為を行ったことになります。〔この秩序違反行為は，30条にいう「企業の重要な職にあるマネージャーの秩序違反行為」の要件を充たすものであるため，その他の要件さえ充たされれば，〕企業に対して過料を課すことができることになっているのです。とはいえ，このアプローチは，依然として個人の責任に強く依拠していることは明らかです。また，すでに申し上げましたように，これは刑事制裁ではありません。あくまで，秩序違反法という行政刑法の分野で行われているのです。

2.4　つぎに，ドイツ以外の国をみてみたいと思います。企業自体の責任を問うアプローチは，多くのヨーロッパ諸国で用いられています。また，ヨーロッパにおいては，近年，欧州評議会（Council of Europe）や，OECD，EU等によって，法人の刑事責任ないし刑事制裁に関する提案が出されています。これらの提案の多くは，企業に対して刑事責任を問うことまでは要請していないのですが，企業に対して制裁を課すことは要請しています。

ヨーロッパ諸国の制度は，国ごとにさまざまです。ドイツの制度は，行政制裁を用いるというものですが，たとえば，フランスやイギリスでは，まさに刑事責任が問われます。ドイツでも，行政制裁から刑事制裁へと移行するかどうかについて，大いに議論されています。伝統的な法律家の中には，刑法というものは，罪責の概念および行為概念に密接に関連しているのであって，刑事制裁を導入すべきではない，と主張する方もいらっしゃいます。他方で，次のような主張もございます。罪責の概念および行為概念は，現代的に解釈しなければならない。われわれは，機能的なアプローチを用いるべきである。制度をほんの少し変えて，刑事制裁を創設するのが得策である。なぜなら，企業内部の犯罪行為者を認定するのは困難だからである，という主張です。

誰を犯罪者とみなすかという問題についても，さまざまなアプローチがあります。ドイツでは，従属責任モデル（Model of Accessory Liability）が採用されております。これは，マネージャーあるいは個人が犯罪を行った場合に限って，企業に対して過料を課すというものです。他方では，独立責任モデル（Model of Independent Liability）もあります。このモデルによれば，個人の犯罪行為の有無とは独立に，企業の責任が問われます。さらに，たとえば，企業内部の犯罪行為や企業のために行われた犯罪行為が存在することと（その際，必ずしも個人が特定されていなくてもかまいません），機関の選任監督上の過失行為が存在することとを要件とするといった，制限従属性混合モデル（Mixed Model of Limited Accessoriness）があります。

◆　3　企業犯罪防止とコンプライアンス・プログラム　◆

コンプライアンス・プログラムは，企業刑法の分野において，何らかの役割を果たすべきでしょうか。この問題を検討するのに先立って，基本的想定について述べたいと思います。まず，企業の内部構造ないし企業文化は，従業員が犯罪行

為に出るリスクを左右するものである，と言わなければなりません。経営者によるセルフ・コントロールだけが企業犯罪の発生を左右するとは，もはや言えません。現代の刑事犯罪学上の研究によって，企業の文化，組織，構造こそが，犯罪の発生を左右するということが明らかになりました。したがいまして，私としては，経済犯罪を規制するための重要な手段であるコンプライアンス・プログラムを策定することを，強く支持いたします。

こうしてみますと，効果的なコンプライアンス・プログラムを実施できるようなシステムを探求しなければならないことは，明らかです。そのためには，ふたつの要素が必要かと思います。第1に，企業に対しては自由裁量の余地を認めなければならない，ということです。企業に対する規制は，詳細にすぎてはならず，自主規制の余地を残さなければなりません。そのうえで，第2に，コンプライアンス・プログラムを策定する法的なインセンティブを与え，あるいはそれを策定しない場合の制裁を定めなければなりません。

犯罪防止にとって効果的なコンプライアンス・プログラムがあるとすれば，そこで鍵となる要素は何なのか，ということについて，さらなる研究調査を実施しなければなりません。そのような要素を見つけることができれば，つぎに，その要素が実現されるよう，法的なインセンティブの投入を試みる必要があります。そのような要素の例としては，責任者の任命，従業員への教育，モニタリングおよび統制，内部的・外部的な違反行為発見プログラムを挙げることができます。これらは，経済犯罪を防止するためのコンプライアンス・プログラムにとって，鍵となる要素だといえます。とはいえ，刑事犯罪学者と経済学者が連携して，この分野の研究を進めることが必要です。

犯罪と効果的に闘うためのコンプライアンス・プログラムにとって鍵となる要素が明らかになれば，法律家としては，つぎなる問題に直面します。どうすれば，そのような要素を実現に導くようなインセンティブをわれわれの法制度において設けることができるか，という問題です。この点は，先に申し上げた，企業の刑事責任の問題と関わってまいります。

企業に対して刑事責任を問うことにすれば，コンプライアンス・プログラムを策定するインセンティブを提供する新たな可能性が開かれます。とはいえ，刑事制裁を用いなくても，コンプライアンス・プログラムを重視する風潮を創り出すことができることは，ドイツ・コーポレート・ガバナンス・コーデックスに関連した調査で示されております。また，一定の分野・事件に関連する法規定を明確に示すことでも，コンプライアンス・プログラムの策定が促されるでしょう。さらに，一定のコンプライアンス手続への不服従を，犯罪ないしは秩序違反行為として捕捉し，個人的責任を問うという手段も考えられます。最後に，コンプライアンス・プログラム策定のインセンティブを提供するために，企業自体の責任を問う構想を用いるということも考えられます。そのためには，たとえば，過失というものを，コンプライアンス・プログラムの策定と結び付ける旨をもう少し明確に定めればよいのです。

私は，コンプライアンス・プログラムがあれば犯罪がなくなる，と申しているわけではありません。しかし，コンプライアンス・プログラムがなければ，マネジメントの選任監督上の過失を立証するのが容易になることは，明白です。

結論を申し上げます。一方で，経済学者と犯罪学者とが協力し，他方で，法律家も尽力したならば，鍵となる要素を特定して，これに対応した適切なコンプラ

イアンス・プログラムを策定するためのインセンティブを設けることができるでしょう。かといってまた，企業に対しては，コンプライアンス・プログラムに関する大幅な自由裁量を与えなければなりません。そうすることで，冒頭で申し上げたような，現在われわれが直面している多様な状況に適合することが可能になるのです。法律家と経済学者が協力し，また，——いま，われわれがここに集っているように——さまざまな国家の研究者が協力することで，コンプライアンス・プログラムを用いた経済犯罪防止に，少なからぬ寄与をなしうるでしょう。どうもありがとうございました。

◇田口　ズィーバー先生，大変ありがとうございました。各報告者の方には大変大きなお願いをしながら，十分な時間を与えることもできず，大変申し訳なく思っております。以上をもちまして午前の部のプログラムを終了いたします。どうもありがとうございました。

《午後の部》

企業犯罪国際シンポジウム

【論点表】

〔第1部〕 1　コンプライアンス・プログラムの位置づけと内容の相互比較
　a）コンプライアンス・プログラムの根底にあるものは何か
　b）日本の企業とアメリカの企業との異同
　c）日本の企業とEUの企業との異同
　d）アメリカの企業とEUの企業との異同
　e）相互に確認したい前提事項（企業犯罪の実態およびアンケート分析を含む）
2　内部統制と外部統制のあり方
　a）内部統制におけるコンプライアンス・プログラムの意義と限界
　b）外部統制におけるコンプライアンス・プログラムの意義と限界
　c）経営トップの規制をどうするか
　d）コーポレート・ガバナンスの意義とそのあり方
　e）「企業風土」論および「社会的風土」論の意義と問題点
3　企業犯罪に対する法的責任と制裁のあり方
　a）企業犯罪に対する法的責任の意義とコンプライアンス・プログラムの役割
　b）企業犯罪の処理および防止における刑事法の役割と限界→個人責任と組織の責任
　c）企業犯罪の処理および防止における行政・行政法の役割と限界
　d）企業犯罪の処理および防止における民事法の役割（特に懲罰的損害賠償）
4　グローバル化国際社会における企業活動の適正ルール形成
　・グローバル化国際社会における企業の社会的責任（CSR）と適正ルール形成への提言
〔第2部〕 5　全体討論（若干の指定発言と質問表による）
6　まとめ

第1部　パネルディスカッション

◆　はじめに——趣旨説明　◆

◇甲斐克則　私は，司会を担当いたします早稲田大学法科大学院の甲斐と申します。どうぞよろしくお願いいたします。

　まず，私のほうからパネリストの方を簡単に紹介させていただきます。それでは，座っておられる順番で紹介させていただきます。一番向こうに座っておられる方が，富士ゼロックス株式会社CSR部部付きマネージャーをされております笹本雄司郎さんです。それから2番目にお座りの方が，丸紅株式会社法務部副部長兼コンプライアンスチーム長の池辺博さんです。それから3番目にお座りの方が，刑事法的観点からコンプライアンスの研究をされておられます同志社大学法学部の川崎友巳助教授です。

　それから，あとの先生方はすでに午前中に登場されましたが，フロアの方々の中には午後から参加の方もおられると思いますので，改めて簡単に紹介させていただきます。ドイツ連邦共和国のマックス・プランク外国・国際刑法研究所所長のウルリッヒ・ズィーバー（Ulrich Sieber）教授です。それから次にお座りの方は，ドイツ連邦共和国総合商社シーメンスの副社長で顧問弁護士もされている，アルブレヒト・シェーファー（Albrecht Schäfer）弁護士です。それから次にお座りの方が，アメリカ合衆国ワシントンD.C.で弁護士をされ，やはりコンプライアンスに大変造詣の深いダニエル・プレイン（Daniel Plaine）弁護士です。そして私の隣に座っておられる方が，基調報告をされました法政大学法科大学院の今井猛嘉教授です。

　これからは，基調報告および外国の先生方のコメントを踏まえて，さらには日本の企業法務の方々，そしてまた日本の研究者を含めて，総合的に討論をして，コンプライアンス・プログラムと企業の法的責任の問題を少し掘り下げて議論をしたいと考えております。

　「論点表」（前頁）の進行に従いまして，進めさせていただきます。キーワードもだいたいそこに挙がっております。大きく「1　コンプライアンス・プログラムの位置づけと内容の相互比較」，「2　内部統制と外部統制のあり方」，「3　企業犯罪に対する法的責任と制裁のあり方」，「4　グローバル化国際社会における企業活動の適正ルール形成」とありますが，主として1，2，3，を前半の討論で取り上げます。そして時間は流動的ですが，4番目の「グローバル化国際社会における企業活動の適正ルール形成」という点は，時間を見ながら，どこかで折に触れて取り上げたいと思います。

　そしてそのあとで「5　全体討論」を行いたいと思います。なお，全体討論は，指定発言者を若干名お願いしてございます。そのあとでフロアからもご意見を募ります。たぶんお手元に質問票があるかと思いますので，討論を聞きながら，「この点を聞いてみたい」と思われたときには，その質問票に，お名前とご所属，質問の相手のお名前，質問項目をわかりやすく書いていただくと整理しやすいので，ご協力をお願いしたいと思います。時間の関係で，全部を取り上げることができるかどうかはわかりませんが，可能なかぎり取り上げて回答していただこうと思っております。

　また，資料として，丸紅のご好意で日本文と英文による丸紅株式会社の「コンプライアンス・マニュアル」が参考として入っておりますが，日本でもこういうマニュアルがあるということを，随時，必要に応じてご紹介させていただきます。

第Ⅱ部　企業犯罪国際シンポジウム

　さらに、日本では、私も最近知ったのですが、『コンプライアンス規程・実践実例集』（経営倫理実践研究センター監修・2003 年）という分厚い規程集も公刊されております。しかるべき企業がこの中にも入っておりますので、一応ご参考までにご紹介して、日本の現状を認識し、諸外国と比較しながら、コンプライアンス・プログラムと企業の法的責任はどうあるべきかということを、共に考えていただきたいと思います。

◆ **1　コンプライアンス・プログラムの位置づけと内容の相互比較** ◆

◇**甲斐**　それでは早速、内容に入りたいと思います。まず第 1 点は、「コンプライアンス・プログラムの位置づけと内容の相互比較」という点です。午前中の基調報告およびそれに対するコメントで、いろいろな問題点が浮かび上がってまいりました。それらをざっくばらんに議論したいと思います。

　まず、全体のモチーフというか、柱というべきもので、「ａ）コンプライアンス・プログラムの根底にあるものは何か」という点です。そこには、おそらく共通点もあるでしょうし、違うところもあるでしょう。その点を意識しながら、実際上は、「ｂ）日本の企業とアメリカの企業との異同」、あるいは「ｃ）日本と企業と EU の企業との異同」、あるいは「ｄ）アメリカの企業と EU の企業の異同」ということも議論になるかもしれませんが、ここらあたりにつきまして、午前中の議論を聞かれて、まずは企業法務の方から率直な感想をごく簡潔にお伺いして、議論を始めようと思っております。それでは、池辺さんのほうからお願いいたします。

◇**池辺吉博**　先ほどご紹介いただきましたが、私は丸紅の法務部に所属しております。従来の企業法務という業務に加えて、2002 年から丸紅グループに設置されたコンプライアンス委員会の事務局という業務も行っております。

　当社は、過去にマスコミに報道されるような不祥事をいくつか起こしてきたわけですが、3 年前に当社においてコンプライアンス委員会が設置される直接のきっかけになったのも、グループ企業が犯した食品の不正表示事件です。これは、担当者が鶏肉の需要が多い年末に、スーパーからの国産品のオーダーに応えられないということで、外国産の鶏肉を日本産と偽って納入した事件でした。金額的にはたいしたものではなかったのですが、マスコミに大々的に取り上げられ、丸紅というブランドが大きく毀損しました。われわれは、不祥事が社内外にどれほどの痛みを与えるのかということを身をもって経験しています。

　私は、日本の大手企業は自ら経験した不祥事、あるいは他社の不祥事を「他山の石」として、当社に負けず劣らずコンプライアンスの重要性を十分認識しているのではないかと思っております。それでも、現実には毎日のように企業不祥事が起きておりますことから、日本の企業のコンプライアンス・プログラムにはいったい何が足りないのかという点を興味の中心に置いて、午前中の今井教授の基調報告、それから 3 名の海外の方のコメントを拝聴しました。

　そこで、私が気がついた点をいくつかお話しさせていただきます。まず 1 番目は、欧米では、政府や州レベルが企業や業界のコンプライアンス・プログラム作成に対して指導したり、基準を示すなど積極的に関与をしているという印象を持ちました。日本も従来、監督官庁が行政指導という形で関与してきたと思いますが、あまりオープンなものでもありませんでしたし、コンプライアンスに力点を置いた指導というふうには言えないので

はないかと思っております。

2番目は，自社のコンプライアンス・プログラムだけでなく，取引先やコンサルタントのコンプライアンス体制についても口を挟むという点が非常に印象的でした。調査機関を使ってデューデリをやる〔精査をする〕というのは，日本ではちょっと考えられないと思います。

実は当社も最近，米国の大手企業から機器を調達して，旧ソ連邦のある国に納入するという取引をするにあたって，そのアメリカの企業からデューデリジェンスを受けた経験があります。当社グループが過去に国内外の新聞に少しでも載った案件を全部ピックアップして，「これはどうして起こって，いまどうなっているのか」，と一般の社員が知らないような事件までピックアップして，質問を受けたという経験がありました。日本ではちょっと考えられないことだと思います。もし日本企業同士でこういうことをやったら，「なんて失礼な企業だ」，と言われるのではないかなという印象を持ちました。

3番目は，罰金とかペナルティが，日本に比べて非常に大きい，多額であるという印象を持ちました。この罰金とかペナルティが不正行為の大きな抑止力になっているというのは間違いないと思いますが，逆に，罰金やペナルティを軽減してもらうために，インセンティブということで詳細なコンプライアンス・マニュアルを作ってみたり，従業員に対する研修を行っているという側面があるのではないかと思います。

今日，皆さんのお手元に配らせていただきましたコンプライアンス・マニュアルですが，これは私どものホームページをクリックしていただければ，英語版と日本語版がありますが，どなたでもご覧いただけるものです。これは，他社のマニュアルも参考にして作っており，だいたい日本の企業はこの程度のマニュアルにとどまっているのではないかと思います。

海外事業所については，「このマニュアルを参考にして，海外の法律に合ったものを作りなさい」という指示を出したのですが，丸紅欧州会社でこのマニュアルをロイヤーに見せたら，「これはマニュアルではない，パンフレットだ」，と笑われたそうです。要は，このマニュアルでは欧米の基準を満たしていないということのようなのですが，日本でこのマニュアル以上に詳しいものを配れば，間違いなく従業員は読んでくれないのではないかと思っております。

また，コンプライアンス体制を整えることが，刑罰の軽減をねらいとするものであるならば，従業員に対する研修や，従業員から宣誓書を取るということに対して，会社のためなのかということで，従業員はかなりの反発を覚えるのではないかと思います。

最後に4番目です。外部の監査機関を積極的に活用しているという印象を持ちました。日本では，会計の分野にとどまっていると思いますが，今後はコンプライアンスを監査するということで，外部機関が使われるという時代が来るのではないかと思います。

話は変わりますが，日本経団連が行った企業倫理に関するアンケートの中間発表が今年〔2005年〕の11月5日の日本経済新聞に載っており，その数字が日本の現状を物語っているのではないか，と感じました。それは，最近の不祥事について，自分の会社では起きないと自信を持っている経営トップは1割強にしかすぎず，グループ企業で起こりうると危機感を持っている経営トップは，なんと75パーセントにもなるというデータです。この数字に日本の企業犯罪の特色が現れているのではないか，と思います。

第Ⅱ部　企業犯罪国際シンポジウム

　日本の企業犯罪のほとんどは現場レベルで起こっているのではないか，と認識しております。「自分が所属する部署やセクションの利益のために，予算達成のために，あるいは会社のためによかれ」ということで犯罪を起こすというのが，日本の企業犯罪の特色ではないかと考えております。

　アメリカでは，エンロン事件のように，経営者が個人の利益のために法律違反を起こすという事例も多々あるようですが，日本では一部のオーナー企業を除いて，そういうことは少ないのではないでしょうか。

　たとえば，丸紅グループの場合でも，グループ全体で2万5,000人の社員がおります。これらのすべての人間が将来にわたって間違いを犯さないという自信を持つことは，企業の経営トップとしてはたぶんできないだろうと思います。したがいまして，75パーセントという高い数字になるのではないか，と考えております。

　また，その日本経団連のアンケートに出ているのですが，企業倫理の徹底のため，社内体制の整備はできているけれども，整備した中身の充実が課題であると考えている方が実に60パーセントにも及ぶということのようです。どの企業も，コンプライアンス・プログラムは作ったけれども，中身をどうするのかという悩みを持っているということです。私どもも回答した1社であり，同じような傾向にあるのではないかと考えております。
◇甲斐　ありがとうございました。引き続きまして，同じく企業法務の方からということで，富士ゼロックスの笹本さんにお願いしたいと思いますが，富士ゼロックスもコンプライアンスをかなり早い段階で整備しております。笹本さん，お願いいたします。
◇笹本雄司郎　笹本です。私は，富士ゼロックス株式会社で21年間，コンプライアンス・プログラムと法務全般の仕事を担当してまいりました。現在はCSR部に所属しまして，内部統制のうちの不正防止のトレーニング・プログラムを担当しております。池辺様のお話と若干重複いたしますが，日本企業のコンプライアンス・プログラムの現状について概括的なお話をさせていただいたあとに，今回のシンポジウムの課題につきまして，私の意見を述べさせていただきます。

　まず，法令全般やビジネス・エシックスのコンプライアンス・プログラムを大手の日本企業が一斉に導入し始めましたのは1996年前後だったと記憶しております。この時期は，有名な大企業が特殊株主に不正な利益を供与するなどの企業不祥事が続きまして，社会から企業に厳しい批判が集まり，日本経団連が企業行動憲章を改定した時期に重なるかと思います。

　現在いろいろな団体から公表されています調査報告書をまとめますと，日本企業が導入しているコンプライアンス・プログラムは，行動指針を作る，専門の会議を設ける，コンプライアンス・オフィサーを設ける，担当部署を設置する，社員の教育やトレーニングを行う，誓約書を提出させる，さらに内部通報の仕組みを作る，こういったところが代表的な構成要素かと思います。

　こうしたコンプライアンス・プログラムは，日本経団連の加盟企業の約4分の3に導入されているというデータがありますが，中小規模の企業では，まだまだ普及していないと思われます。

　ところで，コンプライアンス・プログラムを導入した日本の企業は，企業不祥事に対する社会の批判や不信感を背景として，どちらかというと他律的，受け身的に，しかも大変急いで導入した経緯があります。したがいまして，最近では，

コンプライアンス・プログラムの運用の行き詰まりに悩む日本企業が少なくありません。つまり，どのような目的でコンプライアンス・プログラムを推し進めるのか，指示・点検する具体的な項目の範囲を何とするか，また，子会社，取引先，海外の事業拠点など適用対象の範囲をどこまで広げるかといった基本的な課題について改めて考え直す時期に来ているように思います。

その背景のひとつには，CSRの考え方に立脚したサプライチェーンでの取引関係の淘汰，いまのお話にもありましたが，買い手が売り手に対して，「そのCSR的な要素を満たしていますか」というアンケートを配り，それに不合格であれば取引を断るという動きがあります。さらに，英国のコンバインド・コード，ターンバル・ガイダンス，それから午前中もお話がありましたアメリカのサーベンス・オクスリー法，こういった内部統制や開示統制の強化についての，グローバルな規模で事業活動に影響を与える動きがあるかと思います。

シェーファー博士からご報告いただきましたシーメンス社の管理体制には，非常に感銘を受けました。まさにわれわれ日本企業の目標とするところですが，そのレベルに達している日本企業はまだほとんどないのではないか，と感じました。

つぎに，本日のシンポジウムの課題に関して，私のコメントを述べさせていただきます。すでにコンプライアンス・プログラムを導入している日本企業の多くは，組織や制度は作ったものの，役員，従業者の意識が追いついていない，違法行為に対する危機感も弱いという段階にとどまっているように私は感じております。

その理由について考えるところを申し述べます。まず，取締役，監査役などの監督層，ならびに執行役などの経営層に対しては，コンプライアンス・プログラムとして何をどこまでやらなければならないのかといった具体的な指標やわかりやすいツール，ガイドラインが社会から十分に提供されていない，つまり従うべきスタンダードと呼べるものが足りない，といった理由が挙げられるかと思います。たとえば，内部統制システムの構築に不足があった取締役は，会社に対して損害賠償の責任を負うといった解釈が民事裁判では定着してまいりました。しかし，取締役は何をどこまで構築すれば責任を果たすのかについて，社会全体での議論が十分でないように感じております。

加えまして，欧米社会とほぼ同じフレームワークを使いながら，コンプライアンス・プログラムがなかなか徹底されないのは，ひとつには会社の機関設計が違うという背景もありますが，企業経営を取り巻く環境が欧米社会とは異なることも影響しているように思います。たとえば，先ほどもご指摘がありました個人に対する罰則・制裁が，当事者にとって脅威に感じるほど厳しくないといったこともありましょうし，それから訴訟の被告となるリスクがまだそれほど切実に感じられていない，さらにはNPO，NGOといった市民セクターの監視や批判勢力がほとんど日本では存在しないといった点が例として挙げられるかと思います。

また，すでに指摘されております汚職や公務員倫理に関しても，欧米では厳しいが日本はかなり甘いといった状況を実務でも感じております。市場ルールや公務員倫理に関する尺度の違いが十分に理解されないままに，日本の役員が海外の案件を決裁したり，日本から赴任した従業者が海外での事業活動を監督すると，これは日本企業にとって大変なリスクであると思います。

そもそも法律は，基本的には国内制度です。文化，価値観もその国や地域に固

有のものがたくさんあります。したがいまして，国際的に事業活動を展開する企業のコンプライアンス・プログラムでは，ひとつの方針や理念に統一する一方で，その国，地域，サプライチェーンではどのような規制に注意を払うべきか，そこを非常に明確に区別して，関係者の理解を共通化していくことが大切です。

経営学や国際政治学ではグローバリゼーションとローカリゼーションを混合して，グローカリゼーションという言葉が使われているようですが，まさにそのような観点の必要性を，われわれ企業の実務でも痛感しております。コンプライアンス・プログラムの実務では，そこまで考えませんと，十分なコードを手当したことになりませんし，共通のエシックス・コードを配っただけではリスクの防止にはならないということをまず指摘させていただきたいと思います。

一方，それを企業犯罪と呼ぶかどうかは別として，経営による不正のほかに，従業者の業務上の不正という問題もあります。たとえば，監督機関に嘘の検査報告を行うとか，会社の資金を私的に着服するといった行為が挙げられます。被害の金額が大きい場合には，経営者，監督者の民事責任に発展することもあります。こうした従業者の業務上の不正に対しては，企業では内部統制システムの充実，労働契約に基づく懲戒処分，民事上の損害賠償請求，刑事当局への告訴などの処置を講じております。

しかし，企業の内部統制システムは，関係者の共謀ですとか，嘘の申告にはほとんど無防備ですので，従業者の不正を完全になくすことは不可能です。結局のところ，コンプライアンス・プログラムの射程範囲は，従業者の曖昧な判断や軽率な行動を極力減らすことが限界であって，それだけではトップの犯罪のような非常に強権的で反社会的な犯罪行為の防止まで対処するのは難しいのではないか，と考えております。

したがいまして，コンプライアンス・プログラムを過度に信用せずに，国会で制定する法律，証券取引所の上場規則，それから専門団体によるガイドライン，NPO，NGOなど市民セクターのモニタリング，こういったいろいろな監視装置が社会にバランスよく配置されることを理想において，これからの社会システムを考えるべきであろうと思います。以上でコメントを終わらせていただきます。

◇甲斐　ありがとうございました。以上，お二方のご発言によって，日本におけるコンプライアンス・プログラムの現状が，特に海外の3人の先生方にはある程度ご理解いただけたのではないかと思います。

いままでのところで，もし海外の3人の先生方から企業の方に少し確認してみたい点がございましたら，発言をお願いいたします。それでは，まずシェーファー先生どうぞ。

◇アルプレヒト・シェーファー　コンプライアンス・マニュアルに関して一言コメントしたいと思います。すばらしいコンプライアンス規程だと思っております。また，欧州の弁護士が，丸紅のコンプライアンス・プログラムについて，「ただのパンフレットにすぎない」とおっしゃったということですが，それはその人が弁護士として雇ってもらいたくて言ったことであって，本当に真面目な批判として言われたとは思いません。きちんとしたコンプライアンス規程であると私は受け止めております。

倫理規程，コンプライアンス・プログラムは，言うまでもなくオーダーメイドで，企業のニーズに合ったものにしていかなければならないわけです。つまり標準的な倫理規程はありません。それぞれのビジネスは違うからです。ビジネスのいろいろなところで過ちを犯すといって

も，たとえば，食品業界とほかの業界とは違うということは，おわかりのとおりです。

　もうひとつ，はたして類似点あるいは違いがあるのかということで，丸紅の倫理規程と対比すると，主たるアプローチはヨーロッパのものと似通っているように見受けられます。換言すれば，ヨーロッパにおいても，かなり一般的，抽象的な形で，私どもの望むべきルールを説明して，そのルールを社員は遵守するということで，ルールは実態的に網羅するものですから，必ずしも細かいことまで逐一書いているわけではありません。それが，どうもアメリカと欧州・日本の違いではないかと思います。

　アメリカの場合，細かいところまですべて書いてあるというのがアメリカ式であって，とかく非常に分厚い規程になりがちです。その結果，そこに具体的に書いてないかぎり合法的で，問題ない，というのがアメリカ式ですが，ヨーロッパはそういったやり方ではありません。原則自体を書くというのがヨーロッパです。別にアメリカの批判ではないのですが。

◇甲斐　プレイン先生，アメリカのほうから何かご質問ありますか。

◇ダニエル・プレイン　私も一言。池辺さんと笹本さんのお仕事はとても大変だと思います。お二方の状況は極めて大変だと思います。このコンプライアンス・マニュアルは，きちんと言うべきことを言っていると思います。また同時に，数多くの言葉，用語がここに入っており，それぞれ意味として解釈することもできますが，コンプライアンス・マニュアルはいわば始まりにすぎないわけで，コンプライアンス・マニュアルだけで何かできるといったものではありません。コンプライアンス・マニュアルをきちんと起草するということは大事であり，これは会社における憲法です。しかし，コンプライアンス・マニュアルがあるからといって，それですべてができるわけではありません。

　言われたことのひとつを取り上げて，そのあとにもう少し一般化していきたいことがあります。笹本さんだったと思いますが，たとえば，誤った発言が社員からなされたときに，どうやって会社を守るのかというのは難しい話です。社員のことは信頼せざるをえませんが，かなりは雇用時のやり方にかかわっているということになります。

　そもそもきちんとした人を雇って，またきちんとそれを組織化し，併せてどういった人たちに裁量権を与えるかということも，会社として判断していかなければなりませんが，お金をどういうふうに使うのか，だれが判断できるのか，またこういった人たちを監督するのはだれかということは，コンプライアンス・プログラムには書いてありません。

　コーポレート・ガバナンスのシステムを構築する中で学んだことは，チェック・アンド・バランスが大事だということです。また，会社の内外から監査してもらうことが必要であり，いわばスポットチェックで，事前に通知することなく内部から，また外から帳簿などをチェックしてもらうことによってすり合わせをしていく必要があると思います。そういったことで一貫性が担保されているか否かを見ていく必要があります。

　しかし，会社でそういったことがなされたとしても，何かを盗もうとする人たちには何も手の打ちようがないように，見つけて対処するしかないのですが，そうではない社員で，ちょっと大雑把で，ザルで物事をやるような人たちに対しては，少し手綱を引き締めることも必要でしょう。

　もっと難しい話として，不公平な言い方ですが，あえて言わせていただきたい

ことがあります。コンプライアンス・プログラムは、結局は言葉にすぎないわけです。実践において、どんな意味合いがあるのか。たとえば、製造業の会社のコンプライアンス・プログラムでは、製品として安全なものを作るとか、欠陥品でないとか、そういったことがうたわれているわけです。しかし、それにどういった意味があるのか。

一定の基準を満たすような形で製品を設計し、製造し、ある状況下において製品がきちんと性能を発揮するということは、統計的に裏付けられるかもしれませんが、もしかすると1,000個に1個は故障して交換する必要があるかもしれない。それを欠陥品とみなすのかどうかは状況次第だと思いますが、そういったことに関して、設計関係者とその設計が倫理的か否かを議論されるのではないでしょうか。「私どもの会社は倫理に基づいている」と言うだけでは十分ではないわけです。実践においてどうなっているのかを厳密に見ていく必要があります。

結局は、先ほど言われた言葉ですが、企業風土を醸成するということに尽きるのではないでしょうか。コンプライアンス・マニュアルから始まるわけでもないし、コンプライアンス・マニュアルで終わるわけでもない。にもかかわらず、その中でコンプライアンス・マニュアルおよびコンプライアンス・システムが寄与できることは多々あるということだと思います。会社の社員がトップの人たちと、恐怖を感じることなく、こういった問題を取り上げ、かつ議論することによって、理論と実践を結びつけていかなければならないと思います。

たとえば、外国人の不正、腐敗といったことに関しても、同様です。昨夜、私の大事な依頼人から電話をもらったのですが、その人はコンプライアンス・オフィサーです。世界にはどうしても不正、腐敗が蔓延しておりますので、どういう業界においても例外はありません。そうなると、これは倫理的なのか、法を遵守しているか、その答えは決して簡単ではありません。一歩ずつということになると同時に、ゆくゆくはトップも社員も、それに条件づけられて慣れてしまうということだと思います。

簡単な答えではないのですが、どうしても会社によっては時間がかかります。たしかに、過ちは犯されるでしょう。しかし、「この会社は倫理に基づいた企業風土がある」と言えるような時期が到来すると思います。以上です。

◇甲斐　ありがとうございました。具体的な課題については、またあとでさらに掘り下げたいと思います。かなり争点が明確になったような気もいたします。ありがとうございました。

それでは、理論的観点というか、研究者のサイドから、午前中の討論をお聞きになって、どのような感想を持たれたか。これを川崎先生にお願いしたいと思います。

◇川崎友巳　同志社大学の川崎です。よろしくお願いいたします。私は、刑法を専攻しておりまして、中でも企業の刑事責任について研究しております。その中で、コンプライアンス・プログラムを企業が実施していた場合には、その企業の刑事責任は、注意義務を尽くしているということで、過失責任、管理監督責任を問わなくてもよいのではないかというような考えを展開しておりますので、その点から言いますと、午前中のアンケート分析の中で、コンプライアンス・プログラムにそこまでの効果は要らないのではないかというような答えが多かったという点に関心を持ちました。

刑事責任についての理論的な問題はのちほどお話しすることとして、その前提の問題のほうについて先にコメントさせ

ていただきます。まず、第1点目ですが、アンケートをされるときに、今井先生や甲斐先生がご苦労されたと思いますが、回答する側も、「コンプライアンス・プログラムとは何なのか」、「どこまでやっていけば、自分たちはコンプライアンス・プログラムを実施していると答えてよいのか」と悩んだのではないでしょうか。その点は、アンケートに答える企業に任せるということにされたのでしょうが、たとえば、アンケートの答えの中に、「コンプライアンス・プログラムを株主や従業員に対して周知していない」という回答が12パーセントほどあり、「何ら手だてを講じていない」という回答もありました。こういったものをコンプライアンス・プログラムと言うのかというと、私の個人的な理解では、これは少なくとも効果的なコンプライアンス・プログラムとは言えないだろうと思います。

そうすると、こうした場合にも刑事責任を免れるべきだとは私も思っていませんので、このあたりの認識をどう詰めていけばよいのか、コンプライアンス・プログラムというのはどこまでやればよいのか、先ほどのお2人のお話では、日本はある一定の段階でとどまっているということでしたが、さらにレベル・アップするにはどうしたらよいのか、これらの課題に取り組むことが、ひいては法的効果を多くの方が認めるということにもつながっていくのかな、と思いました。もちろん、刑法上の理論との整合性という点での疑問もあると思いますが、それはのちほどお話しするということで、コンプライアンス・プログラムについてはそういうことが言えるだろうと思います。

それから、第2点目に、企業倫理憲章とか倫理綱領という言葉を1970年代、1980年代から企業で使われていたと思いますが、そういったものとコンプライアンス・プログラムはどういう関係にあるのだろうか、という点に非常に興味があります。企業によっては「あまり変わらない」と思っていらっしゃるのではないでしょうか。私自身は、企業倫理憲章や倫理綱領のように、抽象的な道徳規準やお客様第一主義といった経営理念を示すのではなく、より実践的、より具体的なものでなければいけないという意味では、かなり違うだろうと思っているのですが、そのあたりをどう考えていらっしゃるのでしょうか。

これは、日本の企業、それからシェーファー先生にもお聞きしたいのですが、コンプライアンスのためにどれくらいお金を使われているのでしょうか。あるいは、どれだけの人がコンプライアンスの仕事をされているのでしょうか。私は、2年前に日弁連と大阪弁護士会の民暴対策委員会がコンプライアンス・プログラムに関する実態調査にアメリカに行かれるときにご一緒させていただきました。そのときにファニーメイという企業を訪問したのですが、そこでは4,000人程度の従業者のうちの100名以上がロイヤーだとお聞きしました。もちろん、それは、ロイヤーの社会に占める割合とか、いろいろ日本とは状況が違うわけですが、それにしても100名を超えるということを聞いて、調査に行ったみんなは「エッ？」という感じでした。そういう人的な、あるいは経済的な投資をしているアメリカとそうでない日本とはやはりだいぶ違うだろうと思いますので、そういったあたりを確認するということも大事かなと思いました。

それから第3点目に、企業文化や企業風土が、アメリカと日本、あるいは欧米と日本では違うのではないか、というようなことがしばしば指摘され、そういったものがコンプライアンスにも大きな影響があるというようなことが言われています。しかし、たとえば、フジテレビと

ライブドアの件のときの議論を見ていてわかるように，少なくとも制度的には欧米でも日本でも，企業は株主のもの，あるいは株主も含めたステークホルダーのことを考えて運営していかなければいけないという点は変わらないのではないでしょうか。その意味で，欧米と日本の企業文化の違いを強調しすぎるのは，よくないのではないか，と思っております。

このように制度は一緒だとして，それではどこが違うのかというと，やはり個人レベルなのでしょう。もしかすると，そこらあたりがコンプライアンス・プログラムを徹底していくときに，ひとつのポイントになっているのかな，と最近は思っております。

第4点目に，たとえば，研修や講習会をやるのは必須だというような認識がわりと高まっているように思いますし，いまのお話を伺っていても，そのようです。加えて，研修会や講習会で行った内容について理解してくれたかどうかをチェックするためのテストも，多くの企業で実施されているようです。

ただ，これも担当者の方にお聞きしてみたら，知識が十分理解できていないという場合の過ちや，不正解というのはありますが，判断や認識を誤っている社員はほとんどいないそうです。「こういう状況になったら，あなたはどうしますか」と問われれば，必ず「正解を選ぶ」ということです。ということは，日本では，あとは知識だけを補充していけば，コンプライアンスの講習として十分なのかというと，おそらくそうではないでしょう。個人としては正確に判断できているのに，いざ実際になると変わってしまうからです。

たとえば，内部通報制度の問題について，企業の方から具体例としてお話を聞いたことがありますが，小学校の道徳教育で，「オペラント条件付け」というキーワードがあるそうです。「いじめを見つけたら，あなたならどうしますか」と聞くと，子どもはみんな，「それはいけないことだ」と言うし，「止めないといけない」と答える。子どもは，「大人がどう答えてほしいかわかっているから，正確に答える」というのです。しかし，実際にいじめを子どもたちが止めるかというと，止めない。「それとは違うんだ」と言うのです。それを結びつけるには，そういうテストをしたり，「これはいけないことですよ」という教育をするだけでは足りないのだということだそうです。企業の方は，不祥事を発見した場合の従業員の対応についても，「同じことが言える」とおっしゃられていました。

ですから，その間を埋める「何か」とは何なのかは，効果的なコンプライアンス・プログラムを考えるうえで，重要な課題だと思っています。

最後にもう1点だけ申し上げますと，「インセンティブ」という言葉が午前中のお話の中にも出てきましたし，午後のお2人のお話でも出てきました。もともとコンプライアンス・プログラムはお金がかかるし，利益につながらないわけですので，それでもやろうと思うインセンティブというのは，あるに越したことはないわけです。いまのお話を聞いていると，アメリカでは，やはりかなりのインセンティブがあるようで，しかもインセンティブとリンクさせて考えるという認識がどうしてもあるようですが，日本ではどうすればよいのでしょうか。

ひとつは，やっぱりインセンティブが不十分だということで，これをもう少し補充していく，高めていくことが必要だろうと思いますし，もうひとつは，実は私は，インセンティブはあるのではないか，と思います。あるのに，まだそれをコンプライアンス・プログラム導入のほうにリンクさせていないという部分もあ

るのではないでしょうか。それをうまく結びつけていくという手だてを考えていくことも大事なのではないか、と先生方のお話を聞いて思いました。以上です。

◇甲斐　ありがとうございました。5点ほど出ましたので、全部この第1項目で取り上げるのは大変です。第1番目の点はあとで刑事責任との関係で取り上げたいと思います。それから、第3番目の企業風土論は、2のe）のところで取り上げます。研修については2のd）のところで取り上げます。インセンティブも同様に2のa）で取り上げたいと思います。ここでは差しあたり、いま出た中で第2番目の質問、つまりコンプライアンス・プログラムのためにコストをどれだけかけるのかという質問が、企業法務の方およびシェーファー先生に対して出されましたので、この点だけ、ここで確認したいと思います。まずは、企業の方、笹本さん、池辺さん、どちらでも結構ですが、コストはどれくらいかかっているのでしょうか。人的コスト、金銭面、両方でいかがでしょうか。

◇池辺　人的コストという点では、同業他社の中にはコンプライアンスの業務について専任の方を置いていらっしゃるところもありますが、私どもの法務部コンプライアンス・チームの人員は9名で、全員が兼任です。当社には11の営業部門があるのですが、それぞれの部門に部門のコンプライアンス責任者と、その手足となって活動する者がいます。研修にもコストがかかります。研修といっても、最近はいろいろなツールがあって、今年度はEラーニングを使った研修をしております。Eラーニングの受講には平均1時間半程度はかかりますので、その研修時間も見えざるコストだと思います。人件費や研修のコストだけで、たぶん1億円を超える金額が1年間に使われているのではないか、と思います。

◇笹本　富士ゼロックスは、グループ連結で2万5,000人ぐらいの社員数になりますが、金額の規模からいうと同じようなレベルになろうか、と思います。コンプライアンス担当のオフィスに人間がいっぱいいるということではありませんが、たとえば、海外拠点を含めて、各法人に責任者や推進担当者を配置するとか、そうした人件費がかかるということもあります。

ひとつ難しいのは、コンプライアンスという言葉は、会社全体で横断的に捉えて使いますが、たとえば、労働の問題であれば人事部が細かく見ているとか、環境の問題であれば環境の担当部署が見ているということで、それぞれの専門機能の部署がありまして、実質的にはそちらでもコンプライアンスの日常的な管理統制をやっておりますから、全体がどのくらいの規模観になるかというのは、定量的に測ることは難しいというのが答えです。

◇甲斐　ありがとうございました。シェーファー先生、シーメンスの会社ではコンプライアンス・プログラムに対するコストというのは、人数あるいは体制面でどれぐらい投資されているか、簡潔に教えていただければと思います。

◇シェーファー　総額というのは即座にお答えできませんが、コンプライアンス・オフィスには9名の社員がおります。世界的にはだいたい110名ぐらい、フルタイムの専任の人間がコンプライアンス・オフィサーとなっております。また、外部監査人は4名で、フルタイムで監査または受託関係の仕事をしております。それから、財務監査部門には、コンプライアンスの定義にもよりますが、会計基準に従い、違反をしないよう、フルタイムの社員が30人ぐらい社内におります。

コンプライアンス・オフィスの予算としては400〜500万ユーロくらいで、こ

第Ⅱ部　企業犯罪国際シンポジウム

れは弁護士や特別の監査など，そういった外部コストも含めたものですが，これに内部コストを加える必要がありますし，追加的なコストとしてサーベンス・オクスリー法の下，内部の統制状況を404条の下でチェックあるいは監査しております。これは非常に高いプログラムで，私ども外部監査にとっては，非常にありがたい収入源です。

それから，外部の監査人がコンプライアンス・プログラムの実施状況をチェックしています。ですから，計算は皆さんにお任せいたしますが，相当大きいことは確かです。

◇甲斐　ありがとうございました。

◇プレイン　非常に興味深い統計で，いま聞いていて思ったのですが，ビジネス・ラウンドテーブルが，大手企業について調査をしたものがあります。メンバー企業の2001年から2004年の平均値は，外部監査人についてはコストが3倍になったということですから，大手企業については何百万ドルという金額をコンプライアンス・コストだけに使っています。

◇甲斐　ありがとうございました。これでファーストステージの議論を終えますが，すでにセカンドステージの内部統制と外部統制のあり方の議論もいくつか入ってきております。こちらの討論に移りたいと思います。

◆　2　内部統制と外部統制のあり方　◆

◇甲斐　午前中の報告，そしてズィーバー先生のお話にもありましたコンプライアンス・プログラムが持っている内部統制の側面と外部統制の側面の関係，これをどういうふうに考えたらよいのか。論点表では，一応a），b），c），d）と分けてありますが，すべて連動しております。特に日本では，昨年の私どものアンケートでも同様でしたが，企業のトップが逸脱行動をした場合にチェックのしようがないというところは，ズィーバー先生の午前中のお話では，ドイツでは秩序違反法という法律でうまく企業のトップを規制しているというお話もありました。

そこで，内部統制だけではどうしようもないので，外部統制の手段をそこでリンクさせて，いかにしてうまくコンプライアンス・プログラムを機能させるか，という点が重要になってくるかと思いますが，ズィーバー先生には，そこらあたりをドイツの経験を踏まえて，企業のトップの逸脱行動をどういうふうにコントロールするかについてコメントをいただければと思います。

◇ウルリッヒ・ズィーバー　まず，内部統制，外部統制というのは，お互いに排他的なものではなく，補完し合うものです。それから2つ目に，経営トップについては，一方では経営の外部統制，それに加えて刑法，刑事罰，行政罰がコントロールとして働くと思います。

◇甲斐　ありがとうございました。昨年のアンケートを一緒にまとめられた今井先生，いままでのお話を聞いて，コンプライアンス・プログラムの内部統制と外部統制の相互補完について一言どうぞ。

◇今井猛嘉　いまのズィーバー教授のご発言は興味深くて，私も賛成ですが，インターナルなガバナンスとアウトサイドからのガバナンスを区別するとき，もともとはその企業ないしは法人の対外的な行動に対する評価，規制が問題になるので，おそらく外部的な基準に従って，それに合うように内部を規律するということになろうかと思いますので，両者はインタラクティブに関連しているだろうと思います。そして，内部統制をするときには，外部統制の基準に照らして，中の規律を確立するということでしょうから，最終的にはズィーバー先生の言われたこ

企業の法的責任とコンプライアンス・プログラム

とと同じ感想を持っておりますが，評価の基準としては外に求め，それを内側にどういうふうに取り込んで，事実的なものにするかというところが重要かと思います。

そうすると，日本のアンケート等を見て，少し落ちているのは，内向きのことを一生懸命にやっていて，その評価がどういうふうに見えるかというところが，まだ初期の段階だからでしょうか，十分に目がいっていないのかな，という感想を持ったところです。

◇甲斐　企業の方から，このシンポジウムの準備段階でずっとお聞きしておりますと，日本では経営者の権限が強すぎて，内部にいるコンプライアンス担当部門の者がいろいろ提言しても，なかなか通らない場合，いったいどうすればよいのか，という悩みを伺いました。そこが日本の企業の共通の悩みであり，最近もトップの不祥事が点々とありました。そこらあたりの問題を突っ込んで聞いてみたいことがおありでしたら，質問を出していただければと思います。

◇笹本　日本の企業が作るコンプライアンス・プログラムは，組織のトップに社長がいまして，その社長が指示を出して全員を監督する設計ですので，肝心の経営トップがルールと違うことを命令しますと，簡単にひっくり返ってしまいます。1万人の社員に教育しても経営トップが「いいよ，やれ」と指示すれば，簡単にひっくり返ってしまう，そうした怖さはいずれの企業の関係者も感じているようですし，結局はトップの倫理観に頼るしかないのかな，といったことも感じております。

商法でいういわゆるコーポレート・ガバナンス，機関組織，経営者の透明性，監査役，また，それらの組合わせで，もし何かヒントになるお話があれば，お聞かせいただきたいと思います。

◇甲斐　これはシェーファー先生が一番適任だろうと思いますので，シーメンス社の例で，いまの質問に対する参考意見がありましたら，どうぞ。

◇シェーファー　コンプライアンス，それからノンコンプライアンスというのは企業風土に関係します。企業風土というのはトップダウンの形で来ますから，いままでのところは PCAOB の規則のひとつ，これはサーベンス・オクスリー法 (the US Sarbanes-Oxley Act) の条文にも関係するわけですが，監査人はトップの声を聞き，それをツールとして風土を変えていくわけです。しかし，Eメールや言葉ですぐに変化するわけではなく，やはり行動が必要になります。

だれかが動く，それに対する反応があるということ，スキャンダルに巻き込まれた人の首をトップがちゃんと切れるかどうかということ，これはきわめて重要です。社員は，トップの動きをいろいろな形で見ているわけです。特に何かあった場合だけではなく，本当に日常的な形で模範を示す。これは，コンプライアンスのちょっと皮肉な見方ですが，われわれが「何もやらず，何も聞くな」と言えば，結局，その企業の風土は壊れてしまいますから，これがとても重要だと思いますが，経営トップにとっても非常に厳しいものだと思います。

もうひとつ，笹本さんのおっしゃったことで，トップレベルの方のコントロールをどうするかというお話がありましたが，ドイツにおいては大企業には二層制のコントロールの取締役会があります。エグゼクティブ・ボードとスーパーバイザリー・ボードというものがあって，スーパーバイザリー・ボードは，エグゼクティブ・ボード，つまりトップの行動を監督します。このシステムに関しては，特別なリコメンデーションとして独立性，透明性が求められます。コーポレート・

ガバナンス・コーデックスでは独立性と透明性が求められています。この2つの委員会の権限を分けて，お互いの独立性を保つ，支払いなども分かつということが求められています。

　細かいリコメンデーションも出されておりまして，ドイツの二層制の取締役会であれば，それはうまくいきますが，それとは違う組織ではうまくいかないかもしれません。

◇甲斐　ありがとうございました。

◇シェーファー　ついでに申し上げますが，普通，スーパーバイザリー・ボードは20人くらいの組織です。また，特別委員会，会計監査委員会（Audit Committee）というのがあって，これは会計の問題のみならず，もっと具体的なコンプライアンスの問題を見ているような組織です。そこでは専門家は役員になっているのですが，会社の文化をそこで理解してもらうことが必要だと思います。

◇甲斐　ありがとうございました。ちなみに，アメリカではエンロン事件というのがありましたが，プレイン先生，エンロン事件で教訓となったことがあればご教示ください。

◇今井　補充します。日本では組織のトップの暴走を止めることは困難であるというご指摘がありました。午前中もありましたが，アメリカでも，エンロン，ワールドコム等々の事件では，あれだけの組織を作っていてもトップが暴走してしまったわけで，それと前後して，コーポレート・カルチャー，あるいはコーポレート・エシックスということを強調する考えが提唱されてきたわけです。

　そうすると，私のイメージでは，アメリカでも状況は同じであろう，と思います。どのような対応をなさっているのか，少しコメントしていただければと思います。

◇プレイン　サーベンス・オクスリー法がそのひとつです。そこで，エンロンの教訓を学ぼうとしております。ドイツの2人の友人が言っているように，強く独立した取締役会を設けようという考えです。もちろん，監査委員会はないにしても，CEOがすべてコントロールするような形では困りますので，必要であれば，取締役会がCEOの首を切ることができるようにしたいという動きになっています。

　ただ，それには責任があります。個々の取締役の個々の責任です。もしも彼らが取締役としての義務を果たさなかったら，責任が問われるということです。CEOがトップではなかったとしても，社外取締役などが株主や社内の取締役に対して，いろいろな報告義務を持っているわけですが，そういった報告義務がきちんと果たされていないと，やはりそれも責任問題ですし，政府やいろいろな規制当局に対してきちんとした報告がなされていないと，それも義務違反ということになるわけです。

　エンロンの場合，CEOは独立の道，つまり暴走してしまいました。そして，取締役会は非常に弱く，ほとんど無視できるような存在でした。非常に強いCEOと小人のような取締役会という組織を防ぎたい。それがいまのわれわれの会社法変革の元となっています。

◇甲斐　ありがとうございました。川崎先生，いまのような議論を聞いて，先ほど疑問点で出された点のいくつかに関わる問題もあったと思いますが，ご意見をいただければと思います。

◇川崎　ひとつは，私の理解でも，やはりコンプライアンス・プログラムですべてが解決するわけではないということです。コンプライアンス・プログラムの運用主体というか，まずは経営者の違法行為は絶対にしないという意思がスタートですので，それが崩れると，もはやコン

プライアンス・プログラムは動きません。したがいまして，コンプライアンス・プログラムは，トップについては効果がないのではないか，と考えています。

ただ，それ以外のコーポレート・ガバナンスの構造として，いまお話のあったようなオーディット・コミッティーとか，あるいは執行役員と取締役を分けて監視をするということは，たとえば，日本でも，代表取締役を含めて，一応，株主総会で選任していることになっていますので，そういう意味ではトップへの監視も不可能ではありません。

また，インターナル・コントロールという言葉が出ましたが，この点については，おそらく企業の方は非常に興味のあるところだと思います。これは，内部統制システムのことで，今度の新会社法では，大会社に対して義務付けられたほか，金融庁の企業会計審議会や経済産業省の「企業行動の開示・評価に関する研究会」においても，その枠組みや基準が議論されています。ところが，これら3つが提示する内部統制システムの中身が，かなり違っているわけです。そこで，いったいどれを信じてシステムを構築していけばよいのかといった点に，企業の方も高い関心をおもちのようです。こうした内部統制システムを作る中で，何らかの形でトップの判断や活動への外部的なチェック機能を果たす構造を盛り込む必要はあると思っております。

◇甲斐　企業の方，いかがでしょうか。外部監査とか，いろいろな方法があるかと思いますが，こういう点は企業でも実際に導入可能だというものがありましたら，簡潔にお願いいたします。

◇池辺　内部統制システムですが，先ほど経済産業省が示す基準だとか，いろいろな話が出ましたが，私どもがいま目指しているのは，アメリカに上場しているわけではないのですが，アメリカの基準に合わせた財務諸表の適正性の確保のシステムを導入しようということで，昨年〔2004年〕の4月から作業をやっております。外部コンサルタントを起用し，内部統制の文書化をするという膨大な作業です。

日本では，上場企業は東京証券取引所等への「有価証券報告書等の適正性に関する確認書」の提出を義務付けられていますが，証券取引法上の代表者の確認書はいまだ任意提出ということになっています。しかしながら，いずれアメリカの基準に合わせて，たぶん強制されるでしょう。その場合は，内部統制システムが構築されていることが前提となるので，そうであるならば，いまの段階から内部統制システムを作るべきだということで，そのための作業が現在進行中です。

◇笹本　いま池辺さんからお話がありましたのは，サーベンス・オクスリー法に似せた法律〔金融商品取引法〕を日本でも導入する作業が進んでいるということです。これは，財務報告にかかる内部統制の開示，つまり内部統制の広範な目的のうち，フィナンシャル・ステートメントに関する部分だけをえぐったような話です。

このほかにも，ご存じのとおり，新しい会社法の第362条4項・5項で，資本金5億円以上の株式会社の取締役会には内部統制方針の決議義務が定められ，事業報告への記載も求められておりますが，あの中には法令および定款の遵守にかかるという枕詞があります。さらに申し上げれば，取締役の行為の適正を担保するという表現もあります。ですから，普段われわれが耳にしている内部統制よりは，上層部の行動に関する部分も射程範囲に入ってきますし，財務報告に関係しない，たとえば，労働，環境，公正競争，消費者保護，知的財産といった，純粋な法律の部分についても，重大リスクかどうか

ということは別にして，とりあえず射程範囲に入っています。こうした法令の要求に対して，構造的かつ制度的な対応を考えなければいけないということが，いま企業では関心事になっております。

◇甲斐　ありがとうございました。第2ステージのほうではだいたいのポイントは出たかと思いますが，いままでのことは，全部コーポレート・ガバナンスに関係するわけですし，企業風土論はあえて言えば次の3のところでも議論できますので，一番時間を費やしたいサードステージ，第3に掲げております「企業犯罪に対する法的責任と制裁のあり方」に入りたいと思います。その中で，いままで出た内部統制との関係も議論をしていただきたいと思います。

◆　3　企業犯罪に対する法的責任と制裁のあり方　◆

◇甲斐　企業に対する法的責任の意義については，午前中のズィーバー先生のお話でも，EUを中心にいろいろな法的制裁のシステムがあり，特に法人に対して直接的に責任を認めている国と，ドイツのようにそうではない国もあるというご指摘もありました。そこらあたりを射程に入れて，企業犯罪に対する法的責任の意義と，コンプライアンス・プログラムの役割，ないし関わり，そして，今日のテーマのメインともいうべきですが，企業犯罪に対して刑事法はいったいどういう役割を果たすのか，あるいは外部統制としてどういう機能を持ちうるか，という問題について議論していただきたいと思います。あるいは行政システムとの関係も考えられます。

これらは分けて論じるのは大変難しく，連動していますので，いろいろな制裁と企業犯罪への対処ということで，議論をしていきたいと思います。この点について，まずズィーバー先生，午前中にさまざまな国の法的システムないし制裁システムのお話をされましたが，何か補足することはございませんか。先生自身はどういうスタンスが一番好ましいかという点について，まずご意見を伺わせていただければと思います。

◇ズィーバー　まず最初に強調したい点があります。非刑法的なサンクションの重要性です。刑法は最終的な手段と考えたいと思います。つまり，非刑法的な制裁を加えることで，刑法的な手段を用いるよりも効果的な制裁ができると考えるからです。犯罪者は企業組織から外してしまえばよいわけですが，構造がよくなければ，新たな犯罪者が再びやってきてしまいます。

そこで，組織犯罪の話をします。組織犯罪というのは，たとえば，寡占的なマーケットにおいてはいろいろなグループがありますから，ひとつのグループだけやっつけて，残った人でマーケットを分けても，マーケット自体の構造は変わりません。ダーウィンの適者生存のルールではありませんが，悪いグループであっても，最も適している人がどんどん大きくなってしまうということになります。

これは，組織犯罪を調査しているときにわかったのですが，たぶん刑事犯罪でも同じようなことがいえると思います。警察活動をすることだけでは，やはり犯人をやっつけることはできないと思います。われわれは，想像力を働かせなければいけません。つまり，犯罪がどのような形で起こっているのかということを考えて，どうやったら防止できるのか，予防できるのかということを，まず考えなければいけないと思います。

そういうことを申し上げたうえで，1点，刑事法の問題についてお話をしたいと思います。もちろん，ほかの手段に加えて，刑法的手段も必要だと考えていま

す。私は，両方必要だと考えています。個人の責任も問うべきです。これは，経済犯罪においては抑止効果があると思います。投獄されたくないので，経済犯罪を起こさないという人も出てくるでしょうし，起訴されたくないから経済犯罪を起こさないということもあると思うので，個人の責任を問うということは必要です。ただ，個人の責任を問うからといって，会社の責任は問わなくてもよいという問題ではないと思います。ですから，刑事責任に関しては，企業に対する制裁が必要だと考えます。

たとえば，企業の中では分業が行われていて，だれが責任者かということはわかりませんので，個人の責任を問うほか，プラス・アルファで会社に対する制裁を科す方法が必要だと思います。特に収益が分散された場合などがあるからです。

そして，これがはたして刑事責任であるか，行政責任であるかというご質問ですが，私の考えでは，これはそれほど大事な質問ではないと思います。もっと大事なのは，どういった前提条件がこのシステムにおいて必要なのか，どういった制裁があるのか，罰金だけなのか，あるいは経営者に辞めてもらうことができるのか，どういった可能性があるのかといったことが前提として問われるべきだと思います。

併せて，会社に対して何かをする場合の前提条件が何なのか，たとえば，経営陣が犯罪行為を犯したということが必要なのか，あるいはそうではなく，たとえば，制度として個人の犯罪プラス上司が監督義務違反を行ったといったことが組み合わさってはじめて犯罪になるのか，といったような質問です。こういった問を発して，これらが前提条件となり，もしこれが解決できたならば，次の段階として，はたして刑事罰にするのか，行政処分にするのか，ということだと思います。

個人的な意見としては，何らかの独自のシステム（sui generis system）を創設すべきだと思います。そのほうが抑止力が大きいということがあると思いますが，その中でそれを行政処分と呼ぼうと，何と呼ぼうと，結局は sui generis の要素があるということで，それだけで独立したものとなり，そして個人の責任とは別立てにできるところもあると思います。

◇**甲斐** ありがとうございました。日本では現在，両罰規定しかないのですが，シェーファー先生，いまの点について，どうぞ。

◇**シェーファー** 民事制裁と刑事罰ということで申したいと思います。今朝ほどビタミン・カルテル事件において，BSFが2億2,500万ドルの罰金の支払を命じられたと言いましたが，株価がそれに対応しなかったということもあります。しかし，クラスアクションが提起され，その結果，10億ドル以上の損害賠償の支払を命じられたことで，株価が即下落したということがありました。

そういった意味で，アメリカの民事罰はきわめて深刻な制裁となります。トップ，経営陣としては会社を守っていかなければいけないということで，たとえば，犯罪が犯され，その犯罪の結果として，会社に対して罰金あるいはその他の損害が発生したならば，結局はその個人が後日提訴されるということになるわけです。ただ単にトップマネジメントだけではなく，株主代表訴訟ということで，双方が提訴されていくのです。それを組み合わせたならば，きわめて効果的な罰則になると思います。

刑事罰というのは，コインにたとえれば片面にすぎません。日本はどうかわかりませんが，少なくともアメリカにおいては，少し誇張されているかもしれませんが，この分野においてはこのような形

でなされております。

◇甲斐　川崎先生は，かねてからのご主張で，法人に対する刑事責任をもっと強化すべきであるというお立場のように理解しておりますが，ご意見をいただければと思います。

◇川崎　強化というか，私は適正化だと思っているのですが，甲斐先生からお話がありましたように，日本では現在，両罰規定という規定がある法令についてのみ，違反行為者とともに法人も処罰されます。それは，違反行為をした従業者に対する管理監督過失を問われているというふうに理解されています。

その際の罰金額は，基本的には個人に対する罰金額が法人にも科されるというケースが多いのですが，独占禁止法は高額化され，証券取引所法等の50いくつかの法令については，個人との連動を切り離して，法人の場合にだけ億単位の罰金額を科すように変わったというのが現状です。

ただ，その方法を細かく見ていきますと，従業者が違反行為をしたというときの法人の管理監督責任について，どういう場合に注意を尽くしたといえるのか，が問題となります。従来ですと，刑事責任というのは規範的あるいは道義的な責任を課される自然人でないといけないと考えますから，自然人でないものには道義的な非難を加えられないので，法人の場合は法人の代表者の意思について，注意義務を尽くしていたのかどうかを見て，その代表者が特定の個人に対して，注意義務を尽くしていなかった場合に，管理監督過失責任を法人のほうに課すというような理解をしていたと考えられます。

しかし，大規模化した企業について，そういった理論が本当にあてはまるのでしょうか。それこそ世界的に活動している企業の末端の従業員のことを，法人の代表者が管理監督しているということが本当にありうるのでしょうか。ありえないにもかかわらず，それを前提に法人の刑事責任と問うというのは，理論的に破綻しているのではないでしょうか。それなら，やはり自然人の場合とは切り離して，法人の場合については注意義務をコンプライアンス・プログラムと捉え，そうしたプログラムが客観的に整備されていて，それでも違反行為が起これば，それは，特定の違反行為者が個人としてやっただけで，法人は十分に注意義務を尽くしていたのだと考えるべきではないか，と考えております。

それは，逆に言うと，コンプライアンス・プログラムを十分に機能的に運用できていなかった場合については法人を非難し，法人は反省することもできるし，刑罰を受けたときに，それに対して改善をすることもできるということにつながっていくわけです。

もうひとつ加えますと，そのときに科されるべき罰金額はもう少し高くして，いまは5億円が最高だと思いますが，やはり10億円以上の罰金額というのも当然ありうる，と私は思っています。また，刑罰として，罰金刑だけでは，改善効果等について疑問が呈せられていますので，たとえば，アメリカで実施されているような保護観察を導入してはどうかと考えおります。

◇甲斐　企業についてのご意見が出ましたので，池辺さん，いまの点についてどうぞ。

◇池辺　社員1人ひとりを経営トップが管理監督するというのはもともと無理だということを私は最初に申し上げましたが，少し別の観点からお話しさせていただきます。刑罰，行政罰についての，企業の立場に立ってのお願いです。

それは，不必要な規制は取り除いていただくとともに，刑罰をもってまで守らせなければいけないものかどうかという

ことを改めて見直してもらいたいということです。たとえば，こういう話があります。

豚肉の差額関税制度違反という事件が最近ありました。この制度は，国産の豚肉農家の保護のために，安い輸入豚肉と国内の豚肉との差額を関税として払うという制度です。これは昔からあった制度です。しかしながら，実態は安い輸入豚肉を日本に持ってくるときには，高い価格で申告して税金を払わない。ところが，あとで海外のサプライヤーからその差額の部分を戻すということが横行しておりまして，そういう豚肉は「裏豚」，「裏ポーク」と呼ばれています。この「裏豚」，「裏ポーク」の輸入豚肉に占める割合は実に8割で，正規の輸入豚肉は2割しかないそうです。そういう関税の制度，規制は，本当に正しいものであったのかどうか，もしそれが正しいのであれば，もう少し実効性のあるような規制の仕方があったはずだと思います。

日本の実態を改めて見直していただき，処罰すべきものは処罰すべきですが，規制を外してしまうものは外してしまうということを，世界の流れを見ながら，立法していただきたいと思います。

◇甲斐　ありがとうございました。企業の方のご意見，それから先ほどのズィーバー先生のご意見等々，貴重なご意見が出ました。今井先生，先ほど川崎先生の新しい提言もありましたが，昨年〔2004年〕アンケートをしたところ，もっと重罰化してもよいという意見が一方であり，他方ではあまり重罰化は困るという意見もありまして，賛否両論に分かれました。アンケート分析を踏まえて，あるいはただいまの専門的なご意見を踏まえて，今井先生ご自身はどうお考えですか。

◇今井　これはおそらく後半になりまして，フロアからも同じような意見が出てくるのではないかと思いますが，2点あ

ります。

まず，シビル・サンクション〔民事制裁〕とクリミナル・サンクション〔刑事制裁〕が連動しているということは，たぶん疑いのないところでして，いろいろと課徴金等が高額化していくときに，その被対象者が感じるものが現実として刑罰を受けるのと大差ないということは，認めることができるように思われます。

そのように，お金を払うという面では同じでも，他の付随的な，しかし本質的な効果が違っているというところがありまして，刑事罰であるならば，たとえば，前科・前歴がつくとか，資格制限がつくといったきわめて大きなものが出てきます。ですから，川崎先生がおっしゃったように，刑事責任というものが行為者に対する倫理的非難であるということはおそらく正しいことだと思いますが，あくまでも科されることの現実の効果から機能的に考えて，そのような効果がついているものを刑事責任というべきだろうと思っています。その先はズィーバー先生がおっしゃった民事的あるいは非刑罰的制裁と刑罰的制裁をトータルで考えるということには，まったく賛成です。これが1点です。

もう1点は，川崎先生が言われたのは，企業のトップは末端あるいは現実の行為者が違法行為をすることを予見できない，しかし，これを予見できるかの前提に基づいて作られている論理は破綻している，ということですが，それは「そうだな」と思いますが，その先には，少し異なった意見を持っております。

もしも，実際にトップが部下の行動を監督できなかったということであれば，もうそこで刑事責任を課すのはあきらめるべきであって，刑事責任を課すために理屈を作るというのはちょっと筋が違うのかな，という気がしています。ですから，現状認識は最初に言った点と同じで

すが，効果に着目して性質決定をして，サンクションを振り分けて，シビル・サンクションでいけるところと，クリミナル・サンクションでいけるところを分ける。あとは刑法の世界でいうと，そういったクリミナル・サンクションを科す要件を変えることがあるかないかを検討するということであって，上の人が下まで見えていないことを前提にして，刑罰をかけましょうというのは，少し違うのではないか，と感じています。

◇甲斐　ありがとうございました。アメリカでは，ご承知のとおり，懲罰的損害賠償という制度があります。そこで，プレイン先生にお尋ねしたいと思います。アメリカでクリミナル・サンクションとそれ以外のサンクション，特に懲罰的損害賠償については，効果という点でどのように受け止められているのでしょうか。

◇プレイン　効果という点で，シェーファー先生が先ほどおっしゃったことに戻って考えてみたいと思います。やはり3倍賠償が行われる可能性があるということになりますと，相当大きな抑止効果があると思います。12億ドルでしたか，そういうことになると，どの会社でも当然注目すると思います。

　ただ，比率の問題はあります。3倍賠償というのは非常に大きな罰金ですが，理論的には不正に関係する，また経済的な被害に関係するわけですから，こういうアプローチのほうが刑法よりも公平性があると思います。刑法においては経済的な被害はあまり関係がないと思うからです。

　こういう3倍賠償のケースが，たとえば，クラスアクションの場合にどのようになるか。まず，刑事訴訟のプロセスには相当不確実性がありますし，リスクもあります。たとえば，「絶対に自分は無実である。そういう被害は何も及ぼしていない。したがって罰を受ける必要はない」と思っている人でも，やはり妥協しなければいけない。そして，相当な額の資金を，単にそのプロセスのリスクを避けるために払わなければいけないという深刻な問題があります。

◇甲斐　はい，ズィーバー先生どうぞ。

◇ズィーバー　やはり，刑事罰と民事罰の両方の間を，あまりに自由に動けるようであってはいけないと思います。ここでは，民法と刑法の基本的な機能の違いを考える必要があります。賠償という点での民法の機能は，何か起こった場合に，それに対して補償するというものです。これに対しまして，刑法の機能は，たとえば，自由刑や罰金といった，追加的な害悪を科すというものです。ですから，民法よりも刑法の方が厳しいと言えます。ただ，その一方で，刑法には色々な安全弁が設けられております。これには，たとえば，デュー・プロセスや，自己負罪拒否特権，比例性の原則といったものがあります。したがいまして，私としては，刑法にはあまり効果がないとか，刑事制裁が不十分であるとか，そういったことを理由として，問題を民法に委ねて3倍賠償を用いるというアプローチは，もう少し慎重に検討する必要があるように思います。民法には，刑法のようなコントロールが及んでおりません。

◇プレイン　おっしゃるとおり，その点は，非常に大きな問題です。しかし，刑罰には欠点があります。刑罰の対象は，ある特定の経済的な行為を，犯罪的な意図を持って行った人に限られます。これは，基準としては高いと言わざるをえません。そういう意図の基準があると，それに対して十分な補償がなされないということがあります。ただ，3倍賠償はアメリカの事件においては単に実際に被害を受けた人の補償というだけではなく，それに加えて，民間の人たちが検察のように動けるようにするという意図があり

ます。それが必ずしも良いというわけではないのですが、いろいろな種類の救済のシンセシスがこれで生まれてきたわけです。

◇甲斐　ありがとうございました。コンプライアンス・プログラムは犯罪が成立するかどうかという点にかかわる部分、その他いくつかの機能があるという話が出ました。特に日本では最近、独占禁止法改正で刑罰そのものというより、課徴金についてはリニエンシー制度が入ってきました。アメリカではもちろんそういうことがすでにやられているわけです。

そこで、コンプライアンス・プログラムが刑罰の重さ、課徴金、行政制裁の重さにどのように関係するのか、あるいはアメリカでは司法取引ということもやられておりますが、ドイツではコンプライアンス・プログラムがあったということで、刑が軽くなるといったようなことがあるのか、ないのかという点と、アメリカのような司法取引が企業犯罪において取り入れられているかどうか、という点について、シェーファー先生、教えていただければと思います。

◇シェーファー　小さな犯罪、法律違反については、ディミニッシュド・ルール（diminished rule）はありますが、一般的には司法取引という手続はありません。ただし、ブリュッセルの欧州委員会の反トラストの事件について申し上げましたように、反トラスト事件で罰金刑が科せられるときには被害に応じた形で行われていますが、そのとき考慮されたのがコンプライアンス・プログラムです。

コンプライアンス・プログラムは単なる倫理規程ではないのか。たとえば、その分野で監査を行ったか、監査を何回やったのか、内部監査か、外部監査か、そういったことが聞かれます。それが行われていれば、それも考慮されます。したがいまして、反トラスト法、あるいはまた一般的な刑事訴訟法という意味においては、これはひとつの要素であり、これによって罰金が決まる。ことによると若干減るかもしれませんが、それは司法取引ということではありません。

◇甲斐　コンプライアンス・プログラムが犯罪の成否に大きく関わるようなシステム、あるいは刑事訴追を免れるとか、そういうことに使われているような国はありますか。コンプライアンス・プログラムがあるということで、仮に犯罪があっても、刑事訴追を免れるとか、あるいはコンプライアンス・プログラム自体の存在で、犯罪の成立が否定されるといったようなことを認めている法システムは、ヨーロッパのどこかの国にありますか。そういう法律規定を持っているような国はヨーロッパにありますか。

◇ズィーバー　そういう形で明示的に刑法とか、あるいは企業の責任法でコンプライアンス・プログラムをうたっているような法律があるかどうかは知りませんが、一般的な原則の下で、コンプライアンス・プログラムを検討するようなものはあると思います。たとえば、先ほども申しましたが、過失という概念にはコンプライアンス・プログラムは相当大きな役割を果たします。これは個人の責任ということです。

それから、企業の責任でも、おそらく同じことが可能だと思います。企業の刑事制裁については、フェアで制裁の比例性（proportionality）を考慮するようなものを構築するということで、そういう均衡性ということも考える必要がある。そういう理由で企業責任のシステムを作るということであれば、均衡性を保障するようなものを作る必要がある。そこで、コンプライアンス・プログラムについても、それを検討しているわけです。

われわれは、刑法という観点からコンプライアンス・プログラムとはいったい

何なのかということを，より明確にするべきです。先ほども申しましたが，非常に分野が広く，しかもいろいろなものが入っていますから，われわれは，もっと明確な定義をする必要があると思います。具体的にコンプライアンス・プログラムとはいったい何なのか，刑法の観点からよく考える必要があります。一般的な倫理的な基準を押しつけるということではなく，コンプライアンスは刑法の観点から，いったいどういうものなのかということ，それの明確な定義が必要です。

さらに，コンプライアンス・プログラムを考慮するときの問題として，コンプライアンス・プログラムをどういうふうに証明すればよいのか，どういった努力がなされたのか，ということを見るのも大変です。ですから，考慮するとなると，いろいろな疑問が出てくるわけで，それも解決しなければいけない。現状の法律の下でもそうですし，新しい法律の下でもそうですが，刑罰の基準は何か，それから，均衡性はどういうものにするべきか。それが，やはり弁護士，法律家の課題だと思います。

◇シェーファー　ズィーバー先生のご意見に付け加えますと，イタリアでは，企業犯罪に対して，2001年にイタリアで施行された法令231号（Decree-law no. 231）の中では，具体的に刑罰がゼロになる可能性もあるが，ただ，それはコンプライアンス・プログラムがきちんとあって機能している場合である，としております。これは新しい法律で，非常に良い法律だと思います。

◇甲斐　ありがとうございました。ぜひ一言，述べておきたいという方はおられますでしょうか。もちろん，このあとのフロアからの質問のときでも十分回答できると思いますが，現段階でぜひ一言という方があれば。それでは川崎先生どうぞ。

◇川崎　先ほど私が申し上げたことに対して，今井先生からご指摘を受けましたが，少し言葉が足りなかったようですので，付言させていただきます。ひとつは，法人の犯罪能力を認めるというのが，いま日本ではおそらく前提になっていると言ってもよいのだろうと思います。そうであれば，企業自身の行動として見た場合に，どこまでの注意義務を課すのかということを考えるべきだろうということも，私の主張の前提になっています。

それから，今井先生の先ほどのお話ですと，企業全体としては当然犯罪を防止するための十分な人的・財政的基盤を持っているにもかかわらず，トップの人が気づかなかった場合には刑事責任を問わなくてもよいとされるわけですが，私は，やっぱり企業として回避可能であれば，企業に刑事責任を課すというのが，法人に犯罪能力を認める場合の必然的な結論だ，と思います。

刑法の謙抑性が指摘されることがありますが，法人の犯罪能力があるということを前提にすると，たとえば，自然人が実行すると犯罪になる行為を企業がやった場合に，なぜ行政罰でよいというふうになるのでしょうか。それは，犯罪能力はないけれども，必要な部分だけ認めていこうという考え方をしているのではないでしょうか。自然人が詐欺や殺人や窃盗を犯しても，刑罰を科す必要がなく，行政罰，民事罰でよいではないかという話をするかというと，おそらくそうはしないのだろうと思います。

そうすると，それは企業の場合についても同じではないでしょうか。そうした点を前提にすると，重い刑罰を科すのであれば，刑事手続に則って処理されるべきだということも含めて，やはり刑罰あるいは刑事責任を問うということの意味はあるのだろうと思います。

◇甲斐　ありがとうございました。

第2部　全体討論

◇甲斐　それでは，後半の全体討論に入りたいと思います。後半は，冒頭にもお話しいたしましたが，まずは指定発言者を若干名準備しております。そのあとで皆様方からいただいた質問票に回答していただくということにしたいと思います。

指定発言者3名のトップは，ジョーンズ・ディ法律事務所の弁護士で，国際的にいろいろな活動，ご活躍をされております山内信俊先生に指定発言をお願いしたいと思います。先生，よろしくお願いいたします。

◇山内信俊　弁護士の山内です。ご指名ですので，質問をさせていただきたいと思います。私は，ジョーンズ・ディという世界的な法律事務所の東京事務所でプラクティスをしております。

質問の前に若干自分の経験を申し上げます。アメリカの上場企業がサーベンス・オクスリー法の適用がある関係上，コンプライアンス・プログラムに則っているかどうかということで，日本にある子会社に対してもいろいろ確認を求めてきておりまして，ここ2～3年，アメリカの企業のコンプライアンス・プログラムの遵守体制というのはかなり整ってきたのかな，と思っております。

アメリカ企業が持っている日本の子会社で一番問題になる典型例を申し上げますと，売上げの過剰計上です。なぜかというと，日本の子会社の社長さんたちは自分のボーナスが売上げに関係するということが多いものですから，どうしてもそういう誘惑があるというのがひとつの問題点だろうと思います。

それから，日本で仕事をするうえで，アメリカ企業になかなか理解してもらえないのは，日本の労働法の規定でして，特に残業費をアメリカの本社はなかなか払いたがらない。従業員に対してはたいていが年俸制で給与を決めてしまう結果，残業費の問題がどうしても日本の労働規制上で問題があります。このへんが典型的に現れてくる問題かな，と思っております。これが私の経験で，皆さんにお伝えしようかな，と思ったところです。

質問としては，プレイン先生にお聞きしたいのですが，サーベンス・オクスリー法が適用になって，その前後で遵守状況というか，企業による法律の遵守というものに劇的な変化があったかどうか。

また，適用の結果，積極面だけではなくて，逆にマイナス面，たとえば，私の感じでは，場合によっては細かいところまで遵守を要求しすぎているのではないか，というところもないわけではない。重要な点と些細な点の区別がつかないようなコンプライアンス・プログラムの執行状況があるのではないか，という懸念もありますので，そういう点について，実務的な経験を話していただければと思います。

◇甲斐　ありがとうございました。それではプレイン先生どうぞ。

◇プレイン　例を挙げていくつか質問してくださったので，ご質問に答えたいと思います。サーベンス・オクスリー法のみならず，海外腐敗行為防止法（FCPA）においても，日本にあるアメリカの子会社は会計処理をきちんとそろえなければいけない，ということが求められています。また，海外腐敗行為防止法のみならず，ほかの問題に関しても正確性を求めている法律がありますし，海外腐敗行為防止法のセクション2では海外腐敗行為とは言われておりませんが，いろいろなものが求められております。法律の大部分が拡張され，サーベンス・オクスリー法のコンプライアンスでカバーされるという形になってきていますから，コンプ

第Ⅱ部　企業犯罪国際シンポジウム

ライアンス規程を持っているということは，企業にとって非常に重要になっているというわけです。

もちろん，企業にとっては，法律ではコンプライアンス・プログラムを拡大して，外国の子会社にもあてはめることを要求しているわけですから，それは大変ですし，また，日本で何が必要なのか，何がアメリカで必要なのかということ，これらを全部含めなければいけないということなので，非常に問題になっています。

ひとつの例は，日本の役員が，たとえば，粉飾決算をして，それによってボーナスをたくさんもらう，サラリーをたくさんもらう，あるいは業績評価を高くしようとするのは，何があろうと問題ですし，法律がなかったとしても，それは問題です。企業は，特に親会社は非常にうまく経営されている会社であれば，適切で正確な子会社の情報を求めるわけですから，粉飾決算というのは非常に大きな問題です。

そして，もうひとつの例ですが，親会社が耳を貸さないという場合です。たとえば，日本の子会社が残業代を払わなければいけないような状況なのに，アメリカ側が理解をしてくれないという例です。アメリカ側は，コンプライアンス・システムではないシステムを持っていて，ニーズが認識できないようなシステムになっている。つまり，日本の法律を遵守しなければいけないという要件がアメリカでは理解されないというシステムについては，サーベンス・オクスリー法の前からあったわけです。皆さん，サーベンス・オクスリー法の問題だとおっしゃいますが，それは企業間のコーディネーションの問題だと思います。

サーベンス・オクスリー法はそんなに重要ではないとは申し上げませんが，サーベンス・オクスリー法が導入されたために，追加の重荷が増えた。ただ，サーベンス・オクスリー法がないときでも，こういった問題はあったということを1点加えておきたいと思います。

◇甲斐　ありがとうございました。取締当局というべきか，東京地方検察庁の高﨑秀雄先生，個人的な見解ということで，よろしくお願いいたします。

◇高﨑秀雄　東京地検の高﨑です。取締当局という話がありましたが，いまは公判部の副部長をやっておりまして，裁判に立ち会う検察官の指導の職にあたっております。いま裁判になっている話もありまして，先ほど「裏豚」の話が出てドキッとしたのですが，似たようなというか，別の手口の詐欺事件ということで，数年前にやはり食品会社による詐欺事件がありました。そのときには，会社のけっこう上の人が起訴されたわけですが，それでもなぜ会社は詐欺で起訴されないのか。食品衛生法では両罰規定があって起訴されたわけですが，そういう声がありました。

それと同様に，これもいま裁判になっている事件ですが，皆さんもご承知のとおり，鉄道の踏切での死亡事故の事件がありました。いま裁判中で，まさに踏切職員が起訴されているわけですが〔その後，第1審判決（東京地判平成18・2・3）が出て，有罪（禁錮1年6月）となった〕，なぜ上の人間は起訴されないのか，あるいは鉄道会社ははぜ処罰されないのかという指摘をいただいていることは，われわれも承知しております。

ただ，これにつきましても，業務上過失致死罪という刑法の犯罪ですので，会社を処罰することはできないということになるわけです。では，会社を処罰できるようにすればよいではないか，という国民の声があるわけです。

ちょっと話が飛びますが，企業が不祥事を起こして，社長さんが辞任の記者会

見をするときに，いまは「社会をお騒がせした責任を取って」という言い方をしたらだめだと言われるそうです。それは，マスコミから「そこを言っているんじゃない。なぜこんなことをしたんだ。こんなことをするについて悪いと思わなかったのか」と必ず突っ込まれるから，というふうに指導されるという話を聞いたこともあります。

それは結局，日本人が会社というものを生身の人間と同様に道徳的な存在だと考えているからではなかろうかと思います。その意味で，日本的な CSR，企業の社会的責任ということを考えると，それはかなり生身の人間に近いのではなかろうか。そういった意味で，「会社を処罰したらどうなんだ。刑事罰で処罰したらどうなんだ」というのも，理屈のない話ではないなという気もしています。

ところで，立法ということでは，今日配られましたアンケートの調査結果で，直接的にはコンプライアンスではなく，リニエンシーの関係なんですが，当局の裁量でやるのではなくて，ちゃんと立法措置を講ずるべきだという意見のほうが多かったわけです。ある意味で日本人というのは大岡裁き，判官贔屓が大好きな国民ですから，「立法で」というのは意外な感じもしたのですが，何かやるとすると，やっぱり立法ということになるのかな，という感じもしております。

立法ということにつきましては，冒頭の池辺さん，笹本さんのお話にもありましたが，やはり企業の側から見ても，立法でやってくれたほうがインセンティブになるのかなという気もいたします。私は，前に法務省の刑事局におりましたので，企業法務の方ともかなりお話をさせていただいたことがありますが，やっぱり立法という目で見えるものがないと，あるいは処罰基準が高くなるようなことがないと，「法務あるいはコンプライアンスのように金のかかるものには経営陣が予算を出してくれない。なかなか言うことを聞いてくれない」という話を聞いて，「なるほどな」と思いました。それとともに，大きな企業になると，末端従業員が全部監督できない。さらには，そういった中で，一部犯罪も含んだ不法行為が起きることも避けられないという話もあって，「それもそうだろうな」，と思いますが，そういったときに企業側として，ここまでの体制，コンプライアンス・システムを備えておけば免責される，あるいは軽くなるということになれば，企業のリスク管理という点から見ても，インセンティブがあるのかな，という感じもいたします。

そのうえで立法できるのか，その立法の中でコンプライアンス・プログラムを位置づけることができるのか。立法ということになると，法律の言葉で書かないといけませんが，たとえば，いま日本では法律・政令というのは内閣法制局というところでうるさい審査にかかりますが，その法律・政令の中で，確か証券取引法の施行例だったと思いますが，法令および規則を遵守するための体制云々という言葉で，コンプライアンス・プログラム・システムというのは，日本の法令用語の中にすでに入ってきているわけです。

ですから，刑事法の世界でも，もしそれで意味が通じるというのであれば，「ただし，当該法人において法令を遵守するための体制を整備したるときは，その刑を免ず」とか，「刑を軽くする」とか，あるいは逆に「体制が存在しない場合に限り処罰する」と書けば，一応，法律の形にはなるはずです。

そこで，ここからが質問ですが，笹本さんと池辺さん，それからシェーファー，プレインの両先生——おそらくこれからの質問は，ズィーバー先生は「ノー」だと思いますから——にお聞きしたいので

すが，先ほど池辺さんの話のときに，コンプライアンスのマニュアルを持っていっても，「こんなものは外国人から見たらパンフレットにすぎないじゃないか」と言われた。それより詳しいものを作って職員に渡すと，「こんなものは」ということで職員から受け入れられないだろうという話がありました。それは逆に言うと，頭の中では「こんなものを作りたいけれども，職員からは受け入れてもらえないのだろうな」というふうにも聞かれるわけです。頭の中にあるコンプライアンス・プログラムというものがあるのか，ないのか，ということです。

それと，笹本さんについては，株主代表訴訟のほうでどこまでやればよいのかわからない，という話があったと思います。民事でも刑事でも，過失責任ということになりますと，コンプライアンスが完備しているかどうかというのは，まったく別問題の話だと思います。完備していても，別の要素で過失責任を問われることがあるし，いい加減なコンプライアンス・プログラムでも「過失責任なし」とされることがあるでしょう。

ですから，それと切り離して，先ほどの道徳的存在としての企業，そういったものとしてあるべきコンプライアンス・システムとは何かということで，日本の経済界において，その共通するイメージがあるのだろうか。あるとすれば，それは先ほど言ったように，法令用語にポンと置き換えて，それを法律にしてしまうこともできないわけではない。それがないとなると，およそ解釈基準がないから法律にはできない。

ズィーバー先生は，先ほどの話ではおそらく「ノー」だと思いますが，シェーファー先生，プレイン先生，それぞれアメリカおよびドイツで，「これだけあればコンプライアンス・プログラムとして十分だ」というような社会一般のコンセンサスがあると思うか，ないと思うか，ということでお答えいただければと思います。お四方と多数で申し訳ありませんが，よろしくお願いいたします。

◇甲斐　質問の趣旨はおわかりでしょうか。それでは，まず池辺さん，笹本さんにお伺いします。コンプライアンス・プログラムが頭の中にあるかどうかについて。

◇池辺　私どもがコンプライアンス・マニュアルを作ったときには，いまもそうなんですが，日本においてリニエンシーという概念がなく，それを想定して作ったわけではありません。仮にそういうものがあるならば，きっと丸紅のコンプライアンス・マニュアルも，もしかしたら，それこそ10倍ぐらいの厚さになっていたかもしれません。

私どもは，わずかなページ数のマニュアルですが，1回読んでもらい，机の引き出しの中にあれば，まだ良いほうで，ひょっとしたら，どこへしまったかわからないようなことになるかもしれないという前提の下に，このコンプライアンス・マニュアルを作りました。

全部で15個ある遵守事項のひとつひとつを暗記するまで覚えてもらおうということは当初から全然考えていなくて，要は丸紅が目指すコンプライアンスとは何か，ということだけでもよいから，従業員の，あるいは役員の，あるいはグループ内の2万5,000人の人間の意識を一致させる。その点に係っているのではないかと思っております。

お答えになっているかどうかわかりませんが，現時点ではこのコンプライアンス・マニュアルで十分だろうと思っておりますし，仮にこのコンプライアンス・マニュアルが手元になくても機能するようなものにしたいと思って作ったということです。

◇甲斐　ありがとうございました。それ

では笹本さん，同じ質問です。

◇笹本　非常に本質的なご指摘をいただいたと思っております。私もこの仕事は長いのですが，やはりずっと考えておりますことは，ひとつは，ルールや体制といった仕組みを作る部分と，もうひとつは，先ほどからお話が出ている組織，企業の風土として，構成員の意識を良くしていくという二つの側面が必要だろうという点です。

企業が進めますコンプライアンス・プログラムは，その両方をいっぺんにやらなければいけないということで，非常に難しいかな，と思っております。私事になりますが，早稲田大学名誉教授の酒巻俊雄先生に代表に就任していただきまして本年〔2005年〕9月に研究会を興させていただきました。研究者，弁護士，企業法務，行政，代議士，そういった分野でご活躍の皆さまに集まっていただいて，コンプライアンスのスタンダードをどこにおいていこうかという議論を始めたところです。

その中でまず，どういう項目が最低限の共通事項かを検討しています。つぎに，それぞれの項目をどの段階まで達成することが必要なのかを検討しています。たとえば，「慣習的にはやっているけれども，ちゃんと紙に書いたものはありません」というと段階から始まって，「とりあえず社長の通達として紙に書いて出しました」という段階が次にあります。それから，「実際に動いています」という段階があって，さらに「動いているかどうかをちゃんと検証しています」という段階もあります。さらには，「監査結果を情報開示しています」という段階もあります。何の項目をどの段階までやるか，また，何をもって達成事実を確認していくか，いまはそのような検討をしている最中です。

こうした検討を重ねますと，やはり業種による，会社の規模による，また国内だけか海外も含むのか，それから企業対企業の取引なのか消費者にも向いているのか等々，いろいろな要素によって見方が変わるということを痛感しております。

結論から申しますと，ご質問の趣旨にありますように，たとえば，この一言で取って変えられる社会共通のコンプライアンス・プログラムというようなものはなかなか難しいのではないか，むしろ非常にフレキシブルで納得感のある評価基準のマトリックスを作って，その評価基準のなかでこういう条件の会社はこれこれの達成水準が求められる，といったコンセンサスを形成していくしかないのではないかと，いま私は考えております。以上です。

◇甲斐　ありがとうございました。それでは，シェーファー先生，いかがでしょうか。

◇シェーファー　リニエンシーについては，アメリカのガイドラインまたはイタリアの法律に関してすでに言及しておりますが，コンプライアンス・プログラムの遵守は前提条件であり，それがあってはじめてリニエンシーが確保できるということになってくるわけです。それは，とても良い概念であると言えると同時に，良いアイデアだと思います。

それでは，どういった基準を満たせば，コンプライアンス・プログラムが効果的なものであるとみなされるのかということになると，それはきわめて難しい問題だと言わざるをえないと思います。

まず最初に，そういった基準を確立する必要があります。そうでないかぎり，ケース・バイ・ケースで判断されることになってしまい，異なったケースにおいて，当該個人が異なった判断をするため，何が実際に効果的なコンプライアンス・プログラムか，ということがまとまらないからです。だからこそ倫理規程が必要

であり、それに基づいてやっていく必要があると同時に、それを実践する組織も併せて必要となります。また、懲戒処分も必要であり、内部的・外部的統制が必要であると同時に、報告を行うシステムも併せて必要になります。

こういった基準については、あまりその国特有のものでないようにしていく必要があると思います。特に日本の場合ですと、国際的に事業展開をしている数多くの日本の企業がありますので、それぞれの国で事業を行う際に、それぞれ異なったコンプライアンス・システムでは困るので、やはり統一されたコンプライアンス・システムがある企業グループに存在すべきだということになります。

ですから、基準については、かなり具体的にして、効果的なコンプライアンス・プログラムにしていかなければなりませんが、逆にフレキシビリティを加味することによって、世界的に実践できるものでなければ困ります。

◇甲斐　ありがとうございました。
◇プレイン　私も、シェーファーさんが言われたことにまったく同感です。唯一追加したいのは、実践面が極めて重要だというところです。どういった違反がなされたかといった性格によると思いますが、たとえば、環境法絡みで環境を汚染したということであれば、どのようにウォッチするかということを教えられなかったからでしょうし、独占禁止法絡みで価格取決めにおいて不公平な取引があれば、事前に具体的な研修がなされていなかったということがあると思います。

どんな状況にも合うような研修プログラムなど存在しないわけですが、だからこそ倫理規程をどういうふうに起草するか、ということになります。おっしゃるとおりです。

また、書くだけではなく、実践し、そしてたとえば、価格を談合して決めるのはどういったことなのかということも併せて、訓練・研修で教えていかなければ実践できないということになります。
◇ズィーバー　質問者が言われたことは、結局は私が今朝言ったことに立ち戻ります。コンプライアンス・プログラムという用語自体は、どういった形で使われるのか、ということを考えると、かなり曖昧であるということが言えると思います。たとえば、リニエンシー・システムをガイドラインとして使う際には、それがコンプライアンス・プログラムであることを明確にし、犯罪行為に関して、コンプライアンス・プログラムはこうなっているということをはっきりと打ち出す必要があると思います。用語というのは必ず機能的なものであって、その言葉をどういうふうに使うか、特に法的な枠組みでどう使うのか、ということになりますと、法の下でのきちんとした定義が必要になると思います。

コンプライアンス・プログラム対犯罪行為というのは何か。また、その中において、過失の概念とどの程度密接に関連づけるか。あるいは犯した犯罪とどの程度具体的に結びつけるか、ということです。

たとえば、カルテルに関して何か違反があったならば、カルテルに関する法律を適用するのか、あるいは一般的なコンプライアンスのルールを適用するのか。たとえば、カルテルに関して違反した人に環境保護に関するコンプライアンス・プログラムを適用するというのは行きすぎですから、どういった形でコンプライアンス・プログラムを犯罪に対して設定するのか、まだそのへんが明確になっていないと思います。刑事法における過失のほうが、もっともっと明確であると同時に、企業にとって明確であるので、正当化しやすいわけです。

ですから、伝統的な概念はあるわけで

すが，それ以上ということになりますと，それを正当化するものが必要ですが，リニエンシーではなく，どういった正当化があるのかということについては，答えを待っているわけです。それは，環境保護など別のコンプライアンス・プログラムが会社にあるからです。

◇甲斐　貴重なご意見をありがとうございました。それでは，最後の指定発言者ですが，共栄火災海上保険株式会社の山本到様，お願いいたします。

◇山本到　共栄火災の山本です。本日は有意義なご意見をいただきまして，非常に参考になりました。ありがとうございます。

　私は，企業の立場からということでコメントさせていただきます。企業の立場からは，池辺さん，あるいは笹本さんから，すでにほとんどお話いただいていますので，付け加えることは特にございません。私は，会社の中でコンプライアンス・プログラムに基づいて推進を行っております。また，コンプライアンス・プログラムを作り，あるいは内部通報制度を作ってという具合に社内のコンプライアンス体制の整備に努めているわけですが，なかなか実効性が上がりません。現在，壁にぶち当たっているような状況になっています。

　このような中で，本日，先生方のお話をお聞きしまして，コンプライアンス・プログラム自体をもう一度考え直してみないといけないかな，と思っています。それは，言葉といいますか内容の理解についての問題です。ズィーバー先生がおっしゃったように，コンプライアンス・プログラムに書かれている内容が社内で本当に統一した見解となっているかという観点から見直しをしないといけないのではないかということです。コンプライアンス・プログラムを作っても実効性が上がらないのは，まさにここに問題があるのではないか，と考えているところです。

　このことに関連しての感想を述べたいと思います。ひとつは，コンプライアンスを会社の中で実践していくには，経営トップの責任が非常に重いのだろうということです。コンプライアンスの問題は，トップダウンで進めていくべきものだろうと思っています。どうやってコンプライアンス・プログラムの遵守を社内に徹底させていくことができるか。これは，社内風土に負うべきところが非常に大いのだろうと考えます。社内風土は，経営トップによって変わります。私の勤める会社では，今年度社長交替がありましたが，社長交替によって企業風土が良い意味でも悪い意味でもこんなに変わるのか，ということを実感しました。その意味では，コンプライアンス・プログラムの実行者は経営者であることからすれば，その内容については経営トップの意向を反映して見直しを行う必要が生じます。

　企業に実効性のあるコンプライアンス・プログラムを策定させるインセンティブとしてリニエンシーが機能するのではないか。また，違反が発生したという結果に対しては刑罰という抑止力も必要な場合があると考えます。経営トップがコンプライアンス・プログラムを定めるにあたっての関心事は，何をどこまでやればよいのか，コンプライアンス・プログラムでどこまで踏み込めばリニエンシーの対象となるのかが明確になれば，コンプライアンス・プログラムの促進が図られるのではないか，その意味では，アンケートにもありますように，法律の中で具体化されることを期待いたします。

　それからもう1点，これは従業員サイドの問題として川崎先生が指摘されたと思いますが，コンプライアンスの研修会や講演会の際にテストを実施するとけっこう皆さん良い点を取るのです。でも，

それは実践の場で生かされていない，現実の場となると，その知識がまったく役にたっていないという感じがいたします。

私の会社では，毎年コンプライアンス・プログラムを見直しております。いま述べました2つの観点から，日々発生する問題を防止するためにはコンプライアンス・プログラムをどのように修正するかを考え，内容に反映させることが重要であると思います。本日お話をいただいた内容を踏まえて，より実効性のあるきちんとしたコンプライアンス・プログラムを作成し，実践していきたいと思っております。特に質問ということではなく，感想めいたことを述べさせていただきました。

◇甲斐　ありがとうございました。いまのご意見について，特にコメントはよろしいですか。山本さん，どうもありがとうございました。

◇ブレイン　非常に興味深い点をおっしゃったと思います。非常に難しい点のひとつは効果的なコンプライアンス・プログラムとはどういうものか，ということです。効果があれば，違反は起こりえないわけです。

コンプライアンス・プログラムを実施することの意図は，政府のほうから言われなくても，会社の責任で会社が実施するということですから，コンプライアンスを実施しない場合のリスクは会社に残ります。したがいまして，効果的なコンプライアンス・プログラムは必要ではありますが，それは状況にもよります。皆さんが判事になって，これがちゃんと監査に耐えられるか，いろいろな状況が起こりうるわけですが，ちゃんと効果があるように見えるかどうか，ということです。

たとえば，ある問題点が出てきたとします。それを政府の規制に基づいて自分で判断する必要が出てくるでしょう。そ れは，会社によって相当違うでしょうし，状況によっても相当違うと思います。

◇甲斐　ありがとうございました。それでは，シェーファー先生どうぞ。

◇シェーファー　1点だけ申し上げます。経営者が替わった場合に，コンプライアンス・プログラムが変わるということをおっしゃいました。いったんコンプライアンス・プログラムを公表し，透明化すると，道はひとつしかありません。すなわち，どんどん厳しくするということしかないわけで，逆行はありえないのです。コンプライアンス・プログラムを公表する，インターネットに載せるということは義務だと思います。

◇甲斐　ありがとうございます。それでは会場の皆様方からいただいた質問票に基づいて議論を進めたいと思います。まず，「笹本様，池辺様へ」ということで，スタンレー電気の福島康夫様より，「コンプライアンス・マニュアル定着のために，どのような教育を実施されているか，形式面および内容面についてご教示ください」という質問です。簡潔にそれぞれひと言ずつお願いします。

◇笹本　それでは，笹本から回答させていただきます。今日，皆様のお手元にありますようなマニュアルが届きますと，書いてあることはわかりますが，それではなかなか行動の改善に結びつきません。これをなぜやるのか，やらないとどうなるのか，ちゃんとやればどういうメリットがあるのか，こういった動機付けをまずきちんと従業員1人ひとりの気持ちに入れたあとに，仕組みを入れるなり，体制を作るなり，評価をしていくということが大事だろうと思います。

ひとつ例を挙げますと，私の勤めております富士ゼロックスで，法律のいろいろな細かいマニュアルを作る前に，社員に対して法律の基本的な情報を学習してもらうプログラムを担当いたしました。

その教材は170ページありまして，人事，労務，環境，公正取引，それから知的財産，こういったものを1万7,000人の社員に勉強してもらいました。そして，「2カ月のうちに20問のテストで80点以上取ってください」と経営から全員に指示しました。

当初は抵抗を示す社員もいましたが，やってみるとそれなりに達成感があるし，コンプライアンスなんて簡単に考えていたけれども，これはなかなか大変なことだといった認識が根付いたように思います。そのうえで新しいルールや手続が入ってくるため，非常に納得感をもって迎え入れられているのではないか，という気がしております。

もうひとつ実例を紹介します。内部統制に関しましては，盛んにサーベンス・オクスリー法の話が登場してまいりますが，業務フローの見直しや文書化を全員の作業に分担していくときに，「なぜこんなことをやらなければいけないのか」といった抵抗が非常に予想されます。そこで，知り合いの公認会計士の方にお願いして，一般の社員が普通に読める内部統制の本を出版してもらいました。この本には9のケースが盛り込まれていて，いわゆる不祥事の危険が身近のどういうところに潜んでいるのか，管理職がOKという承認のサインをするときにどこをチェックしなければならないか，といった基本的なことを詳しく説明するものです。

まずは，こうした地ならしを済ませておいて，それから仕組みを作っていくということで，定着がはかられるのではないかと思います。

◇甲斐　ありがとうございました。それでは池辺さん，お願いいたします。

◇池辺　コンプライアンスというのは，一度研修して，それでおしまいだというものではなくて，運転免許の更新みたいに，3年なり5年なりで定期的に従業員に対してリマインドしていかなければならないものだと私どもは考え，先ほども申し上げましたが今年はEラーニングによる研修を実施しております。

これは，だいたい2時間くらいかかりますが，早い人は1時間でできます。丸紅本体の研修が終われば，グループ会社にも展開していく予定です。

◇甲斐　ありがとうございました。それでは，次の質問に移りたいと思います。これは早稲田大学の大学院生であり，かつ株式会社法学館にお勤めの坂本祐樹様から笹本さんに質問が来ております。

「コンプライアンスをコーポレート・ガバナンスとの関わりで捉えたときに，コーポレート・ガバナンスの議論において射程外にある中小閉鎖会社はここでも射程の外に置かれるのでしょうか。また，中小企業においては，従業員の個性が濃厚なため，大企業に比べて内部通報制度は機能しにくいのではないかと考えていますが，内部通報制度も基本的に大企業を念頭に置いたものなのでしょうか」という質問ですが，いかがでしょうか。

◇笹本　手短に答えさせていただきます。新しい会社法では資本金5億円以上の株式会社は，取締役会で内部統制の方針を決めて事業報告に記載する義務があると決められました。法律では資本金5億円以上の会社になっておりますが，企業が株主，債権者のお金を借りて，その地域でいろいろな影響をもたらして活動する存在である以上，私は，この内部統制ですとか，ガバナンスというのは，大きい，小さいというサイズに関係なく，必要最小限の義務で，当然やってしかるべきことだと考えております。

法律で線を切ったということは，実効性という観点からの配慮だと思いますが，小さい会社においても，小さい会社なりのやり方をこれから社会全体で考えてい

くべきではないかと考えております。

同じように内部通報も内部統制システムの構成要素として扱う話なのですが、世間には非常に誤解があるのではないかな、と思います。内部通報というと「裏切り」ですとか、「組織に対する反逆」といったイメージがあるかと思いますが、実は内部通報で一番利益を得るのは経営者なのだろうと思います。

先ほどから企業風土というお話が出ていますが、企業風土というのは、リスクとか責任という問題に対して、経営者がどれだけ正しい姿勢を持てるかに尽きると思います。

そういった意味では、自分の会社の組織にどういうリスクが潜んでいるかを注意深く、丁寧に経営者が見る、そのひとつの方法論として内部通報があるわけですから、経営者が率先して、従業員に頼んででも、ぜひ充実させるくらいの気持ちでやるべきものだろうと思います。ですから、内部通報もやはり企業のサイズには関係のない話だと考えております。

◇甲斐　ありがとうございました。つぎに、これは質問というよりも、ただいまの質問に関連して、弁護士の井口多喜男様からご意見をいただいていますので、紹介だけさせていただきます。

「企業のあり方は実務のうえでも大きな問題となっており、企業人の意識調査をされた今回のアンケートは時宜を得たものと思われます。ところで、企業実務を経験していることで感じるのは、明確な企業倫理ないしは法令違反よりも、不明確な部分、すなわち明らかなコンプライアンス違反よりも、灰色部分での取引形態が多いということです。その中心は、大手企業による中小企業への締め付けという問題であります。そこで、今後アンケートする機会があれば、中小企業からみた大手企業のあり方を検討していただければと思います。特に近時、経済不況の中で、不正取引、優越的地位の乱用といった問題を注視しております」ということで、貴重なご意見をいただきました。ありがとうございました。

さて、次の質問ですが、これは「コンプライアンス・プログラム精通者の方へ」ということで、企業の法務担当者の氏家源太様から質問が来ております。「一連の議論の中でインセンティブをどう捉えるかという部分に関心を持ちました。コンプライアンス・コストがどれくらいかかるかという話がありましたが、企業がコンプライアンスにどれだけコストを負担するかは、このインセンティブをどう法的効果として考えるかということと相関性が高い問題であると思います。アメリカではコンプライアンス・プログラム、レムディース（Remedies）という制度、思想があるようですが、よりコンプライアンス・インセンティブとして捉えるような議論（例としてTax Relief）はないのでしょうか」。

「コンプライアンス・プログラム精通者」というのはどなたを指しているのかわかりませんが、どなたか回答できそうな方はおられますか。それでは、川崎先生。

◇川崎　私は、インセンティブについて研究したことがありますので、私の知るかぎりでお話をしますと、先ほども申し上げましたが、日本でもほんの数年前と比べたら、かなりのインセンティブが実はあるのではないかと思っています。「消極的な意味でのインセンティブ」と「積極的な意味でのインセンティブ」、つまり「やらないと痛い目に遭うという意味でのインセンティブ」と、「やったら得をするインセンティブ」の両方があって、「やらないと痛い目に遭う」というのは、たとえば、新会社法では、内部統制システムを構築することが義務になっているわけですから、それは「消極的な

意味でのインセンティブ」と言えると思います。また，金融関係の企業ですと，金融検査マニュアルでコンプライアンスを実施することが義務になっており，その違反には処分が下されます。

これに対して，「積極的な意味でのインセンティブ」としては，「投資格付け」というのが各民間の機関によって行われますが，「AA」，「AAA」などの投資格付けをするときに，その機関はコンプライアンスの実施状況をその判断に入れるということが当然のようになっていますので，そういうところで投資適格に反映されます。あるいは有価証券報告書の内部統制システムについての記載等については，これからどんどん具体的になっていくようですので，そういったことを行っていることで，投資家に対して投資の働きかけをすることになるでしょう。そのような形でのインセンティブというのは，もうすでにあるのだろうと思います。

ないのは何か，アメリカと大きく違うのは何か，というと，やはり刑事法上のインセンティブだと思います。

それで，先ほども申しあげたように，何らかの方法で法人の刑事責任を軽減するというリニエンシーの考え方を刑事法上のインセンティブとして取り込めないかという点について検討する意義があると思います。

◇甲斐　ありがとうございました。それでは，次の質問にまいりたいと思います。ご所属は書いていませんが，飯田達也様から，「法務部の方にお聞きします。内部通報制度を設置したあと，どのくらいの内部通報が寄せられましたか。また，それと関連して，コンプライアンス・マニュアル等に，従業員に対し不正を発見した場合に内部通報することを義務化することはお考えになっておられますでしょうか。義務化することのデメリットについてお聞かせください」という質問が第1点です。

もう1点は，「全員の方に」と書いていますが，全員では大変なので，どなたかにお答え願いたいと思います。「本来なら，コンプライアンスを遵守する立場である者，たとえば，弁護士，会計士のような外部の者が企業の意思に反して不祥事を起こした場合でも，企業は責任をとらなければならないのでしょうか。専門家に監査を頼み，その専門家がミスを犯し，それを専門家が隠蔽工作した場合，企業にはそれを見破るのは困難だと思われます。それでも，企業は責任を負うべきなのでしょうか」という質問です。まず第1の質問について，池辺さん，回答をお願いいたします。

◇池辺　非常に痛いところを衝かれたのですが，私どもは『勇気の扉』と名づけられた内部通報制度を設置しております。これは，グループの社員に対してもオープンにしています。それで，どれくらいの報告，相談があるのかというと，2カ月に1件くらいで，件数としては少ないと言えます。同業他社と比較しても，丸紅の報告・相談件数は少ないと思っております。

ただ，この『勇気の扉』を使わずに，直にコンプライアンス・チームで相談を受けるという案件は，月に5〜6件はあります。これも合わせて考えると，かなりの報告・相談を受けていると思います。

2カ月に1件というのはいかにも少ないということで，この内部通報制度については，制度そのものの機能を果たしていないのではないか，と考えはじめております。それでは，どういうふうにすればよいか。

1つ目は，ご質問にもあるように，報告を義務化をするという手法です。義務化する場合は，いったい誰に対して課すのかということになりますが，いまはマニュアルにおいて部門のコンプライアン

第Ⅱ部　企業犯罪国際シンポジウム

ス・オフィサー，部門の責任者に対しては義務化していますが，個々の従業員については，「勇気を持って報告してください」という表現に留めています。どこまで義務化するのか。たとえば，グループ会社の社員まで義務化するのか。あるいはグループ会社の経営トップは義務なのか，あるいは本社のわれわれみたいな従業員は義務なのか，どこまで広げるのかということを考えなければなりません。

2つ目は，いまは報告・相談は顕名で行うことがルールになっているのですが，匿名を認めるかどうか，ということです。

3つ目は，リニエンシーです。報告・相談をすれば，その人は罪を犯していても，「罪一等」を減じるということをやるべきかどうかということも考えられます。

あとは，どこの企業でもあまりやっていないと思いますが，取引先からの報告を受けるようなシステムを導入すべきかどうかということもあります。こういうものも含めて，いま内部通報制度について改善を検討しています。以上です。

◇甲斐　ありがとうございました。第2の質問は，どなたかに回答していただきたいと思いますが，日本でも最近この種の事件がありました。外部監査をすべき人が違反を犯した場合に，企業はどこまで責任を負うかという点について，コメントがおありの方はいませんか。それでは，今井先生，お願いします。

◇今井　他に関連した質問もいただいています。企業ないしは法人の刑事責任を認めるという前提を立てても，その企業の行動について刑事責任を問うわけですから，故意または過失による行為がなければいけません。いまの事例ですと，もしも可能だとすれば，外部に委託をしている弁護士，公認会計士が，企業の意思に反して違法な行動をしたことについて，企業側に不注意が認められるか否かとい

うことに帰着すると思います。

企業の側として十分な注意を尽くしていたのに勝手にやられてしまったというときには，免責される余地も出てきますが，「どうもあの弁護士はおかしい」とか，「公認会計士が不正な操作をしているのではないか」と薄々感じていたという場合には，いまの理屈によっても，企業自身が過失責任を負うことはありうるでしょう。もっとも，高崎先生のお話にもありましたように，両罰規定という枠がありますので，両罰規定のない犯罪類型については，いまの話も妥当しないということになろうかと思います。

◇甲斐　ありがとうございました。

◇ブレイン　第1番目の質問に対して，ひとつコメントしてよろしいでしょうか。

◇甲斐　インセンティブの話ですか。

◇ブレイン　外部の専門家に対して，企業がどのくらい責任を負わなければいけないかということなんですが，その質問に全然違う観点からお答えしたいと思います。われわれとしては，不法活動をアウトソースすることはできませんから，そういう意味では責任は問えないと言ってもよいのではないか，と思います。

もしも不法活動をアウトソースしようとしたら，それは当然有罪です。エンロン事件を考えてください。会計事務所もアーサー・アンダーセンという大きな事務所がありましたが，それは倒産・廃業しました。そしてエンロン自体もオペレーション上の不正行為によって捜査の対象となりましたし，民事訴訟の対象ともなっております。

◇甲斐　ありがとうございました。それでは，今度はズィーバー教授に，内閣府の白石賢様から長い質問が来ております。「刑事のサンクションを行うと判決を誤った場合のコストは――人権が侵される危険性が大きいが，企業犯罪については刑事のサンクションでも誤った場合の

コストは小さい——罰金なら返還などで回復しうるが、一方、民事サンクションのほうが、判決を誤らないときのコスト——訴訟に時間がかからないなど——が安い。この両者のコストを比べて、企業犯罪に対して刑事がよいのか民事がよいのかを決めようという考えをミシガン大学のカーナー教授が主張している。

カーナー教授は、結局は民事がより良いという結論だが、日本はドイツ法に近く、刑事と民事を厳格に分けている。しかし、そこで一番問題となるのは、スタンダード・オブ・プルーフ（standard of proof（証明度））の問題だと思う。刑事的なサンクション（3倍賠償も含む）を民事のスタンダード・オブ・プルーフの下に科してよいのか。

午前中にズィーバー教授から、ドイツの経済犯罪で刑事訴追の方法を変えるという話があったが、これはどういうものか。また、スタンダード・オブ・プルーフに対する考え方はどうか」。以上のような長い質問ですが、ズィーバー先生、よろしいでしょうか。

◇ズィーバー　最初の部分ですが、「理解できていれば」というベースで申し上げます。もしも判決が間違っていた場合にどうなるのかということですが、原則的には刑事法においても、もしも判決が間違った場合には回復が可能である、補償ができるという話だったと思います。罰金であれば、お金を返還すればよいわけです。もちろん、倒産・廃業になった場合には回復できませんが、アメリカには死刑があるにしても、犯罪者を死刑にしてしまったら、もう一度生き返ってもらうわけにはいかないので、そういう意味では判決が間違った場合にはコストはかかりますが、回復しなければいけないと思います。

スタンダード・オブ・プルーフ、証明度の問題ですが、刑事的なサンクションの場合には、明らかに国が立証責任を持っていますので、刑事と民事のサンクションを区別することが重要なわけです。したがいまして、私としては、「刑事事件を立証するのは難しいので、民事でやりましょう。そして立証責任を弱くしましょう」、という意見には与しません。民事にするか、あるいは刑事にするかというのは、サンクションの性格によって決められるべきであると思っています。民事は補償に重きを置いたものです。これに対して、刑事のほうは刑法上の保障が及ばなければならないものと考えているので、われわれとしては、刑事法の重要性を無視してはならないと思います。また、刑事法の保護的な機能も無視してはならないと考えます。

◇甲斐　ありがとうございました。もうひとつ、中央大学法学部の曲田統様からズィーバー先生に質問が来ております。「コンプライアンス・プログラムが過失認定の局面で重要な役割を果たすということになるとすると、過失責任を問うためには、訴追側によって、当該企業の有していたコンプライアンス・プログラムが効果的でなかったことまで証明されなければならないのでしょうか。効果的なコンプライアンス・プログラムと見せかけのコンプライアンス・プログラムとはどのようにして見分けるのでしょうか」という質問ですが、ズィーバー先生、いかがでしょうか。

◇ズィーバー　現在の刑事法においては、まず出発点は、過失です。たとえば、監督責任を怠ったという場合、これは、訴追側が認定あるいは立証しなければいけない問題ですが、コンプライアンス・プログラムがどうだったかということとはあまり関係がありません。つまり、過失があったために犯罪が起こってしまったという因果関係を立証すればよいわけです。

第Ⅱ部　企業犯罪国際シンポジウム

　コンプライアンス・プログラムが効果的であったか，そうではなかったかというようなところは，非常に立証が難しい問題で，たとえば，コンプライアンス・プログラムがその犯罪対策用にあったのか，あるいは一般的なコンプライアンス・プログラムしかなかったのかという問題も生じるでしょう。

　過失というところから話を始めますと，コンプライアンス・プログラムがあるかないかというところと関係づけるのは非常に難しいわけです。コンプライアンス・プログラムが過失認定のために使われるのであれば，ものすごく詳細に作られなければいけないと思います。具体的なコンプライアンス・プログラムがあったのか，あるいは一般的なプログラムしかなかったのか，というようなことまで立証していくのはきわめて難しいと思いますので，コンプライアンス・プログラムの概念を法制度の中に導入するということは，かなり慎重に考えていかなければならないと思っております。

　もちろん，聞こえは良いのですが，コンプライアンス・プログラムをどのように立証するかとか，サイズがどのくらいのものだったのか，といった多くの問題を考えなければいけないので，企業の過失責任とコンプライアンス・プログラムをリンケージさせるのは非常に難しいと思っています。

　したがいまして，私としては，刑事法のセーフガードのほうを使ったほうがよいと思っています。つまりコンプライアンス・プログラムがどうだったということをうんぬんするよりは，過失を使ったほうがよいと思っています。

◇甲斐　ありがとうございました。それでは次の質問は，（株）日立製作所の萬城実様からシェーファー先生に来ております。「日本の公共工事のように，各企業の担当者が衆議して不正を行うケースにおいては，企業と個人の責任を区分けする，あるいは量刑の重さの決定をするということが難しいと考えます。企業と個人の犯罪の区別が難しいケースをどのように扱っておられるのか，教えてください」という質問ですが，もしご存じでしたら，シェーファー先生，お願いいたします。

◇シェーファー　反トラスト法違反ということですと，たとえば，入札談合ということになると思いますが，ヨーロッパの反トラスト法に基づきますと，企業が行政罰則の対象となります。その制裁金は，非常に高い金額になります。今朝申し上げましたような高額の制裁金を課されるわけです。それから，トップマネジメント，会社の経営陣は，会社に損害を与えた個人に対して損害賠償を請求することになります。まず個人の責任を問い，会社として資産の回復などを求めるような訴訟を起こすということになります。

　それから，国の法律で，不正行為あるいは詐欺行為という意味で個人も訴追の対象になります。入札談合をしているということは詐欺行為ですので，個人としては刑事責任を負うことになるからです。ドイツにおいては，刑事責任を会社に問うことはできませんが，こういった場合には個人の責任を追及するわけです。

　欧州委員会の行政制裁金制度では，まず制裁金を払って，国の検察にその事実が報告されると，検察庁側は，ブリュッセルにおける裁判の証拠を利用して，今度は個人を対象に訴追するということになります。

◇甲斐　ありがとうございました。次の質問です。ブレイン先生，シェーファー先生，ズィーバー先生の3名に，法政大学法科大学院生の池田大介様から質問が来ております。「ドイツでは二層制の取締役会を置き，そのうちのひとつとしてスーパーバイザリー・ボード（supervisory board）で監査を行い，アメリカでも強い独立した機関で監査を行うことが必要とのことでしたが，それらの機関の構成員として，誰がどのような人を選ぶのでしょうか。株主が選任するとしても，日本では企業間で株の相互持合を行っていることがあるため，その機関の構成員を送り合い，十分なチェック機能を果たせないことも起こりうるのではないかと思います。

それから，明らかに違法行為とは言い切れない場合，その監査機関はどのような判断をすべきなのでしょうか。経営者の経営判断とコンプライアンスの判断のどちらを優先させるか，難しそうです」。

以上の点について，3人の先生方，どなたからでも結構ですが，回答をお願いします。それでは，シェーファー先生から先にどうぞ。

◇シェーファー　二層制と一層制ということですが，結局は何ら違いはありません。ショックかもしれませんが，実はそうなのです。スーパーバイザリー・ボードのミーティングに取締役が出席をしているということであれば，スーパーバイザリー・ボードの委員長は会社の社長ということになるからです。一層制との違いはありません。一層建ての場合は，社外重役，マネージング・ディレクターが同席するというわけです。

スーパーバイザリー・ボードの構成員は，共同決定法（Co-determination Law）というものがありますので，少なくとも半分は株主によって選任され，残りの半分は従業員が選任することになっております。ということで構成員は半々で選ばれるわけで，従業員の代表の一部は労働組合専従の人たちです。

たとえば，シーメンスのスーパーバイザリー・ボードの場合，20人の構成員がおりますが，10人が社員から選ばれ，3人が労働組合専従者となっております。その専従者以外に，労働評議会というものが別途あって，この労働評議会というのは，少なくとも労働組合の専従者よりも従業員の利益をより代弁していると思いますが，この共同決定システムには，非効率なところが織り込まれていると言わざるをえません。というのは，従業員の利益の代弁といっても，通常は国ごと，つまり国内に制限されているので，ドイツのシーメンスの場合，ドイツの従業員だけが選ばれるのですが，ドイツの従業員は全体の5パーセントにすぎません。また，全ビジネスの20パーセントですから，投資と売上げの80パーセントは諸外国におけるものなのですが，その人たちは，ドイツ以外において何がなされているか全然関心がないので，ひと言で言えば，きわめて複雑です。改革ということが叫ばれておりますが，どうもそこが足をひきずっているようです。というのは，政府としても，労働組合を相手に闘うことは望んでいないからです。

また，利益相反ということですが，これこそがコーポレート・ガバナンスの一番大きな問題となっています。コーポレート・ガバナンスの規則および議論において一番大きいのは，利益相反の問題です。日本でも言われているように，ドイツでも構成員を5人以下に絞るということで，銀行の場合は主要な企業に構成員を送り込むわけですが，大手の場合，銀行を介して資金調達をするのではなく，資本市場を通じて直接金融を行っていくわけですから，利益の齟齬がどういったときに発生するかというと，監査委員会において見られます。

いままでのところ，ドイツの監査委員会に関する規則では，「監査委員会の構成員は会社の元マネージャーであってはならない，社外重役であるべし」と規定されています。さらに，構成員は金融面に精通している人でなければならないと

することによって，優秀な人たちが構成員となることを担保しています。ちなみに，監査委員会の1人は会社の元マネージャーでもかまいませんが，「ヘッドであってはならない」，ということも規定されています。

同時に，利益相反に関しては，ほかの規則もあります。たとえば，構成員の間で利益相反があれば，委員長に事前に通知すると同時に棄権しなければいけないということですが，利益相反のある構成員が絶えず存在するということであれば，構成員をやめざるをえないということにもなっております。そういう人は，スーパーバイザリー・ボードの構成員にはなりえないということです。それが，コーポレート・ガバナンス・コーデックスで規定されているのです。

しかし，実務面においては，かなり感情的になるところです。たとえば，フォルクスワーゲンの会長はポルシェの大株主です。ポルシェはスポーツカーのメーカーで，ポルシェもまたフォルクスワーゲンの株式を取得しているということで，いろいろ株式の持合があるのですが，今回，ポルシェがフォルクスワーゲンの株式の追加取得を行うということがあって，会長を辞任すべきだ，と言われています。ポルシェの大株主であることから，フォルクスワーゲンをコントロールしているのではないか，だからこそ，そこだけ良い条件を求めるのではないか，と非難されているのです。

いろいろな法律的な議論が行ったり来たりしておりますが，結局のところ，その会長は，引き続きスーパーバイザリー・ボードに残ると思います。しかし，そういったことに対する一般の関心はますます高まっていると言えましょう。
◇プレイン　アメリカに二層制とか，そういったものはありません。取締役は，株主に対して責任を負いますが，監査委員会にCEOが出席することはありません。監査委員会においては，すべての取締役は独立した責任を担うということで，もし善管注意義務を全うしなければ，責任を問われることになります。

そういうことで，個別にそれぞれが責任を問われることになりますから，それについて会社が弁済できるものではありません。だからこそ，取締役会とCEOとの線引きができるわけです。たとえば，取締役は，CEOをクビにしてもよいし，雇ってもよいのです。そして，監査委員会は，別のカウンシルを有し，会社とは別の弁護士を雇うことができるわけです。また，監査事務所，会計事務所も別にします。いまアメリカでは，大手会計事務所の数が減ってしまったので，これがけっこう難しいのです。

サーベンス・オクスリー法の目的は何かというと，会社の究極的なオーナーである株主に対する責任を取締役個人にもっと課すると同時に，その責任をより高めようとする試みです。
◇甲斐　ありがとうございました。次の質問にいかせていただきます。早稲田大学法科大学院の稲葉威雄先生から，今井先生，川崎先生に対して質問が来ております。

「民事責任については，取締役等の責任について，組織の責任と個人の責任とをどう考慮して賠償額を決定すべきかという悩みがある（特に連帯責任の法理の適用の下では，過失相殺の法理を利用するか）。刑事法の世界での組織の責任はどう考えるのか。個人の責任に帰着できない組織の責任があるのではないか。それは，刑事責任の対象にはならないのか（たとえば，製造物の欠陥，公害，金融商品の欠陥等）」という質問ですが，今井先生，川崎先生，どちらにも回答いただいて結構です。まず，川崎先生からどうぞ。
◇川崎　私は，そういう場合は組織の責

任があると考えております。その場合に企業のトップが故意で行えば故意責任という形で考えればよいのではないでしょうか。そうではなくて、従業員がやった場合は企業自身が過失責任を問われるわけです。その過失の内容はコンプライアンス違反ではないかと考えておりますが、現行法ですと、それがどこまでかという話ではなくて、立法という意味であれば、「そうだ」と思っております。

◇甲斐　今井先生は少し立場が違うかもしれませんが、どうぞ。

◇今井　基本的にそんなに違うことはないのですが、まず、法人の刑事責任能力というものを認めた場合にはじめて組織ないしは法人の刑事責任が問題となるということです。私も、組織ないしは法人の刑事責任能力を認めておりますので、問題は、いま川崎先生もおっしゃったように、誰の行為をまず認定するかということですが、代表者個人を除きましても、組織体自身の行為を認めることは可能だと思います。

ただ、やはり一番難しいのは、故意責任ないしは過失責任を認めるときの、故意、過失をどうやって認定するか、あるいはそもそも観念できるか、ということです。団体全体にインテンション（故意）があるかというと、これは非常に観念しにくいでしょう。たとえば、イギリスで、法人処罰論が展開されてきたときも、インテンショナルな犯罪（故意犯）は、議論の中心ではなかったのです。

他方で、ズィーバー先生が今日非常にクリアーに説明された過失（ネグリジェンス）があるかということですが、不注意であるということは、団体全体についても認めやすいのかもしれません。このことを認める見解も主張されていますし、1人ひとりの不注意が合算されて、組織全体の過失として見てもよいのではないか、という考えがあり、この考えに立っ

たうえで、過失を否定する理解として、おそらく、コンプライアンス・プログラムを尽くしていれば過失責任が阻却される、という説明があるのだと思います。

たぶん川崎先生と私とで、まだ違うのは、そのあたりのところでして、そもそもそういった組織全体の過失というものが、単にコンプライアンス・プログラムの実施だけから認定できるのかというと、私は少し疑問を持っております。ズィーバー先生も言われていたように、ネグリジェンスを認めるときには、最終的にはケース・バイ・ケースの判断になるので、可能なものとしては、過失の認定基準としてこういうものがある、ということを示すことです。ただ、それは、あくまでひとつの判断基準にすぎないのではないか、と思っています。そういったことを踏まえても、過失が肯定できる場合は当然肯定してよいと思っております。

◇甲斐　ありがとうございました。それから川崎先生にはもう1件、全農法務コンプライアンス部の大原孝典様から、質問が来ております。「コンプライアンスを推進していくために、インセンティブがあったほうがやりやすいのは確かであり、欧米に近づくことがひとつの方向だと認識しています。その際の疑問点として、以下3点ございます。

(1) 法令が1,800本もあり、年々、大幅に改正されています。表示規制は複雑です。営業秘密の条文も難解です。情報の開示、セキュリティについても簡単に説明できません。職員全員へ周知徹底することには困難が多々あります。
(2) 法令はあったが、取締りがなされていなかったものが、ある年から厳しく取り締まられるようになった場合の対処が困難な場合もあります。
(3) 企業の道義的、規範的な責任と企業の人権の関係はどう考えればよろし

第Ⅱ部　企業犯罪国際シンポジウム

いでしょうか。

　要望といたしまして，行政が取締活動を行うに際しては，従来以上に教育・周知を行っていただきたい。経済産業省は個人情報キャラバン隊や無償VTRを作成，詳細なガイドラインを出していただき，助かりました」。

　以上ですが，川崎先生，答えられる範囲でお願いします。

◇**川崎**　最初の問題については，おそらく各企業によって優先順位があると思いますので，ご自身の企業にとって一番関連性のある法令，あるいは違反行為をする可能性の高い法令から順番にコンプライアンス体制を作っていくということだろうと思います。

　マニュアルは各法令ごとに作らなければいけませんが，システム自体はどの法令でもひとつですので，1度作ると，すべての法令について作るたびに同じ労力がかかるわけではないということだと思います。

　つぎに，法令があって取締りがなされていなかったような場合，これは事例によって違うだろうと思いますが，刑法的には違法性の認識の問題になるのかもしれません。どういうあたりで運用されていなかったということになるのか，取締りがなされていなかったということになるのかによって，状況が変わってきますから，「いままで許されていたからセーフだろう」と一概には言い切れないと思います。

　それから，企業の人権の話ですが，道義的責任とか規範的な責任との関係で言われると，ちょっと私にはわかりませんし，どういう答えを期待されているのかわかりませんが，企業の人権，ヒューマンライツという意味では，まさに刑事手続上の人権というのは，もし企業が被告人になる，つまり刑事責任を課されるであれば，やはり自然人と同じように認められるべきであると考えています。

　ですから，先ほどのお話にもありましたが，同じ痛みがあるのなら課徴金あるいは行政罰でよいではないか，そちらのほうが効果があるではないか，という議論がありますが，なぜ効果があるかというと，同じ金額なのに，適正手続を踏まずに迅速に課すことができるからだ，ということですので，はたしてそれでよいのか。痛みを感じるほどの重い制裁であれば，それは適正手続によって科されるべきではないのか，と考えています。そういう意味では，企業の人権も尊重されるべきだろうと思っております。

◇**甲斐**　ありがとうございました。それではつぎに，専修大学の荻原弘和様からプレイン先生に質問です。「プレイン先生のご意見の中に，従業員の雇用時から企業の判断が問われるというようなお話がありましたが，日本では大学教育の中でコンプライアンス・プログラムの理念を教育する必要が出てくるのでしょうか」。

　それからもうひとつ，川崎先生にも質問です。「川崎先生のおっしゃるように，コンプライアンスが徹底されていれば，刑事責任を免れるという場合に，コンプライアンス自体が倫理的に正しい理念に基づいたものなのか，そしてそれが徹底されているのかという判断はどのように行うのでしょうか」という質問です。それぞれの先生に回答をお願いします。まず，プレイン先生には第1の問題です。

◇**プレイン**　これは，川崎先生のほうにお答えいただいたほうが良いと思うのですが，申し上げたいのは，コンプライアンス・プログラムは軽減要因と見られる，あるいはまたこれがあれば刑も軽くなるとか，あるいは訴追されない，ということです。刑法的にも，適正手続という観点からも，そうです。

　いまの質問は非常に良い質問だと思い

ます。当然，大学でもコンプライアンス・プログラムの理念を教育すべきだと思いますが，このテーマについてはセミナーでいろいろ意見交換しなければいけないと思いますし，いろいろな問題があります。たとえば，われわれにはなかなか答えがないような問題もあるわけですし，何年もかけて答えていかなければいけないような問題もあります。ですから，法学者の助けも得て，やっていく必要があると思います。

◇川崎　私が言うのもおかしいのですが，アメリカでは，量刑ガイドラインにコンプライアンス・プログラムが書かれていて，量刑委員会というところが，企業とか弁護士を相手に講習会や研修会，セミナーを積極的にやっているということで，大学の時代よりも，企業に入ってからのほうが問題意識も高まるのではないか，と思います。

それから，2番目の問題です。効果的なコンプライアンス・プログラムが実施されていたかどうかというのはどうやって判断するのか，ということですが，まさにその点が問題です。現状では，両罰規定については過失の推定というのが行われていて，法人，被告人のほうがきちんと注意義務を尽くしていたということを立証できないかぎりは過失があったと推定されるという運用がされています。

しかし，実際には，その立証を覆すということを認めることはほとんどなくて，違反行為が実際に行われていれば，企業はほとんど無過失の責任を問われているような状態である，と言われています。その当該違反行為を防止するために必要だったというコンプライアンス・プログラムの部分を実施していたことを立証する。それも，一般の従業員であれば，その違反行為をしなかったであろうというレベルまでやっていたということを立証すれば，刑事法上の責任，非難を免れるのではないか，と思っております。

◇甲斐　ありがとうございました。

それから，これは意見ですので，紹介に代えさせていただきます。日立マクセル（株）の岡田礼二郎様からです。「企業というふうに対象を限定せず，組織犯罪として大きく捉えるべきではないか。政府，官庁，大学，研究所等，企業以上に社会的に大きな影響を与える犯罪が起きている。宗教組織も重要な組織である。全体を捉え，その中の1分野として企業をまとめていかないと，場当たり的な規制しかできないと思う。基本の法律規制から個別の法律規制へというような体系を作るべきだと考える」。これは，心に留めておきたいと思います。

◇甲斐　ちょうど時間いっぱいです。最後に1人，どうしてもご意見またはご感想をお聞きしたい方がおられます。東京大学の西田典之先生が会場にお越しです。西田先生はこういう問題に大変造詣も深いし，日本刑法学会の理事長でもございますので，最後にひと言お願いしたいと思います。

◇西田典之　今日は非常に興味深い議論を聞かせていただいて，ありがとうございました。特に企業の方からコンプライアンスの実情について教えていただきまして，大変参考になりました。

やはり法令の遵守ということは，企業として存在していくために必要であり，単に企業の利益のためにだけ必要というものでは決してないと思います。私は，今日のご議論を聞いておりまして，特に川崎さんのご議論，今井さんのご議論などを聞いておりますと，日本でもそろそろ民間，財界，弁護士会，その他の知恵を絞って，標準的なコンプライアンスのモデルというものを作るべき時期に来ているのではないか，それが守られて，それがエンフォースメントの力を得て実施されていけば，やがてそれが過失，無過

失の抗弁にも結びついていくでしょうし，全体として企業の中に根づいていくのではないか，と思いました。

　現時点では個々の企業の内部で手探りの状態でやっているわけですが，やはりこれはナショナル・スタンダードあるいはグローバル・スタンダードを考慮に入れて，ひとつのモデルというものを全員が志向する時代に来ているのではないでしょうか。そういう意味で，プレイン先生，シェーファー先生，ズィーバー先生のご議論から，われわれはこの問題をグローバルなもの，あるいはワールドワイドなものとして認識すべきであるということを，今日，痛感させていただいた次第です。本当にありがとうございました。

◇甲斐　貴重なご意見をどうもありがとうございました。予定より10分ほど超過しましたが，以上で，ほぼ予定どおり，議論すべき内容を大変実り豊かに議論できたかと思います。パネリストの皆様方，長時間にわたり本当に貴重なご討論をしていただきまして，ありがとうございました。改めて御礼申し上げます。どうもありがとうございました。（拍手）

　このディスカッションのまとめは，時間の関係であえていたしません。すぐこのあとで，内閣府の白石賢氏による総括がありますので，そちらに譲りたいと思います。以上で，一応この討論の部はこれで終わりということにさせていただきます。フロアの方もどうもありがとうございました。

―――――閉会挨拶―――――

◇田口　甲斐先生，パネリストの先生方，ありがとうございました。それでは最後に，内閣府経済社会総合研究所主任研究官の白石賢氏より，閉会のご挨拶をお願い申し上げます。白石さんは経済学の専門家ですが，私どもの研究会にも精力的に参加してくださいまして，多々ご教授をいただいているところです。よろしくお願いします。

◇白石賢　ただいまご紹介いただきました内閣府の白石です。シンポジウムの最後にご挨拶をさせていただきます。本日のシンポジウムのテーマは，「企業の法的責任とコンプライアンス・プログラム」ということでしたが，今井先生の基調報告にもありましたように，アメリカやわが国で企業不祥事が目立ってきた2000年ごろを境とし，わが国の企業でもコンプライアンス・プログラムを整備する動きが急速に出てきたわけですが，実は内閣府はその2年後の2002年に「コンプライアンス経営のための指針」を公表しております。

　これはホームページを見ていただければわかりますが，もしかしたらこの指針というのは，刑法学会の方はあまりご存じないかもしれません。それは，この指針は企業に向けて示されたものであるというのがひとつの原因であるかもしれませんし，もうひとつは，この指針の前文に，自主行動基準というのは従来の法令による規制とは違い，経営方針を外部に示すことによって，消費者とのコミュニケーションを通じて信頼を得ていく第3のアプローチであるとされているからなのかもしれません。

　企業や政府もそうですが，いま現在は，法令によって法的責任を負ってしまう以前の段階，つまり消費者との信頼関係の維持という段階で企業のコンプライアンスを考えようということになっているのではないか，と考えております。

　これにはたぶん2つの理由があるのではないかと思います。第1は，消費者の企業への信頼が失われると，罰金とか，損害賠償とか，課徴金とか，これらでは償いきれないようなダメージが企業に生じるということが明らかになったという

ことだと思います。これは，わが国で大手の食品メーカーが企業不祥事によって清算に追い込まれたということがあったことからも明らかだと思います。

第2は，政府の経済運営に対する政策の変化というものがあるかと思います。2001年に成立しました小泉内閣は，「官から民へ」，「小さな政府」という標語の下に，政府の民間主体への関与をなるべく小さくしようという方向で経済運営をしております。その代表例として挙げられるのが，市場参入規制を撤廃する規制緩和です。

規制緩和は，政府の市場に対する事前の関与を小さくして，市場メカニズムを通じて，「的確な価格と量を消費者に提供する」というのが経済学の教えるところですが，その前提として，企業は自らが良い商品を提供しているということを消費者に信頼してもらう必要があります。消費者の信頼が重要になってきているのです。

しかし一方で，経済学では，「外部不経済」ということも同時に教えております。ひとつの例を挙げますと，実はこれはNHKの番組でも取り上げられたのですが，タクシー市場というのは，従来，政府が市場に対して参入規制を行っておりました。タクシーの台数を制限して需給調整を行うということをやっておりました。

しかし，政府は，2002年にこの需給調整を廃止しました。需給調整がなされている間は，タクシー台数が制限されているということもあって，あまり競争は激しくなかったわけですが，そのためタクシードライバーも余裕をもって運転して稼ぐことができました。しかし，需給調整が廃止され，競争が激しくなると，タクシードライバーの余裕がなくなって，ドライバーの交通違反や危険が増加することとなり，タクシー事業者に対する行政処分が増加するというような現象も現れました。経済学でいうところの「外部不経済」ということが生じてきたわけです。

しかし，われわれが町でタクシーを拾おうとするとき，そのタクシーが行政処分を受けた業者かどうかということはほとんどわからないわけです。また，わかったとしても，雨の中，タクシーが来たのに，そのタクシーを拾うのをやめようか，なんていうことはなかなかしないと思います。そのような場合には，市場メカニズムを通じたコンプライアンスの維持という機能は働くことがないわけです。つまり，消費者とのコミュニケーションによる信頼に依存したコンプライアンスは成り立ちにくいということが考えられます。

このような場合には，タクシー事業者に対する行政処分とか刑事罰などの事後的な規制が必要になってきます。しかし，そもそも政府の規制緩和という行動変化によって，企業のコンプライアンス状態を変えてしまったわけですから，政府というのは，そもそもそういうことを考慮して，はじめから経済システムを制度設計すべきであるというのが本来の適切な考えかと思います。

また，内閣府は，先ほどご紹介したように，自主行動基準の指針を作ったわけですが，このような指針を企業に利用していただくということは，実は刑事罰や刑事手続など事後規制との関係も含めて，どのようなインセンティブをその企業に与えて，制度設計をするかということにも関わってくる問題かと思います。

本日の議論で，刑事法，行政法，市場間の相互の役割については，ズィーバー教授より，ドイツにおける行政処分の役割の大きさについてのお話をいただきました。また，市場との関係については，プレイン弁護士から，民事訴訟で果たす

407

第Ⅱ部 企業犯罪国際シンポジウム

コンプライアンス・プログラムの役割の大きさについてお話をいただきました。シェーファー博士からは，社会に向けられた企業責任というお話をいただきました。さらに，制度設計のあり方ということについては，ズィーバー教授や川崎助教授から，政府の関与も含めたインセンティブ付与のあり方について，また，ズィーバー教授からは非刑事的な構造的抑止，ノンクリミナルなストラクチュアル・プリベンションが効果的である，という示唆的なお話をいただきました。

また，パネルディスカッションでは，池辺，笹本両氏から，コンプライアンス・プログラムへの政府の大きな関与が必要だというようなお話をいただく一方で，規制緩和の流れを見た制度設計をすべきだというご指摘もありました。

今後，このような議論を踏まえて，より良い制度設計をしていくことが政府の宿題だと考えております。

最後に，少し内閣府の宣伝をして終わりたいと思います。本シンポジウムを内閣府が共催したわけですが，内閣府は刑法学会の方にはあまり縁がない存在だったかもしれません。実は，内閣府というのは，公益通報者保護法とか，個人情報保護法，消費者保護関係法など企業犯罪に関係する法律を産業界に中立的ということで，たくさん所管しております。さらには，犯罪被害者保護制度検討室や西田先生にもご参加いただいている独占禁止法の基本問題検討室も内閣府の中に設置しております。

ということで，内閣府の中には，いろいろ法学界の方の検討材料が豊富にあるかと思います。このシンポジウムを機会に内閣府にも目を向けていただいて，刑法学会や企業の方からも政策提言やその実現に向けたいろいろなアドバイスをいただければ幸いです。どうもありがとうございました。

◇田口　白石さん，どうもありがとうございました。

今回のシンポジウムでは比較法的あるいは実務的観点から，いろいろな知見を得させていただきましたが，西田先生のご指摘のように，あるいはそろそろ提言をまとめる段階なのかもしれません。私どものCOEの研究期間はあと2年間ありますので，できるだけこの期間にさらに理論的な研究を進めてみたいと思っているところです。

ともあれ，以上をもちまして，本日のシンポジウムを終わりにいたしますが，最後にいま一度，遠路はるばる本日のシンポジウムのために来日いただき，貴重なご意見を賜りましたズィーバー先生，シェーファー先生，そしてブレイン先生に盛大な拍手をお願いできればと思います。ありがとうございました。

〔編者あとがき〕

　ここに収録した本シンポジウム（2005年11月12日に早稲田大学国際会議場にて開催）の記録は，午前の部と午後の部の全体を通して，編者の責任で表現の統一をしたほか，「基調報告へのコメント」および「パネルディスカッション」（全体討論を含む）には適宜小項目を付した。また，必要に応じて〔　〕で補足をした。なお，関係者の肩書は当時のままとした。

（甲斐克則　記）

―〈特別寄稿〉―

企業犯罪防止のためのコンプライアンス・プログラム**
――経済犯罪の領域における刑法上の共同規制のための新たな試み――

ウルリッヒ・ズィーバー〔Ulrich Sieber〕*

I 序論

近年，ワールドコム (*WorldCom*)，エンロン (*Enron*)，パルマラット (*Parmalat*) およびフローテックス (*Flowtex*) といった企業に関する不祥事によって，経済犯罪が，大企業をも倒産へと導きうるし，社会全体に相当の被害をもたらしうるということが証明されたことは印象深い[1]。その結果，より良い企業統治のための世界的に新しい構想が，企業においても立法者においても非常にもてはやされている。「コンプライアンス・プログラム (Compliance-Programme)」，「リスク・マネジメント (Risk Management)」，「バリュー・マネジメント (Value Management)」および「コーポレート・ガバナンス (Corporate Governance)」ならびに「企業倫理 (Business Ethics)」，「廉潔性規範 (Integrity Codes)」，「行動規範 (Code of Conduct)」および「企業の社会的責任 (Corporate Social Responsibility)」といったものは，その際，最も頻繁に用いられる概念である。これらのキーワードの下で，多くの企業が，とりわけ企業内部の犯罪をも防止する措置を展開している。この間に，立法の領域において，2002年のアメリカ合衆国のサーベンス・オクスリー法 (Sarbanes-Oxley Act) が，ワールドコムやエンロンの不祥事を受けて，アメリカ合衆国で活動する国内および国外のすべての企業に対する特別な組織的義務を規定している[2]。ドイツにおいても，より適切な法律上の規定，とりわけ金融制度 (Kreditwesen) に対するそれが見出される[3]。さらに，アメリカ合衆国の企業刑法は，適切な予防措置の創造を促進するものとして，「量刑ガイドライン (sentencing guidelines)」において，法律違反を回避するためのコンプライアンス・プログラムが存在する場合に，刑の減軽を認めており，2001年のイタリアの新企業刑法も同様である[4]。

このような背景から，また，日本における企業刑法の改革計画との関連で，日本の「早稲田大学 COE《企業法制と法創造》総合研究所」は，コンプライアンス・プログラムに関する包括的で実証的な調査の先鞭をつけた。その調査には，

---

* マックス・プランク外国・国際刑法研究所所長（Direktor am Max-Planck-Institut für ausländisches und internationales Strafrecht）

** 本稿は，2005年11月15日に早稲田大学で開催された「企業犯罪国際シンポジウム：企業の法的責任とコンプライアンス・プログラム」で筆者が行った同名の講演に基づくものである。本稿の執筆に際して，司法修習生マルク・エンゲルハルト（*Marc Engelhart*）氏および司法官試補クリストフ・ブルクハルト（*Christoph Burchard*）氏の多大な支援を得たことに深く感謝する。

第Ⅱ部　企業犯罪国際シンポジウム

およそ1,000社の日本企業が参加している。この調査の結果は，ドイツ法およびアメリカ法についての研究報告とともに，2005年11月に東京において，企業処罰の問題に関する国際シンポジウムの場で初めて紹介された[5]。本稿は，このシンポジウムにおける2つのドイツの研究報告のうちのひとつである[6]。本稿は，主催者の希望にしたがって，ドイツにおける関連する状況を紹介し，さらに，コンプライアンス・プログラム，すなわち経済犯罪との闘いと，刑法による企業処罰との関係を分析しようとするものである。

この目的のため，以下，本稿では，まず，ドイツへのコンプライアンス・プログラムの導入についてみていくことにする。なお，コンプライアンス・プログラムの意味は，これまでの経済犯罪の議論においてなお充分に検討されていない。次いで，経済犯罪および企業犯罪との闘いに関するドイツ（およびヨーロッパ）の議論について説明する。そこでは，コンプライアンス・プログラムが有する刑法上の重要性についての手がかりが得られるかぎりで，企業に対する制裁に重点が置かれる。このことに基づいて，最後に，コンプライアンス・プログラムと刑法上の規定との関係を分析する。その際には，現行法または新たな法律が，共同規制の枠組において，国家および経済を通じて，数年後には世界的に経済犯罪および企業犯罪の阻止のための効果的なアプローチであると実証されるであろうコンプライアンス・プログラムの実施のために，さらなる刺激を与えうるか否か，という問題が中心にある。

Ⅱ　コンプライアンス・プログラム

◆　1　プログラムの特徴づけと普及　◆

a）様々な概念

「コンプライアンス・プログラム」，「リスク・マネジメント」，「バリュー・マネジメント」および「コーポレート・ガバナンス」ならびに「企業倫理」，「廉潔性規範」，「行動規範」および「企業の社会的責任」という上述した概念は，経営学的な視点から，企業統治という新たな構想を示している。それらの概念はすべて，一定の価値および手続を定義しているが，それらの強調するところは異なっている。しかしながら，その際，それらの概念相互を的確に区別することはできないし，明白に定義されていない部分もある[7]。

これらの概念の内容を分析すれば，それらは，まず，企業統治を一定の価値へと向けさせることをねらいとしている。とりわけ，「企業倫理」という概念が，このことを明らかにしている。それは，法律が規範として定めている基準をはるかに超える価値のことを言い換えたものである。「廉潔性規範」という概念もまた同じような内容を含んでいる。それは，同様に，達成すべき基準という広い領域に関係するものである。「企業の社会的責任」という概念は，法律上の規定の充足に限られるだけでなく，それを超えて社会的任務の実現をも含む，さらに包括的な企業の答責性に該当するものである。

とりわけ，その他の上述の概念は，価値を目標としているだけでなく，より強力に，これらの価値を組織として保護するための手続，または，法律上の基準を〔社内ルールに〕転換するための手続をも目標としている。すなわち，「コンプライアンス・プログラム」という翻訳しがたい言葉は（逐語的には「遵守綱領（Befolgungs-oder Einhaltungsprogramm）」であるが），法律上の，倫理上の，または，それ以外の達成すべき基準の遵守のための一連の手続を言い換えているのである。その概念は，ドイツにおいては，とりわけコンプライアンス部門との関連

で，金融機関がリスクを負っている典型的な領域において，とりわけ資金洗浄との闘いに際して，認められている[8]。「バリュー・マネジメント」という専門用語は，それを超えて，あらゆる有形・無形の企業価値の組織上の保護に該当するものである。それに対して，「コーポレート・ガバナンス」という概念は（逐語的には「企業統治（Unternehmensführung）」であるが），大体において，企業の組織的構造と透明性をいい表すために用いられている。そしてそれは，2002年に創設されたドイツ・コーポレート・ガバナンス・コーデックス（Deutsche Corporate Governance Kodex）が，とりわけ株式会社の透明な構造に関して要求しているよりも，狭い意味でしか用いられていないのである[9]。

b）実証的調査

上述した概念が概念として不明確であるために，様々なプログラムの内容とその普及について実証的に説明することはできなくなっている。それゆえ，ドイツでは，株式会社法161条およびそれに基づく2002年のドイツ・コーポレート・ガバナンス・コーデックスによってある程度は決定可能な「コーポレート・ガバナンス」について，従来特に，相応の主張をみることができる。

● ドイツにおけるコーポレート・ガバナンス・ガイドライン（Corporate-Governance-Richtlinien）の存在についての最初の――ペレンス＝ヒレブラント＝ウルマー（Pellens / Hillebrandt / Ulmer）[10] によって2001年に発表された――調査は，ドイツ株価指数DAX100上場企業に，何を「コーポレート・ガバナンス」という概念と結び付けているか，について質問した。その際，対象となった企業の85パーセントが第1に企業の透明性を，第2におよそ74パーセントが企業統制（Unternehmenskontrolle）を挙げた。〔「コーポレート・ガバナンス」に〕企業が期待するものについての質問では，質問された企業の85パーセントが，コーポレート・ガバナンス・ガイドラインは最も重要な問題のみを規制すべきであるということを望んでいた。質問された企業の81パーセントが，ガイドラインは容易に理解しうるものでなければならないということを要求していた。74パーセントという大多数が，自発的に自ら義務を負っている領域における拘束力を持たない規定に賛成していた。

● 企業コンサルタントのタワーズ・ペラン（Towers Perrin）によって2005年に編集されたコーポレート・ガバナンス・レポート[11]は，とりわけ，企業の透明性に関係する，2002年のドイツ・コーポレート・ガバナンス・コーデックスの〔社内ルールへの〕転換について調査した。そのレポートは，DAX企業の78パーセントおよびMDAX企業の93パーセントがコーデックスの勧告（Empfehlung）を〔社内ルールへ〕転換したという結果に至った[12]。株式会社法上，拘束力のないコーデックスの提案（Anregung）に，企業の21パーセントが従っている。

● ヴェルダー＝タラオリカー（v.Werder / Talaulicar）によって1年ごとに出版されているコーデックス・レポートは，DAX, TecDAX, MDAXまたはSDAXに上場されている210社の企業におけるドイツ・コーポレート・ガバナンス・コーデックスの規定の〔社内ルールへの〕転換について分析している[13]。この調査によれば，2005年の初めには，ドイツのDAX企業のあわせて96.3パーセントがコーデックスの勧告に，そして，82パーセントがコーデックスの提案に従っていた[14]。

第Ⅱ部　企業犯罪国際シンポジウム

●企業コンサルタントのヘイドリック＆ストラッグルズ（*Heidrick & Struggles*）[15]によって2005年の終わりに編集されたコーポレート・ガバナンス研究は，2年ごとに，とくに企業管理の構造と透明性についてヨーロッパ〔各国〕の比較調査を行ったものである。その展開は，ドイツに対しても，他のヨーロッパの国々に対しても，関連する基準の充足に際しての絶え間ない改善を，以前の調査と比較して示している。ただしドイツは，これらの基準の充足に際して，これまでもっとも遅れをとっている国のひとつに数えられていた。たとえここに——不充分な定義に基づくだけでも——わずかな統計しか存在していなくても，このしかるべきプログラムの増加は，コーポレート・ガバナンス・ガイドラインにおいてのみならず，企業倫理および企業統治という上述したその他の手法においても確認することができる。

●企業倫理およびコンプライアンスに関する措置がますます実施されているということは，2005年からのプライスウォーターハウス・クーパース（*Pricewaterhouse Coopers*）による2年ごとに編集される経済犯罪についての研究によって裏付けられている。そこでは，400社のドイツ企業が対象となっている。その際，（措置の性質次第では）企業の89パーセントまでが，経済犯罪に対する予防措置を講じることを主張している[16]。これらの主張によれば，予防措置を展開している企業があまりないことが明らかである一方で，企業は，その際，とりわけ，内部ないしは外部の監査による統制措置に委ねている。企業の61パーセントは，コンプライアンス・プログラムと倫理ガイドラインを実施していた。

●「企業の社会的責任」の領域について，ベルテルスマン財団（*Bertelsmann Stiftung*）は，2005年にドイツの企業の中核にある者（Entscheidungsträger）500人の回答に基づく研究を行った[17]。この研究のアンケートによれば，ドイツ企業は，企業の社会的責任に高い重要性を認めている。誰に対して企業は責任を負っていると感じるか，という質問に際して，企業は，第1に顧客（97パーセント）を，第2に従業員（96パーセント）を，そして第3にようやく企業の所有者（88パーセント）を挙げた。関連する責任は，透明なガバナンス構造から，企業体の育英奨学事業を越えて，スポーツの領域における寄付にまで及んでいる。その際，企業の半分以上が，他の企業または公益に奉仕する組織と協力して活動している。企業の82パーセントにおいて，執行部ないしは取締役会が，社会的責任の領域に対して答責的である。その際，とりわけ，積極的に企業の社会的責任の措置を講じている企業は，利益の増大をも期待している。

インターネット上の企業の情報をみても，倫理措置およびコンプライアンス措置の増加が明らかになる。とりわけDAX企業においては，ウェブサイト上に，企業ガイドラインおよび倫理原則の増加が見出される。したがって，たとえば，ダイムラー・クライスラー（*Daimler Chrysler*）は，自社の「倫理規範」のみならず，「企業の社会的責任原理」をも発表している[18]。シーメンス（*Siemens*）は，業務上の交際におけるインテグリティ（廉潔性）について自社の内部の行動基準を指示している[19]。SAPは，自社の従業員のための包括的な取引原則を発表している[20]。

◆　2　プログラムの内容　◆

すでに述べたように，関連するプログ

ラムは，一定の価値およびその価値の保護のための一定の手続規則という基準から成る。その際，実際に上述のプログラムから理解される価値の多様さは，上述の概念の多様さに相当している。同様のことは，そのときどきの手続構想にも妥当する。

a）価値の多様性

法律上定義される財は，法律上の価値の中心領域を作り出している。その財の保護を，企業はいずれにしても——しばしば刑罰規定によって——義務付けられている。しかしながら，しかるべき構想においては，倫理的に基礎付けられるにすぎない価値，または目的にかなうことから企業ガイドラインによって要求される価値が挙げられることも多い。

● 社内規則（Regelwerken）においては，その際，主として，とりわけ，腐敗，資金洗浄，競争犯罪（大部分はカルテル協定），賃借対照表犯罪，脱税，インサイダー取引，環境犯罪，および企業秘密の漏洩といった，犯罪の阻止が重要である。
● さらに，たとえば，児童労働，強制労働，および差別の阻止といった，世界的な人権の保護が生じている。そしてこのことは，とりわけ多国籍に活動する企業からなる国連の「グローバル・コンパクト」イニシアチブ[21]によって支援されている。そのような国際的に合意された価値は，OECDによって展開された「多国籍企業ガイドライン」[22]および「多国籍企業および社会政策」に関するILOの宣言[23]においても見出される。
● さらなる目標は，企業の従業員については労働法上追加された規定に，顧客については販売された製造物の安全に，そして，納入業者については公平な発注に関係している。
● 特別な役割を演じるのは，——とりわけ資本市場および出資者の利益においては——企業の透明な構造である。その構造は，「コーポレート・ガバナンス」というすでに述べた概念の下で，たとえば，ドイツでは，株式会社のために，監査役会の取締役会からの独立および企業の透明性を目標としている。しばしば議論される監査役会の構成員の収入の公表もこのことに含まれる。
● さらに，会社財産の注意深い取扱いから企業秘密の保護にまで及ぶ，企業の財政上の価値が保護されている。

したがって，犯罪予防という特別な領域を考慮すれば，企業による犯罪（狭義の企業犯罪）がとりわけ重要であるが，それに加えてさらに，企業に対する犯罪（広義の企業犯罪）も重要である。これらの領域は，たとえば，経営者が企業に自ら損害を与える場合や，企業が他の企業を害する場合など，確かに明確に分けられないことがしばしばある。それゆえ，適切なプログラムは，——個々の事案において必ず互いに競合する——企業所有者，重要な職にある社員，およびその他の従業員の利益と同様，企業の領域における利益だけを捉えているわけではない。むしろ頻繁に取り入れられているのは，——一部は対立し，一部は一致する——取引相手および第三者（とりわけ消費者）の利益ならびに社会的利益（たとえば，環境の領域におけるもの）である。この上述の保護領域の多様さのため，結果として，様々な企業のコンプライアンス・プログラムおよびその他の保護のための構想は，内容的に非常に異なっている。たとえば，保護の対象を考慮すれば，株式会社法161条の透明性の要求を充たそうとするドイツの株式会社の規定，従業員による外国の公務員の贈収賄を阻止しようとする多国籍企業の基準，またはわいせつなコンテンツの流布に際して青少年保護の規定を遵守しようとしているイ

413

ンターネット企業のガイドラインの間に，共通点はほとんど存在しない。

　b）手続構想

　上述の価値の保護のための手続も，様々な企業のコンプライアンス・プログラムにおいて異なっている。それらの手続は，とりわけ，そのときどきの企業の活動範囲および企業の規模に左右される。関連するほとんど全てのプログラムの中心にあるのは，従業員に対する情報誌における努力目標および保護価値の明確な列挙である。その際，たとえば，従業員が贈り物を受け取ったり食事への招待に応じることについて，または，顧客に寄付金や招待状を贈ったりすることについて，しばしば詳述される〔社内ルールへの〕転換のための基準が与えられる。これらの基準は，コンプライアンス・プログラムの領域において，一部には教育の実施によっても，従業員に伝達されている。たとえば，「告発者」のための匿名「ホットライン」によるなどして，従業員に匿名で異常を告発することを許すという，不正を暴くための手続もまた導入されている[24]。従業員の内部統制および外部統制もまた中心的な役割を演じている。大企業には，真相解明のための「調査チーム」が存在する。——多かれ少なかれ広範囲に及んで——これらの措置をまとめるために，多くの企業において，固有の組織部門が創設されている。いわゆる，コンプライアンス部門というのがそれである。それは，大企業においては，比較的多くの従業員から成っている。

　そのようなコンプライアンス・プログラムは，ドイツにおいては，とりわけ金融機関の領域において見出される。そのために，資金洗浄法14条2項2号が，資金洗浄防止のための「適切な安全体制と統制」の展開を要求している。それには，被用者が信頼できること（14条2項3号），その被用者が規則に従って「資金洗浄の方法」について情報を与えられていること（14条2項4号），および答責的な重要な職にある人物が刑事訴追当局に対する担当者に指名されていること（14条2項1号），という要求も必要である。それ以上の詳細は，法律上，規制されていないが，一般的に，とりわけ従業員の指導および教育ならびに内部統制制度が要求されている[25]。有価証券サービス企業に対する詳述された組織的義務が，有価証券取引法33条においても見出される。それは，連邦金融監督庁（Bundesanstalt für Finanzdienstleistungsauf-sicht）のコンプライアンス・ガイドライン（Compliance-Richtlinie）によって具体化されている[26]。これらの組織上の予防措置は，（たとえば，インサイダー取引のような）有価証券取引における法律上の違反を防止するためのものである。より包括的な組織的義務を金融制度法25a条も含んでいる。それによって，金融機関は，法律で定められた規定を遵守することを約束する，「秩序ある経営組織」を示さなければならない。そのような経営組織には，たとえば，「資金洗浄および詐欺的行為に対する，適切で，取引および顧客に関連付けられる安全体制」（25a条第1項6号），さらに「遂行された経営の完全な記録」（25a条第1項5号）ならびに「適切な内部統制手続」（25a条第1項2号）が必要である。

　このようなプログラムの著しい拡大が，アメリカ合衆国で活動している多くの企業において，とりわけ2002年以降に認められる。このことは，近年成立したアメリカ合衆国のサーベンス・オクスリー法が，詳細に様々な予防措置を企業に義務付けたことに起因している。そこでは，企業の財政状況および経営状況における本質的な変化についての近時の刊行物が，倫理ガイドラインの達成，監査委員会および内部公開統制の設立，ならびに匿名

ホットラインの開設を掲げている[27]。

◆ 3 プログラムの作成者と拘束力 ◆

a）作成者の多様性

上述のプログラムは、異なる「作成者」ないしは「執筆者」によって作成されている。その際、もっとも頻繁に見出されるのは、倫理原則および組織的措置を今まで以上にインターネット上で公表するという、個々の企業の構想である。ダイムラー・クライスラー、シーメンスおよび SAP のプログラムが、上ですでに模範的に挙げられていた。しかし、このような構想は、バイエルン建設業連盟（Bayerischen Bauindustrieverband）による倫理経営体制の展開のように、経済連盟（*Wirtschaftsverbänden*）によっても実施されている[28]。

特殊な場合には、社内規則その他これに準ずるものの実施に際して、国家機関も関与している。その際、国家的関与により、「規範（Codes）」になんらかの拘束力が獲保されるか、そうでなくても一定の法的作用が保証される。そのために、連邦司法省のドイツ・コーポレート・ガバナンス・コーデックスも制定された。その場合には、本来のコーデックスの設置を、委員会が、私的経済の代理人から引き受けていた。コーデックスの法的効果は、株式会社法161条から出てくる。さらに広範囲に、青少年メディア保護州際協定20条3項および5項による民営テレビの領域およびテレメディアの領域における自主的な自己統制の設置による評価は、自己統制を設けることによって受け入れられたあらゆるメディアの内容の流布が原則的に秩序違反以上には責められえない、という結果になる[29]。

コンプライアンス・プログラムの特徴を、その私的経済の観点から設置されたものとしてではなく、企業と企業外の第三者を保護するための価値および手続経過を詳しく定めたものとしてみるならば、企業外の作成者として、行政庁および国会も含まれるべきである。このような国家的規制の例は、有価証券取引についての連邦金融監督庁のコンプライアンス・ガイドラインにおける、すでに言及した詳しい基準である。国会法（Parlamentsgesetz）によるこのような規定は、同じく上で述べた金融制度法25a条において実現された。それは、金融制度取引における組織的義務を規定するものである。

それゆえ、企業における価値および手続経過の定め方については、これらの作成者の観点からみれば、3つの異なる規定形式が区別される。すなわち、経済〔団体〕の自己規制、国家と私人による共同規制、および純粋に国家的な規制がそれである。その際、コンプライアンス・プログラムの特色および重点は、「自己規制」および「共同規制」の領域においては、大きな長所（たとえば、柔軟性）が示されるが、その民主的な正統性という観点から考えると問題とする余地もある[30]。

b）プログラムの拘束力

「企業倫理」およびコンプライアンス・プログラムの法的性格、およびとりわけ拘束力は、その作成者にもその内容にも左右される。国会で可決された規定（法律）は拘束力を持っており、制裁で強化されていることもめずらしくない。同じことは、法律上の根拠に基づいて交布される行政庁の手続規定にも適用されている。

国家と私人による共同規制の措置は、同じく拘束力を持つか、そうでなければ、ある種の法的結果を有する。すなわち、株式会社法161条は、「ドイツ・コーポレート・ガバナンス・コーデックス」——これは、私的経済〔団体〕の代理人によって作成されたものであるが——に関して、企業はコーデックス規定を遵守

する責任を負うとのみ規定している。しかし、ドイツの大企業は、「遵守せよ、さもなければ開示せよ」という——古典的な制裁〔理論〕からは導きえない——考え方を、すでに述べたように90パーセントを超える高い割合で導入しているのである[31]。これは、国家と〔私的〕経済〔団体〕との共同規制という革新的な規定についての考え方の可能性〔が大きいこと〕を明白に示している。

それに対して、——実際は優勢である——社内規則においては、拘束力がそのときどきの内容に左右される。すなわち、コンプライアンス・プログラムによる法律および罰則規定を参照せよとの多数の指示は、法的な拘束力を持つ規定を裏付けているのである。倫理上の原則または純粋に組織上の企業ガイドラインによる規定は、とりわけ、それらが経営体内の合意として締結されている場合には、従業員に対して頻繁に労働法上の拘束力を持つ[32]。それらが従業員に対して拘束力を持つ限りで、それらの原則は法律の適用の領域においても、たとえば、企業原則に対する従業員の態度違反が態度に起因する解約告知を正当化するかという問題にとって、重要となりうる[33]。

その際、この前後関係において興味深いのは、とりわけ、刑法上意味のある過失の基準および監督義務の規定に対するコンプライアンス・ガイドラインの意味である。その点で中心となる注意義務違反は、——しばしば「経験則（geronnene Erfahrung）」のような法の外にある規定に基づいて——客観的に要求される注意深い態度から行為者の態度が逸脱していることから生じるものである[34]。要求される注意の基準は、その際、企業ガイドラインによってこれを決定することができる。その際、連盟または多数の企業のコンプライアンス・ガイドラインは、取引慣行（Verkehrssitte）の規定と関係し

てくる[35]。その場合、そのような規則は、それらの規則の適用領域において、そのときどきの適用者のために、通常許されるリスクを、詳しく定めることができる。過失処罰に対する企業ガイドラインの意味は、過失処罰のために、注意義務違反のみを基準とするのではなく、さらにそれに構成要件実現の認識可能性をも基準とする場合に、いっそう明確となる。その場合、しかるべき予防措置による損害の回避は、差し迫った危険の認識に決定的に左右されることが明確となる。それゆえ、コンプライアンス・ガイドラインに基づいて、危険の回避のために必要なことがなされるかぎり、個々の事案において危険の認識可能性を示す特別な事情がないのであれば、おそらく通常の事例においては構成要件実現の認識可能性も欠けているであろう[36]。以上から、すでに現行法によっても、コンプライアンス・プログラムの展開と経済犯罪の刑法上の認定との間の密接な関係が示されている。

◆ 4　小　括 ◆

企業実務においては、近年、新たなプログラムが展開されている。様々な概念によって名づけられたこれらの構想は、異なる重点と内容によって特徴付けられている。その際、様々なプログラムの共通点は、価値および組織の規則の確定による一定の基準の保護にある。

このような価値の定立と〔一定の基準を〕保護する考え方の根底には、たいてい、次のような考慮がある。すなわち、企業は、たとえば、カルテル協定、汚職、発展途上国における児童労働による搾取または環境の危殆化によって損害を受けるのであり、企業の職員による犯罪の防止は、従業員、取引相手および顧客の公平な扱いが企業の利益となるのと同様に、長い目で見れば企業の利益となるとの考

慮である。その際，企業の受ける損害は，損害賠償訴訟，刑罰および罰金についてのみではない（たとえば，マイクロソフト（*Microsoft*）社に対する，欧州委員会によってカルテル協定のために科された高額な過料が示しているように）。たとえば，企業に対する同様のリスクは，（たとえば，MLP 社における表向きの賃借対照表の偽造の事案における）株価の下落についても，（たとえば，ネスレ（*Nestle*）粉ミルク事件における）顧客における評判の毀損についても，または，（とりわけ贈収賄事件における）公的な入札からの控除についても生じるのである。

企業の従業員による犯罪の阻止は，前述のあらゆる企業構想において，決定的な役割を演じている。アメリカのサーベンス・オクスリー法の成立により，早晩，ドイツおよびヨーロッパにおいても，このような新たな考え方を経済犯罪との闘いのための従来の戦略に組み込むことができるかどうか，また，どのようにすれば組み込むことができるか，あるいは，経済犯罪およびとりわけ企業犯罪との闘いにおける予防戦略にとって有効なものとすることができるかどうか，また，どのようにすれば有効なものとすることができるか，という問題が生じてくる。その際，企業にとってとりわけ興味深いのは，従業員の犯罪が問題となる場合，コンプライアンス・プログラムの導入が，——アメリカ合衆国およびイタリアの法におけるように——刑の減軽へと導きうることの可否である。これらの疑問は，以下で関連する犯罪および従来の予防戦略に鑑みることによって答えられよう。

III　経済犯罪と企業刑法

◆　1　経済犯罪の展開　◆

ドイツにおいて，経済犯罪の動向についての拠り所となるのは，連邦刑事庁（Bundeskriminalamt）が毎年発行する警察犯罪統計（polizeiliche Kriminalstatistik）である[37]。警察犯罪統計には，警察が認知した経済犯罪のすべてが反映されている。そこで用いられている経済犯罪という概念は，とりわけ，「現実もしくは仮想の経済活動の枠内で遂行され，個人的損害を超えて経済生活を侵害しもしくは公共に害を与えうる犯罪，および／または，その解明に特別な商業知識を必要とする犯罪」を含んでいる[38]。さらに，連邦刑事庁によって同様に毎年公表されている「連邦経済犯罪情勢（Bundeslagebild Wirtschaftskriminalitat）」が，2000 年以来，関連する全体的動向について，さらに詳細な情報を提供している[39]。これによると，1996 年以来，毎年，8 万件を超える経済犯罪事件が，警察に認知され，処理されている。

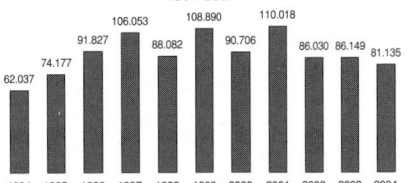

Polizeilich registrierte Fälle von Wirtschaftskriminalität 1994-2004*

年	件数
1994	62.037
1995	74.177
1996	91.827
1997	106.053
1998	88.082
1999	108.890
2000	90.706
2001	110.018
2002	86.030
2003	86.149
2004	81.135

*Bundeslagebild Wirtschaftskriminalität 2003, S. 14; Polizeiliche Kriminalstatistik 2004, S. 236.

〔警察が認知した経済犯罪事件（1994 から 2004 年）〕

連邦刑事庁のまとめによれば，1994年以来，毎年の損害額は 35 億ユーロを超えている。1994 年，1999 年，2001 年，および2003 年に認知された損害額は，60 億ユーロ超に上る。この激しい変動は，巨額の損害をもたらした個別の大事件——たとえば，フローテックス事件では，警察が認知した損害額が 29 億ドイツマルクに上った——が，損害総額の動向に対して著しい影響を及ぼしたことに起因している。

第Ⅱ部　企業犯罪国際シンポジウム

Polizeilich registrierte Schäden durch Wirtschaftskriminalität 1994-2003* (in Mio. Euro)

1994	1995	1996	1997	1998	1999	2000	2001	2002	2003
6751	3355	4140	4585	3500	6403	5390	6822	4916	6826

*Bundeslagebild Wirtschaftskriminalität 2003, S. 14

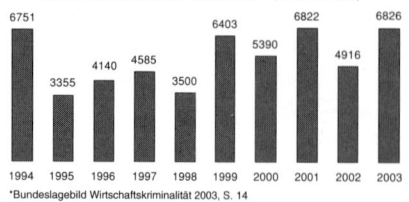

〔警察が認知した経済犯罪による損害（1994年から2003年，単位は100万ユーロ）〕

Verteilung der Schadenssummen 2002-2003* (in Mio. Euro)

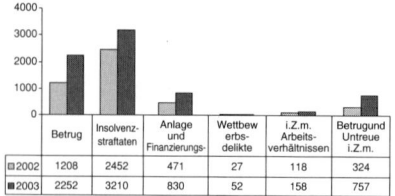

	Betrug	Insolvenz-straftaten	Anlage und Finanzierungs-delikte	Wettbewerbs-delikte	i.Z.m. Arbeits-verhältnissen	Betrug und Untreue i.Z.m.
2002	1208	2452	471	27	118	324
2003	2252	3210	830	52	158	757

*Bundeslagebild Wirtschaftskriminalität 2003, S. 14

〔損害総額の分布（2002年および2003年，単位は100万ユーロ）〕

　これらの統計によると，最新の集計年である2003年において，経済犯罪事件が認知された犯罪行為全体に占める割合は，わずか1.3パーセントである。しかしながら，このわずかな事件がもたらした68億3,000万ユーロという損害額は，警察犯罪統計に記された損害額の記載のある犯罪全てについての損害総額の57.2％にあたる。この損害は，とりわけ，詐欺（Betrug）（22億5,200万ユーロ），破産犯罪（Insolvenzdelikte）（32億1,000万ユーロ），投資および融資の分野における犯罪（Delikte im Anlage-und Finanzierungs-bereich）（8億3,000万ユーロ），競争犯罪（Wettbewerbsdelikte）（5,200万ユーロ），雇用関係に関連する犯罪（Delikte im Zusammenhang mit Arbeitsverhaltnis-sen）（1億5,800万ユーロ），そして資本投資に関連する詐欺および背任（Betrug und Untreue im Zusammenhang mit Kapitalanlagen）（7億5,700万ユーロ）によって生じた。次の表は，この数字を図示し，2002年の集計期間を比較対象とした動向を示すものである。

　多くの分野において，実際に生じた実体的損害は，暗数の領域も含めたものであるため，かなりの額に上る。しかしながら，上で挙げたデータに限っていえば，その大部分は，実体と乖離した推測にすぎない。この点，1995年に，いわゆる灰色資本市場（grauen Kapitalmarkt）におけるいかがわしい投資家がもたらした損害は，約200億ユーロ（400億ドイツマルク）に上るものと見積もられた[40]。その際には，出資に用いられる金銭が納税を逃れたブラック・マネーであることから，このような犯罪は，警察に通報されない場合が多い，ということが指摘されていた。腐敗との闘いの分野に専門的に取り組んでいる，フランクフルト上級検事のショーペンシュタイナー（Schaupensteiner）は，経済犯罪によって生じた損害（贈収賄，背任，詐欺，カルテル）を，〔年間〕3,500億ユーロと見積もった[41]。また，経済犯罪の分野に関して――これも，根拠に乏しいものではあるが――暗数を50％とする見積もある[42]。企業コンサルタントのアーンスト＆ヤング（Ernst & Young）のアンケートによれば，ドイツの企業も，経済犯罪の暗数の領域を，およそ50％と見積もっている[43]。腐敗事件の解明率について，ドイツ刑事警察連合（Bund Deutscher Kriminalbeamter）は，2パーセントにすぎないと解している[44]。

　上述の損害のどの部分が，企業によっ

て，または，企業を通じて惹き起こされるのか，そして，どの程度，企業が経済犯罪の被害者となるのかということは，既存のデータ資料からは読み取ることができない。警察犯罪統計において，そのような，広義の企業犯罪内部の区分が行われることを妨げているのは，刑法学上形成された概念が経済犯罪を主として損害との関係で定義していることである。警察が用いる定義からは，個人が遂行した日常的犯罪であっても，それが経済と関連するものであれば，経済犯罪に数えられることになり，その結果，例外なく企業が遂行した犯罪と明白に結び付けて考えることはできないのである[45]。もっとも，〔企業が〕企業犯罪の被害者について特殊な評価を行っていることは，2005年に公刊されたプライスウォーターハウス・クーパースの研究から明らかになる[46]。この研究のアンケート調査によれば，ドイツにおいて，5年以内に経済犯罪の被害者になる可能性があると考えているのは，企業のわずか21パーセントであるのに対し，企業の55パーセントは，そのような可能性はむしろないと考えている。しかしながら，この研究は，質問を受けた企業の46パーセントが過去2年以内に経済犯罪に見舞われており，したがって，統計的には，5年以内にすべての企業が経済犯罪の被害者になりうる，という結論にも至っている。それゆえ，この研究の著者は，質問を受けた企業は見せかけの安全性の中で活動していたのであって，劇的な見込み違いをしていた，とも論じている[47]。

個々のセンセーショナルな経済犯罪事件が，その損害やリスクを，再三にわたって，世間に知らしめている。たとえば，1974年にはすでに，ヘルシュタット銀行（*Herstatt-Bank*）の損益に関する貸借対照表操作が，およそ20億ドイツマルクの損害額と同銀行の破綻をもたらした[48]。詐欺的な活動を行っていたフローテックス社は，2000年に露呈した事件において，架空の取引を装って15億ドイツマルクの損害を惹き起こした[49]。いわゆるマンネスマン事件（*Mannesmann-Fall*）では，企業の監査役会が，取締役に対して不当に支払った5,700万ユーロの報奨金が問題となった[50]。同様の事件は，他のヨーロッパ諸国でも見出される。2003年のイタリアのパルマラット・コンツェルンの事件では，企業の経営陣が，230億ユーロに及ぶ損害を引き起こした賃借対照表操作の責任を問われた[51]。カルテル協定，その他の競争犯罪によって引き起こされる損害額が多額に上ることは，次のような〔高額の〕制裁金ないし過料からも伺われる。欧州委員会は，2001年の末に，いわゆるビタミンカルテル（*Vitaminkartell*）に〔加わっていた複数の企業に〕対して〔総額〕8億5,522万ユーロの制裁金を，2003年3月にマイクロソフト社に対して4億9,700万ユーロの制裁金を課し，また，連邦カルテル庁（*Bundeskartellamt*）は，2003年にいわゆるセメントカルテル（*Zementkartell*）に〔加わっていた複数の企業に〕対して〔総額〕6億6,000万ユーロの過料を課した[52]。

経済犯罪によって実体的損害が生じるのに加えて，周知の非実体的損害もまた生じる。これは主として，伝染効果および誘発効果を通じて生じるものである。非実体的損害は，惹き起こされた市場かく乱による損害や[53]，経済生活に関与する者および全ての者の信頼を喪失することによる損害と同様に，数字で表すことはできないものの，重大である[54]。以上より，あらゆる不確実性にもかかわらず，企業犯罪は企業自体にとっても社会にとっても重大な問題である，という最終的な結論は正当である。

◆ 2　関連する予防戦略の一般的展開 ◆

経済犯罪との闘いのために展開された予防アプローチは，非刑法的措置と刑法的措置とに区別することができる。

a）非刑法的予防アプローチ

経済刑法の領域における——とりわけ成果を収めた——非刑法的予防アプローチに数えられるのは，たとえば，経済法の改正，潜在的被害者の解明，または関係者の自衛措置の展開である。腐敗との闘いのための効果的な刑法以外の措置として実証されたものとしては，たとえば，公共委託における入札の原則化[55]，「小さな腐敗（petty corruption）」に対して抵抗力を付けるための国営企業の民営化[56]，ならびに，——たとえば，ドイツ鉄道株式会社（*Deutsche Bahn AG*）におけるような——効果的な反腐敗体制の企業内での構築[57]といったものがある。補助金詐欺の領域に関して欧州委員会の委託を受けて筆者が行った調査は，関連する補助金法規の中の犯罪促進的な委託方法および犯罪誘発的な方式を変更することによって，補助金詐欺を決定的に減らすことができることを明らかにした[58]。灰色資本市場における詐欺は，潜在的被害者に対して適切な啓蒙を行うことよって回避することができる[59]。コンピュータ犯罪を予防する際には，利用者の啓蒙と併せて，とりわけ技術的な措置による保護も重要である。——コンプライアンス・プログラムとの関連で特に興味深いものであるが——自主規制ならびに国家的および私的な共同規制の可能性は，とりわけインターネットにおける違法なコンテンツとの闘いに関して，現実化しつつある[60]。

それゆえ，ドイツ内務省および司法省によって2001年に公表された「第一期安全保障報告（Erste Peri-odische Sicherheitsbericht）」は[61]，経済犯罪を刑法以外の手段で予防するための措置として，さらに，以下のものを挙げている。

- ○ 経済的な準拠枠の変更（たとえば，補助金の廃止，報奨金または減税という形態における経済的な刺激を通じた積極的な補強剤の投入）による経済犯罪の予防。
- ○ 消費者に対する啓蒙および助言を通じた自衛の強化。
- ○ 予防的統制の投入（たとえば，企業の内部統制およびその刑法的な義務化の投入を通じた統制，外部会計監査人の有効性の強化を通じた統制，または公法上の監督を通じた統制），および，技術的な予防対策（たとえば，支払い用電子カルテルの領域で）。
- ○ とりわけ利得剥奪を通じた，単独または複数の行為者に対する犯罪コストの増加。

刑法以外の手段を用いた経済犯罪との闘いに際しては，コンプライアンス・プログラムを導入することも，将来的に重要な役割を果たすであろう。このプログラムが法的規定により促進され，あるいは強制される場合には，とりわけそういえる。この点について，欧州連合が，事業者団体および専門職団体に対して，一定の財を保護するための行動基準を導入するよう求めていることが重要である[62]。

b）刑法的措置

刑法的な訴追措置について[63]，ドイツでは1970年代からすでに，特化された刑事訴追制度（とりわけ，検察庁特別調査部（Schwer punktstaatsanwaltschaften）[64]や，州裁判所の経済刑事部（Wirtschaftsstrafkammern）[65]）の整備が図られている。ここ数年で，捜査措置に関して，とりわけ，財務に関する捜査や，収奪措置や利得剥奪措置も強化された[66]。実体法では，ドイツの改正措置の重点は，抽象的危険犯および経済生活という超個人的法益の保護に関する犯罪の導入におかれ

た[67]。これらの犯罪によって、コンプライアンス・プログラムの一定の要素について、法律上強制することができるのである。この刑法上の改正措置や、その他の刑法上の改正措置は、確かにドイツにおける経済犯罪との闘いを本質的に前進させたものの、重大な経済犯罪が発生し続けていることに変わりはない[68]。

それゆえ、現在の改正論においては、数年来、企業犯罪との闘いのために、個人の処罰に関する措置に加えるものとして、法人処罰が議論されている。この問題提起は、本稿の関心の対象であるコンプライアンス・プログラムにとって重大な意義があるため、——早稲田大学のシンポジウムのプログラムに従って——以下でより深めることにしたい。その際、日本の刑法改正に関してとりわけ興味深いのは、企業に対する制裁を導入することで、純粋に個人的で刑法的な体系を用いる場合に比べて、コンプライアンス・プログラムの実行をよりよく促進する構造を提供できるか、という点である。

◆ 3 制裁の名宛人としての個人および企業 ◆

企業を通じて遂行される経済犯罪に加えられる懲罰として、多くのヨーロッパ諸国で用いられる制裁には、関与した個人に加えられるものもあれば、関与した企業に加えられるものもある。

a) 自然人に対する制裁

ドイツおよび大陸ヨーロッパにおいて、企業犯罪との闘いのために、伝統的に主として用いられるのは、作為または不作為の従業員の個人的答責性を問う、個人関係的アプローチである。作為による一般犯罪の遂行であれば、さしたる問題は生じない。身分犯における特別義務メルクマール（たとえば、破産犯罪における債務者の身分）が、本来的には企業に備わっているという場合、法人および権利能力ある人的会社における機関および経営者に対しては、刑法14条または秩序違反法 (Ordnungswidrigkeitengesetz; OwiG) 9条を介して、企業の備える特定の特別義務メルクマールが帰属する。

不作為が問題となる場合、刑法13条の意味における一般的な刑法上の保障人的義務に由来する特定の行為義務および保障人的義務は、とりわけ、経営者の答責性を——身分犯の場合とは異なり——特定の規範の名宛人としての身分からは導くことができない場合に、企業の経営者の可罰的な不作為を基礎づけうる[69]。この点、一般的な「使用者責任[70]」の厳密な具体化は、保障人的地位にまつわる問題の中で「最も解明されていない[71]」問題とみなされている。たとえば、刑法上の製造物責任を、保障人的義務の下位事例に位置付け、物に由来する危険の監督を対象として構想しうるものとして展開するにせよ、また、企業の従業員によって行われる犯罪をすべからく阻止の対象とするような一般的な保障人的義務を、使用者の指揮命令権に由来するものとして展開するにせよ、そこには困難が伴うのである[72]。

これらの他に、機関および経営者に対する個人的な刑事訴追を特に可能にしているのは、秩序違反法130条の構成要件である。これにより、経営体または企業の所有者は、従業員——下位の従業員も含む——が犯罪行為を遂行し、かつ当該犯罪行為が、故意または過失によって、必要な選任監督措置が講ぜられなかったために防止されなかった場合に責任を問われるのである[73]。秩序違反法130条1項の名宛人の範囲には、当該法規の文言にある「経営体または企業の所有者」が含まれるのに加えて、秩序違反法9条1項に基づいて、団体の機関、代表者または受託者とみなされうる人物が含まれる。また、必要とされる措置に関して、秩序

第Ⅱ部　企業犯罪国際シンポジウム

違反法130条1項2文は，選任監督措置に，監督者の任命，入念な選定，および監督が含まれることを明示している[74]。このような，他人が遂行した犯罪行為について負わされる責任は，欧州共同体の加盟諸国間で，著しく異なっている。この点に関連する規定として，ドイツ連邦共和国では秩序違反法130条に基づいて過料法上の責任が問われるに過ぎないが，フランスにおける企業トップの責任（responsabilite du chef dentreprise）や，イギリスにおける厳格責任（strict liability）のように，刑法上の責任が問われることもある[75]。

b）法人に対する制裁

個々の自然人の処罰と並んで，それを通じて犯罪が遂行されたところの企業自体に対する制裁も問題となる。この企業関係的アプローチは，20世紀初頭にはすでに，アメリカ合衆国およびイギリスにおいて見出されていた。そこでは──とりわけ，重要な職にある従業員に対して制裁を課すのとパラレルに──，法人自体の処罰も可能である[76]。制裁として可能であるのは，とりわけ，罰金である。さらにまた，罰金と併せて，あるいは罰金に代えて，多種多様な負担が課されることがある。この負担には，たとえば，損害回復や公益に資する給付の提供，また，企業による自らが受けた有罪判決の自主的公表（しばしば，被害者の民法上の権利追求を容易にするための被害者への告知義務を伴う），さらに，犯罪行為を回避するためのプログラムを企業内部で向上させる義務などがある[77]。

大陸ヨーロッパ諸国において，このような企業関係的アプローチが展開されることは，少なくともまず伝統的には，ほとんどなかった。たとえば，ドイツでは，確かに企業に対する制裁が関連する犯罪行為の効果として課されることはあるが，それはあくまで秩序違反行為の遂行に対する過料として課されるにとどまるのである。ドイツ法が，作為または不作為を犯した個人に対して取る措置というものを堅固な出発点としていることは，とりわけ，秩序違反法30条の定める企業に対する制裁が，企業における重要な職にある人物が犯罪行為または秩序違反行為を行い，かつそのことによって，「法人もしくは人的結合体に課されている義務が侵害された場合，または，法人もしくは人的結社が利得し，もしくは利得する可能性があった場合」に限って，付随効果としてのみ課されうるにすぎないことからも明らかである。その際，重要な職にある人物の可罰性が，しばしば，先に示した秩序違反法130条によって基礎付けられる[78]。これに似た従属的構成を採用する秩序違反法30条5項は，刑法73条または73a条に基づく刑事手続の枠内における，または，秩序違反法29a条に基づく秩序違反手続の枠内における，「第三者」としての法人に対する収奪命令を許容している[79]。

c）法の調和の傾向

伝統的に企業関係的な色彩の強い英米のアプローチと，伝統的に個人関係的な色彩の強い大陸ヨーロッパのアプローチとは，確かに，現在，互いに歩み寄りをみせている。英米法において，たとえば，2002年のサーベンス・オクスリー法が，重要な職にある社員に対する刑罰の威嚇を強化する一方，大陸ヨーロッパの法においては，企業関係的アプローチの構築が強化されているのである[80]。たとえば，サーベンス・オクスリー法においては，業務報告書の公正と完全性について故意に虚偽の認証を行った最高経営責任者または最高財務責任者の責任が定められるに至った[81]。これによって，海外腐敗行為防止法（Foreign Corrupt Practices Act）および証券取引所法（Security Exchange Act）のアプローチが強化された[82]。

これに対して，大陸ヨーロッパの法における，企業に対する制裁への傾斜は，とりわけ，国際的かつ超国家的な勧告や基準に現れている。欧州評議会が1988年に発した勧告である「犯罪に対する企業の責任（Liability of Enterprises for Offences）」は，刑法的解決への一定の傾斜を示すような企業責任を求めている[83]。欧州連合も，加盟諸国に対して，一定の範囲で，可罰的な行為を理由として法人に責任を問うよう要求する[84]。これは，1997年のOECD「海外商取引における外国公務員贈賄防止条約（Convention on Combating Bribery of Foreign Public Officials in International Business Transactions）」と軌を一にするものである。本条約によれば，腐敗事件を起こした企業の企業処罰が本国において定められていない場合，当該企業は，少なくとも，効果的，比例的，かつ抑止的な非刑法的制裁に服さなければならない，とされる[85]。

ヨーロッパにおいてはデンマークが，1926年にすでに，国内の刑法についてイギリスに範を求めて法人処罰を承認した[86]。1994年フランス新刑法典121－2条は，法人の（「(personnes morales)」）受刑能力を導入した。もっとも，法人に対して具体的に刑法上の責任を問うためには，関連行為の構成要件において明示的に法人処罰が定められていることが必要とされる[87]。オランダの立法者は，1951年に経済法に関する法人処罰を定め，さらに，1976年に全刑法に関する法人処罰を定めた[88]。スイス法は，2003年10月1日以来，企業自体に対する処罰を有するに至った。これによれば，企業は，基本的には，犯罪行為を自然人に帰属させることができない場合に，補充的責任を負うにすぎないが，例外的な場合――たとえば，資金洗浄や公務員への贈賄のような重要な犯罪が問題となる場合――には，重畳的な責任を負うものとされている[89]。

ドイツにおいて，立法者は，団体の受刑能力を承認したが，それはあくまで，秩序違反法に限ってのことである[90]。これを超えるような企業処罰に対して，ドイツ刑法学は，当初，批判的に対峙していた。近時，企業刑法の主張者が多くの支持者を獲得しつつあるとはいえ[91]，学説の多くは，依然として企業の刑事責任の導入に反対している[92]。企業処罰の導入や具体化に関する議論ついては，以下で必ずしも網羅的にこれを記述することはできないが，少なくとも本稿の検討対象であるコンプライアンス・プログラムに関連する限りでこれに論及することにする。

◆ 4　企業処罰という特別な問題 ◆

ヨーロッパにおいて――そしてとりわけドイツにおいて――企業処罰の導入に関する議論を何よりもまず特徴付けていたのは，法人を処罰することがそもそも刑法上の諸原則に合致するか（法人は犯罪を犯しえない（societas delinquere non potest）），という問題である。しかしながら，ドイツでもいまや，近年の解釈論上の議論に起因して，また，外国の手本が増加したことの影響から，団体自体に対する刑事制裁の道を開くことができるような刑法体系が増えている[93]。それゆえ，秩序違反法を超える，固有の企業刑法について，その内容をどのように定めるかとい問題もまた，重要さを増している。企業処罰の「可否（Ob）」は，確かに，依然として第一義的な問題ではあるが，その「程度（Wie）」もまた，問題となる場合が増えているのである。

　a）企業処罰の導入

企業処罰を導入することに対しては，とりわけ，刑法上の根本原則に反するとの批判が，ドイツにおいて今も昔も唱えられている。すなわち，およそ企業は，

それ自体行為能力を有しないのであり，したがって有責に行為することもできない，というのである。

　しかし，行為能力が存在しないというのは誤りである。この点についてまず指摘しなければならないのは，秩序違反法においても，刑法においても，正犯性は，必ずしも，自然人の自然的行為によって基礎付けられる必要はない，ということである。正犯性はむしろ，帰属の問題にほかならない。構成要件に該当する自然的行為を行わずに，他の態様で犯罪に寄与した者も正犯たりうることは，刑法25条2項の共同正犯規定から明らかである[94]。法人は，法人のために活動する者の行為を通じて法的活動に参加するのであるから，自然人の行為が団体へ帰属することを理由として，行為能力を有しているとみなすことができる[95]。また，団体は，固有の不法を実現することができる。というのも，上位概念としての不法は，必ずしも個別的な行為を前提としているわけではなく，システムの不充分さによって第三者への侵害が促進され，または可能となる場合のシステム不法もまた，そこに含まれうるからである[96]。

　企業刑法に対しては，責任原理の観点から，さらなる疑義が投げかけられる。すなわち，およそ刑罰は，その概念からしてすでに，「違法，有責，かつ法律上刑罰でもって威嚇される行為の正当な代償として負わされるものであり，かつ，およそ犯罪は公的に否認されるということを表明するものである」ところの害悪を前提としている[97]。連邦通常裁判所も，人の集合体に対して刑事罰を科すことは，「ドイツ法において発展した社会倫理的責任概念および刑罰概念」と適合しない，との見解に立つ[98]。しかし，このような論証が可能であるのは，責任や刑罰といった概念を，たとえば，贖罪[99]と結びつけた上で，自然人の可罰性において問題となる責任や刑罰といった概念が，そのまま法人の可罰性におけるそれへと転用される，と考える場合に限られる。これに対して，企業刑法を機能的観点から社会統制の手段とみなし，かつ，企業に対する刑事制裁が，かく乱された法的平和の回復に，または，将来の法的平和の保障に役立ちうるかどうかを問うのであれば，上述の論証は，もはや説得力を失う[100]。ヤコブス（Jakobs）[101]は，〔積極的一般予防目的により定まる機能的責任概念を提唱し，〕個人刑法における一身専属的な責任非難から離れるが，この点に投げかけられる疑義は，〔あくまで個人刑法の場面で投げかけられるものであって，企業刑法の場面における〕企業の責任概念には全く妥当しない。個人の責任概念を，つまり，個人の基本的自由および尊厳を尊重せよ，という考え方は[102]，企業刑法には全く妥当しないのである。というのも，企業自体には人間の尊厳が付与されていないことについては争いがないからである[103]。したがって，企業に対する責任非難は，個人（責任）刑法を取り崩すことなしに，法治国家的な一般予防の派生として構想することができる。

　このようにして，解釈論的に法人処罰が可能であるとみなすならば，企業における分業性によって，個人による個別の可罰的行為をしばしば証明できないという実際的な点について，とりわけ議論を尽くさなければならない。ここで，社会倫理的否認を追加的に表明するかという点もまた威嚇効果を高めるか，という点も，企業に対する制裁を「刑罰」と呼ぶか，それとも刑罰類似の制裁と呼ぶか，という問題に関係付けることができる。企業処罰の可否を論ずるに際しては，団体というものが，独自の主体として，社会的現実の中で行動し，かつその中で価値を創造するのみならず，危険をも創出

するという事情もまた考慮しなければならない。それゆえ，企業刑法を導入することで，刑法は，企業犯罪の増加と犯罪の発展的な変化とに対応するのである。その際には，団体に向けられた社会の統制要求および市民が持つ処罰要求を，企業自体に対する刑事的非難という形で処理する，という手段が用いられる。企業処罰の可否にまつわる議論においては他に，企業を処罰することよって，法に忠実な企業と法に忠実でない企業とが選別されることになるため，企業処罰には見逃すことのできない警告作用（Signalwirkung）がある[104]，ということも言われる。さらに，企業の責任というものは，とりわけ道徳的な観点からして，個人のそれよりも重大な場合もある，ということが表明されるかもしれない[105]。オーダー・メイドの企業制裁（たとえば，将来の入札からの除外）が発達することにより，とりわけ，市場における企業の行動を制御するのに重要な意味をもつ争点——これは，競争および収益目的によって特徴付けられる——が，厳密に定まる可能性もある。

もっとも，以上のような実際的な考察に際して，見逃してはならないことがある。重要な職にある従業員を個人として処罰するという威嚇は，企業自体への制裁という威嚇に比して，威嚇効果が高い場合も多い，ということである。たとえば，〔企業自体に科される〕罰金は，企業資産から（つまり，たとえば，株主によって）支払われるものであるがゆえに，経済人（*homo oeconomicus*）ならば，経済犯罪の領域では，犯罪遂行に際して，価格計算にそれを織り込むこともありうるのである。それゆえ，企業制裁は，企業の犯罪行為との闘いのための補充的な方策とみなすことしかできないのであって，個人に対する刑法的答責性——これは企業制裁の導入に際して放棄されてはならない——の代替物とみなすことはできないのである。

企業への制裁は，個人の処罰と比較した場合，特別な原則と規則とに服さねばならないため，企業の処罰は，自然人の処罰とは若干異なる。それゆえ，企業への制裁は，——同じ刑罰という用語を用いるとしても——常に，独自の（*sui generis*）処罰となる。それゆえ，企業に科される制裁については，——用語上の呼称とは無関係に——独自の刑事法的法効果が問題となるのである。

それゆえ，企業への制裁に関する有用な解決としては，それ相応の規定を刑法に置くということが考えられる。つまり，独立した（独自の）団体制裁形態としての規制を——たとえば，1997年8月のヘッセン試案（Hessischen Diskussionsentwurf）に従って[106]——刑法典の中に新たな章を設けて定める，ということが考えられるのである[107]。企業への制裁がもつ特殊性を承認するならば，企業「処罰」に関する論争の激しさも緩和される。また，企業刑法の規定を古典的な個人刑法にそのまま当てはめるという問題については，今後の学問的議論に委ねることができる[108]。

b）企業処罰の構成要件の形成

企業処罰の構成要件を形成するに際して，——上で述べた組み入れの問題を度外視すれば——まず問題となるのは，企業への制裁というものを企業の従業員の犯罪行為ないし秩序違反行為にどの程度従属させるか，という点である。ここでは，厳格な従属モデルが考えうる。これは，——日本の刑法のように——企業の従業員の具体的な犯罪行為ないし秩序違反行為について，人物を特定する形で確認することを前提として，そこに付随効果として企業への制裁を結びつける，というモデルである。この対極にあるのが，独立・非従属モデルである。このモデル

第Ⅱ部　企業犯罪国際シンポジウム

によれば，企業の負責は，主として，企業組織の不充分さによって根拠付けられる。そして，具体的な犯罪行為は，団体に備わった構造的メルクマール，すなわち単なる動機にすぎないのであって，負責の配分を構成する要素ではないものとされる。これら2つのモデルの間に，「制限従属性」の様々な中間形態がある。たとえば，——必ずしも個人の特定を要件とはせずに——企業の従業員の可罰的行為を要求するという形態，企業の従業員による故意または過失の違法行為を要求するという形態，複数の従業員の複数の行為によっても実現されうるような企業を通じての「全体的所為」を要求するといった形態が存在するのである[109]。

ドイツでは，秩序違反法30条によって，法人および人的結合体の代表権者が，犯罪行為ないし秩序違反行為（たとえば，秩序違反法130条の選任監督義務違反）を犯罪成立要件を充たす形で遂行し，これにより，団体の義務にも違反することになるか，または，団体が利得し，もしくは利得する可能性があった場合には，法人および人的結合体に対する過料の賦課が可能である。それゆえ，秩序違反法30条については，「厳格な従属性[110]」という用語が用いられる。もっとも，企業の代表権者の行動が犯罪成立要件を充たすことの確認ができさえすれば，行為者の特定は要求されない[111]。秩序違反法30条はかつて，これよりも厳格に構想されていた。本条は当初，関連行為の処罰に伴う付随効果としてのみ適用されるというものであった[112]。1986年にはじめて，本条は，〔関連行為の処罰から〕独立した制裁可能性を得た。すなわち，犯罪行為または秩序違反行為を理由とする刑事手続または過料手続が不開始とされ，または打ち切りとされ，あるいは刑が免除される場合でも，独立して過料が課されることになったのである。しかし，関連行為の主体の範囲は，いまだ狭く，企業の代表権を有する範囲に限定されていた。この限定は，多くの批判を浴び，1994年に関連行為の可能な主体の範囲を拡大するという修正が加えられた。今日，〔30条の〕構成要件に含まれるのは，法人の代表権を有する機関およびそのような機関の構成員，権利能力なき社団の業務執行機関およびそのような業務執行機関の構成員，権利能力ある人的会社の代表権を有する社員，ならびに，包括的代理権者，および，とりわけ指導的地位において支配人または商事代理権者として活動する者である。2002年の直近の法改正によって，企業経営について責任を負って行動する者もまた含まれることになった。ここにいう企業経営には，執行部の監督や，その他の，指導的地位における統制権限の執行が含まれる。最後に挙げた人的範囲は非常に広いものであり，たとえば，企業の部分領域の指導者のような，ヒエラルキーの中で企業トップの下位にある者も含みうるものである[113]。

機関や重要な職にある社員の直接的な行為が，企業処罰を根拠付けるわけではなく，関連行為として秩序違反法130条の選任監督義務違反として用いられる限りにおいて問題となるのは，下位にある人員が自ら行った行為が，選任監督義務違反を因果的に惹起したか，または容易にしたことが必要か，必要とすればどの程度か，という点である。ドイツにおける秩序違反法130条の規定の下では，しかるべき監督が行われていたならば義務違反は困難であったであろう，という事情だけで足りる。つまり，しっかりとした監督が行われていたならば義務違反は起こらなかったであろう，という事情の証明までは，要求されないのである[114]。

ここから，さらなる問いが立てられる。すなわち，——とりわけ下位にある従業

員の犯罪行為が問題となる場合に——そのような従業員の犯罪行為，または，機関その他の（重要な職にある）従業員の選任監督義務違反は，企業処罰にとってどれほど重要か，という問いである。この問いに答えるに際しては，不法および負責の根拠付けを互いに関連しあう２つの要素に求めるという中間的な解決が結論として妥当であろう。そのひとつは，実際に，単独または複数の企業構成員によって，その管轄領域の枠内で遂行された具体的加害行為の存在である。もうひとつは，犯罪活動を現実に容易にした組織の不備，または犯罪誘発的な企業哲学から生じる団体の本来的責任の存在である。その際，企業構成員の具体的な関連行為の要請は，不適切な組織を主たる理由として責任を問われる企業について，その負責を限定するものとなる。〔企業自体の〕誤った組織〔化〕と〔従業員の〕関連行為との間には，違法性連関が要請されるべきであるが[115]，この連関は，さらに負責を限定するための調整方法として機能する。

それゆえ，本質的に，団体に組織化の不備がある場合に，企業の構成員の犯罪行為すべてについて団体が責任を負わされることがあるとすれば，原則として，行為主体の範囲について限定を越えて，負責範囲が企業の代表権者に及ぶことはない。重要なことはむしろ，団体の組織的義務の確定である。この義務によって，組織の悪弊の程度を評価することができるとともに，悪弊における，発生した法益侵害の原因性を評価することができるのである。この，第１段階で広く，第２段階で狭い負責構造によって，事実的な考察方法が可能になる。これは，企業による潜脱の試みを防止するものであり，また，企業を通じて犯罪行為を遂行する全ての者の補足を可能にするものである。というのも，法律に書かれた主体の範囲には限定（numerus clausus）が存在しないからである[116]。

かくして，——企業の従業員による犯罪行為の他に——とりわけ，企業による（当該犯罪行為を惹起した）組織的義務違反を企業評価の核心に据えるのであれば，このような組織的義務の履行を保障しようとするコンプライアンス措置には重要な意義が付与される。かくして，コンプライアンス措置の実行は，犯罪行為の企業への帰属を判断するための法的基準となるのである[117]。

c）量刑基準

量刑レベルでは，いかなる観点が制裁の選択と量にとって重要かという問いが，最終的に立てられる。解釈論的には，ここでも再び，制裁について，従業員の違反または団体に固有の組織的責任と結びつけるかどうかが問題となる。秩序違反法30条によれば，一方で，過料の額の算定は，関連行為における違反の性質と重大性とに従うが，他方ではまた，関連行為から企業に生じた利益と関連行為への企業の関与の度合いにも従う[118]。このような帰結は，先ほど述べたコンビネーション・モデルからも導かれる。そうすることで，制裁に際しても，個人の責任と集合体の責任との間の緊密な結びつきが明らかになる。かくして，コンプライアンス措置は，企業刑法における量刑に関しても意義を有するのである。

d）さらなる問題提起

企業刑法を整備するためには，以上のことのほかに，数多くのさらなる問題提起に応えなければならない。実体法の領域からは，たとえば，古典的な個人刑法の制度をどの程度企業に対して転用するべきかという問題や，企業は，たとえば，正当化事由および免責事由を援用することができるかという問題が生じる。さらには，古典的な罰金のような抑止的制裁から，利得剥奪や，官庁の指名する受託

427

者による特別予防的な行状監視措置のような保安処分を超えて，最終的な企業解体に至るまで，様々な種類の制裁が問題となる[119]。手続法においても同様に，規定の必要性が高い。このことは，たとえば，重要な職にある社員の協力義務および協力拒否権や，さらには，自己負罪拒否原則（*nemo-tenetur*-Grundsatz）と衝突する可能性のある，企業の開示義務および保管義務の範囲についてあてはまる[120]。さらには，たとえば，刑事訴訟法153a条の定める，手続の打ち切りの場合に，起訴便宜主義の適用も問題となる。しかし，これらの問題提起について，ここで掘り下げる必要はない。むしろ，冒頭で述べたコンプライアンス・プログラムが，将来の企業刑法の整備のために有用なように策定されうるか，策定されうるとしてどの程度か，という問題に答えるためには，これまでに示した，可能な企業刑法の概略で足りる。

IV 企業犯罪と闘うための構想におけるコンプライアンス・プログラム

◆ 1 出発点と基本的想定 ◆

企業処罰の構想において，コンプライアンス・プログラムが果たしうる機能に関する問題は，いくつかの基本的想定を必要とするが，紙幅の都合により，ここでは概略を述べることしかできない。

a）犯罪予防に対するコンプライアンス・プログラムの適性

まず，コンプライアンス・プログラムは，企業犯罪の抑止に関して効果的な手段たりうる，ということが出発点となる。多くの企業がコンプライアンス・プログラムのために関連する自発的な支出を行っていることや，コンプライアンス部門において相談を受けていた個々の従業員の経験だけでなく，新たな刑事犯罪学上の研究の確かな成果もこれを証明する。この研究は，企業犯罪の遂行にとって，——ゴットフレドセン（*Gottfredsen*）とヒルシ（*Hirschi*）の一般刑法理論に基づき承認されるように——，企業従業員の自己統制のみが重要というわけではない，ということを示している[121]。むしろ，従業員の態度に対する企業特有の影響要因も第一次的な重要性を有している。とりわけ，そのときどきの企業の構造および組織文化，コンプライアンス措置という観点からの企業水準，ならびに，倫理的価値についての企業の考え方〔が重要である〕。これに対して，企業における規範意識の低下の風潮，ならびに，「革新的な解決」という観点からの従業員に対する圧力，不法行為を犯す機会，というものが規則違反を助長する[122]。

ここから，適切なコンプライアンス・プログラムは，〔違反行為が〕発覚する高度の蓋然性および厳しい制裁と結びついて規範違反を防止する，ということが導き出される。したがって，純然たる刑法上の対策よりもコンプライアンス・プログラムが優れたものとなりうる本質的な理由は，次の点にあるといえる。すなわち，コンプライアンス・プログラムは，企業の利益に訴えると共に，企業に自身の予防措置を講じるに充分な自由行動の余地を認める，という点である。コンプライアンス・プログラムは，それゆえ，一般的な刑法上の規定よりも，そのときどきの業種およびそのときどきの企業の特殊性を非常によく考慮することができる。

b）規範的な文脈における機能的な概念規定

もっとも，刑法上の規定または措置にとって，コンプライアンス・プログラムという概念を，上述したような漠然とした経営上の，または企業法上の概念に準拠して用いることはできない。むしろ，

刑法または秩序違反法において定義された犯罪行為を予防するという観点から，独自に規定されなければならない[123]。たとえば，ある企業が，企業の社会的責任に関する計画（プログラム）において，幼稚園に出資しているか，または，その企業規則において有効に定められた企業の目的を実行に移しているか，その「企業倫理」において，一般的な倫理原則が実現されているか，といったことは，刑法との関係においては，全く重要な役割を果たしえない。それゆえ，刑法においては——とりわけ規範段階において——，一般的に，コンプライアンス・プログラムを問題とすべきではなく，企業の犯罪または相応する秩序違反の防止に関するプログラムを特に問題とすべきである[124]。

既存のコンプライアンス・プログラムの独自の分析，ならびに，実務上の経験に基いて，こうした企業犯罪の防止に関するプログラムに含まれるべき重要な要素は，次のように系統立てられる。

- 目的の記述。とりわけ，企業の従業員にとって，保護すべき価値と守るべき規則に関する記述。
- これらの価値の保護を担当する企業部門（コンプライアンス部門）の創設。
- 企業に関係する犯罪予防を担当する他の職務の責任に関する規定。
- 企業従業員の教育と訓練。
- 内部および外部監査の実施。
- （コンプライアンス部門への情報伝達経路による）疑わしい事案を発見した場合の通報手段ならびに（企業執行部への情報伝達経路による）疑わしい事案の調査結果の通報手段の確立。
- 関連する不法行為を発見するためのプログラム（たとえば，匿名の「内部告発」という手段）。
- 疑わしい事案に対する制裁措置。

コンプライアンス・プログラムのこれらの要素が，その他の構成要素によってどのくらい補充されるべきか，ということは，経営上および犯罪学上の研究において，一般的な形態で，より詳しく決定，評価されるべきであろう。とりわけ，企業犯罪の防止にとってどのような性質の措置が効果的であるかが探求されるべきであろう。立法機関が，今後，刑罰または刺激を伴う一定の措置の履行を強制しようとすればするほど，適切な効果に関する研究がますます必要になると思われる。

c）自主規制と共同規制の構想

企業犯罪の防止に関するコンプライアンス・プログラムの内容が，そのときどきの企業，およびその活動領域に強く依存することから，そうしたプログラムの内容を詳細には規定することはできない。そのため，該当する企業には，犯罪予防のための独自の構想を練るのに充分な自由行動の余地が残されている，ということが特に重要である。また，そのため，原則的には，一般的な方針しか規定することはできず，特定の領域についてのみ詳細な規定が可能である。そして，適切なプログラムは，上述した経済活動の自己規制，または国家的および私的な共同規制により，創設されるべきである。もちろん，このために，（たとえば，資金洗浄に関する資金洗浄法14条，または，金融機関についての信用制度法25a条におけるような）特定の業種，および企業に関する規定が不可能になるわけではない。

d）コンプライアンス・プログラムの導入を促進する構造

多くの分野で，コンプライアンス・プログラムが完全に自発的に導入されることを出発点とすることはできない。既存の競争圧力のために，多くの分野において企業は，法的に可能な活動の余地を有効に利用すること，また，法的に許容された限度で活動することに無理があると

429

感じている。それゆえ，特に，飴と鞭の手法（carrot-and-stick-approach）によって，適切なコンプライアンス・プログラムの導入を促すような刺激と制裁とが必要なのである[125]。そうした手法は，ある種の特権の承認（これは，税法上の有利な取扱いから刑の減軽まで及びうる），または，（上述した「遵守せよ，さもなければ開示せよ」というアプローチのような）新たな義務を細分化して形作ることによっても可能であるし，単に法的拘束力を有する義務の標準化によることも可能である。そのため，早稲田大学の法志向的な研究計画に関しては，特有の企業刑法あるいは伝統的な個人刑法上の規定の適合によって予防的コンプライアンス・プログラムの導入を促すことができるか，また，可能であるとしてどの程度か，という分析的質問が興味深い。

◆ **2　企業刑法におけるコンプライアンス・プログラムの促進** ◆

前述の企業刑法の分析によって特に4つの手掛かりが示されたが，これにより企業制裁はコンプライアンス・プログラムの導入を促進できる。すなわち，コンプライアンス・プログラムは，構成要件段階において（とりわけ，注意義務違反および監督義務違反の際に，ならびに，そうした義務違反の犯罪遂行に対する因果性の際に），および，責任段階において，また，量刑段階において，および手続の段階において，より重要となりうる。

　a）構成要件段階

企業の可罰性のために，構成要件段階において，——上述したように——重要な職にある従業員の可罰的作為か，または，不作為か，あるいは，相応する秩序違反法130条の故意もしくは過失による監督義務違反が必要とされる場合，重要な職にある従業員の過失行為または監督義務違反とコンプライアンス・プログラムとの間には，密接な関係が存在する。この関係は，コンプライアンス・プログラムが，多くの場合に，実際に，逸脱行為を不可能としている，という事実のみに基づくものではない。〔コンプライアンス・プログラムがある〕にもかかわらず，従業員による相応する違反行為が生じるという場合には，むしろ，次の2つの法的観点も重要である。

多くの場合に，規制に適ったコンプライアンス・プログラム〔が存在すること〕により，個人の過失または監督義務違反に対する非難は考慮されないであろうし，また，ドイツにおけるように〔行為者処罰に〕従属する制度においては，企業の可罰性も考慮されないであろう[126]。もちろん，その際，免責的効果に関しては，効果的なコンプライアンス・プログラムの創設と実施に依存することになる。というのも，そうでない場合には，不充分なコンプライアンス・プログラムの創設またはコンプライアンス・プログラムの不充分な実施についての監督義務違反に対する非難が開始されることにもなるからである。その限りでは，機械的な判断にはなじまない。すなわち，ひとつには，監督義務違反は，コンプライアンス・プログラム以外の措置によっても排除されうる。もうひとつには，重要な職にある従業員の監督義務違反は，コンプライアンス・プログラムが存在していても，たとえば，コンプライアンス・プログラムの範囲内の統制が，ひどくぞんざいに実施されていた場合など，個々の特殊な状況により存在しうる。また，コンプライアンス・プログラムは，重要な職にある社員による計画的な規則違反が行われる場合には，企業にとって役に立たないであろう。

上記の場合に加えて，コンプライアンス・プログラムは，監督義務違反と従業員によって犯された違反行為との間の因

果関係の場面において重要となりうる。現存するコンプライアンス・プログラムが，広範囲に及ぶ優れたものであればあるほど，企業がこれ以上の措置をとることによって，監督義務違反によって生じた結果を阻止しえた，または，少なくとも妨げることができたであろう。すなわち，監督義務違反が結果にとって因果的であった，という蓋然性判断が行われる可能性は少なくなる[127]。同様のことは，過失犯における義務違反連関にも妥当する。それゆえ，コンプライアンス・プログラムは，ここでも，可罰性の制限的要素として作用している。

b）責任段階

さらに，学説の中には，企業責任の枠内において，コンプライアンス・プログラムを免責事由として考えることが提唱されている[128]。上に詳述したところに従って，企業責任を機能的に考える場合には，企業にとって利用可能な犯罪防止手段が尽くされた場合には企業に対する非難を考えない，というのが徹底している。そのような場合，企業は不法の実現についてまったく寄与しておらず，そのために処罰が適切でないように思われる。

c）量刑段階

さらに，コンプライアンス・プログラムは，量刑段階において重要となりうる。その際，量刑段階での意義は，特に，次のことに基づいている。すなわち，構成要件ないし責任段階における，コンプライアンス・プログラムの実施による企業の可罰性の一般的排除は，あまりに行き過ぎであり，そのような全か無かの解決は，企業処罰という領域における複雑な状況にあまり相応しいとはいえない。現行法によれば，適切なコンプライアンス・プログラムを一般的な量刑判断の枠内において考慮することが可能である[129]。しかし，明確に立法された規定に基づくコンプライアンス・プログラムの移行に対して，特権を付与し，それにより報償する，というように，企業刑法がより強力な促進作用を発することも可能であろう。その際，まず，アメリカ合衆国刑法が例として挙げられるが，そこでは，規準を充たすコンプライアンス・プログラムが，「量刑ガイドライン」において，刑を減軽する事由として考慮されている[130]。同じような例は，イタリア刑法にもあり，そこでも，規準を充たすコンプライアンス・プログラムは刑を減軽する事由として考えられている[131]。このような規定は，上に分析した企業刑法の量刑に関する基本的構想によく適合し，それゆえ推奨されるべきである。その場合，典型的企業刑法に，また秩序違反法上のないし単なる行政法上の制裁においても，相応する手段が存在する。

d）手続段階

最後に，コンプライアンス・プログラムの導入を促進するその他の構造は，企業制裁を根拠として，手続段階においても構想される。これは，とりわけ，刑事手続または秩序違反手続を実施する際の起訴便宜主義の充足という観点において妥当する。適切なコンプライアンス・プログラムの導入は，――とりわけ企業制裁に先立つ不法の根拠付けの領域において中心的な監督義務違反に対してそれが有している重要性のため――あまり重大でない違反の場合に刑事手続を中止するために考慮されうる。このことは，（アメリカ合衆国のように）広範な起訴便宜主義を採用している法秩序にだけでなく，（ドイツにおける刑事訴訟法153a条のように）起訴法定主義を基本にしつつ起訴便宜主義の例外を規定している法秩序にも妥当する。

e）小 括

小括として，企業刑法，または相応する秩序違反法ないし行政法の制裁体系は，構成要件段階，および責任段階，量

刑段階，刑事手続段階において，企業内の予防構想にとっての相当な促進作用を生じさせると同時に，コンプライアンス・プログラムにとっての相当な促進作用を創出することができる，ということが確認されうる。

◆ 3　個人刑法の構想におけるコンプライアンス・プログラムの促進 ◆

最後に，古典的な個人刑法の規定枠組みの中でも，〔企業刑法におけるコンプライアンス・プログラムの推進と〕同様の成果，またはより有効な，あるいはそれに追加するような〔コンプライアンス・プログラムの〕導入方策が可能なのか，という問題がなお残っている。詳しく検討してみると，自然人に対する古典的制裁がここでも同じく注目すべき可能性を含んでいることは明らかである。

　a）特別法上の規定

個人刑法の規定を維持しつつ上述の導入方策を作り出す第1の可能性は，企業またはその機関に，直接的効果を伴う法律上の規定により，相応するコンプライアンス・プログラムの作成を義務づけることである。このような立法技術の例として，前掲の資金洗浄法14条，金融制度法25a条および有価証券取引法33条を挙げることができる。さらに，すでに挙げたアメリカ合衆国のサーベンス・オクスリー法の規定も加えることができる。このような考え方には，関連規定が〔コンプライアンス・プログラムとしての〕必要な措置について極めて概括的な記述しかできないというデメリットがもちろんある。すなわち，関連する要請が不確定であるがゆえに——とりわけ〔当該特別法の扱う〕特別分野以外において——そのような不確定な規定を刑事罰によって担保することが極めて困難となる。たとえば，前掲の資金洗浄法14条，金融制度法25a条および有価証券取引法33条

には制裁規定が欠けている。サーベンス・オクスリー法も，そのほとんどのコンプライアンス関連規定には制裁規定が含まれていない[132]。このことは，原則的には歓迎すべきことである。なぜなら，それは処罰規定のインフレーションと〔その結果としての〕刑法の見渡すことのできないほどの分散傾向に歯止めをかけるものだからである。それゆえ，企業犯罪の防止のためのコンプライアンス・プログラムを法的に刑罰で担保するという要求は，特定の領域および問題状況についてのみ考えるべきであり，たとえば，資金洗浄との闘いの場合などに限るべきである。特別な領域において一定のコンプライアンスの措置を推進することに意味がある場合，それを個人刑法のシステムに移し替えることは極めて容易となろう。なぜなら，それは，企業の基準となるのみでなく，刑法14条，秩序違反法9条を通じて企業機関の基準ともなり，——すでに述べたように——それは刑法ないし秩序違反法を徹底して適用するにつき，高度な威嚇効果をもつこととなるからである。

　b）注意義務違反

個人刑法の体系にとって，コンプライアンス・プログラムの導入環境を作り出す第2の可能性は，次の点に存する。すなわち，注意義務の充足について上述したコンプライアンス・プログラムの効果は，単に企業処罰の枠の中だけでなく，〔企業の〕機関および重要な職にある従業員の可罰性にも関係しうる。この場合，機関および重要な職にある従業員の注意義務に対するコンプライアンス・プログラムの影響は，むろん，個々の従業員の注意義務に対するその影響と同じものではない。後者の場合には，不注意に対する非難は関係者の個人的行動にのみ向けられ，企業の組織体には結びつけられないのである。

c）さらなる手がかり

責任および制裁の量定の分野では，個人制裁の量定についても企業制裁の量定についても，コンプライアンス・プログラムの意義はわずかである。刑法46条は，個人責任についての責任にも，また，秩序違反法17条3項による個人の答責性についても問題となる。この場合，企業全体について展開されたコンプライアンス・プログラムは，とりわけプログラムにつき責任のある者に影響を及ぼす。というのは，一方において，その者は〔プログラムの〕整備と実施に過誤があったことにつき責任があるからであるが，他方において，効果的なプログラムがある場合には監督義務違反の非難を受けるべきではない。それゆえ，個人の可罰性の領域におけるコンプライアンス・プログラムの法的意義はわずかでしかないのである。

同様のことは，刑事手続の段階にも妥当する。すなわち，起訴便宜主義（ドイツではとくに刑事訴訟法153a条）に基づく刑事手続の中止に際してコンプライアンス・プログラムを考慮する場合にも当てはまる。ここでも，とりわけ従業員の個人責任が問題であり，企業による〔違法行為の〕予防努力は問題とはならないのである。

d）小 括

コンプライアンスの措置は，個人刑法のシステムの枠内においても関係してくる。しかし，この場合には，企業処罰の考え方に比べてその意義はわずかである。このことは，とりわけこれまで分析してきた以下の事実に基づいている。企業処罰の場合には，企業の側における組織体の義務違反が決定的な責任調整の役割を果たすのであり，それが歯止めのない企業責任〔の追究〕を防止するのである。それゆえ，先鋭的な言い方をするならば，企業処罰〔の法制度の必要性〕は，コンプライアンス措置が創造されず，あるいはその実施がなされていないことに基礎をおくのである。

V 結 論

企業文化および〔企業の〕内部的安全措置が，企業による経済犯罪の実行にとって中心的役割を果たす。それゆえ，これに対応してコンプライアンス・プログラムを整備することは，企業犯罪の防止にとって重要な事実上の意義を有するということができる。自己規制および他者による規制の方法によるそのようなプログラムの導入は，刑法上の制裁あるいは過料による制裁と，これに結びついた〔企業の〕名声の毀損，その他企業とその従業員にとってのマイナス効果を防止しようとする企業の利益となるものである。

企業処罰の考え方においては，むろん既存の個人刑法の規定を適用する場合にも，すでに現行法上においてもありうるコンプライアンス・プログラムを導入することへの促進が——とりわけ共同規制の方法において——さらに高められることになる。そのようなプログラムは純粋に刑法上の措置よりもより効果的でありうる。なぜなら，そのようなプログラムは，企業自身の利益に訴えかけるものであり，また，一般的に妥当するまたは表面的でしかない法律上の規定に比べて，特殊部門に関係した考え方あるいは当該企業に関係した考え方をとることにつき，より多くの自由を企業に認めるものだからである。特別に重要な個別領域において，それに対応する保護措置への法的義務を定めることももちろん可能である。この場合，包括的な刑法上の規定に代わって，適切なコンプライアンス・プログラムを導入する方策は，競争原理に委ねられたり，〔それぞれの企業の〕立場に依存したりすることとなろう。それゆ

え，法律による義務化と導入方策を用いたコンプライアンス・プログラムの推進についてのアメリカ合衆国やイタリア式のアプローチは，これを慎重に吟味しなければならないし，かつ，さらに発展させなければならない。このような可能性を認識させ，国際的な枠組みでの議論を可能としたのは，「早稲田大学COE《企業法制と法創造》総合研究所」の功績である。

〔訳者：田口守一，原田和往，二本柳誠，
　　　　岡部雅人，萩野貴史，小野上真也〕

1　経済犯罪によって引き起こされる被害について，より詳しくはⅢ．1以下を参照。

2　サーベンス・オクスリー法は，アメリカ合衆国証券取引所の監視下にある資本市場を必要とする，あらゆる企業に適用される（「上場会社（listed companies）」）。このことは，アメリカ合衆国において株が取引されているドイツの企業にも関係する（「外国民間発行体（foreign private issuers）」）。さらに，子会社も親会社と制度的に一体である限りで関係してくる（「重要な系列子会社（significant subsidiaries）」）。名宛人の範囲については，*Lanfermann / Maul,* Der Betrieb 2002, 1725（1728 f.）を参照。

3　たとえば，資金洗浄法（Geldwaschegesetz；GwG）14条は，金融機関に資金洗浄防止のための予防措置を要求している。有価証券取引法（Wertpapierhandelsgesetz；WpHG）33条および金融制度法（Kreditwesengesetz；KWG）25条aは，特別な組織的義務を有価証券取引会社ないしは金融業に対して規定している。

4　この点についての詳細は，後述Ⅳ．Ⅱ．cを参照。

5　*Imai,* The Relationship Between the Compliance Programs and Legal Responsibilities of Japanese Corporations, 2005（複写物）を参照。

6　この点については，上述の会議で提供された，シーメンス株式会社のコンプライアンス・プログラム原稿に関するシェーファー氏の研究報告（2005）（複写物）も参照。

7　この点については，Ringleb et al., Deutscher Corporate Governance Kodex Kommentar, 2. Aufl. 2005, Vorbem. Rn.3 ff. における v. Werder の論文から参照。それは，「細部においてかなり不均等な良き企業統治の水準」を指示している。

8　たとえば，*Fleischer,* Neue Zeitschrift für Gesellschaftsrecht（NZG）2004, 1129（1131）；*Lösler,* Compliance im Wertpapierdienstleistungskonzern, 2003, S.119 ff. を参照。

9　この点については，株式会社法（Aktiengesetz；AktG）161条ならびに同様に詳しくは後述のⅡ.1.b）および3.b）を参照。

10　Betriebs-Berater（BB）2001, 1243 を参照。

11　*Towers Perrin,* Corporate Governance Report 2005 を参照。

12　コーデックスは勧告と提言とを区別している。その際，両者に直接の法的拘束力はない。もっとも，株式会社法161条によれば，企業は，勧告に関して，この勧告が企業によって遵守されているか否かを明らかにしなければならない（いわゆる「遵守せよ，さもなければ開示せよ（comply or disclose）」方式）。この点については，後述のⅡ.3.b）以下も参照。

13　*v. Werder / Talaulicar,* Der Betrieb（DB）2005, 841 を参照。

14　MDAX ないしは SDAX に上場された企業において，それぞれ89.1および67.6パーセントないしは84.4および66.3パーセントが不正を行っている。総じて，そのレポートは，前年のレポートと比較してさらに増加している，規定の高い受け入れを示してい

る。
15 *Heidrick & Struggles,* Corporate Governance in Europe : what's the outlook ?, 2005（複写物）を参照。
16 *PricewaterhouseCoopers,* Wirtschaftskriminalität 2005, Internationale und deutsche Ergebnisse, 2005 を参照。2003 年からの報告（Wirtschaftskriminalität 2003, Internationale und deutsche Ergebnisse, 2003）もみよ。それによれば，企業の 75 パーセントが（もっとも，詳細な区分をすることなしにではあるが），経済犯罪との闘いのための予防措置を講じることを主張していた。
17 *Bertelsmann Stiftung,* Die gesellschaftliche Verantwortung von Unternehmen, 2005, http://www.bertelsmann-stiftung.de/cps/rde/xbcr/SID-0A000F0A-5DF738CC/bst/xcms_bst_dms_14431_2.pdf（2005 年 12 月 20 日現在）を参照。
18 http://www.daimlerchrysler.com/Projects/c2c/channel/documents/211719_CGI_CoE_e.pdf（行動規範：2005 年 12 月 12 日現在）；http://www.daimlerchrysler.com/Projects/c2c/channel/documents/211721_CGI_GSV_de.pdf（企業の社会的責任原理：2005 年 12 月 12 日現在）を参照。
19 http://www.siemens.com/Daten/siecom/ HQ/CC/Internet/About_Us/WORKAREA/about_ed/templatedata/Deutsch/file/binary/bcg_ de_1032824.pdf（2005 年 12 月 12 日現在）を参照。
20 http://www.sap.com/company/governance/pdf/Misc_CoBC.pdf（2005 年 12 月 12 日現在）を参照。
21 http://www.unglobalcompact.org（2005 年 12 月 12 日現在）を参照。
22 http://www.oecd.org/dataoecd/56/36/1922428.pdf（2005 年 12 月 12 日現在）を参照。
23 http://www.ilo.org/public/english/employment/multi（2005 年 12 月 12 日現在）を参照。
24 この――アメリカのサーベンス・オクスリー法が要求している――ホットラインの共同決定法およびデータ保護法上の問題については，ドイツにおいて最新のデュッセルドルフ州労働裁判所のウォルマート（*Wal-Mart*）決定，Neue Zeitschrift für Arbeitsrecht（NZA）2006, 63 を参照。
25 *Fulbier / Aepfelbach,* Kommentar zum Geldwäschegesetz, 4. Aufl. 1999, §14 GwG Rn. 80 ff. を参照。
26 Bundesaufsichtsamt für den Wertpapierhandel（heute : Bundesanstalt für Finanzdienstleistungsaufsicht），Richtlinie zur Konkretisierung der Organisationspflichten von Wertpapierdienstleistungsunternehmen gemäß §33 Abs. 1 WpHG, Bundesanzeiger Nr. 210 v. 6.11.1999, S. 18453 を参照。
27 サーベンス・オクスリー法 401 条以下（公開義務），406 条（倫理ガイドライン），301 条（監査委員会），302 条（公開統制）ないしは 301 条および 806 条（ホットライン），107 P. L. 204 を参照。
28 http://www.bauindustrie-bayern.de/ethik /index.htm（2005 年 12 月 12 日現在）を参照。
29 たとえば，テレメディアの提供者が「自発的自己統制マルチメディア（Freiwilligen Selbstkontrolle Multimedia）」（FSM）の開設に属している，あるいは，その者がその規約に従っているならば，青少年メディア保護州際協定（Jugendmedienschutz-Staatsvertrag ; JMStV）20 条 5 項 1 文によれば，申し立てられた青少年保護に対する違反に際しては，まずこの開設に青少年メディア保護委員会（KJM）が取り組むべきである。テレメディアの提供者に対する所轄の州メディア庁（Landesmedienanstalt）の措置（その下に秩序違反としての処罰がある）は，青少年メディア保護州際協定20条5項2文によれ

ば，FSM による決定または非決定が判断の余地の法的限界を超える場合にしか認められていない。*Nikles / Roll / Spürck / Umbach*, Jugendschutzrecht, 2. Aufl. 2005, S. 388 f. *Scholz / Liesching*, Jugendschutz, 4. Aufl. 2004, §20 JMStV Rn. 2 ff., 21 ff. を参照。

30　自己規制および共同規制については，Sieber, Legal Regulation, Law Enforcement and Self-Regulation : A New Alliance for Preventing Illegal Content on the Internet, in : Waltermann / Machill（eds.）, Protecting Our Children on the Internet, 2000, S. 319 ff. を参照。

31　上述Ⅱ.1.b）　以下を参照。

32　倫理ガイドラインおよび労働法の関係については，*Borgmann*, NZA 2003, 352 を参照。

33　被雇用者の多くの付随義務はまず民法（Burgerliches Gesetzbuch ; BGB）242条の信義則という一般条項によって決定されるという指摘とともに，*Linck*, in : Schaub, Arbeitsrechts-Handbuch, 11. Aufl. 2005, S. 1378 を参照。

34　*Cramer / Sternberg-Lieben*, in : Schönke / Schröder, Strafgesetzbuch, 26. Aufl. 2001, §15 Rn. 135 ; *Stratenwerth*, Strafrecht Allgemeiner Teil I : Die Straftat, 4. Aufl. 2000, S. 414 を参照。しかし，取引圏（Verkehrskreis）に従うことに対して批判的なのは，*Duttge*, Munchner Kommentar zum Strafgesetzbuch, 2003, §15 Rn. 110 ff。

35　取引規範（Verkehrsnormen）による組織の答責性の具体化については，たとえば，*Bosch*, Organisationsverschulden im Unternehmen, 2002, §8 ; *Duttge*, Munchner Kommentar zum Strafgesetzbuch, 2003, §15 Rn. 135 ff. を参照。

36　そのようなコンプライアンス規定は通常の事例にのみ適用されうる。というのは，要求されているのは，規定どおりの態度だけでなく，適切な態度であるからである。したがって，結局，あらゆる個々の事案に対して，コンプライアンス規定を越えてさらなる特別な事情が考慮に入れられる必要がなかったかどうかが吟味されるべきなのである。この点については，*Duttge*, Munchner Kommentar zum Strafgesetzbuch, 2003, §15 Rn. 136　も参照。

37　経済犯罪に関するドイツの研究は，ほぼ例外なく，認知された領域の分析に依拠している。これに対して，暗数の領域については，著しく知識が欠如している。それゆえ，学説において，経済犯罪に関して，「盲点」について論じられるのは不当なことではないことにつき，*Boers*, Monatsschrift für Kriminolo-gie und Strafrechtsreform（MschrKrim）84（2001）, 335 などを参照。

38　Bundeskriminalamt, Polizeiliche Kriminalstatistik 2004, S. 16 を参照。http://www.bka.de/pksでオンラインでの呼び出しが可能。（2005年12月12日現在）。この定義に加えて，前掲の警察犯罪統計によれば，「裁判所構成法（Gerichtsverfassungsgesetz ; GVG）74条c第1項1号から6号までに列挙された犯罪行為（2001年5月16日時点）はすべて——ただしコンピュータ詐欺を除いて」経済犯罪とみなされうる。裁判所構成法74条c第1項1号から6号までにおいて列挙されているものには，刑罰によって担保された経済規制の多くが含まれる。そこには，「事件を評価するために，経済生活に関する特別な知識が必要である限りにおいて，詐欺，背任，暴利，利益供与，および贈収賄」の事例も含まれる。それゆえ，警察による定義規定には，犯罪捜査学上の観点も強く押し出されているのである。

39　Bundeskriminalamt, Bundeslagebild Wirtschaftskriminalitaet 2003, http://www.bka.de で同じくオンラインでの呼び出しが可能（2005年12月12日現在）。

40　*Wallat*, Neue Juristische Wochenschrift（NJW）1995, 3236 などを参照。

41　*Leyendecker*, "Du mich auch", in : Suddeutsche Zeitung（SZ）v. 15.07. 2005（http://www.sueddeutsche.de/,tt4m2/deutschland/artikel/854/56798/）および，Kosch, "Die

企業犯罪防止のためのコンプライアンス・プログラム

Wirtschaftskriminalitat nimmt zu", in : Die Tageszeitung（TAZ）v. 19.07.2005（http://www.taz.de/pt/2005/07/19/a0110.nf/text.ges,1）（いずれも，2005年12月12日現在）を参照。
42　コッシュ（*Kosch*）によるクラウス・フィッシャー（Klaus Fischer）氏へのインタビューである "DieWirtschaftskriminalität nimmt zu", in : TAZ v. 19.07.2005（http://www.taz.de/pt/2005/07/19/a0110.nf/text.ges,1）（2005年12月12日現在）を参照。
43　*Ernst & Young,* Wirtschaftskriminalität in Deutschland-Nur ein Problem der anderen ?, 2003, S. 9.
44　"Wachstumsbranche Korruption", in : STERN v. 11.02.2005（http://www.stern.de/wirtschaft/unternehmen/536399.html?nv=ct_ mt）（2005年12月12日現在）を参照。
45　この点については前掲注（38）Ⅲ.1を参照。また，この点について要約したものとして，*Boers,* MschrKrim 84（2001）, 335（340 ff.）などを参照。そこには，ドイツにおいて主張されている刑事犯罪学的な経済犯罪の定義および刑法学的な経済犯罪の定義が挙げられている。
46　*PricewaterhouseCoopers,* Wirtschaftskriminalität 2005, Internationale und deutsche Ergebnisse, 2005, S. 10.
47　前掲同所。
48　*Sieber,* Computerkriminalitat und Strafrecht, 2. Aufl. 1980, S. 61 ff. を参照。
49　Manager-Magazin誌の記事（http://www.manager-magazin.de/unternehmen/artikel/0,2828,159227,00.html）（2005年12月12日現在）を参照。
50　2005年12月21日の連邦通常裁判所の判決（3 StrR 470 / 04）を参照。これにより，デュッセルドルフ州裁判所の無罪判決（NJW 2004, 3275 ff.）が破棄され，さらなる審理を尽くすため，州裁判所へ差し戻された。文献としては，たとえば，*Jahn,* Zeitschrift für Rechtspolitik（ZRP）2004, 179 ff. を参照。
51　*Arie,* Parmalat Dream Goes Sour, in : The Observer v. 04.01.2004（http://observer.guardian.co.uk/business/story/0,6903,1115471,00.html）（2005年12月12日現在）を参照。
52　ビタミンカルテルについては，Frankfurter Allgemeinen Zeitung, FAZ-Net（http://www.faz.net/s/RubC9401175958F4DE28E143E68888825F6/Doc~E004BB189DB6946C2871C7E627FE57D25~ATpl~Ecommon~S content.html）を参照。マイクロソフト事件については，Europäische Zeitschrift für Wirtschaftsrecht（EuZW）2004, S. 451 を参照。セメントカルテルについては，FAZ-Net（http://www.faz.net/s/RubEC1ACFE1EE274C81BCD3621EF555C83C/Doc~EEC3768BA6D174E3C826590FA7D89D520~ATpl~Ecommon~Scontent.html）を参照（いずれも，2005年12月12日現在）。
53　この点については*Sieber,* Euro-fraud : Organised Fraud against the Financial Interests of the European Union, in : Crime, Law and Social Change Bd. 30（1998）, 15 を参照。
54　経済犯罪による非実体的な効果については，*Montenbruck / Kuhlmey / Enderlein,* Juristische Schulung（JuS）1987, 717 f. などを参照。ならびに，*PricewaterhouseCoopers,* Wirtschaftskriminalität 2005, Internationale und deutsche Ergebnisse, 2005, S. 14 f. の経験的研究を参照。
55　入札概念および入札談合の刑法的評価については，*Hohmann,* Neue Zeitschrift für Strafrecht（NStZ）2001, 566 ff. を参照。
56　この概念は，日常的で小規模な腐敗犯罪のうち，特に市民と国家とが交錯する局面で生じうるものを指している。
57　ドイツ鉄道株式会社の，腐敗に関する報告（2004年）（http://www.db.de/site/shared/

de/dateianhaenge/berichte/korruptionsbericht_2004.pdf）（2005 年 12 月 12 日現在）を参照。

58 *Sieber,* Schweizer Zeitschrift für Strafrecht（Schweiz. ZStR）1996, 357 ff.; *ders.,* Eurofraud : Organised Fraud against the Financial Interests of the European Union, in : Crime, Law and Social Change Bd. 30（1998）, 20 f.; *ders.,* Zeitschrift für Rechtspolitik（ZRP）2000, 188 を参照。

59 この点については，筆者が審査を担当した博士号請求論文である，*Graf v. Schönborn,* Kapitalanlagebetrug（2003）を参照。

60 前掲注（30）を参照。

61 *Bundesministerium des Inneren / Bundesministerium der Justiz,* Erster Periodischer Sicherheitsbericht 2001, S. 158 を参照。報告の内容については，全文の参照が可能である（http://www.uni-konstanz.de/rtf/ ki/psb-2001.htm）（2005 年 12 月 12 日現在）。

62 たとえば，著作権の実現に関する 2004 年 4 月 29 日付欧州議会および欧州理事会の指令 17 条（Abl. Nr. L 157 v. 30.4.2004, S. 4）を参照。「加盟国は，事業者団体および専門職団体，または，事業者組織および専門職組織が，著作権の保護に寄与する行動基準を，地域レベルで作成するよう奨励しなければならない……」。

63 これに伴う難点，および，経済犯罪の予防手段としての刑法の限界については，前掲注（61）Erster Periodischer Sicherheitsbericht 2001, S. 159 も参照。

64 *Montenbruck / Kuhlmey / Enderlein,* JuS 1987, 717 f. などを参照。

65 裁判所構成法 74 条 c を参照。

66 前掲注（61）Erster Periodischer Sicherheitsbericht 2001, S. 157 を参照。

67 *Tiedemann,* Wirtschaftsstrafrecht（2004）, Rn. 58 f. を参照。

68 ドイツの改正論については，*Tiedemann,* Wirtschaftsstrafrecht（2004）, Rn. 54 を参照。

69 *Hilgers,* Verantwortlichkeit von Führungskraften in Unternehmen für Handlungen ihrer Mitarbeiter, 2000, S. 68 ff. を参照。

70 *Tiedemann,* Wirtschaftsstrafrecht, 2004, Rn. 181 の用いる概念である。

71 *Lackner / Kähl,* StGB, §13 Rn. 14 および *Tiedemann,* Wirtschaftsstrafrecht, 2004, Rn. 181 の的確な評価である。

72 使用者責任について詳しくは，*Tiedemann,* Wirtschaftsstrafrecht, 2004, Rn. 181 ff. を参照。スペイン刑法における，企業の保証人的義務の根拠および限界については，*Lascurain,* in : Schunemann / González（Hrsg.）, Bausteine des europäischen Wirtschaftsstrafrechts（1994）, S. 35 ff. を参照。

73 秩序違反法 130 条 1 項は「経営者または企業の所有者自身に課されており，かつ，その違反に対して罰金または過料が定められている義務に対する違反行為について，経営体または企業においてこれを防止するために必要とされる選任監督措置を，経営体または企業の所有者として故意または過失により怠った者は，仮に適切な監督が行われていたならば当該違反行為は阻止されていたであろう場合，または本質的に困難にされていたであろう場合，秩序に違反して行動した者である。必要な選任監督措置には，監督者の任命，入念な選定，および監督も含まれる」と規定している。

74 上述の問題については，*Rogall,* in : Karlsruher Kommentar zum OWiG, 2. Aufl. 2000, §130 Rn. 37 ff. を参照。

75 *Dannecker,* Das Strafrecht in der Europäischen Gemeinschaft, in : Landeszentrale für politische Bildung Baden-Wurttemberg（Hrsg.）, Grenzenlose Geschäfte. Wirtschaftskriminalität in Deutschland und Europa（1995）, Fn. 57 f. などの評価である（http://www.lpb.

bwue.de/publikat/grenzlos/grenz los.htm)（2005年12月12日現在）。

76 アメリカ合衆国の企業刑法については，1909年に合衆国連邦最高裁が下した基本判例である New York Central & Hudson River Railroad Co. v. U. S., 212 U. S. 481（1909）を参照。詳細は，*Ehrhardt*, Unternehmensdelinquenz und Unternehmensstrafe, 1994, S. 98ff. を参照。イギリスにおける企業への刑罰の展開については，*Pinto / Evans*, Corporate Crminal Liabilixty, 2003, S. 15 ff. を参照。

77 アメリカ合衆国刑法におけるこれ以外の命令については *Gruner*, Corporate Criminal Liability and Prevention, 2004, § 12 を参照。イギリス刑法については *Pinto / Evans*, Corporate Crminal Liability, 2003, S. 131 ff. を参照。

78 ドイツ秩序違反法の過料法的制裁（bußgeldrechtlichen Sanktionen）については，*Rogall*, in : Karlsruher Kommentar zum OWiG, 2. Aufl. 2000, §30 Rn. 1 ff. und § 130 Rn. 1 ff. を参照。

79 この点については *Michalke*, Unternehmens-Verfall, in : Nelles（Hrsg.）, Money, money, money . . .（2004）S. 97 ff.; *Rogall*, in : Karlsruher Kommentar zum OWiG, 2. Aufl. 2000, §30 Rn. 106 ff.; *Eser*, in : Schonke / Schroder, Strafgesetzbuch, 26. Aufl. 2001, Vorbem. § 73 Rn. 18 を参照。

80 *Schunemann*, Buffalo Criminal Law Review 8（2004）, 35（43 ff.）の分析も同様である。

81 サーベンス・オクスリー法906条を参照。

82 この点について，合衆国法典15編（15 United States Code）78条dd から78条 ff までの規定を参照。これにより，虚偽の申告は，部分的にではあるが，サーベンス・オクスリー法以前からすでに，刑事規制の対象となっていた。

83 勧告（Empfehlung）No. R（88）18（1988年10月20日）附則I．3．は，「企業の責任を認めるに際しては，とりわけ次の点に留意すべきである。すなわち，a．犯罪の性質，企業側の落ち度の度合い，社会に与える影響，将来の犯罪予防の必要性を考慮して，企業に対して刑事責任を科すことおよび制裁を課すこと，b．とりわけ，違反行為について，行為者を必ずしも犯罪者として扱う必要のない場合に，たとえば，行政機関によって課され，かつ司法のコントロールに服するような，その他の責任および制裁のシステムを適用することがそれである」としている。

84 1997年6月19日の，欧州共同体の財政的利益の保護に関する合意（Übereinkommen über den Schutz der finanziellen Interessen der Europäischen Gemeinschaften）第二議定書3条の規定が基本となっている（ABl. Nr. C 221 v. 23.6.1997, S. 11）。本規定が，刑法に関するEUの法的行為（EU-Rechtsakte）の多くで採用されていることにつき，v. *Bubnoff*, Zeitschrift für Europarechtliche Studien,（ZEuS）2004, 447（493）の一覧表を参照。

85 1997年11月21日 OECD外国公務員贈賄防止条約（OECD Convention on Combating Bribery of Foreign Public Officials in International Business Transactions）3条2項を参照（批准状況の一覧も含め，http://www.oecd.org/document/21/0,2340,en_2649_34859_2017813_1_1_1,00.html）（2005年12月12日現在）。

86 *Nielsen*, Procedural Law for Corporate Entities : A Danish View, in : *Eser / Heine / Huber*（eds.）, Criminal Responsibility of Legal and Collective Entities, International Colloquium Berlin 1998, Freiburg 1999, S. 321 を参照。1996年以来，団体処罰が一般法律上にも（auch allgemein gesetzlich）規制されている点については，*Langsted / Garde / Greve*, Criminal Law, 2. Aufl. 2004, S. 47 ff. を参照。

87 *Delmas-Marty*, Die Strafbarkeit juristischer Personen nach dem neuen franzosischen

439

Code Pénal, in : Schünemann / González（Hrsg.）, Bausteine des europäischen Wirtschaftsstrafrechts（1994）, S. 305 を参照．

88 *Nijboer*, A Plea for a Systematic Approach in Developing Criminal Procedural Law Concerning the Investigation, Prosecution and Adjudication of Corporate Entities, in : Eser / Heine / Huber（eds.）, Criminal Responsibility of Legal and Collective Entities, International Colloquium Berlin 1998, Freiburg 1999, S. 304　を参照．

89 スイス刑法100条の4　（100 quater）を参照．

90 *Rogall*, in : Karlsruher Kommentar zum OWiG, 2. Aufl. 2000, §30 Rn. 1 を参照．

91 *Dannecker*, Goltdammer's Archiv für Strafrecht（GA）2001, 101 ff.; *Haeusermann*, Der Verband als Straftäter und Strafprozeäsubjekt, 2003, S. 141 ff. jew. などを参照．

92 同様の評価として，*Knopp / Rathmann*, Juristische Rundschau（JR）2005, 361 および，連邦司法省が設置した「刑法の制裁体系の改正に関する委員会（Kommission zur Reform des strafrechtlichen Sanktionensystems）」の作業グループ「企業処罰（Unternehmensstrafbarkeit）」による，2000年5月発表の最終報告（http://www.bmj.bund.de/media/archive/137.pdf）（2005年12月12日現在）を参照．

93 *Rogall*, in : Karlsruher Kommentar zum OWiG, 2. Aufl. 2000, §30 Rn. 229 ff. なども，同様の評価を下している．団体処罰の法律的な改正アプローチについては Hettinger（Hrsg.）, Reform des Sanktionenrechts, Band 3 : Verbandsstrafe, 2002 を参照．

94 *Tiedemann*, NJW 1988, 1169（1172）を参照．

95 *Otto*, Die Strafbarkeit von Unternehmen und Verbänden（1993）, S. 15 を参照．

96 *Dannecker*, GA 2001, 111 などを参照．

97 *Jescheck*, in : Leipziger Kommentar zum Strafgesetzbuch, 11. Aufl. 2003, Einl. Rn. 23 を参照．この点については BVerfGE 22, 49（79）; *Gropp*, Strafrecht Allgemeiner Teil, 3. Aufl. 2005, §4 Rn. 22a ; Zieschang, GA 1999, 352 もみよ．

98 BGH NJW 1953, 1838 を参照．

99 刑罰の贖罪機能については，たとえば，*Kaufmann*, Das Schuldprinzip, 2. Aufl., 1976, S. 274 を参照．

100 ドイツ法における法人の可罰性については，以下の文献を参照．*Bannenberg*, Korruption in Deutschland und ihre strafrechtliche Kontrolle, 2002, S. 409 ff.; *v. Bubnoff*, ZEuS 2004, 448 ff., *Dannecker*, GA 2001, 101 ff.; *Knopp / Rathmann*, Juristische Rundschau（JR）2005, 361 f.; *Haeusermann*, Der Verband als Straftäter und Strafprozesssubjekt, 2003, S. 11 ff.; *Heine*, Die strafrechtliche Verantwortlichkeit von Unternehmen, 1995, S. 201 ff.; *Hettinger*（Hrsg.）, Reform des Sanktionenrechts, Band 3 : Verbandsstrafe, 2002; *Hirsch*, La Criminalisation du Comportement Collectif - Allemagne, in : de Doelder / Tiedemann（Hrsg.）, La Criminalisation du Comportement Collectif（1996）, S. 31 ff.; *Jakobs*, Strafrecht Allgemeiner Teil, 2. Aufl. 1993, 6. Abschnitt Rn. 43 ff.; *Schroth*, Unternehmen als Normadressaten und Sanktionssubjekte（1993）, S. 157 ff.; *Tiedemann*, NJW 1988, 1169 ff.; *Wegner*, ZRP 1999, 186 ff.

101 *Jakobs*, Strafrecht Allgemeiner Teil, 2. Aufl. 1993, 17. Abschnitt Rn. 18 ff. を参照．

102 たとえば，*Otto*, Grundkurs Strafrecht, Allgemeine Strafrechtslehre, 7. Aufl. 2004, §12 Rn. 29 ff. などを参照．

103 *Dannecker*, GA 2001, 114 を参照．

104 刑罰の社会心理学的側面一般については，*Gropp*, Strafrecht Allgemeiner Teil, 3. Aufl. 2005, §1 Rn. 93 ff. を参照．

105　連邦司法省が設置した「刑法の制裁体系の改正に関する委員会（Kommission zur Reform des strafrechtlichen Sanktionensystems）」の作業グループ「企業処罰（Unternehmensstrafbarkeit）」による，2000 年 5 月発表の最終報告（http://www.bmj.bund.de/media/archive/137.pdf）（2005 年 12 月 7 日現在）を参照。
106　*Wegner,* ZRP 1999, 187 f. 掲載。
107　その際，規定を精確に組み入れるためには，単なる刑罰類似の制裁を創設するのか，それとも，処分類似の規範を創設するのかが重要となろう。
108　この点についての近時の分析および提案として，*v. Bubnoff,* ZEuS 2004, 479 ff., 488 ff. および *Haeusermann,* Der Verband als Straftäter und Strafprozesssubjekt, 2003, S. 169 ff. を参照。
109　この点については *v. Bubnoff,* ZEuS 2004, 468 f. を参照。
110　*Rebmann / Roth / Herrmann,* in : Gesetz über Ordnungswidrigkeiten, Stand Februar 2005, §30 Rn. 26 を参照。
111　BGH NStZ 1994, 346 は，「秩序違反法30条に基づく，法人または人的集合体に対する過料の賦課に際しては，問題となる複数の責任者の内の誰が選任監督義務を果たさなかったのかが確認される必要はない。必要なのは，ただ，秩序違反法30条の意味における責任者が，違反行為を遂行したことにつき非難可能であることの確認のみである」と判示する。
112　成立史については，*Rogall,* in : Karlsruher Kommentar zum OWiG, 2. Aufl. 2000, §30 Rn. 24 ff. を参照。
113　理由書（Gesetzesbegründung）は，内部会計監査や財務監査といった特定の領域における指導的人物を挙げている。Bundestags-Drucksache 14 / 8998, S. 8, 10 を参照。
114　*Senge,* in : Erbs / Kohlhaas, Strafrechtliche Nebengesetze, Bd. 3, Stand Mai 2003, §130 OWiG Rn. 25 ; *Rogall,* in : Karlsruher Kommentar zum OWiG, 2. Aufl. 2000, §30 Rn.97 ff. を参照。
115　この点，回避可能性説の厳格な証明基準が適用されるべきか，それとも，危険増加理論のそれが適用されるべきかが明らかにされなければならない。これについて模範的に描写するものとして Erb, JuS 1994, 455 などを参照。*Roxin,* Strafrecht Allgemeiner Teil, Band 1, 3. Aufl. 1997, §11 Rn. 83 ; *Kuhl,* Strafrecht Allgemeiner Teil, 4. Aufl. 2002, §17 Rn. 56.
116　ここでは，秩序違反法旧30条の枠内で議論されていたような類推禁止の問題は生じない。この点については *Rogall,* in : Karlsruher Kommentar zum OWiG, 2. Aufl. 2000, §30 Rn. 70 を参照。
117　企業の組織の不備が，不法のみを構成するメルクマールであるのか，それとも，より厳密に規定されるべき企業責任のメルクマールでもあるのか，という問題は，さらなる学問的議論に委ねざるをえない。
118　*Rogall,* in : Karlsruher Kommentar zum OWiG, 2. Aufl. 2000, §30 Rn. 115 f.
119　*Dannecker,* GA 2001, 124 ff.; *Hettinger*（Hrsg.）, Reform des Sanktionenrechts, Band 3 : Verbandsstrafe, 2002, S. 24 ff. を参照。
120　団体の自己負罪拒否の範囲については，*Haeusermann,* Der Verband als Straftäter und Strafprozesssubjekt, 2003, S. 350 を参照。数多くの手続的問題についてはさらに，*v. Bubnoff,* ZEuS 2004, 475 ff.; Nijboer（Fn.88）, S. 313 ff. を参照。
121　*Gottfredson / Hirschi,* A General Theory of Crime, 1990 を参照。
122　*Simpson / Piquero,* 36 Law & Society Review（2002）, 509 ff. を参照。特に，企業倫理

第Ⅱ部　企業犯罪国際シンポジウム

　　　　による犯罪予防については，*Bussmann,* Zeitschrift fur Wirtschafts- und Unternehmensethik Bd. 5（2004），35 を参照。
123　概念規定の機能性については，*Sieber,* Computerkriminalität, 2. Aufl. 1980, S. 186 ff. を参照。
124　この点についてはⅣ.2.ｃ）注（131）のイタリア法の文言も参照。
125　この点については *Sieber,* Legal Regulation, Law Enforcement and Self-Regulation : A New Alliance for Preventing Illegal Content on the Internet, in : Waltermann / Machill (eds.), Protecting Our Children on the Internet, 2000, S. 319 ff. を参照。さらに *Alwart,* Unternehmensethik durch Sanktion ?, in : Alwart（Hrsg.），Verantwortung und Steuerung von Unternehmen in der Marktwirtschaft, 1998, S. 75 ff; *Prufer,* Korruptionssanktionen gegen Unternehmen, 2004, S. 204 ff. もみよ。
126　*Dannecker,* "Good Corporate Citizen" und europäische Rechtsentwicklung, in : Alwart（Hrsg.），Verantwortung und Steuerung von Unternehmen in der Marktwirtschaft, 1998, S. 5（28）; Hauschka, NJW 2004, 257（260）を参照。特にカルテル法の領域におけるコンプライアンスについては *Dreher,* Versicherungsrecht（VersR）2004, 1（4）をみよ。上述Ⅱ.6以下も参照。
127　因果関係について，ないしは，組織義務侵害における義務違反連関について，とりわけまた義務範囲と因果関係との相互作用については，*Bosch,* Organisationsverschulden im Unternehmen, 2002, S. 109 ff. を参照。*Maschke,* Aufsichtspflichtverletzungen in Betrieben und Unternehmen, 1997, S. 99 ff. もみよ。
128　*Dannecker,* GA 2001, 101（112, Fn. 59）を参照。
129　上述Ⅲ.4.ｃ）以下を参照。
130　United States Sentencing Commission, 2005 Federal Sentencing Guidelines Manual（effective November 1, 2005），§8 B 2.1，§8 C 2.5. それによれば，企業が「犯行時に効果的なコンプライアンス・プログラムおよび倫理プログラムを履行していた」場合には刑が減軽される。
131　Art. 12 D.Lgs. 8 giugno 2001, n. 231, Art. 12. それによれば，企業が「犯された犯罪のような犯罪の予防に適した組織モデルを採用しかつ施行していた」場合には制裁が軽減される。
132　したがって，会計監査委員会（Audit Committee）を整備する義務に違反する場合にも，倫理規範（Ethik-Code）を作成する義務に違反する場合にも，また，匿名通報制度の整備に違反する場合にも，刑事罰による担保はない。刑罰規範としては，サーベンス・オクスリー法では要するに906条が見られるのみであり，これは決算書が正確であることの保証を偽った場合を処罰している。ただ，ここでは，古典的な経済刑法の構成要件が問題とされており，これは，たとえば，商法（Handelsgesetzbuch）331条あるいは公示法（Publizitaetsgesetz）17条において企業報告書の虚偽記載が刑事罰で担保されているドイツ法と類似している。

【訳者あとがき】
　シンポジウムにおいて，ズィーバー教授はパワーポイントを用いてコメントされたが，シンポジウムの記録に付記したように，その後，コメントの趣旨を詳細な論文としてまとめ寄稿して下さった。本論文は，企業犯罪に対する刑事制裁および行政制裁とコンプライアンス・プログラムとの関係についてのドイツおよびヨーロッパ諸国の最近の法制度および理論状況を的確に伝えるものであり，極めて有益な論文である。そこで，急遽，早稲田大学大学

院法務研究科客員研究助手原田和往，早稲田大学法学学術院客員研究助手二本柳誠，早稲田大学 21 世紀 COE《企業法制と法創造》総合研究所 RA 岡部雅人，早稲田大学大学院法学研究科博士後期課程（2006 年度予定）萩野貴史，同博士後期課程（2006 年度予定）小野上真也および早稲田大学法学部・法務研究科教授田口守一において訳出することとした。

　原文はドイツ語であり，原題は "Compliance-Programme zur Verhinderung von Unternehmenskriminalität —— Ein neuer Ansatz zur strafrechtlichen Ko-Regulierung im Bereich der Wirtschaftskriminalität —— " である。訳出に当たっては，脚注も含めた全訳とし，いわゆる訳注は付けなかった。ただし，文意を明らかにするために，原文にない言葉を補う場合には亀甲括弧〔　〕で表示した。なお，時間の関係から，本訳文はあくまで暫定訳であることをお断りしたい。

　ズィーバー教授（Prof. Dr. Ulrich Sieber）は，2003 年に，エーザー教授（Prof. Dr. Dr. h. c. mult. Albin Eser）の後任として，フライブルグにあるマックス・プランク外国・国際刑法研究所（Max-Planck-Institut für ausländisches und internationales Strafrecht）の所長に就任され，今日に至っている。本論文でも引用されている Sieber, Computerkriminalität und Strafrecht, 2. Aufl. 1980. は，ズィーバー教授の 1977 年の同名の学位論文に基づくものであり，邦訳もある（ウルリッヒ・ズィーバー著（西田典之＝山口厚訳）『コンピュータ犯罪と刑法 I』（成文堂，1986 年），同『コンピュータ犯罪と刑法 II』（成文堂，1988 年）参照）。

〔田口守一　記〕

〈付記〉

　本論文とほぼ同趣旨の論文（Ulrich Sieber, Compliance-Programme im Unternehmensstrafrecht. Ein neues Konzept zur Kontrolle von Wirtschaftskriminalität, in Festschrift für Klaus Tiedemann zum 70. Geburtstag, 2008）に掲載予定である。〔編者〕

●資　料●

《資料1》

企業アンケート概要

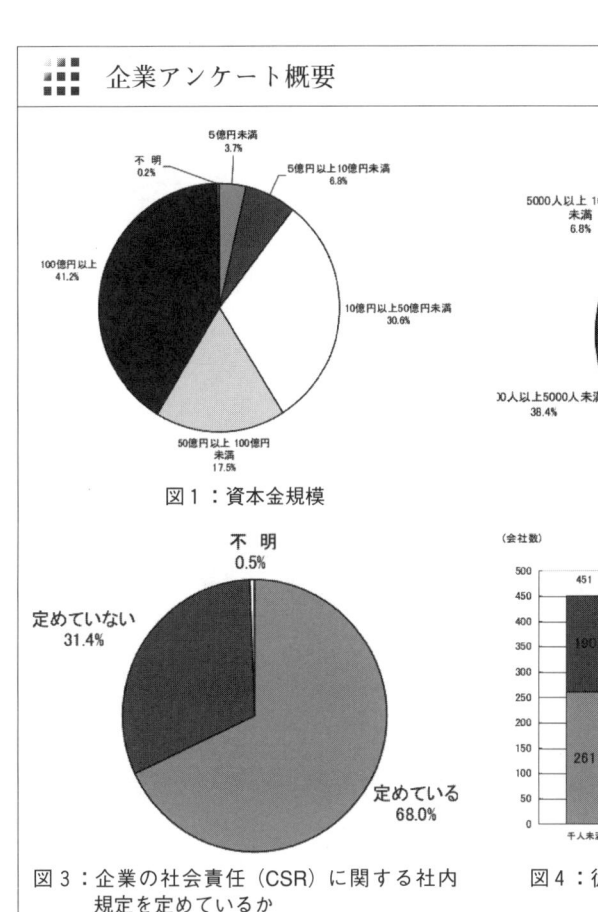

図1：資本金規模
- 5億円未満 3.7%
- 5億円以上10億円未満 6.8%
- 10億円以上50億円未満 30.6%
- 50億円以上100億円未満 17.5%
- 100億円以上 41.2%
- 不明 0.2%

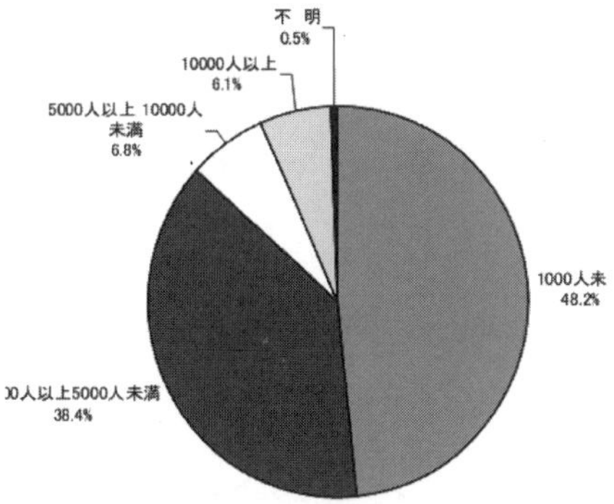

図2：従業員数
- 1000人未満 48.2%
- 1000人以上5000人未満 38.4%
- 5000人以上10000人未満 6.8%
- 10000人以上 6.1%
- 不明 0.5%

図3：企業の社会責任（CSR）に関する社内規定を定めているか
- 定めている 68.0%
- 定めていない 31.4%
- 不明 0.5%

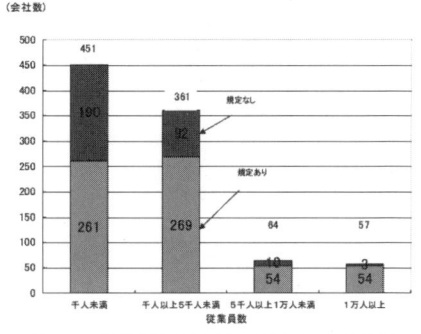

図4：従業員規模と社内規定の相関関係
- 千人未満：規定あり 261、規定なし 190（計451）
- 千人以上5千人未満：規定あり 269、規定なし 92（計361）
- 5千人以上1万人未満：規定あり 54、規定なし 10（計64）
- 1万人以上：規定あり 54、規定なし 3（計57）

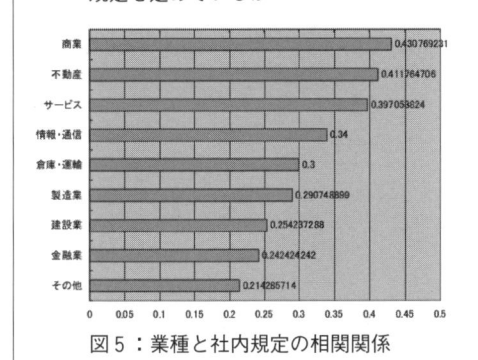

図5：業種と社内規定の相関関係
- 商業 0.430769231
- 不動産 0.411764706
- サービス 0.397058824
- 情報・通信 0.34
- 倉庫・運輸 0.3
- 製造業 0.290748899
- 建設業 0.254237288
- 金融業 0.242424242
- その他 0.214285714

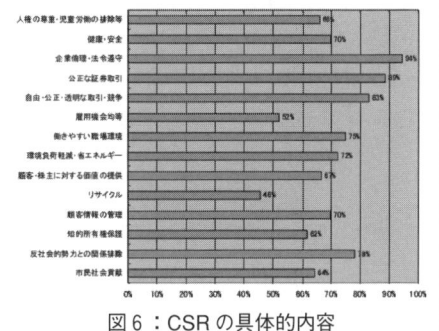

図6：CSRの具体的内容
- 人権の尊重・児童労働の排除等 46%
- 健康・安全 70%
- 企業倫理・法令遵守 94%
- 公正な証券取引 89%
- 自由・公正・透明な取引・競争 83%
- 雇用機会均等 62%
- 働きやすい職場環境 79%
- 環境負荷軽減・省エネルギー 72%
- 顧客・株主に対する価値の提供 67%
- リサイクル 46%
- 顧客情報の管理 70%
- 知的所有権保護 62%
- 反社会的勢力との関係排除 78%
- 市民社会貢献 64%

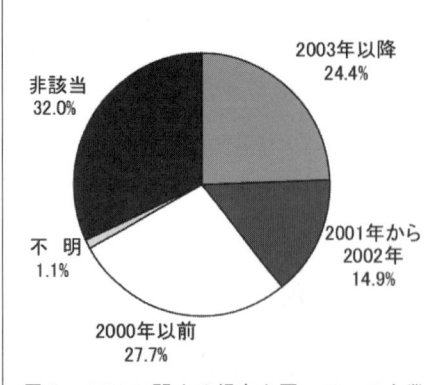

資　料

図7：CSRに関する規定を置いている企業が当該規定を置いた時期
- 2003年以降 24.4%
- 2001年から2002年 14.9%
- 2000年以前 27.7%
- 不明 1.1%
- 非該当 32.0%

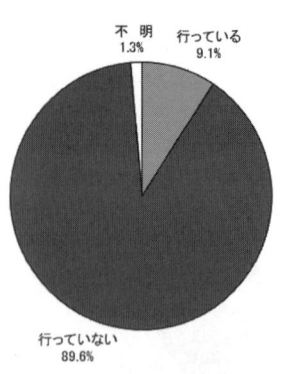

図8：国内の取引相手に，CSRに関する照会を行っているか否か
- 行っている 9.1%
- 不明 1.3%
- 行っていない 89.6%

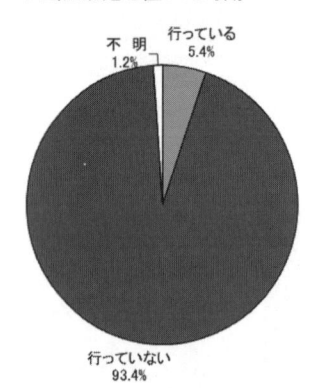

図9：海外の取引相手に，CSRに関する照会を行っているか否か
- 行っている 5.4%
- 不明 1.2%
- 行っていない 93.4%

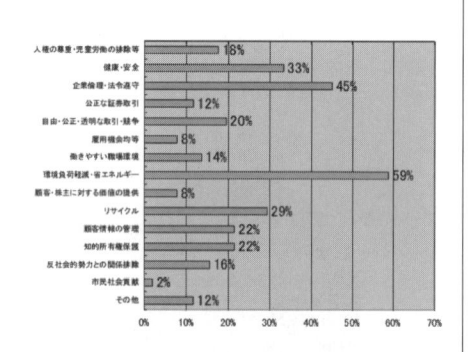

図10：CSRに関する照会の具体的内容
- 人権の尊重・児童労働の排除等 18%
- 健康・安全 33%
- 企業倫理・法令遵守 45%
- 公正な証券取引 12%
- 自由・公正・透明な取引・競争 20%
- 雇用機会均等 8%
- 働きやすい職場環境 14%
- 環境負荷軽減・省エネルギー 59%
- 顧客・株主に対する価値の提供 8%
- リサイクル 29%
- 顧客情報の管理 22%
- 知的所有権保護 22%
- 反社会的勢力との関係排除 16%
- 市民社会貢献 2%
- その他 12%

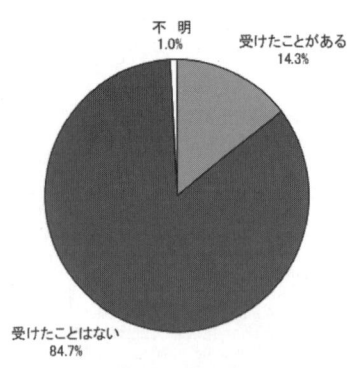

図11：海外の企業からに，CSRに関する照会を受けたことがあるか
- 受けたことがある 14.3%
- 不明 1.0%
- 受けたことはない 84.7%

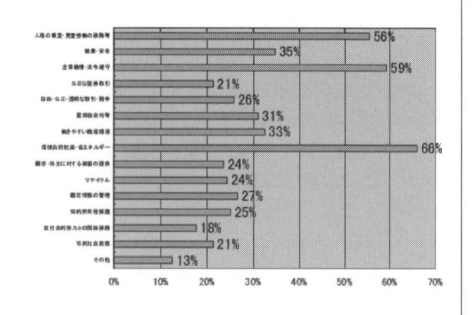

図12：照会を受けた項目の内容
- 人権の尊重・児童労働の排除等 56%
- 健康・安全 35%
- 企業倫理・法令遵守 59%
- 公正な証券取引 21%
- 自由・公正・透明な取引・競争 26%
- 雇用機会均等 31%
- 働きやすい職場環境 33%
- 環境負荷軽減・省エネルギー 66%
- 顧客・株主に対する価値の提供 24%
- リサイクル 24%
- 顧客情報の管理 27%
- 知的所有権保護 25%
- 反社会的勢力との関係排除 18%
- 市民社会貢献 21%
- その他 13%

資料1

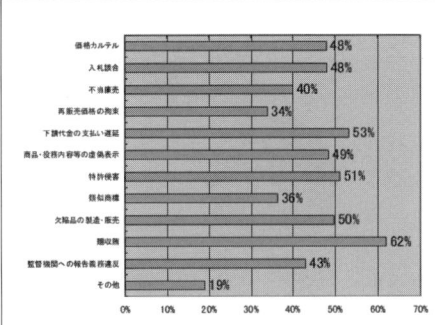

図13：企業がコンプライアンスとして関心を持っている事項

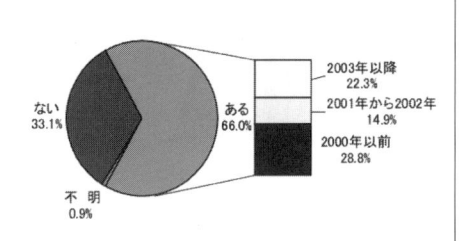

- 価格カルテル 48%
- 入札談合 48%
- 不当廉売 40%
- 再販売価格の拘束 34%
- 下請代金の支払い遅延 53%
- 商品・役務内容等の虚偽表示 49%
- 特許侵害 51%
- 類似商標 36%
- 欠陥品の製造・販売 50%
- 贈収賄 62%
- 監督機関への報告義務違反 43%
- その他 19%

図14：コンプライアンスにかかる企業内教育制度の存否および時期

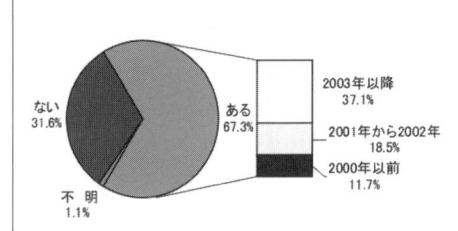

- ある 66.0%
  - 2003年以降 22.3%
  - 2001年から2002年 14.9%
  - 2000年以前 28.8%
- ない 33.1%
- 不明 0.9%

図15：法令違反の可能性についての察知および防止システムの存否および時期

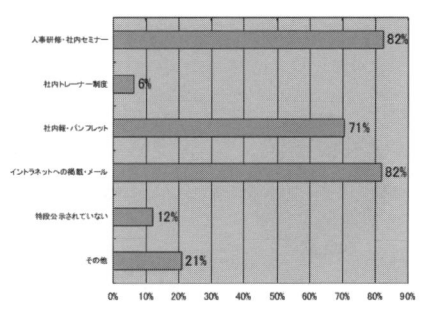

- ある 67.3%
  - 2003年以降 37.1%
  - 2001年から2002年 18.5%
  - 2000年以前 11.7%
- ない 31.6%
- 不明 1.1%

図16：コンプライアンス・プログラムの周知方法

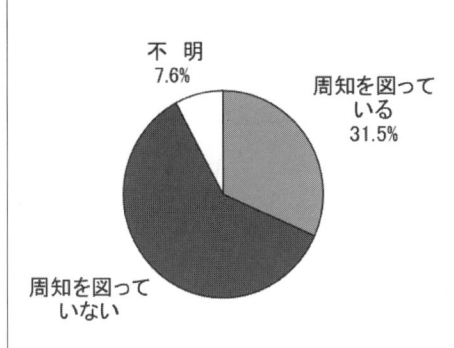

- 人事研修・社内セミナー 82%
- 社内トレーナー制度 6%
- 社内報・パンフレット 71%
- イントラネットへの掲載・メール 82%
- 特段公表されていない 12%
- その他 21%

図17：コンプライアンス・プログラムの存在を株主等に公表しているか否か

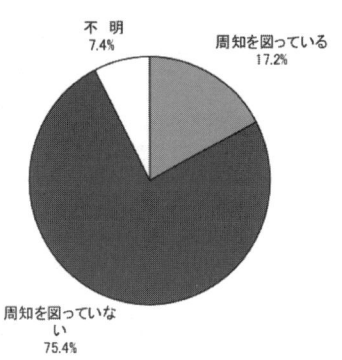

- 周知を図っている 31.5%
- 周知を図っていない
- 不明 7.6%

図18：コンプライアンス・プログラムの存在を消費者に周知しているか否か

- 周知を図っている 17.2%
- 周知を図っていない 75.4%
- 不明 7.4%

資　料

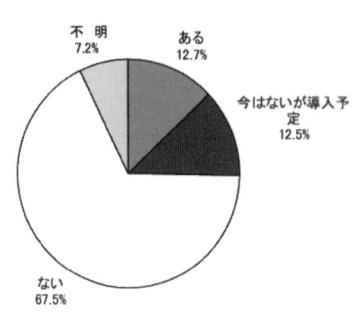

図19：第三者による監督，監査システムを導入しているか否か
- ある 12.7%
- 今はないが導入予定 12.5%
- ない 67.5%
- 不明 7.2%

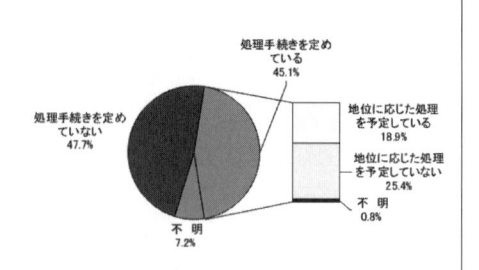

図20：法令違反の可能性についての報告に際しての処理手続の存否
- 処理手続きを定めている 45.1%
- 処理手続きを定めていない 47.7%
- 不明 7.2%
- 地位に応じた処理を予定している 18.9%
- 地位に応じた処理を予定していない 25.4%
- 不明 0.8%

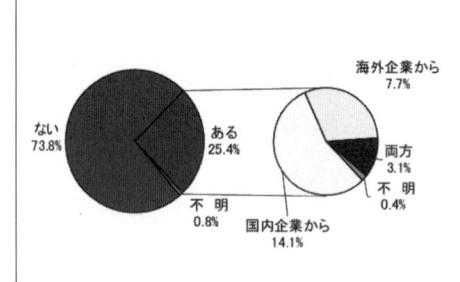

図21：他企業の法令違反により損害を受けたことがあるか否か
- ある 25.4%
- ない 73.8%
- 不明 0.8%
- 海外企業から 7.7%
- 両方 3.1%
- 不明 0.4%
- 国内企業から 14.1%

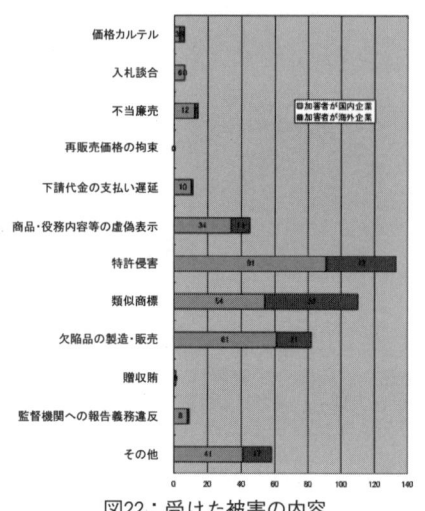

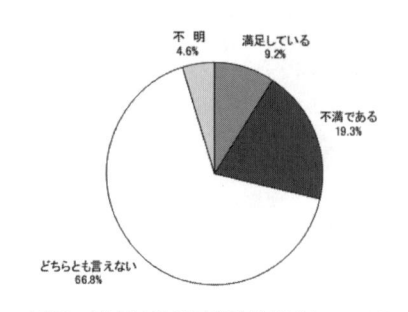

図22：受けた被害の内容
- 価格カルテル
- 入札談合
- 不当廉売
- 再販売価格の拘束
- 下請代金の支払い遅延
- 商品・役務内容等の虚偽表示
- 特許侵害
- 類似商標
- 欠陥品の製造・販売
- 贈収賄
- 監督機関への報告義務違反
- その他

（■加害者が国内企業　■加害者が海外企業）

図23：被害に係る民事法的処分について
- 満足している 9.2%
- 不満である 19.3%
- どちらとも言えない 66.8%
- 不明 4.6%

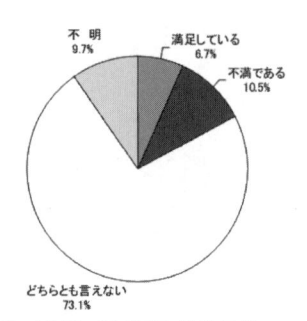

図24：被害に係る刑事法的処分について
- 満足している 6.7%
- 不満である 10.5%
- どちらとも言えない 73.1%
- 不明 9.7%

資料1

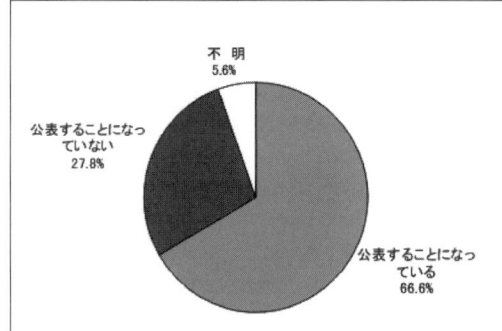

図25：法的処分を受けた場合自主的に公表するか否か
- 公表することになっている 66.6%
- 公表することになっていない 27.8%
- 不明 5.6%

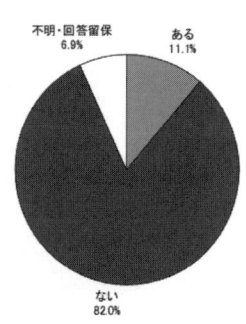

図26：行政処分を受けたことがあるか否か
- ある 11.1%
- ない 82.0%
- 不明・回答留保 6.9%

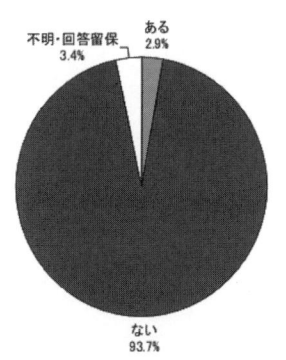

図27：刑事責任を科せられたことがあるか否か
- ある 2.9%
- ない 93.7%
- 不明・回答留保 3.4%

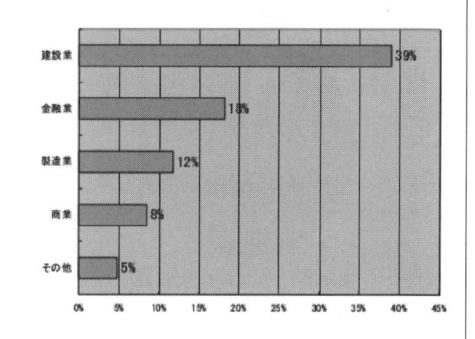

図28：法的処分を受けた企業の業種
- 建設業 39%
- 金融業 18%
- 製造業 12%
- 商業 8%
- その他 5%

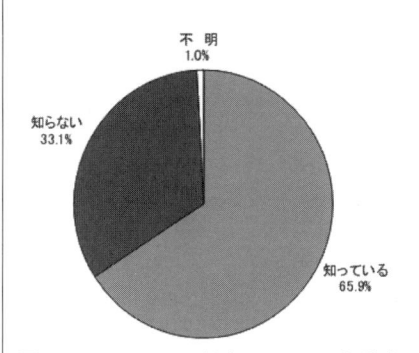

図29：リニエンシー制度についての認識度
- 知っている 65.9%
- 知らない 33.1%
- 不明 1.0%

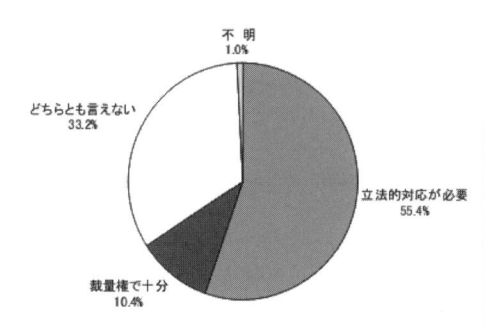

図30：リニエンシー制度等の導入に係る運用方法について
- 立法的対応が必要 55.4%
- 裁量権で十分 10.4%
- どちらとも言えない 33.2%
- 不明 1.0%

資　料

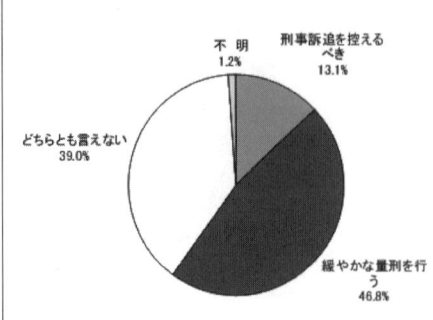

図31：コンプライアンス・プログラムを実施していた企業については，刑事訴追を控えるのが適当か否か

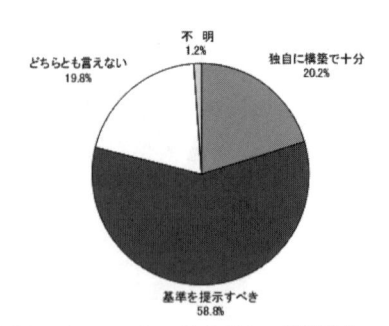

- 不明 1.2%
- 刑事訴追を控えるべき 13.1%
- 緩やかな量刑を行う 46.8%
- どちらとも言えない 39.0%

図32：リニエンシー的な制度の基準設定について

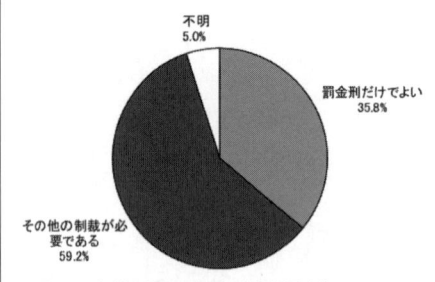

- 不明 1.2%
- 独自に構築で十分 20.2%
- 基準を提示すべき 58.8%
- どちらとも言えない 19.8%

図33：企業犯罪に係る刑事的制裁について

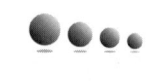

- 不明 5.0%
- 罰金刑だけでよい 35.8%
- その他の制裁が必要である 59.2%

---《資料2》---

「企業の社会的責任・コンプライアンス等に関するアンケート調査」

〔企画〕　　　　　　　　　　内閣府経済社会総合研究所
　　　　　　　早稲田大学21世紀COE＜企業法制と法創造＞総合研究所
〔調査実施〕　　　　　　　　社団法人商事法務研究会
　　　　　　　　　　　　　　提出期限　平成16年10月18日

※この調査票の取扱いについては，万全を期し，秘密を厳守します。また，集計結果の公表の際には企業名を特定されることのないよう，十分な対策を講じます。

記入上の注意
1　太枠の□についてはその内容を記入し，番号欄については該当する番号（1，2，3，……）を○で囲んでください。
2　質問によっては，回答していただく企業を特定している項目もありますが，その項目以外は全企業がお答えください。

会社名		記入担当者	部課	
所在地(調査票を作成した事務所)	〒		氏名	
			TEL	

資本金				
5億円未満	5億円以上 10億円未満	10億円以上 50億円未満	50億円以上 100億円未満	100億円以上
1	2	3	4	5

従業員数			
1,000人未満	1,000人以上 5,000人未満	5,000人以上 10,000人未満	10,000人以上
1	2	3	4

資　料

主たる業種（一つだけお選びください。）
　1．食料品　　　　　2．繊維製品　　　3．パルプ・紙　　4．化学
　5．医薬品　　　　　6．石油・石炭　　7．ゴム製品　　　8．ガラス・土石
　9．鉄鋼　　　　　 10．非鉄金属　　 11．金属製品　　 12．一般機械
 13．電気機器　　　 14．輸送用機器　 15．精密機器　　 16．その他製造
 17．水産・農林　　 18．鉱業　　　　 19．建設　　　　 20．商業（卸売業）
 21．商業（小売業） 22．不動産　　　 23．陸運　　　　 24．海運
 25．空運　　　　　 26．倉庫・運輸　 27．情報・通信　 28．電気・ガス
 29．サービス　　　 30．銀行業　　　 31．証券・商品先物 32．保険業
 33．その他金融業

I　企業の社会的責任（Corporate Social Responsibility：CSR）

問1．貴社では，企業の社会的責任（Corporate Social Responsibility（以下，CSRと略称）：企業が株主，取引先，従業員，消費者等の利害関係者に対して労働問題，人権問題，環境問題等において果たすべき責任）に関する独自の社内規定または行動規範等を定めていますか。
　　1．定めている　　　　2．定めていない

問2．問1で「定めている」と回答された企業にお伺いします。下記の項目の中から，貴社の規定に含まれるものすべてを選び，該当する番号を○で囲んでください。
　　 1．人権の尊重：児童労働の排除・外国人労働者への配慮等　　 2．健康・安全
　　 3．企業倫理・法令遵守　　　 4．公正な証券取引：インサイダー取引の防止等
　　 5．自由・公正・透明な取引・競争　　 6．雇用機会均等
　　 7．働きやすい職場環境　　　 8．環境負荷軽減・省エネルギー
　　 9．顧客・株主に対する価値の提供　 10．リサイクル
　　11．顧客情報の管理　　　　　 12．知的所有権保護
　　13．反社会的勢力との関係排除　14．市民社会貢献

問3．問1で「定めている」と回答された企業にお伺いします。それはいつ頃定められましたか。
　　1．2003年以降　　　　2．2001年から2002年　　　3．2000年以前

問4．貴社では，国内の取引先に対してCSRに関する照会（取引先の協力を得て，あるいは調査会社等に依頼して，取引先のCSRに関する情報を入手すること等）を行っていますか。
　　1．行っている　　　　2．行っていない

問5．貴社は，海外の企業と取引等を行うにあたってCSRについて，照会を行っていますか。
　　1．行っている　　　　2．行っていない

資料2

　　また，照会を行っている場合は何を中心に照会されていますか。下記の項目の中から，該当する番号を○で囲んでください。適当な項目がない場合はその他にお書きください。
　　1．人権の尊重：児童労働の排除・外国人労働者への配慮等　　2．健康・安全
　　3．企業倫理・法令遵守　　　　　4．公正な証券取引：インサイダー取引の防止等
　　5．自由・公正・透明な取引・競争　6．雇用機会均等
　　7．働きやすい職場環境　　　　　8．環境負荷軽減・省エネルギー
　　9．顧客・株主に対する価値の提供　10．リサイクル
　　11．顧客情報の管理　　　　　　12．知的所有権保護
　　13．反社会的勢力との関係排除　　14．市民社会貢献
　　15．その他（　　　　　　　　　　　　　　　　　　　　　　　　）

問6．貴社は，海外企業から貴社のCSRについて照会を受けたことがありますか。
　　1．ある　　　　　　　　2．ない

　　また，照会を受けたことがある場合は，何を中心に照会されましたか。下記の項目の中から，該当する番号を○で囲んでください。適当な項目がない場合はその他にお書きください。
　　1．人権の尊重：児童労働の排除・外国人労働者への配慮等　　2．健康・安全
　　3．企業倫理・法令遵守　　　　　4．公正な証券取引：インサイダー取引の防止等
　　5．自由・公正・透明な取引・競争　6．雇用機会均等
　　7．働きやすい職場環境　　　　　8．環境負荷軽減・省エネルギー
　　9．顧客・株主に対する価値の提供　10．リサイクル
　　11．顧客情報の管理　　　　　　12．知的所有権保護
　　13．反社会的勢力との関係排除　　14．市民社会貢献
　　15．その他（　　　　　　　　　　　　　　　　　　　　　　　　）

Ⅱ　企業倫理（Corporate Ethics）・法令遵守（Compliance）

問7．下記の項目の中から，貴社の規定において，防止対象とされている事項を全て選び，該当する番号を○で囲んでください。適当な項目がない場合はその他にお書きください。
　　1．価格カルテル　　　　　　　　2．入札談合
　　3．不当廉売　　　　　　　　　　4．再販売価格の拘束
　　5．下請代金の支払い遅延　　　　6．商品・役務内容等の虚偽表示
　　7．特許侵害　　　　　　　　　　8．類似商標
　　9．欠陥品の製造・販売　　　　　10．贈収賄
　　11．監督機関への報告義務違反
　　12．その他（　　　　　　　　　　　　　　　　　　　　　　　　）

問8．貴社において，社員の行為ないしは企業体としての活動が法令に違反することを防止するための社内教育制度等は存在しますか。
　　1．ある　　　　　　　　2．ない

資　料

　　また，その法令違反の防止のための社内教育制度等はいつ開始されましたか。
　　1．2003年以降　　　　　2．2001年から2002年　　　3．2000年以前

問9．貴社において，社員の行為ないしは企業体としての活動が法令に違反する可能性が生じた場合に，それをいち早く察知して防止するためのシステム（例：社内，社外問わず匿名で通報できる相談窓口の設置やその後の処理手続等）は存在しますか。
　　1．ある　　　　　　　　2．ない

　　また，その法令違反の防止システムはいつ設置されましたか。
　　1．2003年以降　　　　　2．2001年から2002年　　　3．2000年以前

問10．貴社の法令違反の防止システムの内容はどのような方法で周知・徹底が図られていますか。下記の項目の中から，該当する番号を○で囲んでください。適当な項目がない場合はその他にお書きください。
　　1．人事研修，社内セミナー　　　　　　2．社内トレーナー制度
　　3．社内報，パンフレット　　　　　　　4．イントラネットへの掲載，メール
　　5．特段公示されていない
　　6．その他（　　　　　　　　　　　　　　　　　　　　　　　　　　　　　）

問11．貴社は，その法令違反の防止システムの存在と内容について，投資家に対し周知を図っていますか。
　　1．周知を図っている　　2．周知を図っていない

問12．貴社は，その法令違反の防止システムの存在と内容について，消費者に対し周知を図っていますか。
　　1．周知を図っている　　2．周知を図っていない

問13．貴社の法令違反の防止システムでは，システム自体が有効に機能しているかを検証するため社外の第三者（弁護士等）を入れた評価制度はありますか。
　　1．ある　　　　　　　　2．今はないが導入予定　　　　3．ない

問14．貴社の法令違反の防止システムでは，社員から，法令違反の可能性があるケースについて通報があった際の処理手続き（例：聴聞手続き等）を定型化したものとしてて定めていますか。
　　1．定めている　　　　　2．定めていない

問15．法令違反の可能性があるケースについて通報があった際の処理手続きは，その行為をした者の地位（一般の社員，当該行為に係る決定権者，役員，代表取締役等）に応じて，異なった処理手続き（対応部署が異なる等）を予定していますか。
　　1．予定している　　　　2．予定していない

また，その処理手続きを，差し支えのない限度で，ご説明いただけますか。

```
┌─────────────────────────────────────────────────────────┐
│                                                         │
│                                                         │
│                                                         │
│                                                         │
│                                                         │
└─────────────────────────────────────────────────────────┘
```

問16．貴社のシステムについて，特徴的な点（例えば，相談・通報窓口の担当者に社外弁護士を嘱託する等）がある場合には，その点をご説明いただけますか。

```
┌─────────────────────────────────────────────────────────┐
│                                                         │
│                                                         │
│                                                         │
│                                                         │
│                                                         │
└─────────────────────────────────────────────────────────┘
```

Ⅲ　被害経験

問17．貴社は，過去10年間（1994年以降）に，他社の法令違反等によって損害を被ったことがありますか。
　　　1．ある　　　　　　　　2．ない

　　　それは国内企業によってですか，海外企業によってですか。
　　　1．国内企業　　　　　　2．海外企業　　　　　　3．両方

問18．問17で「ある」と回答された企業にお伺いします。下記の項目の中から，該当するものを全て選び，当該番号を○で囲んでください。また，適当な項目がない場合は「その他」として，その内容を簡単に記載してください。加害者が国内企業の場合，海外企業の場合とで分けて回答してください。
　　　加害者が国内企業
　　　　　1．価格カルテル　　　　　　　　2．入札談合
　　　　　3．不当廉売　　　　　　　　　　4．再販売価格の拘束
　　　　　5．下請代金の支払い遅延　　　　6．商品・役務内容等の虚偽表示
　　　　　7．特許侵害　　　　　　　　　　8．類似商標
　　　　　9．欠陥品の製造・販売　　　　　10．贈収賄
　　　　　11．監督機関への報告義務違反

資　料

　　12．その他（　　　　　　　　　　　　　　　　　　　　　　　　　）

　加害者が海外企業
　　1．価格カルテル　　　　　　　　　2．入札談合
　　3．不当廉売　　　　　　　　　　　4．再販売価格の拘束
　　5．下請代金の支払い遅延　　　　　6．商品・役務内容等の虚偽表示
　　7．特許侵害　　　　　　　　　　　8．類似商標
　　9．欠陥品の製造・販売　　　　　　10．贈収賄
　　11．監督機関への報告義務違反
　　12．その他（　　　　　　　　　　　　　　　　　　　　　　　　　）

問19．問17で「ある」と回答された企業にお伺いします。被害に遭遇した場合，民事について，現行法による対応（被害賠償）に満足されていますか。
　　1．満足している　　　　2．不満である　　　　3．どちらとも言えない

　　不満に感じられる点があったとすれば，具体的にご記入ください。

```
┌─────────────────────────────────────────────────────┐
│                                                     │
│                                                     │
│                                                     │
│                                                     │
│                                                     │
└─────────────────────────────────────────────────────┘
```

問20．問17で「ある」と回答された企業にお伺いします。被害に遭遇した場合，刑事について，現行法による対応（加害者処罰）に満足されていますか。
　　1．満足している　　　　2．不満である　　　　3．どちらとも言えない

　　不満に感じられる点があったとすれば，具体的にご記入ください。

```
┌─────────────────────────────────────────────────────┐
│                                                     │
│                                                     │
│                                                     │
│                                                     │
│                                                     │
└─────────────────────────────────────────────────────┘
```

資料2

Ⅳ 法的処分に係る経験

問21. 貴社が法令違反により法的な処分（行政ないしは刑事処分）を受けることになった場合，当該事実を自主的に公表することにされていますか。
　　1．はい　　　　　　　2．いいえ

問22. 2000年以降において，貴社が行政処分を受けたことはありますか。
　　1．ある　　　　　　　2．ない　　　　　　　3．不明・回答留保

　　また，貴社が行政処分を受けた事案の概要，適用された法律，処分名及び処分の内容を，差し支えのない範囲でご記入ください。

```
┌─────────────────────────────────────────┐
│                                         │
│                                         │
│                                         │
│                                         │
│                                         │
└─────────────────────────────────────────┘
```

問23. 2000年以降において，貴社が刑事責任を課せられたことはありますか。
　　1．ある　　　　　　　2．ない　　　　　　　3．不明・回答留保

　　また，貴社または貴社の社員が業務に関して刑事責任を課せられた事案の概要，適用された法律，罪名，刑罰の種類と程度について，差し支えのない範囲でご記入ください。

```
┌─────────────────────────────────────────┐
│                                         │
│                                         │
│                                         │
│                                         │
│                                         │
└─────────────────────────────────────────┘
```

問24. 問22または問23で「ある」と回答された企業にお伺いします。貴社がこれまでに行政処分，あるいは刑事処罰を受けられたケースについて，個別にインタビューに応じていただくことは可能ですか。
　　1．可能　　　　　　　2．不可

資　料

V　今後の法制度

　以下の質問は近時の独占禁止法改正案を巡る動向とも密接に関連していますが，貴社のお考えをお聞きします。

問25. 企業が法令遵守に配慮し，企業活動に伴う法令違反を防止する効果的な社内制度を整備していたり，捜査に協力した場合には，万が一，社員ないしは企業自身が法令に違反する活動をしても，当該企業の法的責任を軽減または免除する，という考えがあります。貴社は，この考えをご存じですか。
　　1．知っている　　　　　　2．知らない

問26. 問25で紹介した考えを日本に適用するには，司法取引類似の制度等の立法的対応が必要だと思われますか。あるいは，現行の法制度の下で，検察官等官庁が適切な裁量権を行使すれば，十分だと思われますか。
　　1．立法的対応が必要　　　2．裁量権で十分　　　　3．どちらとも言えない

問27. 法令遵守に配慮していた企業に対しては，刑事訴追自体を控えるべきだと思われますか。あるいは，企業を刑事訴追し，有罪認定をした上で，法令遵守に配慮していた点を踏まえて，より緩やかな量刑を行うのが適当だと思われますか。
　　1．刑事訴追を控えるべき　2．緩やかな量刑を行う　3．どちらとも言えない

問28. 問25, 27で紹介した考えを日本に適用する場合に，企業活動に伴う法令違反を防止する効果的な社内制度は，各企業が独自に構築すれば十分か，あるいは，政府の主導の下で，一定の基準・ガイドラインが提示される方が望ましいと思われますか。
　　1．独自に構築で十分　　　2．基準を提示すべき　　3．どちらとも言えない

問29. 法令に違反した企業に対する刑罰は，日本では，罰金刑だけです。他方，海外では，違反企業に対する刑罰として，「企業名の公表」，「企業の保護観察」，「企業の入札等からの排除」，「企業の解散」等が規定されています。これらの「刑罰」を日本法に導入することについて，貴社ではどのようにお考えですか。
　　1．罰金刑だけでよい　　　2．その他の制裁が必要である

　　その他の制裁が必要であるとお考えの場合，その内容をお書きください。

資料2

Ⅵ　その他

問30. その他，「企業の社会的責任・コンプライアンス等」に関して，日頃感じておられる点がございましたら，自由に記載してください。

※ご多忙中のところ調査にご協力いただき，ありがとうございました。

〔索　引〕

【あ】

IOSCO 基本行動規範 ………………………306
IOSCO の行動規範 ………………………306
アーサー・アンダーセン（事件）
　　　　　　　　………………255, 348, 356, 398
あっせん（mediation） ……………………101
アホート社 …………………………………297
アムステルダム条約 …………………298, 314
アメリカ合衆国の量刑ガイドライン
　（US Sentencing Guidelines） …………355
アメリカの企業法 …………………………343
安全衛生局 ……………………………………59
EC 共同体 …………………………………315
EC 条約 …………………………………298, 299
EC 法 …………………………………………299
EEC …………………………………………314
Enforcement Guide ………………………87
EU（欧州連合）条約 ……………297-299, 315
EU における企業の金融不正行為 ………300
EU における法人の刑事責任 ……………314
EU の行政制裁金制度 ……………………326
EU の法秩序 ………………………………297
EU 法 ………………………………………306
イタリア企業刑法 …………………325, 409
イタリア憲法 ………………………………325
イタリアの企業犯罪 ………………………325
イタリアの法令 231 号（Decree-law
　no. 231） …………………………………355
違反事実公表措置 …………………………323
違法性の認識 ………………………………404
インサイダー取引 ……11, 323, 326, 352, 413
インターナル・コントロール ……………379
ウォーターゲート事件 ………………………7
受け皿構成要件 ……………………………139
売上げの過剰計上 …………………………387
HIH 事件 …………………255, 259, 266, 326
ACCC ………………………………………262
AIT グループ …………………………………89
APRA …………………………………………262
ASIC（オーストラリア証券・投資委員
　会） …………………………………260, 261
ASX ……………………………………260, 261
エグゼクティブ・ボード（executive
　board） ………………………………359, 377
エクソン石油流出事件 ………………………10
S＆L 破綻事件 ………………………………9
エンロン（事件） ……13, 255, 257, 306, 321,
　　　　　　　326, 334, 348, 368, 378, 398, 409
欧州議会 ……………………………………311
欧州経済共同体 ……………………………314
欧州証券規制当局委員会 …………………305
欧州証拠令状（European Evidence
　Warrant；EEW） ……………………309-312
欧州人権裁判所 ………………………91, 285
欧州人権保護条約（Convention for the
　Protection of Human Rights and
　Fundamental Freedoms） ………………91
欧州理事会（the European Council）……298
OECD 外国公務員贈賄防止条約（OECD
　Anti-Corruption Convention） …………350
OECD（加盟国） …………………307, 308, 344
汚　職 ……………………………………416
汚職防止 ……………………………………344
オーストラリア競争（促進）および消
　費者（保護）委員会
　（Australian Competition and Consumer
　Commission；Competition ACCC） …262
オーストラリア刑法典 ………235, 251, 264
オーストラリア・コーポレート・ガバ
　ナンス基準 ………………………………261
オーストラリア財務規制庁（Australian
　Prudential Regulation Authority；APRA）
　…………………………………………………262
オーストラリア証券・投資委員会
　（Australian Securities and Investments
　Commission；ASIC） …………………260
オーストラリア証券・投資委員会法

463

索　引

（Australian Securities and Investments Commission；ASIC Act 2001）……… 257
オーストラリア証券取引所（Australian Stock Exchange；ASX） …………… 259
オーストラリア政府の企業および市場アドバイザリー委員会（Australia Government, Corporations and Markets Advisory Committee） ……………… 255
オーストラリアにおけるコーポレート・ガバナンス ……255, 256, 258, 261, 264
オーストラリアの企業規制システム … 257
オーストラリアの法人処罰 ……… 225, 326
オーストラリアの法典化作業 ………… 226
オーディット・コミッティー ………… 379
オランダ刑法 ……………………………… 325

【か】

海外腐敗行為防止法（Foreign Corrupt Practices Act；FCPA） ……343, 350, 387
会計監査 ……………………………………… 260
会計監査委員会（Audit Committee）
　　…………………………………… 378, 442
会計監査規制 ……………………… 257, 258
会計監査法人 ……………………… 257, 260
外国民間発行体（foreign private issuers）
　　………………………………………… 434
開示統制 ……………………………………… 369
外部監査 ………………… 376, 379, 385, 398
外部監査人 ………………………… 375, 376
外部統制 ………………… 3, 321, 376, 414
外部の監査機関 ………………………… 367
価格協定（カルテル） ……………… 262, 263
価格に影響を受ける証券（price-affected securities） ………………… 83
過失（negligence） ………232-245, 385, 399, 400, 403, 405, 426
　──の基準 …………………………… 416
　──の推定 …………………………… 405
　──の認定基準 ……………………… 403
　組織の── …………………… 234, 245
過失行為 …………………………………… 430
過失処罰 …………………………………… 416
過失責任 ………………… 372, 390, 398, 399, 403
過失認定 …………………………………… 400

過失犯 ……………………………… 232, 235
課徴金 ……………………………………… 404
合衆国連邦取引委員会 ………………… 351
株式会社 …………………………… 109, 110
株式会社法（Aktiengesetz；AktG） …… 434
株式合資会社 …………………… 109, 112
株式の持合 ………………………………… 402
株主代表訴訟 …………………… 381, 390
過　料 ……………………………… 113, 157
　法人等に対する── ………… 113, 117
過料（Geldbuße） ……………………… 324
過料手続 ………………………… 168, 324
カルテル ………………… 278, 351, 416, 418
環境規制 …………………………………… 344
環境犯罪 ………………………… 315, 413
環境法 ……………………………………… 392
監査委員会 ………………… 401, 402, 414
監査制度 ………………………………… 3, 321
監査人 ……………………………………… 346
監査役会 …………………………………… 419
監督義務 ………………………… 165, 416
監督義務違反 …………… 113, 381, 430
　経営および企業における── ……… 138
監督責任 …………………………………… 399
管理監督（過失）責任 ……………… 372, 382
関連行為 …………………………………… 117
企業および市場アドバイザリー委員会（Corporations and Markets Advisory Committee） ……………………… 264, 326
企業会計審議会 ………………………… 379
企業関係的義務 ………………………… 119
企業刑法 … 181, 409, 424, 425, 427, 430, 431
企業故殺罪・殺人罪（corporate manslaughter or killing） ……………… 322
企業処罰 ………………… 427, 431, 433
企業責任 ………………………… 385, 431
企業哲学 ………………………… 356, 427
企業統制 ………………………… 358, 411
企業統治 ………………………… 410, 412
企業の CSR　→企業の社会的責任
企業の金融不正行為　→金融犯罪
企業の刑事責任……318, 335, 350, 351, 361, 363, 372
企業のコンプライアンス　→コンプラ

索 引

イアンス
企業の社会的責任 …………………337
企業の社会的責任（Corporate Social
　Responsibility ; CSR）……256, 343, 344,
　　　　　　357, 389, 409, 410, 412, 429
企業の人権 …………………………404
企業の責任（Corporate Responsibility）
　………………………356, 361, 385
企業の透明性 ……………358, 411, 413
企業のトップ ………………………403
企業の犯罪 …………………………357
企業の不祥事 ………………………336
企業の法的責任 …………333, 366, 406
　──とコンプライアンス・プログラム
　………………………………331-334
企業のマネジメント ………………358
企業罰金 ……………………………202
企業犯罪……3, 331, 363, 370, 380, 385, 398,
　　　　399, 408, 410, 413, 417, 425, 429
　──とコンプライアンス・プログラム
　………………………………………327
企業犯罪国際シンポジウム ………329, 364
企業犯罪内部 ………………………419
企業犯罪防止 ………………………321
企業秘密 ……………………………413
企業風土（論）…………372, 373, 380, 396
企業不祥事 ………………………3, 366, 406
企業不正献金スキャンダル …………7, 8
企業プロベイション　→プロベイション
企業文化（corporate culture）……264, 265,
　　　　　　　　　　　　　373, 374
企業法経済改革プログラム（Corporate
　Law Economic Reform Program ;
　CLERP 9）…………………………258
企業法経済改革プログラム法（The Cor-
　porate Law Economic Reform Program
　(Audit Reform and Corporate Disclo-
　sure) Act 2004 (Cth); CLERP 9 Act）
　………………………………………260
企業法務 …………………366, 368, 389
企業倫理（Business Ethics）………256, 268,
　　　　　269, 336, 357, 358, 367, 368,
　　　　　396, 409, 410, 412, 415, 429
企業倫理憲章 ………………………373

企業倫理ホットライン ……………269
危険増加（理）論 …………………144, 441
規制緩和 …………………………3, 407, 408
起訴法定主義 ………………………324
義務違反 …………………………233, 238
救済命令 …………………………39, 41-43
行政規制 ……………………………3, 344
行政処分 ……………………344, 346, 407
行政制裁 ……………………………350, 359
行政制裁金 …………………………272
　──の算定ガイドライン ………326
行政制裁金制度 ……………………400
行政的制裁 …………………………305
行政罰 ………………………………386, 400
競争制限的共同行為 ………………271
競争（促進）および消費者保護委員会
　（ACCC）…………………………326
競争促進法違反 ……………………262
競争犯罪 ……………………………418
競争法 ………………………………271
共同決定法（Co-determination Law）
　………………………………111, 401
共同体の財政的利益の刑法的保護に関
　する指令案 ………………………316
共同体を出入りする現金のコントロー
　ルに関する規則（案）……………304
共謀罪 …………………………………81
業務上過失致死罪 …………………388
業務遂行ガイドライン ……………352
業務停止命令 ………………………350
金融監督庁 …………………………262
金融サービス及び市場審判所（Financial
　Services and Markets Tribunal）……100
金融サービス機構（Financial Services
　Authority ; FSA）…………………81
金融サービス行動計画 ……………300
金融・証券犯罪 ……………………323
金融商品市場指令 …………………302, 306
金融商品取引法 ……………………379
金融制度取引 ………………………415
金融制度法（Kreditwesengesetz ; KWG）
　………………………414, 415, 432, 434
金融庁 ………………………………379
金融犯罪 …………………………323, 326

465

索 引

クラスアクション ……………………384
繰返し違反 ………………………………290
クリミナル・サンクション(刑事制裁)
　　　……………………………383, 384
Criminal Law Act 1977……………………82
クルト・トアセン事件 ……………223
グローカリゼーション ……………370
クロス・ボーダー取引 ……………307
グローバル化社会 ……………327, 370
経営トップ(の責任) …348, 382, 398
経済刑法 ……………………………159
経済財政閣僚理事会(ECOFIN) ……305
経済産業省 ……………………379, 404
経済社会構造 …………………………3
経済犯罪…157, 323, 350, 361, 363, 410, 412,
　　　416-419, 425, 434-436
刑事規制 ………………………3, 344
刑事記録からの情報の交換に関する決定
　　　………………………………313
刑事司法……………………………84
刑事処分……………………344, 346
刑事制裁 …350, 359, 362, 384, 385, 398, 399
刑事責任 ……………………………400
刑事手続………………………………324
刑事手続外制裁 ……………………324
刑事サンクション　→刑事制裁
刑事分野における相互承認協定 ……310
刑罰的制裁 …………………………383
刑法の機能 …………………………384
刑法の謙抑性 ………………………386
欠陥商品の販売 ……………………344
権利能力なき社団 …………………118
権利能力を有する人的会社 ………118
故　意 ……………………………245
故意責任 ……………………………403
故意犯 ………………………232, 235
公益通報者保護法 …………………408
公開会社会計監督委員会(Public Company Accounting Over-sight Board ; PCAOB) ……………356
合資会社 ……………………109, 110
公正取引委員会 ……………………262
公正な取引 …………………………337
公訴局(Crown Prosecution Service) ……87

公訴長官(Director of Public Prosecutions)
　　　……………………………87
行動規範(Code of Conduct) ……409, 410
合名会社 ……………………109, 110
顧客情報の管理 ……………………336
コーポレート・エシックス ………378
コーポレート・オフィサー …257, 264
コーポレート・ガバナンス(Corporate
　Governance) ……107, 255, 259,
　　　260, 268, 300, 303, 317, 322,
　　　324, 326, 327, 351, 357, 359,
　　　377, 380, 401, 409-411
　オーストラリアの── …255, 256,
　　　258, 261, 264
　ドイツの── ……………………352
コーポレート・ガバナンス・ガイドライ
　ン ………………………411, 412
コーポレート・ガバナンス研究 ……412
コーポレート・ガバナンス・コーデッ
　クス ……………………377, 402
コーポレート・ガバナンス・コード…114,
　　　324
コーポレート・ガバナンス評議会
　(Corporate Governance Council) ……259
コーポレート・カルチャー ………378
Corporate Killing ……………………71
Corporate manslaughter …70, 71, 73, 76-78
コモン・ロー上の犯罪………………77
コラプション(coruption) …………337
コンピュータ詐欺 …………………436
コンプライアンス ……3, 70, 325, 333, 337,
　　　338, 407
コンプライアンス・オフィサー …353-355,
　　　397
コンプライアンス・オフィス ……355, 375
コンプライアンス・ガイドライン……415,
　　　416
コンプライアンス責任者 …………250
コンプライアンス・プログラム
　(Compliance-Programme)………3, 7, 13,
　　　14, 25-27, 33, 39-41, 46-48, 221, 256, 321,
　　　322, 325, 337, 338, 341-343, 353, 355-358,
　　　361, 363, 364, 366-371, 374-377, 380, 382,
　　　385-391, 394, 396, 399, 400, 403, 404, 406,

408-410, 412-417, 429, 430, 432, 433
コンプライアンス・マニュアル…357, 359, 365, 367, 371, 390
コンプライアンス・リスク ………350, 356

【さ】

罪刑法定主義……………………………76
サイバー犯罪助言ツール（C＊CAT）……312
サーベンス・オクスリー法
　（Sarbanes-Oxley Act）……260, 322, 343, 351, 352, 355, 356, 361, 376, 378, 379, 387, 388, 395, 402, 409, 417, 432, 434, 435
Saunders 事件 ………………………89
3 倍賠償 ………………344, 349, 384, 399
CESR ……………………………306, 307
Code for Crom Procecutors……………89
CSR ………335-337, 343, 348, 365, 369, 389
CTOSE プロジェクト……………………312
シェンゲン条約 ………………………298
資金洗浄 ………………………………414
資金洗浄法（Geldwaschegesetz ; GwG）
　………………………414, 429, 432, 434
事後規制……………………………3, 407
自己負罪拒否原則（nemo-tenetur-Grundsatz）………………………428
自己負罪拒否特権（privilege against selfincrimination）……………91, 384
自主規制………………………………3
市場経済………………………………3
市場支配的地位の濫用 ………………271
市場阻害行為……………………………81
市場における逸脱行為（market abuse）
　…………………………………………81
市場不正行為……………………………81
市場分割カルテル ……………………262
市場分割協定 …………………………263
市場メカニズム ………………………407
市場濫用指令（Market Abuse Directive）
　………………………………………306
市場ルール ……………………………369
事前規制…………………………………3
自然人…………………………………157
シビル・サンクション（民事制裁）

…………………………………383, 384
ジプサム社ケース………………………27
司法取引 ……………………………385
資本会社 ……………………………109
資本金要件指令（Capital Requirements Directive）………………………306
シーメンス ……………………349-353, 356
社外重役 ……………………………401
社会奉仕命令 ………………39, 41, 43, 44
集合的認識 …………………………30, 31
集積理論（aggregation doctrine）………75
従属責任モデル（Model of Accessory Liability）………………………362
重大不正取締局（Serious Fraud Office）
　…………………………………………88
重電機メーカー反トラスト法違反事件 …6
重要な系列子会社（significant subsidiaries）……………………434
シュナイダー社事件 …………………324
純益主義 ……………………………129
証券監督者国際機構（IOSCO）………306
証券・投資委員会（ACIC）……………326
証券投資委員会（Securities and Investment Board ; SIB）…………80
証券取引委員会（Securities and Exchange Commission ; SEC）…103, 261
証券取引所（ASX）……………326, 355, 370
証券取引所法 ………………………382
証券取引所法（Securities Exchange Act）
　………………………………………103
証券取引法 …………………………347, 389
上場会社（listed companies）…………434
上場企業 ……………………………379, 387
上場規則 ……………………………370
消費者保護 …………………………230
消費者保護法違反 ……………………262
使用不能処分 ………………………128
情報開示委員会（Disclosure Committee）
　………………………………………355
情報窃用理論（misappropriation theory）
　…………………………………………97
職権主義 ……………………………171
新企業刑法 →企業刑法
人的会社 ……………………………109

索　引

人的結合体 …………………………164
人的商事会社 …………………109, 118
信任に基づく説明（fiduciary accounts）
　　………………………………353
信用格付機関の活動に関する原則 …306
信用制度法 …………………………429
スーパーバイザリー・ボード（supervisory
　　board）……………359, 377, 378, 402
スーパーバイザリー・ボードの監査委
　　員会（Audit Committee of Supervisory
　　Board）………………………354
　　――シーメンス本社の …………353
制裁金（penalty）……………………81
　　――の減額 ……………………280
　　――の免除 ……………………278
Theft Act 1968 ………………………81
Threshold Test ………………………89
善管注意義務…………………………
1974年労働安全衛生法 ……………51
1985年犯罪者訴追法（Prosecution of
　　Offenders Act 1985）…………87
1986年金融サービス法（Financial
　　Services Act 1986）……………80
1993年刑事司法法（Criminal Justice Act
　　1993）…………………………80
選任監督義務違反 ……………426, 427
相互援助指令（Mutual Assistance
　　Directive）……………………307
相互承認原則 ………………………310
贈収賄 …………………336, 337, 418
総体主義 ……………………………129
相当な注意（due care）……………360
相当な注意（due deligence）………345
相当の注意（due Diligence）………353
双方可罰性 ……………………311, 312
組織過失 …235, 236, 238, 239, 244, 246, 247
組織故意 ………234-239, 242-244, 247, 326
組織社会学 ……………………231, 232
組織全体の過失 ……………………403
組織体処罰モデル（organisational liability
　　model）…………………… 74, 77
組織体責任 …………………………145
組織体に対する連邦量刑ガイドライン
　　（Sentencing Guidelines for Organization）
　　………………………………322
組織体抑止モデル …………………244
組織の過失 …………………………234
組織の刑事責任 ……………………318
組織の故意・過失 …………………245
組織の責任 …………………………402
組織犯罪 ………………………380, 405
組織犯罪への取組みに関する戦略構想の
　　発展に関するコミュニケーション …312
組織モデル（論）……235, 236, 239, 240-243,
　　245-248
Sox法 …………………………222, 300
ソフト・ハードロー（soft hard law）…261
ソフトロー（soft law）……115, 261, 324, 326

【た】

代位責任……………………18-24, 228,
　　238, 246
ダイヴァージョン …………………241
第三次マネー・ロンダリング指令……304,
　　305
第三者の監査 ………………………346
タイソン・フーズ贈賄事件…………12
大和銀行NY支店事件 ………………12
多国籍企業ガイドライン …………413
他人のためにする行為（Handeln für
　　einen anderen）…………112, 134, 135
タンペレ会議 ………………………309
秩序違反法……112, 157, 324, 342, 361, 362,
　　424, 426, 431, 441
注意義務 ………………372, 382, 386, 405
注意義務違反 ………232, 234, 235, 416, 430
懲　戒 …………………………204, 392
超過利得剥奪 ………………………128
懲罰的損害賠償 ……………………384
懲罰的賠償金額 ……………………349
貯蓄利子税制に関する指令（Directive
　　on taxation of savings income）………308
ツヴィンド事件 ……………………207
通商産業省（Department of Trade and
　　Industry ; DTI）………………87
DAX企業 ……………………………411
TPA …………………………………262
DEPP（Decision Procedure and Penalties

Manual) ……………………*100*
defraud ……………………*82*
適正手続 ……………………*404*
デューデリジェンス ……………*367*
デュー・プロセス ………………*384*
テロリズムとの闘いに関する宣言 ……*313*
電子的証拠収集管理プロジェクト ……*312*
デンマークにおける企業犯罪 ………*325*
ドイツ銀行法(German Banking Act)
  …………………………*359*
ドイツ・コーポレート・ガバナンス・コーデックス(German Corporate Governance Code)
  ……………*351, 358, 360, 411, 415*
ドイツにおける企業犯罪 …………*324, 360*
ドイツのコーポレート・ガバナンス ……*352*
同一視原理 ……*21, 50, 69, 75-78, 229, 230, 231, 233, 235, 236, 238-244, 246, 247, 322*
同一視理論(Identification theory)
  →同一視原理
東京証券取引所 …………………*379*
投資格付け ………………………*397*
同時存在の原則 ………………*238*
特殊な人的要素(besondere persönliche Merkmale) …………*135*
独占禁止法 ………*262, 382, 385, 392, 408*
独占禁止法違反 …………………*339*
独立責任モデル(Model of Independent Liability) …………………*362*
特許権侵害 ………………………*339*
トップ経営陣の責任
  →経営トップ(の責任)
トップマネジメント ………………*381, 400*
取引慣行法(Trade Practices Act 1974; TPA) ……………………*262*
トルスター事件 ……………………*208*
トレーニング・プログラム ……………*345*

【な】

内閣府経済社会総合研究所 ………*3, 406*
内閣法制局 ……………………*389*
内部監査 ……………………*385*
内部告発 →内部通報
内部者(insider) ……………………*83*

内部者取引 ……………………*79*
内部情報(inside information) ……*83*
内部通報 ……………*396, 397, 429*
内部通報制度 ………*374, 393, 395, 397, 398*
内部統制(システム) ………*3, 301, 302, 321, 369, 370, 376, 379, 380, 395-397, 414*
二重処罰(二重の危険) …………*281, 311*
ニース条約 ……………………*298*
2000年金融サービス及び市場法(Financial Services and Markets Act 2000) …*80*
2層システム ……………………*107*
日数罰金制 ……………………*129*
日本経団連 ……………………*367, 368*
入札参加制限 ……………………*350*
入札談合 ………………………*400*
ニューヨーク証券取引所 …………*347, 351*
ニューヨーク・セントラル&ハドソン・リバー鉄道社ケース…………*17, 18, 24*
ニューヨーク同時多発テロ事件 ………*318*
negligence ……………………*72*
ネスレ(Nestle)粉ミルク事件 ………*417*

【は】

灰色資本市場 ……………………*418*
排除(debarment) ………………*347*
背信的不正行為(fraud) …………*79*
破産犯罪 ………………………*418*
罰金額の量定………………………*57*
ハードロー(hard law) ……*261, 326*
バリュー・マネジメント(Value Management) ……………*357, 409-411*
バルザム社事件 …………………*324*
パルマラット(Parmalat)事件 ……*181, 302, 307, 308, 317, 325, 360, 409, 419*
パルマラット社 ……………*297, 301*
犯罪社会学 ……………………*232*
犯罪抑止力 ……………………*77*
Handbook ……………………*87*
反トラスト法(違反) ………*342, 344, 350, 385, 400*
P & O European Ferries 事件 ……*49*
PRIN(Principles for Business) ………*105*
BCCI 事件 ……………………*10*
被害者への告知………………………*45*

469

索　引

被害弁償（命令）……………37, 38, 41
皮革スプレー事件判決 ……………133
非刑罰的制裁　→刑罰的制裁
ビタミンカルテル（Vitaminkartell）…419, 437
ビタミンカルテル事件 …………351, 381
ビッグ・バン………………………80
表面に現れにくい犯罪（invisible offence）
　………………………………………104
比例原則　→比例性
比例性（の原則）（proportionality）……282, 384, 385
比例責任原則（the principle of proportionate liability）…………304
フォード・ピント ……………………8
不公正取引 ………………………339
不正会計 …………………………346
豚肉の差額関税制度違反 …………383
腐敗との闘い（fight against corruption）
　………………………………………350
フランスにおける法人の刑事責任……327
Full Code Test ……………………89
プレステージ号の海難による油の排出事故 …………………………316
フローテックス（Flowtex）事件……360, 409, 417
プロベイション ……13, 38-42, 46-48, 341
粉飾決算 ……………………257, 388
ベルギー刑法 ……………………325
便宜供与罪 ………………………267
便宜主義 …………………………170
法志向的な研究計画 ………………430
法　人 …………………118, 157, 164
　──の刑事責任……265, 314, 315, 317, 335, 362
　──の刑事責任能力 ………………403
　──の故意 ………………………247
　──の自己責任 ……………239, 240
　──の集合的認識…………………87
法人（企業）文化（corporate culture）
　…………239, 244, 247, 248, 252, 326
法人処罰 ……73, 77, 86, 147, 210, 226, 228, 230, 234-240, 242-244, 246, 322, 326
法人処罰論 ………………………403

法人等に対する過料 ……………113, 117
法人メンズ・レア ……………………19, 28
法定監査に関する指令（案）………303, 307
法定原則 …………………………171
法務省 …………………………389
法務部 …………………………375
法令遵守　→コンプライアンス …70, 336, 405
保護観察 ……………………341, 382
補償的損害賠償 …………………349
補助金詐欺 ………………………360
没　収 ………………113, 128, 203
ホワイトカラー犯罪 ………………323

【ま】

マイクロソフト社 ……………351, 419
Market Abuse Directive ……………97
market manipulation………………86
misleading statements ……………86
マーストリヒト条約 ………………297
マックス・プランク外国・国際刑法研究所所長 …………………………409
マドリード列車爆発事件 …………318
マネージング・ディレクター ………401
マネー・ロンダリング …304, 310, 317, 344
マルチカルチャー国家 ……………255
manslaughter by gross negligence ……72
マンネスマン（Mannesmann）事件…108, 324, 419
ミレニアム戦略（Millennium Strategy）
　………………………………………308
民事規制 ……………………………3
民事罰　→民事制裁
民事サンクション　→民事制裁
民事処分 …………………………344
民事制裁 ……………………381, 386, 399
民事制裁金賦課 …………………103
民事訴訟 …………………………344
無罪の推定原則 …………………171
メタルゲゼルシャフト社事件 ………324
模範刑法典 ……………………21, 22

【や】

優越的地位の乱用 ………………396

470

有価証券取引 ·····················*415*
有価証券取引法(Wertpapierhandels-
  gesetz ; WpHG) ···············*432, 434*
有価証券報告書 ·····················*397*
有価証券報告書等の適正性に関する確
  認書 ·····························*379*
有限会社 ·······················*109, 111*
有限合資会社 ·······················*112*
郵便電信を用いた背信的不正行為(郵便
  電信詐欺)(mail and wire fraud)······*97*
ユーロジャスト ···············*309, 312*
ユーロポール ·······················*309*
良き企業市民(Good Corporate Citizen)
  ·································*352*

【ら】

利益相反 ·······················*401, 402*
利益剥奪 ·······················*113, 129*
リスク・アセスメント ···············*325*
リスク・マネジメント(Risk
  Management) ···········*357, 409, 410*
リスボン条約 ·······················*298*
リニエンシー········*222, 278, 325, 326, 340,
                385, 389, 390, 397, 398
リニエンシー・プログラム ·······*340, 341*
量　刑 ·····························*205*
量刑委員会 ·························*405*
量刑ガイドライン(sentencing guidelines)
  ·····························*405, 409*
  アメリカ合衆国の── ···········*355*
両罰規定 ···············*382, 381, 388, 398, 405*

倫理規範(Ethik-Code) ········*385, 391, 442*
倫理綱領 ···························*373*
regular user test ·····················*97*
risk-based approach ··················*81*
廉潔性規範(Integrity Codes) ······*409, 410*
廉潔性綱領 ·························*357*
連邦カルテル庁(Bundeskartellamt) ···*419*
連邦金融監督庁(Bundesanstalt für
  Finanzdienstleistungsaufsicht) ······*359,
                             414, 415*
連邦経済犯罪情勢 ···················*417*
連邦のガイドライン ·················*346*
連邦量刑ガイドライン ···*32, 33, 36-39, 42,
                         43, 45, 46*
ロイヤル・ダッチ・シェル・グループ
  ·································*103*
労働環境の安全維持 ·················*336*
労働組合 ···························*401*
労働評議会 ·························*401*
ローカリゼーション ·················*370*
ロッキード事件 ·····················*347*
ローマ条約 ·························*314*

【わ】

賄　略 ·····························*353*
和解(settlement) ····················*101*
早稲田大学21世紀COE《企業法制と
  法創造》総合研究所 ···········*331, 409*
ワールドコム(事件)···········*255, 257, 348,
                             378, 409*

〈編者紹介／Editor(s)〉

甲斐克則（かい・かつのり）／Katsunori Kai
　早稲田大学大学院法務研究科教授

田口守一（たぐち・もりかず）／Morikazu Taguchi
　早稲田大学大学院法務研究科教授

総合叢書
1

企業活動と刑事規制の国際動向
International Trends of Corporate Activities and Criminal Regulations

2008(平成20)年3月25日　第1版第1刷発行

編　者	甲　斐　克　則
	田　口　守　一
発行者	今　井　　　貴
発行所	株式会社信山社

〒113-0033 東京都文京区本郷6-2-9-101
　　Tel 03-3818-1019　Fax 03-3818-0344
　　henshu@shinzansha.co.jp
エクレール後楽園編集部　〒113-0033 東京都文京区本郷1-30-18-101
笠間才木レナウ支店編集部　〒309-1611 茨城県笠間市才木515-3
笠間来栖支店編集部　〒309-1625 茨城県笠間市来栖2345-1
　　Tel 0296-71-0215　Fax 0296-72-5410
出版契約 5451-01010　Printed in Japan

Ⓒ編著者, 2008, 印刷／製本：松澤印刷・大三製本
ISBN978-4-7972-5451-8 C3332 ¥11,400E 分類326.020
5451-01010 : p488 012-060-050

◇ 法学入門講義のための重要条文厳選六法 ◇
法学六法'08

本体¥1,000　約500頁　2008年4月創刊
編集代表
慶應義塾大学名誉教授　石川　明
慶應義塾大学教授　池田　真朗
慶應義塾大学教授　宮島　司
慶應義塾大学教授　安冨　潔
慶應義塾大学教授　三上　威彦
慶應義塾大学教授　大森　正仁
慶應義塾大学教授　三木　浩一
慶應義塾大学教授　小山　剛

◇ 内田力蔵著作集 ◇
1 イギリス法入門　　　16,000円
2 法改革論　　　　　　11,000円
3 法思想　　　　　　　15,000円
4 司法制度　　　　　　30,000円
5 私法（上）契約法・不法行為法・商事法　6 私法（下）家族法（近刊）
7 公　法　8 法と市民（続刊）

◇ 保護義務としての基本権 ◇
J・イーゼンゼー著・ドイツ憲法判例研究会編訳　12,000円

◇塙浩　西洋法史研究著作集◇
1　ランゴバルド部族法典
2　ボマノワール「ボヴェジ慣習法書」
3　ゲヴェーレの理念と現実
4　フランス・ドイツ刑事法史
5　フランス中世領主領序論
6　フランス民事訴訟法史
7　ヨーロッパ商法史
8　アユルツ「古典期ローマ私法」
9　西洋諸国法史（上）
10　西洋諸国法史（下）
11　西欧における法認識の歴史
12　カースト他「ラテンアメリカ法史」
　　クルソン「イスラム法史」
13　シャヴァヌ「フランス近代公法史」
14　フランス憲法関係史料選
15　フランス債務法史
16　ビザンツ法史断片
17　続・ヨーロッパ商法史
18　続・フランス民事手続法史
19　フランス刑事法史
20　ヨーロッパ私法史
21　索　引　未刊

◇国際私法学会編◇

国際私法年報 1 (1999)　3,000円
国際私法年報 2 (2000)　3,200円
国際私法年報 3 (2001)　3,500円
国際私法年報 4 (2002)　3,600円
国際私法年報 5 (2003)　3,600円
国際私法年報 6 (2004)　3,000円
国際私法年報 7 (2005)　3,000円
国際私法年報 8 (2006)　3,200円
国際私法年報 9 (2007)　3,500円

◇香城敏麿著作集◇

1 憲法解釈の法理　　12,000円
2 刑事訴訟法の構造　12,000円
3 刑法と行政刑法　　12,000円

メイン・古代法　安西文夫訳
MAINE'S ANCIENT LAW—POLLOCK版 原書

刑事法辞典　三井誠・町野朔・曽根威彦
　　　　　　吉岡一男・西田典之 編

スポーツ六法2008　小笠原正・塩野宏・松尾浩也 編

◇潮見佳男 著◇
プラクティス民法 **債権総論**（第3版） 4,000円
債権総論［第2版］Ⅰ 4,800円
債権総論［第3版］Ⅱ 4,800円
契約各論Ⅰ 4,200円　品切品、待望の増刷出来
不法行為法 4,700円

藤原正則 著 **不当利得法** 4,500円
青竹正一 著 **新会社法**［第2版］（近刊）
高 翔龍 著 **韓国法** 6,000円
小宮文人 著 **イギリス労働法** 3,800円
加賀山茂 著 現代民法シリーズ**学習法入門** 2,800円
平野裕之 著 民法総合シリーズ（全6巻）
　3 **担保物権法** 3,600円
　5 **契　約　法** 4,800円
　6 **不法行為法** 3,800円　（1,2,4続刊）
　　プラクティスシリーズ **債権総論** 3,800円
佐上善和 著 **家事審判法** 4,200円
半田吉信 著 **ドイツ債務法現代化法概説** 11,000円
ヨーロッパ債務法の変遷
　　　ペーター・シュレヒトリーム著・半田他訳 15,000円
グローバル化と法 H・P・マルチュケ=村上淳一編 3,800円

◇新しい国際的法秩序への貴重な示唆◇

〈日本におけるドイツ年〉法学研究集会

グローバル化と法

ハンス・ペーター・マルチュケ＝村上淳一 編

ハーゲン通信教育大学日本法研究所所長　　　横浜桐蔭大学終身教授
同志社大学法科大学院教授

ISBN4-7972-5597-8 C3332　¥3,800（税別）

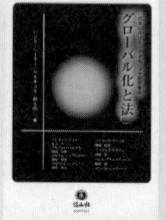

2006年9月刊行

充実の執筆陣による時代を捉えた15編

グローバル化時代における法の役割変化
―各種のグローバルな法レジームの分立化・民間憲法化・ネット化―
　　　　　　　／グンター・トイブナー（村上淳一訳）
歴史的意味論の文脈におけるグローバル化と法
　　　　　　　／村上淳一
ヨーロッパ共通の私法―必要性、発展の軌道、各国の寄与―
　　　　　　　／ユルゲン・バーゼドウ（相澤啓一訳）
日本民法学に対するドイツ民法学の影響
―個人的研究関心を寄せる３つのテーマを素材に―
　　　　　　　／松岡久和
ヨーロッパにおける法の現今の動向―単一経済圏から憲法を有する政治連合へ？―
　　　　　　　／ユルゲン・シュヴァルツェ（松原敬之訳）
ヨーロッパにおける最近の法的発展方向
―統一市場から政治的連合へ？：特に制度間競合の中における基本権の意義を中心に―
　　　　　　　／西原博史
Lex mercatoria―万能薬か、謎か、キメラか―
　　　　　　　／カルステン・シュミット（松原敬之訳）
ソフトローとしてのlex mercatoria
　　　　　　　／神作裕之
世界住民の法へと変貌する国際法
　　　　　　　／フィリップ・クーニヒ（三島憲一訳）
グローバル化・法制度化・国際法―国際法はグローバリゼーションを生き残れるか―
　　　　　　　／奥脇直也
刑法の国際化―ドイツと日本における国際刑法の受容を中心に―
　　　　　　　／フィリップ・オステン
越境犯罪と刑法の国際化―問題の素描―
　　　　　　　／井田 良
グローバル化が法曹養成に及ぼす影響
　　　　　　　／ハンス・プリュッティング（桑折千恵子訳）
カンボジアの法曹教育に対する日本の貢献
　　　　　　　／相澤恵一
Global GovernanceかGood Global Governanceか？
　　　　　　　／ゲジーネ・シュヴァーン（松原敬之訳）